KB121857

역사는
왜
가르쳐야
하는가

TEACHING HISTORY FOR THE COMMON GOOD

© 2004 Laurence Erlbaum Associates, Inc.
All rights reserved.
Authorized translation from English Language edition published by Routledge, part of Taylor &
Francis Group LLC.
Korean translation copyright © 2017 by Yuksabipyungsa

이 책의 한국어판 저작권은 대니홍 에이전시를 통한 저작권사와의 독점 계약으로 역사비평사에 있습니다.
저작권법에 의해 한국 내에서 보호를 받는 저작물이므로 무단전재와 복제를 금합니다.

역사는 왜 가르쳐야 하는가

| 민주시민을 키우는 새로운 역사교육 |

키쓰 바튼 · 린다 렙스틱 지음 | **김진아** 옮김

역사비평사

차례

제2부 역사교육의 접근 방식 ─────────

한국 독자를 위한 서문

2000년대 초반에 『역사는 왜 가르쳐야 하는가(Teaching history for the common good)』가 처음 출간될 무렵, 미국과 영국을 비롯한 여러 나라에서는 역사교육을 둘러싸고 격렬한 논쟁이 오가고 있었다. 당시의 논쟁은 실증적·이론적 토대를 제대로 갖추지 못한 상태에서 수많은 정치적 레토릭과 더불어 이루어지고 있었다. 우리 두 저자는 이런 상황이 상당히 우려스러웠고, 그런 우려는 이 책을 쓰는 동기가 되었다. 『역사는 왜 가르쳐야 하는가』보다 먼저 펴낸 저서인 『역사하기(Doing History)』는 어린이들의 역사적 사고에 관한 현장 연구를 다루고 있다. 학생들의 인지 능력 및 학습에 관한 최근 이론을 살펴보고, 그 이론을 역사 교수 방법에 적용하고 싶었기 때문이다. 학생들이 어떻게 학습하는지, 특히 역사에 관해 어떤 사고를 하고, 또 역사를 어떻게 배워 나가는지를 더 체계적으로 이해하게 되면 역사교육이 더 효과적으로 이루어질 수 있으리라 생각했다.

이 책 『역사는 왜 가르쳐야 하는가』도 그런 문제의식의 연장이다.

그러나 『역사하기』가 이론과 현장 연구 결과를 토대로 '역사 교수 방법'에 관한 질문에 답하는 것이었다면, 이 책은 이론과 현장 연구의 결과를 바탕으로 '역사 교육과정'과 관련된 질문—역사 교과의 본질이나 역사교육의 목적 등—에 답해보려는 시도라고 할 수 있다.

따라서 이 책은 학생들의 역사적 사고에 관한 방대한 양의 현장 연구에 바탕하고 있다. 현장 연구는 전문 역사가나 역사 교사의 지식을 뛰어넘어 역사 교육과정을 세밀하게 이해할 수 있게 해주면서, 동시에 이를 더 큰 그림에서 이해할 수 있도록 돕는 렌즈가 된다. 역사교육 연구자는 현장 연구를 통해 역사교육을 새로운 방식으로 바라볼 수 있다. 예를 들어 미국 학생들이 역사를 이해할 때 내러티브를 주로 활용한다는 것을 보여주는 수많은 현장 연구들은, 미국 학생들이 '자유와 진보'에 관한 내러티브에 부합하지 않는 역사적 사건들을 어떻게 체계적으로 무시하는지, 그리하여 그 사건들을 어떻게 잘못 이해하게 되는지를 잘 보여주었다. 그러나 단순화된 내러티브를 통해 과거를 이해하는 것은 절대 피할 수 없는 숙명이 아니다. 왜냐하면 역사 교육과정이 내러티브에 의존하지 않고, 또 '진보'에 초점을 맞추지도 않는 북아일랜드에서 역사를 학습하는 학생들은 미국 학생들과 같은 방식으로 역사를 단순화하거나 왜곡하여 이해하지 않기 때문이다.

현장 연구는 또한 학생들의 역사적 사고가 더 넓은 사회적 흐름과 어떻게 연결되어 있는지 볼 수 있도록 해준다. 수많은 현장 연구들이 국가가 국가 정체성을 고양시키기 위해 어떻게 역사교육을 이용하고, 또 어떻게 특정한 내러티브를 만들어 나가도록 독려했는지 보여준다. 이 책이 출판된 이후 십여 년간 역사교육에서 이런 현장 연구들이 지속적으로 이루어졌고, 따라서 우리는 이제 다양한 나라의 다양한 배경을 가진 학생들이 역사를 어떻게 생각하는지에 관한 더 많은 증거를 갖추고 있다. 이러한 현장 연구는 역사적 사고, 교육과정, 사회적 배경이 어떻게 연결되어 있는지 보여줌으로써, 교사들이 학교에서 무엇을 가르쳐야 할 것인지 더욱 생산적으로 논의할 기초를 제공해준다.

역사교육을 둘러싼 수많은 논쟁—그리고 일부 현장 연구까지도—들이 이론에 제대로 토대하지 않고 있다는 점 또한 우리가 이 책을 쓰게 된 이유이다. 이론적인 토대를 갖추지 못한 현장 연구는 수업 실천을 위한 함의를 지니기 어려우며, 더 나은 교육과정을 만들기 위한 연구자들의 제안이 성공적으로 활용되기도 어렵다. 이론은 현장 연구를 더 넓은 맥락에서 일반화시킬 수 있는 기초이자, 교육정책에 활용될 수 있는 다양한 제안들에 힘을 실어주는 토대가 된다. 그래서 우리는 책 전체에 걸쳐 제임스 월취의 '중재된 행위' 이론(Wertsch, 1998)을 이용하여 역사를 가르치고 배울 때 무슨 일이 일어나는지 이해하고 설명하고자 하였다.

월취의 이론을 바탕으로 책의 전반부에서는 4가지 스탠스(stance)를 다루었다. '스탠스'는 역사교육의 '목적'과 '수업활동'을 합친 용어로, 우리는 정체성 세우기, 분석하기, 도덕적 판단하기, 보여주기의 네 가지 스탠스로 나누어 역사교육의 목적과 활동을 설명했다. 역사 교수 학습 활동이 주로 이 네 가지 방식으로 이루어진다는 것을 이해하고, 특히 네 가지 스탠스 사이에 존재하는 긴장과 모순을 이해함으로써, 역사 교사들이 역사 교육과정에 조금 더 현실적인 방식으로 접근할 수 있기를 기대한다. 이 네 가지 스탠스를 다룬 뒤에는 '문화적 도구'라는 이론적 개념을 토대로 학생들이 이 네 가지 스탠스에 어떻게 접근하는지, 그 메커니즘을 밝히고자 했다. 그러나 우리는 이런 개념들이 역사교육을 이해할 수 있는 유일한 방식이라고 말하려는 것은 아니다. 사실 우리가 강조하고 싶은 것은, 이론을 통해 볼 때 과거를 배우는 문제와 관련된 다양한 요소들이 사실은 서로 깊이 연결되어 있다는 것을 더욱 큰 그림 속에서 이해할 수 있다는 점이다.

우리의 연구를 이끈 세 번째 이유는 우리 두 저자가 '국가주의적 역사'와 '학문주의적 역사'라는 두 가지 상반된 개념 체제에 만족하지 못하고 있다는 점이었다. 국가의 존재를 정당화하기 위해, 특히 현재의 특정 정치적 입장을 정당화하기 위해 역사를 사용하는 것은 역사교육에서 오랜 전통이었다. 과거를 학습하는 문제와 관련된 이 국가주의적 입장은 교육과정과 교과서 문제를 둘러싼 논쟁의 핵심으로, 이는 여러 방식으로 역사 내용을 임의적으로 생략하거나 왜곡하는 결과를 만들었다. 말할 것도 없이 우리 두 저자는 이런 국가주의적 입장에 매우 비판적이다.

그러나 이런 입장의 강력한 대안으로 받아들여지고 있는 학문주의적 입장에 선뜻 동의하기도 어렵다. 이 입장은 소위 '역사가처럼 생각하기', 혹은 '꼬마 사학자 되기'라고 표현되는 접근으로, 우리의 첫 책인 『역사하기』는 얼핏 그런 관점을 지지하는 것처럼 보이기도 한다. 사실 우리 두 저자는 이 입장에서 제시하는 대부분의 '교수 학습 방식'에 대해 매우 동의하는 편이다. 학생들로 하여금 원사료를 읽어보게 하고, 자기만의 역사적 주장을 만들어보게 하고, 또 과거 사람들의 다양한 관점과 경험을 생각해보게 하는 것은 더 없이 훌륭한 역사 학습 방법이니 말이다. 그러나 이런 접근은 역사 '교육과정'을 발전시키기에는 충분치 않다. 왜냐하면 역사가들은 '무엇을' 가르쳐야 할지 결정할 수 있는 권위를 지닌 사람들이 아니기 때문이다(Thornton & Barton, 2010).

'무엇을 가르쳐야 할 것인가'에 관한 질문은 사회적인 주제이면서도 교육적인 질문이다. 이것은 절대 아카데믹한 학문으로서 역사를 연구하는 역사가가 진단하여 제시할 만한 주제가 아니다. 따라서 역사교육과 관련된 질문은 교육의 입장에서 바라보는 역사교육의 비전 및 목적에 기초를 두고 있어야 한다. 학생들을 '역사가처럼 생각할 수 있도록' 가르치는 것은 역사교육의 한 수단이 될 수 있을 뿐, 결코 목적 그 자체가 되어서는 안 된다.

역사 교과가 학교교육에 반드시 포함되어야 할 이유를 정당화하고, 더 나아가 역사 교과의 내용을 결정하는 가장 중요한 근거는, 바로 역사 교과야말로 학생들을 다원화된 민주 사회의 공적인 삶에 참여하는 시민으로 준비시킬 수 있는 힘을 지니고 있다는 점이다. 이 이유가 바로 이 책 『역사는 왜 가르쳐야 하는가』를 이끌어가는 비전이자, 네 가지 스탠스와 역사 학습을 위한 문화적 도구가 교육적 잠재력을 지녔는지 평가할 수 있는 기준이기도 하다. 민주주의의 기본 중 기본인 정치활동이나 투표와 관련된 부분은 역사 교과보다는 사회 교과의 주된 학습 주제이다. 따라서 역사 교과를 다루는 우리는 월터 파커의 연구(Parker, 2003)를 비롯하여 숙의민주주의에 관한 여러 이론가들을 참고하여 지속적이면서도 배타적이지 않고 시민들 간의 숙의를 이끌어낼 수 있는 민주적 삶에 대한 비전을 그려내고자 했다. 우리는 역사교육의 인문주의적 접근—현재적 이슈의 근원을 강조하고, 우리와 다른 시간 다른 장소를 살아간 이들에 대한 이해를 확장하며, 가치 문제와 직결된 복잡한 이슈를 고민해보는 것 같은—이 지닌 잠재력을 바탕으로 역사교육이 이런 민주주의적 숙의에 기여할 수 있다고 본다.

이 책은 다양한 국제적 배경에서 나온 현장 연구를 다루고 있기는 하지만, 대부분 우리 두 저자가 가장 잘 알고 있는 배경인 '미국'의 역사교육에 관한 내용이다. 그러나 우리가 이 책에서 제기하는 많은 이슈들—예를 들어 역사 학습의 다양한 목적, 혹은 교육과정과 관련된 논쟁에서 이론과 현장 연구의 역할—은 국가에 상관없이 광범위하게 적용될 수 있다. 이 책이 출판된 이후 세계의 수많은 교사와 연구자들—한국에 앞서 번역본이 나온 그리스와 일본의 교사와 연구자들을 포함하여—이 이 책을 읽었다. 이 번역이 한국의 역사 교사들에게 유용하게 활용되고, 역사교육의 목적과 방법을 둘러싼 다양한 논의를 자극할 수 있기를 희망한다. 이 책이 한국의 더 많은 독자와 만날 수 있는 기회를 얻게된 것을 대단히 영광스럽게 생각하며, 출판에 힘써준 역사비평사에 감사의 인사를 전한다.

참고문헌

Parker, W. (2003). *Teaching democracy: Unity and diversity in public life*, New York: Teachers College Record.

Thornton, S. J., & Barton, K. C. (2010). "Can history stand alone? Drawbacks and blind spots of a "disciplinary" curriculum", *Teachers College Record* 112, pp. 2471~2495.

Wertsch, J. V. (1998). *Mind as action*, New York: Oxford University Press.

서문

    이 책에서 우리는 학생들의 역사적 사고에 관한 연구들을 살펴보고, 역사라는 교과의 본질을 둘러싸고 벌어졌던 논쟁을 이해하고자 한다. 역사가, 정치인, 교육자, 대중은 학생들에게 무엇을 어떻게 가르쳐야 하는지에 대해 다양한 주장을 펼쳐왔고, 그만큼 역사교육은 지속적으로 논쟁의 대상이었다. 어떤 사람들은 하나로 통합된 국가적 스토리를 가르쳐야 한다고 주장하고, 또 다른 이들은 다양한 관점의 역사를 가르쳐야 한다고 주장한다. 어떤 사람들은 광범위한 사실 정보를 전부 가르쳐야 한다고 생각하고, 또 어떤 이들은 사료 해석을 기반으로 가르쳐야 한다고 생각한다. 일부 사람들은 국가의 영웅을 극찬하는 반면, 다른 일부는 그 영웅의 단점과 실수를 더 강조하기도 한다. 대부분의 경우 이런 의견 충돌은 교과의 본질과 목적에 관한 근본적인 의견 차이에서 기인하므로, 쉽게 합의에 이르지 못한다.

    그러나 체계적인 이론과 현장 연구는 이 논쟁에서 중요한 역할을 할 수 있다. 물론 현장 연구가 무엇을 가르쳐야 할지, 혹은 어떻게 가르쳐야 할지에 대해 우리에게 직접 말해주는 것은 아니다. 그 결정에는 가치 판단의 문제가 포함되어 있고, 그 가치는 대개 역사 속에 매우 깊이 뿌리내리고 있기 때문이다. 그러나 현장 연구는 학생들이 무슨 생각을 하고 있는지, 그리고 그런 생각이 학생들이 학교 안팎에서 접하는 정보와 어떻게 상호작용하는지에 대해 알려줄 수 있으며, 또한 학생들의 생각이 각기 다른 맥락에서 어떻게 달라지는지 보여줄 수도 있다. 이런 실질적인 증거들은 역사교육에서 엄청난 논쟁을 일으키기도 하지만, 그간 검증되지 못했던 우리들의 가정을 바로잡아줄 수 있을 것이다. 실제로 연구자들은 역사에 관한 생각을 학생들에게 직접 물어보면서 그동안 가지고 있던 생각이 상당부분 수정될 필요가 있음을 깨닫게 된다. 또한 각기 다른 문화권에서 이루어지는 교수 학습을 비교해보면, 우리는 그간 당연하게 간주해왔던 패턴들이 그저 제한된 경험의 산물일 뿐임을 깨닫게 된다.

한편, 이론은 연구자들이 논쟁을 벌일 때 사용하는 용어의 개념을 더 명확하게 만들어주고, 서로 상충되는 주장을 조직적으로 비교할 수 있게 도와주기도 한다. 이론이 부재한 상태에서는 현장 연구를 통해 나온 증거를 이해할 공통된 토대도 없기 때문에, 연구자들은 서로 다른 자신의 주장만 내세울 수밖에 없다. 사실 현장 연구의 결과는 구체적인 질문이나 주장과 관련이 있을 때에만 '증거'가 되고, 그런 질문이나 주장은 반드시 이론을 바탕으로 해야 한다.

이 책에서 우리 두 저자는 '중재된 행위(mediated action)'라는 이론적 맥락에 근거를 두고 학생들의 역사적 사고에 관한 다양한 현장 연구를 검토하고자 한다. '중재된 행위'는 사람들의 구체적인 행동과 그런 행동을 하는 인간 주체, 그리고 이들을 보조하고 제약하는 문화적 도구와 그 행동이 지향하는 목적 및 사회적 맥락을 환기시켜준다. 최근 역사교육에 관한 많은 연구들이 역사학의 학문적 지식을 역사를 가르치는 수단이자 목표로 가정하고 있지만, '중재된 행위' 이론은 그 가정에 중대한 수정을 가할 것이다. 사실 지금까지 역사교육 연구들은 '진짜' 역사학이라는 세련된 이상을 수립하고 '역사'가 대중적으로 이용될 수도 있다는 점을 일축해버림으로써 공적 논쟁에 아무런 기여도 하지 못했다. 사람들은 다양한 방식으로, 그리고 다양한 목적을 위해 역사를 사용하며, 그 방식과 목적은 학교 및 다른 공적인 맥락에 지속적으로 반영된다. 또한 어린이들과 청소년들도 역사 학습의 주된 행위자(agents)로서 다양한 역사적 환경(historical setting)에 속해 있는 존재이며, 이는 곧 어린이와 청소년들 또한 이런 역사적 환경을 기반으로 여러 다양한 목적과 도구(tools)의 영향을 받는다는 것을 의미한다. 이것이 바로 우리가 '중재된 행위' 이론을 특별히 유용한 이론으로 보는 이유이다. '중재된 행위'는 학생들이 역사를 이해할 때 다양한 범주의 교수 학습 활동, 배경, 목적, 도구가 영향을 미친다는 것을 설명해주기 때문이다.

그러나 이 책에서 우리 두 저자는 단순히 학생들의 사고에 영향을 주는 요소를 묘사하는 것 그 이상을 지향하고 있다. 우리는 학생들의 역사적 사고에 영향을 주는 요소를 평가하고자 하며, 또 교육자들이 이 요소를 포용하거나 용인하거나 혹은 거부해야 한다고 제안할 것이다. 역사교육이 우리의 교육적 비전에 더욱 근접할 수 있도록 하기 위해, 이 책은 역사교육을 개혁하는 사람도 염두에 두고 있다.

그러나 우리의 판단은 역사학이라는 '아카데믹한 학문(academic discipline)'을 토대로 하는 것이 아니다. 우리는 그런 기준을 가지고 역사교육의 방향을 고민하는 것이야말로 터무니없는 일이며, 사실 아카데믹한 역사학은 역사교육과 아무런 관련도 없다고 생각한다. 오히려 우리는 학생들이 다원주의적 민주주의에 참여할 수 있도록 하는 데 얼마나 긍정적인 영향을 줄 수 있는지를 기준으로 역사교육에 관한 평가를 내릴 것이다. 궁극적으로 우리의 관심은 '역사가 어떻게 시민들이 공공선을 위해 협력하는 데 일조할 수 있을까' 하는 것이다.

이를 위해 먼저 제1장에서는 이론과 현장 연구의 역할을 더 자세히 논의하고 '중재된 행위' 이론을 설명한 뒤, 이것이 우리의 역사교육 분석을 어떻게 안내해 나갈지를 설명할 것이다. 또한 어린이의—그리고 어른의—역사에 관한 지식과 역사를 향한 관심을 보여주는 여러 현장 연구를 소개할 것이다. 제2장에서는 다원주의적인 참여민주주의에 관한 비전을 소개하고, 그 비전이 인문주의적 역사 학습과 어떻게 관련되는지 보여줄 것이다. 제2장에서 소개되는 원리는 이 책의 나머지 부분에서 논의할 역사교육에의 다양한 접근을 평가하는 기초가 될 것이다.

3~6장에서는 역사교육을 수행하는 네 가지 주요 접근 방식을 탐구할 것인데, 이 네 가지 접근 방식에 대해 우리는 '스탠스(stance)'라는 용어를 사용했다. 첫 번째는 제3장에서 다룬 '정체성 세우기' 스탠스(identification stance)이다. 이 스탠스에서 역사를 학습하면서, 학생들은 역사와 현재의 삶이 가지는 유사성을 탐색한다. 두 번째는 제4장의 '분석하기' 스탠스(analytical stance)로, 이를 통해 역사적 사건의 원인과 결과를 탐구하고 역사를 해석하기 위해 사료를 사용하는 훈련을 받을 수 있다. 세 번째는 제5장에서 살펴볼 '도덕적 판단하기' 스탠스(moral response stance)이다. 이것은 역사를 배우면서 과거의 성공과 비극에 관한 판단을 내리거나, 과거를 단순히 기억하려 하는 것을 말한다. 마지막으로 제6장에서는 '보여주기' 스탠스(exhibition stance)를 검토한다. 이는 학업 성취 검증

과 시험을 강조하는 스탠스지만, 역사를 공적으로 드러내 보이는 문제까지 포함하여 논하고자 한다. 이 네 개의 장에서 우리는 어린이와 청소년들이 네 가지 서로 다른 스탠스를 어떻게 이해하고 받아들이는지 보여주는 현장 연구를 검토하고, 이런 접근 방식들이 어떻게 학생들을 다원주의적 민주주의에 참여할 수 있도록 하는지, 혹은 오히려 방해하는지 살펴볼 것이다.

이어지는 6개의 장에서는 역사 학습에서 중요한 여섯 가지 '도구(tool)'에 대한 설명이 이어진다. 7~9장까지는 내러티브의 각기 다른 측면을 다룰 것이다. 제7장에서는 일반적인 내러티브의 구조를 설명하고, 그것이 역사 정보의 표상과 이해에 어떤 영향을 끼치는지 설명할 것이다. 제8장에서는 개인의 성취와 동기에 초점을 맞춘 특수한 역사 내러티브 일체를 검토할 것이다. 제9장에서는 자유와 진보의 이야기, 즉 미국의 역사적 표상을 지배한 내러티브를 살펴볼 것이다. 각각의 장에서 우리는 이 도구들이 학생들의 역사 이해에 어떤 식으로 긍정적, 혹은 부정적 영향을 미쳤는지 검토하고, 미국 학생들의 생각은 다른 나라 학생들과 어떻게 다른지 비교해볼 것이다.

제10장에서는 역사 학습에서 가장 큰 지지를 받는 도구이면서도 가장 잘못 활용되고 있는 도구인 '역사 탐구(inquiry)'를 다루고자 한다. 여기서 우리는 역사 탐구가 단순히 자료를 분석하는 방식으로만 잘못 사용되고 있기 때문에 그 잠재력이 발현되지 못했다는 점을 특히 강조할 것이다. 11장과 12장에서는 감정이입의 두 가지 측면을 검토한다. 제11장은 이론적 도구인 '관점 이해하기(perspective recognition)'에 초점을 두었고, 제12장에서는 역사 학습에서 '보살핌(caring)'의 역할을 설명하려고 했다. 우리는 이 두 가지 도구 중 어느 것도 나머지 하나 없이는 민주적

시민정신에 완벽한 형태로 기여할 수 없으며, 둘을 각각 따로 사용하려는 시도는 역효과를 낸다고 주장할 것이다.

마지막으로 제13장에서는 학생이 아닌 교사에게 관심을 돌려, 교사가 가진 지식과 수업 실천에 관한 인습적 생각이 잘못된 것임을 보여주는 현장 연구를 검토한다. 우리는 교사들이 탐구적이면서도 다양한 관점을 가지고 역사에 접근하기 위해서는 역사 내용 및 교수에 관한 충분한 지식이 필요하다고 생각한다. 특히 가장 중요한 것은 교사들이 이런 접근을 통해 실현하고자 하는 궁극적인 교육 목적을 확실히 마음에 품고 있어야 한다는 것이다. 학생들을 참여민주주의를 위해 준비시키겠다는 교사들의 마음가짐이야말로 그런 목적의 근간이 될 것이다.

역사교육, 그리고 역사교육과 민주주의의 관련성을 이해하는 데 도움을 준 학자들이 너무도 많기에, 일일이 그 이름을 다 밝히기 어렵다. 일부는 이 책을 읽은 뒤 자신의 이름이 밝혀지지 않기를 바랄지도 모르겠다. 그러나 조언과 제안을 해준 많은 분들, 그리고 날카로운 피드백을 통해 우리 생각의 폭을 넓혀준 이들에게 감사를 표한다.

리차드 안젤로(Richard Angelo), 로잘린 애쉬비(Rosalyn Ashby), 이사벨 바르카(Isabel Barca), 산드라 킴브리츠(Sandra Cimbricz), 마가렛 크로코(Margaret Crocco), O. L. 데이비스 주니어(O. L. Davis, Jr.), 앨러릭 디킨슨(Alaric Dickinson), 토드 딩켈만(Todd Dinkelman), 매튜 다우니(Matthew Downey), 그래미 이스돈(Graeme Easdown), 테리 엡스테인(Terrie Epstein), 카렌 퍼거슨(Karen Ferguson), 스튜어트 포스터(Stuart Foster), S. G. 그랜트(S. G. Grant), 캐롤 한(Carole Hahn), A. 그윈 헨더슨(A. Gwynn Henderson), 다이아나 헤스(Diana Hess), 캐씨 컨(Kathi Kern), 레슬리 킹(Leslie King), 앨리슨 킷슨(Alison Kitson), 앨런 맥컬리(Alan McCully), 피터 리(Peter Lee), 스테판 르벡(Stéphane Lévesque), 태리 린퀴스

트(Tarry Lindquist), 데이비드 네일러(David Naylor), 월터 파커(Walter Parker), 린다 프리지비스쥬스키(Linda Przybyszewski), 마릴리아 가고 퀸탈(Marília Gago Quintal), 루스 샌드웰(Ruth Sandwell), 애브너 시걸(Avner Segall), 피터 세셔스(Peter Seixas), 로라 스팍스(Laura Sparks), 스티븐 쏜튼(Stephen Thornton), 브루스 밴슬레드라이트(Bruce VanSldedright), 제임스 보스(James Voss), 엔진 윌슨(Angene Wilson), 엘리자베스 예거(Elizabeth Yeager)에게 감사한다. 우리는 미국, 가나, 뉴질랜드, 북아일랜드의 많은 학생과 교사들에게도 큰 빚을 지고 있다. 역사에 대해 생각하는 바를 설명해달라고 부탁할 때마다, 이들은 매우 친절하게 소중한 시간을 할애해주었다. 또한 케이트 맥아날리(Kate McAnally)가 조직하고 이끌었던 〈Region Five Academy on Historical Perspective〉, 켄터키 동부에 있는 〈American Legacies Fellows Program〉 소속 교사들의 참여와 통찰에도 감사를 전하고 싶다. 마지막으로, 우리 두 저자가 현재만큼이나 과거에 이토록 큰 관심을 기울이는 동안 불평 없이 우리를 이해해준 가족들에게도 깊은 감사를 드린다. 쇼나(Shaunna), 하나(Hannah), 제레미(Jeremy), 제니퍼(Jennifer)는 우리의 귀환을 환영할 것이다. 아니, 환영해주기를 희망한다.

* 이 책의 각주는 모두 옮긴이가 한국 독자의 이해를 돕기 위해 단 것이고, 원저자의 주는 책의 맨뒤 미주로 붙였습니다.

제1부
역사교육과 민주주의

Teaching History
for
the Common Good

제1장
역사교육이란 무엇인가
—사회문화적 관점

사람들은 역사교육에 관해 생각해보기 전까지는 역사교육이 무엇인지 안다. 그러나 일단 이 문제를 생각하기 시작하면 아무도 역사교육이 무엇인지 모르게 된다.—앨런 그리핀(Alan Griffin)[01]

현재의 역사 교육과정 및 교수 방식에 만족하는 이는 세상 어디에도 없다. 보수주의자들은 역사교육이 지나치게 다문화적이라 생각하고, 다문화주의자들은 오히려 역사교육이 지나치게 보수적이라고 생각한다. 정치인들은 역사교육이 애국심을 충분히 고양시키지 못한다고 불평하고, 사회 개혁가들은 역사교육이 비판적 성찰을 고취시키지 않는다고 말한다. 사회과 통합교육 지지자들은 사회과에서 역사만 지나치게 강조되고 있다고 조바심을 내고, 역사 전문가들은 역사가 충분히 주목받지 못한다고 불만을 터뜨린다. 교육과정 개발진들은 학교가 시험을 대비할 수 있도록 가르쳐야 한다고 주장하고, 학교는 학교 재량껏 가르쳐야 한다고 생각한다. 학자들은 교사들이 원사료를 사용하지 않는다고 비판하고, 교사들은 학생들이 역사를 그다지 배우고 싶어 하지 않는다고 힘들어 하며, 학생들은 교과서가 너무 지루하다고 생각한다. 한마디로 말해 '엉망진창'이다.

사실 이런 혼란은 전혀 새롭지 않다. 미국에서 역사교육의 내용과 방법에 관한 논쟁이 시작된 것은 최소 백 년 전이다. 이런 류의 논쟁은 때로는 전문 교육자 집단 내에서만 이루어지기도 했지만, 가끔은 매우 소란스럽게 대중들 사이로 번져 나갔다.[02] 그리고 이런 논쟁은 미국에만 국한된 것도 아니었다. 전 세계의 교육자, 정치인뿐 아니라 일반 시민들도 역사교육이 국가적·민족적 정체성을 어떻게 지탱하거나 전복시킬 것인지, 역사가 어떻게 서로의 반감을 높이거나 화해를 끌어낼 것인지, 또 역사가 어떻게 폭압적인 정권을 지원하거나 개혁을 이끌 것인지에 대해 저마다 우려하고 있다. 그런 논쟁의 한가운데 서 있는 교사들은 주로 어떻게 더 나은 자료를 찾을 수 있을지 염려하고 있다.

그런데 미국 역사교육의 현 상황에서 가장 충격적인 사실은, 역사교육이 지난 20년 이상 주목을 받아왔음에도 정작 나아진 것은 거의 없다는 점이다. 1980년대에 출간된 몇몇 책은 국내 학생들의 역사 지식 수준을 비판했다. 그 비판은 학교 역사교육을 강화하고 개혁하며 새롭게 활력을 부여하려는 다양한 노력으로 이어졌다.[03] 그 위기감은 다소 과장된 면도 있었고, 일부 개혁은 오히려 역사교육을 뒷걸음질 치게 한 측면도 있었지만, 역사 교과에 새로이 쏟아진 관심은 수많은 연구성과를 이끌어냈다. 이를테면 1990년대에 교사 및 교육 연구자들은 흥미로운 교실 수업을 제안하는 몇몇 책을 출판했다. 톰 홀트(Tom Holt)의 『역사적으로 생각하기(Thinking Historically)』, 제임스 펄코코(James Percocco)의 『과거에 대한 열정(A Passion for the Past)』, 데이비드 코브린(David Kobrin)의 『교과서

너머(Beyond the Textbook)』, 모니카 에딩거(Monica Edinger)의 『역사탐구(Seeking History)』 등이 그 예이다. 동시에 새로운 기술과 미디어는 역사 자료의 효용성을 극적으로 증가시켰다. 오늘날 교사들은 우리 저자들이 학교 현장에서 역사를 가르칠 당시에는 꿈도 꾸지 못했던 원사료, 시뮬레이션, 수업 계획안 등을 손쉽게 접할 수 있다.[04]

   그러는 동안 역사교육 연구자들은 미국 안팎에서 역사를 어떻게 가르치고 있는지, 어린이들이 역사를 어떻게 이해하는지에 대하여 많은 연구를 수행했다. 이 책 전반에 걸쳐 논의하겠지만, 이 연구자들은 교사들이 수업과 학과를 어떻게 이해하고 있는지, 학생들은 시간, 변화, 관점, 중요성, 사료를 어떻게 이해하는지를 탐구했다.[05] 교육 분야 바깥에서는 역사학자, 사회학자, 인류학자, 심리학자들이 '공적 기억', '토착 지역의 역사(vernacular history)', '사회적 기억', '역사적 기념'에 대해 연구하고, 어른들은 어떻게 어린이들과 다른 방식으로 역사를 사용하는지에 대해서도 연구했다.[06] 또 다른 학자들은 역사의 가치가 무엇인지, 역사는 어떻게 표상되어야 하는지를 놓고 긴 논쟁을 펼치면서 사려 깊고 통찰력 있는 연구를 발전시키기도 했다. 그 대표적인 예로 조나단 짐머맨(Janathan Zimmerman)의 『미국은 누구의 것인가?(Whose America?)』, 피터 스턴(Peter Stearn)의 『기억의 의미(Meaning over Memory)』, 제임스 로웬(James Loewen)의 『선생님이 가르쳐준 거짓말(Lies My Teacher Told me)』, 에드워드 리넨탈(Edward Linenthal)과 톰 엔젤하르트(Tom Engelhardt)의 『역사전쟁(History Wars)』, 게리 내쉬(Gary Nash), 샬롯 크랩트리(Charlotte Crabtree), 로스 던(Ross Dunn)의 『시험대에 오른 역사(History on Trial)』 등을 꼽을 수 있다.[07]

   그러나 역사는 역사교육 관련 학자들이 개인적으로 탐닉하는 영역만은 아니다. 역사에 관한 논쟁은 종종 미디어의 주목을 받으면서 공적 논의의 주제가 되기도 한다. 미국 국가 역사 표준은 당대에 열띤 논쟁을 일으켰다. 이보다 더 소규모의 지역적인 논쟁들도 공적 역사의 표상에 관한 끝없는 언쟁을 야기했다.[08] 남부연방 깃발과 말콤 엑스(Malcolm X)의 사진을 전시하는 문제, 남북전쟁 참여자를 위한 기념식을 하는 문제, 학교 마스코트로 아메리칸 인디언에 관한 모욕적인 용어나 이미지를 사용하는 문제, 알라모 전투(the Alamo)*와 리틀 빅혼 전투(Little Bighorn)**에서 누구의 이야기가 회자되어야 할지에 관한 의견 충돌 등, 이 모든 문제들은 역사교육과 직업적으로 관련이 없는 이들에게도 역사에 관한 강렬한 감정을 유발한다.

어떤 이는 여러 논의와 논쟁, 그리고 학문, 연구, 새로운 기술, 역사 수업 등을 둘러싼 지난 20년간의 혼란이 역사교육의 본질과 목적에 관하여 다양한 생각을 서로 나눌 수 있도록 해주었으며, 적어도 어디서 의견이 첨예하게 대립되고 있는지 분명히 해주었다고 생각할지도 모르겠다. 그러나 지금까지 우리는 역사에 관한 주제를 두고 서로 논쟁을

---

*   텍사스 독립전쟁 당시 텍사스의 미국인과 멕시코인들 사이에서 벌어졌던 전투. 1830년대 중반 이후 텍사스의 미국인과 멕시코인 사이에서 간헐적인 교전이 시작되었고, 1836년에는 미국인 정착민이 멕시코로부터 독립을 선포하는 일이 벌어졌다. 이에 멕시코에서 독재자로 군림하던 산타안나(Antonio López de Santa Anna) 장군이 대군을 이끌고 텍사스로 진군하여 알라모에 있던 미국 수비대를 제압했다. 그러나 샘 휴스턴 장군에 의해 산하신토 전투에서 패하며 포로로 사로잡혔고, 그 압력을 못 견디고 1836년 결국 텍사스의 독립을 허용하게 된다.

** 1876년 몬태나 남부에서 벌어진 수족(Sioux) 인디언과 미국 백인들의 전투. 이 전투에서 수족 인디언은 2,500만 명에 달하는 전례 없는 대부대를 이루어 조지 커스터(George A. Custer) 대령 휘하의 연대를 기습 포위해 몰살시켰다. 여기 나열된 예시들은 모두 한 사건이나 한 인물을 둘러싼 서로 다른 해석과 평가로 인해 아직까지 논쟁 거리가 되는 주제이며, 특히 학교 교육에서는 더욱 논쟁이 될 만한 주제들이다.

펼치기만 했을 뿐, 그 누구도 일종의 협력적 숙의(collaborative deliberation)를 통해 논쟁을 종합하고 절충하는 시도를 해본 적이 없다. 또 어떤 이는 오늘날의 교실에서는 매우 시각적이고 유용한 자료들을 동원한 효율적인 수업 방식이 시도되고 있을 거라고 생각할지도 모르겠다. 하지만 사실은 그렇지 않다. 펄코코, 코브린, 홀트, 에딩거 등이 제시했던 역사 교실을 경험해본 어린이들은 사실 요즘도 극히 드물다. 우리 두 저자 중한 명의 딸은 지금 8학년 미국사 수업을 듣고 있는데, 그 수업은 기껏해야 30년 전 아이 아버지가 했던 수준에서 원사료를 분석하고, 역사 문헌을 읽고, 탐구활동과 시뮬레이션에 참여하며, 대안적인 역사적 관점을 생각해보는 정도이다. 30년간 아무것도 변한 게 없다는 말이다. 이 아이의 경험이 예외적인 거라면 좋겠지만, 애석하게도 우리는 이것이 예외적인 일이 아님을 알고 있다.

이상적인 역사 수업과 실제 수업 사이에 이토록 큰 간극이 존재하는 데는 많은 이유가 있겠지만, 특히 중요한 이유가 한 가지 있다. 앨런 그리핀이 말한 것처럼, "사람들은 역사교육에 관해 생각해보기 전까지는 역사교육이 무엇인지 안다." 각자 정치적 관점이나 학문적 배경은 다르다 해도, 많은 이들이 역사의 본질과 목적, 더 정확히 말해 '역사교육' 그 자체는 스스로의 존재가치를 따로 증명할 필요가 없다고 생각한다. 역사 교과에 관심이 있는 사람들이 단순히, 그리고 별다른 의심도 없이 어떤 가정을 받아들인다면, 다른 이들—본인 나름대로 또 다른 종류의 '지당한' 가정을 가지고 있는 사람들—과의 논쟁은 극도로 어려워진다. 이어지는 장에서 우리는 역사교육에 관해 생각해볼 수 있는 생산적인 방안들을 제안하고자 한다. 그리핀이 예견했듯이 그 결과는 아마도 역사가 무엇인지 "아무도 모르는" 상황으로 이어질 테지만, 그래도 우리는 이론과 현장 연구를 결합시킴으로써 '역사를 가르치고 배울 수 있는 가능성의 범위'를 더욱 선명하게 볼 수 있게 되기를 희망한다.

이론과 현장 연구를 통한 '역사교육'의 이해

이 책의 내용은 대부분 학생과 교사들의 역사에 대한 생각을 알아보는 현장 연구에 관한 것이다. 우리는 북미와 유럽의 교육자 집단에서 20년 이상 역사를 가르치고 배우는 데 대한 실증 연구를 수행해왔다. 한때는 많은 연구자들이 "학생들의 역사 이해에 관해서는 거의 알려진 바가 없다"고 지적했지만, 이제 그것도 옛날이야기다. 오늘날 우리 연구자들은 이 주제에 관해 많은 것을 알고 있다. 그러나 이런 대부분의 현장 연구는 개별적으로 구상·실행되었기 때문에, 북미와 유럽에서 그 결과물이 다양한 책과 논문으로 출판되었음에도 여전히 이 분야에 관한 포괄적인 종합과 개관은 부족한 실정이다. 이 책에서 학생들의 역사 이해에 관한 모든 현장 연구를 검토할 수는 없지만, 그중 가장 흥미로운 현장 연구를 소개하고, 어떻게 그 현장 연구들이 역사교육의 중요한 특징에 대한 통찰력을 제공하는지 보여주고자 한다.

현장 연구는 역사 수업 개선에 중요한 역할을 할 수 있다. 그것은 현장 연구가 무엇을 해야 하는지 말해주기 때문이 아니다. 교육 정책과 교육 실천은 언제나 근본적인 사회적 가치와 밀접하게 관련되어 있지만, 현장 연구가 아무리 실증적이라 해도 그 사회적 가치와 관련된 문제를 해결할 수는 없다. 다만 실증적인 현장 연구는 우리들이 의심 없이 받아들여온 가정들을 다시 생각해볼 계기를 마련해준다. '역사 수업의 적절한 형태는 무엇인가'에 대한 논쟁은 대개 경험적 전제들에만 의존하고 있다. 비록 이 전제들이 얼핏 자명해 보여도 실제로는 거의 기초를 갖추지 못한 경우도 많다. 한 가지 예를 들어보자. 우리 저자들 중 한 명은 몇 년 전 '예비 교사들을 위한 역사교육 방법론' 수업에서 4학년 때는 내가 사는 주(state)의 역사를 배우고, 5학년 때는 미국이라는 국가의 역사를, 6학년 때는 세계의 역사(혹은 문화)를 학습하는 식으로 진행되는 '환경 확대법(expanding horizons)' 교육과정을 설명한 적이 있었다. 한 예비 교사가 다른 나라들도 이런 교육과정을 따르고 있는지 질문했고, 그는 "물론" 다른 나라에서도 초등학교 어린이들은 자국의 역사를 먼저 배운다는 대답을 들었다.

그런데 이 "물론"은 오류였다. 대개는 그렇지만, 전 세계 어린이들이 예외 없이 자국사를 먼저 배운다는 건 사실이 아니었다. 적어도 미국에서 당연하게 간주되는 방식으로 학습하지는 않는다. 우리는 북아일랜드의 역사교육을 6개월 동안 현장 연구해본 결과, 이곳의 초등학생들은 '자국'의 역사를 공부하지 않는다는 사실을 알게 되었다. 그곳에서는 '어느 나라가 그들의 것인지'에 관한 합의가 아직 이루어지지 못했기 때문에, 아일랜드의 역사, 혹은 대영제국이나 북아일랜드 지역의 역사 중 하나를 골라 학습하는 것이 지나치게 논쟁적인 일이다. 그래서 초등학생들은 주로 근대 북아일랜드와 거의 관련이 없는 과거의 사회 구조를 배우고 분석했다. 당연하게도 이런 수업 경험은 역사 학습의 목적이나 역사 변화, 인과관계 등에 관한 이곳 학생들 특유의 역사적 사고에 영향을 미친다(이 주제는 제7장과 8장에서 더욱 자세히 다룰 것이다).

이런 현장 연구들은 미국의 교육자들에게 직접적인 시사점을 제공해주지는 않지만, 역사교육의 가능성의 범위, 그리고 그 잠재적 결과에 대한 사고를 심화시켜준다. 이어지는 장에서는 우리 저자 및 동료 연구자들이 수행한 다양한 현장 연구를 소개할 것이다. 그 연구들은 즉각적으로 드러나지 않는 역사 교수 학습의 다양한 측면을 보여주고, 우리들이 역사교육에 관해 더욱 깊이 있는 논의를 할 수 있도록 도와줄 것이다.[09]

그러나 이 책의 목표는 단순히 현장 연구의 결과를 제시하는 것만은 아니다. 사실 우리 두 저자는 독자들이 현장 연구의 유용함을 알게 되기를 희망하고 있다. 우리가 주로 우려하는 부분은 역사교육에 관심이 있는 사람들, 가령, 학부모, 교사, 연구자, 정책 입안자, 대중적으로 알려진 사학자(public historians)들이 역사과 교수(敎授)의 의미나 목표에 대한 이해를 서로 공유하지 못하여 역사교육에 관한 현장 연구가 더 실질적인 도움이 되지 못하고 있다는 것이다. 이 폭넓은 이슈에 대한 합의가 없다면, 혹은 적어도 각기 다른 관점을 비교하기 위한 공통된 어휘에 대한 합의가 없다면, 학생들의 역사적 사고에 관한 현장 연구는 교실 수업에 거의 영향을 미치지 못할 것이고, 교육과정의 내용에 관한 논쟁 또한 한 관점의 지지자들이 반대쪽 사람들—대개는 가상의 존재들이다—의 무지나 배반 행위를 꾸짖는 식으로, 비생산적인 비난의 형태로 전락해버릴 것이다. 이런 식의 '역사 전쟁'은 서로 다른 관점을 가진 사람들이 역사교육에 참여할 수 있도록 하는 공통의 토대를 제공하지 못하기 때문에 교육적 실천으로 이어지기 어렵다.

역사교육에 관한 글을 써본 적 있는 많은 학자들은 역사에 접근하는 데 여러 다른 방식들이 있다는 것을 인식하고 있지만, 그들은 종종 이 다양한 방식을 단순하게 이분화해버리는 경향이 있다. 이 이분화에는 '역사 대(對) 유산', '역사 대(對) 과거', '전문 역사 대(對) 아마추어 역사', '분석적 역사 대(對) 집단기억', 그리고 오랫동안 인기를 끌어왔던 한 쌍인 '역사의 사용 대(對) 역사의 남용'과 같은 구분이 포함되어 있다. 이런 구분에는 두 가지 문제점이 있다. 우선, 이런 구분을 제안하는 사람들은 한 가지 접근만 '진짜' 역사로 인정하고—여기서 '진짜' 역사는 대개 그들이 생각하는 아카데믹한 학문의 이미지와 동일하다—다른 하나를 적절치 못하거나 진실하지 않은, 혹은 단순히 '대중적인' 것으로 치부해버린다는 점이다.[10] 본인들이 선호하는 것과 다른 역사는 거부하고, 급기야 학교나 미디어, 일반 대중들이 자신들의 진실한 이상에 부응하지 못한다고 맹비난하기에 이른다.

그들은 매우 그럴듯한 장광설을 늘어놓지만, 공적 담론을 위한 기초를 거의 제공할 수 없다. 사실 이런 태도는 다른 관점 또한 적법할 수 있음을 인지하지 못하는 것이기 때문에, 공적 논의의 기반을 약화시킬 뿐이다. 예를 들어 역사가 애국심이나 집단적 자긍심을 고양시켜야 한다고 믿는 이들은 학문적 역사(disciplinary history)를 위한 논쟁을 '전문가들의 부적절한 수다'로 치부하고 조롱할 뿐, 학자들의 권위를 심각하게 받아들이지 않는다. 교사 및 교육계 종사자들은 학문적 지식을 좀 더 인정하기는 하지만, 그들 또한 자신의 수업을 '진짜' 역사와 거리가 먼 것으로 일축해버리는 학문 중심적 논쟁으로부터 아무런 자극도 얻지 못할 것이다. 역사를 학문적으로 사용하는 것과 대중적으로 사용하는 것에 대한 적절치 못한 구분은 역사교육의 본질과 목적에 관한 생산적인 논의를 이끌기는커녕, 그런 논의를 거의 불가능하게 만들어버린다.

이런 이분화의 두 번째 문제점은 너무 단순하다는 점이다. 역사에 오로지 두 개의 관점만 존재한다면 우리 세계는 그다지 복잡하지 않을 것이다. 이후에 논의하겠지만, 우리는 학교에서 이루어질 수 있는 역사 수업(historical practices)을 적어도 네 가지 다른 방식으로 구분하고자 한다. 이 각각의 방식은 세 가지 다른 목적을 가질 수 있고, 여섯 가지의 다른 문화적 '도구(tools)'를 사용할 수 있다. 네 가지 실천이 세 가지 각기 다른 목적과 곱해지고 여섯 가지의 다양한 도구와 혼합되어 결과적으로 역사를 이해하는 72가지의 다른 방법을 낳게 된다. 우리는 학교에서 이루어지고 있는, 그리고 현장 연구의 탄탄한 기초를 이룰 수 있는 이 72가지의 수업 방법을 가지고 논의를 펼칠 것이다! 만약 우리가 대중문화나 정치적 담론, 지역 공동체, 아카데믹한 학문이 역사를 사용하는 방식 모두를 포함시키려 한다면—심지어 아카데믹한 학문 안에 존재하는 매우 다양한 방식을 통합하지 않은 채 모두 포함시키려 한다면—아마도 더 많은 것을 찾아낼 수 있을 것이다. 이런 다양성을 '역사 대(對) 유산' 같은 대립으로 단순화시켜버리면, 역사교육이 실제로 드러낼 수 있는 더 많은 모습은 희미해질 수밖에 없다.[11]

요컨대, 학교와 사회에서 행해지는 역사교육을 지나치게 단순화시켜 '진짜 역사'와 '그 외의 것'이라는 식으로 옹호될 수도 없고 생산적이지도 않은 구분을 만들어서는 안 된다. 그것이 바로 이 책의 목표다. 즉, 우리는 어떤 관점이 본질적으로 부적합하다거나 열등하다고 무시하지 않으면서도, 여러 관점의 차이를 명확히 하면서 이론, 연구, 수업 실천을 연결시켜보려 한다. 그리하여 사람들이 역사교육에 관해 논의할 때, 대화를 가로막는 것이 아니라 적극적으로 촉진할 수 있는 방안을 제공하고 싶다. 그렇다고 해서 우리가 역사교육에 관한 모든 접근이 똑같이 가치 있다고 보는 것은 아니다. 다음 장에서 분명해지겠지만, 우리는 역사교육이 학술적 담론을 모방하는 것이 아니라 민주주의 사회에 기여할 수 있어야 한다는 가정에서 출발한다. 우리는 이 관점이 영원하고 보편적이라거나, 혹은 역사적 사고 자체에 내재되어 있다고 주장하는 것이 아니다. 이런 관점은 역사교육이 우리 사회와 우리 시대를 위해 어떤 역할을 할 것인가에 대한 우리의 명확한 비전에서 나왔다는 점을 인정한다. 아마 어떤 이들은 우리의 비전에 동의하지 않을 수도 있을 것이다. 그러나 적어도 우리의 논의는 그런 의견 충돌을 모호하게 만들기보다는 오히려 더욱 명확하게 만들어줄 것이다.

이 책 전체에 걸쳐, 우리는 사회문화적 분석을 통해 논의를 조직할 것이다. 사회문화적 관점은 인간의 사고와 행위를 이론화하는 가장 지배적인 관점이며, 우리 저자들 또한 이 관점이 교육적 실천을 이해하는 가장 생산적인 방식이라 생각하고 있다. 몇 년 전이었다면 단순한 설명 수준에 머물렀을 수도 있으나, 상황 학습(situated learning), 합법적 주변 참여(legitimated peripheral participation), 분산인지(distributed cognition), 활동이론(activity theory), 문화심리학(cultural psychology) 등과 같이 사회문화적 분석 내에서도 상당히 다양한 관점이 발전하게 되었고, 따라서 우리는 우리가 사용하려는 사회문화적 관점을 더욱 명확하고 정교하게 설명할 필요가 있다. 우리의 사회문화이론의 관점은 제임스 월취(James Wertsch)의 '중재된 행위(mediated action)'에 대한 분석, 특히 월취가 사용한 바 있는, 인간의 행위와 동기를 이해하고자 하는 케네스 벌크(Kenneth Burke)의 틀에 가장 가깝다. 벌크는 어떤 분석이라도 서로 관련된 다섯 가지의 요소를 고려해야 한다고 주장했다. 그 다섯 가지는 다음과 같다.

① 행위(act): 인간이 관여하는 생각이나 행동들
② 배경(scene): 행위가 발생하는 환경이나 배후사정
③ 행위자(agent): 행위에 관여하는 개인

④ 방법(agency): 행위가 이루어지는 수단. 사회문화적 분석의 이론 가들은 종종 문화적 도구(tools) 혹은 '도구(artifacts)'라고 부르기도 함

⑤ 목적(purpose): 행위의 동기[12]

월취는 다섯 가지 구성 요소들은 서로 관련되어 있으며, 이것이 우리가 인간 행위를 이해할 수 있도록 해준다고 주장한다. 주로 환경(배경)이나 개인(행위자)에게만 초점을 맞춘 분석은 인간의 행위를 전체적으로 이해하는 데 필요한 다른 요소들을 생략해버리거나, 적어도 경시하게 만들 것이다. 인간의 행위를 전체적으로 이해하기 위해서는 다섯 가지 요소들 모두가 각각 분석 대상이 될 필요가 있다. 물론 어려운 일이다. 그러나 월취는 '중재된 행위'에 초점을 맞추면 다섯 요소를 모두 고려하여 분석할 수 있다고 본다. '중재된 행위' 개념은 벌크가 제시한 다섯 요소 중 '행위'를 전면에 내세운다. 그러나 여기서 '행위' 개념은 도구—혹은 매개적 도구(mediational means)—를 사용하는 행위자들이 각기 다른 배경에서 각기 다른 방식으로, 각기 다른 목적을 가지고 행하는 어떤 것을 의미한다.[13]

다섯 가지 요소들은 더 광범위한 사회적 맥락 속에 자리하고 있기 때문에, 사회문화적 산물의 특징을 지닌다. 즉 도구는 시간이 지나면서 발전하고, 사회적으로 승인된 방식으로 사용된다. 그리고 사람들의 행위는 그 사람이 속한 사회 내에서 유용하다고 여겨지는 것이며, 이런 행위를 안내하는 목적은 문화적 가치에서 나온다. 역사교육에서 이런 접근이 중요한 이유는, 학생들의 머릿속에 존재하고 있다고 여겨지는 지식, 혹은 개인이 소유하고 있다고 생각되는 기술에 초점을 맞추는 것

이 아니라, 학생들 행위의 본질과 목적이 사회적인 것이라는 점, 그리고 역사 교사들은 이렇게 사회적으로 자리매김된 본질 및 목적에 주의를 기울여야 한다는 점을 환기시켜주기 때문이다.

이하에서 우리는 이런 요소들로 어떻게 역사교육을 분석할 수 있는지 그 개관을 제공할 것이다. 그리고 책의 전반에 걸쳐 학생들의 학습에 초점을 맞추어 논의를 진행할 것이다. 마지막 장에서는 교사에게 초점을 돌려, 사회문화이론이 교사들의 실천을 안내하는 데 미치는 영향을 명확히 설명하고자 한다.

네 가지 스탠스 : 역사 학습의 목적과 실천

'중재된 행위'라는 관점에서 나온 사회문화적 분석은 개인의 인지능력보다는 사회적 실재에 더 초점을 맞추고 있다. 즉, 사람들의 머릿속에 존재하는 개념적·절차적 지식이 아니라, 사람들이 구체적인 사회적 배경 속에서 행하는 행동에 초점을 맞추는 것이다. '역사하기'가 무엇을 의미하는지 명확히 하기 위해, 우리는 학생들이 역사를 배울 때 수행하는 네 가지 구체적인 행위를 밝힐 것이다. 이 행위들은 소위 역사교육의 '동사들(verbs)'이다.

우선 역사교육은 학생들이 정체성을 확립할 수 있게 해준다. 즉, 학생들이 본인 자신의 과거, 그리고 과거 사람들과 과거에 벌어진 일들이 서로 연결되어 있다는 점을 받아들일 수 있게 해주는 것이다. 이는 역사를 사용하는 가장 일반적인 방식 중 하나로, 예를 들어 학생들이 '우리나라'의 탐험, 정착, 발전에 관해 배울 때 주로 취하는 방식이다.

둘째, 역사교육은 학생들이 과거에 벌어진 일을 분석할 수 있게 한다. 즉, 학생들은 역사를 학습하면서 원인과 결과의 관계를 찾아보게 된다. 이것은 교육 개혁가들이 가장 선호하는 역사 수업으로, 학생들은 남북전쟁의 원인이나 산업혁명의 결과 등 과거의 여러 요소들이 서로 어떻게 관련되어 있는지 검토하면서 분석하기 활동을 수행한다.

셋째, 역사교육은 학생들에게 도덕적인 판단을 내릴 수 있게 한다. 학생들은 과거의 사람들과 사건을 기억하고, 존경하며, 비난한다. '도덕적 판단하기'는 분명히 드러나는 목적은 아니지만, 역사교육의 일반적인 요소임은 부정할 수 없다. 역사를 공부하면서 노예제나 홀로코스트를 비난하지 않고, 시민권 운동이나 남아프리카공화국 인종차별 정책의 종결을 기뻐하지 않는 이는 많지 않을 것이다.

마지막으로, 학생들은 역사를 학습한 뒤 그 학습한 내용을 드러내 보이라는 요구를 받는다. 즉, 학생들은 역사에 관한 정보를 누군가에게 펼쳐 보이곤 한다. 이 '보여주기' 활동은 앞서 언급된 세 가지 활동과 통합될 수도 있다. 그러나 학생들이 교과서의 정보를 잊어버리지 않았는지 질문 받을 때나 성취도 평가(standardized achievement tests)를 치를 때, '보여주기' 활동은 단순히 학습의 부수적 요소가 아니라 학생들의 학습 경험의 종점이기 때문에, 이를 별도의 카테고리로 분리시켰다.

그러나 이런 분류는 너무나 단순하기 때문에 네 가지 넓은 카테고리 속에 역사 학습에 관한 모든 경험을 몰아넣을 수는 없을 것이다. '역사 대(對) 유산' 같은 이분법보다야 낫겠지만, 학교만 들여다보더라도 이것만으로 학생들의 경험의 범주를 다 잡아내기에는 역부족이다. 더 면밀하게 검토해보면 네 가지 활동에는 각기 다른 목적을 가진 요소들이 내포되어 있다. 예를 들어, '분석하기'는 역사적 사건의 원인과 결과를 알아보기 위해 사용될 수도 있고, 역사적 일반화를 이끌어내기 위해 사용될 수도 있으며, 원사료에서 결론을 도출해내기 위해 사용될 수도 있다. 그 과정에서 학생들은 역사의 요소들, 혹은 역사를 표상하는 서로 다른 요소들이 어떻게 연결되는지 살펴본다는 점에서 모두 '분석하기' 활동을 하고 있는 것이지만, 역사 학습의 목적에 따라 학습 활동의 구체적인 모습은 완전히 달라질 것이다. 만약 학습 목적이 산업혁명과 같이 거대한 역사적 경향과 그 결과를 이해하는 것이라면 굳이 원사료를 검토할 필요가 없다. 그러나 사료와 역사적 설명을 연결지어보는 학습을 할 때는 더 많은 사료를 통해 공부할수록 더 좋을 것이다. 이런 목적을 위해서는 수십 년 혹은 수 세기에 걸친 정치적·사회적·경제적 발전의 흐름을 요약 정리한 글을 읽지는 않을 것이다.

그래서 우리는 역사교육의 네 가지 주요 활동 하위에 세 가지 목적을 구분했다. 역사교육이라는 분야에 또 다른 새 용어를 도입하는 게 주저되기는 하지만, 학습 목적과 수업 실천의 의미가 결합된 것으로 스탠스(stance)라는 용어를 사용하고자 한다. '분석하기' 스탠스(analytical stance)에서 학생들이 역사의 어떤 요소들을 분석할 때, 여기에는 세 가지 서로 다른 목적(원인과 결과의 이해, 일반화 이끌어내기, 역사 서술이 어떻게 만들어지는지 배우기)이 포함되어 있다. 또한 '정체성 세우기' 스탠스(identification stance)에는 학생들이 역사의 특정 요소들에 동질감을 느낄 수 있게 하는 모든 활동이 포함되겠지만, 이 또한 개인 및 가족의 뿌리에 특별한 감정을 가지는 것, '상상된 공동체'의 일원이 되는 것, 혹은 역사를 현재 사회의 '정당화 근거'로 받아들이는 것 등, 세 가지 다른 구체적인 목적에 따라 달리 지도될 수 있다. '도덕적 판단하기'와 '보여주기' 스탠스 또한 다양한 다른 목적을 포함하고 있다. 제3장부터 제6장까지, 우리는 이 각각의 스탠스를 더욱 자세하게 검토할 것이다.

학습 목적과 수업 실천이 결합된 이 네 가지 스탠스가 반드시 상호 배타적인 것은 아니다. 학생들은 미국혁명의 원인을 분석하는 동시에 국가의 기원을 살펴보며 정체성을 느낄 수 있고, 교실 수업을 통해 배우는 역사 정보에 대해 도덕적 판단을 내릴 수도 있다. 사실 많은 역사 수업은 두 가지 혹은 세 가지, 심지어 네 가지 스탠스 모두에서 나온 요소들을 포함하고 있다. 그럼에도 이 네 가지 스탠스와 그 안의 서로 다른 요소들을 개념적으로 구분 짓는 것은 유용한 일이다. 여기에는 두 가지 이유가 있다.

우선, 교육자들이 역사를 가르치면서 학생들에게 무엇을 요구하는지, 그리고 그런 활동의 목적이 무엇인지 깊이 생각해보는 것은 유익한 일이다. 이를테면, 학생들이 역사적 인과관계를 이해하기를 원하면서 역사적 정보를 드러내는 '보여주기' 활동을 권하는 것은 그다지 효과적이지 않다. 왜냐하면 우리가 학교 경험을 바탕으로 기억하고 있듯이, '보여주기'는 사실 어느 정도 암기와 따라하기를 통해 가장 잘 성취될 수 있기 때문이다. 또 다른 예로, 학생들이 산업혁명의 과정을 이해하길 원한다면 원사료를 읽고 분석하는 것만으로는 충분하지 않다. 사료를 이해하기 위해서는 '큰 그림'에 대한 감각이 일부 필요하기 때문이다. 활동과 목적의 연결관계를 주의 깊게 생각해봄으로써, 교육자들은 더욱 효율적인 교실 수업을 위한 결정을 내릴 수 있다.

또 다른 중요한 이유는, 스탠스들의 차이점을 고려함으로써 우리는 역사가 왜 그토록 논쟁적인지 더 잘 이해하게 되기 때문이다. 때때로 각각의 스탠스는 상호 배타적이고, 따라서 같은 주제가 두 가지 스탠스 이상에서 복합적으로 고려될 때 상호 충돌이 일어나게 된다. 미국인들이 크리스토퍼 콜럼버스(Christopher Columbus)에 관해 배우는 것은 보통 정체성 세우기와 관련이 깊다. 미국인들은 본인들이 콜럼버스와 동일한 민족 집단이라고 생각하기 때문에, 혹은 콜럼버스가 북아메리카에 정착한 유럽인의 '기원'을 대표한다고 생각하기 때문에, 콜럼버스와 본인들이 연결되어 있다고 느끼곤 한다. 그러나 또 다른 이들에게 크리스토퍼 콜럼버스에 관한 학습은 도덕적 평가와 관련되어 있다. 그들은 콜럼버스 및 당대인들이 서반구를 정복하고 강탈했다고 비난한다. 이런 마찰은 단순히 콜럼버스에 관한 서로 다른 '관점'이나 '해석'에 기인하는 것이 아니다. 이 마찰은 콜럼버스가 두 개의 서로 다른 역사 학습 활동의 대상이며, 이 둘은 공존하기 어렵기 때문에 발생한다. 쉽게 말해, 콜럼버스 혹은 다른 유럽 탐험가나 정착자들을 통해 정체성을 느끼면서 동시에 그들의 행위를 비난할 수 있는 사람은 많지 않다는 말이다.

교육과정에 여성이나 마이너리티를 포함시키는 것과 관련된 수많은 논쟁 또한 이 논쟁에 관계된 사람들이 각기 다른 입장을 가지고 있기 때문에 벌어지곤 한다. 우리는 종종 어떤 인물들은 역사적으로 중요하지 않다는 이야기를 듣곤 한다. 가령, 기용 블루포드(Guion Bluford)가 최초의 흑인 우주 비행사였다거나, 개릿 모건(Garrett Morgan)이 교통 신호등을 발견했다는 것에 누가 관심을 가질 것인가? '분석하기' 스탠스에서 이런 정보는 사소할 뿐이다. 즉 블루포드와 모건에 관해 배우는 것은 학생들이 역사적 사건의 원인과 결과를 이해하는 데 별 도움이 되지 않는다. 그러나 이런 인물들을 교육과정에 포함키는 것은 학생들에게 그들을 분석하여 이해하게 하려는 것이 아니다. 오히려 이런 인물을 통해 학생들에게 기대하는 것은 이런 인물들과 동질감을 느끼는 것이다. 특히 흑인 학생들은 자신과 같은 인종의 사람들이 미국 역사에 적극적인 참여자였다는 것을 알게 되고, 다른 학생들 또한 이런 인물을 통해 미국 사회를 다양한 이들이 국가 발전에 기여해온 다문화적 사회로 이해할 수 있게 된다.

학생들이 역사 시간에 배우는 학습의 범주, 그리고 그 학습의 목적을 명확히 하면 교육과정 내용에 대한 논의를 더욱 생산적으로 이끌 수 있다. 그러나 이는 역사교육의 다양한 목적과 수업 실천을 받아들일 것을 요구한다. 어떤 이들은 사람들 사이에 존재하는 차이점이 역사의 목적에 대한 이견에 기인한다는 것을 인정하면서도, 본인과 다른 관점이 적합할 수 있다는 가능성을 받아들이려 하지 않는다. 이런 사람들은 역사 학습에 네 가지 스탠스가 있다는 것을 아마도 인정은 하겠지만, 자신이 선호하는 스탠스 외에는 묵살해버릴 것이다. 이러다가는 아무것도 안 된다. 이 네 가지 스탠스는 미국의 역사교육에서 굉장히 일반화되어 있고, 향후 수십 년간 계속 그럴 것이다. 이 나라 대부분의 교사들, 그리고 대부분의 시민들은 우리 학생들이 네 가지 스탠스 모두를 경험해야 한다고 주장할 것이다. 따라서 이후 장에서 이 네 가지 입장에 대해 각각 논의할 때, 우리는 어떤 것이 최고라거나 혹은 어떤 것이 역사를 가장 참되게 사용하는 것이라고 주장하고 싶지는 않다. 대신 이 각각이 어떻게 '참여민주주의'라고 하는 역사교육의 궁극적인 목적에 가장 잘 기여할 수 있을지를 검토할 것이다.

역사를 이해하기 위한 도구

사회문화이론의 기본적인 가정은 사람들이 어떤 활동을 할 때 '문화적 도구(cultural tools)'를 사용한다는 것이다. 도구는 사람들이 목표를 추구해 나갈 때 사용하는 일종의 수단이기 때문에, 이런 도구가 사람들의 행동을 중재하게 된다. 가장 먼저 떠오르는 전통적인 종류의 도구는 아마 망치, 찻주전자, 바늘, 실 같은 물리적 수단이겠지만, 하드웨어, 소프트웨어, 전자통신기술 또한 우리가 직장이나 가정에서 어떤 목적을 위해 사용하는 도구임에 분명하다. 또한 도구에는 더 추상적인 수단도 포함된다. '기억장치'는 신시내티 다운타운의 도로를 기억할 수 있게 해주고, '파이 모양 그래프'는 통계 데이터를 훨씬 쉽게 이해할 수 있게 해주며, '회의 절차'는 매번 사람이 개입하지 않더라도 회의가 쉽게 진행될 수 있도록 해준다. '개념'은 손에 잡히지 않지만 세상을 이해하기 위해 없어서는 안 될 도구이다. 가령, '문화'라는 개념은 서로 다른 집단 사람들의 행동을 비교할 수 있게 해주고, '인권' 개념은 외교 정책의 결정을 내릴 수 있게 도와준다. 따라서 '도구'의 규모는 매우 폭이 넓다. 예를 들어 '언어'는 그 자체로서 도구가 될 수 있고, '빈정거림'이나 '과장' 같은 언어적 장치 또한 도구의 일부이다. 마찬가지로 개인이 사용하는 구절, 단어, 음소들 또한 도구의 구체적인 예가 될 수 있다.[14]

  사람들이 사용하는 것이라면 무엇이든지 다 문화적 도구가 된다. 이처럼 '도구'의 규모는 그 폭이 굉장히 넓기 때문에, '문화적 도구'라는 개념은 우리가 인간의 생각과 행위를 이해하는 데 도움을 줄 수도 있지만 동시에 제한을 가할 수도 있다. 그러나 이 '도구'라는 개념이 중요한 이유는, 이 개념을 통해 사람들이 활동할 때 사용하는 모든 도구 목록을 작성해볼 수 있기 때문이 아니라, 그 도구가 우리의 생각과 행위를 어떻게 결정하는지, 다시 말해 우리의 행위를 어떻게 중재하는지 생각해볼 수 있기 때문이다. 그 어떤 도구도 무한한 유연성을 지니지는 않는다. 월취의 표현대로, 모든 도구는 '행동 유도성'과 '행동 제한성'을 가지고 있다. 즉, 도구는 우리로 하여금 어떤 방식으로 임무를 수행할 수 있도록, 그러나 다른 방식으로는 수행할 수 없도록 만든다. 따라서 역사교육에서 우리는 단순히 어떤 도구가 학생들에게 도움이 될 수 있는지 아는 것뿐만 아니라, 그 도구들이 어떻게 학생들의 행위를 가능하게 하고 동시에 제한하는지 알아야 한다.

우리가 관점을 얼마나 넓히느냐에 따라, 역사 학습에 사용되는 도구는 얼마든지 찾아낼 수 있다. 교과서, 비디오, 칠판 같은 모든 물질적인 재료뿐만 아니라, 봉건제, 고대 이집트, 노예 폐지론과 같이 역사를 논의하기 위해 사용되는 개념 또한 역사를 이해하기 위한 도구이다. '중재된 행위'라는 개념은 역사교육에서 널리 사용된 적이 없기 때문에, 역사 교과에 관해 생각할 때 이 개념을 어떻게 하면 가장 효과적으로 적용할 수 있을지에 대해서도 동의된 바가 없다. 다만 우리 두 저자는 현장 연구를 통해 학생들이 어떤 도구를 사용하여 역사적 이미지를 나열하고 연대를 추정하는지 살펴본 적이 있다. 또한 월취는 미국과 구소련의 역사에 대해 이야기할 때 사람들이 사용하는 내러티브 구조(narrative template)를 검토한 적이 있다.[15]

이 책에서 우리는 목적에 맞추어 역사를 학습할 때 사용할 수 있는 여섯 가지의 광범위한 도구에 초점을 맞추어 설명할 것이다. 각각의 도구는 다양한 주제에 적용되어 학생들이 역사적 정보를 해석하는 데 큰 영향을 미칠 수 있는 절차이자 장치, 개념, 혹은 태도이다. 이 각각은 또한 충분한 이론적 기초와 현장 연구를 통한 성과를 가지고 있어서, 이것이 학생들이 역사 교과를 학습하는 데 어떤 영향을 미치는지를 검토할 수 있다. 이 여섯 가지 도구가 제7장부터 제12장까지의 주제이다.

그 첫 번째 도구는 '내러티브'의 구조이다. 내러티브는 비록 보편적이지는 않더라도 분명 역사 정보를 구조화하는 중요한 형태이자, 학생들이 역사를 배울 때 사용하는 도구이다. 두 번째 도구는 내러티브의 구체적인 종류로, 개인적인 동기와 성취에 초점을 맞춘 내러티브이다. 역사가들은 주로 국가, 경제 시스템, 사회 구조에 대한 내러티브를 말하지만, 미국의 학생들은 개인의 생각과 행위에 초점을 맞춘 내러티브에 가장 익숙하다. 개인의 동기와 성취에 관한 내러티브에서 출발하여 이후의 장에서는 더욱 구체적인 내러티브 구조인 미국 발전의 이야기로 옮겨갈 것이다. 이 또한 대단히 중요한 내러티브로, 이 내러티브 구조는 학생들이 광범위한 역사 속에서 사회가 변화하는 방향, 그리고 개별 사건이 가지는 의미를 해석하는 방식에 영향을 미치게 된다.

요컨대 우리가 검토할 첫 번째 세 가지 도구는 내러티브 그 자체, 내러티브의 한 종류(개인의 성취와 동기), 구체적인 내러티브 구조(국가의 발전)와 같이 내러티브에 주로 초점을 두고 있다. 그 다음 세 장은 내러티브에는 직접적으로 연결되어 있지 않지만 내러티브의 구조 및 해석과 종종 겹친다. 그 첫 번째가 역사 탐구(inquiry)의 과정으로, 역사 탐구를 하면서 학생들은 질문을 제기하고 증거를 평가하며 결론을 이끌어낸다. 역사 탐구는 역사 학습의 방식으로 광범위한 지지를 얻고 있으면서도 '정작 효과적으로 사용되지 못하고 있는 게 현실이다. 그 이유에 대해서는 제10장에서 논의될 것이다.

마지막 도구는 두 가지 종류의 '감정이입'으로, 이 둘은 동전의 양면과 같다. 역사교육계에서는 '감정이입'이라는 용어를 지난 35년이 넘는 세월 동안 다양한 방식으로 사용했다. 어떤 이들은 한 가지 방식으로만 '감정이입'이라는 개념을 사용하고 싶어 하며, 종종 다른 측면에서 '감정이입' 개념을 사용하는 이들을 맹렬히 비난하곤 한다. 그러나 '감정이입'은 개념적으로 구분되는 두 가지 도구를 동시에 의미하는 용어이다. 한 측면은 과거 사람들의 관점을 냉철하게 합리적으로 검토하는 일과 관련된 것이고, 다른 측면은 '보살핌'의 마음과 헌신이라는 다소 감정적인 측면을 중심으로 한다. 이 두 가지는 서로 구분될 수 있지만, 실제로 이 두 측면이 별개가 되어서는 효과적인 도구의 역할을 할 수 없다. 이 두 가지 측면이 서로를 어떻게 의지하고 있는지에 대해서는 제11장과 제12장에서 검토할 것이다.

역사를 학습하기 위한 문화적 도구를 살펴보는 여섯 개의 장에서, 우리는 이 도구들이 제공하는 '행동 유도성'과 '행동 제한성'을 강조할 것이다. 그러나 이런 판단을 위해서는 분명한 기초가 필요하다. 도구가 우리의 생각과 행위를 모양 짓는다는 것은 그 자체로는 이익도 불이익도 주지 않는다. 도구는 그냥 도구일 뿐이다. 도구는 오직 어떤 외부적 평가와 관련될 때만 행동 유도성 혹은 행동 제한성을 지니게 된다. 예를 들어, 어떤 소프트웨어 프로그램에서 자동화된 보조물로 강아지나 종이 집게가 나타나 도움을 주는 경우가 있다. 그러나 이는 그 자체로는 어떤 행동을 유도하거나 구속하지 않는다. 이는 초보자들이 일을 수행할 수 있도록 돕지만, 숙련된 사용자들에게는 방해만 될 뿐이다. 이 도구의 유용함을 어떻게 평가하느냐는 우리가 '보조'에 가치를 두는지, '속도'에 가치를 두는지에 달려 있다.

마찬가지로 역사를 학습하기 위한 도구는 학생들이 역사를 이해하는 방식에 영향을 미치지만, 그 효과를 어떻게 평가하느냐는 교육자로서 우리가 지닌 '가치'에 달려 있다. 따라서 우리는 어딘가에 이르기 위해 무엇이 최선인지를 판단하기 전에, 무엇을 성취하길 원하는지부터 결정해야 한다. 전술한 바와 같이, 우리 두 저자는 학교에서 역사를 배우는 궁극적이면서도 가장 정당한 이유는 역사교육이 민주주의적 삶에 기여하기 때문이라고 믿고 있다. 이 목표가 이런 각각의 문화적 도구에 대한 우리의 평가를 안내해줄 것이다.

역사 학습의 주체

역사 학습에 관한 사회문화적 관점은 사람들이 사회에서 적극적으로 역사 학습과 관련된 행위를 한다는 가정을 토대로 하고 있다. 과연 이것이 사실일까? 정치인들, 학자들, 신문 칼럼니스트들 및 권위자들은 대중들이 역사에 대해 얼마나 무지하고 무관심한지 지적하고, 때로는 미국인들이 유난히 비역사적이라 말하곤 한다. 다른 나라 사람들은 자신들의 역사에 대해 훨씬 많은 지식을 가지고 있고, 이와 관련된 많은 활동을 한다면서 말이다. 이런 비교가 진짜인지는 실증하기 어렵겠지만, 미국인들이 본인들의 역사에 거의 관심이 없다는 주장은 분명 터무니없는 것이다.

예를 들어보자. 로이 로젠웨이(Roy Rosenzweig)와 데이비드 텔른(David Thelen)은 1990년대 중반에 1,500명의 미국 주민들을 대상으로 전화 설문을 했다. 두 연구자는 이 설문을 토대로 인터뷰 연구도 수행했는데, 이때 "얼마나 자주 역사박물관에 가십니까?", "공식적이든 비공식적이든 가족의 역사를 연구해본 적이 있습니까?", "역사/과거/유산/전통과 같은 단어를 들으면 무슨 생각이 떠오릅니까?", "일상생활에서 역사를 통해 알게 된 지식을 활용하곤 합니까?"와 같은 질문을 던져 사람들의 일상에서 역사가 어떤 역할을 하는지 물어보았다. 그 결과, 미국인들은 정기적으로 박물관이나 유적지를 방문하고, 조부모나 친척들과 역사에 대해 이야기하며, 역사 영화나 역사책을 감상하고, 오래된 사진을 보고, 가족의 역사를 연구하며, 역사 관련 취미 활동이나 수집 활동을 하는 등, 광범위한 방법을 통해 역사 학습과 관련된 활동을 하고 있다는 압도적인 증거가 발견되었다. 소득 수준, 교육, 인종, 젠더와 상관없이 많은 이들이 이런 활동을 하며 살고 있었다. 로젠웨이와 텔른의 결론은, 역사는 "명백히 일상의 리듬의 한 부분"이라는 것이었다.[16]

게다가 제법 많은 사람들이 이런 역사 관련 활동을 위해 일상적 활동 그 이상의 열정을 바치고 있었다. 이 '아마추어 역사가'들은 상당한 양의 시간과 돈, 에너지를 본인들의 관심 분야에 바쳤다. 가령,

> 이 사람들은 지역 역사단체에서 자원봉사를 하고, 유서 깊은 장소로 견학을 가고, 전쟁 재연을 하면서 옛날 유니폼을 입어보기도 하고, 철도 역사회를 위해 옛날 기관차를 수리하고, 역사 잡지인 『미국의 유산(American Heritage)』이나 『미국사 도록(American History Illustrated)』의 구독 신청을 하고, 노동조합이나 교회에 딸린 기록보관소를 관리하며, 역사 북클럽에서 장서를 모으고, 가족 계보를 만들며, 전통이 깃든 집을 보수하고, 제2차 세계대전에 관한 보드게임을 만들어 즐기고, 20세기 초반의 서커스 기념품을 수집하며, 아르 데코(art deco) 영화관을 유지하기 위한 로비를 한다.

이 인터뷰에 기반하여 로젠웨이와 텔른은 "수백만 명의 미국인들이 정기적으로 역사를 기록하고, 보존하며, 연구하고, 이야기하며, 토론하

고, 공부한다"는 결론을 내렸다.[17]

역사가 많은 이들에게 이렇게 중요한 의미를 가지고 있는데도, 왜 사람들이 역사에 대해 무지하고 무관심한 것처럼 보이는 것일까? 혹시 그들을 매혹시킨 역사가 '잘못된 종류'의 것이기 때문은 아닐까? 로젠웨이와 텔른의 설문에 참여했던 사람들은 공적인 사건이나 국가적 서술보다는 과거 사람들의 개인적인 경험에 큰 관심을 보였고, 박물관을 방문하거나 취미 활동을 하면서 조부모와 대화를 나눌 때 비로소 본인들이 역사와 가장 관련이 깊은 활동을 하고 있다고 느꼈다. 학교에서 배웠던 역사에 대해 설명해보라고 하자 이들의 대답은 단호했다. 학교에서 배우는 역사는 "나와 아무런 관련도 없고", "완전하지도 못하며", "무미건조할 뿐만 아니라" 쉽게 말해 "그저 지루할 뿐"이라는 것이다.[18] "사람들은 역사에 무관심하다"는 말은 사실상 "사람들은 내가 그들이 관심을 기울여주길 바라는 역사에 관심이 없다"는 의미일 뿐이다. 이 둘은 명백히 다른 문제이다.

어린이에 대해서도 마찬가지다. 학자들의 인식과 실제 상황은 완전히 다르다. 우리 두 저자는 수십 년 동안 사범대(teacher education)가 아닌 다른 전공의 동료 교수들에게 어린이들의 역사 이해에 관한 연구를 설명할 때마다 충격적일 만큼 똑같은 대답을 듣곤 했다. 그들은 거의 예외 없이 "애들은 역사를 이해하지 못해요!" 혹은 "어린애들은 역사에 대해 아무것도 모르죠!"라고 잽싸게 쏘아 붙이곤 했다. 어린이들은 역사에 대한 지식도, 이해도, 공감도 어른들보다 훨씬 부족하다고 묵살당한다. 그러나 이 또한 터무니없는 생각이다.

로젠웨이와 텔른의 설문조사와 비슷한 시기에 우리 두 저자는 유치원생부터 6학년까지 학생들에게 역사에 관한 질문을 던져본 적이 있었다. 1980년대까지 대부분의 연구는 어린이들의 역사 이해 능력에 대해 대단히 비관적인 결론을 내려왔다. '시간'에 대한 어린이들의 이해는 본질적으로 미진하다고 지적되었고, 역사적 사고는 추상적 관념을 가질 수 있는 높은 인지 수준을 요구하는데, 그 수준은 청소년 말기까지 형성되지 못한다는 주장도 있었다.[19] 그러나 1970년대 영국에서 이루어진 일부 연구는 초등학교 고학년 학생들이—심지어 저학년 학생들도—이미 역사에 대해 매우 복잡한 생각을 할 수 있음을 증명했다.[20]

또한 우리 저자 중 한 명은 역사 내러티브에 대한 초등학생들의 반응을 살펴보는 현장 연구를 통해, 7살 어린이들도 역사에 대단히 관심이 높고, 역사에 관한 배경 지식에 의존하여 역사 교과와 관련된 복잡한 추론을 해낸다는 점을 알아냈다.[21] 어린이들의 역사적 사고 범위는 학술적인 연구가 건드리지 못한 분야로 남아 있었고, 특히 우리는 어린이들이 역사에서 시간 개념을 어떻게 이해하는지에 관심을 집중했다(시간 개념에 대한 이해는 어린이들의 인지 범위를 넘어서는 것으로 가장 자주 꼽혔던 분야 중 하나이다).

이 현장 연구를 위해서는 학생들의 생각을 끌어낼 수 있는 독창적인 방법이 필요했다. 과거에는 주로 지필검사 형태로 조사가 이루어졌는데, 이런 방식보다는 학생들이 자기 생각을 스스로 상세하게 설명하도록 하는 개방형 인터뷰(open-ended interview)가 학생들의 광범위하고도 깊은 생각을 드러내 보일 수 있을 것 같았다. 그러나 평범한 인터뷰는 비생산적인 지필검사를 그저 구두로 대체하는 수준에 그칠 우려가 있었다. 우리는 단순한 구두 질문만으로는 시간에 대한 어린이들의 이해를 파악하기 어려울 거라고 생각했다. 예를 들어, "남북전쟁과 미국혁명 중 어떤 것이 먼저일까?" 같은 질문은 말로 표현되든 글로 표현되든 그저 지루하고 비슷비슷한 대답만 유도할 수 있을 뿐이다. 더욱이 우리는 학생들이 풍성한 내러티브의 구조 안에서 자신이 알고 있는 역사를 적극적으로 설명하고 싶어 한다는 것을 알고 있었지만, 짧은 인터뷰 시간 동안 학생들이 이런 풍성한 내러티브를 모두 말하기는 어려울 것이고, 또한 그런 풍성한 내러티브는 정작 우리 연구자들이 학생들과 함께 이야기 나눌 수 있는 역사적 시간의 범위를 제약할 가능성이 있었다.[22]

결국 우리는 어린이들이 역사에서 시간 개념을 어떻게 이해하는지 알아보기 위해 시각 이미지를 사용하기로 했다. 우리는 미국의 여러 시기(식민지 기간, 남북전쟁 이전, 1800년대 후반, 경제공황 시기, 1950년대 등)를 담은 9장의 사진을 골랐다. 각각의 사진은 바쁘게 일상을 살아가는 사람들을 보여주면서 어느 시기의 사진인지 드러내는 다양한 단서를 포함하고 있었다.[23] 총 58명을 인터뷰하면서 우리는 우선 한 번에 한 장씩 사진을 보여주고, 학생들에게 그 사진을 "가장 오래된 시기"부터 "가장 현재에 가까운 시기"의 순서로 나열해보라고 했다. 그리고 학생들이 배열한 사진을 보면서 '왜 이건 더 오래 전이라고 생각했는지, 또는 최근이라고 생각했는지' 설명하도록 했다. 그리고 나서는 각각의 사진이 언제 적 모습이라고 생각하는지 물었고, 또 "이런 것들이 시간에 따라 어떻게 변화해가는지에 대해 더 말해줄 게 있니?", "이런 것들이 오래 전에 비해 어떻게 달라졌는지에 대해 더 설명해줄 게 있니?", "학교 밖에서도 역사나 과거, 아니면 오래 전의 것들에 대해 배워본 적이 있니?"와 같이 역사에 대한 더욱 일반적인 질문도 던졌다.[24]

이 인터뷰는 깊이 있는 대답을 이끌어낼 효과적인 방법이었다. 학생들은 사진에 상당히 흥미를 보였고, 사진 나열하는 일을 즐거워했다. 또 학생들은 더 일반적인 용어로 역사에 대해 이야기하고 싶어 했다. 사진은 추상적인 질문에 대답할 수 있도록 어린이들의 "몸을 풀어주는" 것 같았고, 어린이들이 인터뷰 내내 참고할 자료가 되어주었다. 아마 더 중요한 것은, 학생들이 자신들의 생각에 관심을 기울이는 연구자들에게 고마워했다는 점일 것이다. 많은 어린이들은 다른 사람들에게 역사에 관한 자기 생각을 말해주려고 벼르고 있었던 것처럼 보였고, 우리 연구자가 마침내 이 어린이들에게 말할 기회를 준 듯했다. 이 인터뷰는 역사적 시간에 대한 학생들의 이해에 대해서뿐만 아니라, 역사가 학생들의 삶에서 어떤 역할을 하는지에 대해서도 많은 정보를 끌어냈다.

특히 이 인터뷰는 두 가지 측면에서 어린이들이 역사 학습의 주체라는 점을 보여주었다. 첫째, 이 인터뷰는 어린이들이 역사에 대해 매우 많은 것을 알고 있다는 것을 분명히 드러냈다. 어린이들이 모든 사진들을 각기 다른 시기로 정확히 구분해내지는 못했지만—경우에 따라 여러 장의 사진을 같은 시기로 구분하기도 했다—가장 어린 아이조차 대부분의 사진을 올바른 순서대로 나열했다. 본인들이 나열한 것을 설명하면서, 어린이들은 옷, 가구, 건축 양식의 변화, 그리고 일터와 일상의 삶에 과학기술이 미친 영향력과 같이 방대한 배경 지식에 의존하여 인간의 삶이 시간에 따라 어떻게 변화해가는지 이야기했다. 한 가지 예를 들자면, 모든 학생들, 심지어 유치원생들조차도 서부 개척 시대의 포장마차가 자동차보다 먼저라는 것을 알고 있었다. 또 대부분의 학생들은 1920년대, 1950년대, 1990년대의 자동차를 순서대로 정확하게 나열했다.

어린이들이 역사에 익숙하다는 또 다른 증거는, 이들이 사진 나열 과제를 할 준비가 되어 있었다는 점이었다. 대답이 애매모호했던 몇몇 유치원생을 제외하고 모든 학생들은 우리가 사진을 가장 오래된 것부터 가장 최근의 것까지 순서대로 나열하라고 했을 때, 무엇을 시키는지 단번에 알아챘다. 아마도 학생들은 사건, 혹은 그 사건에 관한 이미지를 시간에 맞게 배치하는 것과 유사한 활동을 해본 경험이 이미 있었을 것이고, 따라서 이 인터뷰는 학생들이 쉽게 이해할 수 있는 활동이었던 것이다. 6살짜리 학생들이 200년이 넘는 시간 범위에 걸친 일련의 사진들을 매우 손쉽게 순서대로 나열했다는 사실은, 어린이들에게 역사적 지식이 부족하다는 일반적인 인식이 수정될 필요가 있음을 보여준다.

이 인터뷰는 또한 어린이들이 역사를 배우는 데 적극적인 참여자라는 점을 증명하는 사례가 될 수 있다. 로젠웨이와 텔른은 어른들이 대개 친척들과의 논쟁, 박물관 방문, 역사 관련 취미, 혹은 족보 연구와 같이 본인들이 직접 개입할 수 있는 역사 관련 활동에 관심이 컸다고 강조했다. 그러나 단순히 정보를 흡수하라고 했을 때는 역사에 대한 관심이 가장 떨어졌다. 그런 이유로 이들은 학교에서의 역사 학습을 지속적으로 비난했던 것이다. 그렇다면 어린이들은 어떤가? 학교 안팎에서 어린이들은 활동적으로 역사 연구를 했던 어른들을 통해 그저 정보를 '쌓기'만 하는 것일까? 우리의 인터뷰는 솔깃하기는 하지만 결론을 내릴 수 없는 대답을 던져준다. 몇몇 학생들은 심지어 학교에서의 역사 학습을 지루하게 여기면서도, 친척들로부터 역사에 관해 배우는 것을 좋아한다고 대답했다. 또 어떤 학생은 할아버지, 할머니와 함께 역사 관련 문서와 유물에 대해 어떤 이야기를 나눴는지 설명해주기도 했다. 어떤 어린이는 할머니가 돌아가신 뒤 가족들이 함께 할머니 책상의 물건을 뒤졌다고 이야기했다. 이 학생은 "누군가 나에게 그냥 이것을 가르치려고 하면 지루할 수 있지만, 뭔가를 자세히 보고 그것에 대해 상세히 알게 해주면, 그건 그냥 역사를 배울 때와는 다를 수 있어요"라고 말했다.[25] 비록 우리의 인터뷰는 학생들이 이런 상황에 참여하는 모습에 관해 제한적인 정보만 제공할 뿐이지만, 이런 대답은 학생들이 수동적인 학습자 이상이라는 점을 보여준다.

학생들의 역사 학습 참여에 대하여 더 많은 정보를 주는 또 다른 현장 연구도 있다. 우리는 33명의 4학년, 5학년 학생들에게 연대기 순서로 이미지를 나열해보라고 주문했다. 이 연구에 참여한 학생들 일부는 1년의 수업 과정 동안 우리와 다양한 인터뷰를 해본 학생이었고, 우리 연구자들도 이 학생들의 교실 수업이나 가벼운 토론을 관찰한 적이 있었다. 이 연구는 훨씬 더 집중적으로, 더 장기간에 걸쳐 이루어졌기 때문에 우리는 학생들에게 더욱 친밀하게 다가갈 수 있었고, 따라서 학생들도 자기 삶에서 역사의 역할에 대해 더욱 정교하게 설명해줄 수 있었다. 또한 이 수업의 교사는 학생들을 다양한 시뮬레이션 및 체험 활동에 꾸준히 참여시켰기 때문에, 학생들은 역사과의 본질 및 이 교과에 대한 자기만의 생각을 되짚어볼 충분한 기회를 가진 상태였다.[26]

이전 연구에 참여했던 학생들과 마찬가지로, 이들 역시 다양한 배경지식을 이용해 사진을 시기에 맞게 순서대로 나열했다. 또한 이런 배경지식이 자신들이 역사를 이해하는 데 영향을 미친다고 이야기했다. 그러나 이 학생들은 역사와 관련된 정보를 단순히 받아들이기만 하는 것이 아니었고, 역사 학습 과정에 그저 수동적으로 마지못해 참여하는 관찰자들도 전혀 아니었다. 학생들은 모두 역사에 관심이 있다고 말했고, 친지들과 역사에 관해 이야기하는 것을 좋아한다고 했다. 뿐만 아니라 많은 학생들이 역사 정보를 끊임없이, 그리고 활동적으로 찾아냈다. 예를 들어 한 여학생은 아버지와 함께 "카우보이랑 카우보이 물건을 가지고 역사를 공부하곤 했어요. 아빠가 카우보이를 좋아해서 카우보이 모자도 몇 개 가지고 있고, 또 카우보이에 관한 그림을 그리기도 했거든요. 나는 아빠한테 카우보이가 사용하는 여러 물건에 관해 물어봤어요. 그게 재미있었거든요"라고 말했다. 한 남학생은 학교에서 배웠던 것에 관해 더 설명해달라고 부모님에게 부탁한 적이 있다고 대답했다. "학교에서 어떤 주제를 가지고 얘기를 했는데, 그날 집에 가서 엄마 아빠한테 더 물어봤어요. (…) 그러고 나서 우리는 역사가 어떻게 진행되었는지에 대해 이야기하기 시작했어요." 어떤 학생들은 심지어 역사를 배울 기회가 부족해서 실망스럽다고 했다. 학교에서 더 일찍부터 역사를 배우면 좋겠다거나, 혹은 베트남전쟁에 참전했던 삼촌이 자기 경험을 이야기해주길 싫어하는 게 아쉽다고 말하면서 말이다.[27]

또 한 가지 중요한 점은, 이 학생들은 자기 자신을 포함한 다른 여러 사람들이 역사에 대해 아는 것이 많고, 또 역사를 인식하고 있는 존재라고 생각하고 있었다는 점이다. 예를 들어 학생들은 학교에서 역사를 배우기 전부터 학교 수업과 별개로 가지고 있었던 자기만의 역사적 관심, 그리고 친구나 친척들이 가진 역사에 대한 관심에 대해 이야기하곤 했다. 한 학생은 본인과 어머니, 아버지가 "블랙풋족(Blackfoot) 인디언의 갈래인 샤이엔족(Cheyenne) 인디언이기 때문에 인디언에 대해 잘 알아요"라고 말했고, 다른 학생은 "저는 군대나 전쟁 같은 것들, 아니면 옛날 대통령에 관심이 있어요"라고 털어놓았다. 사람들이 왜 역사를 공부하느냐는 질문에 대해, 한 여학생은 "그냥 과거에 무슨 일이 일어났던 건지 알아보려고요. (…) 그건 모든 사람들이 알기 원하는 거잖아요"라고 한 데 비해, 한 남학생은 다음과 같이 설명했다.

그러니까 사람들은 남북전쟁 같은 것들에 대해 알고 싶어 하는 거죠. 세실(최근에 전학 간 친구) 같은 경우에, 걔는 맨날 남북전쟁 관련

책들을 읽었어요. 그런데 옛날에 동전이 어떻게 만들어졌는지 같은 것을 배운다면, 세실은 아무 관심도 없을걸요. 걘 그냥 수업 시간에도 남북전쟁에 관련된 책을 읽으면서 자리만 채우고 있겠죠.

학생들은 또 언젠가는 이런 지식을 자기 자식이나 손자들에게 전해주게 되길 기대하고 있었다. 가령 어떤 학생은 "이건 전통 같은 거예요"라고 지적했다. 이 학생들은 학교에서 이 교과를 공부하기 전부터 자기들만의 역사적 지식이나 관심을 가지고 있었을 뿐만 아니라, 그런 관심이 인간의 기본적인 특성이라고 생각하고 있었다. 즉 역사는 "모든 사람들이 알고 싶어 하는 것"이라고 생각하고 있었다.[28]

수많은 동료 연구자들과 우리 두 저자의 연구는 모두 역사에 관한 어린이들의 생각이 매우 복잡하며, 따라서 역사교육의 이론 및 연구에서 중요한 주제가 되어야 함을 보여주고 있다.[29] 그러나 모든 이들이 이에 동의하지는 않을 것이다. 몇 년 전 겨울 휴가 때 대학의 한 리셉션에서 우리 저자 중 한 명은 어떤 교수와 인사를 나누었다. 그때 그 교수는 우리의 연구 주제를 듣더니 "어린애들은 아무것도 모를 것 같은데요. 아무것도"라고 단정적으로 응답했다. 어린이들이 패션, 과학기술, 건축 등에 대해 얼마나 많이 알고 있는지 설명한 뒤에도 그는 이런 새로운 발견을 퉁명스럽게 무시하며 "그건 역사가 아니죠, 그건 문화예요"라고 냉소적으로 대꾸했다. 역사에서 문화를 빼면 무엇이 남는지, 도대체 누가 과거에 관한 지식이 역사적인지 아닌지 구분할 수 있게 했는지 끈질기게 따지고 싶었지만, 휴가의 참 뜻에 대한 새로운 주제로 대화가 옮아가기도 했고 온건한 동료 교수들이 논쟁을 만류했던 터라 더 이상 질문하지는 않았다.

그러나 그와 우리의 관점의 차이는 우리가 사회문화이론에서 특히 어디에 주안점을 두고 있는지를 잘 드러내준다. 우리는 '올바른' 역사적 사고, 혹은 올바른 역사 이해에 관한 추상적 표준에 학생들이 얼마나 순응하고 있는지는 관심이 없다. 우리는 방정식의 다른 한편,—반대쪽에는 '올바른 역사적 사고'라는 개념이 있다—즉 학생 자체에서 출발한다. 우리는 학생들이 역사에 관해 무엇을 생각하는지, 그리고 학생들의 생각이 사회적 맥락과 어떻게 연결되는지를 알고 싶은 것이다.[30]

역사 학습의 맥락

사회문화이론은 인간의 생각과 행위가 개인을 넘어 사회적 맥락에 뿌리를 두고 있다는 가정을 토대로 한다. 사람들은 자기 스스로 역사 지식을 만들어가는 것이 아니라, 여러 사회 집단에 속한 일원으로서 역사 지식을 구성해 나간다. 어린이들과 인터뷰해보면, 어린이들은 다양한 공동체에서의 경험을 바탕으로 역사를 학습한다는 점이 분명히 드러난다. 4, 5학년이 되기 전까지 대부분의 어린이들이 학교에서 제대로 된 역사를 배우지 않는데도, 이들은 이미 그 전부터 역사에 관한 자기만의 생각을 만들어간다. 예를 들어 〈행복한 날들(Happy Days)〉이나 〈초원의 집(Little House on the Prairie)〉 같은 텔레비전 프로그램을 보면서 미디어를 통해 역사를 배우기도 하고, 교과서가 아닌 다양한 장르의 책이나 만화책에서, 야구 트레이딩 카드나 아메리칸 걸스 인형을 가지고 놀면서, 혹은 가족과 함께 박물관이나 유적지를 방문하면서 역사를 배운다. 가장 빈번하게는 어린 시절에 관한 이야기나 가족이 살아왔던 이야기,

전쟁 같은 역사적 사건에 참여했던 이야기를 친척에게 들으면서 역사를 배운다고 대답했다. 그리고 문서, 사진, 여타 다른 유물을 살펴보면서 가족의 역사에 관한 이야기를 나눈다고 설명했다.[31] 이런 상황은 로젠웨이와 텔른이 인터뷰를 통해 알아낸 결과와 매우 유사하며, 어린이들이 어른과 마찬가지로 역사 탐구에 참여한다는 것을 확인시켜준다.

이런 연구는 학생들의 역사적 사고를 분석하는 데 다양한 함의를 지닌다. 첫째, 학교에서 학습하는 역사뿐만 아니라, 어린이들에게 과거에 대해 생각해보게 해주는 여러 다른 환경도 주목할 필요가 있다는 점이다. 어린이들이 방문하는 박물관이나 역사 유적지, 주로 시청하는 텔레비전 프로그램과 영화, 학교 외의 곳에서 읽는 역사서에서 역사가 어떻게 그려지고 있는지 알아야 한다. 또한 가족이나 친척들이 어떤 역사를 어린이들에게 말해주고 있는지도 알아야 한다. 학교에서도 마찬가지다. 필수 교과나 교육과정의 목적, 그 이상의 더 많은 것에 대해 알 필요가 있다. 가령, 교사들이 학생들에게 역사에 관한 정보를 어떻게 전달하는지, 그리고 교과서 및 여러 다른 자료들이 그 내용을 어떻게 제시하는지 알 필요가 있다. 이는 개별화된 정보에 주목하는 것 이상을 의미한다. 또한 이런 상황에서 역사를 지도하는 전반적인 목적, 그리고 그 목적이 내용을 선택하고 구조화하는 데 어떤 영향을 미치는지도 알 필요가 있다. 지식은 사람과 환경 사이의 상호작용을 통해 나오는 것이기 때문에, 학생들이 역사와 마주하는 상황들 자체를 이해해야만 비로소 학생들이 자기 생각을 어떻게 발전시켜 나가는지를 알 수 있을 것이다.

다행스러운 점은, 이런 주제들이 어느 정도는 관심을 끌고 있다는 것이다. 예를 들어 박물관과 교과서가 연구 주제가 되기도 했고, 역사 영화와 어린이 문학 작품이 비판적 분석의 대상이 되기도 했다.[32] 따라서 이 책 전체에 걸쳐 우리는 학생들이 역사에 관해 배우게 되는 다양한 맥락에 관심을 기울일 것이고, 그런 맥락을 바탕으로 역사가 어떤 방식으로 제시되고 있는지 설명할 것이다.

사회적 맥락의 영향을 고려한다면, 같은 국가 내에 존재하는 다른 민족 집단을 비교하는 것뿐만 아니라 국제적인 비교 또한 유의미할 것이다. 만약 역사 학습의 배경이 어린이들의 역사 이해에 영향을 미친다고 가정한다면, 다른 배경에서 역사를 접하는 어린이들은 분명 다른 생각을 할 것이기 때문이다. 이런 질문에 답하기 위한 수많은 방법이 있겠지만, 역사적 표현이 달라지는 두 가지 가장 중요한 요소로 국가적 시민정신(national citizenship)과 민족 집단의 일원으로서의 의식(ethnic group membership)을 꼽을 수 있을 것이다. 다른 국가의 학생들은 다른 교육과정과 마주할 것이고, 박물관과 미디어 또한 국가별로 다른 모습을 띠고 있다. 한편 민족성 또한 사회적 경험의 결정적 요인으로 작용하며, 따라서 같은 국가 내에서도 서로 다른 민족 집단들은 상당히 다른 모습으로 역사를 표현하게 된다. 이런 차이에 주목함으로써 학생들의 생각이 그들의 환경과 어떤 식으로 상호작용하며 발전하는지 더 잘 이해할 수 있을 것이고, 이를 통해 역사 학습의 본질에 관한 검증되지 않은 섣부른 가정에 경각심을 가지게 될 것이다. 우리가 미국 밖의 나라에서 수행했던 연구의 경험을 통해, 전 세계 어린이들이 항상 자국사를 먼저 학습한다고 생각했던 것이 오류였음을 알게 되었던 것처럼 말이다.

다른 맥락에서는 다른 종류의 교육 실천이 요구된다는 점을 바탕으로, 사회문화적 관점에서는 '배경'이 얼마나 중요한지 강조되기도 한다. 환경에 따라 역사 정보의 내용이나 해석만 달라지는 것이 아니라 역사가 사용되는 방식 또한 달라진다. 월취가 지적한 바와 같이, 역사교육은 고립된 노력이 아니라 "매우 복잡하게 진행되는 활동의 일부"이고, 사람들이 역사를 어떻게 활용하는지 검토하기 위해서는 그들의 활동이 더 넓은 맥락 속에 어떻게 자리 잡고 있는지가 우선 고려되어야 한다. 왜냐하면 "어떤 사람은 어떤 특정 맥락에서 생각하고, 또 다른 사람은 또 다른 특정 맥락에서 생각하기 때문"이다. 예를 들어 월취는 구소련에서 역사가 어떻게 사용되는지 살펴보는 연구를 통해, 개인은 국가의 공식 내러티브 및 해석과 충돌하지 않기 위해 자신의 역사 지식을 공공연히 드러내는 것을 조심스럽게 통제한다는 것을 알게 되었다. 그곳에서는 공적인 행위가 국가에 의해 면밀히 감시되었기 때문에, 개인이 역사 지식을 제대로 통제하지 못할 경우 상당히 위험한 결과를 초래할 수 있었다. 그러나 구소련 사람들 또한 사적으로는, 즉 가까운 친구들이나 가족과 함께 있을 때는 훨씬 더 자유롭게 역사를 해석했고, 공개적으로 이야기하기 힘든 다른 측면의 역사적 관점을 내비치기도 했다.[33]

우리 저자들의 현장 연구 중, 특정한 상황이 역사교육 활동에 대단히 큰 영향을 미친다는 것을 잘 보여주는 사례로 북아일랜드에서의 연구가 있다. 앨런 맥컬리(Alan McCully)와 함께 수행했던 이 연구를 보면, 북아일랜드의 중·고등학생들은 학교에서의 역사와 길거리에서의 역사가 다르다는 것을 분명히 자각하고 있었다. 많은 학생들이 학교 역사교육의 목적은 오늘날의 세계의 기원에 대한 균형 잡힌 설명을 제공하는 것이라고 본 반면, 학교 밖에서 접하는 역사는 자신의 정체성을 확립하고 정치적 입지를 정당화하며, 다른 사람들을 "귀찮게 만드는" 것을 목표로 한다고 보았다. 더욱이 학생들은 두 가지 다른 상황에서 다른 방식으로 역사가 활용될 수 있음을 인식하고 있었고, 또 학교에서는 완전하게 용인되고 심지어 고무되기까지 하는 관점이 학교 바깥에서는 절대로 말로 표현되어서는 안 된다는 점도 자각하고 있었다. 예를 들어, 수업 시간에 학생들은 본인들의 정치적·종교적 공동체 출신의 역사적 지도자들의 행위를 비판할 수 있지만, 학교 바깥에서 그렇게 하는 것은 공동체에 대한 배반 행위나 마찬가지였다. 따라서 북아일랜드에서 역사교육의 모습은 구소련과 달리 공적인 상황과 사적인 상황의 차이 때문에 달라지는 것이 아니라, 학교 안과 학교 밖이라는 두 개의 공적인 영역의 차이 때문에 달라지는 것이었다.[34]

이처럼 서로 다른 두 나라 학생들의 역사적 사고를 비교 분석해보면, 역사적 사고는 상황과 관련 없이 꾸준히 유지되는 개인적 인식이 아니라, 맥락에 따라 개인들의 행위도 달라지는 일종의 사회적 관습임을 잘 알 수 있다. 그러나 안타깝게도 학생들의 역사적 실천이 상황에 따라 얼마나 다양한지에 관한 연구는 거의 없다. 우리는 학생들이 친척들과의 대화를 통해, 박물관이나 유적지, 혹은 텔레비전이나 책을 통해 역사를 배우고 있다는 정도는 알고 있지만, 사실 대부분의 인터뷰는 주로 학교에서 이루어졌다. 북아일랜드 학생들의 '거리 역사'에 대한 생각도, 사실 정규 수업에 빠지고 연구자들과 인터뷰했던 학생들과의 대화를 통해 알게 된 정도일 뿐이다. 학생들이 공식적인 교육 환경 바깥에서 역사를 어떻게 사용하는지에 대해서는 제대로 관찰해볼 기회가 없었고, 또한 학교 바깥의 환경에서 자연스러운 방식으로 학생들과 대화를 나누어보지도 못했다. 우리가 아는 한 다른 연구자들도 마찬가지다.[35] 그 결과 사회적 맥락이 학교 역사교육에 미친 영향을 분석할 때와는 달리, 학생들이 여러 다양한 사회적 상황에서 역사를 이해하는 모습을 제대로 검토하기에는 무리가 따른다. 따라서 이 책의 내용 대부분은 학생들이 학교에서 역사를 마주하는 상황으로만 제한될 것이다. 그러나 우리 분석의 초점은 학교 역사교육의 목적과 실천이 더 넓은 사회의 목적을 어떻게 반영하는지에 있다는 점을 다시 한 번 강조하고 싶다.

결론

이 장에서 우리는 어린이와 청소년들이 역사에 대한 자기만의 생각을 분명히 가지고 있다고 설명하면서, 연구자들은 이런 어린이들의 생각을 진지하게 고려해야 한다고 주장했다. 또한 우리는 어린이들이 학교에서의 역사 학습을 통해서뿐만 아니라 가족, 지역 및 국가 공동체, 미디어를 통해 알게 된 역사 정보를 통해서도 과거에 관한 생각을 만들어 나간다고 주장했다. 학생들의 생각과 그 생각의 사회적 맥락에 관한 연구는 역사 교사들이 역사의 본질과 목적에 대한 학생들의 이해 방식을 더 잘 알 수 있도록 도울 것이고, 또한 의미 있는 역사교육 프로그램을 발전시키는 데도 도움을 줄 수 있을 것이다.

점차 늘어나고 있는 이 교과에 관한 연구 일체를 질서정연하게 정리하기 위하여, 우리는 '중재된 행위'라는 월취의 개념을 활용할 것이다. 이런 접근의 기초는 특정한 '목적'이 인간의 생각과 행위를 이끌어 나가는 데 중요한 역할을 한다는 것이다. 따라서 책 전반에 걸쳐 우리는 역사 학습을 안내하는 다양한 '목적'을 설명할 것이다. 그러나 그런 활동에 대한 우리의 평가, 그리고 이 활동을 지지하는 도구는 대단히 중요한 더 큰 목적에 바탕하고 있다. 바로 학생들이 다원화된 참여민주주의 사회를 준비할 수 있도록 지도해야 한다는 것이다. 이에 대해서는 다음 장에서 더 구체적으로 논의하기로 한다.

제2장
참여민주주의와
인문주의적 역사교육

'공동의 운명(common lot)'은 민주주의에 필수적인 관념이고, 여기에 일체감을 가지는 것은 사회윤리의 원천이자 표현이다. 이는 마치 목마른 여행자가 '인류의 경험'이라는 거대한 우물에서 물을 길어 마시는 것과 같다. 우리는 군중의 열기 속에서 밀고 밀치며 여행의 목적지로 나아가야 하는데, 고작 한 잔의 물은 아무런 도움이 되지 않는다.—제인 아담스(Jane Addams)[01]

계보학자(系譜學者)나 대학교의 역사가, 벽화가, 문서 보관 담당자, 다큐멘터리 필름 제작자, 박물관 큐레이터, 조부모님에 이르기까지, 모든 사람들은 역사에 관한 정보를 토대로 세상을 이해하고 싶어 한다. 그러나 각각의 사람들이 가진 구체적인 목적은 매우 다양하다. 이 목적 중 일부는 상호 보완적이고, 어떤 일부는 서로 모순적이며, 또 어떤 일부는 서로 아무런 관련이 없다. 예를 들어 앞 장에서 말했던 것처럼, 콜럼버스의 신대륙 발견은 인간 사회가 어떻게 상호작용하는지에 초점을 맞춰 별다른 감정 없이 설명될 수도 있고, 유럽 정복에 대한 비판적 관점으로 다루어질 수도 있으며, 정체성을 확립시키는 근대 창조 신화의 일부로서 검토될 수도 있을 것이다. 비슷한 예로, 아일랜드의 기근은 아일랜드인의 미국 이주에 관한 학술적 설명의 대상이 될 수도 있지만, 아일랜드인의 고통에 대한 영국인의 무관심을 지적하는 정치적 차원에서, 혹은 단순히 시험을 위해 암기할 내용으로 다루어질 수도 있다. 노예제, 시민권 운동, 제2차 세계대전, 참정권 운동, 미국 독립혁명 등, 우리에게 익숙한 모든 역사적 주제는 다양한 사람들이 다양한 맥락에서 다채로운 목적을 위해 이용할 수 있다.

충분한 시간만 있다면 우리는 학생들에게 이 모든 목적을 알려주고, 과거를 이해할 수 있는 수많은 방식을 토대로 학생들을 지도할 수 있을 것이다. 그러면 학생들은 다양한 역사 지식 중 하나를 선택하여 왜 이 교과를 학습해야 하는지 자기만의 논리를 발전시킬 수 있을 것이다. 또한 우리가 무한한 자료와 학습 동기와 관심을 가지고 있다면, 우리는 최초의 인간에서부터 지난 주 신문의 헤드라인에 이르기까지 세계 모든 역사의 모든 주제를 다룰 수도 있을 것이다. 1990년대에 개발된 역사 표준(history standards)은 바로 이런 접근 방식을 취하고 있었다. 역사 표준은 너무 많은 역사 내용을 가르치라고 권했다. 만약 그것이 제대로 시행되었다면 학생들은 12년 동안 매일 하루 종일 역사만 공부했어야 할 것이다. 역사를 배우고 가르치는 데 아무리 열정적인 사람이라도 이건 너무하다고 생각했을 것이다.

학교교육의 현실, 즉 다양한 요구 사항과 한계를 고려해보면, 우리는 어쩔 수 없이 '특정 주제'를 선택해서 가르칠 수밖에 없다. 우리는 학생들에게 과거에 일어났던 모든 일을 가르칠 수 없고, 모든 목적을 동등하게 다룰 수도 없다. 이 장에서 우리 두 저자는 역사 교육 내용을 선정하기 위한 근거를 제시한다. 그 근거는 바로 학생들이 참여민주주의를 준비하도록 돕는 '인문주의 교육'의 비전을 토대로 하고 있다. 궁극적으로 볼 때, 제인 아담스가 말한 것처럼 학생들은 "군중의 열기 속에서 밀고 밀치며" 전진해야 하고, 역사는 학생들이 민주주의에 필수적인 관념인 '공동의 운명'과 일체감을 가질 수 있도록 도와야 한다.

역사교육의 근거를 논의해야 할 이유

많은 사람들은 역사를 공부하는 것은 이미 그 자체로 정당하고, 따라서 어떤 특별한 방어 논리도 필요 없다고 생각한다. 이 책의 독자들 일부는 역사교육의 근거를 제시할 필요가 있다는 우리의 제안에 흠칫 놀랐을지도 모르겠다. 실제로 어떤 이들은 마치 역사 교과가 가르치는 목적을 따로 제시할 필요가 없는, 평범한 교과 그 '이상'이라도 되는 양 여기며, 역사교육의 명백한 정당성을 설명하는 일은 이 교과를 배반하는 행위라고 생각하는 듯하다. 그런 관점을 가진 사람들은 역사를 공부하는 구체적인 이유를 자세히 설명하려는 노력을 그저 교육과정에 특정 이데올로기를 주입하려는 시도로 폄하하거나, 아니면 순수한 학문을 사회를 위해 활용하려는 불순한 생각 정도로 여기곤 한다.

예를 들어 영국에서 일부 교육자들은 역사란 '학문적인 교과'이고, 역사를 가르치는 목적은 학생들이 시험을 통과할 수 있게 하는 것이라고 무미건조하게 말한 적이 있다. 이들은 교육과정에서 역사의 입지는 이 교과가 교육과정 안에 있다는 사실에 의거해 정당화될 수 있다고 보고, 왜 역사를 가르치고 학습해야 하는지 더 정당한 이유를 설명하고자 하지 않는다. 역사를 학습하는 일에 더 폭넓은 근거가 필요하다는 사실에 결코 동의하지 않는 것이다.[02]

　미국에서도 어떤 이들은 특히 성취도평가가 점차 중요해지고 있다는 점을 강조하면서, 역사를 학습하는 이유에 대해 영국 교육자들과 비슷한 설명을 하려 한다. 그러나 전통적으로 미국의 대부분의 주(state)에서 학생들은 역사 시험을 치른 적이 없고, 더욱이 미국에서는 시험 결과가 개인에게 가지는 의미가 영국만큼 크지도 않다. 이런 주장 또한 역사가 '오로지 그 자체를 위해' 학습되어야 한다고 믿는 사람들로부터 나온다. 우리 두 저자는 '그 자체'라는 표현이 무슨 의미인지 도저히 이해할 수 없었다. '역사 그 자체'가 무엇인지도 분명하지 않고, 이 개념이 우리의 관심사인 '문화적 도구'와 어떻게 연결될 수 있는지도 불투명하다. 뿐만 아니라 역사 안에는 서로 상충되는 많은 다른 종류의 내용이 있는데, 어떻게 역사가 '오로지 그 자체를 위해' 학습될 수 있는지도 확신하지 못하겠다. 다시 말해, 어마어마하게 많은 양의 역사 내용이 경쟁하는 속에서 어떤 종류의 역사가 우위를 차지할 수 있을 것인가? 역사는 '오로지 그 자체를 위해' 학습하는 것이라고 말하는 이들은 대개 논리 정연한 주장을 펼치기보다는 이 교과가 그 자체로서 가치를 가지는 신적인 존재인 양 생각한다. 마치 '오로지 예수를 위하여, 오로지 천국을 위하여'라고 읊조리는 이들처럼 말이다. 역사는 단순히 시험을 통과하기 위해 학습하는 교과라는 주장과 마찬가지로, 이런 식의 주장 또한 공감을 얻을 수 없는 자기옹호에 지나지 않는다. 즉 역사란 '그저 무조건' 중요한 것이며, 따라서 역사의 기능을 구체화해보려는 성가신 일은 필요가 없다는 것이다.[03]

그러나 교육과정 내에서 역사의 위치는 이보다 더욱 명확한 근거를 요구한다. 다양한 교과로 북적이는 교육과정에서 학교는 경제나 지리를 특히 중시하거나 수학 및 화학을 더 중시할 수도 있는데, 굳이 역사가 포함될 명백한 이유가 없기 때문이다. 따라서 역사교육 연구자들은 '왜 반드시 역사 교과가 필요한지' 정당한 근거를 제시해야 한다.

사실 역사 교과 지지자들은 교육과정 내에서 역사의 입지가 위협받는다고 느끼고 나서야 비로소 이 문제에 관심을 기울이기 시작했다. '역사 지키기'는 1980년대 후반에야 시작되었고, 이후 역사 교과를 옹호하는 다양한 연구서들이 등장했다. 당시 나온 주장의 일부는 열정적이었고 또 깊이도 있었지만, 다른 일부는 기껏해야 모호한 이야기로 가득 차 있거나 최악의 경우 서로 모순된 주장을 펼치기까지 했다. 그 결과 당시에는 역사 교과가 엄청난 주목을 받고 덕분에 역사교육 열기도 대단했었는데도 '왜 역사는 필수적인 학습 주제가 되어야 하는가'에 대해서는 거의 해명된 것이 없었다. 그들의 노력 덕분에 미국에서 역사교육은 그간 누려왔던 특권적 지위를 계속 누릴 수 있었지만, 교사들도 일반 대중도 왜 학생들이 해마다 거듭 이 주제를 배워야 하는지 체계적인 생각을 공유하지 못했다. 그 결과 학교는 어떤 주제를 가르칠지, 어떻게 가르칠지 결정하기 위한 유의미한 근거를 확립하지 못했고, 전통적인 압박이 역사교육을 계속 통제하게 되었다.[04]

제2장의 목표는 역사교육이 처한 위기—우리 두 저자는 이 위기도 다소 조작된 것이라고 생각한다—에 반응하는 것이 아니라, 역사가 반드시 학습되어야 할 필요가 있다는 주장을 뒷받침할 분명한 논리를 확립하는 것이다. 그래야만 역사 교육과정 및 교수 방법을 선택하기 위한 유의미한 근거를 가질 수 있기 때문이다. 어떤 교육과정을 개발하거나

시행하려면 '무엇을 어떻게 가르쳐야 하는지'를 늘 '선택'해야 하며, 그 선택은 교육 목표에 대한 우리의 신념에 기초해야 한다. 학생들은 미국으로 건너온 영국 청교도 순례자나 마더 존스(Mother Jones)*에 관해 배워야 하는가? 학생들은 미국사를 더 많이 배워야 하는가, 아니면 세계사를 더 많이 배워야 하는가? 수업에서는 교과서를 사용해야 하는가, 원사료를 검토해야 하는가? 역사가, 교과서 출판업자, 학교 교육위원회 위원, 교사들까지, 많은 이들이 이런 질문 앞에서 뭔가를 선택한다. 그 누구도 과거에 일어난 모든 일을 전부 다룰 수는 없고, 모든 교수법을 사용할 수도 없기 때문이다. 더욱이 그런 선택을 도와주는 '중립적'이거나 '객관적'인 접근 방식도 따로 없다. 오로지 교과를 위해 개발된 목표만이 그런 선택을 안내해줄 뿐이다.

제1장에서 언급한 것처럼, 일부 교육자들은 학교에서의 역사는 역사학이라는 학문을 본떠 만들어야 한다고 주장한다. 우리 저자들 역시 과거에 그와 유사한 주장을 했던 적이 있다. 그러나 오늘날 이런 관점은 우리를 고무시키지도, 우리에게 그 어떤 동기를 부여하지도 못한다. 왜냐하면 모든 인류의 활동은 역사적으로, 그리고 문화적으로 자리 잡은 것이며, '학문적 절차' 또한 그런 식으로 자리 잡은 많은 활동 중 하나일 뿐이기 때문이다. 스티븐 쏜튼(Stephen Thornton)이 주장한 것처럼, 학교 교

---

* 본명은 메리 해리스 존스(Marry Harris Jones, 1837~1930). 아일랜드계 출신의 미국의 노동운동가이다. 광산, 철도, 철강 등 주요 산업 분야의 파업을 이끌었고 노조가 결성되지 않았던 사업장에 잠입해 노조를 조직하는 일에 앞장섰다. 특히 광부들의 비참한 상황을 알리기 위해 미국 각지를 돌아다니며 연설한 것으로 유명하다. 아동 노동 문제에 항의하기 위하여 아동 노동자들을 이끌고 필라델피아에서 뉴욕까지 행진한 사건은 이후 아동 노동 문제에 대한 사회적 인식을 바꾸는 중요한 계기가 되었다.

과목으로서 역사 교과의 요구와 지향은 역사학이라는 학문의 요구 및 지향과 항상 같지는 않다는 점, 그리고 역사학이 역사교육을 위한 판단 기준을 제공해줄 수는 없다는 점을 인정해야 한다.[05]

따라서 우리 두 저자는 역사에 대한 정의를 내리는 것이 아니라, 역사 교과의 목적과 수업 실천 방식을 염두에 두고 글을 시작하고 싶다. '역사 교과의 목적과 수업 실천 방식'은 광범위한 '진짜' 역사적 활동에서 나온 것으로 역사 교과를 지지해주는 역할을 할 것이다. 우리는 구체적인 시기, 장소, 맥락 속에서 논의를 풀어낼 것이다. 즉, 우리는 21세기 미국 공립학교에서 역사를 가르치고 배우기 위하여, 일관적이면서도 문화적인 상황까지 함께 고려한 근거를 개발하고자 한다. 우리의 주장은 미국 바깥의 교육과도 관련을 가질 수 있겠지만, 다른 곳의 역사교육은 또 다른 근거에 의존할 수도 있을 것이다. 따라서 미국 외의 곳에서는 또 다른 주장이 있을 수 있다는 여지를 남겨두면서, 이 책에서 우리는 우리가 가장 잘 알고 또 그간 가장 집중해왔던 배경에 초점을 맞추기로 한다.

공교육과 민주적 시민정신

우선 우리는 '미국 공교육의 가장 중요한 지향점은 학생들이 민주주의적인 삶에 참여할 수 있도록 준비시키는 것'이라는 가정에서 출발한다. 미국에는 국가 전역을 망라하는 교육 시스템이 없고, 학교교육의 목표 또한 연방 법률, 연방 사법 권한이나 연방 행정 절차에 의해 확립되는 것이 아니기 때문에, 사실 단 하나의 권위 있는 자료에 의지하여 이런 주장을 정당화할 수 없다. 그러나 미국의 공교육은 19세기의 보통학교 운동(common school movement)에서 기원했고, 이 운동의 중심 이데올로기는 시민들이 민주주의적인, 즉 공화주의적인 정부 형태에 참여할 수 있도록 준비시켜야 한다는 것이었다. 칼 캐슬(Karl Kaestle)이 말한 것처럼, 당시 학교는 '공화국의 기둥'으로 여겨졌다. 미국 각 주의 교육과정 지도서는 시민교육이 학교교육의 근본적인 목표라는 신념을 가지고 있었고, 또한 미국에는 교육과 민주주의의 관계를 철학적으로 사유하는 오랜 전통이 유지되고 있었다. 물론 민주주의가 미국 교육의 유일한 목적이었던 것은 아니다. '경제적 생산성'이나 '개인의 발전'이라는 측면 또한 학교교육의 목적으로서 '민주주의'와 경쟁하는 개념이었다. 그러나 역사를 통틀어, 민주주의 사회를 위한 시민정신을 갖출 수 있도록 학생들을 준비시켜야 한다는 생각은 공교육을 지탱하는 가장 일반적이면서도 설득력 있는 주장이었고, 최근의 여론 조사 결과를 봐도 이런 생각은 여전히 공교육 시스템을 지지하는 가장 대중적인 이유이다.[06]

그러나 학교가 학생들을 민주주의 사회의 시민으로 준비시켜야 한다고 말하는 것은 아무 말도 하지 않는 것과 똑같다. 때때로 이 말은 민주주의 시민정신을 실천에 옮기기 위한 더 깊은 함의를 지니지 못한 채 그저 입으로만 암송되는 주문에 지나지 않는다. 월터 파커(Walter Parker)는 시민교육이 "지나친 립 서비스"의 병을 앓고 있으며, 미국에서는 민주주의가 교육과정 프로젝트로 진지하게 착수된 적이 단 한 번도 없다고 주장했다. 파커는 "공교육 안에서 민주주의라는 목적은 각 학교의 교육과정 지도서와 교육과정 강령 안에 안전하게 구겨 넣어져 있을 뿐이다. 놀랍게도 자유로운 공교육을 확립한다는 목적을 넘어서 민주주의 교육을 위한 그 무엇도 학교에서 행해진 적이 거의 없다"라고 강변했다.[07]

우리 두 저자 또한 학교가 시민교육에 대단히 관심을 가지고 있기는 하지만, 시민교육이라는 임무는 좁고 비생산적인 비전으로만 국한되어 있었다고 주장하고자 한다.

우리의 경험을 돌이켜보면, 교사들 대부분은 '시민정신'이라는 용어에서 '애국주의적 관행'이나 '세뇌' 정도를 떠올리곤 한다. 전국 학교의 교실, 복도, 강당 어디에나 미국 국기가 있고, 대부분의 어린이들이 주의 법이나 지역 정책이 지시하는 관행인 '국기에 대한 경례'를 암송하며 하루를 시작한다. 매일매일이든 혹은 특별 프로그램이나 조회의 일부로서든, 대부분의 학교에서 어린이들은 애국주의적인 노래를 부르고, 미국 국가인 〈성조기여 영원하라(The Star Spangled Banner)〉는 학교에서 큰 스포츠 행사가 있을 때마다 연주된다. 더욱이 사회과 교육과정(social studies curriculum), 특히 초등학교 수준의 사회과 교육과정은 학생들에게 미국의 영웅이나 미국의 상징 및 정치적 절차에 존경심을 가지도록 강요한다. 심지어 어떤 교사들은—이것이 드문 일이길 바라지만—학생들에게 미국의 군사 개입이나 다른 대외관계 분야의 구체적인 정부 정책을 지지하도록 강요하기도 한다.[08]

'시민교육'이라고 하면 일단 이런 이미지들이 먼저 떠오르지만, 이것들이 민주주의 시민정신을 준비하는 과정일 수는 없다. 이는 비민주적 정치 체제하에서 일어나는 관습과 전혀 다를 바가 없기 때문이다. 독재 체제하의 학생들도 국기를 숭배하고 애국주의적인 노래를 부르며 국가의 지도자와 상징물을 숭상하고 정부 정책을 지지하라고 배운다. 물론 정부 정책에 대한 무조건적인 지지만 제외하면, 이런 관행 중 어느 것도 내적으로 문제가 될 만한 것은 없다. 그러나 이런 관행은 시민정신보다는 애국주의나 국가주의(nationalism)를 위한 교육이라고 보는 것이 더 마땅하다. '시민교육'이라는 개념은 학생들이 구성원의 일부가 될 수 있는 정치 체제, 즉 미국을 비롯한 많은 국가가 지향하고 있는 '민주주의'라는 정치 관행에 국한하여 사용되어야 할 것이다.

미국의 학생들이 민주주의적 정치 관행 및 기관에 대해 배우는 가장 일반적인 방식은 공민(civics), 즉 '사회' 혹은 '일반사회' 교과를 통해서이다.* '사회' 교과는 '시민의 권리와 책임'과 같이, 정부 기관이 어떻게 기능하는지에 초점을 맞춘다. 교육과정 지도서는 이 분야의 목적을 광범위하게 언급했지만, 실제로 사회교육 지도와 관련된 내용은 대개 훨씬 더 제한적이다. 초등학교 수준에서 학생들은 투표와 선거의 기본적인 절차를 익힌다. 더 고학년의 학생들은 정부의 세 부처에 대해 배우고, 고등학교 3~4학년 학생들은 정당, 헌법에 의한 권리 보장, 세금 제도, 법안이 어떻게 진짜 법이 되는지에 관한 유서 깊은 기준에 대해 배우게 된다. R. 프리만 버츠(R. Freeman Butts)를 비롯한 일부 교육자들은 학교가 이런 정치적 지식을 더 광범위하게 조직적으로 다루어야 한다고 주장했고—버츠의 표현을 빌자면, 학교는 "사회교육의 부활"에 참여해야 한다—사회교육을 위한 교육과정 표준서 『공민 교육과정 표준(Civitas)』은 정부 기관이 어떻게 기능하는지 학생이 더 잘 이해할 수 있도록 하기 위한 광범위한 권고 사항을 제공해주기도 했다. 사실 학생들은 그간 정부와 정치에 대해 오직 표면적으로만 이해해왔기 때문에, 이런 프로그램들은 대단히 큰 도움이 되었다. 이런 사회교육은 특정한 국가

---

* 미국의 영향하에서 한국에 처음 사회과 교육과정이 도입되었을때, 미국 교과의 'civic'은 공식적으로 '공민'으로 번역되었지만, 이후 '공민'보다는 '사회' 혹은 '일반사회'라는 이름으로 자리 잡게 되었다. 따라서 이 책에서도 'civic'을 모두 '사회'로 번역했다.

기관들이 미국 민주주의를 위해 어떻게 기능하는지, 그리고 개인이 그 기관들과 어떻게 상호작용하는지에 초점을 맞추고 있다는 점에서, 확실히 민주주의 시민정신을 위한 교육의 자격을 갖추고 있다. 이런 지식 없이 시민은 본인의 권리가 무엇인지 생각하기 어렵고, 민주주의적 정치 조직체의 구성원으로서 본인들이 무슨 선택을 해야 할지에 관한 기초 지식을 가지기도 어렵다. 시민들이 정부가 어떻게 작동하는지를 이해할 때에야 비로소 민주주의 정부는 더욱 민주적이 될 것이다.[09]

그러나 많은 교육자들은 이것만으로 충분치 않다고 생각했다. 정부가 어떻게 돌아가는지, 즉 공직자들이 어떻게 뽑히는지, 혹은 법이 어떻게 만들어지는지를 안다고 해서 시민들이 반드시 정치에 참여하는 것은 아니다. 정치인을 향한 불신 때문에 선거 참여율이 낮아졌고, 시민들은 정치적 사안에 대해 전반적으로 무관심하다는 것을 보여주는 통계가 얼마든지 있다. 이런 정치적 무관심에 맞서기 위해 사회과 교육자들은 학생들이 '정부가 어떻게 돌아가는가'라는 주제, 그 이상을 배워야 한다고 주장했다. 즉 학생들은 민주주의 사회에 적극적으로 참여하는 행위를 배우며, 어떻게 시민이 될 것인지 학습해야 한다는 것이다. 예를 들어 쉴리 엥글(Shirley Engle)과 앵글 오초아(Angle Ochoa)는 민주적 시민정신은 '기꺼이 국가에 책임을 다하고 국가의 미래를 계획하는 모든 수준의 결정에 적극 참여하는 마음'을 수반한다고 말한다. 이들은 사회과 교육의 주안점은 학생들이 지혜로운 결정을 내릴 준비를 할 수 있도록 지식, 기술, 태도를 모두 갖춰주는 것이라고 주장했다. 여기에는 사회나 문화, 환경 등과 관련된 사실적 내용에 대한 학습은 물론이고 "기본적인 지적 기술"들, 가령 문제 해결과 관련된 정보를 골라낸다든지, 결정 및 선택을 바탕으로 한 행위의 결과에 내포된 근원적 가치를 규정한다든지, 아니면 타인의 관점을 이해한다든지 하는 기술도 함께 포함된다. 도날드 올리버(Donald Oliver)와 제임스 섀버(James Shaver)가 개발한 '법리학상의 체계' 또한 학생들에게 정치적 논쟁거리와 공공 정책의 문제를 어떻게 분석할지 가르치기 위한 조직적인 방법을 제공해주고 있다.[10]

사회적·정치적·경제적 이슈에 관해 결정을 내릴 수 있도록 학생들을 가르치고, 또 학생들에게 그런 결정을 직접 내려볼 기회를 주는 것은 사회과 교육의 오랜 전통 중 하나였다. 그러나 일부 교육자들은 이런 노력에서 한 걸음 더 나아가, 결정을 내리는 것뿐만 아니라 그런 결정에 기초하여 정치적 영향력을 행사하는 것도 중요하다고 강조했다. 이 '정치적 행위'에 초점을 맞춘 것이 프레드 뉴먼(Fred Newmann), 토마스 버토치(Thomas Bertocci), 루단 렌즈니스(Ruthanne Landsness)가 제시했던 제안서의 중심 사안이다. 이들은 시민정신과 관련된 "주요한 교육적 임무"는 "공적 업무에 영향력을 발휘할 수 있도록 시민을 가르치는 것"이라고 주장한다. 여기에는 결정을 내리고 그 결정을 정당화할 방법을 배우는 것뿐만 아니라 더 명백한 정치적 기술—선거 유세, 자금 조성, 흥정과 협상, 공적 증언의 준비, 미디어 이용 등—을 발달시키는 것까지 포함되어 있다. 뉴먼과 동료들은, 여기서 중요한 것은 학생들이 개인적으로 결정을 내릴 수 있도록 가르치는 것뿐만 아니라 그 결정에 기초하여 직접 공적 행위를 할 수 있도록 안내하는 것임을 강조하면서, 이 제안서의 제목을 「시민 행동을 위한 기술」이라고 지었다. 아주 적절해 보이는 제목이다.[11]

우리 두 저자는 더욱 적극적이고 사려 깊은 시민을 길러내고자 하는 이 제안서에 진심으로 동의를 표한다. 우리는 학생들이 정부가 어떻게 돌아가는지 알고 싶어 하고, 공공 정책의 문제에 대해 합리적인 의

사결정을 내리는 데 필요한 기술을 갖추며, 본인들이 결정한 사안이 어떤 식으로 실행되는지 제대로 아는 시민으로 성장하길 바란다. 만약 학생들이 이런 것들을 직접 체험해보는 학습을 할 수 있다면, 우리 사회는 훨씬 민주적이고, 따라서 더욱 평등하고 공정한 사회가 될 것이다.

그러나 학생들이 민주정부에 참여할 능력을 갖추어야 한다고 강조하는 이 제안서에는 두 가지 중요한 한계가 있다. 첫째, 이 제안서는 거의 전적으로 개인과 국가의 상호작용에만 초점을 맞추고 있다. 뉴먼과 그 동료들은 사회교육의 목적은 "학생들이 국가와의 특수한 관계 속에서 시민으로서 제대로 행동할 수 있도록 가르치는 것"에서 출발하며, 따라서 시민적 행위를 위한 학생들의 기술은 국가에 영향을 미칠 수 있는 능력을 의미한다고 보고 있다. 실제로 이들은 공공 업무란 "정부 기관이 법을 입안하고, 행정 활동을 하며, 사법적 견해를 내고, 공무원을 선출하는 등의 활동을 통해 응답해야 하는" 이슈들이라고 정의한다. 버츠, 엥겔과 오초아, 올리버와 섀버 또한 정부 기관을 특히 강조했다. 즉, 학생들은 정부의 행위에 대해 스스로 어떤 결정을 내릴 것인지 배워야 하며, 선거를 통해서든 로비를 통해서든, 아니면 대표자에게 편지쓰기나 공공 항의 집회 같은 방식을 통해서든, 학생들의 정치적 참여는 이런 정부 기관과 직접 관련이 있다고 보는 것이다. 이런 관점에 의하면 '시민정신'이라는 개념은 개인이 국가와 어떻게 상호작용하는지에 따라 정의되고 제한될 수 있다.[12]

이것은 민주주의 시민정신의 일부이지만 전부는 아니다. 우리 저자들은 더욱 폭넓은 사회적 상호작용이 민주주의 사회에서 '시민의' 삶을 특징짓는다고 생각하고, 또 민주주의 사회의 시민이 되기 위해서는 정부 정책에 영향을 미치는 것 이상의 더 많은 방법이 있다고 생각한다.

많은 학자들은 시민의 삶의 질 수준—로버트 푸트남(Robert Putnam)의 표현으로는 "사회적 자본"의 수준—이 민주주의 사회의 건강에 영향을 미친다고 주장했다. 이 관점에 따르면, 시민정신은 시민사회의 조직—예를 들어 자선 단체, 학부모와 교사 집단, 노동조합, 교회, 오락 클럽, 이웃 연합, 교수진, 협업체, 전문적 조직체 및 "이런 저런 것을 고양시키거나 금지하기 위한 단체"—에 참여하면서 형성되기도 한다. 대부분의 사람들은 국가 업무보다는 이런 집단의 일에 더욱 깊이 관계되어 있으며, 이런 집단을 통해 민주적 행위에 가장 많이 노출되곤 한다. 사실 시민사회의 각종 기관은 거의 대부분 자발적인 참여에 의존하고 있고, 이기관의 구성원들은 의사결정을 서로 공유하기 때문에 이런 집단들이 종종 정부 기관보다 더 민주적이다. 역사적으로 보면 자선 단체, 종교단체, 자립 모임, 노조 및 유사 조직들이야말로 정치적으로 중요하게 여겨지지 않았던 여성, 마이너리티, 이민자, 노동자들을 도와서 스스로의 삶과 타인들의 삶을 개선하기 위해 노력해왔다. 낸시 프래저(Nancy Fraser)가 지적한 바와 같이, 공적인 무대가 이런 소수자 집단을 배제할 때, 시민사회의 다양한 기관들은 "정체성, 이해관계, 여러 요구 사안에 대한 정반대의 해석을 공식화"하는 "담론 공간"을 제공했다.[13]

시민정신을 교육하는 데 있어서, 시민사회에 참여할 수 있도록 학생들을 준비시키는 일은 그들에게 정부 정책 분석 방법을 가르치거나 입법자와 접촉하는 방법을 가르치는 일만큼이나 중요하다. 이는 양자택일의 문제가 아니다. 둘 모두가 민주주의 사회에 참여하도록 학생들을 준비시키는 데 중요한 역할을 하기 때문이다. 시민사회는 민주주의 실천의 공간을 제공할 뿐만 아니라, 시민들이 정식 정치 무대에 참여하는 데 필요한 기술을 발달시킬 수 있도록 해준다. 더욱이 시민사회에의 참여는 사회를 향한 우리의 꿈과 열망을 발전시키는 방안 중 하나이다. 민주주의 정부가 응답해야 하는 바로 그 목표들 말이다.

바로 이런 점이 시민정신 교육을 위한 수많은 제안서들이 지니는 두 번째 단점이다. 이 제안서들은 대부분 정책적 이슈에 영향을 미치는 관점들이 정치적 절차에 앞서, 혹은 정치적 절차와 별개로 발전한다고 가정하고 있고, 또한 이 공적인 영역을 다양한 사적 관점들이 서로 더 큰 영향력을 미치기 위해 경쟁하는 포럼(forum) 정도로 개념화하고 있다. 사람들은 자신만의 가치나 목표, 결정을 토대로 교육, 보건, 외교관계 등의 이슈에 관한 입장을 정하고, 이후 자신이 선호하는 입장이 받아들여질 수 있도록 설득과 협상의 과정에 참여하게 된다. 사람들은 자신과 생각이 비슷한 이들과 함께할 때 주로 협동을 하며, 생각이 다른 이들에게는 대항한다. 이것이 바로 미국 같은 근대 자유민주주의 사회에서 정치에 참여할 때 드러나는 특징적 형태이다. 즉, 여러 상품이 경제의 장에서 소비자들을 얻기 위해 경쟁하는 것처럼, 여러 정책적 입장이 정치의 장에서 지지를 얻기 위해 경쟁한다는 것이다. 이것은 불가피하게 승자와 패자를 이끌어내는 과정이거나, 혹은 그 누구도 완벽하게 만족시키지 못하는 실용적 협상의 과정일 것이다. 뉴먼, 버토치, 렌즈니스는 시민적 행동을 위한 교육이 함의하는 이런 특징을 언급하면서 "공적 업무에 관한 진정한 논쟁은 승자, 패자, 그리고 '스스로를 이 둘의 중간 즈음이라 생각하는 사람들'을 낳는다. 다시 말해 오로지 승자만 배출하는 것은 불가능하다"라고 명쾌하게 진술했다.[14] 이런 개념에 따르면 공적 영역은 사적 이해관계들이 경합하는 포럼이 되고, 공공의 숙의(public deliberation)는 그저 '논쟁'에 그칠 뿐이며, 주장을 제일 잘 펼치는 사람—대개 이런 이들은 필요한 재원을 가장 많이 가지고 있다—이 그 논쟁에서 승리를 거두게 될 것이다.

그러나 우리는 '민주주의'란 이보다 더 나은 것이라고 생각한다. 민주 사회에서 공적 공간은 사적 이해관계들의 경합에 판정을 내리는 공간 이상이다. 민주주의 기관은 시민들이 이해관계를 공유하고 자신의 미래에 영향을 끼치는 이슈에 대해 공동의 결정을 내릴 수 있도록 수단을 제공해야 한다. 이것이 벤자민 바버(Benjamin Barber)가 언급한 '강한 민주주의'의 특징이다. 이 관점에 의하면 '공공의 숙의'는 시민들이 공통의 토대를 바탕으로 각자의 이득을 추구하면서도 "다함께 살아가는 방법을 강구할 수 있는" 수단을 제공한다. 바버는 시민정신이란 "'우리'라는 개념을 생각하는 것, 즉 개개인의 이해관계, 목적, 규범, 계획을 '공공재'라는 상호주의적 언어로 재설정하는 것"이며, "시민정신에 기반하여 '나는 X를 원한다'는 명제는 반드시 'X는 내가 소속된 공동체에 득이 될 것이다'라는 명제로 다시 서술되어야 한다"고 설명했다.[15] 공동의 미래를 위한 계획을 다 함께 세울 때에야 비로소 민주주의 사회가 갈망하는 자유와 평등이 더욱 완전한 형태로 실현될 수 있을 것이다. 비록 모든 이들이 승자가 되지는 못하겠지만, 이런 민주주의 사회는 분명 지금보다는 훨씬 더 많은 승자를 낳을 것이다. 모든 이슈가 완벽하게 의견 일치를 이룰 수는 없겠지만, 공공선(公共善, common good)에 초점을 맞추는 것은 서로 상충하는 이해관계 사이에서 이루어지는 제로섬 게임보다는 더욱 폭넓은 합의를 이끌 수 있다.

이런 민주주의는 또한 다원주의적이어야 한다. 개인과 집단은 극단적으로 다른, 심지어 모순적이기까지 한 가치를 보유하고 있다는 점, 그리고 이들은 무엇이 바람직한 미래인지에 대한 각기 다른 구상을 가지고 있다는 점이 인정되어야 한다. 참여민주주의는 사람들이 차이를 자유롭게 밝히고 그에 대해 토론하며, 가능한 한 상호 수용할 수 있는 조치를 취해 나갈 수 있도록 해야 한다. 이것은 민주주의에 대한 공산주의자들의 관점과는 다르며, '시민적 덕목'을 주장하는 일부 보수주의자들이 관점과도 대조를 이룬다. 보수주의자들은 공공선에 대한 비전이 정치적 과정보다 앞서는 것이고, 따라서 정치적 결정은 '우리 모두'가 믿는 것에 기초해야 한다고 주장하는데, 이런 생각은 받아들여질 수 없고 심지어 비민주적이기까지 하다. 왜냐하면 '공공선을 위한 합의'는 '이미' 존재하고 있는 것이 아니며, 심지어 '단 한 가지'의 합의만 존재한다는 가정은 숨 막히는 순응으로 이어질 것이기 때문이다. 21세기의 미국에서 '합의'란 우리가 추구해야 할 어떤 것이기는 해도, 이 합의를 시민정신의 조건으로 보면서 무작정 다른 이들에게 강요할 수 있는 것은 아니다. 우리는 단순히 동료 시민이 우리와 반대되는 의견을 가졌다는 이유로 그들을 공적 담론에서 배제할 수 없다. 민주주의적 참여를 위한 유일한 척도는 우선 이런 민주주의에 기꺼이 스스로 관여하려는 마음이어야 한다.[16]

또한 다원주의는 자유민주주의의 개념과도 대조를 이룬다. 자유민주주의 개념은 기존의 차이를 수용할 수 있다고 하지만, 그런 차이들이 공적 담론장에서 숙의의 대상이 될 수는 없다고 가정한다. 자유민주주의적 관점에서 보면, 개인은 공적 영역에서 젠더, 민족, 종교적 신념 및 다른 '비정치적' 특성과 무관한 채로 순수하게 이성적인 담론에만 참여해야 한다. 배경이나 지위, 혹은 담화 스타일 면에서 이미 사회적 우위를 점하고 있는 이들은 이런 담론 참여 방식이 그다지 부담스럽지 않을 것이다. 그러나 그렇지 못한 이들에게 보편주의적 입장을 취하라고 하는 것은 자신의 정체성을 포기하라는 것과 다름이 없다. 그들은 자신이 누구인지 정체성을 규정해주는 집단에 대한 소속감을 버려야만 공적 담론에 접근할 수 있게 된다. 특정한 문화적 정체성, 혹은 젠더, 계층, 언어, 섹슈얼리티 등에 기초한 정체성을 이렇게 폄하한 결과, 이들은 '보편적인 미국인'의 정체성(중산층 백인이자 이성애자 기독교인)과 반대되는 정체성—가령 '미국인보다는 흑인'이나 '미국인보다는 게이'—을 선택하게 되었고, 결국 자신들만의 집단 정체성을 토대로 정치에 참여하기에 이르렀다.

'정체성 정치'의 지지자와 반대자들은 특정 집단의 이해관계를 공적 담론에 포함시키는 것이 정당한지에 대해 논쟁해왔다. 그러나 '집단의 이해관계를 공적 담론에 포함시켜서는 안 된다'고 주장하는 이들과의 논쟁 과정에서 사용된 이분법적 언어는 민주주의의 미래를 위한 어떤 영감도 제공하지 못했다. 특정 집단에의 소속감은 공적 담론과 관련이 없다고 선언하거나, 집단적 이해관계가 개별적 이해관계보다 중시될 때만 집단에의 소속감을 인정해주기보다는, 그 이해관계를 공동의 미래를 향한 숙의의 일부로 포함시킬 수 있어야 한다. 월터 파커가 말한 것처럼, 시민정신에서 중요한 질문은 "우리가 어떻게 서로 만족할 만한 방식으로 정당하게 함께 살아갈 수 있을 것인가? 그리고 어떻게 해야 우리들의 차이, 즉 개인적 차이와 집단적 차이를 온전히 존중하면서 우리의 다양한 정체성을 인정할 수 있을 것인가?"이다. 이 질문의 답을 찾는 것이 쉬운 일이 아니겠지만, 우리 두 저자는 이런 탐구야말로 바로 근대 민주주의의 중심에 자리하고 있다는 파커의 의견에 동의한다.[17]

'숙의(deliberation)'는 이런 종류의 참여민주주의를 구성하는 중요한 요소이다. 정치적 판단을 내릴 수 있는 독립적인 근거가 따로 없다면, 시민들은 당면한 이슈를 통해 자신들의 판단을 논의해야 한다. 시민들은 함께 연대하여 공적 결정을 내려야 하고, 정치적 행위에 동의할 수 있어야 하며, 서로 그 결정과 행위의 타당성을 정당화해야 한다. 데이비드 매튜(David Mathews)가 말했듯이, 공공의 숙의는 "대중이 공공의 이해관계를 규정해가는 과정"이다. 이것은 오늘날 대부분의 공적 담론을 특징짓는 경쟁적 논쟁이나 점수 매기기, 혹은 상대를 장악하려는 시도 같은 게 아니다. 참여민주주의에서 담화는 자기 입장만 내세우며 반대자의 단점을 지적해대는 것이 아니다. 오히려 위르겐 하버마스(Jürgen Habermas)가 말한 것처럼, 소통이란 "논쟁 그 자체를 통해 근거가 발전하는 잠정적인 변혁의 과정"이다. 매튜는 이를 성취하기 위해 선택할 수 있는 것들을 저울질해보고 곰곰이 다시 생각하고 평가를 내려보는 과정을 수반하는 더욱 개방적이고 탐구적인 대화가 필요하다고 주장한다.

이런 숙의에서, 무엇을 해야 할지 확신할 수 없을 때 우리는 과거의 입장에 갇히지 않기 위해 모든 대안을 향해 마음을 열어두고자 노력한다. 그런 열린 마음가짐이 참여민주주의의 필수적인 요소이다. 행동의 과정에서 모두를 만족시키기 위해, 우리는 기존의 입장과 신념을 변형시킴으로써 서로 귀를 기울일 수 있어야 한다. 바버가 말한 것처럼, 소통으로서의 대화는 표현하는 것뿐만 아니라 받아들이는 것, 말하는 것뿐만 아니라 듣는 것, 그리고 그저 표명하는 것뿐만 아니라 강조하는 것을 포함하고 있어야 한다.[18]

요컨대 민주주의를 위한 교육을 논할 때 우리 두 저자는 전통적인 자유주의적 대의민주주의의 요소를 고려하지만, 이 개념을 확장시킨 매우 구체적인 비전을 염두에 두고 있다. 민주주의에 대한 우리의 관점은 본질적으로 "민주주의는 정부 형태 그 이상이다. 민주주의는 서로 관련되어 있는 삶의 형태, 즉 서로 의사소통이 이루어지는 경험의 형태이다"라고 주장했던 존 듀이(John Dewey)의 관점을 따른다.[19] 듀이에 의하면, 시민들은 공공선을 위해 집단적 행위에 참여해야 하며, 그렇게 해야만 민주적 정치체가 개인과 국가의 관계를 넘어 비로소 시민들 사이의 관계까지 아우를 수 있게 된다. 이는 대의정치의 공식적인 메커니즘에 더하여, 광범위한 차원의 상호작용, 관계, 제도를 포함하고 있다.

우리는 너무도 다양한 사회에 살고 있기 때문에, 참여민주주의 또한 반드시 다원적이어야 한다. 공공선에 대한 기존의 이상향만을 토대로 합의점을 가정할 수는 없다. 그렇다고 해서 사람들이 지니고 있는 기존의 생각이나 그들의 집단 정체성을 포기한 채 중립적이고 보편적인 담론에 참여하라고 할 수도 없다. 대신 우리는 시민들이 공동체의 미래를 심도 있게 구상하고, 때로는 서로 다투면서 공공의 영역에 들어간다는 점을 인식해야 한다. 또한 민주정치의 목적은 공동의 이익과 비전을 발전시키는 것이라는 점도 인식해야 한다. 민주주의는 어떤 하나가 최고가 될 때까지 경쟁관계에 있는 여러 입장들이 서로 필사적으로 싸우는 장이 아니다. 오히려 민주주의는 다양한 출발점에서 시작하여 공공선을 위한 비전을 다 함께 창조해 나가는 수단이 되어야 한다.

따라서 참여와 다원주의는 모두 숙의에 의존하고 있다. '숙의'란 시민들이 모두의 만족스런 미래를 위해 정해둔 결론 없이 마음을 열고 행하는 사려 깊은 논쟁이다. 민주주의에 관한 이런 관점, 즉 참여하는 민주주의, 다원적인 민주주의, 숙의하는 민주주의라는 관점은 우리가 시민정신을 고양시키는 데 대한 역사교육의 잠재적 기여를 평가할 때 늘 염두에 두어야 할 부분이다. 이것은 낙관적이면서도 이상주의적인 관점이지만, 좀 더 소박한 다른 목표를 세울 이유는 없다.

참여민주주의를 위한 역사교육

어떤 교육을 통해 학생들을 참여민주주의에 준비시킬 수 있을 것인가? 아무도 그 답은 알지 못한다. 현재 우리가 주장하는 수준의 참여, 다원주의, 민주주의적 숙의를 보여주는 사회는 존재하지 않고, 따라서 어떤 교육적 절차를 통해 민주주의 시민정신에 필요한 특성들을 가장 효율적으로 함양시킬 수 있는지도 실증적으로 알려진 바가 없다. 참여민주주의는 우리 사회가 분투해야 하는 이상이다. 우리는 그저 학생들을 참여민주주의를 위해 준비시킬 수 있을 것으로 보이는 일련의 교육적 경험을 제시할 수 있을 뿐이다. 이 제안은 어쩔 수 없이 잠정적이고 추측에 의한 것이기 때문에, 명확히 정의된 목적이나 필수 교육과정을 제시할 수도 없고, 예컨대 '참여민주주의를 위한 기술 리스트 10' 같은 것을 제시할 수도 없다. 우리는 역사교육에 관한 전반적인 관점을 권장하고자 한다. 그 관점이 책 전반에 걸쳐 우리를 안내해줄 것이며, 잠재적으로 역사교육이 참여민주주의에 어떤 방식으로 기여할 수 있을지 평가해줄 것이다.

우리는 학생들이 폭넓은 인문학 교육을 받는다면 민주주의적 시민정신을 위한 기반을 갖출 수 있을 것이라고 본다. 인문주의, 인문주의적 교육, 인간성과 같은 개념은 직관적으로 대단히 큰 호소력을 지니고 있지만, 그 의미에 대한 합의는 거의 존재하지 않는다. 예를 들어, 님로드 알로니(Nimrod Aloni)는 인문주의를 근본 원리로 하는 4개의 서로 상충되는 교육이론을 설명한 바 있다. 그중 하나가 고전적인 형태의 인문주의 교육이었다. 고전적인 인문주의 교육은 "모든 인간을 인간'으로서(qua)' 교육하는 데 보편적이고 객관적인 모델이 될 만한 '인간적 완전무결함'

이라는 이상이 존재한다"고 가정했다. 근대적인 맥락에서 보면 이는 학생들이 "세상에서 사유되고 논의되는 것들 중 최고의 것들"—물론 이는 서구 문화의 엘리트들에 의해 규정된 것이다—을 배워야 한다는 의미로서, 소위 "위대한 저서"를 학습해야 한다는 입장이다. 한편 낭만주의 시대의 인문주의 교육은 루소와 20세기의 인문주의적 심리학자들의 저서에 뿌리를 두고 있다. 이런 접근은 개별 인간의 내면세계와 특수한 자아에 초점을 맞춘다. 교육적으로 볼 때 이런 접근은 자기 통제와 자아 발전, 내면적 능력의 자연스런 전개를 강조하고 인간관계를 통해 서로를 지지해주는 것이 중요하다고 본다. 그럼으로써 결국 자존감, 사랑, 수용을 이끌어낼 수 있다고 보는 것이다. 고전주의와 낭만주의의 두 가지 접근은 교육 스펙트럼의 양 끝에 위치하지만, 인문주의 개념에 있어서는 서로 관련되어 있다.[20]

아마 인문주의적 교육에서 가장 광범위하게 받아들여지는 관점이 위의 두 가지일 것이다. 그러나 우리 두 저자들은 이 둘에서 나온 요소를 공유하기는 하지만 직접적으로 두 가지 관점을 바탕으로 하는 것은 아니다. 우리의 관점은 에이미 구트만(Amy Gutmann)이 논한 '민주적 인문주의'에 가깝다. 민주적 인문주의란 "시민들이 정의가 무엇인지 숙의할 수 있도록 독려하는 교육을 정치 문화의 일부로서 지지하는" 인문주의를 말한다.[21] 구트만은 '숙의 민주주의'에 관한 유명한 이론가이고, 따라서 이 관점이 민주주의 사회에 관한 우리의 비전과 매우 일치한다는 것은 그리 놀라운 일이 아니다. 그러나 구트만의 명확한 표현은 인문주의적 교육에 관한 기나긴 사유와도 잘 부합한다. 더욱이 우리는 이런 관점이야말로 역사를 단순한 '세뇌의 도구'로 삼거나 그저 실용적이기만 한 '근심의 하녀'로 전락시키는 것을 막을 수 있고, 오히려 민주주의에 대한 역사의 공헌을 명확히 해줄 잠재력을 지니고 있다고 본다. 이를 성취하기 위해서 역사교육은 인문주의적 교육의 세 가지 주요 요소를 토대로 할 필요가 있다.

첫째, 인문주의적 역사교육은 합리적 판단을 고취시켜야 한다. 인문주의 교육은 오랫동안 비판적 판단력을 기르는 문제와 관련되어 있었다. 엘리엇 아이즈너(Elliot Eisner)는 "인문주의자는 인간의 비판적·이성적 사고 능력, 구체적으로 인간의 문제에 대해 깊이 있으면서도 날카로운 판단을 내릴 수 있는 능력을 특히 가치 있게 여긴다"고 강조했다. 이런 접근은 현재 대부분의 교육과정을 지배하고 있는 도구적 합리성과는 상반되는 것이다. 윌리엄 스탠리(William Stanely)와 제임스 윗슨(James Whitson)은 "인문주의적 학습은 분리되어 있는 정보의 조각을 쌓아가는 것도 아니고, 별개의 임무를 수행하기 위해 이미 정해져 있는 능력을 재생산해내는 것도 아니"라고 주장한 바 있다. 대통령의 임기를 암기하고, 교과서에 나오는 남북전쟁의 세 가지 원인을 서술하고, 봉건제의 정의를 찾아보는 일이 역사 연구의 한 분야일 수는 있어도, 이런 활동은 역사 교과에 대한 인문주의적 접근을 반영하지는 못한다. 왜냐하면 이런 활동은 그 어떤 추론, 즉 판단을 위한 공간도 마련하지 못하기 때문이다. 역사 학습이 인문주의적이기 위해서는 학생들이 스스로 대안의 경중을 따져보고 사안의 중요도를 결정하며 결론을 도출해봐야 한다. 아이즈너는 지적이거나 예술적인 가치를 평가하는 정확한 척도는 존재하지 않기 때문에, "뉘앙스에 대해 민감하게 주의하고 문맥을 평가하며 숙의하여 판단할 수 있는 능력이 요구된다"고 말했다. 이런 능력을 발전시키는 것이야말로 참여민주주의의 근본이 된다. 정치적 지식에 관한 한 독자적 토대는 존재하지 않기 때문에, 다시 말해 어떤 결정이 올바른 것인지 확실한 정답은 없기 때문에, 우리들의 행위는 조심스런 추론과 증거에 기반하여 심사숙고를 거친 후에 이루어져야 한다. 벤자민 바버가 제안하는 것처럼, 시민은 "가능성을 보고 그저 고르는 것이 아니라 이를 판단"할 책임이 있다.[22]

역사 학습은 인간의 합리적 판단 능력을 고양시킨다. 역사적 사건의 원인, 그 일들의 상대적 중요성, 대안적 행위가 가져올 수 있었던 잠재적 결과, 과거가 현재에 미친 영향 등, 모든 것은 인문주의 학습의 깊이 있고 날카로운 추론적 특성을 요구한다. 그러나 이런 추론이 이루어지기 위해서는, 학생들이 이와 관련된 사고를 해볼 수 있어야 한다. 학생들이 직접 역사적 행위의 원인과 결과에 대한 평가를 내려봐야 한다는 것이다.

지금까지 학생들은 이런 판단을 스스로 내려보지 못했다. 그것은 두 가지 분명한 장애 때문이었다. 그 첫째가 바로 역사를 피할 수 없는, 이미 결정된 사건의 전개로만 보는 시각이다. 만약 역사가 그저 일어나야 했던 일이 그대로 일어난 것일 뿐이라면 판단을 내려볼 여지는 없다. 원인과 결과는 무의미해지고 역사는 연대기적인 사건의 연속에 지나지 않게 된다.

학생들이 비판적 판단을 내리는 데 더 큰 장애물이 되었던 것은, 바로 '역사 학습은 타인이 만들어놓은 주장을 반복하는 것'이라는 생각이다. 즉 역사 학습은 역사적 사건에 대해 이미 동의가 이루어진 설명을 되풀이하는 일이라고 여기는 관점이다. 피터 세셔스(Peter Seixas)는, 역사 교사가 학생들에게 역사적 설명을 되풀이하도록 요구하는 것은 역사적 지식의 본질을 잘못 가르치는 것이라고 주장했다. 왜냐하면 "역사적 지식은 변동 없는 결론이 아니라 학문 공동체 내에서 계속되는 대화가 잠시 머무르고 있는 일시적이고 잠정적인 주장"이기 때문이다.[23] 지식을 되풀이하기만 하는 역사교육은 무엇이 지식인지를 잘못 전달할 뿐만 아니라 판단력을 기를 기회마저 앗아가버린다. 만약 교사나 교과서, 혹은 역사가들이 이미 정확한 답을 내놓은 덕분에 학생들이 스스로 판단해볼 기회를 갖지 못한다면, 역사를 학습했다 해도 학생들은 그 전보다 발전된 합리적 사고를 하지는 못할 것이다. 역사교육이 근거에 입각한 판단 능력을 키워주기 위해서는 우선 학생들이 역사적 사건의 원인 및 결과, 그리고 사건의 중요성에 대해 자기만의 결론을 내릴 수 있도록 이끌어야 한다.

인문주의적 역사교육의 두 번째 토대는, 인간에 대한 관점을 확장시켜야 한다는 점이다. 아이즈너가 말했듯이, "인간이 된다는 것이 무슨 의미인지에 대하여 인문주의적 학습에서는 어떤 합의도 이루어지지 않았다." 인문주의적 학습은 부분적으로나마 우리가 처한 상황의 좁은 범위를 넘어서서 타인을 향해 배려와 근심을 갖도록 해주고, 우리와 다른 타인의 사고 방식과 대면하게 해준다. 역사는 이런 목표에 특히 잘 부합하는데, 왜냐하면 다른 시대와 다른 문명에 대해 학습함으로써 우리가 살고 있는 사회가 영구불변의 보편적 형태가 아니라 수많은 사회 중 하나라는 것을 알 수 있기 때문이다. 심지어 어린이들조차 과거 사람들은 우리와 다른 방식으로 사고하고 행동했으며, 또 다른 방식의 신념 체계를 가지고 있었다고 배운다. 인류학이나 문화지리학과 마찬가지로 잘 계획된 역사교육은 다른 방식의 생각과 행동 논리를 이해할 수 있도록 돕고, 따라서 문화적 차이가 지성의 부족 때문이 아니라는 결론을 내릴 수 있게 해준다.

참여민주주의에서 인간적 다양성의 범주를 인식하고 이해하며 포용하는 능력은 중요하다. 월터 파크가 말했듯이 다원주의적 정치 공동체에서 크나큰 장애 중 하나는 바로 민주적 행위를, "다른 사람들과 함께 걷는 것"을 거부하는 사람들이 있다는 점이다. 바버가 지적했듯이, 참여 민주주의는 타인의 목소리에 귀 기울이고 공감하는 과정을 요구한다. 이는 우리가 타인의 관점도 잠재적으로 우리들만큼 합리적이라고 진심으로 믿어야 가능한 일이다. 즉, 우리에겐 비록 익숙하지 않지만 인간이 되는 또 다른 방식이 있을 수 있음을 이해해야 한다. 우리가 동의하지 않는 것도 타인들의 신념 체계에서는 합리적 기반을 가지고 있다는 사실을 받아들일 때에야 비로소 의미 있는 대화가 이루어질 수 있다.[24]

역사교육을 통해 인간에 대한 관점을 확장시키고자 한다면, 학생들에게 자신과 다른 사람들, 그리고 자신이 살아가는 사회와 다른 사회에 대해 가르칠 필요가 있다. 다시 말해 학생들은 현재 미국 교육과정에서처럼 거의 전적으로 자국사에만 초점을 맞추어 본인들과 매우 비슷한 사람들에 대해서만 배우는 것이 아니라, 더욱 폭넓은 주제를 학습해야 한다. 미국의 학생은 잉카문명, 중석기 시대 사람들, 중세의 이단과 같이 미국사와 직접적인 관련이 없는 세계사의 수천 가지 다른 시기와 장소에 대해 배울 기회가 거의 없다. 그러나 엄밀히 말해 이런 시대는 학생들이 살고 있는 현재와 너무 다르기 때문에 오히려 검토해볼 가치가 있다. 사람들이 전혀 다른 시공간을 살면서 창조했던 각종 사회 기관과 문화를 학습함으로써, 학생들은 인간이 되는 다양한 방식을 더 잘 이해할 수 있다. 자국의 역사만 반복 학습하는 것이 아니라 더 다양한 역사를 이해함으로써 다원적 민주주의 사회가 요구하는 바에 더 제대로 대비할 수 있을 것이다.

가장 논란의 여지가 많은 인문주의적 역사교육의 마지막 특성은, 공공선에 관한 숙의를 포함한다는 점이다. 이 특성은 고전적 인문주의의 전통에서도, 낭만주의 시대 인문주의자들의 전통에서도 중요한 부분이 아니었다. 이 두 시대 인문주의 전통은 협동을 통한 숙의보다 개인적 판단을, 그리고 공공선에 관한 공동의 비전보다 도덕적·윤리적 행위에 대한 개인적 기준을 더 강조했다. 그러나 인간에 관한 우리 저자들의 관점은 이보다는 더 사회적이다. 우리는 인문주의적 학습의 형태와 목적 모두가 본질적으로 사회적이어야 한다고 본다. 듀이는 "인문주의란 인간의 이해관계에 대해 지적인 감각을 가지는 것을 의미한다"고 주장하며, 이런 이해관계를 사회의 선과 동일시했다. 듀이에게, 단순한 지식의 축적만 추구하는 인문학적 학습은 그저 시간만 흘려보내는 일이다. 듀이는 인문학 학습은 사회적인 행복에 대한 민감성, 그리고 사회적 행복을 증진하기 위한 더 큰 능력을 키워줘야 한다고 주장한다.[25] 이와 비슷하게 벤자민 라드너(Benjamin Ladner)도 다음과 같이 논했다.

인문학의 특별한 임무는 개별적이고 사적인 활동을 통해 사고를 함양시키는 것 외에, 우호적이고 공동체적인 공공의 숙의를 바탕으로 사고를 함양시켜 담론의 공동체를 유지할 수 있도록 하는 것이 있다. 이것은 서로를 향한 정중함을 바탕으로 하며, 우리 모두가 함께 존재할 수 있는 공적 영역을 돌보고자 하는 단합된 노력을 토대로 한다. 서로를 향한 정중함을 증진시키는 근간이 바로 교양 있는 일반 시민들을 양성하는 일이다. 교양 있는 시민을 양성하기 위해 인문학은 우리 모두가 말하고 함께 결정을 내릴 수 있게 해주는 공동의 언어를 발전시킨다. 또한 서로 대화를 나누고 결정을 내리는 데 있어 과연 중요한 주제가 무엇인지를 상기시켜준다.[26]

사회 복지를 어떻게 증진시킬 것인지, 공적 영역을 어떻게 보살필 것인지에 관한 논쟁은 참여민주주의의 핵심이다. 우리는 역사 학습이 학생들을 이런 숙의에 참여할 수 있도록 준비시키는 데 중요한 역할을 한다고 믿는다. 그러나 이것은 역사교육이 전통적으로 포용했던 역할도 아니고, 손쉽게 예측 가능한 결과를 이끌어내지도 못한다. 역사 학습을 통해 공공선을 고려하는 마음가짐이 생겨나거나 학생들이 협동하여 판단을 내리게 될 거라고 보장할 수도 없다. 그러나 우리는 역사를 통해 학생들이 공공선을 고려해볼 기회를 가질 것이고, 타인들과 협동하여 합리적으로 사고할 기회를 얻게 될 것임을 확신할 수 있다.

앞서 학교교육은 모든 역사 주제를 다룰 수 없고 일정한 기준에 따라 선택해야 한다고 말한 바 있다. 우리 저자들은 특정한 역사 주제가 '학생들이 공공선을 생각해볼 수 있도록 독려하는지' 여부가 그 기준 중 하나가 되어야 한다고 제안하고 싶다. 이 목적을 달성하고자 한다면, 학생들은 인종주의, 젠더, 독재, 전쟁, 식민주의, 경제적 관계 등 정의와 관련된 문제들을 생각해보게 해주는 역사 주제를 학습해야 할 것이다. 더불어 학생들은 자신들이 물려받은 유산이 과연 정의로운 것인지, 과거의 사건이나 사회적 합의는 공정했는지 스스로 논의해볼 기회를 가져야 한다.

어떤 교사나 역사가들은 학생들이 이런 종류의 판단을 하지 말아야 한다고 생각한다. 그들은 대개 "그런 건 진짜 역사가 아니죠" 같은 터무니없는 주장을 펼치곤 한다. 이런 주장은 근시안적이다. 우리 모두는 끊임없이 역사에 대한 판단을 내리고 있다. 홀로코스트, 노예제, 참정권 운동, 베트남전쟁, 시민권 운동, 십자군 원정, 남아공 인종분리 정책의 종결, KKK, 히로시마 원자폭탄 투하, 9·11테러 등, 우리 모두는 분명 이

것이 공공선에 기여했는지, 혹은 공공선의 가치를 손상시켰는지 판단을 내려왔다. 어린이들도 마찬가지다. 우리가 했던 한 인터뷰에 의하면, 어린이들은 역사 교과에 흥미를 느낀 이유 중 하나로 정의로움의 문제―어린이들의 표현에 따르면 '공정함의 여부'―를 꼽았다(이에 대해서는 제5장에서 더 자세히 논의될 것이다). 이 어린이들은 정의 개념에 대해 조직적으로 검토한 적이 없었고, 이와 대립되는 개념은 더더욱 검토한 적이 없었으며, 정의와 공공선의 관련성도 논의해본 일이 전혀 없었다. 그런데도 '공정함'에 대해 학생들이 지니고 있었던 기존의 생각들은 역사 속에서 정의로움이나 공정함에 관한 주제를 생각해볼 때 중요한 출발점이 되었던 것이다.

그러나 역사 주제에 관한 숙의는 학생들이 더욱 일관적인 관점을 발전시키고, 이런 주제가 어떻게 구체적인 상황―그것이 역사적이든 아니면 현재적이든―에 적용될 수 있을 것인지 더욱 명백한 생각을 발전시킬 수 있도록 돕는 방향으로 구상되어야 한다. 역사 교사들은 정의나 공공선에 관한 이슈를 무시해서는 안 된다. 학생들이 숙의를 통해 합리적이고 공적으로 정당한 판단을 내릴 수 있도록 독려해야 하며, 다원적 민주주의의 맥락에서 어떻게 판단을 내리고 자기 판단을 방어할 것인지 이해할 수 있도록 도와야 한다. 우리의 교육 목표가 학생들의 시민정신 함양이라면 이런 논의는 필수적이다. 이런 논의를 포기한다면 우리는 좋은 기회를 터무니없이 놓치는 꼴이 된다.[27]

학생들이 정의로움이나 공정함에 관해 논의한다는 것은, 과거 혹은 오늘날에 무슨 일이 행해졌어야 한다거나 행해지지 말았어야 한다는 정해진 결론으로 그들을 이끌어가는 것과는 전혀 다른 문제이다. 숙의의 목적은 학생들 스스로 그런 결론에 도달할 수 있도록 다른 이들과 함께 학습하는 것이지, 교사나 교과서, 역사가, 혹은 정치인들의 믿음을 재생산하는 것이 아니다. 바로 이것이 역사가 공공선에 관한 문제에 초점을 맞출 때 생겨날 수 있는 위험성이다. 즉, 권위를 가진 이들은 자신들이 이미 무엇이 공공선인지 알고 있다고 믿는다. 자신들의 역할은 학생들에게 그 의견을 그대로 심어주는 것, 가령 뉴딜 정책이나 베트남전쟁, 이라크전쟁에 관해 자신들의 생각을 말해주는 것이라고 믿는 것이다. 그러나 다원적 민주주의에서 우리는 학생들에게 공공선에 관한 어느 한 가지 비전만을 강요할 수 없고, 학생들에게 역사에 관한 단 하나의 판단만을 가르칠 수도 없다. 우리는 학생들이 자기만의 판단, 자기만의 비전을 발전시켜 나갈 수 있도록 함께 참여하는 토론으로 학생들을 이끌 수 있을 뿐이다.

결론

역사교육의 목적은 모호하고 분명하지 않을 수도 있지만, 반대로 명백하게 진술되고 공적 논의로 표면화될 수도 있다. 어떤 경우에도 근본적인 이론적 근거가 역사 교과의 목적을 안내해야 할 것이다. 사회문화적 관점에 의하면, 인간의 활동은 우리가 이를 인정하든 하지 않든 예외 없이 사회적으로 결정된 목표에 영향을 받기 때문이다. 우리 두 저자는 교육과정 내에서 역사 교과의 입지는 민주주의적 시민정신, 즉 참여가 이루어지고 다원주의적이며 사려 깊은 시민정신을 기르는 데 기여할 수 있다는 점에서 정당화된다고 믿는다. 그리고 우리는 역사 교과의 교육적 실천은 이 목적을 달성하기 위해 조직되어야 한다고 본다.

여기서 시민정신은 목적지라기보다는 여정이며, 제인 아담스가 말했던 것처럼 학생들이 "군중의 열기 속에서 밀고 밀치며" 나아갈 수 있도록 준비시킬 것을 요구한다. 역사를 인문주의적으로 학습하는 것은 특히 이런 준비에 안성맞춤이다. 왜냐하면 인문주의적 역사 학습은 학생들에게 "인류의 경험이라는 거대한 우물에서 물을 길어 마실" 수 있도록, 다시 말해 합리적인 판단을 내리고 인간성에 대한 폭넓은 관점을 고양시킬 수 있도록 해주기 때문이다. 역사가 "민주주의에 필수적인 관념"인 '공동의 운명'과의 일체감을 이끌 수 있을지는 확실치 않다. 그러나 불확실하다 해도 이는 우리가 역사교육의 내용과 방법을 조심스레 평가하는 것을 더욱 중요한 일로 만들어준다. 이 책의 남은 장에서 우리는 제2장에서 설명한 기준을 토대로 역사교육이 수반하는 다양한 목적과 활동, 그리고 이 교과를 가르치고 배우는 데 사용되는 도구에 대하여 평가해볼 것이다.

제2부
역사교육의 접근 방식

Teaching History
for
the Common Good

제3장
첫 번째 스탠스,
정체성 세우기

낯선 자가 물었다. "이 도시의 의미는 무엇이오? 당신들은 서로
사랑하기 때문에 옹기종기 모여 있는 것이오?"

당신은 무엇이라 대답할 것인가? "우리는 돈을 벌기 위해 함께 있
는 것입니다"라고 답할 것인가, 아니면 "이것이 공동체지요"라고 답
할 것인가?—T. S. 엘리엇(T.S. Elliot)[01]

역사를 학습하면서 학생들은 정체성을 확립한다. 역사 속에 등장하
는 구체적인 인물 및 사건, 과거의 기관들과 본인 자신—개인으로서든,
더 큰 사회 집단의 구성원으로서든—을 연결시켜 생각해보게 되는 것
이다. 이 과정은 과거가 어떻게 현재의 상황을 이끌어냈는지 탐구하는
'분석하기 스탠스(analytical stance)'의 범주—다음 장에서 논의하게 될—에
포함되는 활동과 사뭇 다르다. 역사와 자신을 연결하여 정체성을 확립
하는 것은 어느 정도는 맹신에 가깝다.

정체성 세우기 스탠스는 학생들이 '내 삶의 어떤 면은 과거의 특정

요소를 반영하고 있다'는 확신을 가질 수 있게 하는 것을 목표로 한다. 이런 활동은 학교에서뿐만 아니라 보다 넓은 범주의 사회에서도 일반적으로 이루어지고 있으며, 그 세부적인 목적 또한 매우 다양하다. 예를 들어, 가족의 역사에 대해 이야기 나누며 우리는 스스로가 역사의 연속 선상에 존재한다고 생각하게 되고, 국가의 기원이나 역사적 전환점과 관련된 이야기를 들으면 한 집단의 일원으로서 소속감과 충성심을 느끼게 된다. 또한 역사 속에서 이루어진 사회적 성취는 현재 사회의 공동체적 합의나 정치적 행위를 정당화해주기도 한다. 우리는 가끔 역사가 "우리가 누구인지를 말해준다"는 얘기를 듣곤 하는데, 이는 곧 우리가 역사를 통해 정체성 세우기 스탠스의 활동을 하고 있음을 의미한다.

정체성 세우기는 가장 일반적인 역사교육 활동 중 하나이지만, 동시에 가장 심하게 비난 받는 활동이기도 하다. 우리가 첫 장에서 언급한 역사교육의 이분법에서 '잘못된' 쪽에 서 있는 것들, 가령 유산, 아마추어 역사, 역사의 남용 같은 것들은 언제나 역사교육을 통해 정체성을 확립하려는 시도와 관련이 깊었다.

많은 역사학자들은 '역사를 통해 우리가 누구인지 알 수 있다'는 생각은 객관적이고 학구적인 역사학의 학문적 입지를 위협한다고 여긴다. 왜냐하면 이 사람들은 '학문으로서의 역사학'이 세속적인 정치·사회적 관심으로부터 분리되어 있거나, 심지어 우위에 서 있다고 생각하기 때문이다. 그들은 역사를 우리의 정체성을 확립하기 위한 원천으로 사용하는 것은 구시대적이고 비생산적인 일이라고 단언한다. 그것은 역사 교과를 현재적 근심의 노예로 만들어버림으로써 역사를 이해하기 위한 더 바람직하고도 지적인 도전을 불가능하게 만든다고 비판한다.

그러나 일부 학자들이 정체성 세우기 스탠스를 구식이라거나 충분히 '학문적'이지 못하다고 비판한다고 해서, 역사교육에서 이런 스탠스가 사라지지는 않을 것이다. 역사가 정체성의 원천이 될 수 있다는 믿음은 근대 서구 사회의 대중적인 사고방식이었으며, 현재까지도 미국 학교의 역사교육 활동에서 대단히 중요한 위치를 차지하고 있다. 따라서 우리는 '정체성 세우기' 스탠스의 역사교육을 무시해버릴 것이 아니라, 이 스탠스가 어떤 식으로 다원주의적 참여민주주의에 기여할 수 있을지 생각해볼 필요가 있다. 동시에 이 스탠스가 어떤 식으로 민주주의에 방해가 되는지도 생각해봐야 한다.

어떤 형태의 정체성은 민주적인 삶을 위해 꼭 필요하다. 공동체에 대한 애착 없이는 공공선을 추구하는 힘든 여정에 개개인이 적극적으로 참여하기 쉽지 않을 것이기 때문이다. 만약 우리에게 일체감을 느낄 만한 공동체가 없다면, 더불어 살아가는 우리의 삶은 T. S. 엘리엇이 말한 것처럼 그저 "돈을 벌기 위한" 일에 지나지 않을 것이고, 우리는 "흩어져 살며 아무도 이웃이 누구인지 모르고 서로 상관하지도 않을 것"이다. 그러나 우리가 다른 사람들과 서로 화합하고자 한다면, 역사적 정체성은 이를 이끌 수 있는 강력한 수단이 될 것이다.

물론 정체성 세우기 스탠스에는 단점도 있다. 스스로를 공동체와 연결하면 흔히 '우리'와 '저들'이 분리되기 마련이고, 이는 때로 파괴적인 결과를 가져온다. 전 세계적으로 '역사적 정체성'은 억압과 폭력의 기초로 작용해왔다. 불평등한 사회 질서는 예전부터 내려오는 전통이라는 이름으로 정당화되었고, 오랫동안 충돌해왔던 두 공동체의 역사는 현재의 새로운 적대감을 만들어내는 명분이 되었으며, 승리를 쟁취하고 상대를 희생시켰던 고대인들의 경험은 테러리즘을 위한 변명이 되었다. 뿐만 아니라, 민족 역사의 영광에 대한 향수는 폭력적인 전쟁을 야기하기도 했다.

T. S. 엘리엇은 공동체에 관심이 컸지만, 정체성을 지닌 공동체가 어떻게 굴러가야 하는지에 관해서는 매우 제한된 이미지만을 가지고 있었다. 엘리엇은 다원주의를 지지하는 사람도, 민주주의를 지지하는 사람도 아니었고, 오히려 권위주의적인 정치 구조와 세습적 특권을 지지했던 인종주의자, 엘리트주의자, 여성혐오자였다.[02] 꼭 이래야 하는 것일까? 정체성은 언제나 배타성을 수반하는가? 만약 그렇다면, 정체성 세우기 스탠스가 학생들을 민주주의를 위해 준비시키기 위해 기여할 수 있는 바가 과연 있을까?

개인의 역사, 가족의 역사를 통해 정체성 세우기

역사를 통해 정체성을 확립하는 가장 기본적인 방법 중 하나는, 한 개인이 그간의 삶을 되돌아보면서 현재의 자아를 과거에 비추어 생각하는 것이다. 몇 달 전이나 몇 년 전에 어떤 사건이 발생했다고 그저 단순하게 생각하는 사람은 없다. 오히려 우리는 스스로가 오랜 세월을 거쳐 지속된 안정적인 정체성을 지닌 존재라고 생각한다. 다시 말해 우리는 커가면서 학교에 가고 직업을 얻는 등의 과정을 기억하고, 또 그 기억에 의지하면서 삶의 과정을 지속해온 역사적 존재로서 우리의 자아를 구성한다.[03]

또한 우리는 중요한 역사적 사건을 사회적인 결과나 정치적인 결과로만 생각하는 것이 아니라, 그 사건이 개인인 우리 자신에게 미친 영향에 대해서도 함께 생각한다. 예를 들어 로이 로젠웨이와 데이비드 텔른은 설문 응답자들이 제2차 세계대전의 기억을 떠올릴 때, 전쟁이 국제정치에 끼친 영향보다는 주로 개인의 삶과 커리어에 미친 영향에 대해 더 많이 이야기한다고 설명했다.[04] 이런 종류의 역사적 정체성은 역사적 사건이 얼마나 크든 작든, 개인의 과거와 현재가 서로 관련되어 있다는 점을 암시한다.

또한 역사는 개인의 경험을 넘어서는 정체성에 영감을 불어넣을 수도 있다. 거다 러너(Gerda Lerner)는 역사가 "우리의 삶에 관점을 제공하고 이전 세대와 동질감을 느끼게 만듦으로써, 그리고 이후 세대를 맞이할 우리 자신을 살펴보게 함으로써 유한한 인생을 초월할 수 있게 한다"고 말했다.[05] 이런 초월성을 이룩하는 한 가지 방법이 바로 '가족의 역사'이다. 가족의 역사는 많은 이들에게 삶의 전반에 걸쳐 강력한 정체성의 원천이 된다. 친척들은 서로의 친숙한 특성에 대해 이야기하고, 가보와 유품을 넘겨주기도 하며, 대화 속에서 함께 추억에 빠지기도 한다. 또한 가족의 특성을 확실히 하기 위해 과거를 들먹이고, 본인 스스로를 과거 유산의 성취나 상실과 연결시켜 생각하며, 영속적이고 안정적인 감정을 쌓아 나간다. 계보학자들은 가족사를 연구해보려는 시도가 더 확장된 자아에 대한 감각, 그리고 역경에 맞설 힘을 제공해준다고 보았다. 로젠웨이와 텔른이 실시한 설문 응답자의 2/3도 가족의 역사를 가장 중요한 역사로 생각하고 있었다. 이에 대해 로젠웨이와 텔른은 "많은 미국인들은 역사와 깊이 관계하고 있는데, 그중에서도 가장 깊이 관계하고 있는 역사는 본인 가족들의 역사"라고 결론 내렸다.[06]

역사교육계에서는 종종 개인사 및 가족사 프로젝트를 학교 역사교육의 일부로 추천하고, 특히 초등학교와 중학교 단계에서 이를 학습하라고 권장하고 있다. 이 프로젝트에서 학생은 본인 및 가족들과 관련된 사진을 시간 순서로 배치해보고, 과거의 경험에 대해 친척들과 인터뷰를 하며, 가족사 차트를 만들거나 '가족 문장(紋章)'을 만들어보기도 했다.[07] 이런 탐구활동은 더 어린 학생들에게도 가능한 수업이고, 학생들에게 활발한 탐구활동을 기반으로 본인과 관련된 역사를 학습해볼 기회를 제공한다는 장점을 지닌다.

그러나 이런 역사 수업이 얼마나 널리 활용되고 있는지 정확히 알기는 어려워도, 우리 두 저자의 경험을 돌이켜보면 그다지 일반적인 것 같지는 않다. 또 이런 수업이 시도된다 하더라도 그 목적은 주로 자아존중감을 확립하거나 언어 능력을 키우는 것, 혹은 자기 고장의 역사, 국가의 역사, 세계의 역사를 공부하기 위한 도입부로 제공되는 정도이다. 개인이나 가족의 역사를 정체성의 원천으로 이용하는 것은 학교 안보다는 학교 밖에서 더 일반적인 듯하다.

역사의 목적에 대한 학생들의 생각을 알아보았던 현장 연구도 유사한 결론을 내렸다. 이 연구는 사람들이 자기만의 역사에 관심을 지니고있고, 어른들은 종종 가족의 역사를 탐구하기도 하지만, 어린 학생들은 대개 역사를 학습하는 중요 목적으로 '정체성 형성'을 꼽지는 않는다고보고하고 있다. 예를 들어 브루스 밴슬레드라이트(Bruce VanSledright)는 초등학생 및 중·고등학생들에게 학교에서 왜 역사를 배워야 하는지 질문했는데, 이때 어린 학생들은 그 누구도 '역사를 통해 개인의 정체성을 확립할 수 있다'는 대답을 하지 않았다. 고학년 학생들 중에서도 극소수만이 역사가 개인 정체성 형성을 도와준다고 말했을 뿐이다.[08]

초등학교와 중학교에서 수행했던 우리 두 저자의 연구 결과도 마찬가지였다. 소수의 학생들만이 '개인이나 가족의 역사는 내가 누구인지알 수 있게 해준다'고 말했다. 다만 4, 5학년 학생들과 〈나와 가족의 역사〉라는 프로젝트를 진행하면서 이 프로젝트의 중심이 되는 사람이 누구인지 질문했을 때는 예외였다. 그 학생들은 왜 역사를 공부하는지 설명하며 종종 개인과 가족의 정체성을 꼽았다. 프로젝트에 참여하면서 자기 삶의 연표를 만들고 그중 가장 중요했던 사건을 발표한 뒤, 몇몇 학생들은 '내 삶의 특별한 순간'에 대해 생각해보게 되었고, 자신들이 기억하지 못하는 사건에 관해 조사하는 것이 재밌었다고 말했다. 한 여학생은 "우리 자신에 대해 모르고 있었던 것들을 알 수 있게 됐잖아요"라고 대답했다. 이 학생은 과거에 일어난 사건을 제대로 기억하지는 못했지만, 본인의 현재 모습을 과거와 분명하게 연결한 것이다.[09]

또한 학생들은 가족의 역사를 통해 정체성을 형성해가기도 했다. 가족의 역사에 관한 차트를 만들고 조부모들을 인터뷰한 뒤, 학생들은 친척과 조상에 관해 아는 것이 왜 중요한지 발표했다. 한 여학생은 "만약 역사를 모른다면, 누가 나와 관련되어 있고 누가 관련이 없는지 어떻게 알겠어요?"라고 말했다. 다른 어린이들은 '역사를 통해 나의 선조들은 누구이며 그들은 어떻게 살았는지 배울 수 있다'고 강조했다. 한 어린이는 "우리 친척에 관해 말해주고, 또 이 친척들이 어렸을 때는 무엇을 하며 살았는지 말해주기" 때문에 '역사'가 중요하다고 말했다. "가족들이 어떻게 살았는지, 왜 그렇게 살았는지 알고 싶어요"라고 대답한 어린이도 있었다. 수많은 어른들과 마찬가지로, 학생들 또한 가족의 역사에 관심이 있었고, 그것이 역사를 공부하는 중요한 이유라고 생각했다.

그러나 학년이 끝날 즈음, 〈나와 가족의 역사〉 프로젝트를 마치고 '북아메리카 식민지', '미국 독립혁명', '미국으로의 이민' 같은 다른 역사 주제로 넘어가게 되면서, 학생들은 더 이상 개인과 가족의 역사에 대해 전처럼 이야기하지 않았다. 이제 그들은 더 넓은 사회적 집단에 일체감을 느끼거나, 정체성과 관련 없는 역사 학습의 다른 목적에 더 큰 관심을 보였다. 개인 및 가족의 과거를 통해 정체성을 형성해주는 역사의 역할은 일시적이고, 결국 다른 관심이 이를 대체하는 것이다.[10]

국가의 역사를 통해 정체성 세우기

대부분의 사람들은 가족보다 큰 사회적 집단에 더 강렬한 정체성을 느낀다. 그래서 역사는 국가 정체성을 고양시키는 데 사용되곤 한다. 이런 류의 정체성은 정치적으로 정의되는 국가—미국, 핀란드, 한국 등—와 관련되어 있고, 독립 국가로 인정받기를 갈망하는 집단들—쿠르드족, 체첸, 스리랑카의 타밀인 지역 등—과도 관련되어 있다.

그런데 국가는 결코 '자연스러운' 것이 아니며, 별도의 증명이 필요 없는 자명한 것도 아니다. 국가 정체성은 창조되고 유지되어야 하는 그 무엇이다. 베네딕트 앤더슨(Benedict Anderson)이 지적한 것처럼, 국가는 '상상의 공동체'이다. 이런 공동체가 존재한다고 상상하는 방법이자, 국적에 대한 주장을 적법하게 만들어내는 가장 효과적인 방법이 바로 '역사'를 통하는 것이다. 앤더슨은 민족주의는 다른 이데올로기가 해낼 수 없는 방식을 통해 세대를 거듭하는 지속성을 지니고 있다고 주장했다. 즉 다른 정치적·경제적 프로그램—가령 사회주의나 자유무역, 여러 형태의 세계화 등—과는 달리 국가적 정체성을 확립하는 것은 바로 그 국가의 역사를 통해 정체성을 형성해 나가는 것을 의미한다.

로저스 스미스(Rogers Smith)는 이런 종류의 정체성을 확립시켜주는 이야기(account)는 사실 "잘 짜인 스토리(constitutive stories)"라고 말했다. 조직적으로 잘 짜인 스토리는 한 개인의 정체성이 혈통이나 역사와 같은 요소로 구성되어 있다고 선포한다. 공동체 구성원과 그들의 선조가 "한결같이 존재했던 동일한 사람들"이라고 생각하게 만듦으로써 이런 스토리는 "공동체 구성원들과 그 자손들이 다른 정치적 공동체에 속하고자 하는 시도를 절대 할 수 없게 만든다."[11]

민족주의는 지난 2세기 동안 중요한 정치 프로그램이었고, 그 시기동안 역사는 수많은 다른 방식을 통해—예를 들어 소멸해가던 언어와 방언을 부활시키거나, 민요나 설화를 수집하고 확산시키거나, 고고학적 유물을 발굴·전시하거나, 특별한 형태의 의복, 춤, 음악, 오락을 홍보하거나—국가 정체성을 고양시키곤 했다. 상상된 국가 공동체를 발전시키는 데 '전통'이라는 개념은 너무나 중요하기 때문에, 그 전통이 존재하지 않을 때는 심지어 발명되기도 한다. 사실 전통을 특별한 국가 정체성과 동일시하는 것은 반드시 '발명'이라는 요소를 수반한다. 왜냐하면 동등한 차원의 역사적 관습이라 할지라도 어떤 것은 잊혀지거나 버려지는 반면 다른 어떤 잠재적 관습은 너무나 고결한 것으로서 공식 역사의 한 자리를 차지하기 때문이다.[12]

그러나 미국에서는 역사에 기반을 둔 이런 형태의 민족주의는 상대적으로 덜 중요한 편이다. 미국의 가장 보편적인 언어·문학적 전통, 사회적 관습은 사실 유럽에 기원을 두고 있고, 따라서 새로운 국가 정체성 형성의 기초가 될 수 없기 때문이다. 다른 나라의 문화적 관습과 확연히 구분되는 '아메리카'의 문화적 관습은 무엇보다 원주민들의 관습이지만, 미국에서는 원주민 아닌 사람들이 원주민들과 끊임없이 전쟁을 벌여왔기 때문에 이 원주민들의 관습을 광범위한 국가적 정체성으로 받아들일 수 없다. 더욱이 19세기 후반에 국가 정체성을 고양시키려는 노력이 절정에 이르렀을 무렵에도 미국인들은 단 하나의 언어나 종교, 단 하나의 민족적 기원, 혹은 단 하나의 문화적 요소를 통해 통합될 수 없었다. 다른 나라에서와 마찬가지로 다양한 미국인들을 하나의 상상된 국가 공동체로 묶는 데 역사가 사용되기는 했지만, 설화나 전통의 상 같은 것들이 이 일을 해낸 건 아니었다.

대신 미국인들은 자신들이 누구인지 말해줄 수 있는 역사를 찾아냈다. 그것이 바로 '미국의 기원과 발전'에 대한 이야기였다. 미국이라는 국가의 기원과 발전 이야기가 전국에서 국가 정체성의 감정을 창조하는 데 사용되었고, 이는 교육적 실천에서도 중요한 결과를 낳았다.[13]

우리는 미국의 기원과 발전에 관한 구체적인 이야기가 미국 학생들이 '미국'이라는 국가의 역사 발전을 이해하는 데 어떤 영향을 미쳐왔는지를 제8장과 9장에서 다룰 것이다. 이번 제3장에서는 일단 이런 이야기가 어떻게 국가 정체성을 고양시키는지에 초점을 맞추기로 한다.

미국 학교교육의 기초가 형성되는 시기인 유치원부터 초등학교 3학년까지 학생들의 역사 학습이 그다지 효율적으로 이루어지지 못하고 있다는 비판이 종종 제기되지만, 사실 이런 비판은 오직 부분적으로만 유효하다. 이 시기 동안 어린이들은 역사를 학습하면서 반복적으로 듣고 또 듣는 확실한 에피소드가 있다. 그것은 바로 순례자 이야기, 소위 '최초의 추수감사절'에 관한 이야기이다. 또한 콜럼버스와 아메리카 대륙의 '발견', 조지 워싱턴(George Washington)과 에이브러햄 링컨(Abraham Lincoln), 베시 로스(Betsy Ross)*와 최초의 미국 국기, 마틴 루터 킹(Martin

---

* 성조기의 원형을 만든 여성(1752~1836). 미국이 영토를 확장하며 주를 추가해감에 따라 성조기의 모양도 조금씩 바뀌었는데, 그 원형은 베시 로스가 만들었다고 알려져 있다.

Luther King, Jr.)과 로자 파크(Rosa Parks)*에 관해서도 배우고 또 배운다. 이 모든 스토리는 임의적으로 배열된 것이 아니며, 전부 국가 정체성을 함양하기 위해 기능하고 있다.

이 이야기들은 어린이들에게 '우리가 어떻게 시작했는지, 어떻게 오늘날 이곳에 다다르게 되었는지'를 가르쳐준다. 콜럼버스는 유럽의 탐험을 시작했고, 순례자들은 영국인 정착지를 확립했으며, 조지 워싱턴은 나라의 아버지가 되었고—마이클 프리시(Michael Frish)가 지적하듯이 베시 로스는 어머니이며—에이브러햄 링컨은 국가를 보존시켜주었고, 파크와 킹은 인종 평등을 이끌었다는 것이다.[14]

이 이야기들에 대한 해석 일부는 부자연스럽고 일부는 완전히 거짓말이라는 지적이 있지만, 그것은 지금 우리 논의의 핵심이 아니다. 이 이야기들은 역사적 증거와 확실히 맞아떨어지기 때문에 배우는 것이 아니다. 이야기의 목적이 그게 아니라는 말이다. 이 이야기들은 학생들이 국가 독립체로서의 미국에서 정체성을 느낄 수 있도록 하기 위해 거듭 가르쳐진다. 학교교육에서 이 기초적 시기를 지나고 나면 이야기들은 더 복잡해지고—그래봤자 조금이지만—또 유명한 개인에만 초점을 맞추는 데서 좀 벗어나게 되지만, 그래도 여전히 국가의 기원과 발전이

---

* 여성 흑인 인권운동가(1913~2005). 남북전쟁이 끝난 뒤 흑인 노예제는 사라졌지만 흑인은 여전히 차별받았다. 흑인과 백인은 식수대나 화장실 등을 공유할 수 없었고, 식당이나 극장, 버스에서도 다른 자리에 앉아야 했다. 1955년 로자 파크는 앨라배마의 몽고메리에서 버스의 백인 좌석에 앉았고, 백인 승객에게 자리를 내주라는 운전기사의 요구를 거부하다 경찰에 체포되었다. 이후 로자 파크는 382일간의 버스 보이콧을 이끌며 흑인차별법에 저항했다. 마틴 루터 킹을 비롯한 흑인 인권운동가들이 여기에 동참했고, 결국 이 사건은 미국 전역의 흑인 시민권 운동으로 번졌다. 1956년 11월 13일 연방대법원은 로자 파크의 손을 들어 몽고메리의 흑백 분리 버스 탑승 제도가 헌법에 위배된다는 판결을 내렸다.

거듭 강조된다. 역사 교과서와 사회 교과서는 국가를 건립한 사람과 그 사건, 그리고 이와 관련된 문서를 강조하면서, 분명하고도 한결같은 국가적 스토리를 전달해주고 있다. 교과서 내용 지식 중에서 국가의 기원에 관한 주제에 필적할 만한 비중을 지닌 다른 주제는 오직 하나, '전쟁'뿐이다. 비서구 국가와 문화는 오로지 미국의 현재의 적, 혹은 이전의 적인 경우에만 등장한다.[15] 학교 생활 내내 학생들은 탐험과 정착, 미국 독립혁명 및 의회의 설립, 남북전쟁과 노예해방, 시민권 운동을 배우고 또 배운다. 가끔은 고대문명, 중세의 세계, 아프리카나 아시아의 역사, 근대 유럽 같이 미국이라는 국가의 역사와 관련이 없는 주제를 공부하기도 하지만, 아주 가끔씩만 그럴 뿐이다.

국가가 어떻게 시작되어 오늘날에 이르게 되었는지에 관한 이야기를 학습시키는 것은 학생들이 스스로를 국가와 연결시켜 생각할 수 있도록 하기 위해서이다. 즉, 미국의 모든 시민이 일국의 구성원으로서 스스로를 콜럼버스, 순례자, 워싱턴, 링컨, 킹으로 소급시켜 생각해보게 하려는 것이다. 앤더슨이 지적한 바와 같이, "뉴욕으로 온 이탈리아 이민자의 아들은 미국 최초의 순례자들 무리 속에서 자신의 조상을 발견하게 될 것이다."[16]

그러나 이런 스토리를 반복적으로 들려준다고 해서 학생들이 예외 없이 국가 정체성을 확립하게 되는 것은 아니다. 예를 들어 미국에 사는 어떤 사람은 개인적 관련성을 전혀 느끼지 않으면서 중국사를 공부할 수도 있고, 독일에서 온 학생은 미국인들과 친족의 감정을 느끼지 않으며 미국사를 공부할 수도 물론 있을 것이다. 그러나 대부분의 미국 학생들은 언제나 국가 정체성을 고양시켜주는 특정한 설명 방식과 마주하게 되어 있다. 어린 시절 학교생활을 하는 동안 학생들은 순례자처럼 옷을 입어보고, 워싱턴, 링컨, 킹과 같은 사람들의 삶에 관한 이야기를 재연하며, 이런 활동을 통해 본인 스스로와 국가의 영웅을 직접적이고도 실제적으로 연결하여 생각하게 된다. 조지 워싱턴을 '국가의 아버지'로, 그리고 최초의 순례자들과 초기의 북미 정착자들을 '선조들'로 언급하는 것은, 학생들을 과거와 연결시켜주는 효과적인 방식이다. 비록 이런 용어가 구식처럼 느껴지고 잘 사용되지 않을 것 같아 보이기는 해도 말이다.

고학년이 되면 교사들은 일인칭 복수대명사를 사용하여 정체성을 고양시킨다. '우리' 나라의 기원에 대해 이야기하고, '우리가' 어떻게 영국에서 독립하게 되었는지, 이민자들이 어떻게 '우리' 나라에 오게 되었는지, '우리가' 왜 제2차 세계대전에서 싸웠는지 등을 배우게 된다. 미국인들에게 이 단어는 매우 명백하고 자연스러운 것이며, 교사들은 아마 어디에서나 이런 방식으로 국가의 역사를 논할 것이다. 그러나 사실 이 단어는 보편적인 것이 아니다. 영국의 교사들은 절대 "우리는 1940년 제2차 세계대전에 참전했다"라고 말하지 않는다. 대신 그들은 "영국은 1940년 제2차 세계대전에 참전했다"고 말한다. '우리는' 혹은 '우리의' 같은 단어를 사용하여 국가의 역사를 논하는 것은 비전문적인 일로 간주된다. 왜냐하면 이 나라에서는 국가 정체성을 고양시키는 것이 교육과정의 핵심 목적이 아니기 때문이다. 그러나 미국의 역사교육에서는 으레 이 단어가 사용되어왔다.[17] 그리고 이는 확실한 효과를 만들어냈다.

미국 학생들은 교사들과 마찬가지로 과거의 미국인들, 혹은 과거의 사건에 찬성하지 않을 때조차 본인 스스로를 그 과거와 연관시켜 생각한다. 런던의 국제학력평가시험(International Baccalaureate examinations)을 채점

했던 한 동료는, 오직 미국 학생들만 역사에 관한 글을 작성하면서 '우리'라는 단어를 사용하기 때문에 한눈에 미국 학생들이 작성한 시험지를 골라낼 수 있었다고 말한 적이 있다. 초등학교와 중학교 학생들에 관한 저자들의 현장 연구도 이런 패턴을 입증한다. 학생들은 국가의 역사를 논의하면서 끊임없이 일인칭 복수대명사를 사용한다. 예를 들어, 인터뷰에 참여한 학생들은 '우리' 나라가 어떻게 독립하게 되었는지, 남북전쟁이 어떻게 거의 '우리를' 갈라놓을 뻔했는지, '우리가' 원주민들을 어떤 식으로 못되게 다루었는지에 대해서 이야기했다.

여기서 특히 중요한 것은, 역사적 중요성에 대한 학생들의 판단은 늘 국가 정체성과 관련된 문제를 중심으로 이루어졌다는 점이다. 학생들은 역사에서 가장 중요한 사람, 사건, 혹은 흐름을 평가하라고 했을 때, 항상 국가의 기원이나 국가의 터닝포인트가 되는 사건들을 꼽았으며, 국가를 통해 '우리가 누구인지'를 말해주는 역사가 중요한 역사라고 강변했다. 밴슬레드라이트 역시 현장 연구를 통해, 미국 학생들은 학교에서 미국사를 공부하는 이유를 '국가의 기원을 이해하기 위해서'라고 생각한다는 것을 발견했다. 우리 두 저자가 함께 연구했던 초등학생 및 중·고등학생들 사이에도 이 비슷한 생각이 만연해 있었다.[18]

앞서 언급했던 4, 5학년의 교실 수업을 바탕으로 한 현장 연구를 통해, 우리는 처음으로 학생들이 이런 종류의 사건들을 중요하게 생각한다는 것을 알게 되었다. 역사에 관한 폭넓은 주제를 공부한 뒤 그해 학년이 끝나갈 무렵, 우리는 학생들에게 가장 중요하다고 생각하는 역사 주제가 무엇인지 물었다. 두 가지 주제가 많이 꼽혔는데, 그 하나가 바로 미국 독립혁명이었고 다른 하나가 점차 발전해갔던 미국 흑인들의 권리에 관한 역사였다. 두 경우 모두에서 학생들은 자기 자신들과 학습했던 사건 사이의 명백한 연결고리를 만들어냈다. 예를 들어 미국 독립혁명에 대해 논의하면서 한 학생은 "만약 우리가 독립전쟁을 하지 않았다면, 우리는 여전히 영국의 일부일 거예요. 우리는 미합중국이라는 이름으로 불리지도 않았겠죠. 또 실제로 완전한 자유를 누리지도 못했을 거예요"라고 했다. 또 다른 학생은 "만약 선조들이 독립전쟁을 하지 않았더라면 영국이 여전히 우리를 지배할 것이고, 우리는 영국 사람들이 시키는 대로 해야 할 거예요"라고 대답했다. 또 다른 학생은 독립전쟁은 "우리가 영국에서 자유로울 수 있도록 해줬어요. 그 덕에 우리들이 여기 아메리카, 북아메리카에 있는 거예요. 유럽에 있지 않아도 되는 거죠"라고 말했다. 마지막 학생은 이어서, "만약 독립전쟁이 없었더라면 우리는 지금 우리들만을 위한 선택을 자유롭게 하지 못할 거고, 영국이 여전히 우리를 통치하고 있겠죠. 제 생각에 이건 우리 역사의 대성공이자 위대한 사건이에요. 안 그랬다면 우리는 오늘날 우리의 자유에 대해 이야기하면서 여기 있지도 못했을 테니까요"라고 말했다.[19]

어떤 학생들은 국가의 기원에 대해 알아야 한다고 지적하면서 역사 교과 전체를 정당화하기도 했다. 가령 왜 역사가 중요한 과목이라고 생각하는지 물었을 때, 한 여학생은 "만약 우리가 독립혁명이 있었다는 걸 모른다면, 우리는 '세상이 존재했던 시간 내내 우리가 존재하고 있었다'고 생각하게 될 거예요"라고 말했다. 조금 더 분명하게 설명해달라고 하자, 이 학생은 "그러니까, 만약 우리에게 독립혁명이 없었다면요, 그리고 옛날 사람들이 영국에 맞서 싸우지 않았다면 말이죠, 우리는 여전히 영국에 종속되어 있을 거잖아요. 우리는 우리가 우리 자신들의 것이라는 것을 알아야 하고, 우리가 '어떻게' 우리 자신들의 것이 되었는지를 알아야 해요"라고 대답했다. 이 학생 또한 대부분의 다른 급우들처럼 독립혁명이 미국의 정치적 독립을 확고히 했다는 측면에서 이 사건의 중요성에 깊은 애착을 느끼고 있었고, 이를 설명하는 과정에서 끊임없이 '우리는', '우리를', '우리의'와 같은 단어를 사용했다.[20]

학생들은 노예제나 시민권 운동과 같이 흑인의 역사에 관한 주제를 논의하면서도 현재 미국 사회의 인종 관계가 어떻게 만들어지게 되었는지를 강조했다. 예를 들어 한 학생은 미국 역사에서 가장 중요한 사건은 "우리가 노예제를 폐지했을 때"라고 말했고, 다른 학생은 "만약 링컨이 대통령으로 뽑히지 않았더라면, 우리는 여전히 노예를 가지고 있고 그들을 채찍질하고 있을 거예요"라고 대답했다. 다른 학생은 시민권 운동에 대해 배우는 것이 "오늘날 우리가 흑인을 그때처럼 다루기를 원하지 않기 때문에" 중요하다고 생각했고, 또 어떤 학생은 "여전히 편견이 있기는 해도, 마틴 루터 킹이 그런 편견을 저지하려 했다는 것"이 중요하다고 지적하면서, "만약 마틴 루터 킹이 그렇게 하지 않았더라면, 모든 사람들이 아직까지 편견에 사로잡혀 있고 인류의 한 종, 그러니까 한 인종은 아예 멸종했을지도 몰라요"라고 말했다.[21]

중학생들은 역사적 중요성에 대해 어떤 관점을 지니고 있는지 조사했던 현장 연구에서도 국가 정체성의 중요성은 분명히 드러났다. 다양한 민족적·경제적 배경을 지닌 5~8학년 학생 48명이 인터뷰에 참여했다. 우리는 서너 명으로 모둠을 구성하여 지난 400년간 북아메리카 역사에서 발생한 사건들을 보여주는 사진 20장을 제시해주고—사진에는 간단한 설명을 달아두었다—학생들이 생각하기에 가장 중요한 것 같아 보이는 8장을 골라보라고 했다. 이 학생들은 고학년이어서 이미 역사 공부를 많이 했기 때문에 이전 연구에 참여했던 학생들보다 훨씬 폭넓고 깊이 있는 지식을 가지고 있었지만, 저학년 학생들과 마찬가지로 사회적·정치적 독립체로서의 미국의 기원, 그리고 미국의 발전에 주로 초점을 맞추었다.

예를 들어 몇몇 모둠의 학생들은 에르난도 데 소토(Hernando de Soto)* 니 최초의 추수감사절**에 관한 그림이 북아메리카의 탐험과 정착을 대표하고 있다고 설명했다. 한 학생은 추수감사절에 대한 그림이 "우리 모두가 가능성을 가지고 있는 바로 이 미국의 시작"을 보여준다고 대답하면서, 그 이유는 "우리 모두는 저 멀리서 온 사람들이고, 수많은 사람들이 이민을 통해 이곳으로 왔기 때문에, 그리고 이 그림은 기본적으로 우리가 어떻게 우리의 국가를 시작했는지에 관한 것이기 때문"이라고 설명했다. 엘리스 섬(Ellis Island)***에 관한 그림을 고른 학생들 또한 이민자들 덕분에 국가의 인구 구성이 지금과 같은 형태가 되었다고 설명했다. 한 여학생도 이 사진이 중요하다고 꼽으면서, "우리는 도가니(melting pot) 같은 국가이기 때문이지요. 그리고 만약 이민이 없었다면, 우리나라는

---

* 16세기 스페인의 탐험가. 기마부대를 이끌고 선봉에 서서 잉카제국 전체를 궤멸시켰다. 1537년 스페인의 왕으로부터 북아메리카 정복 허가를 얻은 그는 황금을 찾기 위해 미국의 동남부 지역(오늘날의 조지아, 테네시, 미시시피, 앨라배마 일대)을 탐험했다. 그 과정에서 원주민들을 잔인하게 죽인 것으로도 유명하다.

** 영국 최초의 두 식민지는 제임스타운(Jamestown)과 플리머스(Plymouth)였다. 1620년 플리머스록 해안(Plymouth Rock)에 첫 발을 디딘 영국의 순례자들에게 첫 해 겨울은 매우 혹독했다. 영양실조와 질병으로 이주자 절반이 사망했다. 그때 이 지역 인디언들이 옥수수 재배법과 야생 동물 사냥법을 가르쳐주었다. 이후 정착민들은 첫 번째 수확 후에 원주민을 초대하여 음식을 나누어 먹었고, 이것이 최초의 추수감사절로 알려져 있다.

*** 뉴욕 허드슨강 하구의 섬으로 1892년부터 1954년까지 미국으로 가려는 이민자들이 입국심사를 받았던 곳이다. 이곳에서 범죄자나 환자, 정신병자들은 연방법에 의해 입국이 금지되었다. 몸에 이상이 있으면 이곳 병원에서 치료를 받았으나 그중 상당수는 결국 미국으로 들어가지 못하고 병원에서 사망했다.

이렇게 많은 사람들로 북적이지 못했을 거예요. 이것이 바로 우리나라를 다른 나라와 다르게 만들어주는 점이에요"라고 이유를 설명했다.[22] 이 학생들 또한 독립혁명을 역사에서 가장 중요한 사건으로 꼽았다.

모든 모둠의 학생들이 약간의 논란도 없이 자연스럽게 독립혁명을 중요한 8장의 사진 중 하나로 꼽았다. 또 학생들은 미국이 하나의 독립 국가가 되는 데 독립전쟁이 얼마나 중요한 역할을 했는지 지적했고, 학생들의 이런 설명은 매우 익숙하게 들렸다. 한 학생은 "독립전쟁이 우리나라의 시작이에요"라고 말했다. 또 다른 학생은 혁명이 없었더라면 "우리는 나라를 가지지 못했을 거예요"라고 했으며, "우리는 여전히 영국의 일부였겠죠"라고 대답한 학생도 있었다. 학생들은 자신의 출신 민족과 상관없이, 심지어 최근에 가족과 함께 이민해 온 아이까지도, 국가의 기원에 관해 이야기하며 자연스럽게 '우리'라는 대명사를 사용했다. 최근 이주해 온 라틴계나 유럽계 학생들뿐만 아니라 흑인 학생들도 이런 국가의 기원을 '우리'의 것으로 묘사했다. 8, 9학년 학생들을 인터뷰한 캐롤 한(Carole Hahn)과 동료 연구자들도 같은 패턴을 발견했다. 학생들은 현재 논의하고 있는 사건이 자신의 직계 조상과 관련이 없을 때도 '미국'이라는 국가의 역사를 토대로 정체성을 느끼곤 했다.[23]

그렇다고 해서 미국에 있는 모든 사람들이 똑같은 방식으로 국가의 역사와 일체감을 느끼는 것은 아니다. 어른들과 청소년들의 생각을 알아본 한 연구는 국가 역사의 본질과 방향에 관한 생각을 형성하는 데 '민족(ethnicity)'이라는 개념이 중요한 역할을 한다는 것을 보여주었다. 우리는 이 책의 제9장에서 학생들이 진보에 관한 내러티브를 사용하여 미국의 역사를 어떻게 이해하는지 살펴보면서 그 차이점을 더욱 자세히 다룰 것이다. 지금 이 장에서의 핵심은 수많은 실증적 증거들이 학교가 사회계층, 민족, 종교, 젠더 등의 다른 어떤 요소들보다 '국가 정체성'이라는 요소를 고양시키고자 노력하고 있으며, 그 노력은 대단히 성공적이었다는 점이다.

이런 결론은 지난 10년간의 수많은 교육적 논쟁과 모순되는 것처럼 보인다. 그동안 많은 이들은 역사교육이 다문화적 접근을 시도하고 있고, 따라서 학생들이 한 국가의 시민으로서 가지는 동질감보다는 개별 민족성에 기초한 동질감을 고양시키고 있으며, 그 결과 국가는 산산조각나고 말 것이라고, 혹은 이미 산산조각 났다고 비판하곤 했다. 그러나 여러 연구를 보면 다른 류의 정체성은 학교에서 장려된 것이 아니었다. 또한 학생들이 국가 정체성이 아닌 다른 종류의 정체성을 받아들인다 하더라도, 그 때문에 국가 전체를 토대로 한 정체성을 확립하지 못하는 일은 절대 일어나지 않을 것 같다. 심지어 교사와 학생들이 미국의 역사에 대해 비판적일 때조차도 미국은 모두 함께 공유하는 국가로서, '우리' 역사라고 일컬어졌다.

그러나 어떤 사람들은 다른 종류의 정체성을 가지고 있고, 많은 경우 이 '다른' 정체성은 미국이라는 국가를 향한 국가 정체성이 아니라, 오히려 이런 국가 정체성에 대안이 될 만한 정체성이다. 이 주제와 관련하여 어린이와 청소년들을 인터뷰했던 연구가 있지만 그다지 포괄적이지 못했기 때문에 다양한 배경을 지닌 학생들 사이의 차이에 대해서는 깊이 알기 어렵다.

비록 국가의 역사를 통해 정체성을 세우는 것이 전반적인 현상이라 할지라도, 이것이 모든 민족과 모든 지역의 보편적인 현상이라고 섣불리 판단할 수는 없을 것이다. 예를 들어 아메리카 원주민들은 종종 본인들 스스로를 외부에 존재하는, 혹은 미국이라는 나라의 역사와 동떨어진 존재로 생각하고 있으며, 흑인들 또한 대개 아프리카의 유산을 자신들의 정체성에 통합시키곤 한다. 남부 지역에 사는 일부 백인들은 본인들이 경험하는 지역적 차이가 지배적인 국가 스토리보다 더 적합한 정체성의 원천이라고 느낄 것이며, 일부 종교 집단의 사람들은 다른 종교를 가진 미국인들보다 같은 종교를 가진 타국인 동료들에게 더 깊은 동질감을 느낄 수도 있다. 앞으로의 연구는 이렇게 다양한 정체성의 발전에 관하여, 그리고 다양한 정체성과 국가 정체성의 교차점에 관하여 더욱 분명한 상을 제공할 수 있어야 할 것이다.[24]

국가의 현재와 과거를 동일시하기

이번 장에서 논의한 정체성 세우기 스탠스의 첫 번째 유형은 개인이 스스로를 자신이나 가족의 과거와 연결시키며 정체성을 확립하는 것이었다. 두 번째 유형은 개인이 스스로를 국가의 기원이나 발전 스토리와 연결함으로써 정체성을 확립하는 것이었다. 정체성 세우기 스탠스의 세 번째 유형은 이전 두 가지에 비해 덜 개인적이고 덜 개별적이지만, 그것들에서 기원한 것이다.

세 번째 유형은 현재의 공적 사건을 국가의 역사와 연결시키는 것이다. 우리가 우리 자신과 오늘날 우리의 삶, 그리고 가족을 통해 시간적으로 확장된 과거의 삶 사이에 기본적으로 유사한 측면이 있다고 생각하는 것처럼, 우리는 오늘날 국가의 본질을 과거의 특성과 자연스레 연결시키게 된다. 즉, 현재와 과거를 동일시하는 것은 역사적 맥락에서 국가를 이해하는 모델이 된다. 사회이론가들은 오랫동안 작은 규모의 사회에서든, 복잡한 문명에서든 이를 역사의 가장 기본적인 기능 중 하나로 생각했다. 과거와 현재를 연결하면서 역사는 현재적 실천을 정당화해주는 근거가 되는 것이다. 즉 현재의 문화적 패턴이나 사회적 합의는 과거의 선조들이 확립한 것이라서, 현재의 관습은 그 기원이 흐릿한 태고 시대로 거슬러 올라가기 때문에 정당화되곤 한다. 만약 과거와 현재가 동일하다면 오래 전 확립되어 전해 내려온 삶의 방식은 오늘날의 삶을 위한 가장 적합한 모델이 된다.[25]

미국에서 이런 징후는 '미합중국 헌법 제정자들'에 대한 믿음과 그들의 의도를 알아내려는 국가의 노력에서 찾아볼 수 있다. 예를 들어, 만약 헌법을 기초한 사람들이 총기 소유를 개인의 근본적인 권리라고 가정했다면, 헌법 수정 제2조(Second Amendment)는 오늘날에도 총기 소유권을 보호해야 한다. 그러나 만약 이들이 총기 소유를 집단적인 군사적 노력의 측면에서만 생각했다면, 오늘날 총기에 대한 더욱 엄중한 통제가 옹호될 수 있다. 또 다른 유사한 예로, 조지 워싱턴과 미국 역사의 다른 아이콘들이 독실한 기독교인이었다면 기독교에 대한 정부 차원의 긍정적 표현이 정당화될 수 있고, 반면 이들이 이신론자였거나 무신론자였다면 교회와 국가의 분리는 대법원의 결정보다 더 견고한 토대에 기초하고 있는 것이 된다. 과거는 현재를 위한 기초라고 너무 당연히 받아들여지기 때문에, 이런 이슈들은 긴 세월 동안 격론을 야기해왔다. 어떤 사람들은 역사적 일화, 인용구나 다른 증거들을 조작하기도 했고, 또 어떤 이들은 다른 이들이 그렇게 했다고 비난했다.[26]

이런 식으로 역사를 사용하는 것은 매우 보수적인 방식이다. 왜냐하면 이런 맥락에서 과거는 존경이나 경의를 표할 가치가 있는 것이며, 현재의 상황을 허락해주는 역할을 하기 때문이다. 스미스가 묘사했던

"잘 짜인 스토리"가 목표로 하는 것은 사람들이 서로 공유하고 있는 역사에 뿌리를 내리게 하는 것, 그리고 이들이 자신이 속한 공동체를 본질적으로 귀중한 것으로 받아들이고 그 공동체의 특성을 무조건 가치 있다고 생각하게 만드는 것이다.[27] 이런 보수적인 관점에서 보면 '변화'는 그저 낡은 방식들이 잊힐 때 나타나는 현상일 뿐이다.

게다가 더욱 극단적인 사람들은 과거와 현재를 동일시하여 이를 오용할 가능성도 있다. 과거와 오늘날을 동일시해버리면 국가가 과거에 저지른 실수, 가령 노예제나 제국주의, 원주민 학살 같은 일들이 오늘날 다시 발생할 수도 있다. 가령, 과거의 미국은 다른 나라를 지배하고자 했으므로 오늘날에도 그래야 한다든지, 과거의 미국은 구조적 인종주의와 불평등을 용인했으므로 오늘날에도 그래야 한다고 주장하는 것처럼 말이다. 과거와 현재 사이에 어떤 수식이 존재한다 해도 그 수식은 과거의 사건과 사회적 합의가 무조건 적합했다는 가정에 기반해 현재 상황을 정당화해서는 안 된다. 오히려 과거에 있었던 부적절한 일들에 비추어 현재의 국가를 비판하는 것이 옳은 사용법일 것이다.

오늘날 학교 역사 수업과 학생들의 역사 이해 모두에서 '정체성 세우기'의 보수적 기능이 두드러진다는 사실을 많은 현장 연구들이 보여주고 있다. 캐서린 콘블레스(Catherine Cornbleth)는 초·중·고등학교 역사 수업에 대한 현장 연구 결과, 미국의 이미지가 "완벽하지는 않아도 최고"인 국가로 묘사되고 있음을 알게 되었다. 미국이라는 국가는 과거의 문제점이나 현재의 난국에도 불구하고 여전히 세계에서 최고인 국가로 묘사되고 있었다. 비록 과거에는 편견에 가득 차 있었고, 이기적이었으며, 불명예스러운 행위들까지 있었지만, 교사들은 그런 잘못이 지금은 이미 바로잡혔고 더 이상 국가 유산의 중요한 부분이 될 수 없다는 식으로 가르쳤다. 뿐만 아니라, 미국은 역사적으로 문제를 풀어가는 데 있어서 "할 수 있다"는 태도와 전통을 통해 다른 국가의 존경과 경의를 받아왔던 것으로 묘사되었다.[28]

이 연구의 결과는 우리 저자들이 중학생들을 인터뷰하면서 알게 된 것들과 흡사하다. 인터뷰에 참여했던 학생들은 '불완전함'보다 '최고'를 훨씬 더 강조하곤 했다. 우리는 앞서 학생들이 독립혁명이나 미국 헌법처럼 국가의 건국과 관련된 사건 및 문서를 통해 정체성을 느낀다고 설명한 바 있다. 그러나 학생들은 이런 역사적 사건들을 국가 공동체 내에서 자신들의 정체성을 확립하기 위한 토대 그 이상의 것으로 보았다. 그들은 건국과 관련된 사건이 미국이라는 국가가 도덕적으로 특별히 우월하다는 점을 보여준다고 생각했다. 예를 들어, 권리장전(Bills of Rights)*을 만든 것을 미국 역사에서 가장 중요한 사건 중 하나로 생각하면서, 이것이 특별한 '미국식 자유'의 확립에 중요한 역할을 했다고 말했다. 한 학생은 "다른 나라와 다르게 우리는 표현의 자유가 있고, 사실 다른 나라에는 그런 권리가 없잖아요. 또 권리장전은 우리가 이런 권리를 가지고 있고, 어떤 법도 우리의 권리를 빼앗아갈 수 없다는 것을 확실히 해주기 때문에 중요한 거예요"라고 설명했다. 다른 학생도 권리장

---

* 1789년 4월 조지 워싱턴이 초대 대통령으로 취임한 후 제1차 연방의회는 새 정부에 반대하는 이들에게 정부의 정당성을 인정받기 위해 미국 헌법에 몇 가지 기본권 조항을 추가하는 것이 필요하다고 합의했다. 1789년 9월 연방의회는 12항목의 수정 조항을 승인했고 1791년 말에는 각 주가 그중 10개 조항을 비준했다. 이때 미국 헌법에 새롭게 포함된 10개의 수정 조항이 '권리장전'으로 알려져 있다. 이 중 9개는 종교나 언설, 출판의 자유, 자의적 체포로부터의 면제, 배심원 앞에서 재판받을 권리 등을 침해하지 못하도록 함으로써 연방의회의 한계를 정했고, 수정 조항 제10조는 연방정부에 위임되었거나 각 주와 국민에게 특별히 금지된 권한을 제외하고는 각 주와 국민이 모든 권한을 가진다는 내용이다.

전이 "우리를 다른 나라와 구분해준다는 점에서" 중요하며, "우리는 그런 나라들보다 훨씬 더 많은 자유를 가지고 있기 때문"이라고 설명했다. 또 다른 학생은 이것이 바로 "모든 사람이 미국을 사랑하는 이유"라고 하면서 "미국은 주변 세계에 자유의 국가로 알려져 있기 때문"이라고 설명했다. 간단하게 "미국은 자유나, 아니면 자유로운 이미지로 알려져 있고, 저는 이것이 미국을 좋은 국가로 만드는 부분이라고 생각해요"라고 말한 학생도 있었다.[29]

또한 이 학생들은 중요한 역사적 사건으로 노예해방령, 시민권 운동, 여성의 참정권 운동과 같이 정치적 권리를 확장시킨 사건을 선택했다. 학생들은 권리와 자유를 지속적으로 확장시켜 나갔던 역사가 중요하다고 보았다. 예를 들어 한 학생은 노예해방령을 "자유를 향한 다른 발걸음"이라고 설명했고, 또 어떤 학생은 "헌법은 모든 사람이 평등하다고 말하고 있는데, 옛날에 흑인들은 노예였고 백인들이 가진 특권을 가지지 못했기 때문에" 노예해방령은 "헌법이 명시한 모든 것을 진실로 만들어주었다"고 설명했다. 여성 참정권 성립은 여성을 위한 노예해방령과 비슷한 것이었다고 평가한 학생도 있었고, 시민권 운동을 꼽은 학생은 "권리를 가지지 못했던 마지막 '주요' 집단의 사람들"에게 혜택을 주었기 때문에 중요하다고 설명했다.

학생들은 나이나 젠더, 민족 배경과 상관없이 지속적인 발전, 그리고 권리 및 기회의 꾸준한 확장을 가장 빈번하게 언급했다. 이 학생들은 과거 사회가 불평등했고 여러 부당한 상황이 존재했다는 점, 이런 부당함이 아직도 어느 정도 남아 있다는 점을 분명히 인식하고 있었지만, 그럼에도 '권리와 자유의 확장'을 특히 강조했다. 이는 학생들이 미국사를 이해할 때 '권리와 자유의 확장'이라는 개념을 매우 중요하게 생각하고 있으며, 일부 고난과 부당함은 언제나 바로잡을 수 있고 극복할 수 있다고 믿고 있음을 시사한다.[30]

국가의 도덕적 강직함과 우월성에 대한 믿음은 학생들이 전쟁, 특히 20세기의 전쟁에 대해서 말할 때 명확하게 드러났다. 몇몇 학생들은 전쟁이 미국의 군사력을 보여주는 사건이라고 생각했다. 한 학생은 제2차 세계대전이 "너희들은 결코 미국을 망칠 수 없다"는 것을 보여주었다고 설명했고, 다른 학생은 "전쟁은 미국이 막강한 세계적 힘을 지닌 국가라는 것"을 보여주었다고 생각했다. 또 어떤 학생들은 다른 나라 사람들에게 미국의 이로운 효과를 전파한다는 측면에서 전쟁을 해석하기도 했다. 한 학생은 미국은 "사람들을 돕기 위해" 전쟁에 참전했고 "우리는 다른 사람들을 위해 싸웠다"고 설명했다. 다른 학생도 제2차 세계대전에서 미국은 "다른 나라 사람들을 지지해주었다"고 설명했고, 전쟁 동안 "우리는 기본적으로 다른 나라를 도운 것"이라고 말한 학생도 있었다. 미국이 "베트남 사람들을 위하여" 베트남전쟁에서 싸웠다고 생각한 학생이나, "전쟁이 베트남을 달라지게 했고, 결국 베트남전쟁은 북부 베트남과 남부 베트남 모두를 도왔다"고 믿는 학생도 있었다.[31]

비록 인터뷰에 걸프전이나 이라크전처럼 더 최근에 일어난 전쟁에 대한 질문이 포함되지는 않았지만, 학생들이 베트남전쟁과 제2차 세계대전을 이해하는 모습으로 볼 때 최근에 일어난 사건에 대해서도 '미국은 다른 나라를 도와주는 역사적으로 강한 국가'라는 식으로 이해하며 미국의 특수성을 강조하지 않을까 생각된다. 학생들은 자신들의 정체성을 세울 수 있는 공동체를 규정하고 이 공동체를 특별히 강력하고 도덕적으로 우월한 것으로 상정함으로써, 역사를 활용하여 '우리가 누구인지'에 관한 생각을 확립해 나가고 있었다.

정체성, 참여, 다원주의

이번 장에서 우리는 학교 안팎에서 이루어지고 있는 역사교육에서 가장 일반적인 활동인 '정체성 세우기'에 초점을 맞추고 있다. 개념 정의에 의하면 정체성은 '과거와 현재가 연결되는 것'을 의미하며, 정체성을 토대로 개인과 역사를 연결하는 것은 우리 사회에서 세 가지 뚜렷한 역할을 한다. 우선 정체성은 개인의 삶 전체, 그리고 친척 및 조상의 삶으로 거슬러 올라가면서 개인의 존재를 확장시켜 생각하게 해준다. 또 기원과 발전의 스토리를 통해 국가 및 다른 집단과 공유할 수 있는 끈을 만들어내기도 한다. 뿐만 아니라 국가의 과거와 국가의 현재를 연결하여 현재의 사안을 정당화하거나 비판하는 데 사용될 수도 있다. 이 세 가지 목적은 개념적으로 겹치고 실제로 서로 중복되기도 하지만, 학생들을 다원주의적인 참여민주주의의 구성원으로 성장시키는 데 있어서는 매우 다른 함의를 지니고 있다.

앞서 설명했듯이 개인적 정체성 및 가족적 정체성은 수많은 어른들에게 매우 중요한 의미를 지니지만 어린이나 청소년들에게는 그다지 중요한 역사가 아닌 것으로 보인다. 어린이나 청소년들은 이런 정체성을 그다지 진지하게 생각하지 않는다는 것을 보여주는 수많은 정황들이 있다. 그것은 학생들이 아직 어리고 미숙하여 자신의 과거가 현재의 환경에 중요한 영향을 미쳤다는 점을 제대로 이해하지 못하기 때문일 수도 있고, 어른들처럼 자기 삶을 넘어서는 생의 의미를 찾아보려는 실존적 열망을 느끼지 않기 때문일 수도 있다. 좀 더 단순하게 보자면 개인적·가족적 정체성에 관한 활동을 역사 수업에서 많이 해보지 못한 탓일 수도 있다. 개인과 가족의 역사를 탐구할 기회가 주어질 경우, 학생들은 그 경험이 흥미롭고 보람차다고 생각했지만, 더 국가적인 범위의 주제를 공부하게 되면서 개인적·가족적 역사를 바탕으로 학생들이 느끼던 정체성의 감정은 점차 시들해졌다.

참여민주주의를 준비한다는 차원에서 보면, 개인과 가족의 역사에서 정체성의 감정을 다소 덜 느끼는 것은 오히려 바람직한 것일 수도 있다. 개인의 과거, 혹은 가족의 역사를 토대로 정체성을 확립하는 것은 매우 정당한 활동이기는 해도, 공적 참여에 미치는 영향은 제한적이기 때문이다. 개인적·가족적 정체성을 통해 한 개인은 오늘날 자신의 활동이 자기 자신이나 가족의 삶에 기반한 전통의 일부라는 만족감을 얻을 수 있지만, 이런 식으로 정체성을 확립하는 것은 궁극적으로 너무 자기 내면만 들여다보는 것이어서 공동의 숙의에 크게 기여할 수 없다. 이런 정체성은 우리를 이미 가깝게 느끼고 있는 사람들과만 연결시켜주고, 공적 영역의 일부로서 서로 연결될 필요가 있는 또 다른 이들을 오히려 배척하게 만들 수 있다.

사실 로젠웨이는 개인화된 버전의 역사가 실제로 사람들 사이의 장벽을 무너뜨리기보다는 오히려 그 장벽을 강화시키지 않을지 의문을 품기도 했다.[32] 우리가 가족의 유산에 자긍심과 안정감을 느끼는 것은 칭찬할 만한 일이지만, 일체감을 느끼는 범위가 가족이라는 좁은 울타리를 벗어나지 못한다면 서로 관련이 없는 사람들 사이에서는 거의 책임감을 느낄 수 없을 것이다. 그렇게 되면 우리 사회는 갈수록 파편화될 것이다. 실제로 마가렛 대처(Margaret Thatcher)는 이미 이런 사태에 도달했다고 말하며, "이제 사회는 없다. 개별적인 남자, 여자가 있고, 가족이 있을 뿐이다"라고 말한 바 있다.[33]

그러나 물론 사회가 존재하고, 또 학교가 존재하는 주된 이유는 학생들이 건강하고 생산적인 방식으로 사회를 유지할 수 있는 능력을 길러주는 데 있다. 그리고 무엇이 '건강하고 생산적인' 것인지에 관한 숙의에 함께 참여하도록 하는 데 있다. 학생들이 이런 노력을 해 나가기 위해서는—특히 사회적 변화를 꾀하고 현재의 제도를 유지하는 일을 해 나가기 위해서는—더욱 큰 사회 집단과의 일체감이 요구된다. 학생들이 삶에서 추구해야 할 '공공선'은 자기 자신과 가족의 범위를 넘어서는 것이며, 그래서 그 용어가 '공공선'이고 '개인의 선'이나 '가족의 선'이 아닌 것이다. 학생들은 가족 바깥의 사람들과 함께 숙의해야 하고, 그러기 위해서는 가족 외의 사람들과도 동질감을 느낄 수 있어야 한다. 적어도 그들을 같은 담론 공동체의 일부로 간주할 수 있을 정도로는 일체감을 느껴야 한다. 역사 교사들은 학생들이 본인 스스로와 가족의 과거에서 정체성을 느낄 수 있도록 해야 하지만, 여기서 한 걸음 더 나아가 가족보다 더 크고 더 다양한 집단을 통해서도 정체성을 확립할 수 있도록 학생들을 독려해야 할 것이다.

미국의 역사교육은 이런 정체성을 함양하기 위해 대단히 몰두해왔다. 학생들은 특수한 사회 집단, 즉 국가라는 집단에서 정체성을 느끼도록 교육받았다. 이런 노력이 과연 적합한 것인지는 지난 10년이 넘는 시간 동안 교육과 다문화주의에 관한 논쟁의 핵심을 차지했다. 많은 사람들이 단 하나의 국가 정체성을 고양하는 것은 이미 사회에서 정치적·경제적 힘을 발휘하고 있는 이들의 지위와 권위를 유지해줄 뿐이라고 우려하면서, 이런 시도는 국가에 존재하는 다양한 문화 집단의 정체성을 저하시킬 것이라고 주장했다. 그러나 이에 반대하는 사람들은 국가는 그런 다양한 문화적 정체성을 유지할 수 없고, '미국인이 된다는 것'이 어떤 의미인지에 관한 하나의 비전을 공유해야만 단결할 수 있다고 주장하면서 "하이픈으로 연결된" 정체성*까지 모두 포용하는 것은 국가를 약화시키고, 궁극적으로는 국가를 해체시킬 것이라고 강조한다.[34] 그러나 우리 저자들은 이런 이분법이 너무나 극단적이라 생각한다. 역사교육은 통합과 다양성 사이의 긴장을 해결하는 데 중요한 역할을 수행할 수 있을 것이다.

다원화된 민주주의 사회에 참여하기 위해서는 분명히 한 국가에 대한 근본적인 애착이 요구된다. '국가'는 오늘날 특권적인 지위를 누리고 있다. 국가는 국민들에게 특정한 행위를 강요하고, 이를 따르는 이들에게 특정한 권리와 혜택을 줄 수 있다. 이는 국가가 아닌 다른 집단은 결코 할 수 없는 일이다. 미국 같은 국가는 국민들에게 세금을 내고 법에 복종하라고, 또 그에 따르지 않을 경우 응분의 대가를 치르라고 요구할 수 있고, 국민들의 자유와 사생활에 대한 권리를 보장해줄 수도 있다. 종교나 민족 공동체, 자선 단체 등은 이런 일을 할 수 없다. 우리가 비국가적 단체의 요구를 따르는 것은 전적으로 자발적인 선택이고, 이런 단체들이 우리에게 특권을 부여하는 것도 그 단체들이 임의로 행하는 일이다. 반면 국가와 우리의 관계는 상호 책임의 관계이다. 우리는 국가의 요구를 무시할 수도, 국가가 우리에게 부과하는 의무를 묵살할 수도 없다. 물론 언젠가 국가가 없어질 수도 있고 더 큰 정치 집단이나 지구적 차원의 자본주의, 심지어 종말론적 무정부 상태가 국가를 대체할 수도 있겠지만, 일단 오늘날의 국가는 우리의 공적인 삶에서 피해 갈 수 없

---

* 미국의 모든 시민을 하나의 덩어리로 묶어 '미국인'이라 칭하는 것이 아니라, 개개인의 정체성을 살려 아시안계-미국인(Asian-American), 한국계-미국인(Korean-American) 등으로 일컫는 것을 의미한다. 미국 흑인을 칭할 때도 'Black'보다는 'African-American'이 더 공손한 의미로 여겨진다.

는 일부이다.[35]

적어도 민주주의 국가 내에서는 국가의 요구와 특권이 적법하다고 여겨지는데, 이는 시민들이 일종의 정체성의 감정을 공유하고 있기 때문에 가능한 것이다. 우리가 세금 제도를 받아들이는 것은 정부 서비스로부터 이득을 얻기 위함이기도 하지만, 동시에 이런 이득이 본질적인 차원에서 우리와 유사한 사람들, 즉 같은 국가 구성원들 사이에서 배분된다는 것을 알고 있기 때문이기도 하다. 우리는 도저히 동의할 수 없는 결과가 나오더라도 선거 결과에 승복한다. 그것은 이 결정이 우리와 마찬가지로 동등한 투표권을 지닌 사람들, 그리고 국가의 절차를 지휘하는 사람들에 의해 내려진 것임을 알기 때문이다. 나 자신의 삶에 영향을 미칠 결정을 내린 동료 시민들의 권리 또한 인정해줌으로써, 우리는 다른 나라 사람들에게는 확장될 수 없는 '편애의 감정'을 동료 시민들에게 보여준다. 이런 '편애의 감정'은 바로 국가 정체성이 발명되어 공유되고 있기 때문에 가능한 것이다.[36]

제2장에서 우리는 다양한 비국가적 공동체에 참여하는 것이 중요하다고 강조했으나, 이런 집단에서는 대부분 정체성의 역할이 그다지 문제시되지 않는다. 종교 교파나 이웃 조직, 정당 등에 대해서 정체성의 감정을 가지는 것은 참여 그 자체보다 앞서 일어나는 일이다. 다시 말해, 우리는 그 집단에 대해 정체성을 느끼기 때문에 거기에 참여하게 된다. 그러나 이주민이 아닌 한, 한 국가의 국민으로서 살아간다는 것은 법의 존재와 인간의 탄생에 의해 결정되는 일이다. 이는 결코 개인의 선택이 아니며, 따라서 국가 정체성에 대한 우리의 감정은 창조되어야 할 그 무엇이다. 국가 정체성에 대한 감정 없이 우리는 국가의 통치권을 받아들이기가 어렵다. 그리고 국가는 이런 식의 힘을 발휘하는 유

일한 통치 기관이기 때문에 우리에게는 다른 대안이 없다. 국가 정체성은 국가가 지속적으로 적법성을 가지기 위해, 그리고 우리들이 정치적 소속감을 가지기 위해 필요하다.

이론적으로 국가 정체성은 굳이 역사적 용어로 표현될 필요가 없다. 한 국가의 시민은 정치적 원리, 경제적 기관 및 문화적 관습에 대해 서로 책임을 공유하고 있기 때문에 각자가 서로 연결되어 있다고 자연스럽게 느낄 것이다. 굳이 역사에 기반하지 않더라도 다른 시민들 또한 자신들의 나라가 어떻게 운영되는지에 관한 동일한 기준과 가정을 가지고 있을 거라고 믿고 있기 때문에, 기꺼이 의사결정을 함께 하고 도움을 주고받으며 함께 일할 수 있다. 이런 관점에서 보면, 국가 정체성은 오로지 현재의 관심에만 기반하고 있는 것이고, 학교는 과거보다는 여기, 그리고 현재에 대한 애착을 발전시키는 데 초점을 둘 수도 있었을 것이다. 사실 한 국가의 국민은 순수하게 실용적인 이유 때문에 함께 일하는 것을 선택했을 수도 있다. 사람들이 다 같이 참여함으로써 얻어지는 직접적인 이득, 가령 사회적·물질적·정서적 이득이 있다고 믿기 때문에 다른 이들과 함께 살아가는 공동체 형태의 삶을 지지했을 수도 있다는 말이다. 이런 경우 국가는 그저 개인이나 가족, 혹은 국가의 하위 집단들이 이득을 추구하기 위해 필요한 효과적인 제도적 껍데기일 것이고, 국가 정체성은 그 목표를 성취하기 위한 도구적 수단이 될 뿐이다.[37]

그러나 사실 어떤 국가 정체성도 이런 관심에만 기초하고 있지는 않다. 현재의 실용적인 관심이 국가 정체성에서 중요한 부분이기는 하지만, 그 자체가 정치적 참여를 위한 안정적이고 지속적인 기초를 제공하지는 못한다. 우리가 동료 시민들과 제아무리 강한 신념을 공유한다

해도, 동료들은 우리가 결코 동의할 수 없는 의견, 가령 우리가 공유했다고 믿었던 신념과 상충되는 결정을 내릴 수도 있다. 국가 기관에 참여하여 단기간에 아무리 많은 것을 얻을 수 있다 하더라도, 때로는 이 기관들 또한 우리의 기대를 저버릴 수 있다. 경제가 흔들릴 수도 있고, 범죄가 증가할 수도 있으며, 사회적 관습은 기대하지 않은 방향으로 악화될 수 있다. 만약 우리가 오로지 현재에 전념함으로써만 동료 시민들과 결속한다면, 이런 폭풍우를 무사히 헤쳐 나갈 동기 부여를 얻기 어렵다. 그렇게 되면 우리는 서로 공유했던 정체성을 거부하고 다른 해결책—가령 생존주의, 혁명, 무정부주의—을 추구하거나 국가의 공적 영역에 다 함께 참여하기를 아예 포기하게 될 것이다.

그러나 개인이 가진 국가 정체성이 역사에 뿌리를 둘 수 있다면, 우리는 국가와 동료 시민들에게 더 지속적으로 전념할 수 있다. 리차드 로티(Richard Rorty)가 말한 것처럼, "우리의 국가를 이룩하는 것"은 결코 단기적인 전망이 아니다. 그것은 매우 오랜 시간에 걸쳐 많은 이들의 지속적인 전념을 요구한다.[38] 자신을 오랫동안 확장되어온 한 공동체의 일원으로 간주할 경우, 우리는 현재에 대해 더욱 폭넓은 관점을 가질 수 있다. 우리는 우리 국가가 오늘날 심각한 문제를 안고 있다고 생각하지만, 사실 우리와 유사한, 즉 같은 국가 정체성을 공유했던 수많은 사람들이 오랫동안 이 땅에 존재하고 있었다. 그런데 우리가 이제 와서 국가를 저버리는 것은 기껏해야 근시안적인 태도일 뿐이고, 최악으로는 과거 세대를 배신하는 일이다. 미국 학생들과 이야기해보면, 학생들이 지닌 국가 정체성은 국가의 진보에 대한 긍정적인 평가를 수반하는 것으로 보인다. 이 학생들은 우리가 과거에 그러했던 것처럼 현재에도 우리의 문제는 극복될 수 있다고 자신하고 있다.

물론 국가의 역사를 토대로 정체성의 감정을 확립하는 것이 이런 식으로 늘 유쾌할 수는 없다. 다만 과거가 성공을 보장해주지는 못한다 할지라도 우리 중 수많은 이들이 다년간 공익을 위해 노력해왔다는 사실 자체가 현재 우리의 노력을 지지해줄 수 있을 것이다. 예를 들어, 오늘날 인종주의나 성차별주의, 혹은 사회적 불평등과 맞서 싸우는 사람들은 과거 사람들도 유사한 문제를 가지고 싸웠고, 때로는 성공하기도 실패하기도 했다는 사실 그 자체에서 힘을 얻을 수 있다. 일이 제대로 안 풀린다고 해서 대의를 저버리는 것은 과거 세대에 대한 결례이자 그들을 무시하는 일이다. 또 어떤 이들은 패배가 두려워 전투에 나서지 못하는 것은 예전에 나라를 위해 싸웠던 이들에 대한 모욕이라고 믿고 있을지 모르겠다. 각자의 정치적 성향과 상관없이, 우리의 정체성이 국가의 역사를 토대로 할 경우 우리는 어떤 행위를 함께 해 나가고 공적 책임을 함께 지기 위한 동기를 얻을 수 있다. 이는 우리가 오늘만 위해 살아간다면 결코 얻을 수 없는 동기이다.

그러나 우리 모두는 국가 정체성에 어두운 측면이 있다는 것을 알고 있다. '우리가 누구인지' 확립하는 일은 곧 '우리가 누가 아닌지'를 확립하는 일이며, 이 과정은 지난 2세기 동안 처참한 결과를 낳았다. 오랫동안 미국 시민정신에 관한 논쟁은 '누구를 배제할 것인가'의 문제를 놓고 일어났다. 배제는 주로 인종이나 민족, 젠더, 사회계층과 관련되었다. 특정 집단의 사람들을 온전한 미국 시민으로 보지 않으려는 태도가 늘 존재했고, 그런 식으로 배제된 이들은 주로 미국 흑인, 아메리카 원주민, 무산계급, 여성, 중국 및 일본 출신 이주민, 남부 및 동부 유럽 이주민들, 비기독교인들, 다른 종류의 기독교인들, 노동운동가들, 공산주의자들, 동성애자들, 그리고 특정 시기에 국가 정체성을 고양시키려 했던 지배적 규범에 순응하지 않은 그 누구라도 해당되었다.

그러므로 학교교육을 통해 국가 정체성을 고양하려는 시도는 인종적, 젠더적, 계급적 특권을 정당화하려는 은밀하고 수상쩍은 시도일 수밖에 없었다. 그 결과는 자명하다. 많은 사람들은 학교에서 배우는 배제를 통한 정체성 이야기보다는 자신들이 가진 개별 민족성을 통해 더 근본적인 정체성의 감정을 느끼게 되었다. 바로 이런 점이 역사교육을 궁지에 빠뜨렸다. 역사 교과는 민주주의 사회에 참여하기 위해 필수적인 '공유된 국가 정체성'에 대한 감각을 특히 중시하지만, 학교가 제공하는 정체성의 비전은 어떤 학생들에게는 '배제'와 관련된 불쾌한 어떤 것이 될 수 있다.

그러나 우리 두 저자는 이런 딜레마가 해결될 수 있다고 믿는다. 학교에서의 역사교육을 통해 다원주의적이면서도 참여적인 공적 영역을 갖춘 국가에 정체성을 느낄 수 있도록 하려면, 어떤 특정한 원리를 바탕으로 국가의 역사를 구성하는 스토리가 만들어져야 한다. 그 원리란 바로 오늘날 국가를 이루고 있는 다양한 사람들에 대한 내용, 그리고 이 다양한 사람들이 완전한 형태의 사회 참여를 위해 어떤 노력을 기울여왔는지에 대한 내용을 역사 교과의 중심 주제로 삼는 것이다.

동시에 역사교육은 배타적인 감정을 자극하는 이야기에 학생들이 일체감을 느끼지 않도록 해야 한다. 학생들은 아시아, 라틴 아메리카 및 유럽(식민지 시기 이후의 유럽) 국가 출신 이민자들에 대해 배워야 한다. 노예, 노예해방, 짐 크로우 법(Jim Crow laws),* 시민권 운동에 대해 배워야 하

---

* 미국 남부의 주들은 남북전쟁(1861~1865)에서 연방군(북군)에 패한 뒤에도 지속적으로 흑인을 차별하기 위해 '짐 크로우 법'을 제정하여 남부 11개 주에서 1876년부터 1965년까지 시

며, 아메리카 원주민과 그들이 유럽인들과 맺은 관계에 대해서도 배워야 할 것이다. 권리장전, 여성의 선거권, 노동운동과 반전운동에 대해서도 배워야 한다. 몇몇 주제는 초등학생들에게 더 적합하고, 또 다른 주제는 나이가 더 많은 학생들에게 적합하겠지만, 다원주의와 참여에 관한 주제는 반드시 어린 연령대에서부터 역사교육을 위한 내용 선정의 기초가 되어야 한다. 콜럼버스와 추수감사절, 조지 워싱턴과 베시 로스 이야기는 부차적으로만 다루거나 아예 버려야 한다. 어린 시절에 접하는 역사 수업에서 유럽의 정복이 극찬을 받고 노예 소유주들이 칭송받는 한, 모든 미국인들이 국가 정체성을 완전히 공유하는 일은 절대 일어나지 않을 것이다.

교육과정은 이미 어느 정도 다원주의 및 참여민주주의에 입각한 국가 정체성의 개념을 고양시키고 있다. 예를 들어, 초등학교 학생들은 마틴 루터 킹과 로자 파크스에 관해 배우고 중·고등학교 학생들은 아메리카 원주민들과 20세기 초반의 이민자들에 대해 배운다. 그러나 이런 주제들은 대개 다원주의적인 참여민주주의의 요소가 소거된 채 가르쳐지고 있다. 가령 미국으로의 이민, 혹은 노예제가 있는 동안 강압적으로 이루어진 이민에 대하여 학습할 때, 북아메리카로 왔던 사람들의 문화적 배경은 거의 언급되지 않는다. 마치 미국은 이민자들이 '진정한' 미국인으로 바뀌기를 기다리고만 있었던 것처럼 이야기될 뿐이다. 그러는 동안 아메리카 원주민들은 먼 과거의 존재로, 백인 문명의 전신이지만 동반

행했다. '짐 크로우'는 1830년경 백인 희극 배우가 연기했던 바보 흑인 캐릭터의 이름으로, 흑인을 경멸하는 의미가 담겨 있다. 1896년 미국 연방법원이 이 법에 대하여 "분리되었지만 평등하다"고 합헌 판결을 내림으로써 더 유명해졌다. 이 법에 의해 흑인들은 식당이나 화장실, 극장, 버스, 공공시설 등에서 백인과 같은 공간을 공유할 수 없었다.

자는 아닌 존재로 잊혀져가고, 노예제 시기를 제외하면 소수 민족을 향한 폭력은 사실상 거의 은폐된다. 이런 교육과정 속에서 '다양성'에 관한 주제는 정말로 문제가 되지 않을 때만 간헐적으로 등장할 뿐이다.

또한 공적 참여의 권한을 지닌 사람들의 범위와 그들의 권리가 차츰 확장되었다는 사실이 미국사의 최고의 영광으로 일컬어지고 있지만, 이 주제 역시 그런 참여가 대체로 완벽한 동의를 이루어 기존 체제에 위협을 가하지 않는 한에서만 칭송될 뿐이다. 예를 들어 시민권 운동을 공부할 때 학생들은 개인들의 노력에 대해서는 배우지만 집단적 행위에 대해서는 배우지 않는다. 마틴 루터 킹은 배우지만 말콤 엑스는 배우지 않으며,* 실제로 젊은 사회운동가였던 로자 파크에 대해서는 "늙고 지쳐 있었다"고 배운다. 또한 교실 수업은 노동운동이나 반전운동과 같은 다른 형태의 사회 참여를 거의 다루지 않는다.

이처럼 다원주의나 참여에 대한 이야기가 제한적으로만 다뤄진다면, 학생들은 이런 이야기들이 공공의 삶에서 어떻게 전개되었는지에 대해 좁디좁은 관점만을 가지게 될 것이다. 학생들은 국가 정체성의 기초가 되는 이런 이야기를 더욱 풍성하고 복잡한 방식으로 배울 필요가 있다. 그래야만 국가 정체성과 다른 정체성들 사이의 긴장이 해소될 것이고, 다양성이 우리 사회 통합을 위한 기초가 될 수 있을 것이다.

---

* 마틴 루터 킹과 말콤 엑스는 모두 유명한 흑인 인권운동가지만 둘 사이에는 미묘한 차이가 있다. 킹은 평화주의를 내세우고 비폭력 운동을 진행했던 반면, 말콤 엑스는 급진적 흑인 인권운동가였고 비폭력주의를 비판하면서 흑백분리론을 주장했다. 말콤 엑스는 "우리는 이 땅에서 인간으로서 존중받기 위해 우리의 권리를 쟁취해낼 것이다. 무슨 수를 써서라도"라는 연설의 구절로 특히 유명한데, "무슨 수를 써서라도"라는 표현에서 느껴지듯 킹보다 훨씬 과격한 인물이었다. 미국 교육과정에서는 흑인 인권운동이나 시민권 운동의 선각자로 주로 마틴 루터 킹만 언급하고 기억하지, 말콤 엑스는 잘 언급하지 않는다.

논의를 마무리하기 전에, 국가 정체성의 또 한 가지 단점을 언급해야 할 것 같다. 그것은 바로 '한 사회 집단은 본질적으로 옳고 도덕적이며 강하며, 다른 집단은 나쁘다'고 믿어버리는 경향이다.[39] 한 국가의 국민으로서 광범위하게 공유되는 정체성의 감정을 가지고 있을 때조차, 이들은 여전히 조국의 미덕을 격상시키며 다른 국가의 미덕은 의심의 눈초리로 바라보기 십상이다. 아마도 대부분이 그럴 것이다. 이렇게 서로 비교하고 평가를 내림으로써 폭력과 전쟁이 야기되고, 국가 지도자들은 너무나 쉽게 국민들의 감정을 조작하여 수백만 명을 죽음에 이르게 했다. 민족주의의 이런 측면은 이 장에서 논의된 세 번째 종류의 정체성, 즉 과거와 현재를 일치시켜 생각하는 데서 기인한다. 내 나라의 선조들은 너무나 강하고 정의로워서 엄청난 격찬을 받을 가치가 있다고, 또 과거와 현재가 이어져 있다면 그런 선조들의 힘과 정의로움은 오늘날 우리들의 것이기도 하다고 생각하면서 스스로를 정당화하는 것이다. 예를 들어, 미국이 과거에 훌륭하고 도덕적이었다면 오늘날도 여전히 그러하다는 생각이 지금 현재 미국이 세계에서 행하고 있는 행위를 옹호하는 논리가 되어버리고 있다. 우리 저자들이 인터뷰했던 학생들이 대답했던 것처럼, '미국은 사람들에게 해를 끼치기 위해서가 아니라 돕기 위해서 전쟁터에 나가는 국가'라고 믿게 되는 것이다.

9·11테러 이후 보수주의자들 사이에서는 이런 논리로 역사 학습을 정당화하는 것이 엄청나게 유행했다. 그들은 역사 학습을 통해 애국심을 불어넣으려 부단히 노력했다. 그들은 또한 학생들이 '미국은 언제나 지구상에서 가장 위대한 국가'였다고 학습하고 과거의 위대한 애국자들을 숭배함으로써 "본인들 스스로를 옹호"해야 할 필요성을 더욱 잘 이해하고 지지하게 될 것이라고 주장했다. 예를 들어, 린 체니(Lynne

Cheney)는 "우리 대통령의 말대로 '우리 대의명분의 정당함'과 '다가오는 승리를 향한 자신감을 보장'하는 일에 착수하기 위해" 어린이들은 미국의 역사를 배워야 한다고 말했다.[40]

물론 역사와 맹목적 애국심의 이런 연결은 전혀 낯선 것이 아니며, 특별한 일도 아니다. 일반적으로 역사는 언제나 애국적 열정을 불어넣기 위해, 특히 군국주의를 위해 이용되었고, 국가 간 경쟁의 원인이 되기도 했다. 그래서 제2차 세계대전이 끝난 뒤 국제연합은 역사 교과가 군사적 충돌을 야기하는 데 일조하지 못하도록 하기 위해 역사 교과서의 민족주의 관련 서술을 줄이는 노력을 후원하기도 했다.[41]

국가의 과거와 현재를 일치시켜 생각하는 것은 정체성 세우기 스탠스에서도 가장 잘못된 방식이고, 오늘날 우리에게 자신의 행동을 올바로 판단할 기회와 능력을 빼앗아버림으로써 민주적 의사결정에 재앙으로 작용할 뿐이다. 국가의 과거를 토대로 정체성을 확립하여 스스로를 오랫동안 존재해온 국가 이야기의 일부로 보는 것은, 이런 과거의 이야기를 활용하여 현재 상황을 경솔하게 판단하는 것과 전혀 다른 문제이다. 국내 정책이나 국제 정책은 역사적 정체성이라는 이름만으로 정당화될 수 없고, 오히려 거부되어야 마땅하다.

미국 최초의 헌법 입안자가 애초에 무엇을 의도했는지는 현재 우리가 더욱 엄격한 총기 통제를 할 것인지 말 것인지 결정하는 데 어떤 참고도 될 수 없다. 제2차 세계대전에 참전했던 국가의 의도 역시 오늘날 미국의 군사 행위에 대해 아무런 조언도 해주지 못한다. 설사 19세기에 우리 국가 지도자들이 인종차별주의자였다 하더라도 그 사실은 오늘날의 우리 지도자들과 아무 상관이 없으며, 미국-스페인전쟁(美西戰爭)이 제국주의적 전쟁으로 치달았건 말건 현재 미국과 이라크의 전쟁은 전혀 직접적인 관련이 없다. 이런 역사적 사건들이 중요한 이유는 우리가 이 사건들을 통해 과거와 현재를 신화적으로 합칠 수 있기 때문이 아니라, 이런 사건들을 바탕으로 일종의 유추(analogies)가 가능하기 때문이다. 즉 과거의 사건은 오늘날 여러 사건의 원인과 결과가 무엇인지 알려줄 수 있고, 우리는 입증 자료를 감안하여 이를 분석해볼 수 있다. 이 주제는 다음 장에서 더 자세히 다룰 것이다.

그러나 학생들과의 인터뷰가 보여주는 것처럼, 과거에 대한 신화적 관점은 여전히 강력하다. 이는 의심할 것도 없이 가족, 공동체, 미디어 등이 광범위하게 학생들의 생각에 영향을 미친 결과이다. 역사 교사들은 학교 수업에서 과거를 잘못 활용하는 방식들을 비판적으로 다뤄보는 데 어려움을 느끼겠지만, 그럼에도 민주주의 그 자체를 위해 이는 반드시 필요한 일이다. 이런 신화적 정체성을 단순히 무가치한 것으로 치부하고 무시하기보다, 열린 질문을 통해 학생들이 이 문제를 깊이 탐구할 수 있도록 지도할 필요가 있다. 가령 "미국은 오로지 자유를 수호하기 위해 전쟁을 하는가?" 혹은 "대법원은 언제나 부유한 사람들의 이득만 옹호해왔는가?" 같은 논제를 마주했을 때, 혹은 자신의 신념을 뒷받침하거나 반박하는 증거를 모아보자는 제안을 받을 때, 학생들은 동기 부여가 되는 정교한 탐구활동에 더욱 몰두하게 될 것이다. 적어도 이런 탐구활동은 역사의 흐름이 결코 절대적이지 않다는 사실을 학생들에게 알려줄 수 있다. 또 역사의 흐름을 평가할 때는 증거를 통해야 하며, 국가의 도덕적 청렴함이나 부정에 대한 선험적 가정에 의지해서는 안 된다는 사실을 알려줄 것이다. 이는 결국 학생들이 과거와 현재의 관계를 더 복잡미묘하게 이해할 수 있도록 해줄 것이다.

결론

'정체성 세우기'는 가장 일반적인 역사교육 활동 중 하나이다. 이는 사람들을 개인의 과거뿐만 아니라 가족 및 국가의 과거와 연결시켜주고, 국가의 현재와 과거 사이에 어떤 관련이 있는지 생각해볼 수 있도록 독려하기도 한다. 이런 다양한 형태의 정체성들이 역사와 현재의 세계를 연관시켜주지만, 다원적 참여민주주의 사회에서 시민정신을 함양하는 문제와 관련해서 보자면 각각은 매우 다른 함의를 지닌다.

개인 및 가족의 역사를 통한 정체성 형성은 학생들에게 성취감과 보람을 주기도 하지만, 이렇게 형성된 정체성은 공적 참여에 대해서는 거의 침묵하고 있다. 학생들이 공공선에 대한 숙의에 참여하기 위해서는 자기 내면만 들여다보는 정체성을 뛰어넘을 수 있어야 한다. 결국 정체성은 더 큰 사회 집단과 함께하는 공동체적 감각을 독려하면서 민주주의에 기여할 수 있어야 한다.

이런 집단 중 가장 중요한 것이 국가이고, 미국의 역사교육은 젊은 이들이 국가 정체성을 확립할 수 있도록 하기 위해 부단한 노력을 기울여왔다. 학생들은 어릴 때부터 '우리' 국가의 과거 사건이나 개별 인물들과 일체감을 느끼도록 교육받았다. 이런 노력은 대체로 성공적이었다. 학생들은 각자의 다양한 출신 배경과 상관없이, '우리가' 어디서부터 국가로 시작하게 되었는지, 그리고 이후 국가가 어떻게 발전했는지에 대해 이야기하곤 한다.

그러나 이런 비전에서 나온 많은 요소들은 사실상 누군가를 배제하기 위한 것이었고, 따라서 학생들은 오로지 정복자나 노예소유주와 일체감을 느끼도록 자극 받았다. 심지어 다양한 개인들이 국가의 과거에 포함되어 있을 때조차, 학생들은 미국인이 된다는 것이 무엇을 의미하는지에 대하여 좁디좁은 개념만 가지고 있을 뿐이다. 그 결과 많은 학생들은 본인들의 정체성을 이루는 서로 상반되는 요소 중 어느 것을 거부하거나 에를 들면 자신이 민족적 배경─혹은 반대로 국가 정체성에 등을 돌려버리게 된다. 우리 저자들은 이것이 적어도 부분적으로는 해결될 수 있다고 보았다. 이를 해결하기 위해서는 국가 정체성을 유럽인 출신 건국자와 전통적인 위인 중심으로 구축할 것이 아니라, 민주주의의 중요한 요소인 다원주의와 참여에 관한 역사적 예시를 바탕으로 구성해야 할 것이다.

정체성의 세 번째 유형인 '국가의 현재와 과거를 동일시하기'는 민주주의적 숙의에 거의 어떤 역할도 하지 못한다. 사실 이는 오히려 민주주의적 숙의를 약화시킨다. 왜냐하면 국가의 과거와 현재를 동일시하는 것은 현재의 행위를 합리적으로 판단하는 것이 아니라 과거의 영원한 진리에 호소하여 정당화하려는 것이기 때문이다(때로 이런 이유로 인해 현재의 행위를 거부하는 사람들도 있다).

민주주의에는 영원한 진리도, 영원히 긍정적이거나 영원히 부정적인 것도 없다. 우리들은 오랜 전통의 일부이기도 하고 다양한 방식으로 전통의 영향을 받기도 하지만, 역사는 결코 오늘날 우리 행위를 용납하거나 비난하는 근거가 될 수 없다. '역사는 우리가 누구인지 말해준다'는 명제는, 역사가 우리 공동체가 과거에 어디 있었는지 생각해볼 수 있게 해준다는 차원에서만 사실이다. 공동체의 현재와 미래를 생각할 때, 역사는 우리가 무엇을 해야 하는지 아무 말도 해줄 수 없다. 다만 역사는 우리의 분석 능력과 도덕적 판단 능력을 함양시켜줄 수는 있다. 이에 관한 논의는 바로 다음 4장과 5장에서 다루어질 것이다.

제4장
두 번째 스탠스,
분석하기

· 3학년 어린이들은 옛날 자동차, 트럭, 배 등의 다양한 이동 수단 사진을 보고 '운송 수단의 발전'이라는 연대기표를 만든다.

· 5학년 학생들은 제임스타운(Jamestown Colony)에서의 '굶주림의 시절(starving time)'*에 대한 원사료와 2차 사료를 읽고 분석하는 모둠 활동을 했다. 이 학생들은 "1609년부터 1610년까지 겨울을 날 수 있는 충분한 식량이 있었는데도 왜 제임스타운 주민들은 굶주렸는가?"라는 질문에 답하기 위해 역사적 주장을 만들어간다.[01]

· 신시내티(Cincinnati)에서 일련의 소란이 있은 뒤, 이 지역 고

---

* 1607년에 버지니아 제임스타운에 신세계 최초로 영국인 정착지가 건설되었다. 초기 이주민들은 전염병과 영양실조로 대단히 어려움을 겪었다. 식민지 질서를 잡아가는 과정에서 이웃 인디언 마을과 갈등 또한 끊이지 않았다. 특히 1609~1610년 사이의 겨울은 북미 식민지 역사에서 가장 참혹했던 '굶주림의 시기'였다. 이때 이주민과 갈등을 겪던 원주민들은 숲 속의 짐승을 모두 잡아먹어버리고 식민지인들을 울타리 안에 가둬둔 채 밖으로 나오지 못하게 했다. 1609년 12월에 제임스타운의 영국인은 대략 200여 명이었는데 이듬해 5월 경에는 60명밖에 남지 않았다.

등학생들은 인종적인 이유로 일어난 폭동들—1898년 윌밍턴 (Wilmington), 1921년 툴사(Tulsa), 1943년, 1965년, 1992년 로스앤젤레스(Los Angeles) 폭동 등—의 다른 예시를 찾아 공부하고, 앞으로 이런 충돌을 막을 방안을 제안하는 프레젠테이션을 기획한다.

위에 제시된 예들은 여러 역사 주제와 이 주제를 학습하기 위한 다양한 접근 방식을 보여주는데, 여기에는 한 가지 공통점이 있다. 바로 '분석하기' 활동을 토대로 역사를 학습하고 있다는 점이다. 널리 알려진 벤자민 블룸(Benjamin Bloom)의 정의에 의하면, '분석'이란 자료를 분해하여 그 내용을 구성하는 각 부분들의 연결관계와 상호작용을 조사하고 내용의 배열 및 조직적 구조를 찾아내는 활동이다. 인종 문제 때문에 일어난 폭동의 원인과 결과를 알아보거나, 자동차와 트럭이 발전해온 방식을 살펴보거나, 제임스타운에서 일어난 사건을 설명하기 위해 사료를 어떻게 사용할지 검토하는 것처럼, 역사 교과에서 '분석하기' 활동은 분리되어 있는 과거의 사건들 사이의 관계를 찾아 그 사건의 발전 경향, 인과관계의 패턴, 특정한 역사적 주장이 만들어지는 과정을 규명하는 활동이라고 할 수 있다.[02] '분석하기' 활동은 특정 시기의 공통된 특성을 알아보거나(예를 들면 냉전 시기와 식민지 시대의 공통점), 역사적 변화의 패턴을 알아보거나(예를 들면 근대 의학의 발전이나 중세 쇠망의 패턴), 역사적 사건의 원인과 결과(무엇이 미국 독립혁명을 야기했는가? 쿠바 미사일 위기 동안 무슨 일이 있었는가? 등)에 초점을 맞출 때 특히 두드러진다.

또한 '분석하기'는 증거를 가지고 역사를 설명하고 해석할 때 주로 일어나는 활동이다. 역사에서는 개별 사건이나 증거의 조각들을 함께 엮어주는 연결관계를 찾고 이 연결관계의 구조를 규명하기 위해 분석

활동이 이루어진다.

분석하기 활동은 역사학자 및 교육자들이 가장 선호하는 활동이다. 우리는 우리가 유난히 분석하기 활동을 독려하고 싶어 한다는 사실을 인정해야 할 것이다. 역사의 '사용'을 역사의 '남용'과 구분하고자 할 때, 혹은 의미 있는 역사 연구와 잘못된 연구를 구분하고자 할 때, 거의 예외 없이 역사학자들은 분석하기 활동의 편에 서고자 한다. 분석이 역사 연구에서 논리적이고 이성적인 요소들을 강조한다는 점은 학자들에게 특별한 호소력을 지닌다. 뿐만 아니라 '분석하기'는 역사적 사건의 원인과 결과를 검토하는 것과 같이 고차원적인 인지 활동에 초점을 맞추기 때문에, 다른 스탠스에서 강조하는 '감정을 자극하는 역사'에 대항할 냉철한 대안의 매력도 지니고 있다. '분석하기' 스탠스는 역사교육 연구에서 상당한 비중을 차지하고 있을 뿐만 아니라, 거의 매일 만들어지다시피 하는 교육과정 개혁 제안서에서도 언제나 중심에 위치한다. 미국뿐만 아니라 다른 여러 나라에서도 가장 '학구적인' 역사교육의 기준 역할을 하고 있다.

그러나 현재 만연해 있는 역사 분석하기 활동은 그 내부에 존재하는 중요한 차이를 놓치게 할 수 있다. 사실 우리가 역사를 분석적으로 공부할 때 단 하나의 방식만 있는 것은 아니다. 그러나 학생들이 역사에서 인과관계를 찾고 증거를 활용하여 본인의 주장을 펼칠 수 있어야 한다고 주장하는 교육자들은 근본적으로 중요한 또 다른 관점에는 동의하지 않을 수도 있다. 이 책에서 다루어지는 다른 스탠스들과 마찬가지로, 분석하기 스탠스도 한 가지 이상의 목적을 가지고 있고, 이 서로 다른 목적이 교육 내용 선택에서 중요한 함의를 가진다. 더욱이 역사교육은 그런 각각의 목적을 추구하면서 다원적 민주주의에 기여할 수도 있고, 오히려 민주주의의 가치를 손상시킬 수도 있다. 그 여부는 학생들이 본질적으로 어떤 방식의 학습 기회를 가지는지, 그리고 교사가 어떤 방식으로 역사 내용을 드러내는지에 달려 있을 것이다. 제4장에서 우리는 이 다른 목적들을 구분해서 생각해보고, 여러 목적들이 어떻게 발현되어야 역사 학습의 궁극적인 목적인 인문주의 교육에 가장 제대로 기여할 수 있을지 제안하고자 한다.

현재가 어떻게 만들어졌는지 배우기

역사를 공부하는 가장 중요한 이유 중 하나는 오늘날의 사회가 어떻게 만들어졌는지를 이해하기 위해서이다. 사람들은 오늘날의 정치나 경제, 문화를 이해하고 싶어 하고, 역사는 그에 필수적인 수단이다. 이 관점에 동의하는 이들은 오늘날의 제도, 가치, 태도나 문화적 패턴 등의 기원과 발전을 추적함으로써 그것들을 더 잘 이해할 수 있다고 생각한다. 사실 이런 부분이 역사가 특별히 기여할 수 있는 점이고, 역사학이 사회학, 경제학 및 다른 사회과학과 구분되는 특성이다. 즉, 역사는 어떤 한 시기의 사회적 패턴을 분석하기보다는 그 패턴이 어떻게 나타났는지 설명해주고 시간의 흐름에 따라 그 패턴이 발전해 나간 과정을 추적할 수 있게 해준다.

이런 관점에서 볼 때, 만약 우리가 오늘날의 젠더 역할을 이해하고자 한다면 현재 사회의 노동 패턴이나 시민 참여 패턴을 알아보는 것만으로는 충분하지 않다. 젠더 역할이 알고 싶다면 19세기와 20세기에 가사노동에서 여성의 역할, 제2차 세계대전 이후 여성성의 표준에 대한 강요, 1900년대 페미니스트 운동 및 다른 많은 역사적 주제들도 알 필요가 있다. 이런 배경은 오늘날 여성의 역할이 어떻게 성립되었는지 이해하는 데 필수적이기 때문이다.

마찬가지로, 오늘날 북아일랜드의 분쟁이나 뉴질랜드 마오리족의 영토권 주장을 이해하려고 뉴스나 최근의 통계만 검토한다면, 그저 표면적인 이해만 가능할 뿐이다. 북아일랜드에서 벌어지고 있는 상황을 완전히 이해하고 싶다면 16세기 얼스터(Ulster)에서의 식민정책, 19세기의 통합법(Act of Union)과 자치운동, 20세기의 부활절 봉기, 국가분할, 피의 일요일(Bloody Sunday), 에니스킬렌 폭탄 사건(Enniskillen Bombing)에 대해서도 알아야 한다. 뉴질랜드의 현재를 이해하려면 유럽인과 마오리족 사이에서 계약이 이루어졌던 초창기 상황, 와이탕기 조약(Treaty of Waitangi) 및 그 이후의 토지 사용에 대한 정보도 필요하다. 오늘의 기원은 언제나 과거에 있고, 그 뿌리는 무시될 수 없다.

역사적 분석에 대한 이런 관점을 모든 역사가들이 무조건 받아들이고 있는 건 아니지만, 이는 분명 아카데믹한 학문에 견고하게 뿌리내리고 있다. 17세기 라이프니츠(Leibniz)는 역사 연구의 강점 중 하나로 "현재의 것의 기원을 과거로부터 찾을 수 있다는 것"을 알게 해 준다는 점, 즉 "현실은 그 원인을 통해서만 가장 잘 이해될 수 있다는 점"을 인식하게 해준다는 점을 언급하기도 했다.

한편 프레데릭 잭슨 터너(Frederic Jackson Turner)는 역사의 목적이 "과거를 거쳐 현재까지 이어져온 상황을 이해하여 현재의 모습을 제대로 아는 것"이라고 주장했다. 터너는 현재와의 연결관계를 무시한 채 과거를 연구하는 것은 역사가 아닌 골동품 연구일 뿐이라고 단언했다. "골동품 연구가는 죽은 과거를 연구할 뿐이다. 그러나 역사가의 연구는 살아 있는 현재와 닿아 있다." 20세기 내내 역사학자들은 이런 논평을 통해 역사학의 정당성을 찾아왔다.

존 듀이 또한 역사는 현재를 설명해준다는 점에서 중요하다고 보면서 "어떤 복잡한 결과물에 대한 통찰력을 얻는 방식은 바로 그것이 만들어진 과정을 추적하는 것, 즉 그것이 영속적으로 발전해온 과정을 추적하는 것"이라고 주장했다. 더 최근으로 오면 영국의 사학자인 G. 킷슨 클락(G. Kitson Clark)의 발언도 있다. 그는 오직 "매우 멍청한 인간"만이 오늘날의 사건이 그것을 만들어낸 이전 사건에 관한 지식 없이는 절대 이해될 수 없다는 사실을 인지하지 못한다고 말했다.[03]

칼 베커(Carl Becker)가 말했듯이, 만약 역사의 목적이 현재를 분명히 밝혀주는 것이라면 역사에서 가장 중요한 주제는 당시 중요했던 사건이 아니라 오늘날의 이슈와 관련된 것이어야 할 것이다. 비록 역사가들이 늘 이런 입장을 표명해왔던 것은 아니지만, 많은 역사 연구가 이런 관점에서 이루어지고 있다. 가령 피터 노빅(Peter Novic)은 『미국의 삶과 홀로코스트(The Holocaust in American Life)』에서 오늘날 중요한 이슈인 '유대인의 정체성'의 원천을 형성하는 데 홀로코스트가 어떤 역할을 했는지, 그리고 현재의 정치 및 학문적 논쟁에서 홀로코스트의 입지는 어떤지 논하고, 그 논쟁의 형태와 실체가 제2차 세계대전이 끝난 이후 어떻게 발전해왔는지를 설명했다. 유사한 예로 데이비드 W. 블라이트(David W. Blight)는 『인종과 재회: 미국인의 기억 속 남북전쟁(Race and Reunion: The Civil War in American Memory)』에서 1865년 이후 50년 동안 남북전쟁에 대한 일반인들의 인식이 어떻게 형성되어왔는지 검토했다. 이 책은 20세기 초반까지만 다루고 있지만, 그는 남북전쟁에 대한 인식이 현재의 국가적 논쟁을 이해하는 데 중요하다는 점에서 자기 연구의 중요성을 강조한다. 만약 블라이트가 오늘날의 이슈와 아무 상관도 없는 1812년의 전쟁이나 비슷한 다른 사건에 대해 썼다면, 터너와 같은 이들이 볼 때 그 연구는 단순한 '골동품 연구주의'에 그칠 뿐이다(그래서 잘 알려지지 않은 사건을 연구하는 역사학자들 중에는 '이 사건은 지금까지 간과되어왔을 뿐 사실 현재에 엄청난 시사점을 지니고 있다'고 강조하는 이들도 종종 있는 것 같다).

이번엔 좀 더 가벼운 예를 들어보자. 스티븐 니센봄(Stephen Nissenbaum)의 『크리스마스를 위한 투쟁(The Battle for Christmas)』은 18세기 후반과 19세기 초반의 사회적 진보가 근대의 기념일들을 어떻게 휴일로 만들어왔는지 묘사하고 있다. 블라이트와 마찬가지로 니센봄 역시 자신의 이야기를 현재보다 훨씬 이전 시기에서 끝맺었고, 따라서 오늘날의 문화는 책에서 직접 언급되지 않는다. 하지만 만약 니센봄이 요즘의 관심사가 아닌 휴일들, 예컨대 식목일 같은 기념일을 다뤘다면 이 책은 그다지 관심을 끌지 못했을 것이다.[04]

이런 역사서들은 은밀하게든 직접적으로든 현재가 과거로부터 어떻게 기원하여 발전했는지 탐구함으로써 현재를 설명하고자 한다. 이런 접근은 미국 학교의 역사 수업에도 중요한 영향을 끼쳤다. 학생들이 학교에서 역사를 배우는 동안 자국사만 계속 배우고 세계사를 접할 기회는 훨씬 드물다는 것은 단순한 우연이 아니다. 우리가 제3장에서 논의했던 것처럼, 자국사에 초점을 맞추는 것은 공동체의 정체성을 창조해 내기 위해서이기도 하지만, 동시에 '오늘날 미국 사회의 본질과 기능을 이해하기 위해서는 그 기원을 추적해야 한다'는 가정 때문이기도 하다. 노빅이나 블라이트, 니센봄 같은 역사가들의 연구를 직접 접하는 건 아니지만, 학생들은 오늘날 미국의 수많은 특징—특히 미국의 법률 및 헌법의 특성이나 경제적·인구학적 특성—이 어떻게 기원하여 발전해왔는지를 학습한다. 미국 독립혁명, 헌법의 비준, 초기 공화국 시기의 인물 등은 학교 수업에서 다루는 매우 일반적인 내용이다. 바로 이런 주제들이 우리의 '기원 신화'가 되고, 당시의 발전상이 현재 미국의 정치 구조를 이해하는 데 중요하다고 여겨지기 때문이다. 고든 크레이그(Gordon Craig)는 "학생들에게 우리가 어디서 왔는지, 국가의 정체성과 특수성, 정부 형태 및 특유의 제도를 어떻게 발전시켜왔는지 가르치기 위해 과거의 모습을 설명해줄 필요가 있다"고 강조하고 있다.[05] 학교교육이 역사에 더 많은 관심을 기울여야 한다고 주장하는 많은 사람들과 마찬가지로, 크레이그 또한 오늘날의 미국 사회를 이해하는 것은 곧 미국 사회가 역사적으로 어떻게 발전해왔는지 아는 것이라고 믿고 있다.

학생들도 역사 학습을 통해 이런 메시지를 전달받고 있다. 브루스 밴슬레드라이트가 초·중·고등학교 학생들에게 '왜 학교에서 역사를 배워야 하는지' 물었을 때, 많은 학생들이 크레이그와 유사한 대답을 내놓았다. 한 5학년 학생은 역사가 중요한 이유에 대해 "국가가 어떻게 생겨났는지 알 수 있기 때문에, 그리고 우리가 어디서 왔는지 알 수 있기 때문이죠. 여기가 바로 우리가 살고 있는 국가이기 때문에 우리가 지금 어디에 있는지 아는 게 중요하고요. 또 우리가 사는 국가에 대해 많은 것을 알고 싶기 때문이에요"라고 대답했다. 한 8학년 학생도 비슷한 맥락에서 역사가 중요하다고 설명하면서, "과거에 대해 배우면서 미국이 어떻게 발견되었는지 배울 수 있잖아요. 역사를 배우면서 자기가 살아가는 지역이 어떻게 발견되었는지, 모든 것이 어떻게 시작되었는지, 어떤 특별한 사건이 있었는지 배울 수 있으니까요"라고 했다. 또 다른 8학년 학생은 "무엇이 우리를 지금 이곳에 있게 했는지를 알 수 있어서요"라고 간단명료하게 설명했다. 또한 이 연구에 참여한 고등학생들은 현재를 이해할 필요가 있다는 것을 전제로 "우리가 어디서 왔는지, 우리가 어떻게 존재하게 되었는지", "어떤 것이 어떻게 시작되고 (…) 나의 선조들이 어떻게 이곳에 오게 되었는지, 또 이 나라가 어떻게 시작되었는지", "우리 정부가 어떻게 생겨났는가 하는 것에 관한 우리의 뿌리를 배워야 해요"라고 대답했다.[06]

우리 두 저자들도 현장 연구를 통해 4, 5학년 학생들에게 왜 역사가 중요한지 질문한 적이 있는데, 그때도 이와 유사한 패턴을 발견했다. 특히 아주 명료한 확신을 품고 있던 한 학생의 말이 인상적이었다. 그는 텔레비전에서 하키를 볼 때마다 경기가 끝나기도 전에 자러 가야 했기 때문에 다음 날 아침엔 항상 누가 이겼는지 궁금했다며 말문을 열었다. 그러나 역사에 대한 궁금증은 이와는 다르다면서 다음과 같이 말했다.

역사는 하키 경기를 보는 것과는 반대예요. 사건 전체를 다 볼 순 없지만 그것이 결국 어떻게 끝났는지는 볼 수 있잖아요. 우리는 어떤 사건이 어떻게 시작되었는지 궁금해 하는데, 이건 모든 상황의 절반만 보는 것과 비슷해요. 그러니까 우리는 다른 절반을 알고 싶어지는 거고, 다른 절반을 알게 되면 세상을 바꾸어놓은 수백만 개의 질문에 답할 수 있게 되는 거예요.

그는 이미 '경기의 끝', 즉 오늘날 세계의 상태를 알고 있지만 여전히 어떻게 이렇게 되었는지를 알고 싶다고 생각했다. 이 인터뷰에서 역사에 관한 자기 생각을 이토록 추상적으로—혹은 특정한 이미지를 통해—표현해낸 학생은 거의 없었지만, 대부분의 학생들은 오늘날의 세계가 어떻게 시작되었는지에 대해 아는 것이 중요하다고 설명했다.[07]

이런 목적을 가지고 역사에 접근해보는 것은 다원적인 참여민주주의를 준비하는 데 큰 도움이 된다. 학생들을 공적 이슈에 관한 깊이 있는 논쟁에 참여할 수 있도록 준비시키고자 한다면, 우리는 학생들이 과거에 이루어졌던 결정이 어떻게 현재의 패턴이나 구조, 상황을 이끌어냈는지 이해할 수 있도록 도와야 한다. 무엇이 문제를 야기했는지 알지도 못한 채 논의하는 것은 아무것도 모른 채 무의미한 논쟁을 거듭하는 것에 지나지 않는다.

　바로 이런 이유를 들어 역사 연구의 정당성을 주장하는 이들은 상당히 많다. 예를 들어 데이비드 해켓 피셔(David Hackett Fisher)는 "특정 사건이 시간이 흐름에 따라 어떤 식으로 발전해왔는지에 대해 광범위하게 이해하지" 않고서는 오늘날의 세계가 직면한 중요한 문제를 명쾌하게 이해할 수 없다고 주장했다. 이것은 분명 우리가 오늘날 정책과 관련된 논쟁을 할 때 중요한 전제 조건이 된다. 영국의 역사가 아서 마윅(Arthur Marwick)은 "만약 '언제나 행해져왔던 방식'을 바꿀 가능성이 조금이라도 있다면, 그 일이 어떻게, 그리고 왜 이런 식으로 진행되었는지 합리적으로 판단할 수 있어야 한다"고 말했다. 제임스 하비 로빈슨(James Harvey Robinson), 찰스 비어드(Charles Beard), 칼 베커(Carl Becker)와 같이 과거를 통해 현실 문제를 해결하는 일에 관심이 많은 '진보주의' 역사가들은 '역사는 현재의 어떤 측면을 밝혀주는 잠재력을 가지고 있기 때문에 특히 유용하다'고 주장했다.[08]

　아마도 이런 관점의 가장 영향력 있는 역사서 중 하나가 C. 밴 우드워드(C. Vann Woodward)의 『짐 크로우의 이상한 생활(The Strange Career of Jim Crow)』일 것이다. 이 책은 미국 남부 전역에서 흑인 분리주의 체제에 대한 저항이 꿈틀대던 1954년에 등장한 역사서이다. 당시에는 짐 크로우

법(Jim Crow laws) 및 다른 형태의 분리주의는 매우 오래 전에 기원한 것이고 남부 지역의 문화에 깊이 뿌리내리고 있기 때문에 그런 저항은 실패할 수밖에 없다는 믿음이 팽배해 있었다. 남부 지역의 많은 주민들은 흑인 분리주의가 "언제나 그러했던 방식," 즉 그저 오래된 남부의 삶의 일부라서 이를 변화시키기란 거의 불가능하다고 생각했던 것이다. 그러나 우드워드는 1954년 무렵 존재했던 "견고하고 보편적인" 형태의 분리주의는 사실상 19세기 말엽에나 등장한 것으로, 그 이전에는 오히려 분리주의와 다른 여러 시도가 있었고 인종 관계도 다양했다고 주장했다. 우드워드는 인종 분리주의는 경제적 쇠락에 대한 정치적 반응이었을 뿐이고, 따라서 1890년대나 되어서야 구체적인 형태를 갖추어 1950년대까지 지속되었다고 강조했다. 우드워드는 이 연구를 통해 분리주의 철폐에 관한 정책 논쟁에 기여하고자 했다. 이후 그는 "역사가는 현재를 살고 있기 때문에, 그 역사가는 본인이 연구하는 과거뿐만 아니라 현재에 대해서도 의무를 지니고 있고" 이런 의무는 바로 "신화를 폭로하고 문화적 기억상실을 극복하는 일"이라고 말했다.

인종 분리주의와 관련된 견고한 믿음에 반기를 들었던 우드워드의 도전은 크나큰 반향을 만들었다. 마틴 루터 킹(Martin Luther King Jr.)은 이 연구를 들어 "시민권 운동에 관한 역사적 바이블"이라고 칭했다. 여기서 한 가지 강조해두고 싶은 점은, 우드워드가 개인적으로 분리주의 철폐에 헌신하기는 했어도, 그의 목적은 특정한 정책적 입장을 지지하는 것이 아니라 이런 정책에 관한 논의가 이루어질 수 있도록 더 정확한 역사적 배경을 제공하는 것이었다는 점이다.[09]

『짐 크로우의 이상한 생활』 초판이 나온 이후 다른 역사가들이 우드워드의 주장을 반박하는 증거를 제시했으나, 존 호프 프랭클린(John Hope

Franklin)이 말했듯이 그 반박은 우드워드의 전반적인 논지를 약화시키지 못했다. 그 반박이 그다지 영향력을 미치지 못했다는 사실은 다른 역사가들은 또 다른 연구 목적을 가지고 있었다는 점을 의미할 것이다. 사실 다른 많은 역사가들은 정책 문제가 논의된 맥락을 제공하는 데는 그다지 관심이 없었다. 그러나 우드워드는 인종 분리주의의 패턴이 어떻게 발전했는지 이해하려는 목적을 가지고 있었고, 자신의 연구 결과와 상충되는 대부분의 연구를 본인 연구의 개정판에 간단히 통합시켰다.

연구 결과의 측면에서 우드워드의 연구와 가장 상반되었던 한 역사가는, 그럼에도 불구하고 역사 연구의 목적에 있어서는 우드워드와 관점을 공유하고 있었다. 조엘 윌리엄슨(Joel Williamson)이 바로 그 사람이다. 그는 인종 분리주의의 진화에는 법적인 제제보다 사람들의 태도가 더 영향을 끼쳤고, 때문에 사람들은 법적인 변화에 저항하게 된다고 주장했다. 이런 주장 또한 우드워드와 마찬가지로 근대적 관습의 역사적 기원을 밝혀낸다는 목적의식을 반영하고 있었다. 윌리엄슨의 연구 목적은 인종차별적 태도가 언제 어떤 방식으로 오늘날의 형태로 고착되었는지 설명하는 것이었다. 역사 연구의 목표에 관해 서술하면서, 윌리엄슨은 "물론 우리는 우리 선조들이 행한 일에는 책임이 없다. 그러나 선조들은 우리와, 그리고 우리가 행하고 있는 많은 부분에 책임이 있다"고 말했다.[10]

그러나 윌리엄슨은 이런 식으로 역사에 접근할 때 빠질 수 있는 중요한 함정을 보여주고 있다. 우리 선조들이 현재의 우리 삶에 책임이 있다고 인식하는 것은, 그들이 우리가 행하는 것을 결정했다는 믿음으로 이어질 가능성이 있다는 것이다. 다시 말해, 과거는 언제나 '그럴 수밖에 없는' 방식으로 흘러갔고, 따라서 선조들이나 우리에게 다른 대안은 없었다고 포기해버리는 사고로 이어질 수 있다. 만약 역사가 정확하게 현재로 이어지는 일련의 필연적인 사건들로 간주된다면, 우리가 뭔가를 위해 노력해볼 여지는 전혀 없어진다. 현재는 단순히 이전에 존재했던 모든 것의 필연적 결과물이고, 정치나 경제, 사회에서 변화를 이끌어내려는 시도는 모두 실패할 수밖에 없다.

사실 역사는 때때로 정확히 이런 목적을 가지고 오용되기도 한다. 원래 그러했던 것처럼 지금도 그러해야 한다고 사람들을 납득시키면서 현상유지를 정당화하는 데 사용되기도 한다는 말이다. 데이비드 랜디스(David Landes)와 찰스 틸리(Charles Tilly)가 설명하듯이, "역사는 개혁가를 좌절시키고 변화를 막기 위한 지휘봉으로 오용되어왔다."[11] 이런 사고방식이 참여민주주의와 상반되는 것임은 두말할 필요도 없다. 현재의 의사결정의 기초를 마련하기 위해 과거가 어떻게 현재를 이끌어왔는지를 이해하고자 한다면, 우리는 과거 사람들 및 현재 우리들의 자유의지를 인정해야 할 것이다. 우리 선조들은 자신의 시대를 살아가며 자신만의 결정을 내렸고, 그 결정이 오늘날 우리가 가진 정부 기관이나 경제 구조 및 사회적 패턴을 이끌어내기는 했지만, 그들은 사실 다른 결정을 내려 다른 결과를 만들 수도 있었다.[12] 과거의 사람들이 자신들의 미래—즉 우리의 현재—에 영향을 미칠 선택을 했다면, 우리 또한 그 역사적 유산을 지지하고, 수정하며, 뒤엎는 결정을 내릴 자유가 있다.

역사로부터 교훈 얻기

역사적 분석은 '교훈'을 제공하는 방식으로도 현재와 관련을 맺는다. 이는 아마도 역사를 공부하는 가장 확신에 찬 근거이면서 동시에 가장 조롱받는 근거이기도 할 것이다. 어린이나 어른이나 할 것 없이 역사가 오늘날 우리에게 어떻게 행동할지 교훈을 제공해주리라 기대하고, 종종 그것이야말로 역사를 공부하는 기본적인 이유라고 믿고 있다. 그러나 많은 역사가들은 역사에는 어떤 교훈도 없고, 교훈을 찾으려는 시도 또한 잘못된 노력이며, 이는 역사 교과의 진짜 목적과도 상반된다는 점을 열정적으로, 때로는 매우 자만심 넘치는 모습으로 강조하곤 한다. 가령 헨리 스틸 코매저(Henry Steele Commager)는 역사는 "문제를 해결해줄 수 없고 우리가 오류에 대비하도록 도와주지도 않으며, 전쟁을 어떻게 회피할 수 있는지, 혹은 어떻게 승리할 수 있는지 보여주지도 않을 것이다. 불황에 대해 과학적으로 설명해주지도, 번영의 비결을 알려주지도 않을 것이다. 뿐만 아니라 진보를 향한 명백한 길을 보여주지도 못할 것"이라고 주장했다.[13]

'역사가 결코 할 수 없는 것'에 대한 역사가들의 리스트를 보면서 평범한 사람들은 자기 나름의 정당한 기준을 놓고 역사와 역사가를 평가하게 될 것이고, 결국 자연과학이나 사회과학과 같이 현재 사회에 응용하는 것을 목적으로 하는 학문에 더 관심을 기울이게 될 것이다. 대중적 인식과 전문가의 공식 선언 사이에는 이렇게 큰 차이가 있다. 그것은 결국 과거로부터 교훈을 얻는다는 것이 좀 더 주의 깊은 검토를 요구하는 주제라는 점, 그리고 이것이 진짜 의미하는 바가 무엇인지에 대해서 다양한 사람들이 부여한 서로 다른 의미를 고려해볼 필요가 있다는 점을 시사한다.

'역사의 교훈'이라는 표현은 대중적인 용어이다. 이 어구를 인터넷에서 검색해보면 무려 47,000건 이상이 등장하며, 이 표현은 미디어에도 자주 오르내린다. 그러나 이처럼 겉보기에 단순해 보이는 용어에는 너무나 다양한 잠재적 의미가 포함되어 있다. 어떤 이들에게 '역사적 교훈'은 우리가 지난 장에서 논의했던 일종의 정체성과 관련된 의미다. 즉 역사 공부는 우리에게 과거에 무슨 일이 있었는지 말해줄 뿐만 아니라 오늘날 우리가 무엇을 해야 하는지도 가르쳐준다는 것이다. 예를 들어, 미국이 제2차 세계대전에서 영국을 지원했기 때문에, 오늘날 중동 지역의 전쟁에서 영국은 미국을 지원해야 한다는 주장이 그런 예다.

그런데 좀 더 분석적으로 접근해보려는 이들은 실증적인 일반화에 더 초점을 맞추게 된다. 풀어 설명하자면, 규칙적이면서도 예측 가능한 패턴을 지닌 역사적 변화와 인간의 행동을 통해 미래에 무슨 일이 일어날지 예측하고자 하는 것이다. 19세기와 20세기 초반에 이런 식으로 역사를 연구했던 이들은 '모든 사회는 진보한다'고 간주하면서 사회적 진보의 '단계'를 규명하고자 했다. 이후 이런 접근은 "만약 x라면 y이다" 같은 식의 일반화를 추구했고, 비록 이제 와서는 이런 관점에 관심을 가진 사람들이 훌쩍 줄어들긴 했지만, 몇십 년 동안 상당한 학술적 논쟁의 주제가 되었다.[14]

일반화를 추구하는 데 대한 주요 비판은 인간의 역사에서는—자연과학에서와는 달리—별개의 두 상황이 절대 동일하거나 비슷할 수 없다는 것, 다시 말해 단일한 요소가 역사에서 '독립변수'로 작용하여 단독으로 사건의 결과에 영향을 미치는 일은 결코 없다는 것이다. 개별의 역사적 상황은 특별하며, 거기에서 어떤 일반 법칙도 도출될 수 없다. 피터 게일(Peter Geyl)이 설명하듯이 역사는 "배경과 원인의 결합에서의 무궁무진한 새로움" 때문에 실제적인 교훈을 만들어내지 못한다.[15] 역사가가 역사에서 교훈을 얻을 가능성을 거부하는 것은 대개 이런 보편적 일반화를 반대하기 때문이다. 그러나 이런 역사가들의 생각은 미국 역사교육에 중요한 영향을 끼치지 못하고 있으며, 학생들의 역사 학습 목적에도 거의 영향을 끼치지 못하고 있다.

학계와 대학사회를 제외하고 그 이전 단계의 교육에서는 역사적 교훈에 대한 좀 더 실용적인 접근이 이루어지고 있다. 여기서도 역사에서 일반화를 찾기가 어렵다는 것은 인정되지만, 훨씬 덜 기계적인 방식으로 '일반화'라는 개념에 접근한다. 요컨대 역사적 상황은 너무나 광범위하고 다양하여 어떤 경우에도 변함없이 적용되는 규칙이란 존재하기 어렵다는 것을 인정하면서도, 동시에 어떤 규칙적인 패턴은 언급될 필요가 있고, 그런 패턴은 현재의 행위가 야기할 결과에 대한 통찰력을 제공해준다고 강조하는 것이다. 마치 우리가 어떤 행위를 할 때 과거의 경험을 바탕으로 실수를 줄이듯이, 역사를 통해 사회적 행위의 결과에 대해 유의미한 제안을 할 수 있다고 생각한다.

가령 구스타프 레니어(Gustaaf Renier)는 과거의 상황과 오늘날의 상황의 유사성 때문에 역사가 실용적인 문제를 해결하는 데 유용하다고 강조했고, "기억이 개인을 위해 존재하는 것과 마찬가지로 과거 경험의 내러티브는 사회를 위해 존재한다"고 주장했다. 그러나 개인적인 경험이 지금 우리가 하는 일의 결과를 정확히 예상하도록 해줄 수 없는 것처럼, 역사도 결코 완벽한 예측을 해줄 수는 없다. 역사는 단순히 현재의 결정이 야기할 가능성이 있는 결과나 가능한 성과를 제안해주는 정도이다. 피터 리(Peter Lee)는 역사는 "어떤 행위를 할 수 있는 새로운 가능성을 열어주는데, 이는 실제로 일어났던 혼란스러웠던 과거를 합리적인 역사 서술로 변환시키고 간접적인 경험을 통해 미약하게나마 미래를 위한 자금을 제공받을 때 가능한 것이다. 다시 말하자면 미래에 무슨 일이 얼어날 수 있을지 예측해본다는 것이지, 결코 미래에 대한 혼란을 막아준다는 뜻이 아니다"라고 말했다.[16]

역사의 목적에 관한 이런 관점을 받아들이는 이들은 종종 '역사적 교훈'이라는 관용구를 회피하곤 한다. 그것은 아마 역사가들이 이 용어를 부정적으로 생각하기 때문이거나, 혹은 보편 법칙이 존재한다고 믿는 사람이라는 오해를 받고 싶지 않기 때문일 것이다. 그럼에도 불구하고 역사 연구를 정당화하는 가장 보편적인 방식 중 하나는 바로 과거가 제한적이나마 간접 경험을 제공해줌으로써 현재의 의사결정에 기초가 될 수 있다고 주장하는 것이다.[17]

역사를 활용하여 오늘날의 정치적 상황을 설명하는 대표적인 역사가 중 한 명인 하워드 진(Howard Zinn)은 제한적이기는 해도 역사적 일반화로 볼 수 있는 몇몇 예시를 제시했다. 그는 역사는 "정부가 중립적인 척하거나 자선 행위를 하는 척할 때 실상을 폭로할 수 있고", "과거에 관한 레토릭을 실제 과거와 비교하여 판단하게 함으로써 우리 문화에 만연해 있는 이데올로기를 드러낼 수 있으며", "훌륭하다 일컬어지는 사회적 흐름이 얼마나 잘못 진행될 수 있는지, 지도자가 어떻게 추종자들을 배신할 수 있는지, 폭도들이 어떻게 관료가 될 수 있는지, 이상이 어떻게 얼어붙고 또 세속화될 수 있는지를 보여준다"고 주장했다.[18] 이 논평에서 진은 반드시 그러하다고 말하기보다는 "~할 수 있다(can)"는 표현을 반복 사용하여 일종의 가능성을 보여줌으로써 주장의 초점을 더 명확히 하고자 했다. 미국 정부가 미국의 군사 개입이 국내외 민주주의를 위한 최선이라고 주장할 때, 그 군사 개입이 폭압적인 독재와 세계적 자본주의를 지지하는 의도를 숨기고 있음을 곧바로 꿰뚫어보는 사람은 거의 없다. 그러나 이와 관련된 일련의 사건을 역사를 통해 알게 되면, 우리는 새로운 상황에서 정부의 행위가 특수한 이해관계를 반영하고 있는 게 아닌지 더 쉽게 의심해볼 수 있다. 비록 약한 형태의 일반화이기는 해도, 리가 설명한 바와 같이 이는 때때로 우리 주변의 세계가 "잠복해 있다가 습격을 가할" 때 우리를 보호해줄 수 있을 것이다.

역사적 교훈에 관한 또 다른 관점은 일반화보다는 비유의 측면에서 설명된다. 의사결정의 기초는 수많은 개별 케이스에서 추출된 일반적인 패턴이기보다는 현재의 상황과 매우 유사하다고 여겨지는 특정 사건의 특수한 배경을 토대로 할 때가 많다. 과거의 경험이 현재의 사건이 야기할 결과를 암시해준다는 가정은 동일하지만, 역사적 비유에서는 하나 혹은 수많은 작은 사건들이 비교의 기준점으로 사용된다. 가령 뮌헨에서 챔벌린(Chamberlain)이 히틀러를 달랬던 사건은 국민의식에 나쁜 영향을 끼쳤던 예로 언급되는 역사적 비유 중 하나다. 1990년 이라크의 쿠웨이트 공격에 어떤 대응을 해야 하는가에 대한 공적 논의에서, 사람들은 팽창을 원하는 독재자를 빠른 시간 내에 저지하지 못하면 어떤 일이 벌어지는지 생각하며 뮌헨에서의 사건을 떠올렸다. 비슷한 또 다른 예로, 많은 사람들은 미국이 쿠웨이트—이후에는 발칸—에 개입한 것을 베트남에 개입했던 것과 유사한 사건으로 생각했다. 상황이 비슷했기 때문에—익숙하지 않은 지역에서 불분명한 군사적 목적의 전쟁을 치르는 것—그 결과도 유사하리라 예상하는 것이다.[19]

그러나 역사가들이 이따금 아주 약한 차원에서 역사적 일반화와 비유를 인정할 때가 있기는 해도, 사실 이것들을 역사 연구의 목적 그 자체로 인정하는 것은 아니다. 리가 설명하듯이 역사적 일반화는 "그 일반화가 역사 연구의 정수 혹은 공식적인 '결과'가 아니라는 사실을 자각하는 한에서만 유효하고 유용하다."[20] 역사적 일반화나 역사적 비유에 관한 논의는 대개 교실 수업이나 정책 입안자들 사이에서, 아니면 미디어에서 이루어진다. 다시 말해 주로 학술적인 역사 및 전문적인 학문 바깥에서 이루어진다. 또한 전문 역사가들은 역사적 일반화나 비유를 통해 현재의 정책 결정에 도움을 주려는 목적을 가지고 있지 않다. 역사가들은 역사적 교훈을 위해 연구하는 것이 아니고, 일련의 현실적 제안을 던지면서 연구를 끝맺는 역사가도 없다. 때문에 대부분의 역사가들은 일반화를 이끌어내는 역사 연구를 부인하고, 역사가 어떤 식으로든 유용함을 가진다는 점을 부정하는 것이다. 다시 말해 역사적 일반화를 이끌어내는 것이 본인들이 역사를 하는 이유는 아니라고 말이다.

그러나 역사 연구가 직접적으로 이런 일반화를 끌어내지도 않고, 그렇게 하지도 못한다는 주장은 완벽한 설득력을 가지지는 못한다. 역사학도 오늘날의 공공 정책에 일련의 교훈을 줄 수 있는 일반화를 정립하려고 할 때가 있다. 예를 들어, 드와이트 빌링스(Dwight Billings)와 캐서린 블리(Kathleen Blee)는 『가난으로 통하는 길: 애팔래치아 산맥에서 돈을 버는 일과 사람들의 고난(The Road to Poverty: The Making of Wealth and Hardship in Appalachia)』이라는 저서에서, 지난 2세기 동안 자본주의 시장과 국가의 강압 및 문화적 전략이 어떤 식으로 상호작용하면서 애팔래치아 산맥 중부의 시골 지역 공동체에 특수한 형태의 빈곤을 만들어냈는지 연구했다. 이 연구의 일부 목적은 오직 외부의 경제적 요인에만 초점을 맞추거나 근거 없는 가정을 토대로 이 지역 사람들의 결핍된 문화에만 초점을 맞추면서 애팔래치아 지역 사람들의 가난을 설명하는 기존 연구의 한계를 넘어서는 것이었다.

빌링스와 블리는 지역 정책, 문화 및 자본주의가 이곳의 경제 발전에 미친 영향을 보여주면서 이 지역 역사에 대한 더욱 복잡한 관점을 제공해주었다. 그러나 두 사람은 자신들의 목적이 단순히 "중부 애팔래치아의 '이야기'를 '정확하게'" 설명하는 것이 아님을 분명히 했다. 오히려 그들의 목적은 자신들이 연구한 공동체의 역사적 경험에서 교훈— lessons, 이는 두 연구자가 직접 사용한 용어이다—을 끌어내 시골 지역의 만성적인 가난을 완화시키기 위한 정책적 논의에 기여하는 것이었다. 예를 들어, 이 연구를 통해 드러나는 한 가지 교훈은 바로 애팔래치아 산맥의 시골 사람들은 친족과 이웃끼리 상호작용을 통해 결핍과 전환의 시기, 그리고 정치·경제적 고난의 시기에 생존할 수 있었다는 것이다. 두 연구자는 "공공 정책에 대해 우리 연구가 지니는 함의는 분명하다. 가난에 찌든 공동체에서 사회 자본을 유지시켜주는 문화적 전략은 약화될 것이 아니라 강화되어야 한다"고 설명했다. 또 다른 교훈은 시장경제가 주도하는 경제 발전과 지역민을 동원하여 소수의 파벌적 이익을 꾀하는 지역 엘리트의 행위에는 문제가 있다는 점, 그리고 경제 성장을 뒤로 하고 정치적 관심부터 가지는 것도 한계를 지닌다는 점 등이었다. 빌링스와 블리는 지난 2세기 동안 빈곤 문제 해결에 효과를 보였거나 보이지 못했던 다양한 경제 전략을 분석하고, 미래에 효과적일 수 있는 전략을 논의하며 결론을 내렸다.[21]

빌링스와 블리처럼 역사를 통해 현재 사회에 도움이 될 조언을 찾는 것은 그리 특별한 일이 아니다. 다른 수많은 학자들도 현재 사회와 관련하여 조심스럽고 사려 깊으면서도 증거에 입각한 역사적 일반화 및 비유를 발전시켜왔다. 예를 들어 로버트 푸트남(Robert Putnam)은 『나 홀로 볼링: 사회적 커뮤니티의 붕괴와 소생(Bowling Alone: The Collapse and Revival of American Community)』을 통해 미국 혁신주의 시대는 근대 미국에서 시민의 사회참여에 새로운 활력을 불어넣는 모델이 될 수 있다고 제안했다. 푸트남은 "역사의 교훈: 활공의 시대와 혁신의 시대(Lessons of History: The Glided Age and the Progressive Era)"라는 제목의 한 장에 걸쳐, 그때 당시와 지금 우리 시대의 유사성을 상세히 설명했다. 그는 서로 이해관계를 공유하는 문화 집단이 처음에는 자신들의 사적인 이득에만 관심을 가지고 있다가 19세기 이후 어떻게 "단계적으로 이런 이해관계를 공동체의 문제로, 결국에는 정치적 개혁으로까지 전환시키게 되었는지" 묘사했다. 푸트남은 여기서 얻을 수 있는 교훈은 사사로운 사회 네트워크를 창조하는 일이 그저 "정치적 동원과 정치 개혁의 대안이 아니라 오히려 정치적 동원과 정치 개혁을 위한 필수 전제"였다는 것이라고 주장하면서, 이런 점은 아마 현재의 우리 시대에도 마찬가지일 것이라고 했다. 푸트남은 또한 혁신주의 시대의 그다지 긍정적이지 못한 교훈에 대해서도 조심스럽게 논의한다. 가령, 엘리트 '전문가'들의 통제가 공적 참여를 어떻게 저지하는지, 사회 개혁이 어떤 식으로 사회 통제를 위한 가면의 역할을 하는지, 공동체에 대한 강조가 어떻게 인종 분리나 사회적 배타성을 만들어내는지 등이다. 이런 관점에서 보면, 역사적 경험은 그것이 긍정적이든 부정적이든, 사회적·경제적·기술적 변화의 시기에 어떻게 시민사회의 참여를 확장시킬 수 있을지에 대한 교훈을 제공해 줄 수 있다.[22]

이런 종류의 학문은 역사 연구가 직접 일반화를 끌어내지 못한다는 주장의 정반대 지점에 서 있다. 역사가들은 어쩌면 '그 연구자들은 역사학자가 아니'라고 주장할 수도 있을 것이다. 즉, 빌링스와 블리는 사회학자이며, 푸트남은 정치학자라는 것이다. 물론 역사학과에 속한 학자들보다는 사회과학 연구자들이 과거에서 교훈을 찾는 일에 더 적극적인 건 사실이다. 그러나 그렇다고 해서 이들의 연구가 '역사적'이지 않은 것은 아니다. 『가난으로 통하는 길』은 원사료를 조직적으로 분석하여 도출한 역사 연구이고, 『나 홀로 볼링』의 결론 또한 다른 역사학자들의 연구 성과를 주의 깊게 통합시켜 보여주고 있다. 이런 연구는 명백히 역사 연구물이며, 따라서 과거에서 교훈을 찾으려는 것이 단순한 착각의 산물이라거나 "진짜" 역사에 대한 잘못된 대중화라는 주장은 분명 잘못된 것이다. 역사적 교훈을 밝혀내는 것은 역사가 무엇인지에 관한 사회의 상식적인 이해이면서, 동시에 역사학이라는 아카데믹한 학문이 존중받을 수 있는 한 부분이기도 한 것이다.

일부 역사가들의 항변에도 불구하고 역사가 실제로 교훈의 원천으로 사용된다는 것은 의문의 여지가 없다. 아서 M. 쉴레싱어(Arthur M. Schlesinger, Jr.)는 모든 공공 정책을 결정하는 것은 언제나 역사적이라고 말했다. 공공 정책 결정에는 "미래에 관한 추측"이 포함되어 있는데, 이는 "과거의 경험을 통해 도출"되며, 또한 정책 결정은 "어떤 행위가 어제 만들어낸 결과와 같은 결과를 내일도 만들어낼 것이라는 기대, 혹은 희망"을 내포하고 있기 때문이다. 이런 기대가 없다면 우리는 개인적으로나 집단적으로 무엇을 해야 할지 아무런 선택도 할 수 없다.

철학자 조지 산타야나(George Santayana)는 "과거를 기억하지 못하는 사람은 잘못을 반복한다는 비난을 받을 것"이라고 말했다. 사람들이 실제로 과거를 통해 교훈을 얻는지, 아니면 역사에 관한 지식 때문에 더욱 합리적인 행동을 하게 되는 것인지는 논란의 여지가 있지만, 역사를 통해 미래를 대비하는 것은 사람들이 역사에 대해 가지는 공통적인 기대 중 하나임에 틀림없는 것 같다.[23]

더욱이 '시민정신에의 기여'라는 측면에서 학교 교육과정 내의 역사교육의 입지를 정당화한다면, '역사에서 현재를 위한 교훈을 얻는다'는 명제는 더욱 중요한 의미를 가지게 된다(적어도 미국에서는 늘 그러했다). 폴 갱논(Paul Gangnon)과 '학교 역사교육을 위한 브래들리위원단(Bradley Commission on History in Schools)'은 「역사교육의 범위와 질을 증진시키기 위한 선언문」에서 "역사는 과거를 감정함으로써 미래에 대한 판단을 가능하게 한다"는 토마스 제퍼슨의 말을 인용했다. 역사교육의 근거로서 제퍼슨의 말을 더 완전한 형태로 인용한 예로는, 국가 역사 표준의 전신인 「과거로부터의 교훈: 필수적 이해와 역사적 관점(Lessons from History: Essential Understandings and Historical Perspectives)」—제목부터 정말 적합해 보인다—이 있는데, 그 내용인 즉 "역사는 다른 시대와 다른 국가의 경험을 활용할 수 있도록 해주고, 따라서 인간 행위와 계획을 판단할 자격을 부여해준다"는 것이다.[24] 제퍼슨이 보기에 미래에 일어날 가능성이 있는 일은 "다른 시대와 다른 국가"의 경험을 활용함으로써 판단될 수 있다. 다시 말해 과거에 무슨 일이 있었는지 앎으로써 미래에 무슨 일이 일어날지 판단할 수 있다는 것이다. 비슷한 맥락에서 보면, 우리는 인간이 과거에 어떻게 행동했는지를 분석하여 미래에 어떻게 행동할 것인지 결론을 내릴 수 있기 때문에, 역사는 우리가 "인간의 행위나 계획"을 판단할 수 있도록 도와준다.

학생들이 학교 안팎에서 역사의 목적에 대한 이런 시각을 얼마나 많이 접하는지에 대해서는 알려진 바가 별로 없다. 그러나 누군가 이런 목적을 말해주든 그렇지 않든, 학생들은 이를 역사를 공부하는 기본적인 이유로 여기고 있는 듯하다. 밴슬레드라이트는 "왜 학교에서 미국 역사를 배운다고 생각합니까?"라는 질문에 대한 학생들의 가장 일반적인 대답이 바로 "산타야나가 언급한 역사의 목적"과 관련되어 있음을 알게 되었다. 예를 들어 한 5학년 학생은 "중요한 어떤 일이 과거에 일어났고, 사람들이 그에 대해 알고 싶어 하기 때문이죠. (…) 그 일이 다시 일어날 상황에 대비해서요. 만약 그런 일이 다시 일어난다면 우리는 무엇을 해야 할지 알게 될 거예요"라고 말했다. 한 8학년 학생도 비슷하게 "우리는 선조의 실수를 통해 배울 수 있고, 그래서 같은 실수를 반복하지 않을 거예요"라고 설명했다. 또한 한 고등학생은 "우리의 실수가 무엇인지 알고 그 실수가 어떻게 나왔는지 알기 때문에, 실수를 통해 무엇인가를 배울 수 있다는 것을 확신해요. 우리는 다시는 똑같은 잘못을 반복하지 않을 거고, 올바르게 일을 행할 수 있어요. 무엇이 잘못되었는지 알 수 있고, 그게 어떤 방식으로 잘못되었는지, 어떻게 바로 잡을 수 있을지에 대해서도 알 수 있어요"라고 대답했다.

중학생들을 대상으로 한 우리 두 저자의 연구에서도, 학생들은 이런 근거를 들어 미국사의 영광스럽지 못한 사건들의 중요성을 설명했다. 예를 들어 몇몇 학생들은 베트남전쟁이 중요한 이유는 미국이 이 전쟁을 통해 교훈을 얻었기 때문이라고 했다. 한 학생은 베트남전쟁이 우리에게 "전쟁에 너무 늦게 개입하지 말아야 한다"는 것을 가르쳐주었다고 설명했고, 다른 학생은 이 전쟁은 "우리가 천하무적이 아니었다는 것, 그리고 자신들이 필요로 하는 것을 얻기 위해 우리보다 더 많은 것을 포기할 의지가 있는 사람들이 이 세상에 존재했다는 것을 가르쳐주었어요"라고 설명했다. 또 한 학생은 "전쟁에서 저질렀던 실수를 두 번 다시 반복하지 말아야 하기" 때문에 전쟁에 대해 공부하는 것이 중요하다고 생각했다.[25]

역사를 배움으로써 교훈을 얻을 수 있으리라는 기대는 어린이들이 이 교과를 이해하는 하나의 방식이고, 역사적 교훈을 얻으려는 것 또한 더 많은 사람들이 역사에 기대하는 부분이다. 그리고 이런 기대는 확실히 다원적 참여민주주의를 지향하는 교육에 기여할 수 있다. 우리 두 저자는 '공공 정책은 언제나 과거의 결정이 야기한 결과를 고려하여 결정되기 때문에 어느 정도는 역사적'이라는 쉴레싱어의 주장에 동의한다. 제퍼슨의 말을 빌자면, 다른 시대 및 다른 나라에 대한 학습은 인간 행위의 원인과 결과에 대한 다양한 간접 경험을 제공하여 우리의 이해의 폭을 넓혀주기 때문에, 결국 우리로 하여금 미래에 대한 판단을 내릴 수 있도록 도와준다. 적어도 역사의 진행 과정은 변화무쌍한 환경의 영향을 받을 수 있다는 점을 인정하는 범주 내에서, 우리는 역사적 일반화 및 비유를 탐색해봄으로써 우리 행위의 결과—그것이 의도되었든 의도되지 않았든—에 대해 더욱 현명하게 논의할 수 있다.

그러나 이런 방식으로 역사를 사용할 때, 거기에는 반드시 문제점이 따른다. 조건적으로 제한된 형태로만 사용한다고 해도 말이다. 역사에서 교훈을 찾으려 할 때의 문제점은 교훈이 너무 적어서 배울 게 없다는 것이 아니라, 교훈이 너무 많아서 모든 것이 애매모호하기 때문에, 이를 현실에 적용하기가 명쾌하지 않다는 것이다. 수년 전 헐버트 버터필드(Herbert Butterfield)는 '역사의 교훈은 사람들이 이미 지니고 있는 편견을 강화시킬 뿐'이라고 지적했다. 그는 "역사의 위험 중 하나는, 특정한 사실에 눈을 감아버리기만 하면 자의적인 판단도 마치 역사에서 도출된 것인 듯 쉽게 생각해버릴 수 있다는 데 있다"라고 설명한다.[26] 앞서 언급했던 중학생의 결론처럼, 정말로 베트남전쟁의 교훈은 우리가 "전쟁에 너무 늦게 개입해서는 안 된다"는 것일까? 아니면 미국은 다른 나라의 정치에 개입하지 말아야 한다는 것일까? 혹은 미국 정부가 미국만의 경제적·전략적 이득을 추구하며 개발도상국들을 위협하면 안 된다는 것일까? 만약 이런 교훈이 마치 역사적 사실인 양 학생들에게 반복적으로 가르쳐진다면, 그런 역사교육은 세뇌와 다를 바가 없다. 반면에 만약 학생들이 과거로부터 학습할 수 있는 교훈에 대하여, 그리고 그 교훈을 오늘날 어떻게 적용할 수 있을지에 대하여 스스로 토론하고 논쟁한다면, 참여민주주의를 위한 준비를 더 잘 해나갈 수 있을 것이다.

베트남전쟁이나 다른 역사적 사건에서 배울 수 있는 여러 교훈 중 어떤 것을 골라야 하는지에 대해서 어떤 선험적 근거, 엄격한 '역사적' 절차 같은 것은 없다. 그런 결정에 도달하는 유일한 길은 복잡하고 논쟁적인 공적 논의의 장을 통하는 것뿐이다. 미국이 아프가니스탄에서 군사 행위를 하기 직전, 수많은 역사적 분석—가령 미국의 개입은 1980년대 아프가니스탄에 러시아가 개입했던 사건과 유사한가, 아니면 1800년대 대영제국의 개입과 유사한가, 아니면 쿠웨이트·코소보·소말리아·베트남에 미국이 개입했던 것과 유사한가 등에 대한 분석—이 경쟁적으로 이루어졌다. 어떤 비유도 승패를 결정할 수 있을 정도로 매혹적이지 않았고, 우리가 무슨 정책을 지지할지 명확하게 말해줄 수도 없었다. 그러나 다양한 역사적 비유와 그 잠재적 적용을 인식한 채 이루어지는 논의는, 이를 전혀 인지하지 못한 채 이루어지는 것보다는 더 나은 논의가 될 것이다. 정부가 이런 역사적 선례를 고려하지 않더라도 우리는 시민으로서 역사적 선례를 생각하며 정부의 행위를 지지하거나 반대할 수 있고, 역사에 기반한 우리만의 결론을 토대로 입장을 정할 수도 있다. 어떤 공적 행위도 반드시 역사적 토양 위에서 타당한지 판단되어야 할 것이고, 참여민주주의 사회의 시민으로서 우리는 그 타당성을 평가할 수 있어야 한다. 즉 우리는 현재 사용되는 특정한 역사적 일반화나 역사적 비유가 과연 가장 적절한 것인지 판단할 수 있어야 한다는 말이다.[27]

역사 서술이 어떻게 만들어지는지 배우기

'분석하기' 스탠스의 마지막 형태는 역사적 설명이 어떻게 만들어지는지 배우는 것으로서, 곧 '역사적 설명'이 어떤 방식으로 증거에 토대하는지를 학습하는 것이다. 여기에서 역사교육의 목적은 과거에 관한 특별한 구체적인 진술을 학습하는 것이 아니라—물론 역사교육에는 이런 학습이 반드시 포함되지만—과거에 관한 지식이 어떻게 만들어지는지를 배우는 것이다.

단순하게 말하자면, 이런 접근은 역사 연구가 생산해낸 세부적인 내용보다는 역사 연구의 과정을 학습하는 것에 가깝다. 이는 역사학이라는 학문 영역의 학과적 본질에 초점을 맞추고 있으며, 학생들이 학문적 교과로서 역사과가 지니는 특수한 '앎의 방식'을 익힐 필요가 있다는 점에서 정당화된다. 이런 접근 속에서 역사 학습의 목적은 역사가에 의해 이미 구조화된, 혹은 교과서에 나오는 구체적인 해석을 아는 것이 아니라, 역사적 설명을 만들어 나가는 과정 자체를 이해하는 것이다.

역사교육에서 이런 접근 방식은 오랜 전통을 지니고 있는데, 이는 근본적으로 두 가지 배경에 기인하는 것으로 보인다. 하나는 1960~1970년대에 미국에서 명성을 얻은 신사회과 교육운동이고, 다른 하나는 같은 시기 영국의 역사 교육과정 개정이다. 영국에서의 이 개정은 특히 '학교 위원회 역사 13-16 프로젝트(the School Council History 13-16 project)'와 함께 추진되었다.[28] 두 운동은 모두 역사라는 학문의 구조를 염두에 두고, 역사적 설명이 만들어지는 과정에 중점을 둔 교육과정 프로젝트를 고안했다. 미국에서는 암허스트 프로젝트(Amherst Project)의 「렉싱턴 그린에서는 무슨 일이 있었을까?: 역사의 본질과 방법에 대한 탐구」, 영국에서는 학교위원회의 「역사란 무엇인가?」 같은 자료들이 학생들에게 일련의 역사적 증거를 제시해주고, 상충되거나 문제가 되는 자료를 평가해보면서 질문에 답하도록 이끌었다. 현재 미국 학교에서는 신사회과 교육에서 고안된 자료에 대한 반응이 엇갈리고 있지만, 이런 노력에 내재된 원리는 오늘날의 역사과 개편 제안서에서도 중요한 부분을 차지하고 있다. 영국에서는 교사들이 이런 관점을 비교적 잘 받아들였고, 교육과정 및 평가를 위한 국가 표준도 이런 관점을 제대로 통합시켰다.[29]

이후의 장에서는 이런 접근을 가능하게 해주는 도구들—역사적 내러티브, 탐구활동, 감정이입 등—이 검토될 것이다. 그러나 이번 장에서는 역사교육의 목적, 그리고 사료를 가지고 역사를 가르치는 것이 어떻게 참여민주주의의 준비에 기여할 수 있는지에 집중해보자. 민주주의적 참여는 무엇보다 지식을 만들어내는 기초가 될 학생들의 이해력을 발전시킴으로써 이루어질 수 있다.

민주주의 사회에서 의사결정은 일단 지식을 요구한다. 우리는 지혜로운 결정을 내리기 위해 뭔가 알아야 한다. 그러나 의사결정을 위해서는 더 나아가 이런 지식이 만들어진 토대를 이해할 필요가 있다. 리가 설명했던 것처럼, "일반적으로 우리가 어떤 것을 '안다'는 것은 내가 믿는 것을 뒷받침해줄 적당한 토대를 가지고 있다는 뜻이다."[30] 만약 학생들이 단순히 과거 사건과 관련된 주장만 듣고 그런 주장이 애초에 어떻게 만들어졌는지 전혀 이해하지 못한 채 무조건 믿어버린다면, 그 학생은 사건에 대해 실제로 '알고 있다'고 말하기 어려울 것이다. 여기서 학생들이 그 주장이 사실이라 믿는 근거는 그저 권위 있는 자료—가령 교사, 교과서, 텔레비전 및 다른 참고 자료—에서 들었다는 것뿐이다.

그러나 역사적 주장은 결코 권위에 토대를 두지 않는다. 오히려 역사적 주장은 공적으로 검증된 증거에 토대를 두어야 한다. 만약 학생들이 권위 있는 사람들이 그렇게 말했기 때문에 진실이라고 믿으면서 정보를 외우기만 한다면, 그는 사실상 어떤 지식을 제대로 가진 것이 아니라 오로지 근거 없는 주장을 암기했을 뿐이다. 이때 또 다른 중요한 문제점은 학생들이 신화나 전설, 노골적인 거짓말처럼 증거에 입각하지 않은 역사적 주장을 진짜 역사적 주장과 구분할 수 없게 된다는 것이다. 학생들이 일종의 신화 같은 이야기와 제대로 증거를 갖춘 주장을 구분할 수 없다면 참여민주주의의 기초는 파괴될 것이다. 왜냐하면 이는 학생들이 말도 안 되는 이야기를 들어도 이를 판단할 능력이 취약하다는 것을 의미하기 때문이다.

"홀로코스트 동안 수백만 명의 유대인이 죽임을 당한 것은 사실인가 아닌가?" 이 질문에 대한 신뢰할 만한 대답은 증거를 토대로 해야 한다. 학생들이 그 과정을 이해하지 못한다면 과연 어떤 주장을 신뢰할 것인지 결정할 수 없다. 또한 학생들이 권위에 기초하여 역사적 지식을 신뢰한다면, 서로 상충되는 권위 있는 주장을 접했을 때 제대로 판단을 내릴 수 없을 것이다. 과거에 관하여 서로 상충되는 정보를 접할 경우, 학생들은 그냥 단념한 채 "둘 다 좋은 의견이네요"라고 말해버리기 쉽다. 그러나 어떤 주장에 대해서든 항상 의문을 품어야만, 그리고 모든 주장은 그저 "여러 의견 중 하나"라는 생각에 반감을 가지고 있어야만, 학생들은 민주주의 사회의 시민으로서 역할을 잘 수행할 수 있게 해주는 지식을 얻을 수 있다. 현재를 이해하고 오늘날의 문제를 해결하는 데 역사를 이용하고 싶다면, 학생들은 역사적 설명이 만들어지는 과정을 분석할 수 있어야 한다. 이를 통해 학생들은 유효한 증거가 역사적 주장을 얼마나 제대로 뒷받침하고 있는지 판단할 수 있을 것이다.[31]

민주주의 사회에서는 지식과 교육에 접근하는 데 대한 개인차가 극단적이기 때문에 이런 식의 분석하기 활동이 특히 중요하다. 역사 정보에 더 광범위하게 접근할 수 있는—가령 집에서 많은 책을 읽고 컴퓨터로 자료를 찾아볼 수 있으며 가족들과 박물관이나 역사 유저지를 방문하는 사람들, 혹은 역사학과 유사한 스타일의 담론에 익숙한—사람들은 자신의 역사적 해석을 다른 이들에게 강요하기에 더 유리하다. 이는 대개 이들의 주장이 더 합리적인 증거에 토대하고 있기 때문이 아니라, 가지고 있는 힘을 사용하여 다른 이들을 압도하는 데 능숙하기 때문이다. 또한 학교 체제, 교육과정 요강, 주 단위의 시험 체제, 출판사 등의 제도적 힘이 공모하여 과거의 일에 대해 공식적으로 허가된 해석을 일단 제시해버리면, 역사적 설명이 어떻게 만들어지는지 이해하지 못하는 학생들은 그에 저항할 수가 없다. 그러나 학생들이 역사적 주장은 반드시 증거로 뒷받침되어야 하고, 역사가들이 서로의 해석에 동의하지 않는 경우도 많으며, 과거에 대해 다른 질문을 던짐으로써 또 다른 설명이 만들어질 수도 있음을 배우게 되면, 학생들은 지배적인 해석에 도전하고 자기만의 결론을 만들어볼 수 있다. 이것이 바로 신사회과 교육 전통 내에서 이루어진 많은 교육과정 연구들이 추구했던 목표이다.

예를 들어 앨런 코운슬러(Allan Kownslar)는 역사 서술이 사료를 토대로 한 '해석'임을 배울 때에야 비로소 "학생들이 본인들만의 일반화를 만들어내고 그것을 옹호할 수 있게 되며, 애매모호한 주장이나 신화, 교과서에 등장하는 스테레오타입에 속지 않을 것이다. 또한 정치가나 기자, 판매원, 교사, 이웃, 친구, 그리고 학생들 본인들이 만들어낸 유사한 주장에 속아 넘어가지도 않을 것이다"라고 말했다. 최근에는 브루스 밴슬레드라이트와 샘 와인버그(Sam Wineburg)도 이런 생각에 동의하고 있다.[32]

그러나 역사의 목적과 관련하여 여전히 간과되고 있는 한 가지가 있다. 그것은 바로 '학생들의 목소리'에 관한 부분이다. 분석하기 스탠스의 앞선 두 가지 접근 방식과 관련해서는 학생들이 과거를 공부해야 할 이유를 이해하고 받아들이고 있음을 보여주는 현장 연구가 상당수 존재한다. 일부 학생들은 역사가 현재를 설명할 수 있도록 돕는다고 생각했고, 어떤 학생들은 과거로부터 교훈을 얻을 수 있다고 생각했다. 둘 다를 생각하는 학생들도 있었다. 그러나 '역사적 설명이 어떻게 만들어 지는지 알아야 하기 때문에' 역사를 배워야 한다고 생각하는 학생을 발견한 연구는 존재하지 않는다. 우리 두 저자의 인터뷰에 참여했던 일부 학생들은 역사적 증거와 역사적 설명의 구조에 몰두하고 있었지만, 그들 중 누구도 역사학의 체계에 익숙해지기 위해, 혹은 역사적 지식의 특수한 형태에 익숙해지기 위해 역사를 배운다고 말하지 않았다. 사실 이 둘 중 어느 하나라도 언급한 예가 없었고, 더 단순하게 말해보자면 이런 비슷한 이야기는 나온 적도 없었다. 물론 우리 동료들의 연구에서도 이와 관련된 증거는 전혀 발견되지 않았다. 영국의 학생들은 어린 시기에 역사 공부를 시작할 때부터 증거에 입각해 역사에 접근하는 것을 배우고, 또 과거에 관한 지식은 불완전한 증거를 토대로 구성된 것임을 분명히 인지하고 있는데도, 이 학생들조차 역사 학습의 목적을 '앎의 방식'이라는 측면에서 이야기하지는 않는다. 오히려 여기 학생들도 미국 학생들과 마찬가지로 역사의 내용에만 초점을 맞추고 있다.[33]

그러나 이런 패턴에 한 가지 중요한 예외가 있다. 우리 저자 중 한 명은 앨런 맥컬리와 함께 북아일랜드에서 현장 연구를 하면서, 북아일랜드의 중·고등학생들—미국의 중·고등학생들과 비슷한 연령대였다— 이 학교에서 역사를 공부하는 이유는 "우리만의 생각을 구성해 나가기 위해서"라고 종종 설명한다는 것을 알게 되었다. 북아일랜드에서 역사적 사건은 강력한 현재적 중요성을 지니고 있고, 이 사건들은 정치적 신념에 따라 매우 다르게 해석될 수 있다. 그곳 학생들은 학교 밖에서 본인들이 접하는 많은 역사가 선택적이며 특정한 공동체의 당파적 편견을 반영하고 있기 쉽다는 것을 인식하고 있었고, 우리가 인터뷰했던 많은 학생들 또한 이런 본인들의 약점을 극복할 수 있게 도와준다는 측면에서 학교 역사교육의 목적을 설명했다. 즉, 학생들은 교사들이 역사의 "양쪽 측면"을 모두 제시해주고, 어떤 결론에 이를 수 있도록 여러 정보를 제공해준다고 설명했다. 비록 이 학생들이 교사가 설명하는 것처럼 세련되게 그 과정을 묘사하지는 않았지만, 다시 말해 "증거에 기초한 해석"과 같은 표현을 쓰지는 않았지만, 이곳의 많은 학생들은 '학교의 역사 수업이 본인들이 학교 밖에서 접했던 근거가 불명확한 편견들을 극복할 수 있게 해주며, 따라서 다양한 관점을 고려하면서 자신의 입장을 선택할 수 있게 해준다'고 분명히 답변했다.[34]

어떻게 북아일랜드 학생들은 자기만의 생각을 구성할 수 있게 해주는 것이 역사의 목적이라고 답할 수 있었을까? 그것은 두 가지 측면에서 설명될 수 있다. 우선 인터뷰를 했던 학생들은 중·고등학생들로, 수년에 걸쳐 역사가 '해석을 토대로 한 탐구 중심의 교과목'이라고 배워왔다는 점이다. 다른 현장 연구들이 초점을 맞춘 대상은 초등학생이거나, 대개 정보 전달만 지향하는 역사 교육과정을 접한 학생들이었기 때문에, '분석하기' 스탠스의 학습을 덜 경험해본 이들이었다. 게다가 북아일랜드의 중·고등학생들은 초등학생들과는 달리 얼스터의 식민정책, 보인강 전투, 자치운동, 분할운동 등 현재 논쟁의 중심이 되어 있는 수많은 역사 주제를 공부한다. 비록 이런 주제를 학습하는 동안 현재와의 관련성이 늘 강조되는 것은 아니지만, 그럼에도 이 학생들은 이런 주제가 현재의 삶에서 상징적 중요성을 지니고 있고, 그에 대한 관점이 서로 매우 다를 수 있다는 점 또한 인식하고 있다. 사실 학교 역사교육이 현재 중요한 의미를 지니는 어떤 주제에 대해 서로 상충되는 증거와 관점을 지속적으로 보여준다면, 학생들은 역사를 배움으로써 자신만의 생각을 체계적으로 구성하여 역사적 설명을 만들어낼 수 있다는 점 또한 인식하게 될 것이다. 다만, 만약 구조적으로는 유사한 학습 활동을 하더라도 그 주제가 자신과 별로 상관이 없고 별 관심도 없는 것이라면, 학생들은 역사 학습의 목적을 이런 식으로 진술하지 않았을 것이다.

결론

표면적으로 볼 때 역사교육에서 '분석하기' 스탠스에 대해서는 그다지 논쟁이 많지 않다. 사실 대부분 사람들은 학생들이 이름이나 날짜를 암기하기보다는 분석하기 활동을 통해 역사를 학습해야 한다는 데 동의한다. 그러나 이런 표면적인 동의는 각기 다른 '분석하기' 활동에 내재된 근본적인 차이점을 드러내지 못한다. '분석하기'는 단순히 역사학이라는 학문의 중요성을 정의하고 그 중요성을 주장하려는 것이 아니다. '분석하기' 스탠스의 다양한 학습 활동은 학생들이 참여민주주의 사회를 위한 시민정신을 고양시키는 데 직접적으로 기여할 수도 있지만, 그 어떤 것도 이를 완벽하게 보장해주지는 못한다.

우리 두 저자는 '분석하기' 스탠스의 역사교육이 민주주의에 기여할 수 있으려면 상황에 따라 각기 다른 세 가지 종류의 활동을 세심하게 고려하여 사용해야 한다고 주장했다. 예를 들어 현재가 어떻게 이루어졌는지 알아보는 역사 학습은 사회에 관한 지식을 학생들에게 제공해주며, 이런 지식은 현재의 기관을 유지하거나 그 기관들에 요구되는 변화를 이끌기 위해 필수적이다. 그러나 이런 지식이 현재 사회에 영향을 미치게 하기 위해서는 과거가 '자연스러우면서도 필연적인 결과'였던 것처럼 제시되어서는 안 된다. 단순히 현재의 정세를 정당화하거나 스스로의 운명을 개척하려 했던 인간의 노력을 폄하하는 방식으로 과거를 제시해서는 안 된다. 역사적 발전은 정해진 것이 아니라는 점, 과거 사람들도 주체성을 가지고 있었다는 점을 알 수 있게 해줘야 한다.

또한 역사 학습은 일반화 및 비유의 형태로 현재를 위한 교훈을 도출할 수 있다. 이를 위해서는 특히 역사 학습에서 보편적인 발전 단계나 인과관계를 제시할 것이 아니라 역사적 배경의 다양성과 참신함을 고려할 수 있어야 한다. 그러나 역사적 결론은 결코 분명한 것도, 문제가 없는 것도 아니기 때문에, 역사적 교훈은 학생들에게 단순히 좋은 영양분이기만 한 것이 아니다. 학생들이 '역사적 교훈'의 적용 가능성에 대한 토론에 참여할 기회를 얻어야 할 이유다. 이런 토론은 더 광범위한 공적 영역에서의 논쟁을 자극하는 역할도 할 것이다.

끝으로 학생들은 역사적 설명이 어떤 식으로 사료에 기반하는지 배움으로써 편견에 가득 찬 이야기나 입증되지 않은 이야기를 극복할 수 있다. 다만, 더욱 논쟁적이고 상징적인 역사 인물이나 사건을 직접 다뤄본다면 역사적 설명이 만들어지는 과정을 더 잘 이해할 수 있게 될 것이다. 정규 학교교육이 학생 자신과 동떨어진 추상적이고 비논쟁적인 주제의 사료만 해석하게 한다면, 그것은 결코 학생들을 자극하여 비판적으로 상식을 재고해볼 능력이나 의향을 길러주지 못할 것이다.

제5장
세 번째 스탠스, 도덕적 판단하기

역사는 말한다. '무덤의 이쪽에서는 희망을 가지지 말라.'

그 이후 평생에 단 한 번 간절히 기다리던 해일이 정의로움 가운데 일어날지니, 그리고 희망과 역사가 운율을 맞추게 된다.—시무스 히니(Seamus Heaney)[01]

우리는 과거의 어떤 인물이나 사건을 존경하기도 하고 비난하기도한다. 혹은 이를 기억하면서 역사에 대한 도덕적 판단을 내리곤 한다. 마틴 루터 킹은 존경할 만한 인물이고, 히틀러는 비난 받아 마땅하며, 9·11테러는 비극적인 사건이라고 여기면서 말이다. 이런 도덕적 판단을 바탕으로 기념물과 기념비를 만들거나 명판을 헌납하기도 하고, 과거를 기억하고 애도하거나 축하할 만한 날을 정해두기도 한다. 예술가들이 역사적 주제를 다룰 때도 '도덕성'은 깊은 영향을 끼친다. 스파이크리(Spike Lee)는 자신의 영화에서 말콤 엑스의 품성을 기억하고 싶어 했고, 브루스 스프링스틴(Bruce Springsteen)은 '라이징(The Rising)'이라는 음반에서 9월 11일의 비통한 감정과 불굴의 투지를 포착했으며, 피카소는 '게르니카'에서 전쟁의 공포를 표현했다.

학교에서도 '도덕적 판단하기' 스탠스의 역사교육을 흔히 볼 수 있다. 역사에서 늘 도덕성의 측면만 말하는 것은 아니지만, 그럼에도 우리는 학생들이 역사에서 좋은 것을 기념하고 나쁜 것을 비난하기를 바란다. 학생들이 에이브러햄 링컨(Abraham Lincoln)과 해리엇 터브만(Harriet Tubman)*을 국가적 정체성의 일부로서만이 아니라 스스로 존경할 만한 사람들로 바라보기를 희망한다. 또한 우리는 학생들이 노예제나 홀로코스트의 원인과 결과를 냉철하게 분석하면서도 동시에 뜨겁게 비난할 수 있길 원한다. 오히려 학생들이 이런 인물이나 사건들에 대해 도덕적 판단을 하지 않으려 한다면, 우리는 학생들의 그런 태도에 충격을 받거나 심지어 불쾌감을 느낄 것이다.

역사 학습을 통해 이루어지는 도덕적 판단은 이번 장에서 논의할 '기억', '비난', '존경'과 같은 각각의 결론으로 귀결될 수 있지만, 이 모든 것의 중심에는 옳고 그른 것의 개념, 무엇이 이루어져야 하고 무엇이 일어나지 말았어야 하는지에 대한 개념이 있다. 이런 질문은 참여민주주의를 준비하는 과정에서 매우 중요한 부분이다. 왜냐하면 우리가 공적 영역에서 내리게 될 결정에는 간편하고 효율적인 방식으로 쉽게 결론을 낼 수 있는 것만 있는 게 아니기 때문이다.

저소득층에게 의료 서비스를 제공하는 문제와 관련해서 효율성만 고민하거나, 노사관계 협의에서 무조건 분열을 줄이는 방식만 고민하는 것은 우리가 원하는 게 아니다. 공적 문제는 각각의 특성을 가지는

---

* 흑인해방을 실천한 여성 인권운동가(1820?~1913).

데, 경우에 따라서는 그것 자체로 해결만 하면 되는 것도 있고, 공공선에 관한 우리의 비전을 보여주는 것도 있으며, 우리 사회 공동체가 성취하고자 하는 가치와 관련된 것도 있다. 제2장에서 논한 것처럼, 그 답은 당연히 주어지는 것이 아니고 이전부터 존재했던 일련의 합의에서 찾을 수 있는 것도 아니다. 뿐만 아니라 하나의 정답을 서로 다른 사람들에게, 학생들에게 강요하기도 어렵다. 다원적인 민주주의 사회를 살아가는 우리는 각기 서로 다른 비전을 가지고 있다. 공교육 시스템의 주요 목적은 학생들이 이런 차이점을 스스로 비교해보고 가능하면 그 차이를 넘어설 수 있도록 돕는 데 있어야 한다. 시무스 히니가 말한 것처럼, 사람들이 협소하고 낡은 비전을 새롭고 더 포괄적인 비전으로 확장시킬 때 희망과 역사는 운율을 맞추어갈 수 있을 것이다. 역사 학습은 학생들에게 무엇을 희망해야 할지 결코 말해주지 않지만, 적어도 그런 희망을 논의하고 그 희망을 제대로 실현시켜가기 위한 맥락을 제공할 수는 있으며, 따라서 일생의 어느 순간 "간절히 기다리던 해일이 정의로움 가운데 일어날" 수 있다면, 학생들은 이를 인식하고 그 해일의 일부가 될 수 있을 것이다.

기억과 망각

도덕적 판단의 가장 기본적인 형태 중 하나는 그것을 '기억'하는 것이다. 우리가 앞서 살았던 어떤 사람을 존경하는 이유는, 단순히 그 사람이 특별한 성취를 이루었기 때문이 아니라 우리가 그 사람을 기억하는 것이 '바람직하다'고 느끼기 때문이다. 이런 형태의 도덕적 판단은 특히 북아일랜드 학생들을 대상으로 했던 연구에서 분명히 드러났다.

이 책 제3장의 내용을 기억해보라. 제3장에서 우리는 중학생들에게 본인들이 가장 중요하다고 생각하는 역사적 사건을 고르고 이유를 설명해달라고 했던 연구를 소개하면서, 이 연구에 참여했던 학생들이 주로 사회적·정치적 실체로서 미국의 '기원'과 '발전'에 초점을 맞춰 역사적 중요성을 설명했음을 상기했다(이 학생들은 이후 제9장에서 논의될 '기술 진보의 중요성'도 강조했다). 그런데 우리 두 저자 중 한 명은 북아일랜드에서 대략 6~10학년에 걸친 학생들을 대상으로 유사한 연구를 수행한 적이 있었다. 이 북아일랜드 학생들은 미국 학생들과 매우 다른 대답을 했는데, 가장 눈에 띄는 차이점 중 하나는 바로 본인들이 과거를 기억하는 것이 중요하다고 생각한다는 점이었다.

북아일랜드 학생들이 역사적으로 중요한 사건을 선택할 때 제시하는 가장 일반적인 근거는 그 사건이 엄청난 '죽음'이나 '고난'을 수반했다는 점이었다. 이것은 가톨릭과 프로테스탄트, 남학생과 여학생, 학년의 차이도 상관없이 모든 학생들이 지닌 공통적인 근거였다. 인터뷰를 했던 20쌍의 학생들 중에서 오직 한 쌍의 학생들만 이 근거를 대지 않았고, 나머지는 다양한 시대에 걸쳐 비슷한 이유를 제시했다. 학생들은 특히 세계대전—가장 빈번하게 선택된 세 가지 사건 중 두 가지가 세계대전과 관련이 있었다—의 중요성을 설명하며 '사망자 규모'를 언급했다. 예를 들어 한 프로테스탄트 학생은 "너무 많은 사람들이 전쟁에 휩쓸렸고 너무나 엄청난 비극이었기 때문에" 제1차 세계대전이 중요하다고 생각했고, 다른 가톨릭 여학생은 제1차 세계대전에서 "수많은 사람들이 생명을 잃고 너무나 심한 고통을 받았기" 때문에 중요하다고 설명했으며, 또 다른 학생도 "너무 많은 사람이 죽고 파멸했다"고 설명했다.

몇몇 학생들은 타이타닉호—이 배는 북아일랜드의 벨파스트(Belfast)에서 만들어졌다—의 침몰이 역사에서 가장 중요한 사건 중 하나라고 보았는데, 이렇게 대답한 학생들도 대개 수많은 죽음에 대해 이야기했다. 예를 들어 한 여학생은 타이타닉호의 침몰은 "지금까지, 아마 향후에도 바다에서 일어난 최악의 재앙일 것이고, 바다에 배가 가라앉아 엄청나게 많은 사람들을 죽게 만든 끔찍한 일"이기 때문에 중요한 사건이라고 설명했다. 또한 아일랜드 기근의 중요성을 언급하면서 당시에 만연했던 고통과 죽음을 떠올린 학생들도 있었다. 그들은 "그때는 굶주림의 시대였어요", "이 사건은 그 시대 사람들이 얼마나 불행했는지 보여주는 것 같아요", "모든 사람들이 비참한 시기를 겪으며 굶주림에 시달렸고, 너무 많은 사람들이 죽었잖아요"라고 대답했다.[02]

많은 학생들은 죽음과 고통이 중요하기 때문에 기억될 필요가 있다고 생각했고, 이는 세계대전에 대해 이야기할 때 가장 명확히 드러났다. 예를 들어 한 프로테스탄트 남학생은 제1차 세계대전은 "많은 사람들이 죽었고, 우리는 그 사람들을 기억해야 하기 때문에" 중요하다고 생각했다. 한 가톨릭 여학생도 "많은 사람들이 죽었어요. 저희 증조할아버지도 제1차 세계대전 당시에 돌아가셨어요. 그리고 저는 제1차 세계대전에 참전했던 사람들이 매우 용감하다고 생각하고, 이 사람들을 잊어서는 안 된다고 생각해요"라고 설명했다. 이 여학생은 이 사건과 자신의 개인적 관련성이 그것을 기억해야 할 유일한 이유는 아니라고 덧붙였다. 이 학생은 또한 아일랜드 기근이 중요하다고 하면서 "많은 사람들이 기근의 시기 동안 죽었기 때문에 우리는 이를 기억해야 해요. 이 사람들이 겪었던 고난의 시기와 이 사람들을 잊지 않는 게 제일 중요하죠"라고 설명했다. 다른 가톨릭 여학생은 에니스킬렌 폭탄 사건

(Enniskillen bombing)을 떠올리면서 기억의 중요성에 대해 다음과 같이 묘사했다. "지난 주말 뉴스에서 그 사건에 대해 방송했거든요. 그건 바로 우리 모두가 이 사건을 기억하고 있기 때문이에요. 그 뉴스는 우리들이 이 사건을 어떻게 기억하는지 보여줘요. 그리고 우리는 뉴스에서 울고 있는 사람들을 보면서 다시 이 사건을 기억하게 되죠." 어째서 사건과 직접 관련이 없는 사람들에게도 이런 기억이 중요한 것인지 묻자, 그 여학생은 "우리는 사람들이 거기서 그렇게 죽었다는 것, 그리고 그 사람들이 다쳤다는 것을 기억해야 하니까요. 그리고 그때 일어난 일에 대해 안타까움을 느낀다는 것을 보여주기 위해서요"라고 설명했다. 이후의 인터뷰에서 왜 세계대전에서 죽은 사람들을 기억해야 하는지 논의하면서도 이 학생은 "그들이 했던 행동 때문에 우린 그들을 기억해야 한다고 생각해요. 군인들은 자기들이 옳다고 생각하는 것을 위해 싸웠잖아요. 이제 전쟁이 끝났다고 해서 그들을 잊으면 안 되는 거예요"라고 설명했다.[03]

학생들의 대답은 영국과 아일랜드 사회에 만연해 있는 '기억'의 중요성을 보여준다. 이 두 사회는 과거 사람들이 고난을 견뎌냈고, 비극적으로 생명을 잃기도 했기 때문에 그들을 기억하는 것이 당연하다고 믿는다. 예를 들어, 영국에서는 리멤버런스 선데이(Remembrance Sunday)—제1차 세계대전 종전일인 11월 11일과 가장 가까운 일요일—가 일 년의 가장 중요한 날 중 하루이다. 이날 사람들은 전사자를 추도하는 붉은 양귀비꽃을 가슴에 달고, 전국의 전쟁기념관에서는 기념식이 열리며, 여왕이 참전기념비에 헌화하는 것을 온 국민이 텔레비전으로 시청한다. 이런 상징과 기념식은 미국의 메모리얼 데이(Memorial Day)나 재향군인의 날(Veterans Day) 행사보다 감정적으로 훨씬 큰 영향력을 갖는다. 영국 리멤버런스 선데이의 초점은 '성취'에 있지 않다. 미국에서는 대부분 참전 용사들의 용기와 결단력을 칭송하고 기념하는 반면, 영국의 행사는 훨씬 더 엄숙하고 '승리'보다 '상실'에 초점을 맞추고 있다. 즉 이날은 '기억'을 위한 날이지 '기념'을 위한 날이 아닌 것이다.

북아일랜드의 리멤버런스 선데이는 그 자체로는 다소 논쟁적이다. 많은 사람들이 이날을 특히 프로테스탄트 교도를 기억하는 날로 생각하기 때문이다. 가톨릭 교인들은 가톨릭 순교자—머나먼 과거의 인물이든, 단식투쟁이나 '피의 일요일 사건' 등 종파 문제로 최근 사망한 사람들이든—의 기억에 더 초점을 맞추고 있다. 그러나 어쨌든 이날만은 가톨릭이든 프로테스탄트든 두 공동체 모두 함께 테러나 다른 폭력적 사건에서 죄 없이 희생된 이들을 애도한다.

공적 기억에 관한 유사한 예는 미국에서도 발견된다. 여행객들은 베트남전쟁 재향군인기념관(Vietnam Veterans Memorial)의 치유의 벽(The Wall That Heals)을 지나면서 벽에 새겨진 희생자들의 이름을 부드럽게 어루만지고 꽃을 바치거나 눈물을 흘리기도 한다. 사람들은 이곳에서 역사적 순간, 그것도 비극적인 순간에 휘말렸던 개인들을 떠올리고 그들을 기억하고자 하는 것이다. 유사한 다른 경우로 오클라호마시(市) 폭탄 테러 희생자들을 애도하는 추모공원과 가난한 이민자들의 고난을 기억하는 엘리스섬의 이민박물관도 있다. 길라강(Gila River), 만자나르(Manzanar), 툴리호(Tule Lake)로 강제 이주되었던 일본계 미국인들*의 경험은 인쇄물과

---

* 1941년 일본의 진주만 공격 이후 루즈벨트 대통령은 대통령령으로 12만 명의 미국 내 민간 일본인들을 서부 해안주로 강제 이주시켰다. 이 명령은 태평양 해안가 및 일부 지역을 군사 구역으로 설정하고, 누구든 추방할 수 있는 권한을 군대에 부여했다. 1945년에 대통령령이 폐지됐지만 1988년에서야 생존 피해자들에 대한 금전적 보상 법령이 마련되었다.

영화로 기록되었다.

그러나 일반적으로 미국에서 이런 기억은 영국이나 아일랜드에 비해 공적 문화에서 차지하는 비중이 훨씬 작고, 이곳에 바쳐지는 헌사는 기꺼이 성취를 칭송하는 데 치우쳐 있다. 가령 9·11사건에 대한 공적 기념은 그날 사망한 평범한 사무실 직원이나 비행기 승객보다는 목숨을 잃은 소방관이나 경찰관들에게 초점을 맞추고 있다.

미국에서는 기억이 그다지 공적인 관심의 대상이 되지 않는다는 점을 고려해보면, 우리 학생들이 역사를 이야기하며 대개 '기억'을 언급하지 않는 것도 그리 놀라운 일은 아니다. 더욱이 '기억'은 어떻게 참여민주주의에 기여하는지도 분명하지 않다. 북아일랜드가 고통 받고 죽어간 이들을 애도하는 데 더 집중하는 것은 흥미로울 뿐만 아니라 감동적인 문화적 특성이지만, 이것이 공공선을 위한 공적인 숙의에서 어떤 함의를 지니는지는 그리 명백하지 않다. 그러나 적어도 '기억'의 반대는 '망각'이며, 미국인들은 곧잘 많은 문제를 망각하곤 한다는 점을 생각해보면 이야기가 좀 달라진다.

제1장에서 논의했던 것처럼, 미국인들이 다른 나라 사람들에 비해 역사에 관심이 없다고 볼 만한 증거는 없다. 그러나 우리의 관심은 매우 선택적이고, 따라서 어떤 특정한 역사적 사건은 다른 사건보다 훨씬 기억하기 쉽다. 제인 화이트(Jane White)가 말한 것처럼, "'무엇이 있는가, 혹은 무엇이 있었는가'라는 질문이 '무엇이 있어야 하는가'라는 필터를 만나면, 우리 자신을 대표하는 사상을 구현해냈던 전성기의 미국과 당시 사람들의 모습만 남고, 그것을 제대로 반영하지 못하는 역사적·지리적·경제적·정치적 사건은 편집되어버리는 경향이 있다."[04]

우리 두 저자 중 한 명은 중학생을 대상으로 했던 현장 연구와 비슷한 구조의 연구를 미국의 교사들을 대상으로 수행했던 적이 있다. 이 연구에서 연구자는 일련의 설명이 붙은 역사 사진들을 제시한 뒤 가장 중요한 것을 고르고 그 이유를 설명해달라고 했다. 이때 교사들의 반응을 보면, 그들이 과거의 기억을 '편집'한다는 것, 다시 말해 일부를 '망각'한다는 것이 분명히 드러난다. 학생들은 미국 역사에서 진보적이면서도 대체로 긍정적 평가에 합의가 이루어진 사건들의 반대편, 예컨대 베트남전쟁의 실상이나 반전운동가들의 주장 등을 간혹 궁금해한 반면, 교사들은 오히려 이런 사건들이 교육과정에서 빠져야 한다고 확신하고 있었다. 교사들은 미국이 이타적 목적만으로 전쟁을 시작했다는 말을 학생들만큼 믿고 있지는 않았지만, 베트남전쟁은 미국의 국민으로서 "우리가 누구인지"를 보여주는 사건이 아니기 때문에, 심지어 "베트남전쟁은 부정적인 것"이기 때문에 중요한 역사적 사건에 속할 수 없다고 말하고 싶어 했다.[05]

대개 교사들은 미국 역사에서 미국인의 통합과 단결을 빛내주지 못하는 사건들을 거부하는 경향이 있었다. 강압적이고 분열을 초래하는 요소를 지닌 과거는 초·중등교육 단계 학생들의 발달적 측면에 적합하지 않고(부정적인 것이기 때문에), 국가의 역사에서 이런 사건들은 하나의 패턴이라기보다는 예외적이고 기이한 일에 불과하며(베트남은 당시 문제이기는 했어도 장기간에 걸친 결과를 초래하지는 못했기 때문에), 국가의 정체성에 관한 어린이들의 관념을 약화시키기 때문이었다. 많은 교사들이 중요한 사건으로 꼽은 것은 시민권 운동이었다. 시민권 운동은 미국의 소수자들을 유럽 출신의 미국 백인들과 연합시켜준 사건이기 때문이다. 그러면서도 이들은 민족-인종적인(ethnoracial) 억압(예컨대 인디언 학살이나 일본계 미국인들의 강제 이주)이나 집단적 저항(예컨대 반전운동), 그리고 당대의 사회·경제적 상황에 도전했던 운동이나 사건들(예컨대 노동운동이나 대공황)은 언급하지 않았다. 교사들은 과거에 정의롭지 못한 일들이 일어났다는 것을 의식하고는 있었지만, 괜히 이런 주제에 대해 말을 꺼내 논쟁을 촉발시킬까 봐 우려하면서 그냥 침묵을 지키고 싶어 했다.[06]

이처럼 역사에 대한 기억은 선택적으로 이루어진다. 우리는 그 선택의 결과를 주의 깊게 생각해볼 필요가 있다. 미국에서는 국가의 통일성 및 진보에 대한 이야기가 너무나 강력해서 모든 다른 이야기를 일소해버리고, 그 결과 반대와 억압에 관한 경험은 망각된다. 이는 민주주의에 대해 파괴적인 역할을 할 것이며, 특히 다원적 참여민주주의를 우리 국가 정체성의 중심에 세우고자 한다면 더더욱 경계해야 할 부분이다. 국가의 역사에서 되풀이되어온 일들을 망각해버린다면 역사적 사건의 원인과 결과를 분석하고 오늘날 우리가 어떻게 여기까지 오게 되었는지 이해하는 데도 어려움이 따를 것이다. 우리가 고통 속에 죽어간 사람들을 기억할 의무를 저버린다면, 우리 마음대로 역사적 내러티브를 선택해버린다면, 통합과 단결의 이야기만 남는 것을 막을 방법이 없다. 그렇게 되면 조지 오웰(Geroge Orwell)이나 밀란 쿤데라(Milan Kundera)가 묘사한 것처럼, 우리는 현재의 권력과 권위를 만족시키기 위해 과거를 수정해버리는 부도덕한 역사 검열관이 될 뿐이다.[07]

그러나 만약 우리가 타인들을 위한 의무감을 기꺼이 짊어진다면, 즉 고통스럽게 죽어간 사람들을 기억하는 것이 '옳은 일'이기 때문에, 또 그들을 "잊지 않는 것이 최선"이기 때문에 이 사람들을 기억하고자 한다면, 우리는 불편한 진실이 망각되는 데 대해 그저 무신경해질 수 없을 것이다. 북아일랜드에서는 기억의 힘을 통해 학생들이 분열된 공동체의 반대쪽 사람들의 삶에 대해서도 진지하게 생각해보게 된다는 사실을 주목할 필요가 있다. 프로테스탄트 교도들도 역사적으로 민족주의자들의 영역이라 간주되는 아일랜드 기근의 고통과 상실을 함께 슬퍼해주고, 가톨릭 교인들도 통일주의자들의 명분으로 간주되는 에니스킬렌 폭탄 사건의 희생자나 세계대전의 군인들을 기억하는 것이 중요하다고 생각한다. 우리는 북아일랜드의 역사 수업에서 가톨릭 교사들이 제1차 세계대전을 가르치면서 서로 다른 공동체끼리 가장 감정적인 격론을 일으킬 만한 사건인 솜 전투(the Battle of the Some) 당시 사망한 군인을 기억하기 위해 기도하자면서 잠시 수업을 중단하는 모습을 본 적이 있다. 각각의 공동체가 타인의 고통을 인지하고 있다는 것은 북아일랜드의 파벌주의적 분열에 대한 가장 강력한 반작용의 힘이다. 만약 언젠가 이 지역에 평화가 찾아온다면 아마도 이런 기억이 화해를 위하여 중요한 역할을 했기 때문일 것이다.

미국 역사교육에서 다루어지는 다양한 주제들 가운데 특히 두 가지가 부분적으로나마 '기억'에 대한 '감정'과 관련이 깊은 것 같다. 그 하나가 바로 홀로코스트이다. 미국 학생들은 유럽사 및 현대사를 다루지도 않는 초등학교 시기에 이미 홀로코스트에 대해 배운다. 사실 이것은 학생들이 자국사 외에 처음으로 배우는 세계사 관련 역사 주제이고, 많은 경우 수년 동안 거의 유일한 미국사 바깥의 주제이다. 홀로코스트를 학습해야 할 이유는 의심할 것도 없이 이 사건이 엄청난 비극과 관련되어 있기 때문이다. 너무나 심각한 참사이기 때문에, 전통적인 교육과정에 정확히 부합하지 않음에도 우리의 관심을 요하는 것이다. 두 번째 주제는 바로 노예제이다. 이것도 마찬가지로 초등학교에서부터 다뤄진다. 학생들은 남북전쟁 이전에 미국에서 노예로 살았던 사람들이 겪은 잔인한 일들을 배우게 된다. 이 사건 자체의 중요성도 크지만, 현재와의 근접성이 이 사건을 기억하기를 요구하기 때문일 것이다. 다시 말해, 노예제는 바로 이 땅에서 우리의 수많은 직계 선조들이 겪었던 일이고, 그들을 무시할 수는 없다.

그러나 이 두 주제는 근본적으로 미국의 통합과 진보라는 정통 내러티브에 도전하지 않는다. 홀로코스트는 머나먼 곳에서 벌어진 일이고 다른 나라 사람들에 의해 자행되었기 때문에 우리와 직접 관련이 없고, 특히 우리가 이 시기 미국의 인종주의와 반유대주의만 슬쩍 눈감고 지나칠 수 있다면 더더욱 우리와 무관해진다. 노예제는 우리의 국가 내 러티브에 정확히 부합된다. 이 사건은 사실 굉장히 심각한 문제였지만, 다른 역사적 문제에서 늘 그랬듯이 우리 미국인은 이 문제를 '잘 해결해왔기' 때문이다.[08]

그러나 만약 이런 기억들을 죽음과 고통의 다른 역사들과 연결 지어 살펴본다면, 우리는 자칫 잊어버릴 뻔했던 문제를 다시 고민해볼 수 있다. 그리고 이런 문제를 깊이 생각해보는 것은 민주주의를 강화하는 데 긍정적인 역할을 할 것이다. 이런 기억이 국가의 통합을 방해하고, 특별히 도덕적이라 믿어 의심치 않았던 우리 국가에 대한 정체성의 감정을 훼손한다 할지라도, 만약 우리가 죽음과 고통을 기억해야 한다고 진정 믿고 있다면 우리는 베트남전쟁에서 사망한 5만 8천 명의 미국 군인들과 수백만 명의 베트남인을, 유럽인의 정복과 정착으로 뿌리를 잃은 수천만 명의 인디언을, 19세기 말과 20세기 초에 경찰과 파업 파괴자들에게 죽임 당한 수백 명의 노동운동가들을, 같은 시기 백인 폭도들에 의해 린치를 당한 수백 명의 흑인들의 삶도 역사에 반영해야 한다는 압박감을 느끼게 될 것이다.

하물며 이는 자국사에서만 뽑은 예시들이다. 세계사로 눈을 돌려보면, 우리는 스탈린의 손아귀에서, 인종차별 정책하에서, 피노체트(Augusto Pinochet)* 치하에서 고통 받은 이들도 기억해야 한다. 이렇게 스러져간 사람들을 기억하는 것이 '옳은 일'이라고 생각하고 잊지 않으려 노력할 때, 우리는 왜 그들이 고통 받고 죽어갔는지 궁금해질 것이다. 또 우리가 앞으로 어떻게 이런 비극을 피할 수 있을지 토론할 수 있을 것이다.

공정함과 정의로움

역사에서 도덕적 판단은 종종 '정의'의 문제와 관련되어 있다. 생명이나 자유를 박탈당한 사람, 폭력과 압제로 고통 받은 사람, 당연한 권리를 부정당한 사람들에 대해 배우면서 우리는 자연스레 분노를 느낀다. 여기서 우리가 논의하고 있는 '기억'에 대한 대부분의 예시는 이런 문제들과 관련되어 있다. 사람들은 정당한 이유도 없이 고통 받거나 죽었고, 기억의 가치는 바로 이 정의롭지 못한 일들을 잊지 않는 데 있다. 우리는 과거의 처참함과 비극을 배우면서 그런 상황을 야기한 권력을 비난하며 일종의 도덕적 판단을 내리고, 앞으로 다시는 그런 일이 일어나지 않게 하기 위해 노력하게 될 것이다.

우리는 오벌 포버스(Orville Faubus)가 흑인들이 리틀록센트럴고등학교(Little Rock's Central High)에 등교하는 것을 금지하려 했던 것을 비난하고, 의회가 '반-미국적인' 활동이 우려되는 연예인들의 리스트(할리우드 블랙

---

* 칠레의 군부독재자(1915~2006). 1973년 쿠데타로 정권을 잡고 17년간 칠레를 철권통치했나. 반정부 시위대를 무자비하게 탄압하고 반대파를 대대적으로 숙청했다.

리스트)를 만든 것을 개탄했었다. 이처럼 다소 덜 극단적인 사건도 비난의 대상이 될 수 있다. 이런 비난은 우리가 역사에 대해 도덕적 판단을 내릴 때 드러나는 일반적인 반응이다. 어린이나 청소년들도 인권 침해를 보면 분노를 표출하고, 자기 생각에 역사적으로 잘못된 행위를 한 가해자들을 비난하며, 때로는 이를 되갚아주거나 시정을 요구하기도 한다. 학생들은 대개 이런 문제를 '정의(justice)와 불의(injustice)'라는 말로 표현하지 않고 '공정함(fair)과 불공정함(unfair)'이라는 단어로 표현한다.

4, 5학년 학생들을 대상으로 했던 우리 두 저자의 교실 수업 연구에서, 학생들은 공정한 대우를 받지 못한 이들과 관련된 역사 주제에 대단히 몰입하는 듯했다. 가령 북아메리카에 당도한 영국인 정착자들이 의도적으로 원주민들을 속이고 조약을 파기하는 모습을 배우면서 학생들은 분노를 표출했다. 원주민과 유럽인들의 관계에 대한 토론을 진행하면서 교사는 학생들에게 이 시기의 상황을 고려하여 어느 편을 지지할 것인지 물었고, 모든 학생들은 원주민의 손을 들어주었다. 한 학생은 이 원주민들이 "그들이 들어오기 훨씬 전부터" 거기 있었다는 점을 지적하면서 "만약 우리 식구도 아닌 사람이 우리 집에 멋대로 침입해 들어오면, 그건 안 되는 일이잖아요"라고 말했다. 다른 학생도 이에 동의하며 "영국은 그들이 가진 것을 빼앗으려고 조약서를 쓰자고 했죠. 근데 원주민들은 종이가 무엇인지도 몰랐어요. 그러니 어떻게 사인을 '안 할 수' 있었겠어요?"라고 덧붙였다. 토론이 진행되는 동안 학생들은 끊임없이 '이 땅을 먼저 점하고 있던 사람들로부터 땅을 빼앗는 것은 공정하지 못한 일'이라고 지적했다.[09]

이 수업에서 '공정함'에 대한 논의는 젠더와 민족의 문제로도 번져나갔다. 학생들은 과거 여성들이 충분한 권리를 누리지 못했다는 사실에 강하게 반응했고, 여성들이 투표를 할 수 없었던 것은 공정하지 못한 일이라고 계속 설명했다. 노예제에 대한 관심은 주로 노예들이 받은 불공정한 대우에 집중되었다. 인터뷰 동안 두 여학생은 당시의 노예 가족을 그린 매우 흥미로운 그림을 찾았다면서, 이 그림을 보니 "노예들이 얼마나 가혹한 취급을 받았는지" 알 수 있겠다고 말했다. "노예들의 집은 거의 무너질 것 같고, 그들은 좋은 음식을 충분히 얻을 수도 없었어요. 정말 노예 같았어요"라고 말했다. 또 "사람들이 실제로 다른 사람을 이런 식으로 다루었다는 사실이 정말 무서워요"라고 덧붙였다.

유사한 생각이 19세기 후반과 20세기 초반의 이민에 대한 토론에서도 분명히 드러났다. 엘리스 섬을 통해 들어오는 이민자들의 입국 절차를 재현해보면서, 많은 학생들은 이민자들이 부모와 자식을 갈라놓는 등 불공정한 처우를 당했다는 데 주목했다. 토론 수업 내내 학생들은 본인들이 생각하기에 공정하지 못한 행위들—가령 게이 린치나 인종차별 사건들—이 과거와 비슷하게 현재까지 이어지고 있는 데 대해 이야기하기도 했다.[10]

다른 나라 학생들도 공정함의 문제에 대단히 큰 관심을 보였다. 예를 들어 뉴질랜드 학생들에 대한 현장 연구를 보면, 역사적으로 중요하다고 생각하는 사건에 대한 판단은 미국이나 뉴질랜드 모두 유사한 점이 많다. 뉴질랜드 학생들은 여성의 참정권 운동이 역사에서 가장 중요한 사건 중 하나라고 생각했는데, 그 이유는 참정권 운동이 오로지 남성에게만 투표를 허락했던 정의롭지 못한 상황을 바꾸어놓았기 때문이었다. "여성들도 투표할 수 있게 된 것, 그게 바로 공정함이죠!" 또 마오리족 출신이든 태평양제도 출신이든, 유럽 배경의 학생들까지도 모두 와이탕기 조약은 '공정성' 문제와 관련되어 있기 때문에 중요하다는 데 동의했다. 즉 이 조약은 "마오리족이 어떻게 공정한 대우를 받을 것인가" 하는 문제와 관련되어 있기 때문에 중요하다는 것이었다.

북아일랜드에서도 '공정함'의 문제는 학생들의 대답에서 일반적으로 강조되었다. 특히 가톨릭 학생들이 공정함의 문제에 매우 예민하게 반응했다. 한 학생은 보인강 전투가 중요하다고 말하면서, "사람들이 가톨릭 땅을 빼앗으려고 했기 때문"이라고 했다. 다른 학생은 "나는 프로테스탄트 교도들이 아일랜드를 통치하는 것이 공정하지 못하다고 생각해요"라고 지적했다. 또 다른 학생은 영국과 스코틀랜드의 정착민 농장은 "아일랜드에게는 꽤 불공평한 일"이라고 생각했고, 몇몇 학생들은 18세기 가톨릭 교도들에게 제한을 가한 형사법(Penal Laws)*을 불공정한 법으로 지목했다. "가톨릭 교인들도 프로테스탄트 교도들과 똑같은 일을 할 수 있도록 허가받아야 해요." "저는 가톨릭 교인, '그리고' 프로테스탄트 교인 모두가 공평하게 권리를 행사할 수 있어야 한다고 생각하거든요. 그래서 프로테스탄트 교인들이 법에 대한 최종 결정권을 가지는 것은 공정치 않다고 봐요." "가톨릭 교인들이 마치 중요하지 않은 사람처럼 취급받고 있다고 느낄 수 있기 때문에, 이런 법은 공정하지 못해요."[11]

제2장에서 지적했듯이, 공공선의 추구를 위해서는 학교에서 반드시 '공정함'의 문제와 관련된 학습 주제를 선택해야 한다. 이런 주제들이 공공선을 둘러싼 문제를 논쟁할 수 있게 해주기 때문이다. 어린이와 청

---

* 아일랜드에서 가톨릭 및 프로테스탄트 반대자를 차별하기 위해 입안된 법안. 이 법안에 따라 가톨릭 교인들은 고용, 주거, 대학 진학, 선거 등의 제반 분야에서 차별 받았다. 이후 가톨릭 교인들은 프로테스탄트와의 차별 철폐를 주장하며 시민권 운동을 본격화했다.

소년들은 친구나 어른들이 자신을 공정하게 대우하고 있는지 금방 감지한다. 그리고 많은 이들은 교육자들에게 학생들의 관심이 더 광범위한 사회적 문제로 넓어질 수 있도록 하라고 조언하곤 한다. 미국, 뉴질랜드, 북아일랜드에서 수행했던 우리 연구를 보면, 학생들은 '공정함'이라는 주제에 매우 큰 관심을 표했고, 그 관심은 현재적 주제뿐만 아니라 역사적 주제에 대해서도 마찬가지였다. 이는 확실히 역사교육이 다원적인 민주주의에 참여하는 학생들의 능력을 발전시킬 수 있으리라는 희망적인 소식이다. 왜냐하면 공적인 숙의는 학생들이 매혹되었던 바로 그 문제들, 특히 공정함의 문제와 관련이 깊기 때문이다.

그러나 '공정성'에 대한 학생들의 예민한 감각이 민주적 시민정신으로 성장할 수 있도록 하기 위해, 우리는 그들의 생각을 두 가지의 중요하고도 서로 연관된 방식으로 발전시킬 필요가 있다. 우선 우리는 학생들이 공정하다, 공정하지 못하다고 여기는 기존의 상식적 기준을 뛰어넘어, '정의로움'에 관한 더욱 폭넓고 포괄적인 개념을 생각해볼 수 있도록 해야 한다. 미국 학생들이 권모술수(원주민과 유럽인의 관계에서처럼), 학대(노예를 향한 폭력이나 이민자 가족들을 갈라놓는 것처럼), 차별적 지위(여성에게 참정권을 주지 않거나 게이들에게 폭력을 행사하는 것처럼)에 반응하며 행위의 불공정함을 지적했다는 사실을 눈여겨보자. 이런 주제들은 확실히 '정의' 개념과 관련되어 있고, 이는 학생들이 역사적 사건에 도덕적으로 반응하도록 하는 데 많은 도움이 된다. 그러나 이 주제들은 무엇이 공정한지 혹은 공정하지 못한지에 대한 '부정적인' 관점이다. 즉 '불공정함'은 일이 잘못 되어갈 때, 혹은 우리와 타인들의 관계에서 어떤 일탈적 사건이 발생할 때 벌어지는 일이다. 다시 말해, 이런 관점에 따르면 우리는 타인을 속이지 '말아야' 하고 부당하게 대우하지 '말아야' 하며 민족·젠더·성적 취향 등을 이유로 다른 사람의 권리를 빼앗지 '말아야' 한다. 이런 행위는 공정하지 못한 것이며, 공정성을 바로세우기 위해서는 이런 일을 막아야 한다.

그러나 학생들이 여기서 더 나아가 정의를 실현하기 위해 어떤 '긍정적인' 단계를 밟을 수 있을지 고려하게 된다면 공적인 숙의를 더 잘 준비할 수 있을 것이다. 예를 들어 국제연합의 「세계인권선언(Universal Declaration of Human Right)」은 이미 익숙한 부정적 사례들, 가령 노예제, 고문, 이동의 자유 제한 등을 금지하며 이를 명문화했을 뿐만 아니라 "모든 인간은 교육을 받고 노동을 할 권리가 있으며 건강과 복지를 위한 적당한 수준의 생계를 유지할 수 있는 권리"를 지니고 있다는 점을 강조했다. 만약 학생들이 역사적 발전이 어떤 식으로 이런 권리의 확장을 위해 기여했는지, 혹은 기여하지 못했는지 생각해본다면, 그들은 공정한 것, 공정하지 못한 것에 대한 개념을 갖출 수 있도록 도와주는 더 폭넓은 기초를 얻게 될 것이다.

뉴질랜드의 많은 학생들은 공교육의 역사적 중요성을 이야기하며 이런 관점을 정확히 드러냈다. 그들은 정부가 공교육을 주도하는 것이 공정하다고 주장했다. 그래야 "가난하든 부자든 상관없이 모든 이들에게 읽을 권리와 교육받을 권리가 주어지고, 모든 사람들이 어떻게 읽고 쓰는지를 알게 되고, 자라서 직업을 얻을 수 있을 것이기" 때문이다. 한 학생은 공교육 이전에는 "돈 있는 사람만 학교에 갔지만 이후에는 모든 사람이 학교에 갈 수 있게" 되었다고 설명했다. 또 다른 학생은 공교육을 통해 "모든 사람이 동등한 교육"을 받을 수 있게 되었고 "뉴질랜드의 모든 학교는 이제 훨씬 더 평등해졌다"고 지적했다.[12]

뉴질랜드 학생들은 동등한 교육 기회가 곧 동등한 고용 기회를 의미한다는 데 동의했다. 이 문제를 역사적으로 제일 중요한 사건이라고 선택했는지와 관계없이, 인터뷰에 응한 모든 학생들이 '고용 기회'의 평등을 언급하며 교육이 중요한 이유를 설명했다. 경제적으로 넉넉하지 못한 지역 출신의 한 학생은 공교육 없이는 "모든 사람들, 특히 이 지역 사람들은 학교에 가지 못할 거예요. (…) 우리 다음 세대도 마찬가지일 거예요. 우리는 일하고 돈 벌고 가족을 먹여 살릴 수 있어야 해요"라고 설명했다.

미국 학생들도 이따금 공교육 제도의 확장이 중요하다고 말하긴 하지만, 개개인의 기회나 발전의 측면에서 말하는 정도일 뿐 공정성이나 평등을 특별히 언급하지 않았다. 미국 학생들에게는 적극적으로 긍정적인 행위를 통해 정의를 실현하는 정부의 능력이 역사적 중요성을 판단하는 데 그다지 의미 있는 근거가 아니었던 것이다.[13] 만약 미국 학생들이 장벽의 철폐 말고도 정의를 바라보는 또 다른 방식이 있음을 진지하게 깨닫고 이를 어떻게 성취할 것인지 고민할 수 있게 된다면, 이들도 다른 방식으로 공정함의 문제를 생각해볼 수 있을 것이다. 물론 학생들이 이런 관점을 거부할 수도 있다. 그러나 거부하더라도 주의 깊게 생각해본 결과여야지, 생각해볼 기회조차 얻지 못한 결과여서는 안 될 것이다.

또한 학생들은 역사적으로 정의롭지 못했던 일들이 현재 사회의 이해관계와 교차하는 부분에 대해 생각해볼 필요가 있다. 특히 학생들 자신의 이해관계가 달려 있는 문제라면 더욱 그렇다. 예를 들어 북아일랜드 학생들은 식민정책이나 형사법 관련 문제, 피의 일요일 사건처럼 가톨릭 공동체에 특히 부당했던 정의롭지 못한 사건들을 언급했는데, 그건 가톨릭 교인인 학생들만이 아니었다. 프로테스탄트 학생들도 이런 사건이 어느 정도는 중요하다고 생각하고 있었다. 하지만 그 이유는 이 사건이 공정하지 못했던 역사적 사례이기 때문이 아니라, 이 사건이 아일랜드에서 프로테스탄트의 지배력을 확립해주었기 때문이었다. 사실 프로테스탄트 학생들은 '공정함'과 관련하여 어떤 주제는 잘 언급하지 않는 모습을 보였다. 근본적으로 그들은 자신이 속한 공동체가 겪은 부당함에 주로 관심이 있었다. 마찬가지로 인터뷰를 한 여학생의 절반 이상이 여성의 참정권 운동을 역사에서 가장 중요한 주제 중 하나로 꼽은 반면, 남학생들은 그렇지 않았다. 어느 공동체 집단에 속했는지와 상관없이 모든 학생들에게 영향을 미쳤던 주제인 '기억하기'와 달리, 북아일랜드 학생들도 정의로움의 문제에서는 현재의 입장과 관심을 반영하는 편파적인 모습을 보였던 것이다.[14]

현재의 이해관계와 역사적으로 정의롭지 못했던 일에 대한 도덕적 평가, 특히 정의롭지 못했던 역사적 사건을 통해 혜택을 얻은 이들이 이 두 문제를 조화시키는 것은 얼마나 복잡한 일인지가 뉴질랜드 학생들과의 인터뷰에서도 드러났다. 예를 들어 유럽 배경을 가진 한 백인학생은 마오리족에게 땅을 돌려주는 것이 "아마도 정의로운" 일이겠지만 너무 복잡한 일이라고 생각했다. 결국 그는 역사적으로 정의롭지 못했던 일을 바로잡기를 거부하려고 '평등'이라는 단어를 사용하며 다음과 같이 설명했다. "저는 모든 사람들이 동등하다고, 그러니까 모든 사람들이 평등하다고 생각해요. 마오리족이라는 이유로 어떤 것을 더 얻어서는 안 되는 거예요. 또 파케하(Pakeha, 마오리족이 아닌 사람)라는 이유로 어떤 것을 더 얻어서도 안 되고요." 같은 모둠의 학생들도 더욱 노골적인 용어를 사용하며 논쟁을 이어갔다. 한 학생은 "마오리족의 선조들이 조약에 사인했을 때, 사실 그때 그들은 이게 자기들 땅이라고 말할 수도 있었던 거잖아요. (…) '우리는 당신들이 우리 땅에 들어오는 것을 원치 않소'라고 말할 수도 있었는데, 근데도 이 사람들은 결국 우리가 여기 들어오도록 승낙한 거잖아요"라고 했다. 다른 학생들도 맞장구치며 "그리고 그 이후에 우리가 이 사람들 땅을 얻은 거잖아요"라고 말했다. 첫 번째 학생은 기죽은 목소리로 "저는 우리 모두 평화롭게 살아야 한다고 생각해요"라고 말했다. 그 뒤 어떻게 하면 평화롭게 살 수 있을지에 대하여 다음과 같은 활기찬 대화가 오고 갔다.

> 리드 : 이 사람들을 모두 오클랜드로 보내야 돼.
>
> 로버트 : 안 돼!
>
> 프레드릭 : 그 사람들에게 자신들의 것을 정당하게 돌려줘야지.
>
> 연구자 : 그러면 어떻게 될까?
>
> 리드 : 쿡 선장이 도착하기 전까지는 이게 모두 그들 것이었잖아.
>
> 로버트 : 그래서 결국 그 사람들이 이 땅을 가져가야 되나?
>
> 리드 : 이거 전부? 아마 전부는 아닐 걸. 그래도 어느 정도는 조금?
>
> 로버트 : 50퍼센트 이상.
>
> 프레드릭 : 안 돼.
>
> 리드 : 사실 이 사람들은 진작 우리가 이걸 못 가지게 했어야지.
>
> 프레드릭 : 근데 지금은 돌려받기를 원해.
>
> 리드 : 근데 이미 우리가 차지했는걸.

이 학생들은 과거에 대한 도덕적 평가와 오늘날의 공정함의 문제, 특히 본인들이 속한 인종 집단의 입장에서 본 공정함의 문제를 오가며 어려운 논쟁을 펼쳐 나갔다. 흥미롭게도 마오리족 학생이나 태평양제도 출신 학생들은 이 문제를 이런 식으로 보지는 않았다. 그러나 백인 학생들은 와이탕기 조약이 중요하고, 마오리족이 부당한 취급을 당했다고 생각하면서도, 마오리족에게 땅을 돌려줘야 한다고 말하지는 않았다. 대신 그들은 이 조약에 대해 백인의 욕심 때문에 마오리족과 함께 협동할 기회를 놓쳐버린 거라고 평했고, 마오리족이 아닌 사람들은 그 땅을 더 현명하게 사용하는 방식을 배웠어야 했다고 말했다. 지배자의 입장에 서 있는 많은 다른 사람들처럼, 유럽에 뿌리를 둔 백인 학생들은 본인들의 이해관계를 거스르는 다른 집단 사람들의 관점을 조화롭게 생각하는 데 어려움을 겪었을 뿐만 아니라, 애초부터 다른 사람들의 관점에 대한 견해 자체가 매우 제한적이었다.[15]

만약 학생들이 어떤 정의롭지 못한 일에 분노하면서 또 다른 정의롭지 못한 일은 묵과한다면, 이 학생들은 공적 영역에 참여해서 공공선을 추구하는 일을 제대로 수행해내지 못할 것이다. 그런 측면에서는 미국 학생들을 대상으로 했던 우리 저자들의 연구가 오히려 좀 더 고무적이다. 왜냐하면 미국 학생들은 북아일랜드나 뉴질랜드 학생들과 같은 편파적인 모습을 거의 보이지 않았기 때문이다. 예를 들어 미국의 남학생과 여학생은 똑같이 여성의 참정권을 중요하게 보았고, 서로 다른 민족적 배경을 가지고 있음에도 모든 학생들이 다양한 집단의 사람들에게 시민권을 확장시켜 나간 것이 미국사의 중요 사건이라고 보았으며, 유럽 배경을 가진 백인 학생들도 아메리카 원주민이 겪은 정의롭지 못한 일을 비난했다. 미국적 가치를 정의할 때 자유와 평등을 반복적으로 강조하는 역사 교육과정을 생각해보면 그리 놀라운 일은 아니다. 학생들은 이런 가치를 받아들이고 이 가치에 기초하여 본인들의 역사를 도덕적으로 평가하는 것이다.

그러나 막상 미국 사회 성인들의 공적 숙의에서는 이런 만장일치의 모습을 거의 찾을 수 없다. 정의롭지 못한 일에 맞서지 않고, 자신에 대한 공정함 여부에는 민감하면서도 타인을 위한 공정함에는 무심하다. 정의의 문제에 관한 다른 집단의 관점을 전혀 고려하지 못한다. 그리고 이 모든 상황은 공공 정책을 만들어가는 데 분열의 요소로 작용한다. 역사적으로 정의롭지 못했던 일들은 이미 다 극복되었다는 믿음, 그리고 정의를 추구하는 '긍정적인' 방식은 생각하지 못하는 상황—단순히 불공정성을 제거하는 것을 넘어서서—이 결합되면서, 학생들은 성인이 될수록 공공성의 추구에 더 미흡한 상태가 되어가는 것이다.

교사들이 학생들에게 정의로움을 판단할 더 다양한 방식을 안내해준다면, 그리고 학생들이 오늘날까지 계속되는 정의롭지 못한 상황들과 그 해결책이 또 다른 뿌리 깊은 가치들과 어떻게 상충하는지 생각해 볼 수 있다면, 우리는 공정함에 관한 학생들의 관심을 더욱 잘 활용할 수 있을 것이다. 다시 강조하지만, 학생들의 도덕적 평가를 조절하는 방법이 따로 있는 것도 아니고, 그런 조정이 바람직한 것도 결코 아니다. 핵심은 학생들이 공적인 숙의를 통해 합리적 판단에 참여할 수 있도록 기회를 제공하는 것이지, 결코 이런 숙의의 결과를 결정해주는 것이 아니다.

영웅과 영웅주의

많은 사람들이 특히 초등학교 교육 단계에서는 '영웅'이 역사 학습의 중심이 되어야 한다고 주장한다. 교사들이 보는 잡지는 영웅을 어떻게 교육과정에 통합시킬 수 있을지에 관한 아이디어를 주기도 하고—
"영웅 만세" 같은 방식으로—전문 학술지도 교사들에게 역사 속 영웅들
에게 더 관심을 가지라고 권하고 있다. 전통적으로 영웅들의 리스트는
다소 배타적인 측면이 있기는 하지만(주로 부유한 백인 남자에게 집중되어 있
음), 최근에는 부분적으로 좀 더 다양한 사람들로 영웅의 범주가 확장되
고 있는 것도 사실이다. 교사들이 영웅에 초점을 맞춰 역사를 가르치고
싶다면 자료는 어렵지 않게 얻을 수 있을 것이다.[16]

그런데 '영웅'을 배우는 것이 언제나 역사 속 위대한 인물을 배우는
것만 의미하지는 않는다. 다양한 목적을 가지고 영웅을 공부할 수 있
다. 또 서로 다른 관점을 가지고 영웅을 입체적으로 조명해볼 수도 있
다. 예를 들어 조지 워싱턴과 마틴 루터 킹을 국가 정체성을 고양시키
기 위해 공부하는 것도 가능하고, 히틀러나 나폴레옹을 군사 전략의 분
석적 접근을 위해 들여다볼 수도 있다. 그러나 과거의 인물을 '영웅'이
라 칭하는 것은 대개 도덕적 평가와 관련된 일이다. 즉 어떤 이를 영웅
이라고 부름으로써 '우리가 어떤 행동을 해야 할지' 말해주는 것이다.
결국 '마땅히 해야 할 일'과 특별한 개인이 '한 일' 사이에 성립하는 등
식이 그 역사적 인물에게 '영웅'의 가치를 부여해준다. 대개 영웅은 우
리가 앞서 언급했던 '정의롭지 못한 행위'의 반대편에서 활약한 이들이
다. 예를 들어 노예제를 비난하면서 링컨과 해리엇 터브만을 칭찬하고,
홀로코스트에 개탄하면서 이에 저항한 사람들과 유대인을 구출했던 이
들을 존경하며, 인종차별 정책에 분노하면서 넬슨 만델라(Nelson Mandela)
를 칭송한다. 영웅은 학생들이 좋아하는 인물이면서 칭송해야 할 인물
이기도 하다.

대개는 한 인물이 정체성의 대상이자 존경의 대상으로서 이중의 역

할을 한다. 가령 학생들이 국가적 인물과 일체감을 느낀다면, 아마 그 학생은 그 인물이 존경할 만한 사람이라는 확신을 가지고 있을 것이다. 마틴 루터 킹이 그런 인물이다. 킹은 미국에서 인종 관계를 변화시키는 역할을 했을 뿐만 아니라, 본인의 신념을 위해 싸운 용기 있는 인물이기도 하기 때문이다. 경우에 따라서는 국가적 영웅에 관한 이야기가—가령 워싱턴과 체리나무 이야기처럼—한 사람의 덕성을 보여주기 위해 거짓으로 꾸며지기도 한다. 또 간혹 학생들은 다른 나라 사람들—미국의 경우, 넬슨 만델라와 마더 테레사(Mother Teresa)가 그런 인물이다—을 존경하기도 한다. 세계무역센터에서의 비극에 몸을 바쳤던 소방관이나 경찰공무원들처럼, '영웅'에 대한 경의는 유명인에게만 바쳐지는 것도 아니다. 영웅을 가르치라는 권장사항을 보면 유명한 사람보다는 '일상의' 영웅에게 초점을 맞추라고 제안하기도 한다.[17]

여기에는 학생들로 하여금 영웅을 따라하게 하자는 목적이 포함되어 있다. 우리는 대개 학생들이 영웅의 선의를 알고 그의 삶을 모델로 삼기를 바란다. 교육과정에 영웅을 포함시키라는 권장사항을 보면, 이런 목적이 더욱 분명히 드러난다. 즉 영웅을 어린이의 인성 발달의 원천으로 보는 것이다. 훌륭한 품성을 갖춘 인물을 역사 속에서 골라 그들을 존경의 대상으로 끌어올려 학생들이 그들처럼 훌륭한 품성을 발전시키게 하면 사회적 이득이 된다. 학생들은 링컨처럼 솔직해지고, 더 나은 인종 관계를 위한 킹의 꿈을 실현하고, 뉴욕의 소방관들처럼 공동체에 봉사하도록 자극 받는다. 토니 산세츠(Tony Sanchez)가 말한 것처럼, "어린이들과 젊은이들의 마음은 영웅에게 사로잡혀 있다. 영웅에게 감동 받을 심장과, 영웅에게 자극받을 상상력을 지니고서 수업 시간에 영웅에 대해 배우고 있다."[18]

그러나 역사교육의 목적과 관련하여 이런 관점이 가지는 한 가지 문제점은, 영웅들은 대개 어린이들보다는 어른들 사이에서 훨씬 인기가 많다는 점이다. 초등학생과 중학생들을 대상으로 했던 우리 두 저자의 인터뷰에서, 역사를 통해 영웅이나 역할모델을 찾고 자기 인성을 갈고 닦는 데 도움이 될 만한 인물을 찾을 수 있다고 대답한 학생은 단 한 명도 없었다. 브루스 밴슬레드라이트도 역사를 학습하는 목적에 대한 학생들의 생각을 연구하면서 이와 관련된 어떤 예시도 발견하지 못했다.[19] 우리 연구에 참여했던 학생들은 역사 속 유명한 인물들을 잘 알고 있었고, 현재까지 그들이 미치고 있는 영향을 직접 설명하기도 했으며, 가끔은 그들을 존경한다고 말하기도 했다. 그러나 학생들은 이들을 '영웅'으로 언급하지 않았고, 그들이 자기 인성을 성장시켜준다고 보지도 않았다.

사실 우리 연구에서는 학생들에게 역사 속 영웅에 관해 구체적으로 물어보지 않았다. 그래서 학생들이 역사를 논의하며 이 주제를 꺼낸 적이 없음을 지적할 수 있을 뿐이다. 그러나 이 문제를 더 직접적으로 탐구한 다른 연구가 있다. 가령 스티븐 화이트(Steven White)와 조셉 오브라이언(Joseph O'Brien)은 유치원생부터 12학년까지 600명의 학생들에게 '당신의 영웅은 누구입니까?'라는 질문을 던졌다. 유치원생을 제외한 모든 학령의 학생들은 부모님이나 가족 중 누군가를 꼽았다(유치원생들은 만화 캐릭터를 제일 많이 선택했다). 그 다음으로 많이 나온 답은 '나에겐 영웅이 없다'와 '모르겠다'였다(혹은 아예 대답이 없었다). 그 다음이 스포츠 스타나 연예인이었고, 역사 속 인물을 언급한 건 소수에 불과했다.

유사한 연구에서, 크리스틴 앤더슨(Kristin Anderson)과 도나 카발라로(Donna Cavallaro)는 8세부터 13세 사이 179명의 학생들에게 누구를 선망하고 존경하는지 질문했다. 34%의 학생들이 부모님을 선택했고, 그 다음은 연예인(20%), 친구(14%), 프로스포츠 선수(11%), 지인(8%) 순서였다. 역사적 인물을 선택한 학생은 1%도 되지 않았다. 그렇다고 이런 연구들이 '학생들은 역사적 인물을 영웅으로 생각하지 않는다'는 의미는 아니다(아마도 역사 속 인물들은 리스트의 훨씬 아래쪽에 있을 것이다). 그러나 학생들이 역사적 영웅을 그리 자주 언급하지 않았다는 건 분명한 사실이다. 학생들에게는 역사적 영웅이 그리 명백한 역할모델이 아니라는 것이다.[20]

어떤 이들은 이것이 역사교육의 문제점을 정확히 보여준다고 주장한다. 학생들이 영웅으로 추앙하는 이들이 주로 대중문화와 같은 '잘못된 자료'에서 나오는 것 자체를 문제삼는다. 그들은 역사 교사들이 학생들에게 더 나은 영웅을 소개해줄 필요가 있다고 믿고 있다. 한때 교육과정이 영웅주의를 중심으로 구성되었던 황금시대가 있었다고—사실이런 믿음은 신화에 가깝다—믿는 사람들은, 교사들이 다시금 역사 속영웅들을 학생들에게 적극적으로 가르쳐줘야 한다고 주장한다.[21]

그러나 참여민주주의의 관점에서 보면, 영웅에게 기댄 역사교육은 학생들의 도덕적 판단 능력을 키우는 데 특별히 효과적인 수단은 아니다. 문제는 영웅의 판테온이 충분히 다원주의적이지 않다는 게 아니다. 사실 교사들, 교육과정 개발자들, 출판업자들은 모두 학생들이 배우고있는 역사적 인물을 다양화할 필요성을 이미 잘 알고 있다. 비록 만족할 만한 수준에 이르지는 못한다 해도, 어떤 정치적 힘이 훼방을 놓건말건 다양성을 추구하는 노력이 교육에서 사라질 일은 없을 것이다. 오히려 문제는 좀 더 깊은 곳에 있다. 바로 유명한 사람을 학생들의 인성모델로 떠받들려는 생각, 그 자체가 문제다.

역사적 인물을 우상화할 때마다, 우리는 일종의 실망도 함께 느끼게 된다. 어떤 인간이라도 반드시 오점을 가지고 있기 때문이다. 전통시대의 인물이든 동시대 인물이든, 미국 역사의 모든 영웅은 단점을 가지고 있다. 일부는 인종차별주의자였고 여성혐오주의자였다. 이기적이거나 솔직하지 못한 영웅도 있었다. 어떤 영웅은 가족이나, 동료, 혹은 아랫사람을 나쁘게 대했다(이런 단점이 없는 영웅이라면, 아마 역사적 증거가 충분치 않아 그의 행동을 자세히 검토할 수 없었기 때문일 것이다).

역사교육에서 영웅을 배워야 한다고 주장하는 이들은, 이런 오점이 더 이상 무시될 수 없음을 잘 알면서도 '그럼에도 불구하고' 영웅의 중요성을 계속 강조하기 위해 두 가지 전략을 제안한다. 첫 번째는 바로 역사적 인물의 태도나 행동은 당시의 시대적 맥락 속에서 이해되어야 한다는 주장이다. 이는 분명 사실이기는 하다. 그러나 이런 생각은 어떤 행동이든 당대에 만연했던 문화적 신념에서 나온 것이라면 무조건 용인됨을 의미할 뿐이다. 예를 들어 노예제가 받아들여졌던 시대에는 노예 소유가 관습이었기 때문에 노예 소유주들을 비난할 수 없다. 제2차 세계대전 중 일본계 미국인들을 강제 이주시킨 것은 당시 만연해 있던 편견에 기반한 행동이었으므로 이를 옹호했다는 이유로 역사적 영웅을 비난할 수는 없다. 결국 이런 생각은 과거 사회를 완벽하게 합의를 이룬 공동체로 가정하며 당시에 존재했던 다양한 관점을 무시하는 매우 잘못된 생각이다. 노예가 존재했던 시기에도 이미 노예제를 반대하는 사람들이 있었다. 무엇보다 노예들이 그랬고, 노예제 폐지론자들도 그런 관습을 받아들이지 않았다. 일본계 미국인들도 자신들에 대한 편견에 전혀 동의하지 않았다.

좀 더 미묘한 차원에서 생각해 보면, 역사적 신념과 행위가 당대의 맥락 속에서 평가되어야 한다는 관점은 인종주의나 다른 편견을 무죄로 만들려는 것이라기보다는, 이런 편견이 어떻게 지금과 다른 사회적 맥락에서 나오게 되었는지를 학생들에게 이해시키려는 것이기도 하다.[22] 분석적 측면에서 보면 매우 이해가 되는 전략이다. 그러나 이런 생각은 오히려 역사적 인물을 영웅으로 활용하는 일을 정당화시킬 수 없다. 만약 영웅이 우리 시대와는 다른 과거 사회의 관점에서만 이해될 수 있다면, 그들을 우리 시대의 역할모델로 삼는 것은 의미가 없기 때문이다. 역사적 인물을 영웅으로 불러내는 것은 오늘날 학생들도 그들처럼 될 수 있다는 가정에 기초한 행위인데, 이 영웅들의 태도와 행위가 당대의 문화적 맥락에만 속해 있다면 우리 사회의 맥락과 다르기 때문에 학생들은 영웅을 닮아갈 수가 없다. 우리는 과거를 살고 있지 않으며, 따라서 그들은 우리에게 아무 말도 해줄 수 없기 때문이다. 인종주의나 기타 다른 오점들을 당대의 맥락 속에서 이해해야 한다고 주장하는 사람들은, 늘 영웅의 영원한 덕성을 칭송하면서 그들의 단점은 그저 시대의 산물이라고 얼버무린다. 우리는 둘 모두를 동시에 가질 수는 없다. 만약 영웅의 덕목이 시대를 초월하여 늘 본받아야 할 만큼 훌륭하다면, 그들의 잘못도 시대에 구애받지 않고 늘 비난받아야 할 것이다.

역사적 영웅의 오점을 다루는 두 번째 방식은, 이 오점을 영웅 그 자체에 대한 학습에 통합시키는 것이다. 많은 사람들이 우리는 유명인들의 존경스러운 행동뿐만 아니라 그들의 오점에 대해서도 배워야 한다고 주장한다. 이는 학생들이 영웅을 완벽한 모델이 아닌 평범한 인간으로 생각할 수 있게 하려는 것이다. 여기에는 학생들이 영웅을 그저 단면적으로 평가하지 않고 더 폭넓고 복잡한 관점으로 바라볼 수 있어야 더 많은 것을 배울 수 있다는 시각이 깔려 있다.[23] 우리 두 저자 또한 일반적인 수준에서 이런 관점에 어느 정도 동의할 수 있다. 그러나 만약 학생들이 영웅에 대해 배우는 목적이 그들을 존경하고 그들을 닮는 것이라면, 영웅의 선한 측면과 나쁜 측면을 동시에 보여주는 일은 아마 역효과를 낳을 것이다. 우리는 학생들이 영웅의 긍정적이고 부정적인 모든 종류의 인간적 특성을 다 배우길 원했던 건가? 분명히 그거 아닐 것이다. 그러면 우리는 어떻게 학생들에게 역사 속 어떤 인물처럼 되라고, 그러나 오로지 부분적으로만 그렇게 되라고 말할 수 있을까?

이 딜레마를 해결하는 방안은 '영웅'이라는 개념 자체를 버리고 영웅의 '행위'에만 초점을 맞추는 것이다. 오점으로 인해 영웅으로 간주되지 못한 사람들이라 해도 그들의 행위는 존경과 모방의 대상이 될 가치를 지닌 경우가 수없이 많다. 예를 들어 19세기와 20세기 초에 여성의 권리를 옹호한 사람들은 여성에게 필요한 기회를 확장시키기 위해 쉼 없이 일했고, 종종 반대와 위협에 맞서 용감하게 행동했다. 우리는 분명 더 정의롭고 동등한 사회를 만들기 위한 그들의 시도를 영웅적이었다고 평가할 수 있을 것이다. 그러나 한편으로 이 여성들은 대부분 뿌리 깊은 인종주의자였고, 그들이 여성의 참정권을 정당화한 논리는 백인 다수의 투표권을 확장시켜야 한다는 것이었다. 그들의 행동은 일부 분명 영웅적이었지만, 그들이 지니고 있었던 편견을 생각해보면 학생들에게 이들을 영웅으로 떠받들라고 권할 수 없을 것이다. 가령, 린든 B. 존슨(Lyndon B. Johnson)*은 결코 우리의 영웅이 될 수 없지만—그 이유

---

* 미국의 36대 대통령. 사회경제적 개혁을 통한 복지 정책을 적극 추진했다. 특히 1964년 시민권 법안을 통과시켜 흑인에 대한 법적인 평등을 보장했다. 그러나 존슨 행정부는 북베트남의 군사기지와 보급기지를 폭격하면서 베트남전에 더 적극적으로 개입했다. 국내 정치에서는 상당히 진보적인 모습을 보여주었지만 베트남전쟁의 실책으로 인해 평가가 엇갈린다.

는 너무 많아서 꼽기 어려울 정도이다—그가 시민권 법안(Civil Right Act)이 통과되도록 이끌어준 부분은 충분히 존경할 만하다. 그 행위는 우리 사회의 민주주의 발전 과정에서 기념비적인 성취였고, 우리는 학생들에게 눈앞의 시련이 막막해 보이더라도 린든 존슨처럼 꿋꿋하게 정의를 추구해 나가라고 망설임 없이 충고할 수 있다. 물론 학생들은 당연히 존슨의 무모한 성격이나 평등을 추구해 나갈 때 보였던 고집까지 존경할 필요는 없다. 비슷한 예로, 도덕적으로 불미스러운 구석이 있고 의문의 여지가 큰 수상한 사업을 하는 기업가였지만, 제2차 세계대전 기간에 유대인 노동자들을 보호하기 위해 큰 위험을 무릅썼던 오스카 쉰들러(Oskar Shindler)의 경우를 생각해보자. 그의 행위는 분명 영웅적이다. 그러나 그의 성품은 전반적으로 영웅적이라 평하기 어렵다.

영웅의 개인적인 성품보다 영웅적 행위에 초점을 맞추는 것이 학생들을 참여민주주의에 준비시키는 데도 더 적절한 방법일 수 있다. 다원주의 사회에서 민주주의에 참여하기 위해서는 개인의 품성에 관해 타인들이 내린 결론에만 의존해서는 안 된다. 다원주의라는 것 자체가 다른 사람들을 의심스럽게 살피거나 심지어 싫어할 수도 있다는 것을 언제나 인정해주기 때문이다. 어떤 이들은 동성애자가, 이슬람인이, 혹은 백인들이 존경받을 만한 훌륭한 사람들이라 생각하지 않을 수도 있다. 그러나 민주주의는 우리가 다 함께 일하고 사회의 이득을 위해 서로 협력하기를 요구한다. 다시 말해 '참여'라는 것은 '행위'에 관한 것이지 인간적 특성에 관한 것이 아니다.

만약 우리가 학생들이 역사의 어느 부분을 존경하길 바란다면, 그리고 그를 본받아 행동하기를 희망한다면, 도덕적인 '사람'보다는 도덕적인 '행위'를 강조하는 편이 더 효과적일 것이다. 흥미롭게도 오히려 이

것이야말로 '영웅은 왜 영웅으로 만들어지는가'라는 질문에 대한 학생들의 생각에 더 가깝다. 화이트와 오브라이언이 학생들에게 "영웅이란 무엇인가?"라고 질문했을 때, 상당히 많은 학생들이 영웅의 행위—가령 사람을 구해주었다든지, 도와주었다든지, 혹은 "훌륭한 일을 했다"든지—를 언급했고, 개인적 인품을 떠올린 학생들은 극소수에 불과했다.[24]

결론

도덕적 판단을 내리는 것, 즉 어떤 일이 인간사에 있을 법한 일인지, 아니면 절대 일어나선 안 될 일인지 결정하는 것은 우리가 과거와 만날 때 절대 피할 수 없는 부분이다. 비록 역사에 대해 도덕적 판단을 내릴 수 있다는 생각이 비판받는 경우도 많고, 그 결과 이에 대한 분석이 제대로 이루어지지 않는 경우도 있지만, 과거를 도덕적으로 판단하는 것은 분명 학교 역사교육에서 중요한 부분이다. 도덕적 용어로 역사교육의 목적을 표현하지는 않는다 하더라도, 우리는 학생들이 어떤 사람이나 사건을 칭송하거나 비난하기를 항상 기대하고 있다. 민주주의 사회를 위해 학생들을 준비시키고자 한다면, 미래를 향한 우리의 희망은 반드시 도덕적 비전에 바탕한 것이어야 하고 역사는 그런 비전을 실제로 인간 행위가 일어나는 현실세계에 적용해보는 기회를 제공할 수 있어야 한다. 과거는 원인과 결과를 검토하는 일처럼 분석적 예시의 원천일 뿐만 아니라, 도덕적 판단을 위한 교육적 토대가 되기도 한다. 비록 도덕의 어떤 측면은 서로 다른 사람들 사이에서 다양한 의미를 가지지만, 또 다른 측면은 우리가 꿈꾸는 민주주의의 본질에 뿌리를 내리고 있다.

미국의 역사교육은 '기억'에 더 큰 관심을 기울임으로써, 즉 과거에 고통 받으며 죽어간 사람들을 기억해야 한다는 의무감을 통해 더 발전할 수 있을 것이다. 만약 우리가 이런 의무감을 가지지 않는다면 과거에 저지른 실수는 쉽게 우리 시야에서 사라져버릴 것이다. 그리하여 비록 국가의 진보에 관한 영광스러운—그러나 정확하지는 못한—관점은 남겠지만, 이성적인 판단을 내리거나 다른 종류의 경험에 대해 생각해볼 기회는 사라질 것이다.

과거에 정당하지 않은 이유로 고통 받으며 죽어갔던 사람들을 생각해보는 것은 우리로 하여금 정의의 문제, 혹은 어린이와 청소년들의 용어를 따르자면 '공정함'의 문제를 생각해보게 한다. 이것은 학생들이 대단히 흥미를 보이는 주제이며, 역사는 학생들에게 공적인 삶에서 정의의 의미를 숙고해볼 풍성한 예시를 제공해줄 수 있다. 이런 준비는 어렵고도 논쟁적인 문제에 대한 관심을 포함한다. 학생들은 정의로움이란 무엇인지, 그리고 이를 어떻게 성취할 것인지에 관한 다양한 관점을 접해볼 필요가 있고, 특히 특권 집단에 소속되어 있을 경우에는 정의로움과 본인들의 이해관계가 상충하는 상황을 직면해볼 필요가 있다. 역사는 많은 경우 부정적인 예시를 보여줄 것이다. 시무스 히니가 말한 것처럼, 역사는 우리에게 "무덤의 이쪽에서 희망을 가지지 말라"고 권한다. 그러나 역사를 통틀어보면, 공공선을 위해 노력하거나 타인들을 포용하기 위해 노력했던 고무적인 예들을 얼마든지 찾아볼 수 있다. 이런 영웅적 '행위'에 초점을 맞춤으로써 학생들은 더 큰 희망을 가질 수 있을 것이고, 스스로가 그런 희망의 주체라고 하는 더 바람직한 생각도 할 수 있게 될 것이다.

제6장
네 번째 스탠스,
보여주기

북아일랜드의 시인 존 휴잇(John Hewitt)은 친구와 함께 옛날 마을을 그대로 재현해놓은 박물관을 방문한 뒤 「컬트라의 장원: 얼스터 민속박물관(Cultra Manor: The Ulster Folk Museum)」[01]이라는 시를 남겼다. 이 시에서 휴잇은 과거 사람들의 익숙한 생활 풍경들—작업장, 작은 집, 각종 일상용품, 전통의상을 입고 일하러 가는 사람의 사진 등—을 빠짐없이 담고 있는 박물관의 전시실을 묘사했다. 그러나 그 전시에는 한 가지 빠진 게 있었고, 이에 대해 휴잇의 친구가 한마디 던졌다. "자, 이제 저 사람들은 종파 싸움을 할 만한 장소가 어디 필요할 텐데." 휴잇은 친구의 말로 시를 끝맺었다.*

아주 오래 전, 우리 저자 중 한 명이 대학교 1학년이었을 때 매주 화, 목요일 오후 3시부터 4시 15분까지 〈1713년까지 유럽의 역사〉라는 기초

---

* 원저에는 존 휴잇의 시 전체가 실렸으나 저작권 문제로 인해 저자 중 한 명인 키쓰 바튼이 새로 한국어판을 위한 요약본을 작성하여 번역 수록했다.

역사 수업을 수강했다. 이 수업은 대형 강의에 포함된 특별 섹션이었고, 수강 인원은 딱 15명으로 제한되어 있었다. 이 수업은 고등학교에서는 볼 수 없었던 모든 것을 우리에게 약속해주는 것 같았다. 박식한 강사, 사료 독해, 의욕으로 가득 찬 학생들 같은 것들 말이다. 그러나 수업이 시작되자 몇몇 학생들이 전체 수업을 장악해버렸고, 기대는 깡그리 무너졌다. 일주일에 두 번, 1시간 15분 동안 두 명의 학생은 사소한 주제로 끊임없이 떠들어대며 아는 척하고 싶어 했고, 강사는 어떻게든 다른 학생들을 토론으로 끌어들이기 위해 애썼다. 이 두 학생은 같은 고등학교 출신으로, 오랫동안 라이벌 관계였다고 했다. 강사가 전체 학생들에게 질문을 던지면, 어김없이 둘 중 한 명이 별로 상관도 없는 이야기로 도발했고—예를 들어 "잠시만요, 그런데 역사가는 '선페스트(bubonic)'보다는 '폐페스트(pneumonic)'였다고 생각하죠"와 같은—다른 한 명은 질세라 맞받아쳤다. 나머지 학생들이 침묵하는 동안 두 학생과 강사는 사소한 문제를 놓고 오랜 시간 논쟁을 벌였다. 다른 학생들은 그런 주제들을 잘 알지 못했고 관심도 없었다. 많은 학생들이 이 경험을 통해 강력한 결론 하나를 이끌어냈다. 그것은 바로 '역사를 배운다는 것은 사소한 사실 정보에 관한 백과사전식 지식을 끝없이 드러내 보이는 것이며, 그러니까 무슨 수를 써서라도 역사 수업은 피하고 볼 일'이라는 것이었다.

이 이야기는 지나친 일반화일 것이다. 그러나 진실의 한 측면을 포함하고 있다. 많은 사람들이 역사는 그저 단순하게 지식을 드러내 보이는 것일 뿐, 그보다 심화된 행위는 역사 학습에 포함되지 않는다고 생각하는 것 말이다. 물론 역사를 활용하는 것은 '보여주기'의 측면을 반드시 수반한다. 전문 연구자들, 정치인들, 퇴역 군인들이 베트남전쟁이나 그 전쟁의 유산에 대해 논의할 경우, 논자마다 자기 목적에 따른 역사 지식 보여주기를 수행할 것이다. 그러나 우리가 이 장에서 설명하려는 것은 '역사 정보 보여주기'는 그저 어떤 목적을 이루는 수단도 아니고, 역사를 사용하여 다른 부수적인 결과를 만들어내려는 것도 아니며, 그것 자체가 본질적으로 목적이 될 수 있다는 점이다. 사실 '보여주기'는 우리 주변에서 흔히 이루어지는 일이어서, 어린이든 어른이든 늘상 이런 보여주기에 참여하곤 한다. 언뜻 보기에 '보여주기'는 별 것 아닌 일 같지만, 존 휴잇의 시에서 "종파 싸움"같은 중요한 이슈들이 이 '보여주기' 스탠스 속에서 오히려 은폐될 수도 있고, 그러면 참여민주주의에서 요구되는 바가 상당히 손상될 수 있다. '역사 정보 보여주기'는 실제로 보여주기를 행할 때 거의 고려되지 않는 다른 원리들과 조화를 이룰 때만 민주주의를 위한 교육에 기여할 수 있다.

개인적 성취감을 위한 보여주기

많은 사람들이 개인적 성취감을 얻기 위해 역사 지식 보여주기에 참여한다. 몇몇 취미와 레저 활동이 역사 정보를 보여주는 일과 관련되어 있다. 예를 들어 골동품 수집가들은 본인들의 소유물을 보여주면서 이 수집품이 어떻게 생산되었고 언제 사용되었는지 자랑하길 즐긴다. 구식 자동차에 열광하는 이들도 마찬가지다. 그들은 정기적으로 주차장에 모여 본인들의 자동차를 전시하고, 자동차의 엔진, 본체, 세부 장식과 같은 미세한 부분을 묘사하면서 행복해한다. 어떤 이들은 황야에서의 전쟁, 서부 개척, 식민지촌 재연 같은 역사적 오락 행사에 참여하기도 하고 여러 전시장을 둘러보며 주말을 보내기도 한다. 역사적 사건을 다룬 책이나 문서 읽기를 좋아하는 사람들도 있고, 자신이 배운 것을 친구나 가족들에게 다시 설명해주길 좋아하는 이들도 있다. 심지어 다양한 연구 목적을 지닌 계보학자들마저도 때로는 가계도와 족보, 낡은 유언장 복사본 같은 것을 지인들에게 보여주기를 좋아한다. 이 모든 경우에, 역사적으로 정확한 세부 사항들은 상당히 중요한 의미를 가진다. 진짜에 가까운 것, 원본의 일부, 빽빽하게 기록된 진짜 가계도를 가진 사람들은 그로 인해 대단한 존경을 받기도 한다. 역사 재연하기 클럽에서는 최고로 고증이 잘 된 옷을 입은 사람들에게 상도 준다.

학생들은 학교에서 이런 역사적 취미에 참여할 기회가 거의 없지만, 이런 일을 하는 사람들이 있다는 것 정도는 알고 있다. 어떤 학생들은 가족의 역사를 찾아 오래된 묘지를 방문하는 친척들에 대해 이야기했고, 또 다른 학생들은 부모님이나 조부모님들이 들려주는 전쟁이나 과거 이야기에 관심이 간다고 했으며, 또 어떤 학생들은 구식 자동차 퍼레이드를 언급하기도 했다. 어린이들은 역사적 지식을 겨루는 텔레비전 퀴즈쇼에 출연하면 상금도 탈 수 있다는 것도 알고 있다. 많은 경우 학생들은 그런 활동에 기꺼이 참여하고 싶어 한다. 이 학생들은 가족과 함께 견학을 가고, 도서관에서 역사책을 빌리며, 역사 퀴즈쇼의 정답을 맞추면서 자랑스러워한다. 어린이들이 이런 식으로 역사를 활용하는 것에 대해 이야기할 때 지식을 드러내 보이는 것에 특별히 초점을 맞추지는 않았지만, 이 어린이들은 '보여주기'의 근원적인 목적에 대해 잘 이해하고 있었다. 즉 사람들은 역사 정보를 찾아 드러내 보이면서 개인적으로 보람을 느낀다는 것이다.[02]

골동품을 전시하고 구식 차로 퍼레이드를 하며 벽난로 위에 문장을 놓아둔다고 해서 참여민주주의가 대단히 진보하지는 않을 것이다. 그러나 이런 일들이 참여민주주의에 방해가 되는 것도 아니다. 다른 사람들과 더불어 하기는 해도, 이는 개인에게 주어지는 보상을 위해 수행되는 활동이고, 따라서 공공선이나 공적 행위에 직접 연결되지는 않는다. 이런 활동은 마치 농구, 정원 관리, 엔진 수리와 마찬가지로 민주주의와 직접 관련은 없다.

그러나 경우에 따라 개인적 보람을 위해 역사 정보를 전시하는 일이 보다 공적인 결과를 만들어내기도 한다. 이 장의 도입부에서 우리가 묘사했던 두 명의 라이벌 학생들 역시 개인적 성취를 추구했지만, 이들은 강사와 다른 동료들의 눈에 우수하게 보이고 싶었을 뿐이다. 본인들이 얼마나 많이 아는지 보여주면서 아마 다른 이들이 자신들을 매우 대단하게 여길 거라고 생각했을 것이다. 그 결과 교실은 침묵에 잠겼다. 역사 잡지를 구독하지 않는 학생들은 이 논쟁에 참여할 수 없겠다고 느꼈다. 결국 우리는 역사 수업에 흥미를 잃어버리고 말았다. 불행하게도 두 라이벌은 평범한 학생일 뿐이었다. 대학에서 역사를 가르치는 우리 동료 교수들은, 몇몇 역사를 선행 학습한 학생들이 상당히 축적된 지식을 가지고 있는 건 사실이지만, 그들은 수업 시간을 자기 지식을 드러내며 기량을 뽐낼 좋은 기회로 여기는 것 같다고 말하곤 한다. 베트남 전쟁에 대한 대화는 특정한 헬리콥터 모델의 효과에 관한 세부 내용까지 파고들며 수업을 교착 상태에 빠뜨렸고, 미국의 서부 개척에 관한 논쟁은 라이플총 제작에 관한 논쟁으로 흘러가버렸다. 결과는 언제나 같았다. 교실의 다른 학생들이 말하기를 멈추어버리는 것이다. 이 학생들은 종종 교수들에게 "저는 그런 논쟁을 따라갈 만큼 충분히 '똑똑하지' 않은 것 같아요"라고 말하곤 했다.

교수들은 이런 문제에 직면하여, 늘 남의 눈길을 끌고 싶어 하는 학생이 수업 내용을 삼천포로 끌고 가지 못하게 할 수 있는 전략을 개발하곤 한다. 어떤 교수는 이런 학생들에게 왜 그런 세부 지식이 중요한지 설명해보라고 하거나, 이런 지식을 토론의 더 큰 포인트와 연결시켜 보라고 요구하기도 했다. 심지어 교통경찰관처럼 손을 번쩍 들고 "그만합시다! 그 생각은 이제 그만하는 게 좋겠어요!"라고 말한 뒤 다시는 그 주제로 돌아가지 않았다는 교수도 있었다.

역사적 세부 사항에 함몰된 이들의 자아도취는 오랫동안 비난을 받아왔다. 400년도 더 전에 필립 시드니(Philip Sidney)는 역사가들을 "좌담의 독재자", "현재보다 수천 년 전의 이들과 더 친한 사람", "쥐가 갉아 먹은 기록으로 가득 찬 사람"이라고 표현했다. 더 최근에는 데이비드 해켓 피셔가 암기된 사실은 "텅 빈 박식함의 상징"이라고 말했다.[03] 사람들이 골동품 같은 세부 사항에 시선을 고정시키는 경우가 많지는 않다 해도, 정보를 드러내 보이기를 좋아하는 사람은 쉽게 "독재자"가 될 수 있고, 이들은 백과사전 같은 지식을 갖추지 못한 사람들의 참여를 억누른다. 경험이 많은 교사들은 이런 속임수를 억제시킬 수 있지만, 대학에서든 초·중등학교에서든 어떤 교사들은 학생들을 더 구체적인 토론으로 끌어들이는 기술이 부족하다는 데 위험성이 있다.

더 최악인 건, 교사들이 지식을 보여주는 것 그 자체를 검사하려 하고, 심지어 이를 교실 참여의 전제 조건으로 만들어버리는 경우도 있다는 점이다. 그렇게 되면 역사는 현학적인 허풍선이의 전유물이 되고, '논쟁'은 드러내 보이기 가장 쉬운 지식, 즉 분리된 사실 정보에 초점을 맞추게 된다. 역사 정보를 보여주는 것이 이런 방식으로 참여의 범위와 내용을 제한한다면, 그것은 참여민주주의에 필수적인 포괄적인 담론의 형성에 상당한 방해가 될 것이다.

학생의 학업 성취 검증을 위한 보여주기

학교에서 학생들에게 역사 정보를 드러내 보이라고 하는 가장 일반적인 이유는 바로 학생의 성취도를 알아보려는 것이다. 학생들은 제대로 배웠다는 것을 증명하기 위하여, 교사와 학교는 필수 교육과정을 제대로 전달했음을 증명하기 위하여, 학생들이 역사에 대해 아는 것을 드러내 보일 필요가 있다. 첫 번째 경우의 예로, 학생들은 교과서 각 장의 마지막에 나와 있는 질문에 답을 써야 하고, 사용된 어휘의 뜻을 쓸 수 있어야 하며, 수업 시간에 교사가 던지는 질문에 답해야 하고, 숙제를 잘 했는지도 테스트를 받아야 한다.

두 번째의 경우, 즉 교사와 학교가 필수 교육과정을 제대로 전달했다는 것을 증명하는 일은 최근 미국에서 점점 중요해지고 있다. 교사와 학교가 학생들의 학습에 책임을 져야 한다는 담론이 여러 지역의 교실 수업을 지배하고 있으며, 사실상 이 담론은 교육적 실천에 관한 다른 모든 논의를 압도하고 있다. 이런 종류의 책임을 제대로 수행했는지 알아보기 위하여 학생들은 표준화된 성취도 평가를 치르게 된다. 주정부는 학교가 필수 교육과정을 효과적으로 전달했는지 이 시험을 통해 검토한다.

두 가지 형태 모두에서 학생들은 역사 지식을 보여주게 되어 있지만, 보여주기의 책임과 목적은 서로 다르다. 즉, 학생들 본인의 책임은 첫 번째 경우와 관련되어 있는 반면, 교사와 학교(가끔씩 학생들)는 두 번째 경우의 책임에 닿아 있다. 첫 번째의 경우, 다시 말해 학생들이 자료를 잘 숙지했음을 증명하고자 역사에 관한 지식을 드러내는 것은 매우 관례적인 일이다. 그러나 많은 관례적 교육 실천이 그러하듯 이것 역시 학습의 올바른 방식이라고, 시민정신을 고양하는 올바른 방식이라고 말할 수 없다. 물론 학생들에게 교과서 연습문제의 정답을 찾아보라고 하면 학생들은 찾을 것이고, 수업에서 들은 내용을 기억하라고 하면 기억할 것이며, 시험을 치르게 하면 답을 쓸 수 있을 것이다. 만약 역사교육의 목적이 학생들을 그저 연습문제를 풀고 정보를 암기하고 질문에 대답할 수 있게 하는 것이라면, 관례적인 방식의 지식 '보여주기'도 학생들이 자신의 학습을 책임지는 적당한 방법이 될 수 있다. 이런 목적을 이루고 싶어 하는 학생들은 아마도 이런 방식의 보여주기에 대비시켜주는 교수 스타일을 더 선호할 것이다. 그러나 심지어 이것이 역사교육의 목표라 할지라도, 보여주기만을 위한 학습이 어떤 유의미한 방식으로 전환될 수 있으리라 믿을 만한 근거는 전혀 없다. 다시 말해, 히타이트인에 대한 정보를 암기했다고 해서 학생들이 에트루리아인에 대해 더욱 박식해지지는 않는다. 이런 방식으로 정보를 드러내 보이는 것은 교사들로 하여금 학생들이 구체적인 정보를 인지하고 있는지 확인하게 해주는 것 외에 아무 의미도 없다.

더욱이 역사교육의 궁극적인 목적이 학생들이 참여민주주의를 준비할 수 있도록 하는 것이라면, 이런 식의 보여주기는 그것과 아무 상관도 없다. 역사 정보를 드러낼 수 있다고 해서 그 학생이 인류에 대한 확장된 관점으로 합리적인 판단을 내리며 공공선에 대해 숙의할 수 있는 것은 아니기 때문이다. 물론 학생들은 공공선에 관한 논의에 참여하는 과정에서 많은 양의 역사 정보를 드러내야 할 것이다. 좋은 토론은 반드시 이런 보여주기를 필요로 한다. 그러나 학생들이 역사교육의 목적을 위해서가 아니라 보여주기 그 자체를 위해 정보를 보여준다면, 그것은 잘못된 일이다. 어린이나 어른 할 것 없이 사람들은 공공선에 관한 특별한 관심이 없어도, 혹은 합리적인 판단 능력이 없어도 역사 정보를 얼마든지 드러내 보일 수 있다. 만약 학생들이 자신의 역사 학습에 올바른 책임을 지길 원한다면, 교사들은 학생들에게 합리적 판단 및 숙의와 관련된 활동을 시킨 후 그 판단과 숙의의 과정을 평가해야 할 것이다. 학생들에게 그저 "합리적인 판단을 내려보자" 혹은 "인간성에 대한 확장된 관점을 보여주렴" 하고 주문하는 것은 아무 의미도 없는 일이다. 인문주의적인 역사교육을 추구한다면 '보여주기'를 교실 수업에서 고립된 활동으로 내버려두어서는 안 된다.

한편 두 번째, 필수 교육과정을 잘 전달해야 할 학교와 교사들의 책임감은 오늘날 더 중요해지고 있고, 그래서 더 문제일 수도 있다. 1980년대 이후 "학문적 표준을 올려야 한다"는 담론과 '표준서'를 만드는 관행이 교육 정책을 지배해왔다.[04] 애초에 이는 각각의 교과 분야의 교육과정과 교수법에 대한 국가적 가이드라인을 정립하려는 목적이었지만, 그 강조점은 사실상 학생들의 학습 결과를 측정하여 상벌 시스템을 유지하려는 주정부 표준(state level standards)에 있었다. 이런 성취도 평가 프로그램(high stakes testing program)을 시행하는 주는 학생들의 성적을 향상시킨 지역, 학교, 교장, 심지어 개별 교사들에게 재정적 포상을 내렸고, 학생들의 성취가 보잘 것 없으면 교사진을 해고시키게 하거나 전체 지역 행정을 간섭하려 들었다(심지어 어떤 지역에서는 학생들의 진급과 졸업이 이런 시험과 연관되어 있다). 이런 조치는 학생들의 성적을 올려야 한다는 강력한 동기를 학교 측에 부여했고, 그 결과 주정부의 표준이 점차 교실 수업을 이끌어가는 기준이 되고 말았다.[05]

학생들에게 주정부가 강제하는 시험을 통해 지식을 드러내 보이라고 요구하는 것이 역사교육을 발전시킬 수 있을 것인가? 10년 전만 해도 우리 두 저자는 최소한 어느 정도는 그럴 수 있을 것이라고 생각했다. 이런 보여주기가 학생들에게 반드시 유익하지는 않더라도, 성취도 평가가 역사교육에서 긍정적이고 중요한 변화를 이끌어낼 수 있을 거라는 희망을 가졌다. 늘 그랬던 것처럼 사회과 교육은 전반적으로 교과서에 의존하여 빈약한 사실 정보만 암기시킬 뿐 제대로 가르쳐진 적이 없었다. 심지어 초등학교 수준에서 보면 이 교과는 사실상 존재하지도 않았다. 모든 지역 학생들이 성취도 평가를 치르지만, 일반적으로 수학, 읽기, 언어 중심으로 평가가 이루어지기 때문에 사회과(그리고 과학도) 교육은 시간의 압박을 못 이겨 교육과정에서 무시되거나 아예 빠져버리기도 했다. 우리는 만약 역사과에서도 성취도 평가가 이루어진다면 학교는 교육과정에 이 교과를 더 많이 구성할 것이라고, 그것도 아마 공교육이 시작되는 입학 연령부터 그렇게 될 거라고 믿었다.

또한 우리는 시험이 분리된 사실 정보의 조각들을 잘 암기하고 있는지 평가하는 수준을 넘어선 역사교육을 가능하게 할 것이라고 기대했다. 1990년대 초는 학교 현장이나 학계나 모두 '평가'에 열을 올리던 시기였다. 당시에는 글로 쓴 포트폴리오, 수행평가 및 다양한 형태의 평가에 대한 이야기가 흘러넘쳤다.[06] 연구자들은 전통적인 평가에서보다 훨씬 더 정교하게 학생들의 지적 능력을 평가하는 것이 가능함을 알고 있었고, 우리 두 저자 또한 짧게나마 그런 혁신의 선두에 서서 일했다.[07] 우리는 새로운 평가를 통해 학생들이 집단적 숙의를 하고 사려 깊고 민감한 사고를 하며, 심지어 공공선에 관한 문제에 초점을 맞출 수 있을 거라고 생각했다. 또한 평가가 그런 식으로 시행된다면 교사들도 그렇게 할 것이라고 믿었다. 집단적 숙의를 수반한 평가를 준비하려면, 학생들은 수업 시간을 통해 그런 숙의를 해봐야 한다. 따라서 시험이 배울 가치가 있는 내용을 다루기만 한다면, 교사가 시험을 위해 가르치는 것도 아무 문제가 없을 것이라고 생각했다. 시험이 교수법을 이끌어줄 것이며, 훌륭한 시험은 필연적으로 훌륭한 지도법을 이끌어낼 것이라고 믿었던 것이다.[08] 만약 역사교육의 목표가 분명히 명시된다면, 그리고 성취도 평가가 그런 목표와 맞아 들어간다면, 우리는 교수법 또한 같이 변하기 시작할 것이라고 기대했다.

실제로 주정부 수준의 시험이 적어도 일부 과목(특히 수학과 쓰기) 및 몇몇 학령(주로 학생들이 테스트를 받는 학년)에서는 교사들로 하여금 더욱 도전적이고 진지한 수업 지도법을 선택하게 한다는 증거가 있다.[09] 수년 동안 학교에서 일했던 우리의 경험을 돌이켜보면, 시험 때문에 사회과 교육—역사를 포함하여—에 대한 관심이 점차 증가했던 것도 사실이다. 실제로 초등학교 교사들은 사회과를 제대로 가르치기 위해 문헌을 어떻게 사용할 것인지에 관한 워크숍을 요청했고, 초등학교 고학년 담당 교사들도 특정 주제에 더 조직적으로 주목했으며, 중학교 역사 교사들은 새로운 차원의 지위를 누리고 존경을 받는 것처럼 보였다.

또한 중요한 사실은, 뛰어난 교사들이 본인들의 교과 지도 방식을 널리 인정받기도 했다는 점이다. 쉽게 말해, 이후 수많은 교사들이 원사료를 비교해보는 모둠수업 형식이 성취도 평가 준비에 유리하고, 그 결과 재정적 보상까지 가져다준다는 사실을 알게 되었다. 우리 두 저자는 유능한 교사들이 자신을 교직으로 이끌어준 "실천적 지혜(wisdom of practice)"가 드디어 인정받게 되어 기뻐할 거라고, 또 그런 교사들의 모습은 수업 방식을 개선시키고 싶어 하는 동료 교사들에게 귀감이 될 거라고 기대했다.

그러나 모든 일은 우리의 희망과 다르게 진행되었다. 우선 한 가지 이유는 몇몇 주가 평가 과목에서 과학과와 사회과를 제외시켰다는 점이다. 그 결과 사회 과목은 주목을 받지 못했다. 심지어 일부 학교는 교사들에게 지금 하고 있는 것을 그만두고 시험 내용에만 초점을 맞추라고 요구했고, 그러면서 오히려 이 교과는 이전만큼도 주목받지 못하는지경이 되었다. 전부터 사회과 교육을 강제하는 평가 제도를 가지고 있었던 주에서조차, 새로운 시험은 초기의 약속과는 달리 수행평가와 모둠활동을 전부 쉽게 채점할 수 있는 지필고사로 대체시켜버렸다. '가치'를 다룰 것 같은 낌새라도 보이면 그 내용 자체를 없애버리는 식으로공공선에 관한 주제를 다루는 문제들은 모두 삭제되었다. 또한 대부분학교의 수업 내용은 예시로 나왔던 넓은 범위의 주제가 아니라 시험에나오는 내용에만 집중하게 되었다. 교수 방식 또한 시험의 형식을 반영하여, 글쓰기나 연구 보고서, 토론 등은 사라지고 일관성 없는 정보 나열이나 짧은 읽기 지문, 객관식 문제 풀이 등이 이를 대체했다. 뉴욕의몇몇 세계사 교사들은 새로운 주정부의 시험이 비록 교수 방식 전반을완전히 변화시키지는 않았어도, 학생이 해야 할 프로젝트의 개수나 범위를 줄이고 주로 강의에 의지하여 교과서만 사용하게 만들었으며, 또내용 지식을 넓고 얕게만 다루고, 사료를 이용해 공부할 때조차 말 그대로 '옳은' 정답만 고르게 만들었다고 토로했다.[10]

시험이 분리된 사실 정보에만 초점을 맞추거나 기계가 채점하는 객관식 문제로 제한되지 않았던 시절에조차, 시험은 교육과정과 교수법에 부정적인 영향을 미쳤다. 예를 들어, 켄터키주와 오하이오주에서 시험의 형태와 내용은 사소한 사실만이 아니라 최소한의 고등 사고 능력을 키우기 위한 문항도 포함하고 있었다. 사실 이 시험은 공공선에 대한 모둠별 토론을 통한 수행평가를 포함하지 않았고, 생각보다 객관식 문제도 훨씬 많이 들어 있었지만, 최소한이나마 중요한 역사 내용에 관한 자신의 추론을 설명하라는 개방적 구조의 서술형 문항도 들어 있었다. 예를 들어 11학년 시험에 출제된 문제 중 하나는 '제2차 세계대전 이후 미국의 외교 정책에서 두 가지를 선택하여 각각의 정책이 공산주의를 '억제하려는' 목적과 어떻게 관련되었는지 설명하고, 그 정책이 성공적이었는지를 평가하라'는 것이었다. 오하이오주에서는 엘리노어 루즈벨트(Eleanor Roosevelt)가 이끈 개혁 활동을 나열하라는 문제가 5학년 시험에서 출제되었다. 학생들은 그중 두 가지 운동을 뽑아 각각이 어떻게 미국인의 삶에 영향을 미쳤는지를 설명하고, 또한 임의의 다른 여성들을 선택해 그녀들은 미국 사회에 어떻게 기여했는지 설명해야 했다.[11]

이런 문항은 학생 스스로의 판단을 요구하며, 그 주제는 시민정신과 깊이 관련되어 있다. 이런 시험은 마땅히 학교가 학생들에게 어떻게 역사적 내용에 대해 사고할 것인지 가르쳐주고, 그럼으로써 교수법을 발전시켜 나가는 데 도움이 되어야 했다. 그러나 실제로는 많은 교육자들이 다른 주의 동료들과 똑같은 방식으로 시험에 반응했다. 즉, 몇몇 세부적인 주제만 제한하여 가르치고, 강의를 통해 지식을 나열하기 바빴으며, 비효율적인 시험 준비자료를 주로 사용하고, 고립된 정보 조각들에 초점을 맞추었다. 시험은 학생들에게 원인과 결과에 대한 판단을 요구했지만, 학교는 학생들에게 사실의 세부 사항만 암기하도록 했다. 시험은 또한 문장으로 풀어 답을 내기를 요구했지만, 학교는 문제지에 동그라미를 칠 수 있는 정답만 요구했다. 가장 애처로운 사실은, 시험은 학생들이 진짜 역사를 이해하기를 요구하는데, 학교는 진도 맞추기에만 급급했다는 것이다.

학생의 성취에 책임을 지게 하려고 고안해낸 측정 도구인 시험과 이토록 다른 교수법이 성행하게 된 메커니즘을 완전히 이해할 수는 없지만, 시험에 대한 '인식'이 시험 그 자체보다 수업 관행에 더 큰 영향을 발휘한다는 산드라 킴브리츠(Sandra Cimbricz)의 설명에서 그 이유를 추론해볼 수 있다. 만약 교사들이 낮은 수준의 객관식 문제에 대한 본인들의 이미지를 토대로 현재의 시험 제도를 생각한다면, 혹은 시험의 내용과 교과서 및 관련 교재의 내용 사이에서 차이점을 찾아내지 못한다면, 이 교사들은 교육과정 개발진이 의도한 방식대로 교수법을 수정해 나갈 수 없을 것이다. 그 점에 대해서는 S. G. 그랜트(S.G. Grant)도 우리와 의견이 같다. 그는 주정부 수준의 시험은 교사들의 수업 관행에 전혀 영향을 끼치지 못하고 있고, 따라서 시험은 기껏해야 변화를 위한 "불확실한" 수단일 뿐이라고 주장했던 것이다.[12]

　　연구 결과에 따르면, 그리고 우리 두 저자의 경험에 의거해봐도, 학교가 학생의 성취를 확인하기 위해 학생들에게 역사 지식을 드러내 보이길 요구할 때 발생하는 단점은 그 잠재적 이점보다 훨씬 더 크다. 시험이 학생들의 이성적 사고와 판단 능력, 인류에 대한 확장된 관점과 공공선에 대해 사려 깊은 생각을 키워준다는 증거는 거의 없다. 오히려 교육과정의 인문주의적 특성을 약화시키고 학생들에게 좁은 범위의 내용 지식만 비효율적으로 가르치게 만든다는 것을 보여주는 증거들이 널려 있다. 단지 학업 성취에서 학교와 학생의 책임성을 확인한다는 목적만 남은 '보여주기'는 참여민주주의를 준비하는 것과는 거리가 멀다. 그저 민주주의적 시민정신을 키워 나가는 역사교육의 잠재력을 약화시킬 뿐이다.

타인을 위한 봉사로서의 보여주기

개인적인 성취감을 느끼기 위해 역사 지식을 드러내 보일 때, 그 수혜자는 정보를 드러내 보여주는 본인들이다. 골동품이나 가족 문장 같은 사소한 것들을 드러내 보여주는 사람들은 그 일이 즐겁기 때문에 하는 것이다. 한편 보여주기 활동이 일종의 책임감 때문에 행해질 때, 그 수혜자는 보다 집단적이고 추상적인 존재가 된다. 즉 학교는 학생들의 학습에 책임을 지기 위해서 학생들에게 배운 바를 드러내 보이라고 하는데, 이를 통해 결국 교육 체제 전체가 득을 얻게 될 것이다.

그러나 세 번째 유형의 '보여주기'에서 역사 정보를 통해 혜택을 입는 사람들은 보여주기를 하는 사람이 아니라 이를 '보고 듣는' 사람들이다. 즉 역사 정보를 보거나 듣는 사람들이 이 정보를 보여주는 사람보다 더 혜택을 얻을 수 있는 것이다. 그것은 이들이 이를 통해 역사 정보와 접촉할 기회를 얻기 때문이다. 언뜻 보면 이것은 역사를 매우 단순한 방식으로 이용하는 것처럼 보이지만 사실 복잡한 사회적 과정을 수반하는 일이며, 또한 역사의 인문주의적 연구를 위해, 그리고 궁극적으로는 참여민주주의를 위해 중요한 함의를 지닌다.

어린이들과의 인터뷰나 학계 안팎에서의 우리의 삶을 바탕으로 생각해보면, 이런 역사적 보여주기는 항상 벌어지는 일이다. 그러나 우리 두 저자는 학부 학생들이 고등학교 역사 교사들을 인터뷰하는 연구 프로젝트를 마쳤을 때에야 비로소 이런 보여주기 활동의 중요성을 이해할 수 있었다. 한 학부 학생이 인터뷰한 교사는 남북전쟁 당시의 전투를 재연해보겠다는 열정이 아주 뜨거웠다. 인터뷰를 하면서 학생은 교사에게 왜 그런 재연을 해보고 싶어 하는지 물었는데, 교사는 그런 활동이 '즐겁기 때문'이 아니라 다른 이유를 가지고 있었다.

　　남북전쟁이 무서운 점은 무려 60만 명이 전쟁 중에 사망했다는 겁
　니다. 생존한 사람들 중에도 장애를 얻은 이들이 수없이 많죠. 당시
　의 의료는 아주 원시적인 수준이었거든요. 학생들은 전투를 재연하
　면서 당시의 공포를 상상해볼 수 있을 겁니다. 전쟁, 세상의 '모든'
　전쟁은 끔찍한 겁니다. 전쟁에 영광이란 없어요. 우리는 그들의 희
　생을 기억해야 하고, 우리가 오늘날 여기에 어떻게 있을 수 있는지,
　어떻게 자유로울 수 있는지 기억해야 합니다.

　역사를 알아야 할 목적에 대한 이 재연배우의 관점은 복잡하고 다
면적이었다. 이 교사의 역사 학습은 이성에 근거한 분석(전쟁은 육체적인
고통을 야기한다고 결론을 내린다는 점에서), 정체성('우리'라는 단어를 반복적으로 사
용한다는 점에서), 도덕적 판단(과거의 희생을 기억하는 것이 중요하다고 생각한다는
점에서)을 수반하는 활동이었다. 이런 각각의 목적을 바탕으로 역사 보
여주기가 이루어졌다. 그러나 '보여주기'는 전쟁 재연처럼 그 자체만으
로는 이런 요소들을 직접 수반하지 않는다. 즉각적인 목적은 역사 정보
를 제시하는 것이고, 궁극적으로는 다른 사람들이 분석하고 정체성을
느끼며 도덕적 판단을 내릴 수 있도록 돕는 것이다.

　이 교사는 왜 이런 것들을 알아야 하는지에 대한 본인만의 생각을
가지고 있었고, 그래서 관객들도 자신과 비슷한 결론을 내릴 수 있기를
바랐다. 그러나 '보여주기'의 목적은 이 교사가 내린 '결론'을 다른 사람
들에게 직접적으로 제시해주는 것이 아니라, 그 결론의 기초가 될 '정
보'를 제시해주는 것이다. 이 교사가 생각하고 있는 것처럼 '보여주기'

의 궁극적인 목적은 다른 사람들에게 '봉사'하는 것이다.

학생들은 주로 두 가지 맥락에서 이런 유형의 보여주기를 경험하곤 한다. 그 하나는 친척 및 다른 성인들과의 대화이고, 또 다른 하나는 역사박물관이나 유적지를 방문했을 때이다. 제1장에서 설명했듯이 학생들은 보통 부모나 조부모, 형제자매들로부터 역사 지식을 얻었고, 간혹 다른 친구들이나 어른들에게 듣는 경우도 있었다. 어떤 식일지 대부분 경험을 통해 익숙하게 그려볼 수 있을 것이다. 어린이들은 어떤 것이 "옛날에는" 어떠했는지, 과학기술과 가전제품들은 어떻게 달랐는지, 오래 전 이 장소는 어떤 모습이었는지에 대해 듣는다. 또 사람들이 전쟁이나 정치 활동에 어떻게 참여했는지 듣고, 다른 이들이 책, 영화, 텔레비전, 학교에서 배운 역사에 대해서도 듣는다.[13]

다른 '보여주기' 활동들은 다소 인간미가 떨어지는 데 비해, 이런 유형의 보여주기는 역사 정보가 가지는 의미를 더 부각시킬 것이다. 할아버지는 '내가 자랄 때는 살기가 더 어려웠다'고 말하면서 '지금 네가 누리는 것에 감사해야 한다'고 손자를 타이른다. 또 누군가는 특별한 '교훈'을 의식하지 않고 그저 정보 자체로 득이 되는 역사 지식을 전해주기도 한다. 예를 들어 5센트짜리 동전이 제2차 세계대전 시기에는 납으로 만들어졌다는 사실, 지금 쇼핑몰이 들어선 자리에서 예전에 "내가 토끼사냥을 하며 총을 쏘곤 했"다는 것, 우리 동네 골프 코스가 바로 노르웨이의 왕이었던 마그누스 베어풋(Magnus Barefoot)이 1103년에 죽임을 당한 곳이라는 이야기 같은 것들이다. 북아일랜드의 어린이들은 먼저 학교에 간 손위 형제자매들이 수업 시간에 배운 역사 이야기들을 해주었기 때문에 본인들은 벌써 바이킹이나 로마인, 혹은 빅토리아 시대에 대해 잘 알고 있다고 말하기도 했다. 아마도 이 어린이들의 형제자매는 바이킹이 학교에서 가르칠 만큼 중요한 주제이므로 가족들도 꼭 알아야 한다고 생각했을 것이다.

이런 유형의 역사 '보여주기'에서는 이기적인 마음을 찾아볼 수 없다. 이들은 다른 사람들에게 혜택을 주고자 그리했던 것이다. 더욱이 학생들은 이것이 역사를 가르치는 목적 중의 하나라고 생각하고 있었고, 언젠가는 본인들도 똑같은 역할을 수행할 것이라고 믿고 있었다. 이 어린이들은 본인의 자식이나 손자들에게 학교에서 겪었던 일이나 공부했던 역사 주제에 대해 이야기해줄 거라고 대답했다.[14]

타인을 위한 봉사의 뜻으로 역사 정보를 보여주는 것은 박물관과 유적지의 주요 목적 중 하나이고, 이런 장소는 어린이들이 과거를 배울 수 있는 가장 일반적인 곳이기도 하다. 가령, 이런 곳에는 복구된 옛날식 집, 골동품이 된 농기구, 각종 물건으로 가득한 유리 케이스, 중산층 백인들이 사용했던 의자* 같은 것들이 전시되어 있다. 이런 전시가 이루어지는 이유는 어떤 사적 기관이나 공적 기관이 이 물건을 전시하여 여러 사람들에게 보여줘야 한다고 생각했기 때문이다. 이런 전시가 인기가 있다는 사실은 방문객들도 그에 동의한다는 것을 의미한다.

때때로 이런 유적지는 단순한 전시 수준을 넘어 방문객들이 정체성을 확인하거나, 도덕적 판단을 내리거나, 역사적 흐름을 분석할 수 있도록 특별한 자극을 주는 것을 목적으로 삼기도 한다. 물론 어떤 경우에는 뚜렷한 목적 없이 단지 여러 물건들을 '보여주는' 것 그 자체에 급급

---

* 1970년대 초반의 인기 TV쇼 〈올 인 더 패밀리(All in the Family)〉에서 주인공 백인 남자가 늘 앉던 의자이다. 워싱턴의 스미소니언박물관에서 이 의자를 시대의 아이콘으로 전시하여 한때 이슈가 되기도 했다.

한 곳들도 있다. 우리 두 저자는 18~19세기의 이름도 붙지 않은 가정 집기들을 칸칸이 진열해둔 스코틀랜드의 민속박물관에서 이런 식의 목적 없는 보여주기 활동의 극단적인 예를 발견할 수 있었다. 하지만 이 정도로 해석이 부재한 박물관은 사실 거의 없다. 수많은 박물관들이 역사적인 물건을 펼쳐 보여주거나 특정한 시대를 정확하게 재창조하기 위해 노력하고 있다. 이런 보여주기의 중심에는 방문객들이 박물관 전시를 보면서 혜택을 얻을 수 있으리라는 믿음이 자리하고 있다.

다른 이들을 위한 봉사로서의 역사 보여주기는 참여민주주의에 가장 잘 기여할 수 있는 방식이다. 합리적인 판단, 인문주의에 대한 폭넓은 관점, 그리고 공공선에 관한 숙의는 모두 정확한 정보에 접근할 수 있어야 가능하다. 시민들은 때로는 책에서, 때로는 전자 미디어에서, 때로는 기록보관소에서 이런 정보를 얻을 것이다. 어쩌면 가장 접근이 쉬운 정보는 사람 혹은 박물관에 있을 것이다. 그 누가 50년 전의 삶에 대해 우리 할아버지보다 더 나은 대답을 해줄 수 있겠는가? 농장을 재현해놓은 장소가 아니라면 어디에서 19세기 농장 풍경을 찾아볼 수 있겠는가? 박물관이 아니라면 우리가 바이킹의 보석을 볼 기회가 달리 있을까? 우드랜드(Woodland) 인디언의 삶이나 산업혁명에 대해 가장 잘 설명해줄 수 있는 사람은 나보다 조금 일찍 같은 주제를 배웠던 형제자매 말고 누구이겠는가? 이런 역사 정보를 기꺼이 드러내 보여주려는 마음이 참여민주주의의 작동에 중요한 역할을 한다.

역사 정보를 이기적인 마음 없이 드러내 보이는 것은 학교 과제의 모델이 될 수도 있다. 학생들이 교사나 평가 기관을 염두에 두고 역사 정보를 드러내는 것이 아니라, 서로 역사 정보를 공유하고 싶은 마음으로 보여주기 활동을 할 수도 있다는 말이다. 예를 들어 교실 수업을 토대로 한 어느 연구에서 4학년과 5학년 학생들은 더 연령이 낮은 어린이들이 방문할 '역사박물관' 만들기 발표수업을 준비하는 모둠활동을 했다. 브루스 밴슬레드라이트가 가르쳤던 교실에서는 각 모둠의 학생들이 하나씩 식민지를 골라 탐구한 뒤, 교실의 다른 학생들에게 설명해주기 위해 탐구 결과를 글로 정리했다.[15] 또 다른 유사한 프로젝트에서 학생들은 포스터, 비디오, 극, 잡지 만들기 등을 했는데, 이는 학교 공동체 안팎의 사람들에게 역사를 알리는 것을 목적으로 했다. 이 프로젝트에서 연령이 높은 학생들일수록 이런 보여주기를 더 다양하고 정교하게 수행해냈다. 또 이런 보여주기 활동을 수행하면서 학생들은 역사적 내용을 통합하고 재해석하기 위한 판단을 내리고 서로의 관점이나 관중들의 관점을 고려하면서 본인들의 목표를 성취하기 위한 최선의 방법을 궁리하는 등, 인문주의적 역사교육에 한층 가까운 활동을 수행했다. 시험을 치르거나 학습지를 푸는 것보다 이런 식의 과제를 통해 교사들은 더 많은 학습 정보를 제공해줄 수 있을 것이다. 또한 교사들은 더 진짜 같은, 그리고 더 인문주의적인 맥락에서 수업을 진행하게 될 것이다.

　그러나 타인을 위한 봉사로서의 보여주기 활동에 문제가 전혀 없는 것은 아니다. 인문주의적 교육에 기여하는 차원에서 역사 정보 보여주기를 할 때, 거기에는 다른 사람들이 원하고 필요로 하는 정보가 반드시 제시되어야 한다. 그런데 여기에 좀 애매한 측면이 있다. 보여주기를 할 정보를 가진 이들은 대개 역사가 제시되는 형태와 그 내용을 통제하고자 하고, 이들은 또한 '필요한 정보'의 개념 자체를 다른 이들에게 강요할 수 있는 권력과 자원을 가지고 있게 마련이다. 이런 지배력은 보여주기 스탠스에서 특히 문제가 된다. 왜냐하면 분석하기, 정체성 세우기, 도덕적 판단하기는 사회적으로 구성된 것임이 비교적 쉽게 인지될 수 있지만, 보여주기를 통해 단순히 드러나는 정보는 자연적이고 불가피하며 객관적인 표현의 형태를 취하기 때문에 문제적 상황임이 드러나기 어렵기 때문이다. 보여주기는 역사적 현실을 해석하기보다는 있는 그대로 "비춰주는" 것처럼 보인다. 이런 반응은 로이 로젠웨이와 데이비드 텔른이 했던 인터뷰에서 특히 분명하게 드러났다. 이 인터뷰에 응답한 사람들은 역사적 유적지나 박물관을 다른 어떤 자료보다 신뢰하고 있었고, 그런 장소들이 "옛날 사람들이 그 유물을 사용했던 당시와 그 장소를 있는 그대로" 반영하고 있다고 믿었다. 이 인터뷰에 응답한 사람들은 유적지나 박물관에서 과거를 만남으로써 옛날 사람들의 경험에 직접적이고 왜곡되지 않은 방식으로 접근할 수 있다고 느꼈다. 심지어 한 응답자는 박물관은 "어떤 특별한 관점도 제시하려 하지 않잖아요"라고 대답했다.[16]

그러나 역사 정보 보여주기는 해석의 문제와 분리될 수 없고, 박물관과 유적지 또한 수많은 사회·문화·경제·이데올로기적 토대를 반영하고 있다.[17] 보여주기에는 반드시 해석이 수반된다는 단순한 사실 그 자체는 문제가 아니다. 사실 '해석'으로부터 자유로운 보여주기란 존재할 수 없기 때문이다. 예를 들어, 앞서 언급한 스코틀랜드의 민속박물관조차 무엇을 보여줄지 결정해야 했다. 다섯 종류의 퇴거 통고문 대신에 다섯 종류의 쇠 주전자를 전시하기로 했던 결정 같은 것들 말이다. 그러나 언제나 해석이 개입된다는 사실이 인지되지 못하면, 보여주기를 통해 드러나야 할 다양한 정보가 시야 밖으로 밀려나 거의 상상조차 되지 못할 수도 있다. 때때로 가장 중요한 정보는 전시에서 보여지지 않는 또 다른 종류의 정보이다.

예를 들어, 북아일랜드의 얼스터 민속박물관—이 장의 시작에 소개된 시의 주제—은 이 지역 민중의 삶의 세세한 모습을 보여주기 위해 건립되었다. 휴잇의 시에서처럼 방문객들은 복구된 집, 가게, 여러 건물을 둘러보고 가구, 도구, 기구 등도 살펴보며, 생활박물관에서 진행되는 온갖 활동도 둘러본다. 휴잇의 친구가 지적했듯이 여기에 빠져 있는 것은 "종파 싸움을 위한 장소"이다. 방문객들은 이곳에서 결코 가톨릭과 프로테스탄트 공동체가 연루된 역사적 분쟁이나 그 분쟁과 관련된 물건을 보지 못할 것이다. 사실 이 박물관은 두 공동체가 공유했던 북아일랜드의 물질문화를 전시한다는 명백한 의도를 가지고 건립되었다. 이 박물관은 애초부터 두 공동체를 분리시키는 부분이 아니라 공통적인 부분을 보여주고자 했다. 박물관은 이곳이 "고요한 오아시스"이고, 따라서 "모든 사람들을 설득하여 연합할 수 있는" 관점을 제공할 수 있어야 한다고 설명하고 있다.[18]

　서로 다른 공동체의 공통된 토대를 찾는 것은 북아일랜드뿐만 아니라 모든 분열된 사회가 추구하는 목표이다. 제3장에서 논의했던 것처럼, 사람들이 공동의 정체성을 가진다고 느끼지 못하면 공공선에 마음을 쓰기 쉽지 않다. 그러나 분쟁—심지어 북아일랜드에서는 이런 분쟁이 오늘날까지 지속되고 있다—을 일으킨 역사적 환경에 대해서는 생각하지 않으면서, 오로지 물질적 삶에 관한 세세한 공감대를 가지고 과연 공동의 토대를 만들어낼 수 있을까? 물론 어떤 박물관도 사회에 깊이 뿌리내린 역사적 분쟁을 해결하는 임무를 떠맡을 수 없다. 얼스터 민속박물관은 자기만의 구체적인 임무를 가지고 있고, 이를 매우 능수능란하게 처리하고 있다. 그러나 북아일랜드에서는 사실상 그 어떤 박물관도 종교적·정치적 분쟁을 다루지 않는다. 거의 모든 박물관이 사회적·물질적 삶과 관련된 비논쟁적인 세부 내용만 다루고 있다. 따라서 박물관과 유적지를 방문하는 방문객들은 이 국가가 역사에 깊이 뿌리내린 근본적인 분쟁 때문에 지금 이 순간에도 고통 받고 있다는 사실을 전혀 마주하지 못한 채 그곳을 떠나게 되는 것이다.

수많은 박물관 전문가들은 그 지역의 오랜 분쟁이 역사와 현재까지 진행 중인 불협화음을 고려해 볼 때, 이런 "중립적이고" "수동적인" 접근이 과연 정당한지 의문을 표했다. 예를 들어 한 박물관 큐레이터는 북아일랜드에서 분쟁이 지속되는 이유는 학교나 박물관 같은 공공 기관이 이런 분쟁을 직접적으로 다루려는 의지가 없기 때문이라고 말했다.[19]

비슷한 예를 미국의 콜로니얼 윌리엄즈버그(Colonial Williamsburg) 박물관에서도 발견할 수 있다. 리차드 핸들러(Richard Handler)와 에릭 게이블(Eric Gable)은 방문객들이 이곳에 전시된 물건들—가령 건축물, 가구, 도구, 장식품, 토지 사용의 패턴 같은 것—의 세세한 측면이 정확한지에 대해 끊임없이 생각한다고 설명했다. 방문객들은 정확치 못한 부분에 특히 주목하기 때문에 직원들은 윌리엄즈버그에서의 삶을 있는 그대로 재현해내는 데 열정을 다하게 된다. 해설자가 타운에서의 삶을 설명할 때도 그가 정확한 세부 사항에 얼마나 주의를 기울이는지 명백히 드러난다. 이곳의 박물관 해설자들은 1770년대의 '미국 재건의 시대'*로만 논

---

* 1865년 남북전쟁 종결 직후부터 1877년까지를 일컫는다. 이 시기 동안 미국인들은 갈라진 나라를 다시 하나로 통합하고자 했다. 그러나 재건의 방법과 해석의 문제를 놓고 다양한 논쟁이 있었고, 이에 대한 역사적 평가도 다양하다. 북부의 재건은 공화당의 힘을 강화시켜 이후 북부 경제는 급속하게 팽창했고 점차 많은 북부인이 상업 세계 속으로 빨려 들어갔다. 남부의 재건은 백인과 흑인의 관계를 재조정했다. 흑인은 잠시 동안이나마 정치에 참여할 수 있게 되어 투표에 참여하고 상당수가 공직에 진출했다. 그러나 곧바로 다시 백인우월주의가 강화되면서 대부분의 흑인은 남부 정치세계에서 변방으로 밀려났고 이런

의를 제한하고, 이 시기를 그 이후나 현재와 비교하는 일은 좀처럼 피하려고 한다. 주제가 건축이든 미국사의 더 큰 내러티브이든, 당대를 벗어난 이야기는 늘 피하고 싶은 주제이다. 그 결과 노예제 같은 역사 주제는 '노예제가 윌리엄즈버그에 존재했던 시대'로만 국한되어 논의된다. 이에 대해 핸들러와 게이블은, 방문객들이 가장 알고 싶어 하는 건 다른 시기나 다른 지역까지 포괄하는 노예제의 본질, 남북전쟁에서 노예제의 역할, 노예제가 현재에 남긴 유산과 같은 이야기들인데도 '시대에서 벗어난다'는 이유로 이 이야기는 회피되고 만다고 말했다. 윌리엄즈버그에서 "정말로 일어났던" 일들만 역사의 일부로 보여줘야 한다는 강박 때문에, 역사와 현재의 관계를 생각할 수 없게 된 것이다. 과거의 어느 한 순간을 충실히 재현해내려고만 애쓰는 박물관에서는, 사회의 구조적인 상황과 과거와 현재의 문화적 패턴의 연결관계를 발견할 수 없다. 얼스터 민속박물관처럼 조밀하게, 진짜처럼 실감나게 역사의 디테일한 면면을 전시한다 해도, 결국 더욱 큰 사회적 관심사를 회피하는 결과만 낳게 될 것이다.[20]

다른 이들을 위해 역사 정보를 보여주는 일은 두 가지 중요한 원리를 따라야 한다. 첫째, 이 '보여주기'가 어떤 논리에 의해 만들어졌는지 주의해야 하고, 그 과정에서 보여주기가 함의한 가정, 관점, 빠진 부분에 대한 논의가 이루어져야 한다. 무엇을 어떻게 보여줄 것인지에 대하여 어떤 선택이 일어났는지, 그 선택의 결과는 무엇인지, 또 가능한 다른 대안은 무엇이 있었는지 늘 관심을 가져야 한다. 게이너 카바나(Gaynor Kavanah)가 지적했듯이, 여성, 어린이, 소수자, 노동자 등 특정 집

상황은 1960년대 시민권 운동이 일어날 때까지 크게 변하지 않았다.

단에 속한 사람들의 경험이 박물관 전시에서 배제될 경우, 방문객들은 그곳의 지배적인 묘사에 대항하기 어려워진다. 이에 대해 카바나는 "방문객들이 채워야 할 공란이 너무 많다"라고 설명했다.[21]

만약 보여주기의 한계점이 솔직하게 인정된다면, 방문객들은 대안이 되는 정보를 개념화하고 정보를 취사선택하기가 더 쉬워질 것이다. 방문객들이 주어진 전시가 해당 주제에 접근하는 유일한 방식이라 믿고 더 이상 질문은 필요없다고 짐작하게 만들어서는 안 된다. 오히려 보여주기는 열려 있어야 하고, 그렇게 묘사된 것들의 구조화된 본질적 속성을 보여줄 수 있어야 한다. 학교 과제에서도 학생들은 본인들의 선택, 그 선택의 결과, 그리고 같은 정보를 어떻게 다른 방식으로 볼 수 있는지에 대해 청중들에게 설명할 수 있어야 한다.

또한 보여주기가 청중들 스스로 전시된 정보에 담긴 개념, 관점, 의문점들을 이야기하도록 한다면 더욱 유용하게 활용될 수 있을 것이다. 이는 현재의 교육 관련 이론의 기본적인 신념으로, 조지 헤인(George Hein)은 박물관 역시 유사한 원리로 구성되어야 한다고 제안했다. 즉 박물관이 방문객들로 하여금 "본인들이 보고 있는 것을 서로 연결하여 생각하고, 이미 알고 있는 것을 행하고, 느끼며, 또 이해하고 인지하도록" 해야 한다는 것이다.[22] 이런 부분이 정확히 윌리엄즈버그의 전시에서는 빠져 있었다. 미국 역사 전반에 걸친 노예제의 역할에 대해 의문을 지닌 방문객이 박물관에서 오로지 협소한 시기와 지역에 대한 정보만 제시받는다면, 학습 효과는 최소화될 것이다. 교육적 관점에서 보면, 어린이들에게 단순히 역사 정보를 보여주기만 하는 것은 유적지 방문이든 교사나 책, 친구들에게 듣는 것이든 별로 효과가 없으며, 특히 역사교육의 목적이 학생들로 하여금 공공선에 관한 문제를 숙의하도록 하는 것이라면 더더욱 그러하다. 다른 이들에 대한 봉사로서 보여주기를 하기 위해서는, 다른 이들이 진실로 필요로 하는 역사 정보가 무엇인지 파악하고 이런 정보를 드러내 보이려는 시도가 반드시 수반되어야 한다. 학교 수업은 다음의 원리를 따라야 한다고 다시 한 번 강조하고 싶다―역사 보여주기에 관한 학생의 작업은 청중이 그 주제에 대해 이미 알고 있는 것, 그리고 그 청중들이 가지고 있는 의문점을 고려하는 속에서 시작되어야 한다는 것이다.

결론

우리가 이 책을 쓰기 시작했을 때만 해도 '보여주기' 스탠스는 저자들이 제일 선호하지 않는 주제였다. 우리는 역사교육의 실천에서 네 가지 주요 스탠스들이 잠재적으로 민주주의 교육에 기여하는 바를 살펴본다는 강한 목적의식을 지니고 있었지만, 은연중에 '보여주기' 스탠스를 무시하는 마음을 가지고 있었던 것 같다. 사실 우리 중 누가 그다지 즐겁지 않을 이 장을 쓸 것인지 결정하는 데도 시간이 좀 걸렸다.

역사 보여주기는 그 자체로는 썩 흥겹지 않은 주제이다. "식탁 좌담의 독재자"들이 우쭐해서 자랑을 늘어놓는 모습부터 연상되는 주제인데다, 또 이것이 역사 학습의 '책임성'을 확인하는 수단으로 사용될 경우 교수 학습에 부정적인 효과를 가지고 올 수도 있기 때문이다. 두 경우 모두에서, 역사 정보를 보여주는 일은 인문주의적 역사교육의 잠재적인 장벽이 된다. 따라서 우리는 교육자들이 이 장벽을 극복하기 위한 전략을 서둘러 개발해야 한다고 생각한다.

그러나 우리는 '타인을 위한 봉사'로서의 '보여주기'에서 역사 정보의 보여주기가 바람직하게 활용될 수 있음을 알게 되었고, 공식 기관의 안에서든 밖에서든 이런 방식의 보여주기가 교육적 노력의 중요한 부분일 수 있다고 생각하게 되었다. 다른 사람들이 올바른 판단을 내리고 인간성을 이해하며 공공선에 대해 숙의해볼 수 있도록 정보를 제공하는 것은 민주주의와 분리될 수 없는 일이다. 학생들은 어린 시절부터 자신이 아는 것을 더 어린 동생들, 친구들, 혹은 학교 밖의 사람들과 나누면서 이런 보여주기에 참여하는 방법을 배울 수 있다. 사실 이는 이미 어린이들이 역사 정보를 활용하는 익숙한 방식 중 하나이다. 많은 어린이들이 '역사를 학습하는 목적은 언젠가 그 정보를 다른 이들에게 전달해주기 위해서'라고 설명하고 있다. 이런 잠재력을 실현하기 위해서라도 학생들은 타인을 위한 보여주기 활동에 실제로 참여할 수 있어야 하고, 우리가 논의했던 원리에 따라 그것을 구성해볼 기회를 가져야 할 것이다.

제3부
역사교육의 유용한 도구들

① 내러티브

Teaching History
for
the Common Good

제7장

내러티브 구조와 역사교육

1939년 9월, 루이지애나 비스로이(Viceroy)의 한 치과의사는 사람의 치아를 콜라병에 넣고 하룻밤을 그대로 두었다. 그리고 그 다음 날 히틀러가 폴란드를 침공했다.—데이비드 마메(David Mamet)[01]

'내러티브'라는 단어가 교육 분야에 소개되었을 때 우리 두 저자는 당혹스러웠다. 단순화되거나 과장된 주장, 무분별한 주장, 혹은 셋 모두인 주장이 우리를 괴롭힐까 두려웠기 때문이다. 여태껏 내러티브는 "인간 경험의 근본적인 구조", "인간사의 질서를 이해할 수 있게 해주는 (…) 삶의 근본적인 문제에 대한 해결책", "새로운 경험을 고심할 때 유용한 가장 근본적인 방식", "머릿속에서 이루어지는 기본적인 행위"로 인정받아왔다. 이런 주장들을 감안해보면, 일부 교육자들이 역사를 "제대로 된 이야기"와 동일시하거나 어린이들이 처음에는 이야기의 형태로 역사를 접해야 한다는 주장을 펼치는 것도 그리 놀라운 일은 아니다.[02]

그러나 특정한 문화적 관행이 이렇게 근본적이고 보편적이며 역사를 초월했다는 인정을 받을 때마다 조심해야 할 것들이 있다. 내러티브는 인간이 뭔가를 이해하려 할 때 사용할 수 있는 중요한 도구이고, 역사를 가르칠 때도 중요한 역할을 하지만, 그런 덕목을 무비판적으로 받아들이기에 앞서 잠시 생각해볼 것이 있다. 특히 역사적 내러티브가 무엇인지, 그리고 역사적 내러티브가 아닌 것은 무엇인지, 얼마나 각양각색의 내러티브가 교실에서 사용되고 있는지, 이것이 학생들이 역사를 이해하는 데 어떤 영향을 미치는지를 정확히 판단해보기 위해 고삐를 늦출 필요가 있는 것이다. 그렇게 함으로써 우리는 새로이 알게 되는 게 있을 것이다.

이번 장에서는 문화적 도구로서 내러티브 구조의 일반적인 역할을 알아볼 것이다. 그리고 제8장에서는 내러티브의 한 종류('개인의 동기와 성취'를 강조하는 내러티브)에 대해, 제9장에서는 또 다른 특별한 내러티브인 '미국의 자유와 진보' 이야기에 대해 살펴볼 것이다. 제7장부터 제9장에 걸쳐, 학생들이 내러티브를 사용해 역사를 공부할 때 발생하는 행동 유도성과 행동 제한성을 검토해보고자 한다.

내러티브의 의미

토마스 리치(Thomas Leitch)는 "다행스럽게도, 세상 모든 사람들은 이야기가 무엇인지 안다. 그러나 이야기가 무엇인지에 대해 설명하기는 극도로 어려워한다"라고 말했다. 사전도 큰 도움이 되지는 않는다. 『웹스터 대사전』은 이야기(story)를 "소설보다는 짧은 허구의 내러티브"라고 정의하여, 내러티브(narrative)와 이야기(story)를 동의어로 규정하고 있다.

유사한 예로, 『아메리칸 헤리티지 사전』은 이야기(story)를 "설명(account)"이라고, 설명(account)은 "내러티브(narrative)"라고, 다시 내러티브(narrative)는 "이야기(story)"라고 정의해놓았다.[03] 이야기, 내러티브, 설명을 서로 바꾸어가며 사용하는 것은 학계에서나 일상에서 흔히 벌어지는 현상이지만, 그 때문에 우리는 이 개념의 특성을 정의하는 데 더 어려움을 느끼게 된다. 문학이론가들 또한 그 의미를 정확하게 잡아내지 못한다. 내러티브에 관한 학문적 연구는 상당히 많지만,—리치는 이와 관련된 연구성과들을 다 조사하려면 평생 걸릴 것이라고 했다—명확한 정의는 거의 존재하지 않는다. 문학이론가들은 이 주제에 대해, 또 이 주제와 관련된 주변의 주제에 대해서도 논의하지만, 대개 '내러티브'라는 용어가 의미하는 바에 대해서는 말하지 않는다. 종종 내러티브는 "어떤 것, 그리고 모든 것"을 의미하거나 혹은 "그 당시 내가 말하고 있는 어떤 것" 정도를 의미하는 듯이 보이기도 한다.

심지어 역사를 가르치기 위해 '내러티브'를 사용해야 한다고 주장할 때조차, 대부분의 교육자들은 정확한 정의를 내리지 않는다. 이 교육자들은 마치 모든 사람이 '이야기'가 무엇인지 아주 잘 알고 있다고 가정하는 것 같다. 그랜트 배지(Grant Bage)는 통찰력 있으면서도 상당히 유용한 저서인 『내러티브를 문제시하기: 이야기를 통한 역사 학습(Narrative Matters: Teaching and Learning History Through Story)』에서 교실에서 내러티브를 사용할 때의 장단점과 복잡함 등을 매우 다양하게 검토했지만, 이 개념을 한정시켜 일관적으로 설명해내지는 못했다. 이 개념이 다양한 독자들의 다양한 해석을 위해 열려 있기를 바라는 갈망은 이해하지만, 이 책에서 우리의 목적은 문화적 도구로서의 '내러티브'를 분석하는 것이며, 이를 위해서는 이 도구의 특성을 명확하게 이해할 필요가 있다.

역사교육에서 '내러티브'를 놓고 벌어진 수많은 논의에서 공통적으로 발견되는 문제점은, 내러티브 구조라는 개념이 어떤 특별한 종류의 내러티브 내용과 섞여서 설명되거나, 내러티브가 모든 다른 문학과 동일시되고 있다는 것이다. 우리 두 저자 역시 이 주제에 대해 확신에 찬 논의를 제공하지는 못하겠지만, 적어도 교육자들이 내러티브가 함의하는 바를 바탕으로 역사를 배우고 가르치는 일을 더 깊이 생각할 수 있도록 좀 더 조직적인 정의를 제공할 수 있기를 희망한다.

'내러티브'에 대한 데이비드 보드웰(David Bordwell)과 크리스틴 톰슨 (Kristin Thompson)의 정의는 명확하고 간결하다. 이들은 내러티브를 "시간과 공간에 걸쳐 원인과 결과의 관계 속에서 발생하는 일련의 사건"이라고 정의했다. 두 사람이 논하는 것은 영화에 관한 이야기지만, 이 정의는 글로 작성된 텍스트뿐만 아니라 허구적 텍스트 및 역사 텍스트에까지 적용이 가능하다. 또한 이들은 "대개 내러티브는 한 가지 상황에서 시작된다. 일련의 변화가 원인과 결과의 패턴에 따라 발생하고, 결국 새로운 상황이 발생하여 내러티브를 종결 짓는다"라고 더 자세한 설명을 덧붙였다. 또한 톰 홀트는 역사적으로 내러티브는 "본질적으로 인과관계를 이루는 시간적 질서"를 가지고 있다고 설명했다.[04] 우리는 이것이 내러티브를 규정하는 유용한 방식이라고 보는데, 왜냐하면 이 방식은 수많은 역사 연구들의 설명 패턴뿐만 아니라 어린이들의 텍스트 이해와 기억력에 관한 중요한 설명 패턴들과도 일치하기 때문이다.

내러티브의 구조를 더욱 구체화하기 위하여 우리 저자들은 케네스 벌크가 제시한 '행위자, 행위, 목적 및 의도, 배경, 도구'라는 다섯 가지 요소를 더하고자 한다. 인과관계로 연결된 사건의 연속이라는 내러티브의 정의와 더불어, 이 다섯 가지 요소는 내러티브에 대한 기대가 형성되는 방식에 주의를 환기시켜주고, 또한 역사를 가르치는 도구로서 내러티브가 지니는 '행동 유도성'과 '행동 제한성'을 충분히 생각해볼 수 있게 해준다.

부드웰과 톰슨이 주목하는 내러티브에 대한 정의의 첫 번째 측면은 내러티브가 "사건의 연속"이라는 특성을 가진다는 점이다. 특히 이것이 역사에 적용되면 내러티브는 근본적으로 순서 혹은 "연속된 순서"에 맞춰 사건을 구분 짓게 된다. 역사가는 역사의 범위와 깊이라는 두 측면에서, 전 세계 모든 역사를 기록하려고 시도하지는 않는다. 즉 역사가는 인류의 첫 등장부터 오늘날에 이르는 전 과정을 기술하지도 않고, 주어진 한 시대에 있었던 모든 일을 전부 다 기술하려 하지도 않는다는 말이다. 오히려 내러티브로서의 역사를 기술할 때, 역사가들은 논리적인 순서의 일부가 되는 특정한 사건들을 선택하며, 그런 사건들을—그것이 산업혁명에 관한 것이든, 이슬람 전파에 관한 것이든, 혹은 헬렌 켈러의 삶에 관한 것이든—순서대로 배치하여 일관성을 분명히 한다. 예를 들어 미국에서 여성의 참정권 운동에 관한 내러티브는 고대 이집트의 피라미드 건축이나 유럽의 흑사병, 동아프리카 철도 파괴 사건 따위를 포함하지 않을 것이다. 이런 일들은 미국의 여성 참정권 운동 이야기와는 관련이 없기 때문이다.

물론 피라미드를 제외시키는 것은 쉬운 결정이다. 그러나 더 깊이 있는 판단을 요구하는 다른 사건들도 있다. 가령 미국의 여성 참정권 운동에 관한 이야기는 언제 시작하는가? 미국 식민지 시대? 남북전쟁 전? 혹은 20세기 초? 그렇다면 그 끝은 언제인가? 19세기에 미국 수정헌법이 비준되면서? 1990년대 선거 패턴에서 젠더 관계에 변화가 시작되면서? 아니면 이 이야기는 아직 끝나지 않았다고 봐야 하는가? 또한 이 이야기는 세계 다른 지역의 참정권 운동과의 관련성을 포함시켜야 할까, 아니면 그 관련성은 별로 중요하지 않은 것일까?

역사가들은 이런 수많은 질문에 답하면서 무한히 다양한 사실들에 순서를 매긴다. 내러티브로서의 역사에서 이는 선별된 사실을 순서에 맞게 배치시키는 과정이다. 즉, 역사가는 이야기가 언제 시작되어 언제 끝나는지 결정하고, 그 사이에 있는 사건들의 순서를 결정한다. 순서에 맞게 배치하는 과정은 단순한 쇼윈도 장식이 아니며, 역사를 더 매력적이고 읽기 쉽게 만들어보려는 '문학적' 시도 또한 아니다. 오히려 그것은 수많은 역사가들이 행하는 일의 핵심이다. 역사가들은 과거에 있었던 사실 그 자체뿐만 아니라 그 사실의 순서 또한 올바르게 연결함으로써 과거에 대해 더욱 신뢰할 만한 주장을 펼칠 수 있다.[05]

선택과 배열에 대한 질문은 내러티브의 또 다른 구성물, 즉 인과관계에 대한 고려로 이어진다. 내러티브는 사건을 무작위로 나열하는 것이 아니라, 주의 깊게 선택하고 배치하는 것이다. 내러티브, 그리고 내러티브적 역사는 인과관계적 설명을 목적으로 한다.

내러티브는 한 사건이 다른 사건을 야기한 방식과 그 연결고리에 영향을 미친 요소를 펼쳐 보이고자 한다. 가령 제1차 세계대전에 대한 내러티브적 설명은, 1914년 6월 18일 사라예보에서 세르비아계 민족주의자들이 오스트리아-헝가리제국의 왕위 계승자인 프란츠 페르디난트 대공(Archduke Francis Ferdinand)을 암살했다고 서술할 것이다. 또한 동맹국이었던 독일의 부추김을 받아 오스트리아-헝가리제국이 세르비아를 상대로 전쟁을 선포했고, 세르비아의 동맹국이었던 러시아가 오스트리아-헝가리제국을 상대로 다시 전쟁을 선포함으로써 마침내 독일이 러시아를 상대로 전쟁을 선포하는 결과로 이어졌다고 서술할 것이다. 이어서 프랑스가 동맹국 러시아를 지지하자, 이는 독일로 하여금 프랑스만 재빠르게 정복하면 두 전선에서의 전쟁을 피할 수 있다는 희망을 품고 벨기에로 진격하게 했다고 서술할 것이다. 좀 더 복잡하게 쓰자면, 오랜 세월에 걸친 군사력의 팽창, 민족주의의 확산, 경제적 경쟁관계가 이런 전쟁이 시작되게 만들었다고 지적할 것이고, 좀 더 서술을 확장시킨다면 러시아 왕정의 종말, 미국의 참전, 국제동맹의 형성, 제2차 세계대전의 씨앗에 이르는 이야기까지도 세세하게 열거될 것이다. 이 모든 설명은 각기 사건을 인과관계를 토대로 엮어낸 것이다.

역사를 서술하는 사람이 이런 인과관계를 명백하게 하지 않는다 하더라도, 그 서술은 이미 사건의 순서 매기기를 바탕으로 한 일련의 인과관계를 내포하고 있다. 만약 사건이 순차대로 일어났다면 우리는 그 사건들이 서로 관련되어 있다고 자연스럽게 가정할 것이다. 이번 장 맨 앞에서 언급한 드라마 독백의 인용문이 우스꽝스러운 이유는, 첫 번째 문장이 관객으로 하여금 내러티브를 기대하도록 만들기 때문이다. 이는 벌크가 제시한 다섯 가지 요소—즉 행위자(치과의사), 행위(치아를 콜라병에 넣는 것), 배경(1939년 루이지애나 비스로이), 도구(경험과학), 목적(아마도 콜라가 치아 건강에 미치는 영향을 알고자 하는 것)—를 모두 포함하고 있다. 관객은 다음 문장이 이 실험의 결과를 묘사해주기를 기대하지만, 히틀러가 폴란드를 침공했다는 엉뚱한 이야기가 나오면서 기대는 완전히 꺾여버린다. 우리가 아는 한 폴란드 침공 사건은 치과의사의 실험과 그 어떤 인과관계도 가지지 않는다. 마메는 이런 서술을 통해 관객들이 기대하는 내러티브를 무너뜨림으로써—이 경우 내러티브에서 인과적으로 연결된 사건들을 제공하지 않고 엉뚱한 사건을 제공함으로써—관객들을 조종했던 것이다. 요컨대 우리는 내러티브를 논의할 때 인과적으로 연결되어 있고 연대기적으로 구성된 사건들의 순서를 언급하게 된다. 그리고 이는 일반적으로 배경, 행위자, 행위, 목적, 도구로 구성되어 있다.

학생과 역사 내러티브

앞서 언급한 바와 같이, 내러티브에 대한 우리의 정의가 유용한 이유는 이 정의가 많은 역사 연구에 적용되고 있을 뿐 아니라 사람들이 허구적인 내러티브를 어떻게 이해하고 상기하는지 보여주는 연구와도 일치하기 때문이다. 이런 연구들은 이야기의 문법(이야기가 구조화되는 방식에 관한 일련의 규칙)을 발전시키려는 시도를 바탕으로 하고 있고, 서로 다른 문화에서 나온 수많은 전통 설화가 공통의 구조(배경, 시작, 대응, 시도, 결과, 끝을 포함한다)를 가지고 있다는 점에 기초하고 있다. 잔 맨들러(Jean Mandler)를 포함한 일부 학자들은 이런 요소들이 '심리적 현실성'을 지닌다는 점을 보여주었다. 다시 말해, 사람들이 지니고 있는 정신적 '이야기 스키마(story schema)'가 이런 공동의 요소를 바탕으로 이야기를 구조화하며, 이 스키마는 사람들이 들은 이야기를 이해하고 기억하는 방식에 영향을 미친다는 것이다.

예를 들어, 사람들은 이야기의 필수 요소들이 다 포함되어 있을 때 그 이야기를 더 잘 기억하게 되고 그에 대해 더 분명한 판단을 내릴 수 있다. 몇 가지 요소들이 빠진 이야기를 들으면 정확하게 기억하기 어려워하고, 심지어 세상 돌아가는 이치에 대한 자신의 관점을 보태 이야기의 빠진 부분을 채워넣으려고까지 한다. 더욱이 사람들은 이야기 속에서 일련의 사건들이 특별한 순서에 맞춰 발생할 것이라고 기대한다. 만약 순서가 맞지 않으면 사람들은 그 이야기를 더 천천히 읽게 될 것이고, 다 읽은 뒤에도 정확하게 기억하기 어려워한다. 또한 사람들은 들은 이야기를 다시 말할 때 일부 잊어버리거나 착각하는 부분이 있다 하더라도, 전반적인 이야기 구조는 온전하게 담아둔다. 다시 말해 사람들이 제대로 기억하지 못하는 것은 세부적인 내용 정도일 뿐, 그 이야기를 잘못된 순서로 말하거나 필수적인 요소를 빼먹지는 않는다는 말이다.[06]

이런 설명이 우리에게 말해주는 것은, 기존에 가지고 있었던 일종의 기대—즉 이야기의 내용이 아니라 구조에 대한 기대—가 내러티브의 이해와 기억에 영향을 미친다는 것이다. 이런 이야기 스키마가 학생들이 역사를 이해하는 데 영향을 미친다는 증거도 있다. 이미 언급한 바와 같이, 우리는 매우 어릴 때부터 과거에 대한 정보를 수집하기 시작한다. 이 정보는 다양한 사람, 장소, 사건, 경향과 관련되어 있고, 친척, 만화, 영화, 책, 유적지, 유물 등과 같은 다양한 곳에서 나온 것이기도 하다. 그러나 이런 정보들은 서로 어우러지지 못하는 가구들처럼 우리 머릿속에 무조건 끼워넣어지는 것이 아니다. 우리는 주어진 정보들을 이해해가면서 정신적으로 구조화시키는데, 그때 가장 효과적인 이해 방식 중 하나가 바로 내러티브이다.

예를 들어 브루스 밴슬레드라이트와 제어 브로피(Jere Brophy)는 4, 5학년 학생들을 인터뷰하여, 그들이 5학년 교육과정의 공통 주제인 식민지, 미국혁명, 남북전쟁 등에 관해 무엇을 알고 있는지 알아보고자 했다. 여기서 눈에 띄는 점은, 바로 학생들이 대개 하나 이상의 자료에서 나온 정보를 융합하거나(예컨대 남북전쟁의 세부 사항과 프렌치 인디언 전쟁의 세부 사항을 뒤섞는다든지) 세부 사항들을 잘못된 생각과 결합시키면서 "공상에 가까운 면밀함"으로 역사를 이해하더라는 것이다. 다시 말해 논리적이지만 역사적으로 정확하지 못한 세부 사항들을 결합하여 본인들의 지식의 간극을 채워 나갔다는 말이다.

그런데 역사적 사건에 대한 학생들의 묘사는 부정확한 부분을 상당히 포함하고 있으면서도 내러티브의 측면에서 볼 때 의미가 잘 통했다. 즉 학생들이 설명하는 역사적 세부 사항이 틀렸을 때조차, 그들의 이야기는 이야기 문법의 요소를 전부 포함하고 있었다. 예를 들어, 한 학생은 남북전쟁 동안 남부 사람들과 북부 사람들이 "알려지지 않은 땅"인 "서부" 지역을 놓고 싸움을 벌였다고 말했다. 이처럼 대개 학생들은 역사적 사건의 세부적인 지식에 기초한 것이 아닌, 인간 본질에 대한 단순한 이해를 기초로 하여 인과관계나 동기를 설명했다.[07]

마가렛 맥퀀(Margaret McKeown)과 이사벨 벡(Isabel Beck)도 미국 독립혁명과 관련된 학생들의 지식을 알아보기 위해 5, 6학년 학생들을 대상으로 인터뷰를 한 결과 유사한 패턴을 발견했다. 두 연구자는 학생들의 지식이 "종종 모호하며 조직화되지 않았고 정확하지도 않다"는 것을 알게 되었다. 학생들은 영국과 식민지 주정부들의 관계나 전쟁의 원인을 제대로 이해하지 못하고 있었고, 종종 다양한 역사적 세부 사항을 광범위하면서도 서로 구분되지 않는 카테고리에 섞어서 설명하곤 했다. 맥퀀과 벡은 이렇게 서로 섞인 카테고리를 "스튜"라고 불렀다. 가령 학생들은 마치 "문서 스튜"라도 만드는 양 독립선언문과 헌법, 메이플라워 서약서(Mayflower Compact),* 노예해방 선언문을 혼동하곤 했다. 그러나 학생

---

* 1620년 뉴잉글랜드로 향한 영국의 순례자들이 메이플라워호 배 위에서 맺은 계약으로 훗날 정부 수립의 기초가 되었다. 자주적 식민 정부를 수립하고 다수결의 원칙에 따라 행정을 운영하며 공정하고 평등한 법률를 제정하여 준수하겠다는 등의 서약이다.

들의 대답에서 드러나는 패턴을 보면, 비록 역사적 세부 사항은 부정확했지만 학생들은 역사 지식의 전반적인 구조를 내러티브로서 이해하고 있었다. 이에 대해 맥퀸과 벡은 다음과 같이 설명한다.

> 많은 학생들이 이해하는 미국은 자유를 찾아 오라고 수많은 다른 나라 사람들에게 손짓하는 나라, 새로우면서도 끝이 없는 대륙이었다. 학생들은 자유가 바로 사람들의 목표라고 인식했다. 즉 자유야말로 싸울 가치가 있는 것이며 전쟁이나 선언서, 기념행사 같은 수많은 현상들은 자유라는 목표를 달성하는 중요한 과정이라고 생각하고 있었다.

벡과 맥퀸은 '이야기 스키마'라는 개념을 사용하지는 않았지만, 이들의 서술을 보면 학생들의 머릿속에 이야기 문법의 필수 요소가 분명히 포함되어 있다는 것을 알 수 있다.[08]

우리 두 저자 또한 어린이들이 시간에 따른 변화를 어떻게 이해하는지 살펴보는 리서치를 통해 학생들이 내러티브를 '단순화'한다는 것을 알게 되었다. 4, 5학년 학생을 대상으로 한 수업 연구에서, 우리는 학생들에게 본인들이 배웠던 특정 사건에 대해 알고 있는 것, 그리고 왜 시간에 따라 과학기술, 패션, 사회적 역할 등 사회의 다양한 측면이 변화해왔다고 생각하는지 질문했다. 이를 통해 학생들은 다양한 역사 주제를 이해하기 위해 내러티브의 요소를 사용하곤 한다는 점이 분명히 드러났다.

예를 들어, 대부분의 학생들은 내러티브의 기초를 형성하는 목표지향적 활동의 측면에서 역사를 인식했다. 가전기술의 역사를 전시하는 모둠활동을 위해 유물에 설명글을 달면서, 한 학생이 촛불은 "한동안 전구를 대체하는 물건"이었다고 말했다. 그러자 다른 학생들도 말을 이었다. 한때 우유는 병에 담겨 있었는데, 그것은 "우유곽이 없었기 때문"이었고, 또 사람들이 집에서 우유를 배달시켜 먹었던 건 "당시에는 상점들이 많이 없었기 때문"이라고 했다. 이 모든 경우에서, 학생들은 역사적 발전이 마치 허구의 내러티브처럼 목적론적 본질을 지닌다고 생각했다. 결과는 이미 정해져 있고 사건은 그 결과를 향해 나아가는 것이다. 이들에게 '과거'란 단지 '이루어지길 기다리는 현재'에 불과했다.[09]

또한 학생들은 과거를 몇몇 인물과 사건들로 단순화시켜 생각하곤 한다. 예를 들어 미국 독립혁명을 배울 때, 학생들은 많은 사람들이 식민지 전체에 걸쳐 수많은 전쟁에 연루되었다는 것을 인지하지 못했다. 대신 학생들은 당시 전투에서 서로 지속적으로 맞닥뜨렸던 딱 두 개의 부대가 있었다고 단순화해서 생각했고, 모든 식민지 사람들이 주요한 정치적 인물 및 사건과 밀접하게 관련되어 있다고 보았다.

학생들은 장기간에 걸친 역사적 과정은 특정한 한때에 발생했던 수많은 작은 사건들로 이루어진다고 생각했다. 예를 들어 한 학생은 북아메리카에서 노예제의 기원을 다음과 같이 설명했다. "독립혁명 때였나, 아니면 그 즈음에 사람들은 아프리카로 항해를 나갔죠. (…) 그건 전쟁을 피하기 위해서였어요. 그리고 거기서 흑인들을 발견했는데, 이 흑인들이 원숭이나 동물인데도 말끔하게 생겼다고 생각한 거예요. 그리고는 이 사람들을 배나 뭐 그 비슷한 것에다 실어 와서는 팔았어요."[10] 이것은 밴슬레드라이트나 브로피가 설명한 것과 비슷한 맥락에서 허구적으로 상세화된 이야기이다. 그러나 이 학생은 단순히 역사적 에피소드에 흥미를 더하기 위해 이런 상세한 설명을 만들어낸 것이 아니었다. 오히려 이 학생은 단계적이면서도 장기간에 걸친 역사적 과정을 하나의 분리된 사건으로 쪼개어 이해한 것이다.

학생들이 역사적 과정의 지속 기간이나 그 범위를 단순화해서 생각한다는 점은 미국으로 이민 온 사람들에 대해 설명하면서 특히 두드러졌다. 학생들은 미국으로의 이민을 수 세기에 걸쳐 수백만 명의 사람들이 관련된 과정으로 생각하기보다, 모든 사람들이 그저 몇 척의 배를 타고 한 번에 미국으로 왔다고 생각했다. 예를 들어, 1906년의 이민선 사진을 보면서 한 학생은 "이 배는 미국으로 사람들을 데려와준 중요한 배 중의 하나예요"라고 말했고, 또 다른 학생은 "이 배는 여왕과 왕이 많은 사람을 얻기 위해 항해했던 때의 배처럼 생겼어요"라고 했다. 과거 400년 전부터 시작하여 일련의 사진을 시대순으로 나열하라고 했을 때도, 많은 학생들은 400년 전의 사진이 미국으로 오는 사람들을 보여주고 있기 때문에, 무슨 일이든 발생하려면 사람들이 일단 미국 땅에 와 있어야 하니까, 그 사진이 가장 오래된 것이라고 확신했다. 한 학생은 이민 사진이 링컨 사진보다 더 오래된 거라고 꼽으면서 다음과 같이 이유를 설명했다. "사람들은 링컨 이전에, 그러니까 대통령을 뽑기 이전에 이곳에 왔어야 했잖아요. 아니면 대통령이 어떻게 뽑혔겠어요. 대통령을 뽑기 위해서라도 일단 사람들을 이곳으로 오게 해야죠."[11]

또한 학생들은 역사적 변화를 합리적인 과정으로 보면서 이를 단순화하여 생각했다. 즉, 세계가 변화하는 이유는 사람들이 어떤 것을 올바르게 행하는 방식을 찾아냈기 때문이라는 것이다. 뿐만 아니라 과학기술의 변화는 "새로운 발명"이나 "새로운 아이디어의 고안"으로 인해 일어난다고 설명했고, 스타일이나 패션 또한 합리적인 방식, 즉 새로운 재료나 염료기술의 도입으로 변화하는 거라고 설명했다. 학생들은 역사란 서로 관련되어 있지 않은 상황의 연속이 아니라—가령 사람들이 한 때는 이런 옷을 입고, 지금은 그저 다른 옷을 입는 것이 아니라—내러티브에서 발견되는 일련의 인과적 연관성을 반영하고 있다고 생각했다.

학생들은 신념 또한 합리적 이유를 가지고 변화한다고 보면서, 이런 신념의 변화를 단순하고 복잡하지 않은 에피소드로 국한시켜 생각했다. 법정 소송이나 의학의 발전을 통해 마녀의 존재가 부정되면서 사람들은 더 이상 마녀를 믿지 않게 되었다고 생각한다든지, 마틴 루터 킹의 연설로 인해 백인들은 편견을 가지지 말아야 한다는 걸 깨달았다고 생각한다든지, 여성도 남성과 동등하다는 것을 모두가 "이해했기 때문에" 비로소 여성이 동등한 권리를 얻게 되었다고 생각한다든지 하는 경우처럼 말이다. 또 다른 허구의 정교한 이야기에 관한 예시를 보면, 한 학생은 과거의 어느 순간 사람들이 미국 흑인들도 인간이라는 것을 깨닫게 되면서 편견을 없앨 수 있게 되었다고 설명했다. 그런 깨달음이 생기게 된 이유는 다음과 같은 것이었다고 한다.

실험이나 연구, 뭐 그 비슷한 것들 때문이죠. 아마 어느 흑인이 다쳤을 때 사람들이 그를 병원에 데리고 갔겠죠. 흑인이 병원에 있는 동안 의사는 피부를 조금 떼어냈을 거예요. 그것을 가지고 수술을 해야 했거든요. 그래서 의사들은 피부 일부를 떼어내서 그것을 가지고 실험실에 들어가 실험을 했어요.

이 학생은 이것을 마치 진짜 역사적 사건처럼 묘사하지는 않았지만, 이런 종류의 일이 일어났을 법하다고는 생각했다. 학생들은 역사가 인과관계의 고리로 이루어져 있다고 기대할 뿐만 아니라, 이 인과관계의 고리는 매우 간결하면서도 깔끔하고 분명할 것이라고 생각했다. 즉 이 학생들은 그 인과관계가 장기간의 복잡하면서도 애매모호한 것이라고는 생각하지 않았다. 이 학생들에게 역사는 내러티브, 그것도 매우 단순한 내러티브였을 뿐이다.[12]

내러티브의 행동 유도성과 행동 제한성

대개 학생들은 내러티브를 역사 이해의 도구로 사용한다. 이를 위해 학생들은 학교 안팎에서 배웠던 다양한 역사적 사건과 인물을 선택하여 예상되는 각각의 요소를 단순화된 원인과 결과의 연결관계로 분리한 뒤 내러티브를 구성한다. 아마도 내러티브가 도구로서 가지는 가장 중요한 '행동 유도성'은 바로 역사에서 일관성을 찾을 수 있도록 돕는다는 점일 것이다. 과거의 구체적인 사건에 대해서든, 더 폭넓은 역사적 변화에 대해서든, 학생들은 분리된 요소들이 어떻게 함께 어우러지는지 이해하기 위해 내러티브를 사용한다. 역사를 "어떤 일 이후 연달아 벌어지는 별 것 아닌 다른 일"로 이해하는 것이 아니라, 역사가 일정한 패턴을 가지고 있다고 기대하고, 따라서 논리적이고 연대기적인 순서, 원인과 결과, 역사 주체들이 가지고 있었던 동기 등, 이야기 문법의 모든 구성물들을 찾아내고자 한다. 역사가들도 비슷한 이유로 내러티브 구조를 사용한다. 즉, 내러티브는 역사가들에게도 과거를 이해하게 해주는 도구인 것이다. 결국 역사 내러티브의 목적은 어떤 시기에 있었던 어마어마한 사실의 집합체 안에서 의미 있는 패턴을 찾아내는 것이다. 학생과 역사가들 모두 근본적으로 유사한 방식으로 내러티브를 사용한다. 교육학적 측면에서 볼 때 내러티브의 주요 이점은 아마 실용성과 친숙함일 것이다.

어린이들은 학교에 다니기 훨씬 전부터 이미 잠들기 전 듣는 동화를 통해, 만화나 영화, TV 프로그램, 친구와 친척들의 일상 이야기를 통해 내러티브에 노출되어 있다. 내러티브 형식이 이토록 보편적이라는 점이야말로 어린이와 어른들 모두에게 내러티브가 얼마나 인기 있는지 증명해준다. 또 앞서 논의한 이야기 스키마와 관련된 여러 연구는 암묵적이긴 해도 어린이들이 분명히 내러티브의 구조를 이해하고 있음을 보여준다. 최소한의 단순한 형태로라도 말이다. 역사를 이해하기 위해 내러티브를 사용하는 것은 새로운 도구를 가지고 전문 기술을 발전시키는 것 같은 낯선 일이 아니다. 즉, 내러티브의 사용은 다섯 문단의 에세이를 어떻게 쓸 것인지, 긴 나눗셈을 어떻게 계산할 것인지, 혹은 개구리를 어떻게 해부할 것인지 배우는 것과는 다르다. 어린이들은 학교에서 역사를 배우기 전부터, 따라서 내러티브가 역사 교과를 위한 도구 역할을 하기도 전에, 이미 내러티브가 어떻게 작용하는지에 대해 알고 있다.[13] 내러티브의 유형과 범위에 대한 학생들의 지식은 역사와 문학에 더 많이 노출될수록 점차 확장되지만, 배경, 주체, 인과관계 등과 같은 기본적인 요소는 이미 이해하고 있다. 비록 학생들이 이런 용어를 알지는 못하겠지만 말이다. 따라서 교사들은 내러티브를 활용할 때 학과의 과정보다 내용에만 더 주목할 수 있다. 즉, 학생들이 필요로 하는 것은 특별한 역사적 이야기를 배우는 것일 뿐이지, 이야기란 무엇인지에 대해서는 따로 배울 필요가 없다.

내러티브를 지지할 수밖에 없게 만드는 이토록 매력적인 근거 때문에 우리 두 저자는 환영받지 못한 예언자 '카산드라(Cassandras)'가 되어야 할 것 같다.* 왜냐하면 우리는 온 마음을 다해 내러티브를 지지하는 건 아니기 때문이다. 모든 문화적 도구가 그러하듯, 내러티브 또한 삶의 문제—이 경우 과거로부터 의미를 찾아내는 것—를 해결할 수 있도록 해줌과 동시에 현실에 대한 인식을 좁힘으로써 해결의 범위를 제한시키기도 한다. 내러티브는 특히 두 가지 중요한 방식으로 과거에 대한 우리의 이해를 제한시키고 왜곡시킨다.

그 첫 번째는 바로 내러티브의 익숙함에서 기인한다. 우리는 내러티브를 너무나 일반적으로 매우 광범위하게 사용하기 때문에, 내러티브가 의도적으로 구성되었다는 사실, 즉 누군가가 증거를 체로 걸러 이야기의 시작과 끝을 결정하고 주인공을 캐스팅하며 일련의 행위들이 인과적으로 연결될 수 있도록 만들었다는 사실을 잊어버리기 쉽다. 어린이든 어른이든, 특정한 역사 내러티브는 실재했던 한 시대를 이해하는 여러 방식 중 하나라고 생각하기보다는, 내러티브가 역사 그 자체라고 생각해버리기 십상이다.[14]

내러티브가 이토록 힘이 있는 문화적 도구이기 때문에, 우리는 내러티브가 그저 도구일 뿐이라는 사실을, 따라서 내러티브는 우리가 역사에 접근하는 것을 중재하고 있다는 사실을 곧잘 잊어버린다. 다시 말해 내러티브가 특정한 의미를 추구하면서 무한한 별개의 사건들에 특정한 구조를 부과했다고 생각하기보다는, 그저 과거의 한 부분으로 믿어버

---

* 그리스 신화에 등장하는 예언가이자 트로이의 공주. 아폴론에게 예언의 능력을 받았지만 그의 사랑을 거절하여 설득력을 빼앗겼기 때문에, 트로이 멸망을 예언했는데도 아무도 믿어주지 않았다. 저자 들이 자신들을 카산드라로 표현한 것은, 지금까지 대부분의 연구자들이 내러티브를 견고한 트로이의 성처럼 생각하며 장점만 주목했지만 자신들은 트로이의 성도 무너질 수 있듯이 내러티브의 단점 또한 논의하겠다는 의지를 표현한 것이다.

리는 것이다. 어린이들이 내러티브를 구성해 나가는 과정을 모른 채 결과물만 맞닥뜨리게 되면, 이 이야기는 다른 방식으로도 구성될 수 있었으며 내러티브가 아닌 다른 형태로도 분석될 수 있었다는 점을 인식하기 쉽지 않다.

우리 저자들은 이런 점을 현장 연구를 통해 알게 되었다. 역사 내러티브를 읽은 학생들은 본인들은 진실을 알았다고, 혹은 "진짜 무슨 일이 일어났는지" 알게 되었다고 자신만만해 했고, 특히 과거 사람들이 대단히 용감하게 행동했거나 충격적일 정도로 비인간적이었던 경우에는 더욱 그렇게 믿어버렸다. 학생들은 절대 다른 설명이나 관점을 찾으려 하지 않았다. 그들이 접한 내러티브가 너무나 강력했기에, 이를 비판하는 일은 불가능했던 것이다.[15]

내러티브의 두 번째 중요한 단점도 내러티브가 일종의 '구성물'이라는 본질과 관련이 있지만, '누군가 구성한 것'이라는 사실 자체보다는 내러티브라는 구성물의 실체와 더 관련이 깊다. 쉽게 말해, 그 어떤 역사 내러티브라도 반드시 과거에 있었던 일을 단순화하게 되어 있다. 내러티브는 필연적으로 어떤 것을 포함하는 대신 다른 것을 빠뜨리게 되어 있고—그것은 주체일 수도, 사건일 수도, 원인일 수도 있다—또 이런 선택에는 반드시 득과 실이 따른다.

예를 들어, 주체의 측면에서 볼 때 역사 내러티브는 오랫동안 엘리트 남성만 포함시키고 여성이나 소수자, 빈민들은 생략해왔다. 이런 엘리트 남성 중심의 내러티브는 사회에서 정치적·법적·경제적 권력을 지닌 사람들의 행위를 이해할 수 있도록 해주지만, 대다수 사람들의 삶에 대해서는 그 어떤 통찰력도 제공해 주지 못한다. 역사가가 소외된 집단의 사람들에게 더욱 주목한다 하더라도, 그 소외된 이들을 역사의 주체가 아닌 권력자들의 교묘한 술책의 대상으로 보는 경우가 더 많다. 즉 역사 내러티브에 등장하는 인물 리스트가 확장되어 더 복잡한 내러티브가 만들어진다 하더라도, 인과관계의 연결은 여전히 복잡한 상황을 단순화시키며 과거에 대한 우리의 관점을 제한하는 것이다.

최근 수많은 역사 서술이 소외된 사람들을 내러티브의 주변부에서 중심부로 옮겨놓으면서 그들을 역사의 주체로 보려고 시도하고 있지만, 이런 역사 연구 역시 특수한 몇몇이 발휘했던 개인적인 능력에 너무 집중한 나머지 그들의 삶에 가해졌던 더 큰 구조적 제한들을 간과했다는 비판을 받을 수밖에 없었다. 어디에 주목하든 우리는 항상 다른 어떤 것, 그것도 어쩌면 아주 중요한 뭔가를 빠뜨릴 위험이 있다. 단 하나의 역사적 설명이 모든 것을 포괄할 수는 없으므로, 과거에 관한 어떤 이야기도 특권을 지녀서는 안 된다.

단순화는 일관성을 보장해준다. 로날드 바스(Ronald Barthes)의 용어를 빌자면, 내러티브에 "잡음이 없다"는 것, 즉 이야기를 산만하게 하는 어떤 요소도 없다는 것은 그런 의미다.[16] 그러나 역사에서 내러티브의 중요한 단점은, 바로 어떤 역사 내러티브에서는 '잡음'인 것이 다른 역사 내러티브에서는 중심이 될 수 있다는 사실이다. 이 문제에는 해결책이 없다. 사실상 '어떤 일이 일어났다'는 설명 이상의, 특정 역사 내러티브의 '적절한' 내용을 만들어낼 수 있는 올바른 방법 같은 것은 없다는 말이다. 그러나 이 딜레마는 분명히 인지될 필요가 있다. 우리는 어떤 내러티브를 선택했을 때 발생하는 영향력, 그리고 학생들이 내러티브를 단순화시킬 때 발생하는 결과를 검토해야 한다. 예를 들어, 초등학교 학생들이 수많은 다른 군대가 다른 시간과 장소에서 전쟁을 치렀다고 생각하지 않고, 두 무리의 군인들이 식민지 시기 동안 여러 전장에서 지속적으로 맞닥뜨렸다고 생각하는 것이 문제가 되는가? 학생들이 오랜 시기에 걸쳐 점차 이민자들이 늘어난 게 아니라 어느 시기 한순간에 한 꺼번에 이민이 이루어졌다고 생각하는 것이 문제가 되는가?

마찬가지로 또 중요한 것은, 우리가 역사를 가르치면서 학생들을 이런 단순한 사고로 유도해온 것은 아닌지 검토해봐야 한다는 점이다. 노예해방운동보다 링컨과 노예해방선언을 강조하면서, 혹은 기술변화의 기저에 깔린 사회경제적 조건을 가르치기보다는 유명한 발명가 이야기를 통해 학생들의 호기심을 자극하면서, 역사를 단순화하여 생각하도록 부추겼던 것은 아닌가? 교사는 가르치기 좋게 내용을 단순화하고, 학생들은 이해하기 쉽도록 역사를 더욱 단순화하는 것은 그다지 놀라운 일이 아니다. 그런데 이런 단순화는 정말 문제가 없는가?

이것은 대답하기 쉬운 질문이 아니다. 역사가는 본인들의 개인적인 관심과 열정, 그리고 학문 공동체의 관심에 따라 연구 동기를 부여받는다. 역사학의 분야에 이전에는 없던 새로운 내러티브를 공급하고 현존하는 내러티브에는 세부 사항이나 뉘앙스를 더해주면서 개인적 관심을 충족시키거나 취업 혹은 정년 보장에 도움을 받으며, 책을 출간하여 명성을 얻을 수도 있다. 역사가들은 이런 기대를 품고 계속 연구해 나갈 수 있게 된다.

그러나 이 책에서 우리 두 저자의 관심은 전문적인 역사가들의 공동체가 아니라 참여민주주의라는 더욱 넓은 무대이다. 역사에서 내러티브가 가지는 가치에 대해 생각하면서, 우리는 민주주의 사회를 살아가는 다원주의자로서 우리가 이야기하는 특별한 역사 내러티브를 통해 무엇을 얻고 또 무엇을 잃게 되는지 스스로에게 되물어야 한다. 일반적으로 언어와 마찬가지로 내러티브는 다양한 단계에서 문화적 도구로 작용하고, 따라서 우리는 어린이들이 가장 빈번히 노출되는 일반적인 내러티브의 구조뿐만 아니라 세부적인 내러티브가 가지는 행동 유도성과 제한성을 검토해야 한다. 그것이 바로 우리가 다음 두 장에서 계속하게 될 질문이다.

문화적 도구로서의 내러티브 구조

내러티브의 구조는 대개 정신의 본질적 요소로 여겨진다. 일부 학자들은 내러티브 구조를 역사 연구 및 역사 쓰기의 필수 요소로 생각한다. 이런 생각이 만연해 있기 때문에, 우리 두 저자는 내러티브란 결코 '자연스러운' 것도 아니고 필연적인 것도 아니며, 역사적이고 문화적인 창조물인 도구의 특징을 지닌다고 주장하고자 한다. 물론 내러티브를 포괄적으로 정의한다면 모든 역사와 모든 인간의 경험이 다 내러티브이지만, 그렇게 말해버리면 정작 내러티브의 목적에 대하여 할 수 있는 말이 없어진다. 내러티브는 일시적인 것이고 인과관계에 따라 연결된 사건의 사슬이라고 한정한다면, 책으로 출판된 수많은 역사 연구는 근본적으로 그 형태에 있어서 내러티브와 거리가 멀어 보인다. 수많은 역사 연구는 인과관계에 따라 연결된 변화의 흐름을 이야기하는 것이 아니라, 오히려 과거의 어느 시기에는 삶이 어떠했는지를 분석하고 있다. 예를 들어 빅토리아 바이넘(Victoria Bynum)의 『제멋대로인 여성들: 과거 남부에서의 성적 통제의 정치(Unruly Women: The Politics of Sexual Control in the Old South)』는 일탈적이고 무질서했다는 이미지를 지닌 남북전쟁 이전과 전쟁 중의 노스캐롤라이나 여성들의 경험을 서술하고, 인종과 계급이 이 여성들의 행위에 어떤 영향을 미쳤는지, 가부장적 권력 구조에 여성들이 어떻게 반응했는지 분석하고 있다. 이 책 안에는 수많은 작은 내러티브들이 존재하지만, 전체적인 연구는 내러티브 구조에 대한 것이 아니다. 바이넘은 장기간 동안의 여성 행동의 패턴 변화를 추적한 것이 아니었고, 이 여성들이 상대적으로 안정적이었던 특정 기간 동안 여성 행동의 패턴을 묘사·분석했다.

비슷한 예로 유진 제노베스(Eugene Genovese)의 『롤, 조단, 롤: 노예가 만든 세상(Roll, Jordan, Roll: The World the Slaves Made)』을 들 수 있는데, 제목이 암시하는 바와 같이 이 책은 미국 남부 흑인 노예들의 세계를 분석하고 있다. 이 역사서는 노예제의 기원이나 발전에 관한 것도, 노예제의 전복을 이끌어낸 환경에 관한 것도 아니다. 과거 어느 특정 시기에 노예가 어떻게 살았고 어떻게 일했으며 어떻게 신을 숭배하고 어떤 파티를 열었는지에 관한 것이다.[17] 이 밖에 역사에 관한 그 어떤 연구라도 내러티브의 일부로 생각될 수 있다.

우리는 여성의 행동에 대한 기대치가 지난 200여 년 동안 변화해왔다는 사실을 알고 있고, 바이넘의 저서 또한 그 이야기의 일부일 것이다. 우리는 최초의 흑인이 북아메리카 대륙에 팔려 온 이후 문화적이고 사회적인 관계들이 변화해왔다는 점도 알고 있고, 1800년대 노예의 삶에 대한 묘사 역시 흑인들의 삶에 관한 전반적인 내러티브의 일부로 읽힐 수 있다. 실제로 제노베스도 자신이 묘사하는 흑인들의 삶의 패턴의 역사적 뿌리, 그리고 그 패턴의 지속적인 영향력에 대해 언급하고 있다. 그러나 이 저서들이 역사 내러티브의 일부를 묘사한다고 해서, 이 저서의 내부 구조가 반드시 내러티브인 것은 아니다. 우리는 이 책에서 읽은 내용을 인지적으로 우리가 이미 가지고 있는 역사 내러티브에 맞춰 가게 되지만, 이 책 자체가 이야기의 형태를 취하는 것은 아니라는 말이다. 이런 종류의 비-내러티브적인 역사가 오히려 일반적이다. 가장 주목받고 존경받는 역사가들의 저서 대부분은 이야기를 하기보다는 과거 어느 특정 시기의 삶을 묘사하고 있으며, 다른 종류의 역사적 재해석—박물관, 다큐멘터리, 개인적 회고록 등—도 대개는 과거의 삶을 정지된 상태에서 묘사하는 데 그 초점이 있다.

비-내러티브 형태의 역사는 때때로 초등학교에서도 발견된다. 초등학교 어린이들은 역사적으로 중요한 북아메리카 원주민들의 '삶의 방식'을 공부하면서 이들에 대해 학습하곤 한다(대개 유럽인들과 만났던 순간에 대해 배운다). 또한 어린이들은 북아메리카의 영국 식민지에 대해 공부하면서 식민지의 성장과 발전에 관한 내러티브보다는 오히려 안정적인 사회·경제적 패턴에 대해 배우곤 한다.

분명한 것은 내러티브가 역사적 정보를 표현하는 유일한 형태는 아니라는 점, 그리고 어린이들이 접근할 수 있는 유일한 형태 역시 아니라는 점이다. 그럼에도 혹자는 이런 비-내러티브는 어린이들이 이해하기 어려운 형태라고 주장한다. 만약 내러티브가 인간 정신의 보편적인 특성이자 이미 "결정된" 인지적 한계의 보편적 특성, 그리고 특정 연령대 어린이들의 발달 단계상 보편적인 특성이라 여긴다면 더더욱 그런 주장을 펼칠 것이다.

만약 내러티브가 정말로 보편적이라면 이런 제한점과 행동 유도성은 중요한 것이 아니다. 왜냐하면 교육자들이 이와 관련하여 할 수 있는 일이 아무것도 없을 것이기 때문이다. 우리는 그저 이야기가 지니는 단점을 안타까워할 뿐, 이를 극복하기 위해 노력하지는 않을 것이다. 그건 가상의 적을 공격하느라 에너지를 버리는 일이나 다름없을 것이기 때문이다. 인간 정신의 조형물을 변화시키려고 노력하는 것은 무의미하다는 말이다.

이야기는 학교 안팎에서 매우 일반적이기 때문에 내러티브를 정신의 구조라고 해석하는 것이 그럴 듯해 보이기는 한다. 실제로 수많은 이론가들은 어린 학생들이 담론의 설명적 형태보다 내러티브에 훨씬 더 접근하기 편해 한다고 주장하고, 어린이들의 사고력은 내러티브에서 시작하여 설명적 형태의 담론을 더 잘 이해할 수 있도록 발달 단계상 진보를 해 나간다고 주장하기도 한다.[18] 교사들 역시 학생들은 과학이나 수학의 비-내러티브적 내용보다 이야기를 더 쉽게 이해하고 기억한다고 지적한다. 그러나 학생들 사이에 차이는 있겠지만, 자연스럽게 혹은 발달 단계상 어린이들이 반드시 내러티브를 더 선호한다는 가정은 타당성이 없다. 바바라 하디(Barbara Hardy)가 주장했던 것처럼, 내러티브가 "정신의 근본적인 행위", 즉 내재적이면서도 접근이 용이한 형태일 수는 있으나, 학생들이 내러티브를 선호한다면 그 이유는 아마 학교나 주변 다른 환경이 다른 형태의 장르를 희생시켜가면서까지 내러티브라는 장르에 더 친숙해지게 만들고 있기 때문일 것이다.

크리스틴 파파스(Christine Pappas)는 초등학교 교육과정은 범위가 좁은 픽션 중심의 내러티브를 사용하는 데 대단히 치우쳐 있다고 보면서, 이런 교육과정은 어린 학생들의 인지적 언어 발전에 대한 검증되지도 않고 인정받지도 못한 이데올로기에 기초하고 있다고 주장했다. 다시 말해, 내러티브가 어린 학령의 학생들을 위한 우수한 형태의 지도법으로 잘못 인식되고 있다는 것이다. 이런 가정을 검토하기 위하여 파파스는 유치원생들에게 몇 권의 그림책을 읽어주고 나서 그 내용을 다시 말해보거나 "읽는 척"해보도록 했다. 연구에 사용된 책의 절반은 내러티브가 있는 픽션이었고(『부엉이와 딱따구리(The Owl and the Woodpecker)』나 『퍼피와 판다(Poppy the Panda)』 같은), 나머지 절반은 비-내러티브적 논픽션(『다람쥐(Squirrels)』, 『터널(Tunnels)』 등)이었다. 이를 통해 파파스는 학생들이 두 장르 모두를 성공적으로 재현해낸다는 사실을 알게 되었다(심지어 학생들은 장르의 특성까지 살려 제대로 재현해냈다). 이 어린이들은 여러 차례 각각의 장르를 읽어내면서 눈에 띄게 발전하는 모습을 보였을 뿐만 아니라, 두 장르 모두에서 나온 어휘들을 성공적으로 학습했다. 가장 놀라운 점은 아마도 학생들이 비-내러티브 작품들을 매우 선호했다는 점일 것이다. 파파스는 내러티브가 많은 교육자들이 믿는 것처럼 그렇게 "근본적"인 것이 아니며, 학교교육 초기에 '이야기'를 지나치게 강조하는 것은 어린이들이 더 광범위한 종류의 텍스트에 숙달되도록 하는 것을 방해한다는 결론을 내렸다. 다양한 텍스트 장르에 대한 학생들의 경험을 연구한 또 다른 연구자들 역시 유사한 결론을 내렸다.[19]

저학년 학생들이 비-내러티브 텍스트를 내러티브 텍스트만큼 흥미롭고 이해하기 쉬운 텍스트라 생각하는 게 사실이라면, 고학년 학생들이 주로 내러티브에 의존하여 역사를 이해하는 것은 아마도 내러티브 형태에 대한 근원적 애착 때문이 아니라 '이야기'를 강조해온 교수법의 결과라고 봐야 할 것이다. 밴슬레드라이트와 브로피도 유사한 점을 발견했다. 이들은 인터뷰를 했던 학생들이 5학년 과정을 거친 뒤 역사 학습에서 이전보다 내러티브 의존성이 훨씬 커졌다는 점에 주목하여, 이는 교사들이 역사적 픽션을 광범위하게 사용한 결과라고 추정했다.[20] 그러나 다른 연구들과 마찬가지로, 밴슬레드라이트와 브로피 역시 역사에서 학생들이 내러티브와 비-내러티브 텍스트 중 무엇을 얼마나 더 쉽게 받아들이는지 직접적인 증거를 제공하지는 못했다. 따라서 현재 필요한 것은 각기 다른 형태의 역사 정보에 대한 학생들의 이해 정도의 차이를 직접 비교해보는 것이다. 그 뒤에야 내러티브를 통한 역사 이해가 교수법의 형태와 얼마만큼 독립적인지 알 수 있을 것이다.

불행히도 우리가 알고 있는 한 이에 관한 연구는 아직 없다. 그러나 우리 저자 중 한 명은 역사 내러티브가 미국에서보다 훨씬 덜 미미한 역할을 하는 북아일랜드 지역에서 어린이들의 역사 이해에 대한 연구를 해본 적이 있었다. 북아일랜드 어린이들은 미국 어린이들과 마찬가지로 학교, 일가친척, 유적지, 박물관, 미디어 등을 통해 역사를 접하지만, 그들이 마주하는 내용은 내러티브의 형태를 띤 경우가 거의 없다. 예를 들어 초등학교 학령의 학생들—미국이라면 2~5학년 사이의 학생들—은 중석기 시대, 바이킹 시대, 빅토리아 시대, 고대 이집트에 이르기까지 역사의 매우 다양한 시대에 걸쳐 과거 사람들의 삶의 형태에 대해 배운다. 그런데 이런 주제를 내러티브로 배우는 것이 아니라, 마치 역사가들이 역사 연구를 하듯이 특정 시대와 지역의 사람들이 어떻게 살았는지 배운다. 학교 밖에서도 학생들은 선사 시대 무덤터나 성이나 수도원의 유적지를 방문하고 박물관이나 역사공원에 들르기도 한다. 그중 어느 곳도 역사 발전에 관한 일관된 내러티브를 제시하는 곳은 없다. 오히려 이런 장소들은 수십 년, 수 세기, 혹은 수천 년 전을 살았던 사람들의 사회적·물질적 삶을 묘사해주고 있다. 부모님들과 조부모님들은 대개 더 가까운 시절의 본인들의 삶에 대해 어린이들에게 이야기해주지만, 그들도 대개 사소한 일상이나 과학기술의 발전상 같은 것에 초점을 맞출 것이다. 심지어 미디어에서 묘사하는 역사조차 미국에서보다 덜 내러티브적이다. 북아일랜드의 어린이들은 종종 미국 어린이들이 그토록 사랑하는 코미디나 드라마가 아니라 과거의 삶에 관한 다큐멘터리를 시청한다. 역사 픽션은 미국에서보다 훨씬 인기가 적고, 이곳 어린이들은 『바이킹(The Vikings)』이나 『중세 촌락의 삶(Life in a Medieval Village)』 같은 비-내러티브 텍스트를 훨씬 더 많이 읽는 편이다.[21]

북아일랜드 역사교육의 이런 패턴에는 두 가지 중요한, 서로 상호보완적인 이유가 있다. 앞서 제4장에서 논했던 바와 같이, 영국의 역사교육은 세부적인 내러티브 내용보다는 역사적 지식이 어떻게 만들어졌는가를 이해시키는 데 초점을 두고 있다. 특히 초등학교 레벨에서 학생들은 특정한 시기의 역사를 공부함으로써 이런 목표를 더 쉽게 달성할 수 있다. 즉 학생들은 내러티브적인 역사적 설명을 만들기 위해 필요한 복잡한 외교 서신이나 통계 데이터보다는, 바이킹이 어떻게 살았는지, 혹은 1950년대 일상의 삶이 어떠했는지를 알아보는 자료들(유물이나 사진 등)을 더 많이 검토한다. 물론 그렇다고 내러티브가 영국의 역사교육에서 완전히 빠져 있다는 뜻은 아니다. 사실 초등학교에서 학생들은 플로렌스 나이팅게일(Florence Nightingale)이나 가이 포크스(Guy Fawkes)* 같은 사람들의 이야기를 배우기도 한다.

그러나 북아일랜드에서는 다른 요인, 즉 교육학적 이유보다는 정치적 이유 때문에 이처럼 내러티브를 가르치려는 아주 가끔씩의 시도조차도 미연에 차단되곤 한다. 북아일랜드 역사에는 두 가지 경쟁적인 내러티브가 존재한다. 하나는 독립주의를 토대로 한 내러티브이고 다른 하나는 통일주의를 토대로 한 내러티브인데, 둘 중 무엇이 상대적으로

---

* 가톨릭 탄압에 저항했던 영국인(1570~1606). 제임스 1세가 가톨릭을 탄압하자 웨스트민스터 궁 지하에 화약을 설치해 제임스 1세 및 왕실 사람들과 고관들을 제거하려 했으나 중간에 발각되어 처형당했다. 가이 포크스는 자유와 저항의 아이콘으로 남아 영국인들은 11월 5일을 가이 포크스의 날로 기념하며 이날 가이 포크스의 가면을 쓰고 폭죽놀이를 즐긴다.

더 중요한지에 관한 논쟁은 각 지역에서 아직도 지속되고 있는 분쟁의 핵심이다. 아일랜드, 북아일랜드, 영국의 역사에서 나온 이야기는 표면적으로든 암묵적으로든 독립주의나 통일주의 중 어느 하나를 지지하고 있으며, 이는 지나치게 논쟁적이기 때문에 초등학교 교육과정에 포함시킬 수 없다. 공교육인 학교 제도권 밖의 기관도 이런 패턴을 강화시키고 있다. 예를 들면 박물관이나 역사 유적지 등은 논쟁을 피하고 싶은 바람, 그리고 국가의 교육과정을 지지하려는 명백한 목적과 동시에 얽혀 있으며, 그래서 학교와 마찬가지로 이들 기관도 내러티브의 형태로 역사를 보여주지 않는다.[22]

북아일랜드 학생들을 연구해본 결과, 이들은 미국 학생들보다 역사를 이해할 때 내러티브의 형태를 훨씬 덜 사용한다는 것이 분명히 드러났다. 이곳에서 미국 학생들을 대상으로 했던 이전의 연구와 유사한 형태의 연구 프로젝트가 실시된 적이 있다. 2학년부터 6학년까지 균등하게 구성된 학생 집단에게 역사의 각기 다른 시기에 관한 사진을 보여주고, 이를 연대순으로 나열하라고 요구한 뒤, 왜 무엇이 더 오래된 이미지이고 무엇이 더 최근의 것이라고 생각했는지 질문했다. 이 인터뷰는 세 달 이상의 교실 수업 관찰 연구 끝에 이루어졌다.

인터뷰와 수업 관찰을 통해 연구자는 삶의 모습이 시간이 흐름에 따라 어떻게, 그리고 왜 변화하는지에 관한 학생들의 생각을 탐구할 수 있었다. 학생들의 대답 중 두 가지가 특히 인상적이었다. 첫째, 북아일랜드 학생들은 미국 학생들에 비해 과거를 단선적인 연속선상의 사건들로 단순화시키는 경향이 훨씬 덜했다. 많은 미국 학생들은 이민자들에 관한 그림을 보고 대통령의 그림보다 더 이른 시기의 것이라고 생각했는데, 그 이유는 사람들이 대통령 선거를 하려면 그 전에 모두 북아메리카에 와 있어야 하기 때문이라고 했다. 유사한 다른 예로, 대부분의 미국 학생들은 서부로 떠나는 가족의 그림을 보고 남북전쟁 전의 도시 그림보다 옛날 일이라고 생각했다. 사람들이 도시를 발전시키기 위해서는 일단 그 지역을 조사해야 하기 때문이다. 식민지 시기의 대저택이 통나무집보다 더 오래된 것이라고 생각한 이유는, 집이 클수록 짓는 데 시간이 더 걸리기 때문이었다(그림 1 참조).[23]

앞서 언급한 바와 같이, 미국 학생들은 제시된 그림들을 연대순으로 나열하기 위해 역사에서 시끌벅적한 소리들을 깔끔하게 단순화시켜버렸다. 이들은 다른 형태의 삶의 방식이 과거의 특정 시기에 공존할 수 있다거나, 이민과 같은 역사적 과정이 다른 역사적 사건이 일어나는 와중에 장기간에 걸쳐 지속된 일이라는 점을 거의 인식하지 못했다. 반면 북아일랜드 학생들은 정반대의 모습을 보였다. 그림들을 늘어놓으면서 이 학생들은 매우 다른 종류의 풍경—가령 벨파스트 도시의 거리 풍경과 도네걸의 시골 억새를 이어만든 집—이 같은 시기에 존재했을 수도 있다는 것을 잘 인지하고 있었고, 또한 각기 다른 풍경들은 서로 다른 경제계층과 다른 지역을 나타낸다는 것도 알고 있었다(그림 2 참조). 한 학생은 심지어 한 삶의 방식은 새로운 삶의 방식이 발전하는 와중에도 지속될 수 있다고 설명했다. 비록 이곳에도 미국 학생들처럼 역사를 단순화시켜 설명하는 학생들이 있었지만, 전반적으로 북아일랜드 학생들은 과거가 하나의 내러티브 속에 있는 연속적인 사건들이라는 생각에 그다지 빠져 있지 않았다.[24]

북아일랜드 학생들은 시간에 따라 삶이 변화해가는 이유를 설명할 때도 다른 모습을 보였다. 미국 학생들은 역사 변화를 인과관계가 분명하고 단순하며 매우 합리적인 과정으로 생각했다. 가령, 의학 실험이 혹

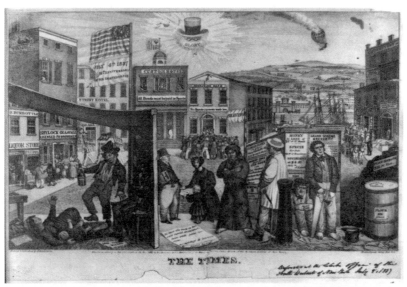

그림 1　위의 두 그림은 미국 학생들을 대상으로 한 연구에서 사용했던 것들이다. 대부분의 미국 학생들은 정착민들의 그림(아래)이 남북전쟁 이전의 도시 그림(위)보다 더 오래된 것이라고 생각했다. 그렇게 생각한 이유는 '도시를 개발하기 전에 일단 그 지역을 탐험해야 하니까'였다.

그림 2　위의 두 그림은 북아일랜드 학생들을 대상으로 한 연구에서 사용했던 것들이다. 북아일 랜드 학생들은 서로 다른 두 사진이 같은 시기의 경제적 수준 차이나 지역 차이를 반영한다고 생 각했다.

인들도 인간이라는 점을 증명했다든지, 법정 소송이 마녀는 존재하지 않는다는 사실을 확립시켰다든지, 발명가들이 과학기술의 문제를 해결하고 난 뒤 삶이 더 나아졌다든지 하는 식으로 말이다. 앞서 언급한 바와 같이 전구가 발명되기 전까지 촛불은 "한동안 전구를 대체하는 물건"이었다고 말했던 것처럼, 미국 학생들의 설명은 때때로 거의 목적론적인 틀을 가지고 있었다. 이들은 또한 우리의 옷차림이 과거와 다른 이유는 과거 사람들에게 우리가 가지고 있는 원단들(가죽 같은)이 없었기 때문이라는 식으로, 심지어 패션의 변화까지 합리적인 진보의 틀에 통합시켜 설명했다. 미국 학생들에게 역사 속의 변화란 내러티브에서 발견되는, 인과적으로 서로 관련이 있으면서도 목적 지향적인 행위를 표상하는 것이었다. 북아일랜드 학생들도 자주 유사한 방식으로 설명하긴 했지만, 이 학생들은 '변화라는 것이 언제나 분명한 인과관계를 가지고 합리적으로 발전하기만 하는 것은 아니'라고 말하기도 했다. 예를 들어 북아일랜드의 많은 학생들은 어떤 것이 좋아 보이는지에 대한 사람들의 생각이 바뀌었기 때문에 패션이 바뀐다고 설명했다.

그들은—미국 학생들이 그랬던 것처럼—의복문화가 '발전'한다고 생각하지 않고, 오히려 단순히 "사람들은 언제나 같은 것만 좋아하지는 않잖아요"라는 말로 패션의 변화를 설명했다. 비록 이 학생들의 설명 역시 내러티브에서 발견되는 연속적인 사건들의 측면을 일부 포함하고 있기는 하지만, 미국 학생들에 비해서는 인과관계의 특성을 훨씬 덜 포함하고 있었다. 오히려 이 학생들은 삶의 어떤 측면, 특히 의복 같은 것은 서로 연관된 내러티브의 논리적인 규칙에 따르지 않고 변화할 수 있다고 생각했다. 근대적인 의복이나 헤어스타일은 100년 전과 그저 '다른' 것이고, 딱히 과학기술에 정통하게 되었다거나 합리적으로 문제를 해결한 결과라고 생각하지 않았다.[25] 이렇게 북아일랜드 학생들은 역사를 이해할 때 미국에 비해 내러티브를 훨씬 덜 사용했다. 이곳 학생들도 때로는 역사를 일직선적이고 합리적인 발전의 흐름으로 볼 때가 있었지만, 때로는 그렇지 않은 모습도 보여주었다. 그러나 미국 학생들은 거의 대부분 역사를 단선적 발전으로만 사고했다.

또한 미국 학생들은 과거를 이해하는 도구로서 내러티브를 훨씬 더 빈번히 사용하기 때문에, 내러티브가 가지는 문제점에도 훨씬 더 취약하다. 미국 학생들은 역사에서 '플롯'을 찾으려 하기 때문에, 역사의 전반적인 이야기에 맞지 않다고 생각되는 과거의 특성들을 조직적으로 생략시켜버리기 쉽다. 궁극적으로 내러티브의 단순함에 의존하는 것은 우리가 제1부에서 제시한 네 가지 역사교육의 스탠스를 통해 민주주의적 시민을 준비시킬 수 있는 역사적 잠재력을 떨어뜨린다.

이는 학생들로 하여금 '진짜' 미국인이라는 개념을 매우 좁은 의미에서만 생각하게 만들고, 진보로 인해 고통받았던 희생자들을 지나쳐 버리게 만들며, 역사적 보여주기를 하는 동안 중요한 정보를 생략하게 만들 뿐 아니라, 역사적 사건의 원인과 결과를 오해하게 만들 수도 있다. 에릭 포너(Eric Foner)는 미국 역사가 지나칠 정도로 단순하게 '자유'에 관한 내러티브로만 설명되는 것을 경고하면서, "이런 접근은 자유의 의미를 형상화하는 데 있어 반대의 목소리, 거부당한 입장, 폄하된 이론이 어떤 역할을 하는지 인식하지 못하게 만든다"고 했다.[26] 진지하게 다원적 참여민주주의를 준비하고자 한다면, 학생들은 이런 다양한 목소리, 입장, 이론들을 고려할 수 있어야 한다. 이를 위해 역사 교사들은 내러티브 구조가 역사를 어떻게 단순화시키는지, 그리고 특정 부분을 어떻게 생략하는지를 학생들에게 더 잘 인지시켜줄 수 있어야 할 것이다.

결론

내러티브는 강력한 문화적 도구이다. 우리는 내러티브에 둘러싸여 성장했고, 내러티브가 어떻게 작동하는지, 즉 내러티브에 포함되어야 할 요소는 무엇이고 내러티브는 어떻게 구조화되어야 하는지에 대한 일종의 사전인식을 가지고 있다. 이런 점 때문에 내러티브는 교수 방식으로 특히 유용하다. 어린이들이 이미 내러티브에 대해 어느 정도 알고 있기 때문에, 역사 교사는 역사 학습의 '형태'보다는 어린이들이 배워야 할 실질적인 '내용'을 다루는 과정으로 쉽게 넘어갈 수 있는 것이다.

학생들에게 미국 독립혁명 탐구활동의 프로젝트를 제안해보면, 그냥 교사가 독립혁명에 대해 이야기를 들려주는 것이 탐구활동보다 얼마나 더 쉬운 일인지 분명해질 것이다. 그러나 아무리 설득력 있는 내러티브가 있고 그 내러티브가 아무리 역사 교수의 형태로 편리하다 하더라도, 내러티브는 결코 학생들이 세상을 이해할 수 있는 유일한 수단이 아니다. 내러티브는 '중요'하지만, 절대 독점적이어서는 안 된다. 내러티브의 힘에 굴복하고 이를 역사 교수의 기초 형태로 생각해서는 안 된다. 다원적 민주주의라는 교육 목표를 추진하는 과정에서 내러티브가 보여주는 행동 유도성과 행동 제한성을 평가해볼 필요가 있다.

내러티브는 매우 익숙한 것이라는 점을 제외하고도 다른 중요한 이점을 지니고 있다. 우선 내러티브는 인과적 연결성을 찾고 사건 간의 관계를 알아볼 수 있도록 독려하여 학생들이 의미를 찾아볼 수 있도록 해 준다. 이렇게 역사에서 의미를 찾아보는 것은 과거에 대한 어떤 관점에서든 중요한 함의를 가진다. 정체성 세우기 스탠스든, 분석하기 스탠스든, 도덕적 판단하기나 보여주기 스탠스든 상관없이, 역사 학습에서 취하는 스탠스를 가장 잘 사용하기 위해서는 서로 연결되어 있지 않은 사건을 그저 순서에 맞춰 단순하게 제시하기보다는, 역사의 흐름을 이해할 수 있도록 해야 한다.

그러나 내러티브의 단점 또한 분명하다. 내러티브는 역사를 이해할 수 있도록 돕지만, 선택성의 측면에서 볼 때 내러티브는 우리와 역사의 중간 즈음에 자리하고 있다. 과거의 무한한 범위 속에서 내러티브는 필연적으로 한계점을 지닐 수밖에 없다. 즉 내러티브는 특정한 사람들에 대해서는 이야기하지만 다른 사람들에 대해서는 이야기하지 않고, 어떤 사건에서 특정 행위는 거론하지만 다른 것은 거론하지 않는다. 사실 선택은 불가피한 것이기 때문에 그것을 본질적인 한계점이라 말할 수는 없다. 진짜 한계점은 내러티브가 역사 자체와 혼동될 때, 그리하여 다른 이야기나 혹은 역사를 개념화하는 다른 방식이 사생아 취급을 받을 때 드러난다. '이야기'는 매우 강력한 도구이기 때문에 우리는 이야기가 그 자체로 사실이라고 생각해버리지, 사람들이 일부의 진실을 선택하고 진술의 조직 방식을 선택한 결과라고 생각하지는 않는다. 또한 특정 유형의 내러티브가 학생들의 생각을 지배하게 되면—이 특정 유형의 내러티브는 8장과 9장에서 논의될 것이다—다른 방식으로 역사를 생각하기가 매우 어려워진다.

제8장
개인의 성취와 동기에 관한
내러티브

인간은 자신의 역사를 만든다. 그러나 자기 마음대로, 즉 자신이
선택한 상황에서 만드는 것이 아니라 이미 존재하는, 주어진, 물려
받은 상황하에서 만든다. 모든 죽은 세대의 전통은 악몽과도 같이
살아 있는 세대의 머리를 짓누른다.―칼 마르크스(Karl Marx)[01]

수많은 교육자들은 '내러티브'를 '한 개인의 노력과 성취에 초점을
맞춘, 그리고 한 개인이 가진 인식과 해석을 강조하는 특수한 형태의
이야기'라고 이해한다. 한 개인이 가진 생각을 향한 지대한 관심은 현대
서구 문학 발전에서 중요한 역할을 했던 요소로, 이는 특히 소설에 잘
반영되어 있다. 따라서 교육자들이 이런 내러티브를 선호하는 것은 그
다지 놀랄 일이 아니다. 유치원부터 12학년까지 주로 사용되는 문학 작
품들은 거의 개별 인간의 경험에 관한 것이고, 학생들은 그 행위를 개
별 인물의 동기나 성취의 측면에서 해석하도록 배운다. 심지어 교육 연
구자들이 내러티브 방법론을 이용할 때도 그들은 연구에 참여하는 사

람들에게 자신들만의 경험을 재구성해보라고 주문하며 삶과 커리어가 가지는 의미를 생각하게 만든다.

그러나 이것은 내러티브의 일반적인 형태이기는 해도 유일무이한 형태는 결코 아니며, 역사에서는 특히 그러하다. 내러티브는 국가에 관한 이야기가 될 수도 있고, 사회 집단에 대한 이야기도 있으며, 어떤 기관에 대해서 이야기할 수도 있다. 또한 내러티브는 풍경이나 날씨에 대해서도 이야기할 수 있다. 학교에서 이루어지는 대부분의 전통적인 역사 수업은 주로 '인간이 아닌 것'에 초점을 맞추고 있다. 그러나 최근 들어 역사를 가르치는 사람들은 역사 교과에 대한 학생들의 관심을 고양시키고 학생들이 이 교과의 '인간적' 측면을 이해할 수 있도록 돕기 위해 역사적 픽션이나 전기, 혹은 학습활동 등을 바탕으로 개별 인간을 특히 강조하라는 조언을 받곤 한다. 이런 접근은 일부 장점을 가지고 있다. 이 접근은 학생들이 가지고 있는 선경험을 토대로 인간의 행위를 이해할 수 있도록 할 뿐만 아니라, 학생들이 아주 먼 시기, 그리고 머나먼 곳에서 일어난 사건들을 학습하게끔 동기를 부여할 수도 있으며, 역사 발전을 위한 인간 주체의 역할을 생각해보게 해준다. 참여민주주의의 준비라는 맥락에서는 이 중 마지막 포인트가 특히 중요하다. 역사 학습이 개별 인간에 대해 생각해보도록 독려하지 못한다면, 학생들은 인간을 거대한 체스게임의 졸에 지나지 않는다고 생각하게 될 것이다. 공공선에 대한 책임의식을 가지기 위해서, 학생들은 스스로 미래를 만들어간다는 것을 믿어야 한다. 역사는 학생들로 하여금 어떻게 한 개인이 사건의 과정에 영향을 미쳤는지 생각해볼 수 있게 해준다.

그러나 역사를 지나치게 독점적으로 '개인의 동기와 성취'의 관점에서만 해석하면 또한 단점이 생긴다. 인간의 행위가 발생하는 맥락이 되는 더 큰 구조적 조건에 주의를 기울이지 않는다면, 학생들은 인간의 삶에 영향을 미치는 문화적·경제적·정치적 힘과 상관없이 개인이 바라기만 하면 무슨 변화든 이룩해낼 수 있다고 오해할 가능성도 있다. 마르크스가 말했던 것처럼 인간은 자신의 역사를 만들지만, 이는 "자기 마음대로"는 아니다. 다시 말해 개인의 행위는 과거에서 물려받은 맥락 안에서 벌어지는 것이고, 이렇게 물려받은 유산에는 특정한 개인의 삶과 독립적으로 존재하는 사회 기관 또한 포함되어 있다. 이런 사회 기관을 변화시키거나 보존하기 위해서는 개인의 노력 이상의 어떤 것이 요구된다. 즉 이는 일련의 집단적 행위를 요구한다. 사람들은 혼자서 성취할 수 없는 일을 해내기 위해 함께 힘을 합쳐야 한다는 말이다. 학생들을 민주주의 사회로 나아가도록 준비시키기 위해서, 역사교육은 학생들이 인간의 주체적 역할에 익숙하게 해줘야 할 뿐만 아니라, 이런 인간의 주체적 힘이 작동하는 맥락에 대해서도 잘 이해할 수 있도록 도와야 할 것이다.

역사교육에서 개인에 관한 내러티브의 역할

앞에서 우리는 역사가 반드시 내러티브의 형태만을 취할 필요는 없다고 지적했다. 그러나 역사가 형식상 내러티브의 형태를 띠고 있을 때도—물론 특히 학교에서 역사는 늘상 내러티브이기는 하다—반드시 개인의 행위나 의도에만 초점을 맞출 필요는 없다. 많은 역사 내러티브들이 개인을, 특히 어느 특정 개인을 설명의 중심에 두지 않는다. 왕조에 관한 내러티브, 국가의 흥망에 관한 내러티브, 여성의 변화하는 노동 환경에 관한 내러티브, 혹은 노예제의 종식에 관한 내러티브는 인간 집단이 관련된 일련의 연속된 사건에 초점을 맞추고, 이런 인간 집단 자체가 바로 내러티브의 주체가 된다. 예를 들어, 남북전쟁에 관한 '이야기'는 남부연방과 북부연방으로 알려진 두 정치체들 사이에서 벌어진 전투라고 설명되지, 특별한 몇몇 개인들의 경험으로 설명되지 않는다. 비록 수많은 개별 인물들이 이 이야기에 등장하지만 말이다. 국가의 법적·외교적 사건을 다루는 전통 역사 또한 정치적으로 정의된 집단—주, 국가와 같이—에 관한 이야기이고, 현대 사회사도 대개는 계급, 민족, 젠더 등으로 정의된 집단에 관한 이야기이다. 인간이 아닌 다른 데 초점을 맞춘 내러티브의 더 극적인 예는 아날학파의 연구물이다. 아날학파의 내러티브는 사회 구조, 농업 시스템, 인구 구조의 패턴, 집단적 멘탈리티의 변화 등과 관련되어 있다. 아날학파의 연구는 '장기 지속의 역사(la longue duree)'에 초점을 두기 때문에, 이는 말 그대로 개별 인물의 내러티브일 수 없다. 왜냐하면 아날학파가 염두에 두고 있는 역사적 시기는 한 개인의 일생을 훨씬 넘어서기 때문이다.[02]

물론 산업화, 제국주의, 인구 구조의 변화 등, 내러티브 안에서 발생한 대부분의 사건들은 개개인이 행한 수많은 작은 행위들의 결과의 총체일 것이고, 이는 다시 개인의 삶에 영향을 줄 것이다. 사실 이런 유형의 수많은 내러티브는 개개인의 이야기를 큰 변화의 예시나 일화의 일부로 포함하고 있다. 가령 존 버틀러(Jon Butler)의 『신앙의 바다에 뒤덮이기: 미국인을 기독교화하기(Awash in a Sea of Faith: Christianizing the American People)』에는 수십 명의 인물 묘사가 나오지만, 이 책의 내러티브의 주체는 미국에서의 기독교와 그 특징이지 구체적인 사람들이 아니다. 이 책은 처음부터 끝까지 종교적 신념과 제도의 변화를 보여줄 뿐, 어떤 특정 인물들의 생각의 변화를 보여주는 것이 아니라는 말이다. 유사한 예로, 찰스 셀러스(Charles Sellers)도 『시장혁명: 잭슨시대의 미국(The Market Revolution: Jacksonian America, 1815~1846)』이라는 책에서 수많은 개개인을 주목했지만, 내러티브의 주체는 어디까지나 시장관계의 조직이다. 셀러스는 경제조직, 그리고 이와 관련된 문화, 사회적 특성의 변화를 분석하지만 어느 특정 인물의 변화를 분석하지는 않는다. 많은 개별 인물들이 이 이야기에 포함되어 있어도 내러티브의 주체는 여전히 개인이 아닌 사람 집단(이민자나 광부 같은), 추상적인 정치체 혹은 지리적 집합체(캐나다, 로마제국 같은), 사회 구조의 요소들(토지 소유의 패턴이나 무역관계 등), 문화적 신념(마녀에 대한 믿음, 인종주의적 태도 같은) 등이다.[03]

이와 같이 개별 인물이 아닌 데 초점을 맞춘 내러티브는 오랫동안 학교에서 다루어지는 역사 텍스트의 주요 항목이었다. 20세기 초반 전기물은 역사 수업의 기초로 자주 거론되었으나 1930년대 들어 교육과정에 등장하는 전기물들의 역할이 공격을 받았다. 당시 초등학교 역사교육을 이끌어가는 이론가였던 메리 켈티(Mary Kelty)는 학생들에게 거시적 역사 발전상을 제공해주지 못한다는 이유로 전기물의 사용에 반대했다. 대신 켈티는 역사교육은 "우리 문명의 발전에서 '중요한 단계'"를 이루고 있는 "거대한 '움직임'과 '힘'이 발전해 나가는 모습을 추적"해야 한다고 주장했다. 켈티는 "우리 문명"이 바로 학생들이 공부해야 할 내러티브의 주체라고 보았고, 역사적 에피소드는 개개인의 삶에서 벌어지는 사건들이 아니라 이런 문명에 영향을 미친 움직임들을 토대로 묶어야 한다고 보았다. 수십 년 동안 미국에서 광범위하게 사용된 켈티의 초등학교용 역사 교과서의 제목은 『미국인의 이야기(The Story of the American People and Nation)』, 『미국인과 미국의 시작(The Beginning of the American

People and Nation)』, 『미국인과 국가의 성장(The Growth of American people and Nation)』 등으로, 켈티의 관점이 잘 드러난다. 이 교과서 내의 단원 제목 역시 개인의 수준을 넘어서는 역사 주체와 사건을 향한 켈티의 관심을 담고 있다. 예컨대 '국가는 신대륙으로부터 어떻게 부를 획득하고자 했는가', '영국은 어떻게 북아메리카 대륙의 대부분을 소유하게 되었는가', '영국 식민지는 어떻게 본국으로부터 독립할 수 있었는가', '미국은 어떻게 태평양을 향해 서부로 진출했는가' 등이다.

이와 유사한 관점이 같은 시기 다른 역사 교과서에도 반영되어 있다. 『민주주의를 향한 미국의 행진(American's March Toward Democracy)』, 『우리나라 이야기(The Story of Our Country)』, 『미국 발전의 역사(A History of American Progress)』 등이 그것이다. 이런 텍스트에도 개인이 등장하기는 하지만, 그 개인은 결코 내러티브의 초점이 아니었다.[04]

현재 초·중·고등학교의 모든 역사 교과서들은 여전히 이런 내러티브를 중심으로 조직되어 있다. 단원 제목만 봐도 바로 드러난다. '문명의 전파', '세계의 교역', '다른 세계와의 만남', '국가의 확장', '국가가 쪼개지다', '세계적인 강대국이 되기까지' 등이다.[05] 그러나 국가, 경제 조직, 헌법의 발전, 경제적 관계와 같이 추상적인 집단체와 사건에 주로 초점을 맞추면 학생들이 교과에 대한 흥미나 성취감을 가지기 어려워진다는 비난도 끊이지 않았다. 그 결과 교육 개혁가들은 사적인 역사와 공적인 역사 모두를 포함시켜, 학생들이 특정 역사를 경험했던 사람들의 눈을 통해 역사적 사건을 볼 수 있도록 해야 한다고 주장하기도 했다. 인류의 공통된 정서를 바탕으로 학생들이 본인과 과거 사람들 사이의 연결관계를 잘 볼 수 있다면, 역사 교과를 더 의미있게 공부할 수 있을 것이라는 주장이었다. 어떻게 보면 이런 제안은 전기물이 각광 받았던 100년 전의 주장을 닮은 듯하다. 그러나 이 주장은 세계적인 지도자나 소수의 유명인사들처럼 좁은 범위가 아니라, 더 다양한 배경을 둔 평범한 사람들의 일상적인 삶을 강조한다는 점에서 100년 전과는 확실히 차이점이 있었다.[06]

과거 사람들의 개인적인 삶에 초점을 맞추는 것은 지난 20년 동안 점차 인기를 얻었고, 훨씬 더 실현 가능한 것이 되어가고 있다. 어린이 책 출판이 폭발적으로 증가한 결과, 광범위한 주제에 걸쳐 잘 쓰여진 미국 역사책들을 쉽게 접할 수 있게 되었다. 여기에는 초등학생을 위한 그림책뿐만 아니라 고학년 학생들을 위한 이야기책도 포함되어 있다. 이런 작품들은 주로 미국 독립혁명이나 남북전쟁 같은 드라마틱한 사건에 참여했던 개인, 아니면 미국으로의 이민이나 서부 개척 운동과 같이 장기간에 걸친 사회 발전이나 인구 구조 변화의 일부였던 개인—진짜이든 혹은 허구이든—의 내러티브에 초점을 맞추고 있다.[07] 원사료 모음집은 사진, 편지, 일기, 일상에 관한 다양한 서류들을 포함하고 있고, 심지어 교과서 출판업자들까지도 평범한 사람들의 언어나 행위에 조직적으로 주목하기 시작했다.

개별 인물에 관한 내러티브는 초등학교 및 중학교의 교육과정 패턴에 더 쉽게 부합한다. 비록 대개 4, 5학년 이전에는 역사를 체계적으로 배우지 않지만, 콜럼버스, 조지 워싱턴, 에이브러햄 링컨을 위한 공간은 언제나 존재한다(전기물들을 역사 교육과정의 기초로 삼는 것에 반대했던 켈티조차 저학년 학생들을 위한 역사 전기 모음집의 공동 작가로 참여한 적이 있다).[08] 해리엇 터브만, 로자 파크, 마틴 루터 킹 등 다양한 개인들을 엮어놓은 전기 모음집을 확장시키면, 교사들도 상대적으로 가르치기 편해질 것이다. 초등학교 교사들은 인기있는 역사 픽션 작품들을 통해 역사 교과를 읽기 프로그램과 통합할 수도 있다. 초등학교 고학년이나 중학교 교사들은 연대기를 모두 다루어야 한다는 부담감이 더 크긴 하지만, 이들 또한 역사를 인간답게 만들고 더욱 개인적인 것으로 생각할 수 있게 해주는 기회를 달가워한다.

미국 독립혁명이나 남북전쟁 같은 사건을 가르치면서, 교사들은 『나의 형 샘의 죽음(My Brother Sam is Dead)』이나 『다섯 번의 4월(Across Five Aprils)』과 같은 역사 픽션 작품을 다룰 수 있을 것이다.[09] 뿐만 아니라 교사들은 역사 문서 작성하기, 과거 사람들과 대화해보기, 역사적 사건 재현하기 등의 활동을 통해 역사 속 사람들이 머물렀던 곳에 학생들 자신이 있다고 상상해보라는 주문을 던져볼 수도 있다. 일반화시키기는 어렵지만, 우리 두 저자의 경험을 통해 봐도 이처럼 개별 인물에 초점을 둔 내러티브는 어린 학령의 역사 학습에서 지배적인 형태인 것으로 보인다. 더 높은 학령에서도 개별 인물에 초점을 둔 내러티브가 그렇지 않은 내러티브—교과서나 교육과정 지침서에는 주로 개별 인물이 아닌 다른 데 초점을 둔 내러티브가 등장한다—를 완전히 대체하지는 못하더라도 둘이 함께 사용될 수는 있을 것이다.

개인에 관한 내러티브의 매력과 한계

개인의 경험에 초점을 맞춘 내러티브는 학생들에게 큰 호소력을 지닌다. 이런 점은 우리 저자 중 한 명이 몇 년 전 진행했던 교실 수업 연구에서 분명하게 드러났다. 그 수업은 6학년 수업이었는데, 학생들은 '역사의 날' 프로젝트를 준비하면서 '원하는 책 읽기' 활동을 했다. 교사는 학생들이 결과물을 만들어내기 전에 먼저 다양한 역사 관련 주제에 익숙해지게 해주고 싶었고, 그래서 몇 주에 걸쳐 여러 역사 연구물, 역사 픽션, 전기물들을 교실이나 학교 도서관에서 검색하여 읽고 생각하게 했다. 이런 책들을 읽고 나서 학생들은 짧은 에세이나 서평을 작성하고 교실에서 함께 토론하기도 했다.[10]

이 연구에 참여했던 학생들은 대부분 마치 본인이 과거를 살고 있는 것처럼, 과거 사람들의 고통을 덜어주기라도 할 것처럼 반응했고, 특정 역사에 연루되어 있었던 인물의 눈을 통해 역사적 사건을 탐구하는 활동에 대단한 흥미를 느꼈다. 예를 들어 학생들은 제2차 세계대전에 대한 책을 읽으며 병력 배치나 각 국가들 사이의 분쟁에 관한 이야기보다는, 안네 프랑크 같은 용감한 어린이나 히틀러 같은 '미친놈'에 대해 배우고 싶어 했다.

학생들은 특히 "더욱 방대한 영역"의 인간 경험에 관심을 보였다. 또한 사람들이 공포, 차별, 비극을 겪어야 했던 시기에도 관심을 보였다. 학생들은 자신이 만약 그들과 같은 상황에 처하면 어떻게 행동할지를 생각하면서 "나는 아마 도망갈 거야! 왜 이 사람들은 도망가지 않았지?" 혹은 "나는 혼자서 비행기를 타고 대서양을 건너는 용기를 절대 내지 못할 것 같아!" 같은 말을 하기도 했다. 용기있는 행위와 비인도적 행위의 본질에 대해 생각해보고, 각각의 사건들에서 행위의 동기—왜 히틀러는 그토록 미친 행동을 했는지, 왜 사람들은 나치 조직에 동조했는지 등—를 탐구했다. 학생들은 교실에서 책을 읽으면서 개인적으로 이야기 속 인물들에게 일체감을 느꼈다. 이 일체감은 역사에 대한 학생들의 관심 중 가장 두드러지는 특징이었다.[11]

유사한 모습이 우리 저자 중 한 명의 다른 연구에서도 발견되었다. 그 연구에서 5학년 학생 제니퍼는 1년 동안 역사 픽션 작품 여덟 편을 읽었다. 각각의 책을 읽고 토론하는 동안 제니퍼는 본인이 읽은 책에 나오는 개별 인물의 중요성을 끊임없이 강조했다. 제니퍼는 특히 과거 사람들에 대한 세부적인 사항들을 인간답게 묘사하는 데 관심이 많았다. 가령 과거 사람들이 어떤 사건에 대해 어떤 감정을 느꼈는지, 그들은 일상의 삶을 어떻게 살았는지, 무엇을 입고 어떻게 말했는지 등을 세부적으로 묘사하곤 했다. 6학년 교실 수업 연구에서처럼, 제니퍼는 극단적인 상황에 처했던 역사적 인물의 행동에 특히 매료되었다. 제니퍼는 왜 그들이 그렇게 행동했는지, 만약 본인이라면 어떻게 했을지 등을 궁금해 했다. 또한 이런 역사 픽션을 교과서와 비교하기도 했는데, 그러면서 제니퍼는 교과서의 텍스트만으로는 "아마 내가 거기 있었던 것처럼 상상하지는 못했을 것 같아요. 왜냐하면 교과서는 진짜 사람이 있었던 것처럼 보여주지는 않잖아요. 만약 옛날 사람들의 눈을 통해 좀 더 생생하게 설명해준다면, 아마 매우 재미있는 역사책이 될 거예요"라고 말했다. 사실 제니퍼가 읽었던 교과서의 텍스트 역시 다른 역사 픽션 작품들과 상당히 유사한 내러티브 형태를 띠고 있었지만, 개별 인물에 관한 내러티브가 들어 있지 않았기 때문에 제니퍼는 그다지 흥미를 느끼지 못했을 것이다. 제니퍼가 원했던 것은 개인의 감정과 도덕성, 개인적 판단에 초점을 맞춘 읽기였다.[12] 이런 결과는 학교 교사들의 경험담과도 상당히 일치한다. 교사들의 경험담은 우리 저자들이 개인적으로 들은 것도 있고, 실제 수업에 대한 설명이 출판된 바도 있다. 역사 학습이 개인에 관한 내러티브를 강조할 때 최고의 이점 중 하나는, 어린이들에게 학습 동기를 불어넣는다는 점이다.

학생들은 사람들이 극적인 상황에 어떻게 대처했는지 탐구해볼 수 있는 이야기, 혹은 과거의 사건에 직접 들어간 듯이 상상할 수 있게 해주는 이야기에 매료되었다. 그러나 개별 인물에만 초점을 맞추는 것은 상당한 문제점도 가지고 있다. 제11장에서 학생들에게 과거 사람들의 경험을 상상해보게 할 때 발생할 수 있는 문제에 대해 더 깊이 논의하겠지만, 이 장에서는 어린이들이 타인의 관점에 본인을 이입시키는 능력보다 한 개인의 선택, 대응, 행위를 강조하는 것 자체가 지니는 문제를 우선 생각해보려고 한다.

그 문제는 4, 5학년 학생들과 함께 했던 교실 수업 연구에서 명백하게 드러났다. 앞장에서 언급했던 것과 같이, 이 연구에 참여했던 학생들은 미국 역사의 다양한 주제—식민지 시기의 삶, 프렌치 인디언 전쟁, 미국 독립혁명, 이민, 여성 참정권 운동, 시민권 운동 등—를 학습했고, 학생들 개인의 역사와 가족의 역사도 학습했다. 이 연구는 두 개의 교실 수업(하나는 4학년 수업, 또 하나는 4, 5학년 연합 수업)을 관찰하고 학생들을 인터뷰하는 방식으로 이루어졌다. 학생들은 문헌(픽션과 논픽션), 참고도서, 원사료 및 유물, 비디오 등에 이르는 다양한 역사 자료를 살펴보았고 다양한 활동도 해보았다. 가령 세일럼의 마녀재판에 회부된 여성들의 재판을 시연해보고, 프랑스 사람과 영국 식민지 개척자의 만남을 재연해보았으며, 이민자들이 미국에 도착하면서 느꼈을 감정을 글로 작성해보기도 했다.[13]

다른 연구에서와 마찬가지로, 이 학생들 또한 과거 사람들에 대해 배우는 것에 상당히 관심이 컸고 또 동기 부여도 있었다. 그러나 혼란스러운 점은, 학생들은 마치 모든 역사적 사건이 개인에 관한 것인 양 설명했다는 점이다. 이 학생들은 집단행동이나 정치적·법적·경제적 제도와 같은 사회 기관의 영향을 거의 완전히 무시했다. 예를 들어, 왜 과거 사람들이 여성이나 소수자들을 오늘날과 다르게 대접했는지 설명해 보라고 하자, 학생들은 오직 개인적 태도만을 지적했다. 남성이 "우두머리 행세를 하려고" 했다거나, 남자들이 가진 것을 "나누려 하지 않았다"거나, 백인들이 "게을렀다"든지, "흑인이 백인처럼 훌륭하다는 생각을 못했다"라는 대답이 이어졌다. 이런 설명은 분명 사실일 수도 있다. 그러나 이런 설명은 사회적으로 합의된 규범이나 신념, 억압적인 시스템을 만들고 유지하는 법적 제도의 역할, 노예제나 가부장제를 뒷받침하는 경제 구조 등의 중요한 요소들을 제외시킨다는 점에서, 인종주의나 성차별주의에 관한 설명으로 적합하지 못하다.[14]

비슷한 예로, 학생들은 시간의 흐름에 따라 이런 관행들이 왜 변화하는지 설명하면서 개인이 태도나 신념의 변화에 미치는 영향력을 지적했다. 이들은 유명한 인물, 특히 에이브러햄 링컨이나 마틴 루터 킹 같은 사람들이 단독으로 미국 사회에서 여성이나 소수자들의 삶을 바꾸어놓았다고 생각했다. "링컨이 (노예를) 자유롭게 해줬어요. 그리고 지금 우리는 흑인들을 훨씬 더 좋아하지요", "마틴 루터 킹이 차별을 끝장냈어요", "시간이 지나면서 유명한 사람들이 그걸 바꾸어놓았고 다른 사람들에게도 권리를 준 거죠" 한 학생은 마틴 루터 킹이 "연설을 했고, 그리고 모든 사람들이 흑인들도 본인과 똑같다는 사실을 깨닫기 시작했어요. (…) 본인들이 대우받길 원하는 방식대로 흑인들을 대우해줄 필요가 있다는 사실도 알게 되었죠"라고 대답했다. 이런 대답으로 볼 때, 학생들은 변화의 더 큰 구조적 차원을 거의 이해하지 못하고, 집단 행위에 대해서도 거의 생각하지 못하는 듯했다. 이들에게 역사는 타인들의 마음을 변화시켜주는 몇몇 유명한 개인들의 이야기일 뿐이었다.[15]

미국 독립혁명에 관한 해석, 그리고 독립혁명에 이르기까지 몇몇 사건들에 대한 해석도 마찬가지로 충격적이다. 교사는 분쟁의 배경을 설명하면서 프랑스와 영국 정착민들의 팽창, 식민지 보호를 위해 도입되었던 세금, 영국 의회에 직접 대표를 보내지 못하면서 세금만 물어야 했던 식민지 주민들의 분노 등 영국과 북아메리카 식민지 사이의 갈등의 원천을 강조했다. 그러나 학생들이 이 주제를 논의하고 학습 활동을 준비하는 과정을 보면, 학생들은 교사가 강조했던 것과 매우 다르게 이 사건을 이해하고 있었다. 교사가 정치 독립체(political entities)들 간의 갈등, 그리고 정치적 원리를 둘러싼 갈등을 매우 강조했음에도, 학생들의 관심은 오로지 개인에게만 집중되었다. 예를 들어 북아메리카 지역에 프랑스와 영국이 팽창하여 어떤 결과를 낳게 되었는지 설명해보라고 하자, 학생들은 한 지역을 둘러싸고 두 국가가 전쟁을 벌였다고 생각하기보다는, 프랑스와 영국 정착민들이 "서로를 싫어했기" 때문에 전쟁을 벌였을 것이라고 대답했다.[16]

또한 학생들은 영국의 아메리카 식민지와 영국 본국이 계속 다툰 이유는 영국 의회에 아메리카 식민지의 정치적 대표가 없었기 때문이 아니라, 식민지가 지불해야 하는 세금의 양과 시기 때문이었다고 계속 잘못 해석했다. 식민지 사람들이 세금이 너무 무거워서, 또 욕심 많은 세금 징수자들 때문에 화가 났던 것이라는 생각을 수정해주려고 여러 번 시도했지만, 교사들은 끝내 실패했다. 교사들은 정치적 맥락을 가르치기 위해 면밀하게 준비했지만, 아메리카 식민지와 본국의 입장에 서서 논쟁해보는 활동은 늘 '식민지 주민들이 본국의 지배로부터 벗어나야 할지 말지'에 대한 논쟁으로 흘러갔다. 한 학생은 미국 독립전쟁은 우리가 "여왕의 이래라 저래라 하는 명령을 받지 않으려고" 일으킨 거라고 설명했다.[17]

동일한 패턴이 다른 연구자의 연구에서도 드러났다. 제어 브로피와 브루스 밴슬레드라이트는 5학년 학생들이 유럽인의 탐험이나 북아메리카 식민지 같은 주제를 학습하기 전과 후의 반응의 변화를 알아보기 위해 인터뷰를 했다. 학습을 시작할 무렵 학생들은 탐험가를 '정부로부터 위임 받은 존재'라기보다는 '탐험이 취미인 개인이나 사업가' 정도로 생각하고 있었다. 그리고 이 주제를 배우고 난 이후에도 여전히 학생들은 항해에 관한 더 광범위한 정치적·경제적 맥락을 이해하지 못했다. 대항해가 유럽 국가의 위임을 받아 이루어진 것임을 알게 된 뒤에도 학생들은 여전히 국가적인 이득을 추구하기 위해서라기보다는 국왕의 개인적 동기가 작용하여 탐험이 시작되었다고 생각했다. 비슷한 예로, 식민지를 학습한 이후에도 대부분의 학생들은 식민지가 유럽 국가에 의해 통치되었다는 것을 이해하지 못했다. 그들은 식민지 팽창 과정이 개별 국왕들의 개인적 경쟁 때문에 이루어진 것이라고 생각했다. 앞서 소개한 연구의 학생들과 마찬가지로 이들 또한 개인적 동기에만 초점을 맞추었고, 이런 행위를 이끌어 낸 정치적·경제적 구조에 대해서는 생각하지 못했다.[18]

학생들이 과거를 개인의 동기나 성취의 측면에서만 생각하게 되면 수많은 역사적 사건을 이해하는 데 상당한 제약이 생긴다. 유럽이 아메리카 대륙을 식민지로 삼은 것이 탐험가나 국왕의 개인적 동기 때문이었다고 생각한다면, 혹은 미국 독립전쟁이 식민지 주민들이 세금 징수자에게 너무 화가 나서 일어난 일이라고 생각한다면, 이는 학생들이 이 사건들을 전혀 이해하지 못했다는 소리다. 킹의 연설 덕에 깨달음을 얻은 백인들이 태도를 바꾸어서 미국의 흑인들과 다른 소수자들의 삶이 변화하게 되었다는 설명도 마찬가지다. 시민권 투쟁의 역사를 이해하기 위해서는 법률이나 정치적 대표의 변화뿐만 아니라 이런 제도적 변화를 이끈 집단행동에 대한 이해도 필요하다. 개인의 신념이나 행위에만 초점을 맞추면 근본적으로 이런 사건을 잘못 이해할 수밖에 없다. 더 심각한 것은, 이럴 경우 현 사회에 존재하는 구조적 인종주의나 다른 형태의 차별을 이해할 능력을 제대로 기를 수 없다는 점이다. 한 개인이 나는 편견을 가졌노라 공개적으로 말할 가능성은 적기 때문이다.

이런 문제점들은 존 윌스(John Wills)의 중학교 역사 수업에 관한 사례 연구에서 명백히 드러난다. 수업에서 학생들은 남북전쟁 시기를 다룬 단원을 약 8주간 깊이 있게 배웠는데, 그 내용은 흑인들이 노예제하에서 경험한 잔인함, 모욕, 부당함을 특히 강조하는 것이었다. 또한 이 단원은 다양한 자료와 학습 활동을 포함하고 있었고, 이런 자료와 활동은 특히 개별 인물의 경험에 초점을 맞추고 있었다. 학생들은 노예제를 경험했던 사람들의 인터뷰 모음집을 읽었고, 자신의 생각을 글로 써보았다. 이 에세이에서 학생들은 노예의 경험에 관한 동정어린 감정을 표현했고, 그 장소에 본인들이 있었다고 상상하거나 노예들이 느꼈던 대로 생각해보는 등, 흑인 노예들과 자신을 동일시해보려고 노력했다. 마치 우리 두 저자의 연구에서 학생들이 그랬던 것처럼 말이다. 학생들은 흑인 가족을 찢어놓은 잔인함, 사소한 잘못 때문에 노예들을 때린 주인의 폭력성, 불우했던 노예들의 생활 환경 등, 주로 노예 학대에 대해 글을 썼다. 윌스는 학생들이 이런 대우에 대해 진심으로 충격 받고 분노하고 있다는 점을 확인했고, 이 단원이 학생들—대부분 백인 학생들이었음—로 하여금 다른 사람들의 삶과 경험에 대해 민감해지게 하는 데 성공했다는 결론을 내렸다.[19]

수업을 진행했던 교사는 학생들이 과거 흑인의 경험에 대한 지식을 통해 현재의 인종 관계까지 생각할 수 있기를 희망했는데, 윌스가 수업을 관찰하는 동안 관련 주제를 논의해볼 특별한 기회가 생겼다. 그 무렵 로드니 킹(Rodney King)을 때려서 고소 당한 경찰관에 대한 가벼운 판결로 인해 LA폭동이 발생했던 것이다. 교사는 과거와 현재가 분명히 연결되어 있다고 보았다. 즉 법 앞의 평등, 경제적 기회, 잔인함, 차별 없는 보호, 권리 등의 문제와 관련되어 있다는 점에서, 과거와 현재의 이 사건은 분명히 연결되어 있었다. 그러나 학생들은 이런 연관성을 전혀 알아채지 못했다. 사실 학생들은 오늘날의 흑인들은 경제적 기회가 주어졌는데도 그 이점을 제대로 활용하지 못하고, 오히려 선조들의 억울했던 역사만 기억하면서 모든 사람들이 본인을 적대시한다고 생각하고 있으며, 심지어 흑인들 스스로 본인들을 향한 차별을 불러일으키기도 한다고 생각했다. 학생들이 보기에 이미 노예제는 끝났기 때문에, 노예제는 현재의 문제와 전혀 관련이 없었던 것이다.[20]

윌스는 학생들이 과거와 현재의 연결관계를 헤아려보는 데 상당한 어려움을 느낀다는 것을 알게 되었다. 그는 이것이 학생들이 흑인의 역사를 노예제 이외의 시대에서는 배우지 않기 때문에, 인종주의와 불평등이 국가의 역사를 지속적으로 관통해온 주제라는 점을 인식하지 못하기 때문이라고 보았다. 또한 노예가 일상의 삶에서 잔인하고 비인간적인 취급을 받았다는 데 초점을 맞추는 것이 학생들에게 '도덕적 담론'을 제공해주기는 하지만 '정치적 담론'은 제공해주지 못했기 때문이라고도 보았다. 사실 노예에 대한 잘못된 처우를 둘러싼 도덕적 이슈는 노예제 폐지와 더불어 사라졌다 해도, 흑인의 시민권 및 정치적 권리 문제는 여전히 남아 있다. 그러나 그 어떤 학생도 이 부분을 잡아내지 못했다. 이는 학생들이 노예를 학습하며 개별 인물의 경험이라는 내러티브에만 초점을 맞춘 결과이다.

월스뿐만 아니라 우리의 연구에서도 분명히 드러났듯이, 개별 인물의 경험에 관한 내러티브는 도덕적 분개를 자극하는 정도에 그친다. 학생들의 인정주의는 단순히 도덕적인 문제를 넘어서 사회적 규범, 법적 제한, 경제적 시스템에 전혀 닿지 못하는 것이다. 월스의 용어를 빌자면, 학생들은 노예제의 구체적 잔학성이 사라진 한참 뒤까지 남아 있는 "정치적" 주제를 놓치고 있다.[21]

문화적 도구로서의 개인에 관한 내러티브

이 시점에서 독자들은 우리가 어린이들의 역사 이해를 왜 이렇게 신랄하게 비판하는지 궁금할 것이다. 10살에서 12살 정도 어린이들은 사실 역사 교과를 체계적으로 공부한 지 얼마 되지 않았고, 따라서 이들의 생각이 전문 역사가나 성인들과 같을 수 없다는 것은 전혀 놀랄 만한 일이 아니다. 사실 우리는 처음으로 식민지 관련 주제를 배운 4학년 학생들이 17, 18세기의 유럽 팽창을 정교하게 분석할 수 있으리라고 전혀 기대하지 않았다. 우리가 관심이 있는 것은, 이 어린이들이 본인들이 접하는 역사를 어떻게 이해하고 있는지에 관한 것이었다.

학생들은—학교 안에서든 밖에서든—식민지, 노예제, 참정권 운동에 관한 내러티브를 접할 때 무작정 특정 정보를 차단하고 마치 체에 거르듯이 정보를 흘려보내는 것이 아니며, 마구잡이로 잘못된 생각을 하거나 불완전한 방식으로 이해하는 것도 아니다. 오히려 학생들의 잘못된 이해는 조직적으로 이루어지고, 그래서 예상했던 대로 드러난다. 이것이 바로 우리가 '도구 사용'이라는 개념이 특히 생산적일 수 있다고 보는 지점이다. 왜냐하면 많은 경우 어린이들은 본인들이 이미 익숙한 도구, 즉 '개인 내러티브'에 의지하여 역사를 이해하고 있기 때문이다.

이 도구의 특성은 학생들이 글로 작성된 텍스트를 어떻게 해석하는지 분석한 연구에서 특히 분명히 드러난다. 예를 들어, 마가렛 맥퀀과 이사벨 벡은 '대표없이 세금없다'라는 주제의 교과서 지문을 읽은 5학년 학생들을 인터뷰한 결과, 학생들은 식민지 사람들의 차오르는 분노, 영국 대령의 파워, 왕의 세금 징수 포기, 사람들이 평정을 되찾은 점을 중심으로 본인들이 읽은 지문을 해석한다는 것을 발견했다. 맥퀀과 벡은 이런 학생들의 대답이 "표면적 내러티브"만을 보여준다고 지적하면서, 교과서가 과세 제도나 정치적 대표와 같은 관념적인 개념을 적절히 설명하지 못했다고 비판했다.[22] 그러나 학생들이 텍스트의 내용을 이해하는 데 실패했다고 해서 이들이 그저 닥치는 대로 대답했거나 혼란스러운 상태에서 오류를 범한 것은 아니었다. 학생들은 정치적, 혹은 경제적 구조나 과정보다는 철저히 개인적 행위나 의도에 초점을 맞추었다. 제대로 이해할 수 없는 텍스트를 마주하면 학생들은 대개 거기에 일련의 체계를 부여하게 되는데, 이때 학생들은 본인들에게 친밀했던 도구인 '개별 인물의 행위와 의도'라는 도구를 사용하게 되는 것이다.

유사한 또 다른 예도 있다. M. 앤 브릿(M. Anne Britt)과 동료 학자들은 파나마 운하의 건설에 관한 지문을 초등학생들에게 보여주고, 자신들이 읽었던 것을 다시 말하게 해보았다. 학생들이 말하는 과정에서 발견되는 가장 공통적인 문제점 중 하나는, 이들이 '주요 이야기'보다는 지문의 '부차적인 이야기'에 초점을 맞춘다는 것이었다. 연구자들은 이 특성이 학생들의 읽기 능력의 문제점을 보여준다고 설명했지만, 사회문화적 관점에서 볼 때 이 '이야기 다시하기'에서 주목할 점은 사실 모든 학생들이 똑같은 '부차적인 이야기', 즉 운하에서 노동자들이 어떻게 질병을 극복했는가를 공통적으로 언급했다는 점이다. 학생들이 '다시 이야기하기'에서 거의 놓쳐버렸던 이야기의 '주요 내용'은 '미국이 어떻게 운하를 건설하는 허락을 얻어냈는가'에 관한 부분이었다. 학생들이 역사적 지문을 잘 읽어내지 못한다는 식으로 단정해버리는 것은 상당히 잘못된 생각일 수 있다. 왜냐하면, 반복해서 말하지만 이 학생들의 문제는 절대 임의적으로 발생한 것이 아니기 때문이다. 학생들은 본인이 익숙한 도구, 즉 '개인의 행위'라는 내러티브를 통해 텍스트를 해석하기 때문에 이런 문제가 반복적으로 발생하는 것이다.[23]

그럼에도 학생들이 이해하기에 개인에 관한 내러티브가 본질적으로 더 쉬울 수 있다는 주장은 여전히 유효하다. 내러티브에 입각해서 과거를 재현하는 것이 내러티브를 통하지 않는 것보다 쉽다고 주장할 수 있는 것처럼 말이다. 만약 초등학교 단계에서 학생들이 꾸준히 역사적 사건을 개인의 행위나 의도라는 측면에서만 해석한다면, 그 이유에 대한 가장 단순한 설명은 학생들이 이런 종류의 설명을 할 준비가 되어 있기 때문이라는 것이다. 마가렛 도날슨(Margaret Donalson)과 동료들은 어린 학생들이 익숙한 설명 체계인 '개인의 동기와 의도'라는 틀에 새롭게 마주하는 상황을 끼워넣어가면서 모든 것을 "인간적으로 이해"하려고 한다고 보았다.[24] 사실 초등학생들에게 다른 어떤 것을 기대하는 것이 오히려 더 비합리적일지도 모른다. 이것들이 학생들이 사용할 수 있는 유일한 도구일 수도 있기 때문이다. 따라서 만약 일부 역사적 주제가 정치나 경제에 대한 이해를 요구한다면, 학생들이 이 특성들을 제대로 이해할 수 있는 더 높은 연령이 될 때까지 학습을 미루는 것이 최선일 수도 있다.

그러나 우리는 다시 한 번 미국과 북아일랜드의 서로 다른 역사교육의 패턴을 통해 학생들이 이런 식으로 개인에 초점을 맞추는 것이 절대 피해 갈 수 없는 일인지 재고해볼 수 있다. 북아일랜드 학생들이 미국의 학생들보다 역사를 배울 때 내러티브 구조에 덜 의지했던 것과 마찬가지로, 이곳 학생들은 미국 학생들에 비해 개인에게도 초점을 덜 맞추었다. 초등학교의 역사 교육과정은 구체적인 사람 그 누구에게도 주목하지 않는데, 그것은 교육학적인 이유, 그리고 정치적 이유 때문이다. 교육학적인 면에서 보면, 북아일랜드의 역사교육은 과거 삶의 사회적·경제적 요소들을 강조하기 때문이고, 정치적인 면에서 보면 영국이나 아일랜드의 역사에 등장하는 거의 모든 인물이 가톨릭 아니면 프로테스탄트 중 하나라서 학교에서 학습하기엔 지나치게 논쟁적이기 때문이다. 앞에서 논의했던 바와 같은 수많은 이유 때문에, 학교 밖의 경험도 이런 경향을 강화시키고 있다. 그 결과 북아일랜드의 어린 학생들은 중석기 시대의 사람들, 바이킹, 빅토리아 시대의 경제 패턴, 물질문화, 사회관계와 같이, 한마디로 말해 과거 사회의 구조에 집중하며 역사를 배운다. 물론 이곳 학생들도 가끔씩 과거의 특정 시대의 인물에 대해 상상해보라는 질문을 받지만, 역사 속 특정한 인물의 경험에 대해서는 거의 배우지 않는다. 그 사람이 유명인이든 평범한 사람이든, 혹은 진짜 인물이든 가상의 인물이든 상관없이 말이다.[25]

삶이 왜 변화하는지 설명해보라고 하면 북아일랜드 학생들은 미국 학생들에 비해 개인적 성취나 동기에 초점을 맞추는 경향이 훨씬 덜하다. 이곳의 많은 학생들도 스타일이나 패션이 특별한 이유 없이 변화했다고 생각하기도 하고, 인과관계에 입각해서 설명했던 학생들도 각기 다른 사회적·경제적 맥락을 변화의 원인으로 지적하기도 했다. 예를 들어 어떤 학생들은 집에서 직접 지은 옷은 가게에서 파는 옷과 달라 보일 수 있다고 했고, 또 어떤 학생들은 사람들이 부자가 되면서 패션도 달라졌다고 했다. 때때로 이들은 개인적 요소보다는 사회적 요소를 통해 사회적 관습이 변화한다고 설명했다. 왜 교사들이 더 이상 학생들을 체벌하지 않느냐는 질문에 대해서는, 대부분의 북아일랜드 학생들이 미국 학생들이 간과했던 점, 즉 사람들이 집단적 행동을 통해 사회 제도를 변화시켰다는 점을 정확하게 지적했다. 이들은 오늘날 학생들을 때리는 것이 불법이라는 점을 설명했고, 이는 교육위원회의 규제에 반하는 행위이며, 법원이 이런 관행을 금지했다고 설명했다. 일부 학생들은 이런 변화가 인권 조직의 노력에 힘입은 것이었다고 설명했다.[26]

또한 대부분의 학생들은 바이킹 여성들이 오늘날 여성들보다 어린 나이에 결혼했던 이유를 설명하면서 더 넓은 사회적 맥락을 토대로 결혼 관습을 이야기했다. 학생들은 문화적 규범에 변화가 생겼다고 대답했고, 바이킹 사회의 결혼 연령과 경제적·인구학적 요구 사이의 관계에 대해 생각하기도 했다. 4학년밖에 안 된 어린 학생들조차도 개인의 의사결정 과정보다는 주어진 문화적 관습을 이끌어낸 사회적 조건에 초점을 맞추어 설명했다. 그렇다고 이 학생들이 개별 인물의 역할을 단 한 번도 지적하지 않았다는 말은 아니다. 사실 많은 학생들이 개인의 역할에 대해 이야기했다. 가령 어떤 학생들은 "사람들이 그런 생각을 하지 못했기" 때문에 아이들을 때리는 것이 일반적이었다고도 생각했고, 바이킹족 사람들은 무지하거나 "미련해서" 어린 나이에 결혼했다고도 생각했다.

이런 설명은 노예제가 백인이 게을러서 존재했던 거라든지, 남성이 우두머리 행세를 하려고 했기 때문에 여성들이 권리를 누리지 못했다고 생각한 미국 학생들과도 비슷한 측면이 있다. 다른 나라에서 이루어진 유사한 연구 또한 학생들은 과거의 사건을 다룰 때 주로 개인에 초점을 맞추어 설명한다는 것을 보여주고 있다. 그러나 우리가 주목해야할 차이점은, 미국의 학생들에게 개인에게 초점을 맞춘 설명은 역사 발전을 설명하는 근본적이고도 유일한 방식이었던 데 비해, 북아일랜드 학생들에게 이것은 변화를 설명하는 한 가지 방법일 뿐, 결코 가장 일반적인 방식은 아니었다는 점이다.[27]

이런 차이는 '개인적 동기와 성취'에 초점을 맞춘 내러티브가 일종의 문화적 도구임을 보여준다. 이것은 결코 과거를 이해할 수 있는 유일한 방식이나, 어린 나이의 발달 단계에 가장 적합한 보편적인 설명 방식이 아니라는 것이다. 조지 워싱턴이나 로자 파크 같은 유명한 인물이든, 아니면 역사 픽션이나 TV 프로그램에 나오는 평범한 인물이든, '인물'은 미국의 학생들이 역사를 접하는 가장 익숙한 방식이고, 따라서 학생들은 역사적 변화를 설명할 때 이렇게 익숙한 방식을 사용하게 된다. 로이 로젠웨이와 데이비드 텔른은 가족들이 아이들에게 전달하고 싶어 하는 가장 일반적인 내러티브는 "더 나은 세상을 만들기 위해 누군가 노력을 기울였다는 것, 그리고 그 뒤를 따르는 또 다른 인물도 노력을 기울였다는 것"임을 알게 되었다. 심지어 현재의 사회관계를 다룰 때조차도 미국의 공적 담론은 대개 개인에게 초점을 맞추고 있다. 불평등 문제를 논의할 때도 구조적 억압이나 집단의 이해관계, 집단적 행위는 무시되거나 폄하되는 반면, 개개인의 부적절한 욕구가 비난의 대상이 되는 것처럼 말이다. 이는 영국의 예와 뚜렷한 대조를 이룬다. 영국에서는 사회계급과 경제 구조에 대한 논의가 공적 토론의 일부로 받아

들여지고 있다.[28]

그러나 미국 내에서도 개별 인물에 초점을 맞추는 내러티브가 늘 보편적이기만 한 것은 결코 아니다. 예를 들어 로젠웨이와 텔른은 미국 흑인과 아메리카 원주민의 일부인 수족(Sioux)의 응답자들이 백인들에 비해 집단행동의 역사를 훨씬 더 강조하고, 특히 미국 흑인들은 세상에 변화를 가져온 사회운동이나 단체행동에 주목한다는 것을 발견했다.[29] 우리 연구자들은 다양한 배경의 학생들이 역사 발전을 어떻게 생각하는지에 대해 더 다양한 측면에서 알아볼 필요가 있다. 또한 개인의 인지 능력이 아닌 '도구'의 사용을 통해 학생들의 설명을 개념화함으로써 더 생산적인 연구를 할 수 있을 것이다. 어떤 학생들이 역사적 설명을 위한 기초로 '개인적 동기와 성취'라는 도구를 사용하고 있는가? 어떤 환경에서 이를 사용하는가? 이 학생들은 다른 사건보다 특정한 사건을 이해하는 데 이 도구를 더 빈번히 사용하는 경향이 있는가? 어떤 학습 경험이 이런 도구의 사용에 영향을 미치는가? 예를 들면, 교실 수업에서 역사 픽션을 주로 사용할 경우 학생들이 개개 인물에 의지하여 역사를 설명하는 경향이 더 뚜렷해지는가? 또한 이런 도구를 사용하는 것이 교과서에 나오는 개인에게 초점을 두지 않은 내러티브를 이해하는 데 얼마나 방해가 되는가? 연구자들은 이런 질문을 탐구함으로써 학생들이 다양한 종류의 도구를 사용하여 과거를 이해하는 능력을 고양시킬 수 있도록 실용적인 제안을 내놓을 수 있을 것이다. 다양한 설명을 생각해보는 학생들이 단 하나의 지배적인 방식에만 의존하여 역사를 이해하는 학생들보다 민주적 숙의의 요구에 더 잘 대비할 수 있을 것이다.

결론

모든 역사 내러티브가 개인에게만 초점을 두는 것은 아니지만, 이런 내러티브가 역사를 학습하는 학생들에게 특별히 동기를 부여해주는 것은 사실이다. 왜냐하면 이런 이야기는 학생들이 인간 행위에 대한 자신들의 선지식을 이용하여 머나먼 시기를 이해하고 또 관념적인 주제를 이해할 수 있게 해주기 때문이다. 어린이들과 청소년들을 대상으로 한 넘쳐나는 역사 문헌, 그리고 학생들에게 스스로가 역사적 사건의 행위자라고 상상해보게 해주는 수업 활동은 과거와 소통할 기회를 학생들에게 제공해주며, 사실 이는 주로 국가를 강조하는 교과서가 결코 성취해낼 수 없는 방식이다.

또한 인물에 관한 이야기는 학생들의 학습 흥미와 동기를 고양시켜줄 뿐만 아니라, 민주주의 시민정신에도 기여할 수 있다. 만약 학생들이 개별 인간이 역사의 과정을 안내하는 역할을 수행할 수 있다는 것을 인지한다면, 이들은 공공선을 위한 책임감을 가지기 위해 필요한 적극적 행위자로서의 감각을 발전시킬 수 있을 것이다.

그러나 역사를 움직이는 힘으로서 개인의 동기와 성취에만 초점을 맞추는 것은 학생들이 세상을 이해하는 데 제한을 가할 수 있다. 그것이 과거의 세상이든 현재의 세상이든 말이다. 만약 학생들이 경제적 구조나 법적·정치적 시스템, 혹은 종교 교파와 같은 문화적 패턴과 사회적 제도가 어떤 식으로 개인의 행위와 기회를 만들어놓았는지 이해하지 못한다면, 공공선의 추구를 위한 합리적 판단 능력을 키우기 어려워진다. 예를 들어, 학생들은 불공평하고 비생산적인 사회적 합의로 인해 사회 문제가 발생하는 것이 아니라, 오로지 적절치 못한 개인의 태도 때문에 발생한다고 생각하고, 그 해결 또한 사람들의 태도 변화를 통해야 한다고, 즉 사람들이 아량을 지니거나 환경을 더 존중하게 되면 문제가 해결될 것이라고 생각하게 될 것이다. 또한 학생들은 사회 변화에는 소수의 강력하고 카리스마 있는 개인의 영웅적 노력보다는 집단적 행위가 필요하다는 점을 이해하지 못할 수 있다. 역사에서 개인과 사회의 역할을 모두 검토함으로써, 그리고 빈번히 발생하는 둘 사이의 긴장을 검토함으로써, 학생들은 우리 세상이 어떻게 돌아가는지 이해하는 데 필요한 다양한 범주의 도구를 가질 수 있게 될 것이다.

제9장
국가의 자유와 진보에 관한 내러티브

그건 회상이었고 환상이었다. 그는 자신을 위해 쓴 명대사로만 이루어진 한 편의 드라마를 눈앞에서 연출하고 있었다. 애수어린 통찰이 담긴 힐난의 대사는 짧고 절제되어 있기에 더욱 가차없고 반박의 여지가 없었다.—이안 맥큐언(Ian McEwan)[01]

학교나 박물관, 유적지에서든, 영화나 만화를 통해서든, 미국에서 역사교육은 오래된 내러티브를 마구잡이로 사용하는 것이 아니다. 즉 역사는 그리스인, 로마인, 튜턴족, 켈트족에 관한—아프리카인, 아시아인, 아메리카 원주민들의 이야기는 말할 것도 없고—이야기를 무작위로 하는 것이 아니다. 학교에서 학생들은 근대세계에서 가장 영향력이 컸던 사건에 관한 내러티브만 배우는 것도 아니다. 실제로 인쇄술의 발명, 농업혁명, 기독교나 이슬람의 전파와 같은 주제들은 어느 정도나 주목을 받고 있는가? 이런 주제를 학교에서 다룬다 하더라도, 아마 중학교 필수 세계사 과정이나 고등학교 선택 세계사 과정에서 한 번 훑어보는 정도가 다일 것이다. 세계사에 대한 이런 기본적인 비판 말고도 필수 교육과정과 관련하여 가장 많이 지적되는 문제는, 역사 교육과정이 오로지 한 가지 특별한 내러티브와 관련된 에피소드들만 주목하고 있다는 것이다. 그 내러티브는 바로 '우리나라의 이야기'다. 탐험, 식민지 건설, 북아메리카 정착, 식민지 종결, 미국 독립과 관련된 인물이나 사건은 유치원 때부터 대학교 때까지 계속 반복 등장한다. 제3장에서 논의한 바와 같이, 역사의 가장 일반적인 목적 중 하나가 국가 공동체 창조라는 점을 고려하면 이는 그다지 놀랄 일은 아닌 듯하다.

한 국가의 역사에 대해 어느 정도 강박이 있다 하더라도, 우리는 수많은 다른 종류의 내러티브를 이야기할 수 있다. 북아메리카로 온 다양한 사람들에 대해 배울 수도 있고, 이들이 아메리카 대륙으로 온 다양한 이유들을 배울 수도 있다. 19세기에 유토피아적 공동체를 세우고자 했던 이들의 노력에 대해 배울 수도 있을 것이다. 뿐만 아니라 미국에서 노동조합을 억압했던 역사도 배울 수 있을 것이며, 인종주의와 가부장제의 지속에 대해서도 배울 수 있을 것이다. 이 모든 내러티브는 미국의 국가적 경험을 조명하는 것으로, 그 속에는 다양한 역사 주체들과 거기 얽힌 사람들의 동기, 성공과 실패, 그리고 해결된 문제와 해결되지 못한 문제들의 이야기가 공존하고 있다.

그러나 학생들은 이런 이야기를 배우지 않는다. 더 정확하게 말하자면, 학생들은 이런 이야기들의 일부를 접할 수는 있겠지만 그 기회가 그리 자주 오지는 않는다. 따라서 학생들은 주로 미국 역사의 지배적인 내러티브, 즉 '자유와 진보에 관한 이야기'에 압도될 뿐이다. 자유와 진보에 관한 내러티브는 학생들이 과거를 이해하는 도구의 역할을 한다. 이안 맥큐언의 소설인 『암스테르담』에 등장하는 인물이 동료와의 논쟁

에서 명대사들만 기억했던 것처럼, 미국의 자유와 진보에 관한 이야기
는 기억임과 동시에 환상이기도 하다.

미국에서의 국가 내러티브의 전유

미국인들이 국가의 과거에 대해 말하는 이야기의 중심에는 두 가지
테마가 있다. 그 첫 번째가 '자유'이다. 에릭 포너는 "개인으로서 그리
고 국가로서 스스로에 대해 생각할 때 가장 근본이 되는 개념은 '자유'
이다. '자유'라는 개념은 우리가 과거를 설명할 때 가장 대중적으로 사
용하는 '정통 내러티브'이다"라고 설명했다. 포너가 말했듯이 이 개념은
미국 역사를 통틀어 대단히 다양한 형태를 띠고 있다. 결정적인 개념
정의가 부족함에도 불구하고, 아니 어쩌면 바로 그렇기 때문에, '자유'
라는 개념은 시간, 공간, 사회적 배경이 서로 매우 달랐던 미국인들에게
오랫동안 자긍심과 존경심, 포부의 대상이 되었다. '자유가 차츰 확장되
어 나갔다'는 점이 국가의 역사를 공식적으로 드러낼 때 중심 테마이다.
국가의 정통 내러티브에서 자유와 밀접하게 관련된 또 다른 테마는
'진보'라는 개념으로, 이는—적어도 미국에서는—역사 발전이 사회적·
물질적 삶을 꾸준히 향상시켜왔다는 개념이다. 19세기의 미국 역사서들
은 물질적·도덕적 진보야말로 미국의 과거를 가장 잘 보여주는 역사의
근본 법칙이라고 주장했다. 제임스 로웬(James Loewen)은 그런 식으로 변
화와 진보를 동일시하는 경향이 오늘날에도 여전히 지배적이라고 지적
하면서 "교과서 저자는 우리 국가가 인종 관계에서부터 교통수단에 이
르는 전 분야에 걸쳐 점차 발전하고 있다고 표현하고 있다"고 말했다.

박물관이나 다른 공공 유적지 또한 유사한 맥락에서 '진보'라는 테마에 경의를 표하고 있다.[02]

　그러나 이런 테마들은 학교, 박물관, 기타 다른 유적지에서 역사를 생산해내는 역할을 할 뿐만 아니라 학생들이 역사를 '소비'하는 데도 지배적인 역할을 하고 있다. 사회문화이론의 언어로 설명하자면, 학생들은 이런 특별한 내러티브를 미국 역사를 개념화하는 중요한 수단 중 하나로 전유하고 있는 것이다. 국가의 과거를 이해하는 데 있어서 자유에 관한 내러티브의 중요성은 제임스 월취의 연구에서 매우 두드러진다. 케빈 오코너(Kevin O'Connor) 또한 이에 관한 연구를 수행한 바 있는데, 그는 이 연구에서 24명의 대학생들에게 "국가의 기원을 설명하는" 에세이를 30~40분에 걸쳐 작성하도록 했다. 그런데 학생들이 제출한 에세이 중 무려 23편이 단 하나의 조직적인 테마를 주제로 하고 있었다. 그것이 바로 월취가 언급한 바 있는 "자유를 추구하는" 내러티브이다. 거의 대부분의 학생들은 북아메리카 정착 과정과 북아메리카의 영국 식민지가 영국으로부터 분리되는 과정을 설명할 때, 식민지 주민들이 자신들을 억압하고 자유를 박탈했던 사회 제도나 지배자로부터 벗어나고자 하는 바람을 가지고 있었다거나, 이들이 개인의 자유에 기초한 사회 제도를 정착시키고자 노력했다고 서술했다. 그리고 학생들은 늘 이런 내러티브를 유럽인들의 행위를 중심으로 구조화했다. 이 에세이들에서 학생들은 아메리카 원주민보다 무려 5배 이상, 그리고 흑인들보다는 12배 이상 백인을 더 많이 언급했다. 뿐만 아니라 백인들은 내러티브를 이끌어가는 힘, 즉 역사 주체로 표현된 반면, 아메리카 원주민들은 백인의 행위를 받아들이거나 그 행위에 의해 희생당하는 대상으로 묘사되었다.[03]

이 책 제3장에서 묘사한 바 있는 저자들의 중학생들에 대한 연구—그 연구에서 우리는 학생들에게 가장 중요하다고 생각하는 역사적 인물, 사건, 문서를 설명해보게 했다—를 보면, 학생들은 주로 미국이라는 국가체(national entity)에 정체성을 느꼈을 뿐만 아니라, 미국이라는 국가를 도덕적으로 우월한 것으로 묘사했다. 국가적 정의로움에 대한 학생들의 인식은 미국의 정통 내러티브, 즉 자유와 진보라는 두 기둥에 의지했다. 오코너의 연구에 등장했던 대학생들과 마찬가지로 이 연구의 중학생들도 조국의 본질을 정의할 때 자유의 중요성과 자유의 역할을 끊임없이 강조했다. 예를 들어 학생들은 독립혁명이 중요하다고 생각하는 이유를 설명하면서, 이전에 "우리는 권리가 없었죠. 자유롭지 못했어요", 혹은 독립혁명 없이는 "자유를 가지지 못했을 거예요"라고 대답했다. 그들은 비슷하게 미국 권리장전도 중요하다고 생각했다. 그 이유는 "권리장전이 우리 모두에게 자유와 권리를 주었기 때문에", 그리고 "만약 권리장전이 없었더라면 우리는 결코 자유롭지 못했을 것이고, 이 나라는 지금과 상당히 달랐을 것이기 때문"이었다.[04]

자유를 추구하는 데 있어서 '성공'의 중요성에 주목하는 것도 눈여겨볼 대목이다. 조슈아 세를 화이트(Joshua Searle-White)는 민족주의 심리 연구를 통해, 전 세계의 수많은 지역에서 '희생'이 국가 정체성의 중요한 부분을 이루고 있다고 지적했다. 화이트는 "개인이 바람직하다는 감정을 얻는 가장 강력한 방식은 그 개인이 희생되는 것, 그리고 다른 이들에게 그런 희생을 인식시키는 것"이라고 설명했다. 그는 이런 과정이 국가 집단으로 확장되어, 과거의 비극은 종종 승리보다 더 중요한 의미를 지닌다고 보았다. 그러나 미국에서는 '희생'보다 '성공'이 민족주의의 중심에 있다. 다른 이들은 자유를 갈망하고 있겠지만, 우리 미국은 이미 그런 자유를 성취했다는 것이다. 포너는 외국인 방문자들은 미국인들이 세계에서 유일하게 자신들만이 진정한 자유를 누리고 있다는 확신을 품고 있는 데 대해 종종 놀라곤 한다고 말했다.

우리 연구에 참여했던 학생들도 그런 생각을 품고 있었다. 이들은 자유를 떠올리면서 미국은 다른 국가와 다르다고 생각했다. 한 학생은 "다른 나라랑은 다르게 우리는 표현의 자유가 있고, 사실 다른 나라는 이런 권리가 없잖아요"라고 설명했다. 다른 학생도 미국 권리장전은 "우리를 다른 나라와 구분해준다는 점에서" 중요하다면서, 이는 바로 "우리는 그런 나라들보다 훨씬 더 많은 자유를 가지고 있다는 것을 보여주기 때문"이라고 했다. 또 다른 학생도 "미국은 자유나 자유로운 이미지로 알려져 있고, 저는 이것이 미국을 좋은 국가로 만드는 부분이라고 생각해요"라고 말했다. 물론 이 학생들이 미국 독립전쟁이나 권리장전이 모든 이에게 자유를 가져다줬다고 생각한 것은 아니다. 그럼에도 그들은 미국 역사가 자유를 성공적으로 보장해온 이야기이고, 자유를 향한 끊임없는 시도는 이 성공을 확장하기 위해 필수적인 과정이었다고 믿고 있었다.[05]

'성공'에 대한 이런 신념은 학생들이 미국 역사를 이해하기 위해 사용한 정통 내러티브의 두 번째 주요 특징인 '진보'에 대한 신념도 강화시킨다. 제3장에서 언급했던 바와 같이, 학생들은 미국을 권리와 기회가 끊임없이 확장되어온 나라, 사회적 관계가 꾸준히 발전해온 나라, 그리고 역사적 고난과 부당함이 늘 해결되어왔던 나라로 묘사했다. 학생들은 권리, 기회, 자유가 확장되고 발전해왔다는 것을 다른 어떤 주제보다 더 자주 언급했다. 이들은 국가의 과거에 관한 가장 중요한 사건들 중에서 노예해방선언과 여성의 참정권 운동, 시민권 운동 같은 항목을 지속적으로 선택했다. 마치 국가의 건립을 통해 확립된 자유가 새로운 집단의 사람들에게 꾸준히 확장되어 나갔던 것처럼, 이런 사건이 가져온 변화야말로 미국 역사의 지속적이면서도 중요한 과정의 일부라고 분명하게 설명했다.

가장 눈에 띄는 것은 '국가적 진보'라는 테마와 관련된 학생들의 생각이 너무나 확신에 차 있다는 것이다. 학생들은 미국 역사에서 이런 사건들의 중요성을 너무나 명백하고도 명확하게 언급했기 때문에, 연구자들이 학생들의 대답을 해석할 때 추론을 할 필요조차 거의 없었다. 예를 들어, 한 여학생은 학교 역사 시간에 배운 것 중 가장 중요했던 내용은 "과거 사람들이 가졌던 권리, 그들이 권리를 얻기 위해 싸워야 했다는 사실, 그리고 우리는 어떻게 오늘날 이런 많은 권리를 누리게 되었는지, 1900년대나 1800년대로 거슬러 올라가면 과거 사람들은 이런 권리를 거의 가지지 못했다는 사실"이라고 했다. 학생들은 자유와 진보를 국가 역사를 이해하는 데 필요한 중요한 도구로 사용했을 뿐만 아니라, 끊임없이 이런 내러티브의 중요성을 인식했다.[06]

진보에 대한 이야기는 생활의 다른 영역으로까지 확장되었다. 그중 가장 눈에 띄는 것은 과학기술이다. 학생들은 더욱 발전된 삶의 형태에 기여하기 때문에 전기, 자동차, 비행기, 컴퓨터와 같은 발명이 특히 중요하다고 생각했다. 전구가 없으면 "우리는 석기시대처럼 살고 있을 거예요", 컴퓨터는 "정말 많은 것을 바꿔놓았죠. 더 이상 글을 쓸 필요 없이 그냥 컴퓨터에 타이핑하고 프린트만 하면 되니까요", 자동차가 없다면 "우리는 여행도 못 갔을 거고, 아마 먼 여행은 절대 못했겠죠. 마냥 걸어야 했을 테니까요."

때때로 학생들은 수업 시간에 배운 것을 토대로 진보에 관한 다소 애매한 에피소드를 예로 들기도 했다. 예를 들어, 대공황을 토대로 미국은 스스로가 "모든 국가의 절대신"은 아니라는 것을 배웠고, 베트남전쟁은 "우리도 천하무적은 아니라는 것을", "그런 식으로 뒤늦게 전쟁에 개입해서는 안 된다는 것을", "결정을 너무 늦게 내려 수많은 사람을 처참하게 만들지 말았어야 했다는 것을" 가르쳐줬다고 설명했다. 즉, 단기간의 실패는 장기간에 걸친 진보를 위한 토대라는 것이다.[07]

진보에 대한 이런 강조는 초등학생들과 함께했던 우리의 다른 연구에서도 매우 분명하게 드러났다. 제7장에서 묘사했던 바와 같이, 4, 5학년 학생들과 함께했던 1년에 걸친 수업 연구를 보면, 학생들은 과거의 사건이 합리적 순서에 따라 발생한다고 생각했다. 학생들은 역사적 에피소드들 사이의 연결관계를 합리적인 것으로 인식했을 뿐만 아니라, 항상 이런 변화들을 진보와 동일시하는 듯했다. 현재의 삶이 과거와 어떻게 다른지 설명해보라고 하자, 학생들은 단순한 '차이'가 아닌 '발전'에 대해 끊임없이 이야기했다. 한 학생은 "직업을 가지게 되면 옷도 좋아지고, 집도 좋아지고, 돈도 많이 벌 수 있겠죠. 좋은 학교로 진학할 수도 있을 거예요"라고 설명했다. 다른 학생은 "전화기, 자동차, 침대, 식기세척기, 집, 학교" 등이 전부 발전했다고 설명했고, 또 다른 학생도 자동차, 라디오, 텔레비전 등 모든 것이 "더 좋아졌어요"라고 했다.

학생들이 과학기술의 변화를 진보로 보는 것은 그리 놀라운 일이 아니다. 오히려 놀라운 것은, 그들이 패션의 변화마저 진보라는 틀에서 생각했다는 점이다. 미국 학생들은 오늘날의 스타일이 과거보다 낫다고 생각하고 있었다. 일부 학생들은 심지어 시간에 따라 사람 이름도 변화한다고 보면서 "다른 것들이 변화할 때 사람도 변하지요. 그래서 다른 것들이 더 나아지는 만큼 사람들의 이름도 더 좋아지게 되어 있어요"라고 했다. 한 학생은 "옛날 여자애들은 별로 예쁘질 않아서 사람들이 개 이름을 플로시라고 지었어요. 또 남자 아이들도 별로 귀엽지가 않아서요, 남자애 이름도 올리버라고 지었어요"*라고 설명했다.[08]

학생들은 또한 연대순으로 사진을 나열할 때도 '진보'라는 개념에 기대어 사진을 선택했다. 앞서 우리는 학생들이 특정한 조합의 사진이 제시될 때 항상 시간의 선후 순서를 오해하곤 한다고 얘기했다. 남북전쟁 전 도시의 거리 풍경과 1880년대 대초원을 가로질러 마차를 타고 이동하던 가족들의 모습을 보여주면, 학생들은 대부분 시간의 선후관계를 착각했다. 그들은 서부 개척자 가족의 모습이 도시 풍경보다 앞선 시대라고 생각했다. 역사적 이미지는 단선적으로 배치된다고 믿고 있었기 때문이다. 사회적·물질적 삶은 진보한다는 믿음 때문에 늘 이 두 그림은 잘못 배치되곤 했다. 한 학생은 남북전쟁 전의 도시 그림에는 "수많은 빌딩"이 있는데 다른 쪽에는 "그냥 초원이나 황야 같은 것들뿐"이라고 했다. 다른 학생은 "서부 개척자 그림에는 주변에 도시나 그 비슷한 것도 없잖아요. 이 사람들은 포장마차를 타고 있는데 이쪽 그림(남북전쟁 전의 도시)에는 도시도 보이고 사람들이 말끔한 옷을 입고 있어요"라고 말했다. "벽돌건물이 일단 만들어지고 나서 시간이 흘러 다시 포장마차나 수레를 사용하는 쪽으로 변해갈 수는 없는 거잖아요"라고 자신있게 설명했다. 학생들은 시간의 선후관계를 결정하기 위해 '진보'라는 내러티브에 의존하고 있었던 것이다.[09]

---

* 인터뷰에 응한 학생들은 '플로시'나 '올리버' 같은 이름을 '촌스럽고 구태의연한 느낌'의 대표격으로 언급한 것이다. 예쁘거나 귀엽지 않던 옛날 소년소녀들은 촌스러운 이름이 잘 어울렸고, 이제는 사람들도 '발전'해서 더 예쁘고 귀여운 이름에 걸맞은 존재가 되었다는 인식을 보여준다.

때때로 학생들은 이런 내러티브로 인해 증거를 잘못 인지하기도 한다. 예를 들어 대부분의 학생들은 1970년대부터 20세기 초반까지 해당 시기의 사진들을 올바로 나열할 수 있었다. 하지만 그렇게 순서를 매긴 이유를 설명할 때, 학생들은 뭔가 분명히 알지 못할 때조차도 엉뚱한 방식으로 '진보'를 "감지하곤 했다." 예를 들어 한 학생은 더 최근의 풍경이 담긴 사진 속 막다른 골목을 가리키며 '길이 똑바르다'고 지적했다. 더 오래된 사진 속의 도로도 곧게 뻗어 있었지만 말이다. 이 학생들은 또 최근의 풍경을 담은 사진에서 "창문들, 저 창문을 좀 보세요"라고 말하면서, 오래된 집은 "그저 평범한 창문들 뿐"이라고 말했다. 두 사진 모두가 돌출된 창을 가진 집을 보여주고 있는데도 그렇게 대답했다. 유사한 예로, 두 명의 다른 학생들은 1970년대의 사진에서 집이 더 크기 때문에 더 최근의 것이라고 생각했다고 한다. 두 사진들 모두 2층집을 보여주고 있었는데도 말이다. 그들은 진보라는 내러티브의 힘에 의지하여 역사적 자료를 왜곡해서 본인들이 이미 가지고 있었던 인식의 틀에 정보를 짜맞추고 있었다.[10]

　그렇다고 학생들이 역사적 사건이나 경향이 이런 내러티브에 맞지 않을 수도 있고, 때로는 이런 내러티브를 반박한다는 점을 전혀 인식하지 못한다는 뜻은 아니다. 사실 중학생들과 함께했던 우리 연구를 보면, 학생들은 인종주의와 성차별주의가 지속되고 있다는 문제를 분명히 인식하고 있었다. 다시 말해 이들은 이 문제가 완전히 해결되지 않았다는 점을 알고 있었고, 이런 인식의 많은 부분은 자신의 경험이나 가족들의 경험을 통한 것이었다. 이들은 또한 미국 역사의 특정한 사건들, 특히 베트남전쟁 같은 사건들은 반대 의견을 자극했다는 점, 그리고 경제 대공황 같은 사건들은 상당한 고통을 야기했다는 점도 인식하고 있었다.

그러나 진보와 예외주의에 관한 내러티브는 너무나 강력하여, 학생들은 자신들이 감지하고 있는 예외적 이야기를 이해하는 데 큰 어려움을 겪었다.

그들은 여전히 인종적·성적 편견에 시달리는 사람들이 있다는 것을 알았지만, 그 이유가 무엇인지는 도무지 이해하지 못했다. 또한 일부 사람들은 베트남전쟁을 반대했다는 것도 알았지만 그 이유를 이해하지 못했다. 초등학생들도 역사적 변화에 관한 예시들의 일부는 진보라는 내러티브와 어우러지지 못한다는 점을 알고 있었고, 어떤 지역 사람들은 다른 지역 사람들과 다른 방식으로 변화를 경험한다는 점도 알고 있었지만, 이런 생각은 늘 진보에 관한 자신의 신념과 상당히 불편한 긴장관계 속에 놓여 있었다. 초등학생이나 중학생들 모두에게, '진보'라는 이상에 합치되지 않는 일련의 사건들은 미국사의 이야기에서 하나의 특이점, 다시 말해 더 큰 맥락의 내러티브에 합치되지 못하는 소소한 에피소드로 남아 있을 뿐이었다. 학생들은 어떤 것이 잘 진행되었던 시기, 어떤 문제가 잘 해결되었던 시기, 그래서 삶이 더 나아졌던 시기를 이해하게 해주는 도구는 가지고 있었지만, 이에 부합되지 않는 사건을 이해하게 도와주는 대안적 도구는 가지지 못했던 것이다.[11]

앞서 언급한 바 있는 대학생들을 대상으로 한 연구에서 월취도 유사한 결론을 내렸다. 이 연구에 참여했던 거의 모든 학생들은 자유를 추구하는 내러티브에 입각하여 미국의 기원을 묘사했지만, 모두가 이런 이야기를 긍정적인 측면에서만 묘사한 것은 아니었다. 학생들의 에세이를 보면, 많은 학생들이 유럽 사람들의 동기나 행위를 빈정대거나 비꼬거나 대놓고 비판적으로 논평했고, 때때로 정통 내러티브에서 벗어나 소수자 억압에 관한 이야기로 나아가기도 했다. 그러나 학생들이 아무리 비판적이었다 할지라도 그들은 동일한 맥락의 지배적인 내러티브 구조 안에서 비판의 목소리를 냈을 뿐이다. 즉 의구심을 가지고 있었던 학생들도 다른 이야기를 하지는 않았다. 이 학생들은 그저 본인들의 논평을 은밀히 끼워넣으면서 똑같은 이야기를 반복했을 뿐이다. 이에 대해 윌취는 다음과 같은 결론을 내렸다. "학생들이 이런 내러티브 도구를 얼마만큼 받아들이고 또 이에 얼마만큼 동의하고 있는지 여부와 상관없이, 이들 모두는 이 내러티브를 어떤 방식으로든 사용하고 있었다. (…) 사실 그 어떤 학생도 다른 내러티브 도구를 사용하려는 시도조차 하지 않았다."[12]

초등학생 및 중학생과 함께했던 우리 저자들의 연구에서처럼, 대학생들도 이 도구의 한계점을 분명히 감지하고 있으면서도 이 도구를 제한없이 사용했다. 이들 역시 '진보'라는 내러티브 구조에 대안이 될 만한 다른 종류의 내러티브, 더 폭넓은 내러티브를 갖지 못했기 때문이다.

국가 내러티브 사용의 다양성

자유와 진보에 관한 이야기가 국가 정체성을 구성하는 보편적인 특성이라고 가정하는 것은 매우 매혹적인 일이지만, 이 내러티브는 미국이 아닌 다른 지역들에서는 거의 두드러지지 않는 내러티브이다. 자기 나라를 스스로 통치하고 싶어 했지만 그러지 못했던 사람들—가령 스리랑카의 타밀 사람들이나 이스라엘의 팔레스타인 사람들—은 '자유'를 자신들의 역사적 경험의 중심적 특징으로 생각할 수 없을 것이다. 앞서 언급했던 바와 같이, 이런 사람들의 국가 정체성은 성취보다는 '희생'이라는 내러티브에 더 기반하고 있다. 또한 기나긴 세월 동안 뿌리 깊은 분쟁을 겪고 있는 지역에서는 역사적 진보에 관한 이야기가 사람들—어린이나 어른들 모두를 포함하여—의 일상 경험과 전혀 어우러질 수 없다.

이는 북아일랜드 어린이들에게서 분명히 드러난다. 우리 저자들은 앞서 이곳의 초등학생들이 미국의 학생들에 비해 사회적 진보나 물질적 진보를 전제로 한 단선적인 내러티브로 역사를 단순화하여 생각하는 경향이 훨씬 덜하다고 이미 설명했다. 예를 들어 한 9살 어린이는 훗날의 역사적 패턴이 이전의 역사적 패턴을 반드시 바꾸어놓는 것은 아니라는 점을 인식하고 있었고, 따라서 주어진 이미지들을 단선적인 순서가 아닌 다른 방식으로 배치해도 되는지 물었다. 이 어린이는 더 오래된 경향도 새로운 경향이 발전하는 속에서 지속될 수 있기 때문에, 한 이미지와 다른 이미지가 같은 시대로 겹칠 수 있다고 설명했다. 다른 학생들도 이미지들이 한 시대에서 다른 시대로 진보해가는 모습보다는 경제적 상황이나 지리적 다양성을 반영한다고 설명하기도 했다.

미국에 비해 북아일랜드에서는 역사를 이해하는 도구로서 '진보'라는 개념이 그렇게 큰 의미를 차지하지 않는다. 이 점은 이곳의 중·고등학생들이 역사적 중요성을 어떻게 판단하는지 살펴본 연구에서도 분명히 드러났다. 대부분의 미국 학생들이 과학기술의 진보—가령 전구, 자동차, 컴퓨터의 발명—를 예로 들면서 이런 발전이 가져다주는 이로운 효과를 지적하고 과학기술의 중요성을 설명했던 반면, 북아일랜드에는 그런 학생이 거의 없었다. 오히려 이곳의 많은 학생들은 전구의 발명이 역사적으로 중요하다는 사실을 부인했고, 일부는 그렇게 생각할 수도 있다는 가능성에 대해 조롱조의 웃음을 보이기도 했다. 또 이곳 학생들은 사회적 진보에 관한 예시―가령 사회 집단 사이의 관계 발전이나, 권리와 기회의 확장―를 언급하는 빈도수도 훨씬 낮았다. 이는 미국 학생들의 대답에서 가장 빈번하게 언급된 테마였지만 북아일랜드에서는 이런 테마를 선택하는 학생들이 거의 없었고, 사람들 사이의 사회적 관계가 발전해 나간 것을 역사의 중심 테마로 설명하는 학생은 단 한 명도 없었다.

그렇다고 이곳 학생들이 사회적 진보에 관심이 없다거나, 진보가 중요하지 않다고 생각한다는 의미는 아니다. 학생들은 역사적 사건과 현재 사건에 대해 논의하면서 공동체 관계가 발전되어야 한다고 언급했고, 예외 없이 가톨릭과 프로테스탄트 사람들이 협력하는 것은 바람직한 일이라고 생각했다.[13] 그러나 미국 학생들이 진보를 미국사의 항구적인 테마로 설명했던 것과는 달리, 북아일랜드 학생들은 두 공동체 사이의 협동이 좋은 일이기는 해도 역사의 큰 흐름에 합치될 수 있는 사건이라고 생각하지는 않았다. 즉 이는 더 나은 미래를 위한 잠재력을 암시하는 정도이지, 현재 달성될 수 있는 것이 아니라고 생각하는 듯했다. 인터뷰를 시작하기 직전에 연구자들이 포함시켰던 항목인 다자간 회담(Multiparty Talks)*에 대한 학생들의 반응에서 이런 생각이 특히 잘 드러났다. 절반이 넘는 학생들이 이 사건을 역사에서 가장 중요한 사건

---

* 아일랜드가 독립한 뒤 영국과 아일랜드 간에 북아일랜드 문제를 평화적으로 해결하기 위한 노력이 계속되었다. 그런 중에도 아일랜드공화국군의 테러는 끊이지 않았는데, 1997년 아일랜드공화국군이 휴전을 선언하면서 신페인당(아일랜드 공화국군은 신페인당의 군사조직임)이 북아일랜드 문제를 다루는 다자간 회담(1998년 4월)에 참여하게 되었고, 여기서 북아일랜드 평화협정이 극적으로 타결되었다. 이 협정은 평화보장을 위한 정부간 기구를 창설하고 기본적인 인권을 보장하여 분쟁 재발을 막는 데 역점을 두었다. 그러나 1999년 평화협정 이행을 위한 북아일랜드 자치정부 구성 논의는 이견을 좁히지 못하고 결렬되었다.

중 하나라고 생각했고, 이를 고른 학생들 전원이 이 사건이 평화를 가져올 잠재력을 가졌다는 면에서 중요한 의미를 가진다고 설명했다. 그러나 학생들은 이 회담의 잠재적 실현 가능성에 대해서는 비관적이었다. 이 회담이 성공할 것 같은지 묻는 질문에 학생들은 주로 아니라고 대답했고—대개는 거의 자동으로 대답이 나왔다—어떤 학생들은 이런 생각을 비웃기까지 했다. 학생들은 비슷한 회담이 이전에 이미 있었으나 성공한 적이 없다고 말했다. "사람들은 이전에도 이런 회담을 한 적이 있죠. (…) 그리고 회담은 여전히 진행되고 있고요"라고 한 가톨릭 여학생이 말하자, 함께 인터뷰에 참여했던 친구가 "아직도 이야기하고 있어요"라고 덧붙였다. 고등학교의 마지막 학년(대략 16세 정도)이었던 두 프로테스탄트 남학생 이안과 크레이그는 '희망'과 '비관' 사이—시무스 히니의 문구를 빌자면, '희망'과 '역사' 사이—에서 감도는 긴장에 대해 다음과 같이 분명히 설명했다.

크레이그 : 어떤 면에서 보면 그 회담은 실망스럽죠. 그걸 원하고, 그걸 위해 기도하고 또 그렇게 되기를 희망했던 사람들, 그리고 사실 그렇게 되지 않을 거라 생각했던 사람들도 속마음으론 그걸 원하고 있었는데, 결국 이 모든 사람들이 그런 일이 절대 성사되지 않을 거라는 현실에 직면하게 되었으니까요.

연구자 : 그 회담이 성공할 거라 생각하지 않는다면, 북아일랜드에서 테러가 언젠가 끝이 날 것 같기는 하니?

이안 : 아뇨. 그건 불가능할 것 같아요. 왜냐하면 연합된 아일랜드가 만들어진다면, 프로테스탄트들은 결국 밖으로 나가 아일랜드공화국군(Ireland Republic Army)이 지난 28년 동안 해온 일을 똑같이 반복할 거

예요. 그리고 만약 합의가 이루어지지 않는다면, 공화국군은 똑같이 폭력적인 일을 우리한테 다시 할 거라고 봐요.

크레이그 : 우리는 진퇴양난에 빠져 있어요. 역사는 끊임없이 반복되고 또 반복되고, 치고받으며 서로가 서로에게 맞대응하는 거죠. 그래도 우리는, 그러니깐 나와 이안은 이곳에 평화가 절대 오지 않을 거라고 말하는 건 아니에요. 평화는 반드시 올 거예요. 그렇지만 우리는 현실을 직시해야 하고, 그러니까 평화가 오지 않을 수도 있다고 생각해야 해요. 세상과 똑바로 마주해야 한다는 거죠.

이안과 크레이그는 북아일랜드 역사에서 흔히 마주칠 수 있는 관점을 잘 보여준다. 두 공동체의 너무 많은 사람들에게, 과거는 탈출할 수 없는, 아마도 탈출이 절대 불가능한 일종의 감옥이었다. 제임스 조이스(James Joyce)의 문구를 반복하면서, 테런스 브라운(Terence Brown)은 "아일랜드의 과거에 관한 민족주의자와 통합주의자 양측의 관점에는, 역사란 결코 깨어날 수 없는 악몽 같은 것이라는 생각이 깊이 내재되어 있다"고 말했다. 미국 학생들은 역사를 문제 해결과 지속적인 발전에 대한 기록으로 보았다. 그 관점에 따르면, 전 세계가 질투어린 시선으로 바라보는 미국의 현재 입지는 역사적 도전을 극복하고 장애물을 헤쳐 나오면서 쌓아온 결과이다. 그러나 북아일랜드에서 역사란 그저 각종 문제들, 반복되는 실패, 잃어버린 기회에 관한 서글픈 기록일 뿐이다. 크레이그가 설명한 것처럼, 현재는 "끊임없이 반복되고 또 반복"되는 역사인 것이다.[14]

국가 진보에 관한 내러티브는 과거를 이해하는 도구로서 전 세계에서 보편적으로 사용되고 있는 것이 아니다. 이는 미국만큼 다양한 사람들이 어우러져 살아가는 다른 국가에서도 자유와 진보에 관한 이야기가 우리 생각만큼 폭넓게 사용될 수 있을 것인지에 대한 의문을 제기한다. 한 국가의 모든 사람이 국가의 발전을 통해 이득을 얻은 게 아니라면, 이런 이야기의 중요성은 어느 정도일까? 현재 수많은 정치적 학문적 담론은 각기 다른 민족 집단의 사람들은 미국의 역사에 대해 다른 관점을 가지고 있을 거라고 가정하고 있다. 그러나 우리는 중학생들과 함께했던 연구를 통해 이런 다른 관점의 흔적 정도를 발견할 수 있었을 뿐이다. 가령 미국 흑인 학생들은 인종주의가 지속되고 있음을 인식하고 있었지만, 이 흑인 학생들의 과거에 관한 내러티브 또한 백인 학생들과 두드러지게 차이가 나지 않았다. 또 우리가 인터뷰했던 다른 소수자 집단의 학생들이나 미국에 갓 넘어온 이주민 학생들조차 대부분 자유와 진보에 관한 전통적인 내러티브에 전적으로 의존하고 있었다.

그런데 우리가 했던 연구는 각기 다른 민족적 배경을 가진 학생들이 어떤 다른 관점을 가지고 있는지 알아보려던 것이 아니었다. 우리 연구에 참여했던 학생들이 비록 다양한 배경 출신이기는 했어도, 우리의 분석은 전체 데이터를 총괄적으로 훑는 것을 기본으로 했다. 다시 말해, 개별 학생의 차이를 면밀히 고려하기보다는 학생들의 대답을 묶어 전반적으로 드러나는 학생들의 사고 패턴을 알아본 정도였을 뿐이다. 또 소수자 집단의 학생들은 백인 학생들과 함께 인터뷰를 했고 인터뷰를 진행한 연구자들 역시 백인이었기 때문에, 이 소수자 집단 학생들의 대답에 일정 부분 강요된 측면이 있을 수 있다. 이런 요소로 인해 소수자 학생들은 전통적으로 인정받고 있는 국가적 내러티브에서 벗어난 대답을 하기 어려웠을 수도 있다. 이들이 진정 원하는 방식의 자신들만의 내러티브를 가지고 있었다 하더라도, 우리 연구의 세팅 자체가 친구들이나 연구자들의 마음을 상하게 하지 않을 이야기만 하도록 압박했을 수도 있는 것이다.

반면, 테리 엡스테인(Terrie Epstein)은 역사에 관한 학생들의 생각에서 인종적 차이를 직접적으로 알아보는 연구를 수행했다. 엡스테인은 설문과 인터뷰를 통해 노동자계급의 학생들이 대다수인 중서부 지역 도시의 한 고등학교에서 약 50명의 학생들로부터 정보를 얻어냈다. 똑같은 숫자의 흑인 학생들과 백인 학생들이 연구에 참여했다. 이들은 그룹을 지어서 인터뷰에 참여한 게 아니라 연구자와 일대일로 인터뷰했기 때문에, 서로 다른 인종적 배경을 가진 학생들의 생각을 더 잘 비교할 수 있었다. 더욱이 흑인 학생들은 흑인 대학원생과, 백인 학생들은 같은 백인인 엡스테인이 맡아 인터뷰했다.[15] 이렇게 함으로써 두 그룹 학생들은 연구자들에게 공손해 보이기 위해, 혹은 자기 생각이 어떻게 받아들여질지 염려하여 솔직한 생각을 감추는 것이 아니라, 오히려 자기 관점의 차이—차이점이 존재한다면—를 더 명확하게 설명할 수 있었다.

엡스테인의 연구는 학생들의 역사적 관점이 인종에 따라 차이가 있다는 점을 잘 드러냈다. 예를 들어 미국사에서 가장 중요한 인물 세 명을 꼽아보라는 질문에 대해 흑인 학생의 3/4이 흑인을 꼽았고(상위 네 명은 마틴 루터 킹, 말콤 엑스, 해리엇 터브만, 존 F. 케네디였음), 백인 학생들의 3/4 이상이 백인을 꼽았다(조지 워싱턴, 존 F. 케네디, 마틴 루터 킹, 토마스 제퍼슨이 가장 많이 언급됨). 또 미국사에서 가장 중요한 사건을 세 개 고르라는 질문에 대해서 흑인 학생들의 경우 흑인과 관련된 사건이 대답의 2/3를 차지했지만(시민권 운동, 남북전쟁, 노예제와 해방, 킹의 암살), 이 사건들은 백인 학생들의 대답에서 1/3을 차지했을 뿐이다(백인 학생들은 남북전쟁, 독립선언의 조인과 의회 구성, 20세기의 전쟁들, 독립혁명을 가장 많이 골랐음).

두 집단 학생들이 똑같이 고른 항목에 대해 그 인물이나 사건이 왜 중요한지 설명할 때도 학생들의 대답에는 뚜렷한 차이가 있었다. 흑인 학생들은 역사적 인물의 인종적 정체성을 더 많이 설명했고, 남북전쟁이나 시민권 운동과 같이 흑인이 관련된 사건들이 미친 영향을 강조했다. 이에 비해 백인 학생들은 이런 사건들을 더 일반적인 용어로 설명했고, 인종 문제를 역사와 연결하여 설명하지 않았다. 예를 들어 백인 학생 중 누구도 킹이 흑인이라는 사실을 언급하지 않았지만, 흑인 학생 16명 중에서 10명이 킹이 흑인이라는 점을 강조했다.[16]

이 연구의 설문과 인터뷰 데이터를 요약하면서, 엡스테인은 학생들의 역사적 관점의 차이를 강조하면서 다음과 같은 결론을 내렸다. 백인 청소년들의 역사적 관점은 민주적 권리가 확장되고 수많은 미국인들이 국가 통치에 참여할 수 있게 된 점에 관한 지배적인 내러티브 테마를 토대로 하고 있었다. 이들은 인종적 억압이 국가의 진보적 유산에서 벗어나는 역사라고 생각하면서, 어떤 특정 그룹이나 기관도 인종 집단의 불평등의 원인이라는 비난을 받을 만한 행동을 해서는 안 된다고 보았다. 반면 흑인 학생들의 관점은 다른 가정을 바탕으로 구성되어 있었다. 이 학생들의 관점에서는 평등을 위한 흑인들의 투쟁, 인종적 억압에 대한 백인과 정부의 책임, 양도할 수 없는 개인의 권리라는 이상과 현실의 모순을 드러내는 역사적 경험들이 가장 중요한 테마였다.

엡스테인은 후속 연구에서 10명의 학생에게 심층 인터뷰를 했는데, 이때도 유사한 패턴이 발견되었다. 백인 학생들은 백인 선조들이 국가 발전을 이룩했으며, 국가는 개인 권리와 민주적 규칙의 원리를 대표하고 있다는 국가적 내러티브를 바탕으로 대답했다. 그러나 흑인 학생들은 국가의 역사는 인종적 지배와 속박으로 얼룩져 있다고 말했다. 또한 흑인 학생들의 대답은 과거뿐 아니라 현재도 자유와 평등을 위해 싸우고 있는 흑인들의 투쟁에 초점을 맞추고 있었다.[17]

엡스테인의 연구는 인종적 배경에 따라 학생들이 국가의 역사에 대해 다른 관점을 가지고 있을 거라는 명제에 구체적인 증거를 제공해주었다. 이는 학생들의 내러티브를 구성하고 있는 개별 요소를 바탕으로도 분석될 수 있다. 내러티브의 배경(때로는 조직적·제도적 인종주의, 때로는 독특하고 설명할 수 없는 편견), 행위자(역사상 중요한 인물로 흑인을 꼽는 정도의 차이), 행위(흑인들이 더 중요한 역할을 했던 일들), 도구(흑인들의 투쟁, 혹은 자비로운 정부의 권리 부여)의 측면에서 백인 학생들과 흑인 학생들은 차이점을 드러냈다.

그러나 엡스테인의 연구에 참여한 흑인 학생들에게도 국가의 전통적인 내러티브 중 두 개의 결정적인 요소가 여전히 중요한 역할을 하고 있었다. 그것은 바로 자유와 진보에 관한 내러티브였다. 다른 학생들과 마찬가지로, 이 흑인 학생들에게도 미국 역사의 원동력은 자유를 향한 갈망이었다. 이는 엡스테인이 학생들의 관심을 자세하게 묘사한 연구에서 확실히 드러났다.

한 여학생은 노예해방령이 "노예들을 자유롭게" 해줬기 때문에 중요하다고 생각했고, 다른 학생들도 "미국 권리장전이 사람들에게 권리를 제공해주기 때문에" 중요한 사건이라고 생각했다. 또 한 남학생은 해리엇 터브만과 킹이 "흑인들이 자유로울 수 있도록 해주었기 때문에" 중요한 인물로 선택했으며, 남북전쟁을 중요 사건으로 고른 것은 이 사건이 "흑인들에게 더 많은 자유를 주었기 때문"이라고 했다. 이 학생들에게 역사적 행위의 목적은 결국 '자유'였고, 비록 흑인 학생들이 백인 학생들에 비해 이런 행위에 다소 저항하는 모습을 보이기는 했지만, 결국 이들에게 중요한 것도 그 저항이 '성공'했다는 사실이었다. 이 모든 인물과 사건들—노예해방령, 권리장전, 터브만, 킹, 남북전쟁 등—은 그들이 애초에 성취하고자 했던 것을 결국 이뤄냈다. 결국 노예를 해방시켰고, 흑인들에게 권리를 부여했으며, 흑인들을 자유롭게 만들어준 일련의 성취라는 것이다. '성공'에 대한 강조는 한 여학생의 설명에서 특히 잘 드러났다. 이 여학생은 말콤 엑스가 "나쁜 사람으로 자라났어도 착한 사람으로 바뀔 수 있다는 것을 보여주었기" 때문에 중요하다고 설명했고, 로자 파크는 "우리가 버스 앞에 앉든, 아니면 뒤쪽이나 중간에 앉든 스스로 결정할 일이라고 생각했어요. 저는 로자 파크가 정말로 큰 변화를 이끌어냈다고 생각해요"라고 말했다. 사실 학생들이 선택한 모든 역사적 인물은 성공적으로 "변화를 이끌어낸" 사람들이었고, 실패한 경우는 아예 언급되지 않았다. 엡스테인의 연구에 참여했던 흑인 학생들은 백인 학생들에 비해 성공은 매우 어려운 일이고 시간도 많이 걸린다고 생각했지만, 결국 이들에게도 중요한 것은 자유와 진보로 귀결되는 이야기였다.[18] 로이 로젠웨이와 데이비드 텔른은 국가적 규모의 통계조사를 통해 어른들도 유사한 관점을 가지고 있다는 것을 밝혀냈다.

흑인들은 국가의 과거에 관해 백인들과 다른 측면에 초점을 맞추었다. 이들은 특히 노예제, 시민권, 마틴 루터 킹에 주목했고, 억압, 차별, 인종주의를 강조했을 뿐만 아니라 조지 워싱턴 같은 전통적 인물의 중요성을 거부하기도 했다. 그러나 이런 흑인들의 전반적인 관점도 투쟁 끝에 인종주의와 억압을 이겨냈다고 하는, 일련의 성공이 함께하는 '진보' 내러티브 안에 머무르고 있었다. 로젠웨이와 텔른은 본인들이 인터뷰한 흑인들은 국가의 과거에서 절망보다는 희망을 발견하고 있었다고 했다. 또 이 흑인들은 "진보주의적 입장에 기반하고 있다. 이런 진보주의적 입장은 노예해방과 시민권 쟁취에 뿌리내린 역사 비전을 가능하게 만든다"는 결론을 내렸다. 이 연구에 참여했던 멕시칸계 미국인은 억압을 극복하기 위한 투쟁보다는 "아메리칸 드림"을 꿈꾸었던 본인들의 노력에 더 초점을 맞추었지만, 그 역시 진보에 관한 전통적인 이야기를 반복했다. 이 연구에서 완전히 다른 이야기를 한 것은 오직 하나의 민족 집단, 오갈라라 수족(Oglala Sioux)뿐이었다. 그들에게 역사란 백인들의 억압에 직면하여 생존을 위해 투쟁하고 그 억압 속에서 삶을 지속해 나가는 이야기였다. 자유와 진보보다는 전통적인 문화의 보존이 이들 내러티브의 중심을 차지했다.[19]

요컨대 자유와 진보를 토대로 한 국가적 내러티브는 미국 내에서조차 과거를 개념화하는 보편적인 수단이 되지는 못한다. 미국의 역사를 떠올릴 때 인종적, 민족적, 종교적, 언어적, 지리적 배경의 차이는 생각보다 훨씬 더 강한 영향력을 행사한다. 따라서 앞으로의 연구는 다양한 배경을 지닌 어린 학생들이 가진 대안적 내러티브를 조명할 수 있어야 할 것이다. 그러나 미국의 자유와 진보에 관한 이야기가 모든 어린이와 어른들에게 보편적으로 받아들여지는 내러티브는 아니라 할지라도, 분명 광범위하게 받아들여지고 있는 내러티브임에는 틀림없다. 대부분의 학생들은 학교나 미디어를 비롯한 여러 환경에서 이런 내러티브에 계속 노출되고 있고, 따라서 이는 학생들이 과거를 이해하는 데 굉장한 영향력을 발휘한다. 학생들이 국가의 역사에서 일어난 사건에 비판적일 때도, 전통적인 '영웅'을 향한 긍정적 해석을 거부할 때도, 혹은 선조들의 활약을 좌절시킨 장애물을 보며 애통해하거나 아직 정복할 땅이 많이 남아 있다고 주장할 때조차도, 이 학생들은 '사회적·물질적 삶은 꾸준히 진보해왔으며, 미국인은 끊임없이 자유를 갈망하고 이를 성취해왔다'는 내러티브의 타래 속에 얽매여 있었다.

자유와 진보에 관한 내러티브의
행동 유도성과 행동 제한성

자유와 진보라는 내러티브를 통한 역사 해석은 학생들이 다원적 민
주주의를 준비하는 데 근본적으로 몇 가지 제한을 가한다. 우선 이 내
러티브에 의존하게 되면 왜 역사적 사건이 일어났는지 제대로 이해하
기가 어렵다. 예를 들어 북아메리카로 건너온 많은 식민지 이주민들은
정치적·종교적 자유를 찾아 온 것이 아니라 경제적 기회를 찾아 온 것
이며, 이는 특히 19세기 및 20세기 내내, 그리고 21세기까지도 이민의
원동력이었다. 북아메리카로 온 유럽 정착민들이 오로지 정치적 혹은
종교적 이상만 가지고 왔다고 생각하는 것은 이민의 역사적 이유를 제
대로 이해하지 못한 것이고, 이런 식으로 오해하게 되면 학생들은 역사
적 상황과 현재의 상황에 대해 합리적 판단을 내리기 위한 준비를 제대
로 할 수 없다. 또한 미국의 외교 정책도 늘 세계로 자유를 확장시키려
는 바람이 동기였던 것은 아니다. 예를 들어 1954년 과테말라와 이란에
군사 개입을 한 것이 자유의 이름으로 정당화되었지만, 사실 미국 정부
는 당시 이들 나라에서 선거를 통해 선출된 지도자들을 미국에 협력할
수 있는 독재자로 바꾸어놓고자 했던 것이다.[20]

만약 학생들이 정부가 때로는 자유를 지지하는 것이 아니라 오히려
자유를 저해하는 행위를 한다는 사실을 알지 못한다면, 시민에게 요구
되는 제대로 된 정보에 입각한 판단을 내릴 수가 없을 것이다. 어떤 종

류의 내러티브라도 단순화된 채 이야기되기 마련이지만, 특히 이런 내러티브는 학생들이 국가의 과거를 단순화해서 생각하게 만들고, 그리하여 학생들이 공공 정책의 중요한 의제를 제대로 이해하기 어렵게 만든다. 왜냐하면 이런 내러티브는 수많은 역사적 에피소드에 내재된 여러 다양한 동기를 '자유'라고 하는 단 하나의 나무랄 데 없는 목표로 축소시켜 놓기 때문이다.

자유를 강조하는 내러티브가 학생들로 하여금 역사적 사건의 원인을 제대로 이해하지 못하게 만든다면, 진보에 초점을 맞춘 내러티브는 역사적 결과에 대한 인식에 제한을 가한다. 사회적 발전 및 물질적 발전이 꾸준히 일어났든, 아니면 그저 실수를 통해 배웠든 간에, 과거의 사건이 오로지 진보라는 내러티브로 해석되면 역사적 사건의 부정적 결과나 의도치 않았던 결과는 묵살되고 말 것이다. 부정적이거나 의도치 않은 결과는 거의 개념화되지 않을 것이며, 하물며 심각하게 받아들여지는 일도 없을 것이다. 식민지 지배, 서부로의 팽창, 산업화 등과 같은 주제들이 분명한 진보의 예시이며, 그것이야말로 이 나라의 진정한 역사라고 생각하는 한, 우리는 이 사건들이 아메리칸 인디언들, 소농 및 노동자들에게 가했던 부정적 효과를 생각할 이유가 없다. 그런 집단의 사람들은 이 나라의 역사 내러티브에 등장한다 해도 진보의 걸림돌로, 다시 말해 미국 역사의 중심부에 위치한 역사적 인물이라기보다는 해결되어야 할 문제점으로만 등장하게 된다.[21] 진보는 결국 역사적 변화를 유익하면서도 피할 수 없는 것으로 규정하기 때문에, 진보에 관한 내러티브는 궁극적으로 현재 상황을 옹호하는 방어막이 된다.

앞서 언급했듯이, 미국 학생들은 과거에 벌어진 사건들이 전부 진보의 이야기로 쉽게 동화되는 것이 아니라는 점을 인식하고는 있지만,

이 내러티브가 워낙 강력하게 학생들의 생각을 지배하기 때문에 이 내러티브에 부합하지 않는 경험을 이해할 수 있게 해줄 다른 류의 이야기 체계를 접해볼 기회가 전혀 없다. 사건의 긍정적인 결과와 부정적인 결과 모두를 고려해보지 않고서는 공공선을 위해 숙의하는 능력은 심각하게 저해될 것이다.

자유와 진보에 관한 내러티브의 위 두 가지 단점이 결합되어 세 번째 단점이 만들어진다. 그것은 바로 학생들이 대안이 될 만한 또 다른 관점을 거부해버리는 것이다. 미국은 언제나 자유를 위한 고귀한 열정으로만 가득 차 있고, 우리의 노력은 적어도 장기적 관점에서는 늘 성공적이기만 하다면, 우리가 어떻게 우리 행동에 의문을 제기할 수 있을까? 우리는 마치 맥큐언의 인물이 자신의 최근 역사를 기억하는 방식대로 국가의 역사를 상상한다. 즉 가차없고 반박의 여지가 없는, 자신을 위해 쓴 "명대사로만 이루어진 한 편의 드라마"를 만들어내고 있다는 말이다. 헨리 키싱거(Henry Kissinger)는 베트남 정책에 관한 논쟁에서 자신을 가장 괴롭혔던 것은 다른 사람들이 우리의 판단이 아닌 우리의 동기에 의문을 제기하는 것이었다고 언급한 적이 있다. 국가적 순수함과 정의로움에 관한 신념은 이에 반하는 모든 의견을 무시하게 만들고 "자유를 향한 갈망"—현재 미국적 용어로 말하자면—에 토대를 두지 않은 다른 포부를 무시하게 만든다.[22]

이런 모습은 또 다른 문제를 초래한다. 국가의 과거에 대해 대체로 동의가 이루어진 상태에서, 노예제 폐지나 여성의 참정권 운동의 경우처럼 대안적인 관점은 그 정당성을 궁극적으로 입증할 수 있을 때만 등장한다는 것이다. 학생들은 미국 혁명기 동안의 왕당파, 남북전쟁 시기의 병역 거부자들(draft rioters, 주로 아일랜드 출신 이민자들이었음), 산업혁명 시기의 사회주의자, 제2차 세계대전 중의 평화주의자에 대해서는 거의 배우지 않는다. 더 최근의 예시를 들어보자. 가령 베트남전쟁의 반전운동가들 같은 경우 공공의 기억으로부터 그렇게 쉽게 지워질 수는 없었지만, 학생들은 이들의 관점을 어떻게 이해해야 할지 모른다. 베트남전쟁에 반대했던 사람들은 어찌 감히 베트남에 자유를 가져다줄 우리의 위대한 도전에 반대할 수 있었단 말인가? 다원적 민주주의에 참여하기 위해서는 다양한 관점에서 생각해보는 과정이 필요한데—이는 단순히 그런 의견이 존재했다는 것을 아는 것이 아니라, 그들을 이해하려고 더 적극적으로 시도해보는 것을 의미한다—미국의 자유와 진보에 관한 이야기는 학생들에게 이런 준비를 거의 할 수 없게 만들고 있다.

따라서 미국의 국가적 내러티브는 참여민주주의에 있어 당연히 골칫거리로 보일 수 있다. 이 내러티브는 자유를 위한 열망이야말로 개인의 경험과 공공 정책을 움직여 나가는 지속적인 동기라고 제시하면서 수많은 역사적 사건의 원인을 잘못 표현하고 있고, 그럼으로써 학생들이 바른 정보에 입각해 합리적 판단을 내리는 것을 방해한다. 사회적·물질적 진보를 강조하는 것은 특정 집단에게 있어서든 사회 전반에 있어서든 역사적 변화의 부정적인 결과를 고려하기 어렵게 만들며, 이런 사각지대가 일단 존재하게 되면 학생들은 공공선을 추구하면서 생기는 의문점들을 고려해보는 능력을 키우기 어려워질 것이다. 더욱이 고귀한 목적과 성공적인 결과가 완벽하게 결합해버리면, 반대하는 관점이나 대안이 될 만한 다른 관점은 이해 불가능한 것으로 전락해버릴 수밖에 없다. 그러나 학생들이 왜 과거의 사람들이 완벽한 합의를 이루지 못했는지 이해하지 못하면, 다원적 민주주의에 필요한 숙의의 과정에 제대로 참여하지 못할 것이다.

그렇다면 수많은 근원적 단점에도 불구하고 국가의 자유와 진보에 관한 이야기는 어떤 좋은 점을 지니고 있을까? 수많은 문제점들을 지닌 이 내러티브를 어떻게 사용해야 제대로 된 도구의 역할을 할 수 있을까? 딱 한 가지 장점이 있다. 그건 바로 '굉장한 이야기'라는 것! 미국 역사를 통틀어 자유에 관한 내러티브는 너무나 강력하고 또 곳곳에 만연해 있어서 국가의 정치, 문화, 경제에 완전히 참여하지 못했던 사람들조차 꾸준히 자유에 관한 레토릭을 선택하게 되고, 결국 자유의 범주는 더 폭넓은 범위의 사람들에게까지 확장되어 나간다. 자유에 관한 개념은 너무나 강력하다. 왜냐하면 포너가 말했듯이 자유는 "미국이 표방하고 있는 모습과 진짜 미국의 모습 사이에 존재하는 모순을 드러내기" 때문이다. 만약 자유에 관한 정통 내러티브가 미국인들 사이에서 광범위하게 공유되고 있다면— 사실상 자유가 국가 역사의 본질로서 가지는 입지는 거의 난공불락에 가깝다—사람들은 국가가 정해진 이상에 부응하는 데 실패했다는 사실에 기반하여 사회적 변화를 요구하게 될 것이다. 노예제 폐지, 참정권 운동, 노동운동, 시민권 운동과 같은 이 모든 활동은 자유라는 언어를 사용하여 오랫동안 거부되어왔던 권리와 기회를 확장시켜 나간 예이다.

예를 들어, 1919년에 노동운동가 마더 존스는 펜실베이니아에서 파업하는 철강 노동자들에게 연설을 했다. 법정에 출석하라는 명령을 받은 존스에게 판사는 거리에서 연설해도 된다는 허락을 받았는지 질문했고, 이에 그녀는 "물론입니다. 재판장님, 저는 허가를 받았습니다"라고 말했다. 판사가 도대체 누가 그 허가를 내주었는지를 묻자, 그녀는 "패트릭 헨리, 토머스 제퍼슨, 존 아담스입니다"라고 대답했다. 미국 자유의 아이콘이 된 사람들을 호명하면서, 존스는 의식적으로 그리고 반사적으로 국가의 정통 내러티브를 이용하여 공공선을 위한 새로운 비전을 선보였던 것이다.

이 강력한 도구는 자신의 권리를 빼앗기고 하찮은 존재로 취급당해 온 사람들의 삶을 발전시킨 실적이 있다는 측면에서 유지할 가치가 있는 도구이다. 리차드 로티는 "새로운 세대가 1세기 이상 지속되어왔던 운동에 참여함으로써 자기 세대를 생각할 수 있게 된다면, 그래서 인간의 자유에 좀 더 봉사할 수 있다면 사회 정의를 위한 미국인의 노력에 도움이 될 것이다"라고 주장했다.[23]

로티의 의견은 국가의 정통 내러티브의 다른 구성 요소, 즉 진보를 향한 신념을 지적하는 것이기도 하다. 우리는 자유를 확장시키기 위해 노력해왔을 뿐만 아니라 실제로 그렇게 하기도 했다. 우리의 노력은 "인류의 자유를 확장시키기 위한" 것이었다. 이런 믿음은 더 나은 미래를 위한 투쟁이 언젠가는 결실을 맺을 것이라는 희망을 제공하고, 그 믿음은 또한 과거에 존재했던 수많은 사람들의 역사적 투쟁의 성과이기도 하다. 예를 들어 데이비드 블라이트(David Blight)는 20세기 초까지 폭력, 가난, 인종 분리가 지속되었음에도 흑인들은 "단기적으로 패배했다고 체념하지 않았고", 대신 "적어도 1863년 이후에는 하느님과 역사의 무게가 우리들의 편에 있다는 신념"을 가지고 있었다고 주장했다.[24]

미국에 비해 북아일랜드 학생들은 진보에 대한 신념이 부족했다. 북아일랜드 학생들에게 역사는 진보라기보다는 비극의 기록이었으며, 더 나은 미래를 위한 어떤 희망도 주지 못했다. 북아일랜드 학생들은 만약 아일랜드가 통일된다고 해도 프로테스탄트 불법 무장 단체들이 테러를 벌일 것이라고 생각한다. 또 만약 북아일랜드가 영국의 일부로 남게 된다면, 대신 아일랜드공화국군이 현재와 같은 테러 행위를 지속할 것이라고 믿고 있다.

이토록 희망이 부족한 것은 아마도 북아일랜드의 문제들이 다루기 힘든 것들이기 때문일 것이다. 실패와 절망의 악순환이 학생들에게 이런 역사관을 가지게 했을 것이다. 그러니 더 나은 미래에 대한 희망이 없다면, 공공선을 위한 숙의에 참여할 이유도 없다. 왜냐하면 그 숙의의 결과물이 어차피 실패로 운명지어져 있기 때문이다.

로티는 "사실에 대한 묘사만 해서는 국가의 정치를 개선시키자고 독려할 수 없다. 여러분은 국가에 대해 현재 알고 있는 것뿐만 아니라, 그 국가가 어떻게 되었으면 좋겠다고 열정적으로 희망하는 것을 바탕으로 국가를 묘사해야 한다. 여러분은 매일 아침 잠에서 깨어나 마주하게 되는 국가가 아니라 꿈속의 국가에 충성을 다해야 한다"라고 말했다. 정치적 행위를 위해서는 우리의 노력이 보상을 받을 것이라고, 우리의 꿈이 실현될 것이라고 믿어야 한다. 미국에서는 역사가 이런 믿음의 토대를 제공해주고 있다. 우리는 이미 여러 문제를 성공적으로 해결해 왔고, 현재 어떤 심각한 어려움에 처해 있든지 이런 성공을 토대로 반드시 모든 문제를 해결해낼 것이라는 자신감을 가질 수 있는 것이다. 이것이 바로 우리가 스스로에게 말해주는 이야기이며, 우리가 믿고자 하는 이야기이다. 로티의 말을 빌자면, 미국인들은 "여전히 애국심을 느끼고 싶어 한다. 그리고 이 나라의 운명을 조종하고 이 나라를 더 살기 좋은 곳으로 만들 수 있는 어떤 부분을 실감하고 싶어 한다."[25]

아마도 그 어떤 다른 역사적 도구도 이토록 강력한 행동 유도성과 행동 제한성을 가지지는 않을 것이다. 우리의 국가적 내러티브는 역사적 사건의 원인을 잘못 표상하고, 부정적인 결과에는 관심을 쏟지 않도록 눈을 가리며, 대안이 되는 내러티브를 무시하게 만든다. 그러나 이는 사회적 정의를 추구하는 사람들에게 강력한 기초를 제공해주고, 미래를 위한 희망을 전달해준다. 아마 가장 어려운 도전이기는 하겠지만, 역사교육을 위한 임무는 바로 이런 장점과 단점 사이의 긴장을 해결하고, 학생들이 내러티브가 가지는 단점에 눈이 멀지 않을 수 있도록 도와주면서, 행동주의를 독려하고 희망을 북돋는 동력으로 이 도구를 사용하는 것이다. 물론 쉽지 않은 일이다. 그러나 두 가지 접근이 이런 노력에 기여할 수 있을 것이다.

우선 학생들이 자유와 진보의 내러티브는 다른 모든 내러티브와 마찬가지로 현실을 반영하는 거울이 아니라 인간이 만든 구성물이라는 점을 이해할 수 있도록 돕는 것이 중요하다. 다시 말해, 학생들은 자유에 관한 이야기가 어떻게 국가의 과거 전반에 걸쳐 구성되어왔는지, 즉 이 개념은 어떻게 정의되었고, 역사는 이 정의를 정당화하기 위해 어떻게 사용되었는지, 또 이 개념은 시간이 지나면서 어떻게 변화했는지 배워야 한다. 예컨대 이 개념이 여성과 소수자들에게 정치적 권리를 확장시키는 데 사용되었다는 사실을 배우는 데 더하여, 국가 건설 초기에는 자유라는 개념이 재산을 가진 사람들의 독립을 의미했고, 경제적 자유라는 개념은 이후의 급진적 노동운동가들, 포퓰리스트들, 사회주의자들에 의해 부활했다는 것도 배워야 할 것이다. 또한 제2차 세계대전 동안 자유는 파시즘에 대항하는 투쟁의 슬로건으로 사용되었으며, 미국 사업체들은 '자유기업체제'라는 덕목을 강조하는 주요 광고 캠페인을 통해 이 개념의 대중성을 활용했다는 점 또한 배워야 할 것이다. 냉전 기간 동안 자유는 반공주의와 현재 상황에 대한 방어를 의미했고, 미국과 동맹을 맺은 어떤 국가라도 그 나라 국내의 자유와는 관계없이 즉각적으로 '자유 진영'의 일부가 되었다는 점 또한 배워야 할 것이다.[26]

요컨대 학생들은 '자유의 역사'에는 초점을 덜 맞추고, 오히려 '자유'라는 '개념의 역사'에 더 주목해야 한다. 자유가 우리 역사를 통틀어 지속되어온 구체적이면서도 안정적인 염원이라고 상상하기보다는, 자유라는 개념을 역사화하는 법, 다시 말해 이것이 서로 다른 맥락에서 다양한 목적을 위해 어떻게 사용되었는지, 그리고 자유라는 개념에 관한 다양한 해석이 현재의 담론—역사 교과서 등에서 드러나는—에 어떤 유산을 남겼으며, 그 유산은 현재 어떤 역할을 하고 있는지 검토하는 법을 배워야 하는 것이다. 이런 접근을 통해 학생들은 자유라는 개념이 가지고 있는 활력을 약화시키지 않으면서도 가능한 한 다양한 해석을 고려하며 자유에 관한 논의에 참여할 수 있어야 한다. 또한 국가 역사의 여러 다양한 맥락에서 대단히 유연하게 적용되었던 자유라는 개념의 역할을 논의할 수 있어야 한다. 다른 사람이 자신에게 부과해준 자유의 의미만을 받아들이기보다는 말이다.[27]

국가의 정통 내러티브의 문제점을 극복하는 두 번째 방법은 학생들이 역사적 변화와 사건의 장단점을 지속적으로 생각해볼 수 있도록 만드는 것이다. 역사 주제와 관련하여 학생들이 배워야 할 가장 기본적인 질문 방식에는 "이로부터 누가 어떤 이득을 얻는가? 반면 누가 어떤 고통을 받는가?" 등이 있다. 장기간의 과정—예를 들어 노예제가 흥하거나 쇠하는 것, 농촌 사회가 도시 산업 사회로 전환하는 것, 철도와 고속도로가 건설되고 확산되는 것 같은—을 공부할 때나, 아니면 시간적 제한이 있는 사건들—예를 들어 미국 헌법의 비준과 짐 크로우 법(Jim Crow laws) 통과, 이라크전쟁 같은—을 공부할 때나, 학생들은 늘 이런 주제를 한결같이 긍정적으로, 혹은 한결같이 부정적으로 바라보는 단순화된 관점을 넘어설 수 있어야 한다. 어떤 역사적 사건이라도 반드시 다양한 집단의 사람들에게 다른 방식으로 영향을 미치기 마련이고, 이런 사건이 전반적으로 바람직한 것이었는지에 관한 결론은 그런 다양한 경험을 고려한 뒤 내려져야 한다.

이것이 학문으로서의 역사가 민주주의 교육을 위해 나름대로 유용한 모델을 제공해줄 수 있는 한 가지 방법이다. 왜냐하면 전문 역사가들은 그 누구도 학교나 사회에서 흔히 발견되는 것처럼 뭔가에 대해 사려깊지 못한 무조건적 지지를 보내지 않기 때문이다. 역사에 관한 어떤 연구라도 과거의 다양한 집단과 개인의 여러 경험을 고려하고 있다. 이런 고려는 오랫동안 흑인들의 관심사이기도 했다. 가령 W. E. B. 듀보이스(W. E. B. Du Bois)의 『흑인들의 영혼(The Souls of Black Folk)』은 "미국의 역사에 등장하는 모든 고통의 범위, 그리고 모든 가능성의 지속성" 사이에서 끝없는 긴장을 강조하고 있고, 수많은 학자, 사회운동가, 일반 시민들도 비슷한 분석을 했다.[28] 학생들도 그렇게 해야 한다. 공공선에 관한 합리적 판단을 내리기 위해서는 '진보'의 좁은 이야기가 제공해주는 것보다 더 많은 종류의 증거와 해석을 고려해야 한다. '우리는 결국 당면한 문제를 해결해낼 것이다'라는 열정적인 확신은 발생했던 모든 일이 가장 좋은 방향으로만 일어났다는 우둔한 믿음과는 어우러질 수 없다. 더 나은 미래는 더욱 복잡하고 미묘한 이해에 의존하고 있기 때문이다.

결론

자유와 진보에 관한 내러티브가 곧 미국 역사에서 사라질 거라고 믿는 사람은 대단한 착각에 빠진 것이다. 200년이 넘는 세월 동안 이 이야기는 국가의 역사를 이해하기 위해 미국인들이 사용했던 지배적인 도구였고, 학생들은 학교, 박물관, 유적지 등지에서, 그리고 미디어를 통해서도 끊임없이 이 이야기와 마주해왔다. 학생들은 어린 시절부터 이 도구를 사용하여 역사를 배웠고, 이 내러티브를 활용하여 역사적 변화를 사회적·물질적 진보의 측면에서 개념화했으며, 또 '자유를 향한 갈망'이 국가 역사의 지배적 테마라고 당연하게 받아들였다. 어린 학생들이 미국으로의 정착을 특정한 시기의 어느 순간에 발생한 일이라 생각하고, 더 나이가 든 학생들조차 미국이 벌이는 전쟁은 반드시 다른 국가를 "도우려는" 의도였다고 생각하는 것에서 볼 수 있듯이, 경우에 따라 이 내러티브는 역사적 사건을 잘못 해석하고 변화의 패턴을 잘못 이해하게 만들기도 한다. 과거, 그리고 현재에 벌어지는 모든 사건들이 이 내러티브의 구조 속에서 해석될 수는 없다는 것을 알게 되었을 때도 학생들은 다른 종류의 내러티브를 거의 사용하지 않았다. 따라서 학생들은 다양한 다른 관점이나 경험에 의미를 부여하는 방식에 대해 전혀 알길이 없었다.

그러나 자유와 진보에 관한 이야기는 결코 보편적인 것이 아니다. 다른 국가가 언제나 미국과 같은 방식으로 이런 도구를 사용해서 과거를 개념화하는 것도 아니고, 심지어 미국 안에서도 모든 집단의 사람들이 그렇게 하지는 않는다. 어떤 다른 종류의 내러티브와 마찬가지로, 이 내러티브도 인간이 만들어내 시간의 흐름에 따라 특정한 맥락 속에서 발전해온 하나의 도구일 뿐이며, 이 내러티브의 사용은 결코 고정된 것도 피해 갈 수 없는 것도 아니다.

미국의 학생들에 비해 다른 나라 학생들은 역사적 변화를 생각할 때 '진보'라는 개념에 그다지 의존하지 않는다는 사실은, 교육자들이 미국 학생들 또한 이런 이야기의 문제점을 피해 갈 수 있도록 도울 수 있음을 시사해주고 있다. '자유'라는 개념은 미국 역사를 통틀어 소외된 집단에게 긍정적인 자극을 주었고, 이는 아마도 더욱 정당하고 평등한 미래를 향해 꾸준히 전념할 수 있도록 자극해줄 것이다. 또한 진보에 대한 신념도 이런 열망이 결실을 맺을 것이라는 희망을 제공해준다. 국가적 내러티브의 행동 유도성과 행동 제한성 사이에서 균형을 이룰 수 있을 때 학생들은 그런 이야기의 구조화된 본질을 이해할 수 있고—예를 들면 시간에 따라 이런 내러티브가 어떻게 변화했는지 알아보거나, 그에 대한 다른 해석이나 다른 내러티브를 사용해보는 것—또한 모든 역사적 사건이나 패턴은 장점과 단점을 지닌다는 사실에 흥미를 가질 수 있을 것이다. 국가의 과거에 관한 영예로운 이야기를 앵무새처럼 따라 읊으면서는 다원화된 민주주의에 참여하기 위한 준비를 제대로 해낼 수 없다. 과거에 관한 다양한 해석을 숙의하면서만이 다원화된 민주주의에 참여할 준비를 제대로 할 수 있을 것이다.

② 탐구활동과 감정이입

Teaching History
for
the Common Good

제10장
탐구활동

나의 형제 여러분, 어떤 사람이 믿음이 있다고 말하면서 그것을 행동으로 나타내지 못한다면 무슨 소용이 있겠습니까? 그런 믿음이 그 사람을 구원할 수 있겠습니까? 어떤 형제나 자매가 헐벗고 그날 먹을 양식조차 떨어졌는데 여러분 가운데 누가 그들의 몸에 필요한 것은 아무것도 주지 않으면서 "평안히 가서 몸을 따뜻하게 녹이고 배부르게 먹어라" 하고 말만 한다면 무슨 소용이 있겠습니까? 믿음도 이와 같습니다. 믿음에 행동이 따르지 않으면 그런 믿음은 죽은 것입니다.—야고보서 2장 14~17절

탐구활동을 역사 학습의 도구로 사용하려면 특별한 주의를 기울여야 한다. '역사', 즉 '히스토리(history)'라는 단어는 "묻다, 알아보다"라는 의미의 고대 그리스어 'historein'에서 나와서 라틴어, 고대 프랑스어 및 중세 영어를 거쳐 오늘날에 이르렀다.[01] 오늘날 우리는 이 단어를 들으면 역사 연구물—예를 들어 책, 논문, 강의, 다큐멘터리—이나 그 연구의

대상—예를 들어 제2차 세계대전 중 국내 전선에서의 생활, 갈릴레오와 가톨릭교회의 공방, 제국주의의 등장—을 가장 먼저 떠올릴 것이다. 우리는 역사 속에서 벌어진 일들이 책이나 텔레비전 시리즈에 마술처럼 번쩍 나타나는 것이 아니라는 것을 알고 있다. 누군가는 과거에 일어난 일을 규명하기 위해 역사 탐구나 연구에 몰두해야 한다. 가장 먼저 떠오르는 역사 연구 자료로는 오래된 편지, 일기, 공문서 같은 각종 기록물들, 사진, 도구, 가정집기 같은 옛날 물건들, 또는 건축물, 도시, 매몰 장소 같은 고고학적 유적지가 있는데, 이 외에 아직 살아 있는 이들의 기억도 특이하기는 하지만 역사 자료의 역할을 한다. 이는 전문적으로 역사를 연구하는 역사가들만의 전유물은 아니다. 계보학자, 골동품 수집가, 영화 제작자들도 모두 이런 자료를 활용하여 역사 탐구와 유사한 형태의 활동에 몰두하곤 한다.

탐구활동은 우리 사회에서 역사가 무엇인지 말해주는 기본 활동이다. 탐구활동을 도구 삼아 역사를 학습하거나 사회과 교육의 다른 주제를 학습하는 것은 오래된 전통이다. 더 정확하게 말하면, '탐구활동을 하라'는 권장은 아주 오래 전부터 있었다. 그러나 주지하다시피 이를 실천하는 학교는—적어도 미국에서는—일반적이지 않으며, 사실 제대로 실천했던 적도 거의 없다.[02]

각종 현장 연구와 우리 두 저자의 교실 수업 경험을 생각해보면, 교사와 학생들은 역사 탐구활동을 수행해 나가는 데 대단히 어려움을 느끼는 듯하다. 이번 장에서는 왜 탐구활동은 이렇게 어려운 건지, 그리고 이 어려움은 어떻게 극복될 수 있는지 살펴볼 것이다. 이런 어려움은 '역사 탐구'라는 도구 그 자체에 내재해 있는 것이 아니라, 오히려 그 과정에 존재하는 여러 다른 요소들, 즉 역사 탐구의 '하위 도구(subtools)'

들끼리 서로 균형이 맞지 않아 발생하는 것이다. '믿음이 없는 실천'과 같이 이런 각각의 요소들이 빠져 있는 역사 탐구활동은 "죽은" 것이며, 죽은 탐구활동은 민주주의를 위해 학생들을 준비시키는 도구로서 아무 역할도 하지 못할 것이다.

반성적 사고로서의 탐구활동

교육자들이라고 늘 탐구활동의 의미를 명료하게 이해하고 있는 것은 아니다. 때때로 이 어구는 유행어일 뿐이라서 탐구활동이 제대로 수행되지 못하는 경우도 많고, 또 말로는 탐구활동인데 실제로는 다른 교수 활동과 전혀 차별화되지 않는 경우도 많다. 가끔씩 탐구활동은 그저 교과서나 강의를 보고 듣고 이해하는 것과 반대되는 것처럼 보이는 활동, 가령 손을 사용해서 뭔가를 하거나 직접 움직이는 것—미국 국회의 사당의 복제품을 만들고 남북전쟁의 격전지로 견학을 가는 것—혹은 역사 자료를 사용해보는 것—화살촉을 살펴보거나 오래된 사진을 들여다보는 것—정도를 의미할 뿐이다.

탐구활동에 대한 이런 생각에는 교수 접근법에 대한 극단적인 두 이미지가 반영되어 있다. 한쪽 극단에 흥미롭고 활동적이며 근대적이면서 진보적이라고 여겨지는 교수 전략이 있다면, 다른 극단에는 지루하고 수동적이며 구식인 전통적인 전략이 있다. 그러나 이런 극단적인 이분법은 둘 사이에 존재하는 다양한 교수 접근법을 구분해내지 못한다는 한계를 가진다. 예를 들어 수많은 교실 수업 활동이 '손으로 하는' 수업, 혹은 '학생 중심' 수업이라고 묘사될 수 있지만, 이것이 반드시 탐구활동을 수반하는 것은 아니다. 알라모 전투를 재연해보는 일이나 돼지기름으로 비누를 만들어보는 일은 교과서나 강의에 의존하는 수업보다 더 재미있기는 할 것이다. 그러나 이를 탐구활동이라고 말하는 것은—몇몇은 정말 그렇게 말하고 있다—이 용어를 지나치게 애매모호하게 만들어 제대로 된 탐구활동을 불가능하게 할 뿐이다.

때때로 교육자들은 1950년대 말부터 1970년대 초까지 인기를 끌었던 교수 학습 방식을 탐구활동이라 일컫기도 한다. 이 시기는 특히 '학문의 구조'를 강조했던 시기로 '신사회과(New Social Studies) 시기'라고 불린다. 이 시기의 교수 학습은 학생들에게 아카데믹한 학문에서 나온 학술적 개념, 일반화, 그런 학문을 연구하는 방식을 가르치는 것을 목적으로 했고, 이런 접근 방식은 "어떤 교과든지 올바른 방식으로 표현되기만 하면 그 어떤 발달 단계에 있는 아동이라도 효과적으로 배울 수 있다"는 제롬 브루너(Jerome Bruner)의 유명한 견해에서 출발한 것이었다. 비록 학문의 구조를 가르치는 것에 대한 관심은 브루너보다 수년이나 앞서 나온 것이지만 말이다.[03]

사회과 교육에서 이런 관점을 옹호하는 학자들은 학생들이 역사, 경제, 사회, 지리 등의 영역을 구성하는 학문(discipline) 자체를 배워야 한다고 주장했다. 그러나 학생들은 암기를 통해서는 학문적 개념이나 일반화를 배울 수 없기 때문에 탐구활동과 매우 밀접하게 닿아 있는 교수 방법을 토대로 학습해야 한다는 것이었다. 각각의 학문에 내재된 독특한 통찰력은 어느 정도는 특정한 연구 방식을 바탕으로 나오기 때문에, 학생들 또한 그 분야의 전문가들과 동일한 과정을 거쳐 연구해봐야 한다는 것이 그들의 생각이었다. 쉽게 말해 학생들이 마치 경제학자처럼 데이터를 분석하면서 경제 개념을 이해하고, 지리학자가 연구하는 방식대로 지리학을 배워야 한다는 것이었다. 그러나 각기 학문마다 존재하는 독특한 연구 방식은 대개 하나의 근본적인 연구 과정 안에 존재하는 차이 정도로 여겨졌고, 따라서 '탐구활동' 자체는 모든 학문을 가로질러 적용될 수 있는 일반적인 교수 학습 방식으로 찬양되었다.[04]

1960년대의 교육적 권고들은 탐구활동을 대단히 추앙하고 있지만, 우리 두 저자는 탐구활동을 이런 류의 교육 개혁과 직접 관련시켜 생각하는 것에 좀 더 조심스럽게 접근하고자 한다. 우선 우리는 역사교육을 아카데믹한 학문과 직접 관련시켜 생각하지 않는다는 점을 분명히 해두어야 할 것 같다. 학생들이 마치 전문가 집단의 역사가들이 역사 연구를 하듯이 역사를 배워야 한다는 생각을 통해서는, 역사교육이 참여민주주의에 기여할 수 있을 것이라 기대하기 어렵다. 또한 일련의 개념이나 일반화는 쉽게 인식되는 것이 아니기 때문에, 역사가 언제나 학문중심적 접근의 구조에 잘 맞아 들어가는 것도 아니다. 제4장에서도 논의했듯이, 역사는 대개 일반화를 만들어내는 것보다는 특별한 사건을 해석하는 데 더 비중을 두고 있다.

마지막으로 이 시기 많은 제안서에서 드러나는 탐구활동은 대단히 지시적인(prescriptive), 그리고 실증주의적인 모습을 보이는데, 이는 우리가 옹호하는 "깊이 있으면서도 세심한" 추론을 할 수 있는 잠재력을 지나치게 제한한다. 따라서 우리는 비록 신사회과 운동의 목적과 방식에 많은 부분 공감하지만, 탐구활동의 과정을 당연한 듯이 학문의 구조와 연결하여 생각하고 싶지는 않다. 또 그 과정을 너무 좁고 세부적인 탐구과정의 절차로만 국한시켜, 마치 탐구활동이 역사 이해를 위한 도구가 아니라 그 자체 목적인 양 생각하고 싶지도 않다.

탐구활동에 대한 우리 두 저자의 관점은 매우 전통적이고, 심지어 구식일지도 모른다. 수년간 수많은 사회과 교육자들이 그랬던 것처럼, 우리도 존 듀이의 반성적 사고에 관한 분석에 기초하여 탐구활동을 정의하고자 한다. 『사고의 방법(How We Think)』에서 듀이는 무엇이 진실인지—혹은 적어도 무엇이 합리적으로 개연성이 있는지—의 여부는 전통, 권위, 모방 등과 같은 다양한 기초에 의지하여 생각해볼 수 있지만, 중요한 신념은 반드시 증거에 기초해야 한다고 주장했다. 즉 중요한 신념은 "신념의 본질, 조건 및 그 영향에 관한 의식 있는 탐구활동"을 통해 나와야 한다는 것이다. 이것이 바로 듀이가 말한 '반성적 사고'이다. 듀이는 '반성적 사고'의 과정을 "신념에 대해 활동적이고 지속적이며 주의 깊은 사려, 혹은 이를 지지하는 토대에 근거하여 지식을 추구하고 더욱 심오한 결론을 이끌어내는 것"이라고 정의했다. 이 정의는 아직까지 매우 유명하며 그 유명세 또한 인정할 만하다.[05]

우리가 생각하는 탐구활동은 듀이의 반성적 사고에 관한 관점과 동일한 관점에서 나온 것이다. 듀이는 반성적 사고의 과정은 문제, 즉 "어려움"이나 "당혹감, 혼란스러움, 의심"을 느끼면서 시작된다고 설명했다. 그러면 그 문제를 분명히 정의하고 싶어지고, 가능성 있는 해결책, 가설, 이론—혹은 듀이에 의하면 더 나은 다양한 대안적 해결책—을 찾게 된다. 그런 뒤에는 각각의 해결책이나 가설이 지닌 함의를 고려해볼 것이고, 실증적인 관찰이나 실험을 통해 무엇이 증거로 가장 적합한지 판별할 것이다. 이런 과정이 바로 결론—즉 증거를 토대로 한 신념—의 기초가 되어야 한다. 이 과정에 대한 듀이의 설명은 '문제 확인'과 '문제 정의', '가설 설정', '자료 수집', 자료를 사용한 '초기 가설의 검증'이라는 절차를 밟는 과학 탐구의 방법으로 인식되고 있다.[06]

반성적 사고에 대한 듀이의 공식은 역사보다는 자연과학이나 행동

과학에 더 잘 맞아서, 많은 신사회과 지지자들은 듀이의 생각을 과학적 탐구의 연역적 모델과 융합시켰다. 그러나 탐구활동의 중요한 요소는 어떤 분야에서든 동일하다. 예를 들어, 역사에서 과거에 대한 흥미는 '당혹스러움'으로부터 시작된다. 혁명기의 프랑스에서 대중의 행동을 학문적으로 연구하는 사람이든, 야구의 발전 과정에 관심 있는 영화 제작자든, 머나먼 선조의 결혼 전 이름을 찾는 후손이든 상관없이, '흥미'란 누군가가 알고 싶어 하는 어떤 문제와 더불어 시작된다. 이런 질문에 답하기 위하여 이 역사가들은 원사료 및 2차 사료—법정 기록, 신문 기사, 인구조사 자료, 이전 연구자들의 연구물—들을 바탕으로 증거를 찾아야 한다. 그 결론이 논문의 형태로 표현되든, 대중 영화의 형태로 표현되든, 혹은 족보의 형태로 표현되든, 이 탐구자들은 결론의 근거가 될 만한 증거를 찾아 자신의 주장을 입증해야 한다. 각각의 증거는 그 산출물만큼이나 다양할 수 있고, 그 증거를 통해 탐구활동의 과정을 제대로 준수했는지 부분적으로나마 공적인 평가가 이루어질 수도 있다. 관련된 증거를 찾아내는 데 실패하거나 발견된 증거에 기반하여 결론을 이끌어내는 데 실패하면 동료, 비평가, 심지어 친척들마저 그 결론을 받아들이지 않을 것이다. 역사 탐구활동이 과학 탐구활동과 다르다 할지라도, 탐구활동은 반성적 사고의 중요한 구성 요소들, 즉 '질문하기, 관련 자료 수집하기, 평가하기, 증거에 기초하여 결론 도출하기'와 같은 요소를 모두 가지고 있다. 우리 두 저자에게는 바로 이것이 역사 탐구활동이다.

도구로서의 탐구활동과 행동 유도성

탐구활동의 과정은 적어도 세 가지 중요한 방식으로 인문주의적 역사 학습, 그리고 참여민주주의를 위한 역사 학습에 기여할 수 있다. 첫 번째는 다소 명확해 보이긴 해도 다시 한 번 분명히 언급할 필요가 있는 것으로, 바로 '인간은 탐구활동을 통해 배운다'는 것이다. 중요한 질문에 대한 답을 얻기 위해 증거를 수집하는 과정은 '인간은 어떤 것의 의미를 활동적으로 구성해 나가는 존재'라고 하는 오늘날의 학습이론과 부합한다.[07] 교수 과정으로서의 탐구활동과 교육이론으로서의 구성주의의 유사함을 고려해보면, 우리는 학생들이 그저 성적이나 스티커, 교사의 칭찬을 바라면서 학습지를 채워 나가는 것보다는 탐구활동에 몰입할 때 더 많은 것을 알게 될 것이라고 기대할 수 있다.

그럼에도 역사를 학습하는 한 형태로서 탐구활동의 우수성을 보여주는 포괄적인 실증 연구가 아직 없다는 점을 지적해야 할 것 같다. 즉 학생들이 교실에서 남북전쟁에 대한 정보를 정확하게 학습하고 일련의 보상을 받게 되는 경우와, 동일한 내용에 대한 탐구활동을 하며 학습에 참여한 경우를 비교한 대규모의 실험 연구 같은 것은 존재하지 않는다. 행동주의를 지향하는 수업과 구성주의를 지향하는 수업은 중요하게 여기는 지식의 종류 자체가 서로 다르기 때문에, 다시 말해 행동주의는 학생들이 사실 정보를 보유하는 것을 중시하고, 구성주의는 학생들이 판단을 내리고 개념을 이해하는 것을 중시하기 때문에, 사실상 이런 실험은 가능하지도 않다. 두 가지 관점은 지식의 본질에 대한 서로 다른 가정을 가지고 출발하며, 학생 입장에서 어떤 접근 방식이 과거를 더 잘 이해할 수 있게 해주는지 판단할 만한 공통의 토대는 존재하지 않는다. 더욱이 '지식을 구성한다'는 것이 무엇을 의미하는지에 대해서는 너무나 다양한 관점이 존재하고, 심지어 스스로를 구성주의자로 여기는 교육자들이 지지하는 교육적 실천 또한 매우 광범위하다. 인간이 탐구활동을 통헤 배운다는 것이 의미하는 바는 '탐구활동은 인간의 학습에 관한 현재의 이론 및 현장 연구와 일치하는 접근'이라는 정도이다. 어떤 문제를 이해하고자 할 때, 탐구활동은 이를 이해할 수 있도록 해주는 최선의 수단 중 하나인 것이다.

이런 이해는 민주주의에 필수적이다. 시민이 모여 본인들 스스로를 통치하는 사회에서, 시민들은 자신들이 지닌 가치 및 신념과 연결되는 의사결정을 하기 위해 반드시 뭔가를 제대로 이해할 능력을 지니고 있어야 한다. 즉 경제가 어떻게 돌아가고 사람들은 왜 그런 방식으로 살아가는지, 인간과 환경은 서로 어떤 영향을 주고받는지 이해할 필요가 있다. 역사에 대한 이해도 필요하다. 세상이 어떻게 이런 방식으로 존재하게 되었는지, 집단과 개인의 행동이 어떤 결과를 만들었는지, 현재의 합의에 대한 대안은 무엇인지 등을 이해할 필요도 있는 것이다. 이런 종류의 학습은 역사교육의 '분석하기' 스탠스와 가장 긴밀하게 연결되어 있지만, 이 외의 여러 다른 스탠스들도 이런 이해와 관련되어 있다. 도덕적 판단을 내리기 위해서는 역사적 승리와 비극에 대해 알아야 하고, 국가 정체성도 국가의 역사를 알아야 확립할 수 있으며, 역사 지식을 보여주기 위해서도 그 지식의 정확하고 세부적인 근거를 알고 있어야 한다. 따라서 역사 탐구활동이 지닌 중요한 이점 중 하나는, 이것이 결국 민주주의적 삶에서 중요한 역할을 하는 학습으로 귀결될 수 있다는 점이다.

더욱이 탐구활동은 학생들을 지식의 구성 과정에 몰입할 수 있도록 해주기 때문에, 역사 지식이 학생들 사이에서 더 공평하게 확산될 수 있게 한다는 잠재력도 지니고 있다. 앞서 논의했던 것처럼 어린이들은 매우 어릴 때부터 역사를 배우기 시작하지만, 이들이 배우는 역사는 자라나며 노출되는 환경으로부터 지대한 영향을 받는다. 예를 들어, 미국에서 흑인 학생들은 백인 학생들과 동일한 역사 정보를 배우고 동일한 관점을 학습하는 것이 아니다. 민족, 계급, 성별, 지역이 학생들의 역사 이해에 어떤 영향을 미치는지에 대해 더 많은 연구가 필요하기는 하지만, 지금까지의 연구를 바탕으로 볼 때 학생들은 기본적으로 국가 전체에서 공유되고 있는 지식—특히 국가의 역사와 관련된 부분—의 핵심 내용을 학습하면서 동시에 본인들의 특수한 배경에 기초하여 더 많은 특별한 정보를 학습한다. 우리가 앞장에서 논의했듯이, 테리 엡스테인의 연구는 어린 시절에 형성된 역사적 관점이 장차 교육과정 내용에 대한 관심이나 참여에 상당한 영향을 미친다는 것을 보여주고 있다. 다시 말해 흑인 학생들과 백인 학생들이 같은 수업을 듣는다고 해서 이들이 늘 똑같은 생각을 가지고 수업에 임하는 것은 아니라는 말이다.[08]

학생들의 선지식이 학교에서 용인되는 역사적 관점과 더 잘 부합하면 할수록, 그들은 교과서를 통한 강의식 수업에서 전달되는 내용을 이해하기에 더 유리하다. 또 이런 교수법을 통해 더 많은 혜택을 누릴 수 있다. 즉 교수법이 별로 좋지 않다 해도, 학교에서 배우는 지배적인 역사 서술과 유사한 내용의 선지식을 이미 지니고 있는 학생은 학교에서 얻는 새로운 지식을 훨씬 쉽게 이해하고 기억할 수 있는 것이다. 반대로 학생들의 선지식이 학교에서 가르치는 역사와 상충하거나 서로 연결되지 않는 경우도 있다. 이런 경우 학생들은 본인의 지식과 다른 내용을 바탕으로 한 교육과정을 접하면서 이를 학습하는 데 큰 어려움을 느끼게 될 것이다. 그 결과 학생들 사이에 존재했던 차이는 재학 기간이 길어질수록 더 커질 것이다. 한 집단의 학생들은 자신이 이미 가지고 있는 관점을 확장시켜 나가는 데 방해가 되는 요소와 마주할 일이 없지만, 다른 집단의 학생들은 학습 과정에서 계속 소외되고, 그들만의 고유한 생각은 학교에서 그다지 인정받지 못하게 되는 것이다.

학생들 사이의 간극이 이런 식으로 넓어지면, 역사교육은 다원적 민주주의의 요구에 부합할 수 없다. 탐구활동이 학생들이 지식을 구성해 나갈 수 있게 해주는 수단이라면, 애초에 있었던 학생들 간의 차이는 학생들이 탐구활동을 해 나감에 따라 점차 줄어들 것이다. 탐구활동은 학생들이 스스로 연구하게 하고, 스스로 결론을 도출해보게 한다. 따라서 탐구활동은 학교 안팎에서 각기 다른 종류의 역사를 학습했던 학생들을 학교교육에서 멀어지게 하는 것이 아니라, 오히려 이런 학생들의 역사 이해를 깊이 있게 해주고 더 넓혀줄 수 있다.

한편 탐구활동은 학생들이 다양한 종류의 자료에 몰입할 수 있게 한다. 따라서 전통적으로 특혜를 누렸던 학생들도 탐구활동을 하면서 학교 밖에서 배웠던 역사를 토대로 자신들이 지니고 있었던 신념에 의문을 제기해보고, 기존의 관점과 상충되는 관점을 접해볼 수 있다. 다시한 번 말하지만, 이런 이점들을 실증적으로 입증한 증거는 거의 존재하지 않는다. 따라서 우리 두 저자는, 탐구활동을 바탕으로 모든 학생들의 역사 이해 능력이 더 발전할 수 있으리라고, 이를 통해 학생들이 더 평등하게 역사 지식을 습득할 수 있으리라고 다만 제안할 뿐이다.

그러나 역사를 더 잘 이해할 수 있다는 이점 외에도, 탐구활동은 중요한 장점을 지니고 있다. 학생들이 다원적 민주주의를 준비할 때 매우 중요한 과정, 즉 증거를 기반으로 결론을 이끌어내는 과정에 몰입할 수 있도록 해준다는 것이다. 듀이와 마찬가지로 우리 두 저자도, 인간은 경험적 데이터에 의존하여 언제나 합리적으로 결론을 도출하는 존재가 아니라고 생각한다. 사람들이 종종 공공 정책상의 중요한 문제에 대해 자기 입장을 고집하는 이유는, 권위 있는 사람들이나 동료들, 미디어의 영향을 받았거나 새로운 사실들로 인해 오랜 믿음이 흔들리는 것을 원하지 않기 때문이다. 어떤 이들은 기존의 패턴에서 벗어나는 데 아무런 관심이 없다. 합리적 근거보다는 권위나 전통에 더 귀를 기울인다. 이런 사람들은 우리가 희망하고 있는 민주주의 사회에 제대로 기여하지 못할 것이다. 왜냐하면 민주주의 사회에서는 근거—그것도 매우 합당한 근거—를 가지고 자신의 주장을 뒷받침할 수 있어야 하기 때문이다.

예를 들어, 양질의 의료 서비스를 제공하고 범죄율을 감소시키고 약물 남용을 종결하며 유아교육을 확대하는 등의 과제들은 너무나 중요하기 때문에, 절대로 전통이나 권위, 편견의 힘에 맡겨둘 수 없다. 우리 사회의 현안들은 탐구활동, 즉 "활동적이고 지속적이며 주의 깊은 사려, 혹은 이를 지지하는 토대에 근거하여 지식을 추구하고 더욱 심오한 결론을 이끌어"낼 것을 요구하고 있다. 학생들에게 탐구활동을 안내해주는 것은 활동적인 시민의 삶을 위해 반드시 필요한 기술을 제공해주는 것이다. 우리는 학생들이 성장해 중요한 사안과 마주했을 때 탐구활동의 기술을 사용하려는 바람직한 태도를 가질 수 있기를 희망한다.

이런 점이 탐구활동의 세 번째 중요한 이점이다. 즉 탐구활동은 우리에게 이야깃거리를 제공해준다. 앞서 논의했던 바와 같이, 우리가 꿈꾸는 다원적 민주주의는 동등한 사람들이 서로의 지식을 공유하고 함께 숙의함으로써 이루어질 수 있다. 지식과 신념의 원천은 때로는 감춰져 있기도 하고 때로는 너무 확실해서 아무런 의심조차 받지 않기 때문에, 탐구활동 없이는 이런 종류의 의사소통이 일어나기가 쉽지 않다. 어떤 사안에 대한 논의가 권위와 전통에서 나온 지식과 또 다른 권위와 전통에서 나온 지식이 겨루는 것이라면, 이 둘의 만남은 유의미한 의사소통을 이끌지도 못하고, 서로 공유할 지식을 만들어내는 생산적인 결과로 이어질 수도 없다. 오히려 좌절과 적대감만 낳을 것이다. 대개는 더 강한 집단에서 나온 지식이 이런 의사소통을 압도한다. 힘을 가진 사람들은 자신이 가진 자원과 특권을 사용하여 약한 이들에게 자신의 입장을 강요하거나, 적어도 그들의 승인을 강요할 수 있기 때문이다.

그러나 탐구활동은 지식 구성의 과정을 더 투명하게 만들어준다. 질문, 증거, 결론, 그리고 이 셋을 서로 연결하는 과정을 명확한 관점을 가지고 펼쳐 나감으로써, 탐구활동은 다른 사람들의 정체성이나 신념 체계를 공격하지 않으면서 그들의 생각에 도전할 수 있도록 해준다. 또한 힘을 가진 사람들이 이 숙의의 과정에서 유리한 출발점에 선다 하더라도, 탐구활동의 과정은 모든 참여자들이 자신의 결론을 증거와 연결시켜 설명하도록 요구하고, 또 그렇게 하는 데 필요한 정보를 제공해주기 때문에, 논의를 더 평등하게 만들어줄 수 있다. 탐구활동은 다원적 민주주의를 위한 논의에 필요한 지식과 기술을 제공해줄 뿐만 아니라 그런 논의가 일어날 최적의 조건을 만들어준다.

학생들의 탐구활동, 문제점과 가능성

우리 두 저자는 예전에 출판한 한 연구서에서 역사 탐구활동에 몰입했던 교사와 학생들에 대해 설명하면서, 탐구활동이 어린 학년부터

역사교육을 위한 기초 활동이 되어야 한다고 주장한 바 있었다.[09] 그러
나 많은 사람들이 이런 탐구활동 프로젝트의 효과에 대해 의문을 제기
했고, 학생들, 특히 초등학생들이 과연 의미 있는 탐구활동을 할 만한
능력을 갖추었는지 의심의 눈초리를 보냈다. 10살에서 12살 정도의 학
생들은 자료를 비교하고 증거의 신뢰도를 평가하는 등의 정교한 활동
을 수행하지 못하리라는 것이었다. 이런 의구심 때문에 학교는 역사 탐
구활동을 시도해볼 기회조차 제공하지 않는다. 사료를 작성한 저자들
의 관점이 사건을 표현하는 데 어떤 영향을 미쳤는지 평가해보고, 수백
년 전의 원사료들을 검토한 뒤 이 사료들의 상대적 신뢰성을 비교해보
라고 하는 것은 5학년밖에 안 된 어린 학생, 심지어 8학년 정도의 제법
나이가 든 학생들에게조차 너무 어려운 과제라고 생각되는 듯하다. 이
런 사료 학습은 너무 복잡하여 학생들은 절대 감당할 수 없고, 그들에
게 좌절만 안겨줄 뿐 아무것도 배울 수 없다는 것이다. 사실 많은 교사
들의 실제 수업 경험에 입각해봐도 탐구활동이 복잡한 과정인 것은 부
정할 수 없다.

특히 최근 발표된 두 연구는 탐구활동 프로젝트를 실행하는 것이
얼마나 어려운 일인지 잘 보여준다. 두 연구는 학생들이 인터넷 자료
를 활용하여 탐구활동 프로젝트를 할 수 있도록 고안된 웹 퀘스트(Web
Quests) 프로그램을 토대로 한 수업 연구였다. 앤드류 밀슨(Andrew Milson)
은 6학년 학생들을 대상으로 고대 이집트의 지리, 문화, 예술, 과학 등
에 관한 정보를 담은 '시간 여행자의 가이드북'을 만드는 탐구활동 수
업에 대해 연구했다. 조지 립스컴(George Lipscomb)은 남북전쟁 시기 다양
한 인물—남부군과 북부군, 노예폐지론자, 남부의 여성과 북부의 여성
—의 역할을 할당받은 8학년 학생들에게 본인이 맡은 인물의 입장에서

짧은 에세이를 작성해보라고 했다. 그는 웹 퀘스트를 활용하여 학생들이 할 활동을 친절하게 설명해주고, 관련 자료를 제공하는 웹사이트를 바로 연결해주었으며, 이런 자료를 통해 데이터를 어떻게 수집하고 분석할 것인지에 대한 정보를 제공하는 등, 테크놀로지에 기반하여 활동의 각 단계에 맞춘 가이드를 제시해주었기 때문에, 교실에서 탐구활동을 훨씬 용이하게 수행할 수 있었다. 이 프로젝트는 교사들뿐만 아니라 학생들이 탐구활동을 할 때 겪게 되는 어려운 문제들—가령 시간이 지나치게 낭비된다든지, 주제에 맞는 다양한 자료를 찾아내기가 너무 어렵다든지—을 극복할 수 있도록 고안되어 있었다.[10]

그러나 이 두 교실에서 탐구활동에 임하는 학생들의 모습은 다소 실망스러웠다. 밀슨의 설명에 따르면, 6학년 교실에서 학생들은 "최대한 힘을 들이지 않고" 정보를 수집하고 조직하는 전략을 취했다. 그들은 대개 스스로 찾아낸 자료를 읽어보지도 않은 채 정보를 제공해준 사람들에게 본인들이 탐구해야 할 질문의 답을 직접 물어보았다. 심지어 제공받은 링크를 무시하고 검색엔진에서 질문 사항을 검색하기도 했다. 즉 학생들은 더 쉽게 직접적인 답을 제공해줄 것으로 보이는 전략을 사용했던 것이다(적어도 학습 초기에는 그랬다). 립스컴은 학생들의 학습 결과에 대해서도 회의적이었다. 이 수업에 참여한 학생들 중 누구도 남북전쟁 시기를 살았던 여러 다양한 사람들이 가지고 있었던 복잡한 관점과 생각을 제대로 이해하지 못했던 것이다. 대부분 단순히 날짜나 전투에 관한 사실 정보를 작성했고, 인터넷에서 그런 정보를 복사해왔으며, 당시 사람들의 관점에서 쓰는 것이 아니라 평소 본인들이 하던 것처럼 에세이를 작성했다. 이 연구의 학생들도 밀슨이 연구한 교실의 학생들과 유사한 전략을 사용했다. 다양한 자료에서 나온 정보를 평가하기보다는 그 프로젝트를 완성해줄 모든 정보를 한꺼번에 제공해줄 사이트를 찾으려고 일단 검색엔진으로 향했다. 이런 상황을 감안해보면, 학생들에게 교사들이 이미 알고 있는 것, 즉 자격을 갖춘 역사가들이 연구를 통해 도출해낸 결론을 일방적으로 설명해주는 것이 훨씬 간단하고 직접적이며 학생들의 능력치에도 더 부합하는 지도법 같다.[11]

그러나 밀슨도 립스컴도 탐구활동의 전망에 대해 그렇게까지 회의적이지는 않았다. 두 연구자는 모두 학생들이 웹 퀘스트가 안내하는 과정에 완전히 몰입하도록 하기 위해 교실 수업 과정을 바꾸어보았고, 특히 밀슨은 관련 정보를 찾아 활용하는 학생들의 능력을 향상시키기 위해 교사들이 어떤 조력을 할 수 있을지 더욱 고심했다. 유사한 다른 연구 또한 교사들이 배경 설명을 제대로 하면서 학생들의 자료 사용을 꾸준히 주의 깊게 살펴주면, 관점이나 신뢰성과 같은 추상적 개념에 대한 학생들의 이해가 놀라울 정도로 발전한다는 것을 보여주었다.

예를 들어, 브루스 밴슬레드라이트는 학생들이 여러 자료를 분석하고 평가할 때 무슨 일이 일어나는지 알아내기 위하여 4개월에 걸쳐 5학년 학생들에게 역사를 가르쳤다. 한 학기 동안 밴슬레드라이트는 제임스타운 정착, 북아메리카에서의 식민지 발전, 미국 독립혁명 등의 주제를 다루며 학생들이 어떻게 '역사 탐정'이 될 수 있는지 가르쳤다. 각각의 단원을 학습하는 동안 학생들은 원사료와 2차 사료 모두를 포함한 다양한 자료를 바탕으로 프로젝트를 수행했고, 여러 자료들을 넘나들며 세부 사항을 어떻게 입증해 나가는지, 타당성과 신뢰도를 어떻게 판단하는지, 숨은 의미와 저자의 의도는 어떻게 알아내는지를 배웠다. 미국 독립혁명 단원에서 밴슬레드라이트는 각기 반대되는 입장에서 논쟁적인 사건을 분석해보게 했다. 이를 위해 그는 각 모둠의 학생들에게 서로 다른 관점—애국주의적 입장, 왕정 옹호의 입장 등—을 취하는 네 종류의 상상 신문을 만들어보도록 했다. 학생들은 한 묶음의 문서를 사용하여 자기 모둠이 할당 받은 정치적 관점에 부합하는 신문 기사와 이를 뒷받침하는 그림 자료를 만들어냈다.[12]

이런 활동은 적어도 이 교실 안에서는 성공적인 것으로 보였다. 학생들은 각기 다른 관점에 대해 생각해보고 서로 논쟁하는 과정에 매우 활발하게 참여했다. 그러나 역사적 증거를 토대로 한 수업 활동을 통해 과연 학생들은 역사 지식이 창조되는 과정을 더 잘 이해할 수 있게 되었을까? 이를 검증하기 위하여, 밴슬레드라이트는 '역사 탐정' 활동을 전후하여 여덟 명의 학생들에게 역사적 사건에 관한 몇몇 문서를 읽게 하고, 그 문서들과 관련된 두 장의 사진을 보여주었다.

첫 번째 자료는 보스턴 학살(Boston Massacre)*에 관한 것으로, 학생들은 누가 왜 총을 쏘았는지 생각해보았다. 두 번째는 렉싱턴 그린 전투(Battle at Lexington Green)**에 관한 것으로, 이에 대해 학생들은 누가 처음으로 총

---

* 1770년 3월 보스턴 시민과 영국 본국에서 파견된 보스턴 주둔군 사이에서 벌어진 충돌. 일반 군중과 주둔군 보초 사이의 사소한 다툼이 발단이 되어 주둔군 병사가 발포하는 일이 벌어졌고, 이 때문에 11명의 보스턴 시민이 죽거나 다쳤다. 이에 항의하여 시민들은 주둔군 철수를 요구했고 보스턴에 주둔하던 영국군은 보스턴 항내의 섬으로 이동했다. 사무엘 애덤스를 비롯한 미국 독립파들은 이 사건을 '보스턴 학살'이라 명명하고 영국 지배에 반대하는 선전 도구로 활용했다. 이 사건은 이후 미국 독립혁명의 원인으로 평가받는다.

** 미국 독립혁명 당시 영국군과 식민지 민병대 사이에서 벌어진 최초의 전투. 영국의 식민지 정책에 반항하여 1775년 애국파가 매사추세츠 식민지 보스턴 근처의 콩코드에 무기를 비치했는데, 이 일이 보스턴 주둔 영국 사령관에게 알려져 렉싱턴의 애국파 지도자들이 체포되었다. 애국파가 이끌던 민병대는 영국군 선발대와 렉싱턴에서 전투를 벌였고 이때 민병 8명이 전사했다. 이어 콩코드에 진출한 영국군 본대를 민병대가 공격하여 콩코드강 다리 위에서 격전이 벌어졌고 영국군이 완전히 패하여 간신히 후퇴했다. 이 전쟁이 미국

을 쏘았는지 생각해보았다. 두 경우 모두에서 학생들이 받은 문서 자료는 서로 모순적이거나 결론에 이르지 못하는 상황을 보여주었고, 이런 역사적 '수수께끼'에서 단 하나의 권위 있는 답을 찾기란 불가능했다. 밴슬레드라이트는 학생들에게 자료를 검토하며 생각한 점을 소리내어 말하게 했고(think aloud), 이후 학생들에게 자료에서 무슨 차이를 발견했는지, 무엇이 가장 정확하다고 생각하는지, 그 문서를 작성한 사람(혹은 그림을 그린 사람)은 어떻게 그런 정보를 획득하게 되었는지 물었다.[13]

역사 탐정 활동을 해보기 전에는, 즉 문서를 검토하는 법에 대해 지도를 받기 전에는 학생들 대부분이 주어진 자료가 무엇을 담고 있는지 단순히 이해하는 데만 거의 모든 시간을 썼다. 자료를 비교하거나 무엇이 가장 믿을 만한 자료인지 선별하려는 시도는 없었다. '이 자료는 저 자료와 어디가 다른지' 질문 받을 때마다 학생들은 나름 일리는 있지만 매우 단순한 대답을 했다. 또 자료들 사이의 차이점이 '관점(points of view)'—이 개념은 학생들이 언어 수업 시간(language arts)에 학습했던 개념이었다—의 차이에서 비롯된다고 생각했지만, 정작 그것이 의미하는 바를 구체적으로 파악하는 데는 어려움을 겪었다. 학생들은 특정한 사건에 대한 여러 문서들 중에서 그 사건이 일어났을 때 직접 목격한 이들이 작성한 것이 가장 정확할 거라고 생각했지만, 그 문서를 찾아내려는 노력은 하지 않았다. 즉 탐구활동을 해보기 전의 학생들은 역사 탐구활동의 기초가 되는 개념들을 어느 정도 숙지하고 있는 듯했지만, 더 나아가 상세하고 광범위한 자료를 평가할 능력이 될지는 불분명했다.[14]

'역사 탐정'이 되는 법을 배우는 한 한기가 지나간 뒤, 학생들은 두

독립혁명의 도화선이 되었다고 평가받는다.

번째 인터뷰에 참여했다. 이 인터뷰는 학생들이 역사 탐구활동을 제대로 할 수 있다는 점을 보여주었다. 첫 번째 인터뷰 때에 비해 학생들은 자신의 연구 주제에 관련된 증거를 검토하는 데 더 많은 시간을 들였고, 원사료와 2차 사료를 나누어 증거를 구분했다. 여러 자료를 오가며 세부 사항들을 교차 보강했으며, 자료들의 타당성, 신뢰성, 관점 등을 스스로 판단했다. 관점의 중요성에 대한 묘사도 종래에는 포괄적인 설명에 그쳤다면, 이제는 특수한 증거에 대한 더 세부적인 판단이 가능해졌다. 가령 학생들은 영국군이 전쟁을 시작했다는 비난을 피하기 위해 진실을 왜곡했을 수 있고, 식민지에서 나온 신문은 영국을 더 신랄하게 비난했을 것이며, 사건이 일어난 지 몇 년이 지난 후 쓰여진 설명은 기억력 때문에 정확도가 떨어질 것이라고 생각했다. 모든 학생들이 다 이런 기술에 능숙해진 것은 물론 아니었다. 그러나 수업 활동 및 인터뷰에 참여했던 학생들을 관찰 연구한 결과, 밴슬레드라이트는 5학년 어린 학생들조차 지적으로 증거를 비교하고 평가할 수 있으며, 그렇게 하려는 열정을 지니고 있다는 결론을 내렸다.[15]

밴슬레드라이트의 연구 결과는 우리 두 저자의 연구 결과와도 일치한다. 우리의 교실 수업 연구에 참여했던 4, 5학년 학생들은 다양한 역사 자료를 가지고 탐구활동을 시도했다. 이들은 자신의 역사를 구성해 보기 위해 친척에게서 정보를 수집했고, 역사박물관의 전시회를 꾸미기 위해 유물과 책 및 다른 자료들을 살펴보았으며, 식민지 시대와 미국 독립혁명기를 학습하면서 문서를 검토하기도 했다. 밴슬레드라이트 수업의 학생들처럼 이들도 학교에서 역사 자료를 가지고 직접 탐구활동을 해본 경험이 이전까지 거의 없었지만, '어떻게 자료가 한쪽으로 치우치거나 불완전할 수 있는지'에 대해 상식적인 차원에서 그럴 듯한 생각을 이미 가지고 있었다. 예를 들어, 학기가 시작될 무렵 학생들은 '나의 역사'를 탐구하는 활동을 했는데, 그때 우리는 학생들에게 '만약 서로 다른 자료에서 상충되는 정보를 얻을 경우, 예를 들어 아기가 말문을 틀 때 처음 내뱉은 말을 친척들이 서로 다르게 기억한다면 무엇이 진실인지 어떻게 알 수 있을까?' 하고 질문했다. 학생들은 다양한 근거를 대며 의견을 제시했다. 어느 학생은 아버지가 직장에 계신 동안 어머니가 아기의 말을 들었을 테니 어머니의 기억이 맞을 거라고 대답했다. 어떤 학생들은 너무 오래 전의 일이라 가족들의 기억이 다들 뒤죽박죽이라고 지적했으며, '육아일기'가 남아 있으니 사람들의 기억보다 그 기록이 더 믿음직하다고 말한 학생도 있었다. 학생들은 또한 정보 제공자의 개인적인 선입견이 정보에 영향을 미칠 수 있음을 인지하고 있었다. 가령, 어머니는 아마도 첫 번째 단어가 '마마(mama)'였다고 말하겠지만, 아버지는 '다다(dada)'라고 기억하기가 쉬웠다.

이렇게 10~11살밖에 안 된 어린이들도 역사 자료를 평가할 때 중요하게 작용하는 수많은 요소들에 이미 익숙해 있었다. 그 자료가 사건을 직접 체험했던 사람들로부터 온 것인지, 다른 상황에서도 신뢰성을 가질 만한 자료인지, 자료 제공자들이 얼마나 스스로에게 유리하게 말하거나 기록했는지, 사건이 발생한 뒤 얼마나 빠른 시일 안에 증거가 만들어졌는지 등을 두루 고려했다.[16]

밴슬레드라이트의 연구에서처럼, 이 수업에 참여했던 학생들 또한 렉싱턴 그린 전투에 관한 여러 가지 설명이 포함된 전통적인 역사 자료를 학습했다. 학생들은 세 번의 수업 시간 동안 이 전투에 관해 서로 다르게 설명하는 12개 자료의 신뢰성을 평가하기 위한 모둠활동을 했는데, 이 수업의 최종 목적은 "누가 맨 처음 총을 쏘았는가?"라는 질문에 답을 내리는 것이었다. 수업 광경은 인상적이었다. 이 활동을 소개하는 교사의 말이 끝나기도 전에 학생들은 문서를 작성한 것이 식민지 지배자들이었는지 알고 싶어 안달이었다. 각기 서로 다른 자료를 논의하는 동안에도 학생들은 어떤 요인들이 전투 묘사에 영향을 미치는지 분명히 이해하고 있는 듯했다. 학생들은 양측 군인들보다는 "구경꾼"들이 편견이 덜할 것이고, 누군가의 일기에 적힌 내용은 공개를 염두에 두지 않았기 때문에 더 믿을 만하다고 판단했다. 공직자들은 비난을 피하려고 표현을 바꾸었을 수 있고, 런던의 신문 기사는 몇 달 뒤에 머나먼 곳에서 작성되었기 때문에, 50년 뒤 쓰여진 회고록은 기억에만 의존해 쓰여졌으므로 신뢰성이 다소 떨어지리라는 점 등이 논의되었다. 밴슬레드라이트 연구의 학생들처럼, 이 연구에 참여한 초등학생들도 역사 자료를 정밀하게 평가하는 일에 별 어려움 없이 몰두했으며 심지어 이 일을 재미있어 했다. 학생들은 신이 나서 수업 시간이 얼마나 빨리 흘러가는지, 중요한 역사적 사건에 관련되었던 사람들의 일기가 얼마나 재미있는지 재잘거렸다.[17]

그런데 얼마 뒤, 한 가지 예상치 못했던 문제가 생겼다. 이 활동이 끝나고 3일 뒤에 교사는 누가 렉싱턴 그린에서 처음 총을 쏘았는지 결론을 내려보라고 했다. 학생들은 저마다 의견을 가지고 있었고, 모두 이를 발표하고 싶어 했다. 그러나 이 학생들이 발표한 의견 중 어느 것도 자신들이 3일 전까지 내내 논의했던 증거와 아무런 관련이 없었다. 즉 수업 시간 내내 논의했던 증거를 사용해 결론을 도출한 학생이 한 명도 없었던 것이다. 이 학생들은 "틀림없이" 발생했다고 생각되는 일들을 지어냈다. 그러면서 모든 사료는 어떤 방식으로든 편견에 사로잡혀 있으며, 따라서 절대 신뢰할 수 없었다고만 계속 주장했다. 교사는 충격을 받았다. 이 활동의 목적은 역사가들이 어떻게 역사 연구를 하는지 학생들이 이해할 수 있도록 하는 것이었다. 교사가 역사가들은 자신들이 생각하기에 "틀림없이" 발생했다고 여겨지는 것만을 기록하는지 학생들에게 물어보자, 학생들은 그렇다고 대답했다. 자료에 담긴 편견을 감지해내는 학생들의 능력은 매우 훌륭했지만, 학생들은 역사 탐구의 기초와 관련된 더 중요한 가르침, 즉 역사적 설명은 제한적이고 불완전하더라도 반드시 증거에 기초해야 한다는 점을 놓쳤던 것이다.[18]

또 다른 연구도 증거와 역사적 설명의 연결관계를 잘 이해하지 못한 채 자료를 분석하고 평가하는 학생들의 문제점을 보여 주고 있다. 우리 저자 중 한 명이 데히 스미스(Dehea Smith)와 함께했던 연구에서는 3학년 학생들이 본인들의 공동체의 역사에 대해 제기했던 일련의 문제에 답하기 위하여 몇 주에 걸쳐 부지런히 증거를 수집했다. 그런데 학생들은 이 주제에 관한 발표를 시작하자마자 그간 수집했던 증거를 전혀 사용하지 않고 완전한 허구에 가까운 설명을 하기 시작했다. 교사의 지도 끝에 마침내 학생들이 연구와 결론 사이의 관계를 깨닫게 되기는 했지만, 이는 결코 쉬운 일이 아니었다. 유사한 경우로, 밴슬레드라이트 또한 학생들은 대개 자신들이 검토했던 증거에 토대하지 않고 기존에 가지고 있던 신념에 기반하여 '식민지 사람들과 영국 군대는 서로 적대감을 갖고 있었다'는 결론에 이르렀다고 보고했다. 학생들은 본인들의 판단을 정당화하기 위해 "그게 내 생각이에요"라고 말했다.

때때로 학생들은 증거와 완전히 동떨어진 이야기를 만들어내기도 했다. 가령 영국인 동조자가 렉싱턴 그린에 숨어서 전쟁이 시작되기를 바라며 몰래 총을 발사했다고 주장한 학생처럼 말이다. 설명이 불충분하기는 하지만, 이것이 어떤 방식으로 역사 지식의 기초가 되는지를 배우며 학생들이 느끼는 혼란상은 한 여학생의 모습을 통해 압축적으로 보여진다. 이 여학생은 모든 역사적 증거는 불확실할 뿐이라고 좌절하면서, "저는 역사가들이 어떻게 이런 일을 할 수 있는지 도무지 이해가 안 돼요"라고 말했다.[19]

영국의 역사교육에서 '사료를 가지고 가르친다'는 것은 이미 20년도 넘은 오랜 전통이지만, 영국의 교사들 역시 학생들이 증거와 결론 사이에서 연결관계를 만들어내는 데 어려움을 겪는다고 보고하고 있다. 미국과 달리 영국에서 역사과는 전체 국가를 망라하는 공통된 교육과정으로 운영되는데, 이 교육과정은 학생들이 역사적 설명을 만들어내기 위해 증거를 활용할 수 있도록 하는 데 특히 초점을 맞추고 있다. 더욱이 학생들은 역사적 내러티브의 세부 사항을 암기하기보다는 특정 주제에 대해 면밀히 검토하게 되어 있다. 그 결과 영국의 학생들은 역사시간에 밴슬레드라이트와 우리 두 저자의 연구에서 시도해본 종류의 수업 활동을 훨씬 더 자주 한다. 따라서 영국 학생들은 미국 학생들보다 증거를 분석하고 해석하는 일에 훨씬 더 익숙한 것으로 보인다. 덕분에 영국의 교사와 연구자들은 학생들이 증거를 가지고 역사적 설명을 만들어낼 때 어떤 일이 벌어지는지 더 면밀하게 살펴볼 수 있었다.

영국에서 역사 개념에 대한 학생들의 이해를 살펴본 가장 광범위한 연구 중 하나는 피터 리, 로잘린 애쉬비(Rosalyn Ashby), 알라릭 디킨슨(Alaric Dickinson)이 수행했던 '차타 프로젝트(Project Chata)'이다. 이 연구는 다양한 방법(구술 인터뷰와 지필시험)을 사용했고, 7살부터 14살까지 수백 명의 학생들을 참여시켰다. 학생들은 로마의 브리튼 정복에 관해 각기 다르게 설명한 문서들을 받아 읽고, 왜 이 문서들이 서로 다른 이야기를 하고 있는지 생각해보았다. 가장 어린 학생들을 제외하면 대부분의 학생들이 증거 및 증거 해석의 유효성 차이로 인해 이토록 다른 설명이 만들어질 수 있다고 인식했지만, 일부 학생들은 역사가들이 어떤 사안에 대해 확신할 수 없을 때 빠져 있는 부분을 멋대로 지어내기 때문에 역사적 설명에 차이가 생긴다고 생각하기도 했다. 이 학생들은 마치 '해석'이 '개인적 의견'과 동의어인 양 말했고, 모든 사람이 자기만의 의견을 가질 수 있기 때문에 모든 생각은 동등하게 유효하다고 믿고 있었다. 애쉬비와 리는 이 학생들이 "서로 다른 의견들 중 뭐가 옳은지 결정할 방법이 없기 때문에 모든 사람들의 의견은 다 가치가 있다"고 생각한다고 설명했다.[20] 이는 우리 연구에서 드러났던 문제와 정확하게 일치하는 현상이다. 즉 어린이들은 역사적 자료들은 언제나 편견으로 가득 차 있고 불완전하기 때문에 무슨 일이 일어났는지 확실히 알 방법이 없다고, 그래서 어떤 생각이든 다 똑같이 훌륭하다고 단순하게 결론지어버리는 것이다.

학생들이 증거를 사용해 역사적 설명을 만들어내는 것을 어떻게 이해하는지에 대해서는 답할 수 없는 많은 의문들이 여전히 남아 있다. 가령, 학생들의 생각은 시간이 지나면서 어떻게 발전해가는가? 교실에서의 역사 학습은 이런 생각에 어떤 영향을 미치는가? 학교 밖의 요소들은 증거에 대한 학생들의 관점에 어느 정도 영향을 미치는가? 어린이들은 언제나 같은 방식으로 증거를 취급하는가, 아니면 학과목의 영향을 받아 달라지는가? 이 중 몇몇 의문들은 이미 연구 주제가 되기도 했고, 또 이 책에서 소개한 몇몇 연구는 우리가 서술했던 것보다 훨씬 더 광범위한 이슈에 초점을 맞추고 있다.

다만 여기서 우리 두 저자는 학생들의 탐구활동 참여에 관한 연구가 말해주는 한결같이 모순적으로 보이는 두 가지 결과에 주목하고 싶다. 첫째, 학생들은 이미 어린 시절부터 역사적 증거는 불완전하다는 점, 혹은 역사적 설명과 증거는 편견이나 서로 다른 관점에 의해 영향을 받을 수 있다는 점 등, 역사 지식의 중요한 특성을 제대로 이해하고 있다. 둘째, 학생들은 편파적이거나 불완전한 증거로 가득 찬 상황에서 역사적 설명이 어떻게 만들어지는가에 대해서는 지나치게 단순하게 이해해버린다. 즉, 역사는 단순히 지어낸 이야기라거나, 모든 "의견"은 다 똑같이 훌륭하다는 식의 결론을 내려버리는 것이다.

이런 현상이 우리 연구자들에게 의미하는 바는 무엇인가? 이는 단지 학생들이 사료를 사용하는 방식을 배우기 전부터 증거의 한계에 대해 어느 정도 이해하고 있다는 것을 말해줄 뿐인가? 아니면 두 번째 결과는 한층 더 복잡한 개념이기 때문에 학생들로서는 이런 부분을 거의 이해할 수 없다고 해야 할 것인가? 아마 그럴 수도 있을 것이다. 그러나 우리는 이 연구에서 나온 결과를 더 잘 해석할 수 있는 대안적인 설명을 제안하고자 한다. 이 대안적 설명은 바로 탐구활동이 일종의 '도구'라는 개념에 토대를 두고 있다.

탐구활동의 도구와 그 구성 요소들

학생들이 증거와 설명의 연결관계를 제대로 이해하지 못하는 것은, 아마도 학생들이 탐구활동이라는 도구의 어떤 한 부분에만 익숙하기 때문일 것이다. 학생들이 유의미한 질문을 던지고 자기만의 결론을 찾기 위해서가 아니라, 오로지 평가를 위해서만 사료를 사용하도록 요구받고 있다면, 그들이 탐구활동의 과정에 익숙해지기 쉽지 않다는 것도 그다지 놀라운 일이 아니다. 탐구활동은 학생들이 전체 과정, 다시 말해 유의미한 질문에 대답하기 위하여 관련된 증거를 사용해 결론을 도출하는 전체적인 탐구 과정에 몰입할 때만 그 잠재력을 완전히 성취해낼 수 있을 것이다.

듀이는 반성적 사고의 첫 번째 과정이 "어려움"이나 "당혹감, 혼란스러움, 의심"을 느끼는 것이라고 했다는 사실을 떠올려보자. 그는 "당혹스러움을 해결하려는 욕구야말로 반성적 사고의 전체 과정을 꾸준히 안내해주는 요소"라고 말했고, 어떤 어려움도 느끼지 않는 사람에게 반성적 사고를 끌어내려 하는 것은 손잡이가 스스로 돌아가길 바라는 것만큼 무의미하다고 주장했다.[21] 미국 및 여러 지역의 역사 수업에서 대개 빠져 있던 것이 바로 이 당혹스러움과 어려움을 느끼는 과정이었다.

예를 들어, '렉싱턴 그린에서 누가 처음 총을 쏘았는가' 하는 질문은 오늘날 문화의 측면에서도, 그리고 역사학이라는 학문의 측면에서도 그다지 중요한 문제가 아니다. 이는 역사가들이 논쟁하는 이슈도 아니고, 정치적 담론이나 미디어, 혹은 가족이나 커뮤니티에서 회자되는 질문도 아니다. 물론 이런 질문에 관심을 두는 학생들도 있기야 하겠지만, 지속적인 중요성이 부족한 이런 문제는 사실 그 답 또한 별로 중요하지 않다. 다시 말해 세상 그 어떤 것도 이 문제의 결과와 그다지 상관이 없기 때문에, 한 가지 의견이 진정 다른 의견만큼 훌륭할 수도 있다. 학생들이 렉싱턴 그린에서 틀림없이 발생했다고 생각되는 이야기를 만들어 냈을 때, 그들은 탐구활동이라는 도구를 효과적으로 사용한 것이 아니며, 또 그 도구를 사용해보라는 제대로 된 요구를 받았다고 할 수도 없다. 이때 학생들은 단지 탐구활동을 구성하는 한 가지 요소를 자극하는 인위적 활동에 '탈맥락화'된 방식으로 참여했을 뿐이다.

탐구활동의 한 가지 측면, 즉 '원사료 분석'에만 초점을 맞추는 것은 교육 관련 연구뿐만 아니라 성취도 평가와 교실 수업에도 해를 입힌다. 예를 들어 들어 뉴욕주 리젠트 시험(New York Regents exam)*이나 AP시험 (Advanced Placement exams)**은 역사 과목에 '문서 기반 평가(DBQs)'를 포함하고 있다. 대학입학시험위원회(The College Entrance Examination Board)*** 또한 "자료를 분석하고 통합하며 언어 자료, 양적 자료, 그림 자료를 역사적 증거로 평가하는 능력"을 강조한다. 대학입학시험위원회는 "역사적 과정의 상호작용과 복잡함을 보여주기 위해 문서를 제시하라. 문서는 그 길이가 다양해야 한다. 또 차트, 그래프, 카툰, 그림, 글로 된 자료에 이르기까지 다양한 형태를 띠고 있어야 한다"고 요구했다.

'문서 기반 평가'가 학생들에게 요구하는 것은, 이 문서를 역사의 특정 시기나 주제와 관련시키고 주요 시기와 이슈에 초점을 맞추어 설명하게 하려는 것이다. 따라서 높은 점수를 얻으려면 이 문서 이외의 자료로부터 얻을 수 있는 외부 지식 또한 매우 중요하고, 학생들의 에세이에는 반드시 이런 지식이 통합되어 있어야 한다.

1999년에 미국사에 관한 사료를 토대로 출제된 시험 문제를 보자.

---

* 뉴욕 주 전역에서 실시되는 일종의 고교 졸업시험이다. 영어·수학 등 5개 과목에서 100점 만점에 65점 이상이면 고등학교 졸업 자격을 얻을 수 있다.

** 고등학교 재학 중에 대학 수준의 과목을 선택 수강하고 해당 과목의 시험을 본 뒤, 소정의 점수 이상을 받으면 대학 입학 사정에서 유리할 뿐만 아니라 대학 진학 이후 해당 과목의 학점으로도 인정 받을 수 있다.

*** 미국에서는 각 대학이 자율적인 학생 선발권을 행사하고 있으나 학생 선발과 관련된 주 (state) 교육부와 각종 교육위원회 등의 관리 체계가 존재한다. '대학입학시험위원회'는 SAT 나 ACT와 같은 학업적성 검사, 학력검사의 연구·개발·실시 등과 관련된 업무를 총괄 지휘하는 기구이다.

"미국 독립혁명 직전, 식민지 주민들이 지닌 미국인으로서의 정체성과 통일성에 대한 감정은 어느 정도였을까?" 관련 자료로는 사적인 교신물, 영국 의회 연설문, 대륙 의회의 선언문, 18세기의 출판물, 보조금 기부 명단, "뭉치지 않으면 죽는다" 같은 유명한 삽화가 제시되었다.[22]

이런 시험은 대단한 영향력을 가지기 때문에, 시험과 관련된 소소한 산업이 성장하여 '문서 기반 평가'에 관한 참고서도 여러 종이 출간되었다. 교사들은 이를 이용하여 학생들과 함께 시험에 대비한다. 학생들이 성취도 평가에서 주어진 자료를 검토하라는 요구를 받는다면, 당연히 평소 역사 학습에서도 이런 활동을 연습하게 된다. 각 주의 교육부, 비영리단체, 출판업체들도 이런 교수 활동과 관련된 아이디어를 발전시키고 사료로 된 문서를 교실에서 사용할 수 있는 자료로 만들어냈다. 제2차 세계대전에 관한 자료집의 광고 문구를 보자.

> 학생들이 원사료를 분석할 수 있도록 하십시오. 그때야 비로소 학생들은 역사가 살아 있다는 것을 알게 될 겁니다! 학생들은 인터넷에서 다운로드받아 역사 관련 문서를 평가하고 해석한 뒤 관련 문제를 논의하고 토론할 것이며 역사에 대한 본인들만의 결론을 내릴 것입니다.

교사를 위한 페이지에는 이런 활동의 목적, 관련 토론 문제, 더 확장된 형태의 학습 활동이 수록되어 있다. 학생용 페이지에는 언제든 사용할 수 있는 활동지가 탑재되어 있으며, 도움이 되는 웹사이트 주소 및 그 자료에 대한 연습문제도 실려 있다.[23]

이는 확실히 실체가 없는 탐구활동, 부품이 없는 도구, 실천이 없는 믿음의 한 형태이다. 이런 활동에서 학생들은 어려움, 당혹감, 혼란스러움, 의심을 느낄 수 있을까? 질문이 과거에 관한 학생 자신의 관심이 아니라 주어진 자료집에 실려 있는 맥락 없는 활동지에서 나온다면, 그것은 진정한 의미의 탐구활동과는 거리가 멀다. 그것은 단지 문서 분석일 뿐이다.

이런 광고는 탐구활동에 대한 잘못된 생각이 어떤 가정을 내포하고 있는지 보여준다. 그것은 바로 질문을 만들고 자료에 대해 알아볼 책임은 학생들보다는 권위자들에게 있으며, 학생의 임무는 주어진 과제에 기초하여 생산물—대개는 에세이이다—을 만들어내는 것이라는 가정이다. 많은 활동이 학생들에게 스스로 탐구하는 자료가 진정 유용한지 최소한의 평가를 해볼 기회마저 주지 않는다. 왜냐하면 이런 활동의 목적은 학생들의 합리적인 판단력을 발달시키는 것이 아니라, 학생들에게 주어진 원사료가 다른 곳에서 배운 사실과 개념을 어떻게 묘사하는지 설명할 수 있도록 하는 것이기 때문이다. 물론 이런 방식으로 사료를 사용하는 것도 가치 있는 교육 실천일 수 있고, 교과서를 사용하는 것보다 나을 수도 있다. 비록 우리 두 저자는 정말 그런지 전혀 확신할 수 없지만 말이다. 어쨌든 분명한 것은, 이런 식의 탐구활동을 통해서는 학생들이 참여민주주의에 기여하는 시민으로 성장하리라는 기대를 전혀 할 수 없다는 것이다.

앞서 설명한 바와 같이, 탐구활동의 이점은 역사 내용을 더 잘 이해하고, 지식을 평등하게 분배하며, 중요한 사회적 질문에 대한 답을 찾기 위해 증거를 사용하는 과정에 익숙해지는 것이다. 이미 정해진 질문에 정답을 내기 위해 미리 선택된 문서를 분석하는 활동도 탐구활동이 수반하는 행동 유도성을 지니고 있을까? 이에 대해서는 그 어떤 이론적인 주장도, 실증적인 증거도 존재하지 않는다.

"미국 독립혁명 직전, 식민지 주민들이 지닌 미국인으로서의 정체성과 통일성에 대한 감정은 어느 정도였을까?" 같은 질문은 사실 사려 깊은 교사의 지도를 받는 학생들에게는 중요한 문제가 될 수 있고, 또 다른 학생들은 각자의 다른 질문, 가령 세계대전에 대한 질문을 가지고 있을 수도 있다. 그러나 이런 질문이 학생들의 관심과 관계없이 활동지와 같은 학생용 자료나 그 비슷한 다른 자료에서 나온 것이라면, 이는 증거를 주의 깊게 평가하고 증거를 바탕으로 사려 깊은 결론을 내릴 수 있도록 학생들을 독려하기 쉽지 않을 것이다. 스스로에게 중요한 질문도 아닌데 뭐하러 학생들이 쉬운 방법을 내버려두고 굳이 어려운 방법을 통해 답을 찾겠는가?

그러나 몇몇 역사적 질문은 정말로 중요하며, 학생들은 이를 정말로 탐구해보고 싶어 한다. 한 가지 예를 들어보자. 미국은 왜 베트남과 싸웠는가? 그리고 왜 일부 미국인들은 이 전쟁에 반대했는가? 이런 역사적 질문은 던져볼 가치가 있다. 모든 국제적 위기의 담론들이 언제나 우리에게 이 문제를 상기시키고 있으며, 베트남전쟁의 망령은 여전히 미국의 외교 정책과 공공 토론에서 출몰하고 있다. 우리들 중 많은 이는 그 시대와 매우 직접적으로, 그리고 개인적으로 관련되어 있다. 참전 용사나 반전 시위자로, 혹은 그 참여자들의 친척으로서 말이다. 그리고 대중문화는 〈포레스트 검프(Forrest Gump)〉 같은 영화를 통해 이 전쟁을 단순하게 표현하고 있다. 그 결과 학생들은 베트남전쟁의 중요성을 인지하고 있고, 전쟁에 관한 일련의 논쟁이 있다는 것도 알고 있으며, 따라서 이에 대해 더 많이 알고 싶어 한다.[24]

탐구활동은 역사적인 사건에 대해 더 많은 것을 알려줄 도구이기 때문에, 역사 탐구에 관심이 있는 학생이 있다면 그는 아마 증거를 토대로 자기만의 결론을 내려보고 싶어 하는 학생일 것이다. 이는 정확히 말해 그가 바로 당혹감, 혼란스러움, 의심의 상태에 있기 때문이다. 학생들은 자신이 이해할 수 없는 뭔가가 있음을 느끼고, 이를 이해하고 싶어 한다. 자료를 묵살하고 이야기를 만들어내는 것—학생들은 관심 없는 주제를 탐구할 때 분별없이 이렇게 하곤 한다—은 자신의 목적을 달성하는 데 도움이 되지 않을 것이다. 현재적 중요성을 지닌 역사 주제로는 베트남전쟁뿐만 아니라 인종, 젠더, 계급, 종교 문제 등이 있으며, 이런 주제 또한 역사 탐구의 의욕을 자극하기에 충분한 지속적인 논쟁거리를 제공해준다.

피터 세셔스는 교사들이 교실을 탐구활동 공동체로 이끌고자 할 때 직면하는 어려움을 분석했다. 우선 학생들에게 전문 역사가들이 이미 내린 결론을 가르쳐주고 그것을 기억하게 하는 것은 "잠정적이고 역동적이며 계속 진행 중인 대화를 고정된 진리로" 바꾸어버리는 행위이며, 이는 역사 지식의 본질을 잘못 드러내는 것이다. 또한 학생들에게 역사가와 똑같은 연구에 참여하도록 하는 것도 문제인데, 왜냐하면 학생들은 역사가와 같은 전문가 공동체의 일원이 아니기 때문이다. 다시 말해 학생들은 역사가와 같은 수준으로 지식을 생산해낼 만큼 역사 내용을 충분히 알지도 못하고 연구 기준도 모른다. 세셔스는 이런 딜레마가 "학생들이 자신들의 문화와 경험에 제기하는 의문을 중심으로" 역사를 개념화함으로써, 그리하여 "자신의 문화와 경험이 남긴 흔적에 의문을 제기하고 그것이 현재에 남긴 유산과 의미를 이론화해보기 위해 과거를 탐구함으로써" 부분적으로 해결될 수 있다고 보았다. 즉 학생들은 역사 탐구활동의 과정에서 자신과 무관한 '역사학'이라는 아카데믹한 학문 공동체로부터 나온 질문이 아니라, 본인들이 중요하다고 생각하는 질문을 추구해야 한다는 것이다. 세서스는 역사 탐구활동을 위한 교수는 학생들이 자신의 삶과 주변 세계를 이해할 수 있도록 도와주는 역사 주제와 더불어 시작되어야 하며, 학생들은 역사적으로 중요한 사건을 규명하는 과정에 직접 참여해야 한다고 권한다.[25]

그렇다고 이런 제안이 '역사 탐구활동은 오로지 학생들이 교실에 들어오기 전부터 품고 있던 질문만을 중심으로 이루어져야 한다'는 의미는 아니다. 우리 경험으로 볼 때 학생들이 제기하는 질문은 형태와 내용의 면에서 매우 한정적이다. 교사의 중요 임무는 학생들이 제기한 질문이 유의미하면서도 중요한 탐구활동 과정으로 나아갈 수 있게 하기 위해, 그 질문을 더 발전시키도록 학생들을 돕는 것이다.

가령 데이비드 거윈(David Gerwin)과 잭 제빈(Jack Zevin)은 학생들이 북아메리카의 노예제 발전을 탐구하기 위해 고용계약 증명서, 재산 목록, 노예 경매 광고 및 여러 다른 원사료들과 2차 사료들을 어떻게 검토했는지 설명하고 있다. 이를 통해 노예제의 본질에 대한 질문이 나오는 것이다. 도대체 어떤 상황이 여러 종류의 종속 노동자들을 만들어내는가? 노예제 아래의 노예나 고용계약에 의한 노예와 같이, 왜 수입된 노동자라 하더라도 각기 다른 지위를 가지고 있었는가? 누가 왜 이런 카테고리를 만들었는가? 인종주의는 노예제의 원인인가, 아니면 결과인가? 학생들은 이미 가지고 있던 생각—예를 들어 노예제와 아프리카를 동일시하고 자유와 유럽인을 동일시하는 것—을 품고 탐구활동을 시작하지만, 교사가 세심하게 자료를 선택하고 사려 깊게 사용한다면 학생들의 생각을 더 복잡하게 만들고 호기심을 발전시키며 학생들이 흥미로운 질문에 대해 더 깊이 생각해보도록 자극할 수 있을 것이다. 이것

이 바로 역사 탐구활동이다.[26]

이렇듯, 우리가 강조하는 바는 교사가 자료를 고르는 것을 포기하라는 뜻이 아니며, 또 학생들의 탐구활동을 지도하는 데 대한 교사의 책임을 포기하라는 뜻도 결코 아니다. 교사는 학생들의 관심을 독려하고 탐구활동에 참여하도록 이끌기 위해 전문적인 판단을 내려야 한다. 또 당연히 교사의 결정은 학생의 활동을 어느 정도 구조화시켜줘야 하고, 어느 부분에서는 제한도 가해야 한다. 역사 교사는 학생들보다 더 발전된 형태로, 또 더욱 포괄적인 형태로 역사를 이해하고 있기 때문에—우리는 그러리라 희망한다—이는 당연히 실현 가능한 바람이다.

그러나 교사가 자료와 활동을 선택하는 것은 역사 탐구활동의 시작일 뿐, 결코 끝은 아니다. 학생들에게 제2차 세계대전에 대한 문서, 그리고 식민지 시기 미국인의 정체성에 대한 문서를 선별하여 분석하게 하는 것은 학생들이 질문을 제기하게끔 자극할 수 있는, 다시 말해 다양한 수단을 통해 탐구활동에 임할 수 있게 하는 적절한 방식이다. 그러나 학생들에게 자료나 활동, 그리고 질문을 미리 제공하는 것은 아무 소득이 없는 일이다. 그것은 아마 윌리엄 스탠리(William Stanley)와 제임스 휫슨(James Whitson)이 말한 것처럼 "가짜 문제에 기술만 적용하는 기술적인 형식주의"를 초래할 것이다. 단언컨대 학생들은 가짜 문제에 시간을 낭비하기보다는 본인들이 중요하다고 생각하는 문제를 탐구할 때 참여 민주주의를 더 잘 준비할 수 있을 것이다.[27]

결론

원사료 분석이 좋은 학습 과정이라는 데는 모든 역사교육 종사자들
—역사교육과 교수들 대부분, 교육과정 개발자, 교육심리학자, 역사가
등—이 전체적으로 합의하고 있다. 그러나 왜 그런 학습을 해야 하는지
에 대해서는 합의가 덜 되어 있다. 사료를 분석하는 일은 자주 그 자체
로 목적인 것처럼 여겨지고, 사료를 실제로 사용하는 과정보다 사료 그
자체가 더 중요하게 다뤄지곤 한다. 이런 생각은 탐구활동을 안내해줄
질문도 제공하지 않은 채, 학생들이 스스로 만들어내지 않은 질문, 그들
이 전혀 중요성을 느끼지 못하는 질문에 관한 역사 자료를 평가하라고
요구하는 등, 바람직하지 못한 수업 방식으로 귀결되곤 했다.[28] 그러나
원사료는 단지 수단일 뿐이고, 궁극적인 목적은 결국 곤란함이나 복잡
함, 혼란스러움, 의심에서 출발한 탐구활동이 되어야 한다.

다원적 민주주의 사회의 시민을 준비하는 역사교육의 목적에 있어
서 탐구활동은 중요한 강점을 지니고 있다. 탐구활동은 증거를 기반으
로 판단하는 과정을 연습하게 하고, 지식의 구성 과정을 명확하게 해주
며, 전달 중심의 교수 학습법보다 더욱 깊이 있는 이해를 가능하게 해
준다. 탐구활동이 지니는 또 다른 중요한 이점은, 바로 학생들이 평등
하게 역사적 지식에 접근할 수 있게 해준다는 점일 것이다. 특정 역사
에 대해 사회적으로 합의된 버전과 다르게 역사를 이해하고 있는 학생
들은 탐구활동을 통해 이런 공식 버전과 다르거나 심지어 모순적인 자
신만의 관점을 더 포괄적으로 점검해볼 수 있고, 공식 버전에 잘 부합
하는 선지식을 가진 학생들은 한 번도 도전받아본 적 없었던 자기 생각
들을 복잡하게 만들어줄 새로운 정보와 마주하게 될 것이다. 각종 연구

가 보여주는 바에 의하면, 심지어 초등학생들조차 이런 과정에 충분히 참여할 능력이 있다. 다만 학생들은 스스로 결론에 도달하기 위해 각종 증거를 사용하기보다는, 원사료의 부족한 점을 포착하는 데 더 능할 때가 많다. 탐구활동의 폭넓은 과정 속에서 사료의 역할을 인식할 수 있도록 도와준다면, 학생들은 이런 한계점을 더욱 잘 극복할 수 있을 것이다.

원사료는 탐구활동을 지향하는 역사교육에서 두 가지 중요한 역할을 할 수 있다. 첫째, 학생들의 혼란을 고무시켜줄 수 있다. 원사료는 우리로 하여금 과거의 현실과 마주할 수 있도록 한다. 원사료는 과거에서 온 자료이며, 따라서 반드시 우리의 해석과 이해를 필요로 한다. 주체적인 질문을 던지지 않고서는 가장 단순한 원사료에서도 뭔가 얻어내기 어려울 것이다. 그 질문은 세계가 어떻게 돌아가는지에 대한 우리의 생각과 긴밀히 연관되어 있다. 톰 홀트가 제안하는 바와 같이, 학생의 질문은 "문서 그 자체, 그리고 독자들의 경험,—즉 독자들이 자료를 접할 때 이미 **가지고 있었던** 생각—그리고 이 둘 사이의 공간에서 발생한다."[29] 이런 질문이야말로 더욱 심도 있는 연구를 자극하며, 그것이 바로 원사료가 가지는 두 번째 역할이다. 즉, 원사료는 과거에 대한 우리의 질문에 대답해줄 증거를 제공해준다. 과거에 무슨 일이 일어났는지 궁금할 때, 원사료는 그 답을 찾아낼 수 있는 한 가지 방법이다. 비록 유일한 방법은 아니지만 말이다.

두 가지 경우 모두에서 질문의 역할이 중요하고, 질문 없는 탐구활동이라는 도구 또한 불완전해질 수밖에 없다. 실천이 없는 믿음처럼, 질문 없이 원사료를 분석하는 일은 죽은 것이요, 홀로 존재하는 것일 뿐이다.

제11장
'관점 이해하기'로서의
감정이입

거대한 권능이 우리에게 선물을 주었네.

다른 이들이 우리를 보듯이 우리 스스로를 들여다볼 능력!

이 능력은 수많은 당황스런 일에서 우리를 자유롭게 해줄 것이네.

수많은 어리석은 생각들에서 우리를 자유롭게 해줄 것이네.

이 능력만 있으면 우리는 이런 우스꽝스런 옷도 입지 않을 테고

이런 우스운 걸음걸이를 하지도 않을 테고

종교 따위를 가지지도 않으리.—로버트 번즈(Robert Burns)[01]

    아마 역사교육에서 나온 어떤 개념도 '감정이입'만큼 격렬한 토론이나 논쟁, 비평을 자극한 예가 없을 것이다. 이 개념은 너무 논쟁적이어서 심지어 아예 논의를 회피하고 싶게 만들기도 한다. 많은 미국 독자들은 '감정이입'이라는 용어에 익숙지 않으며, 이 용어가 역사를 공부하는 데 적용될 때는 더욱 그런 듯하다. 이 용어는 애정이나 열정을 나타내는 그리스어인 'empatheia'에서 온 것으로, 일상적으로는 다른 사람들

의 마음을 "함께 느끼고자" 하는 마음이나 능력을 의미한다. 감정이입 (empathy)과 연민(sympathy)이라는 용어 사이에 상당한 혼란이 있긴 하지만, 국제 사회과학 백과사전은 이 둘을 다음과 같이 구분하고 있다. '감정이 입'은 다른 이들의 관점에서 그들의 생각과 감정을 상상하는 것을 의미 하고, '연민'은 다른 사람들의 생각과 감정이 마치 우리 것인 양 상상하 는 것을 의미한다.

감정이입과 달리 연민이라는 용어는 시간과 문화적 경계, 개인적 취 향과 상관없이 모든 인류는 기본적으로 동일하다는 점을 함의하고 있 으며, 따라서 '내 자신'이라는 단 하나의 준거틀이 세상을 가늠하는 기 준이 되는 것이다.[02] 유사성에 대한 가정, 다시 말해 '한 꺼풀만 벗기면 모두 똑같은 인간'이라는 가정이 우리에게 위안이 될 수는 있지만 이는 역사를 제대로 이해하지 못하게 만드는 개념이며, 참여민주주의를 위 해서도 하등 도움이 안 되는 개념이다. 우선 연민을 통해서는 어떤 것 도 제대로 이해할 수 없다. 시간이나 문화, 개인적 선호도와 경험은 근 본적으로 다른 세계관을 만들어낸다. 이런 기본적인 사실을 고려하지 않고서는 과거를 제대로 이해할 수가 없다. 세계관의 차이를 염두에 두 지 않는다면 행위와 목적을 연결하여 생각할 수 없기 때문이다. 피터 리와 로잘린 애쉬비는 다음과 같이 설명하고 있다.

> 역사가 가능해지기 위해서는, 역사가는 연구 대상이 문서든 유물
> 이든 일단 지난날 그것이 의미했던 바를 이해할 수 있어야 한다.—
> 이 물건은 그냥 컵이었던가, 아니면 숭배 대상이었던가? 이 문서는
> 단순한 메모였던가 아니면 보고서였던가? 이 글은 협박을 하고 있
> 는가 아니면 약속을 하고 있는가? 만약 역사가가 이를 이해하지 못

한다면 역사적 증거란 존재할 수 없다. 또한 역사가는 과거 사람들의 행동과 신념을 토대로 특정 행위 및 사회적 관습과 제도에 의미를 부여할 수 있어야 한다.[03]

과거 사람들이 우리와 비슷하거나 동일하고, 우리와 똑같은 목표와 의도, 믿음을 가지고 똑같이 행동한다고 생각해버린다면, 과거를 이해하는 일은 아예 불가능해진다. 과거 사람들의 관점이 우리와 어떻게 달랐는지 알아야 비로소 우리는 과거 사람들의 행위를 이해할 수 있다. 또한 제2장에서 주장했던 바와 같이, 타인의 관점의 잠재적 논리와 일관성을 인식해야만 비로소 민주주의적 숙의가 가능해진다. 만약 우리가 다른 이들의 관점을 그저 착각이나 비도덕적인 것으로 무시해버린다면, 그들이 나와 다른 방식으로 세상을 바라본다는 사실을 아는 것만으로는 우리에게 전혀 득이 될 게 없다.

이런 인식은 연민과는 별로 관련이 없고, 심지어 연민에 반대된다. 사실 '감정이입'과 '연민'이라는 용어는 대개 뒤섞여 사용되고 있기 때문에, 어떤 학자들은 이 두 용어를 모두 포기하고 대신 '관점 취하기(perspective-taking)', '합리적 이해(rational understanding)', 아니면 아예 간단하게 '과거 사람들 이해하기(understanding people in the past)' 같은 용어를 사용하기도 한다.—우리 두 저자는 '관점 이해하기(perspective recognition)'라는 용어를 선호하는데, 왜냐하면 '관점(perspective)'이라는 단어가 사람들의 견해는 매우 복잡하고 다양하다는 점을 직관적으로 보여주기 때문이며, 또한 '관점 이해하기'라는 용어는 다른 이들의 관점을 '취해볼 수 있다'라는 식의 함의를 피해가기 때문이다.

이따금 교사들은 우리가 과거를 생각할 때 가지게 되는 자연스러운 감정을 '감정이입'이라는 개념과 완전히 분리시켜 생각하려고 한다. 즉 감정이입을 순수하게 분석적인 도구로만 생각하며, 감정이입이란 다른 사람들이 가지고 있었던 신념이나 가치, 목표, 환경 등을 증거에 입각하여 재구성하게 해주는 지적 성취 정도로만 정의하려 한다. 예를 들어 스튜어트 포스터(Stuart Foster)는 역사 탐구활동은 "정서적 행위가 아닌 근본적으로 인지적 행위이며, 느낌이나 상상력이 아닌 주로 지식에 의존하는 행위"라고 했다.

그러나 우리 두 저자는 역사적 감정이입을 조금 다른 관점에서 이해하고자 한다. 물론 우리는 '연민'이 우리가 다른 사람들의 경험을 마치 우리 것인 양 상상하는 것이라는 점에서, '감정이입'을 '연민'과 구분해야 한다는 데 동의한다. 그러나 감정이입을 순수하게 인지적인 노력의 측면에만 국한시킨다면, 역사교육이 다원적 민주주의에 기여하는 데 한계를 지닐 수밖에 없다. 우리와는 다른 생각을 가진 사람들과 함께 의미 있는 숙의를 하려면, 그들을 이해하는 것 이상의 뭔가가 필요하다. 즉 우리는 우리와 다른 사람들과 그들의 관점에 일단 관심을 가져야 한다. 조앤 스콜닉(Joan Skolnick), 낸시 둘버그(Nancy Dulberg), 씨아 메스트라(Thea Maestra)는 '감정이입'이란 정서적으로 관여하기, 그리고 근본적으로 인지적 활동이라 할 수 있는 관점 취해보기, 둘 다와 관련된 것이라고 개념화했다. 감정이입은 상상으로 가득 차 있으면서 인지적이고도 감정적인 참여를 요구하기 때문에, 감정이입이야말로 양면적인 문화적 도구일 수 있다는 점을 지적한 것이다. 양면적인 문화적 도구라고 할 때, 첫 번째 측면은 우리가 과거 사람들에게 신경을 쓰고 관심을 가지며, 그들이 겪었던 일과 그들이 어떤 식으로 삶을 경험했는지 염려하는 것이다. 이런 류의 감정이입은 이후 제12장의 주제로 다루어질 것이다. 대신 이번 장에서는 문화적 도구로서의 또 다른 측면인 '타인의 관점 이해하기', 즉 감정이입이라는 주제를 다루었던 대부분의 학자들이 설명한 바 있는 '지적 활동으로서의 감정이입'에 초점을 맞출 것이다. 우리는 학생들이 역사적 관점을 어떤 방식으로 재건해 나가는지 검토하기 위해 이전의 연구들과 다소 다른 렌즈를 사용할 것이다. 왜냐하면 우리는 감정이입을 목적 그 자체가 아니라 민주적 참여의 수단으로 생각하기 때문이다. 이는 사람들이 자신 스스로를 바라보듯이 타인을 바라보는 것 그 이상을 요구한다. 또한 다른 사람들이 우리를 바라보듯이 우리가 스스로를 들여다볼 것을 요구한다. 이는 곧 오래 전 로버트 번즈가 제안했던 것처럼 사회적 이득을 가져다줄 수 있는 성취이기도 하다.[04]

감정이입의 구성 요소

감정이입이라는 개념에 대해서는 한동안 교육자들이 서로 다른 견해를 가지고 있었지만, 지난 수년에 걸쳐 영국과 북미의 학자들이 이 개념의 중심적인 의미에 대해 일련의 합의를 이루었다. 그 합의에 의하면, '감정이입'은 과거 사람들의 관점을 바탕으로 과거 사람들의 행위를 설명하는 것을 의미한다.

과거 사람들이 왜 그런 행동을 했는지 이해하기 위해서는 그들이 성취하고자 했던 것과 그들의 신념 및 행위, 지식의 본질에 초점을 맞추고, 도대체 어떤 가정—이 가정은 그 시대의 문화적·역사적 맥락에 자리하고 있다—이 그들의 생각과 행위를 이끌고 갔는지를 주목해야 한다. 달리 말하자면, 우리는 과거 사람들을 이해하기 위하여 당시의 맥락을 토대로 그들의 행위를 생각해야 한다는 것이다. 우리는 최선을 다해 과거 사람들의 세계를 이해하고, 그들이 자신의 세계를 어떻게 바라봤는지 이해해야 한다. 과거 사람들의 경험과 인식이 우리와 얼마나 다른지 여부와는 상관없이 말이다. 이런 인식은 반드시 증거를 토대로 이루어진다.

우리는 과거 사회가 남긴 자료를 이용하여 역사적 관점을 이해하고자 한다. 스튜어트 포스터가 지적했던 바와 같이, 오히려 감정이입이 아닌 것은 무엇인지 구체적으로 배제해 나가면서 감정이입을 정의할 수도 있을 것 같다. 가령 현재의 논의에 의하면 '감정이입'은 심리적 동일시는 아니다—우리는 학생들이 히틀러의 관점을 이해해보기를 원하지만, 학생들이 히틀러의 관점을 자기 것으로 받아들이기를 원하지는 않는다. 또한 감정이입은 타인의 입장에서 그 사람을 상상해보는 것도 아니다—왜냐하면 우리는 타인의 경험과 인식을 결코 직접적으로 다시 체험할 수 없기 때문이다. 또한 감정이입은 감정적 반응을 수반하는 행위도 아니다—이성적 이해가 목표이지 결코 연민이나 존경이 목표가 아니다.[05]

물론 과거의 관점을 인지하는 것은 쉬운 일이 아니다. 현재의 관점을 인지하는 것도 어려운데, 과거 사람들의 관점을 재건해보는 것은 훨씬 더 힘든 도전 아니겠는가? 우선 우리가 역사적 신념과 가치를 해석하기 위해 사용할 수 있는 자료는 어쩔 수 없이 단편화되어 있다. 오늘날의 사람들이 그러하듯, 과거 사람들도 복잡한 이유로 복잡한 선택을 했고 본인들의 선택이나 이유에 대해 완벽한 자료를 남겨야겠다는 생각은 하지 못했을 것이다. 사실 우리들 대부분이 그렇듯이 과거 사람들 역시 아마 본인들의 기저에 깔려 있는 신념을 타인에게 설명하는 데, 심지어 스스로에게 설명하는 데도 어려움을 느꼈을 것이다.

더 복잡한 문제는, 비록 완전한 형태의 문서가 존재하더라도 그 문서 내용의 공적·사회적 의미는 늘 변화하기 때문에 해석이 쉽지 않다는 점이다. 언어는 놀라울 정도로 빠르게 변화해간다. 은어들은 유행을 타고, 지역적 특성도 강하다. 또 직업에 따라 특수한 전문 용어나 관용구가 사용되어 문서 해석을 어렵게 한다. 따라서 현재 우리의 이해는 결코 그 언어가 사용되던 당대의 의미와 완벽하게 일치할 수 없다.

더욱이 과거의 행위에 대한 해석은 반드시 현재의 관점을 통해 걸러지게 되어 있다. 우리가 지닌 현재적 렌즈가 우리의 질문, 우리의 관점, 우리의 세계관을 결정하기 때문이다. 그렇다고 해석의 노력이 가치가 없다는 이야기는 아니다. 다만 우리의 해석에는 일정한 한계가 있을 수밖에 없다는 것이다. 따라서 우리가 조심스레 역사를 해석한다는 것은 그저 과거 사람들이 처했던 곤경이나 그들의 관점에 대해, 자료에 입각하여 잠정적인 수준의 공감을 하는 정도일 것이다.[06]

지금까지 수많은 연구자들이 학생들이 어떻게 역사적 관점을 이해하려 하는지에 대해 연구해왔다. 우리가 앞서 설명한 바 있는 '관점 이해하기'라는 도구를 사용해서 말이다. 또한 많은 연구자들은 이 분야에서 학생들의 사고의 위계성이나 유형을 설명하고자 했다. 가장 종합적인 것이 감정이입적 이해의 다섯 단계를 제시한 애쉬비와 리의 연구일 것이다. 가장 낮은 단계의 학생들은 과거를 지적이지 못했던 세상으로 보면서, 과거 사람들은 정신적으로 결함이 있기 때문에 어떤 행위를 위한 더 나은 방식을 선택하지 못했다고 생각한다. 이런 학생들에게 과거는 그저 우스꽝스러운 행위의 목록일 뿐이다. 좀 더 높은 단계로 가면,

학생들은 일반화된 스테레오타입을 참조하여 사람들의 행위를 이해하려 한다. 이 단계의 학생들은 본인의 생각을 기반으로 과거 사람들의 행위를 설명할 뿐, 그들의 행위를 당대의 구체적인 역사적 맥락에 위치시키려 하지 않는다. 또 현재 사람들의 지식과 신념을 과거 사람들의 지식 및 신념과 구분하려는 시도도 하지 않는다.

'일상의 감정이입'이라 불리는 3단계로 오면 학생들은 과거 사람들이 처해 있던 구체적인 상황을 참조하여 그들의 행위를 이해하지만, 여전히 우리가 현재의 관점에서 그 상황을 보는 것과 그 시대 사람들의 관점에서 바라보는 방식의 차이를 구분하지 못한다. 이 단계의 학생들은 과거 사람들이 어떻게 반응했는지보다는, 본인들이라면 당시 주어진 상황에서 어떻게 반응했을지 상상해보려고 한다. 4단계로 오면 학생들은 사람들이 처해 있던 구체적인 상황을 이해하고 과거 사람들의 신념이나 목표, 가치는 우리와 다르기 때문에 과거 사람들이 우리와 똑같은 방식으로 상황에 반응할 수 없다는 점을 인지하기에 이른다. 그러나 이 학생들은 특정 상황에만 매우 좁게 초점을 맞추어 생각하는 경향이 있다. 5단계 및 그 이상의 수준에 이르러서야, 학생들은 과거 사회의 신념이나 가치, 물질적 조건은 현재와 서로 다르다는 것을 인지하며, 사람들의 행위를 더욱 넓은 맥락 안에 위치 짓게 된다.[07]

이런 유형화는 학생들이 과거를 어떻게 이해하는지 검토하는 데 중요한 가이드를 제공하지만, 여기에는 학생들이 민주주의적 숙의에 참여하는 능력을 발전시키는 데 중요한 요소가 배제되어 있다. 우리 두 저자는 '관점 이해하기'가 학생들이 수준별로 역사적 설명을 해내는 단 하나의 인지적 과정이라고 생각하지 않는다. 관점에 대한 이해는 단선적인 순서에 맞춰 발전할 수도, 그렇지 않을 수도 있는, 수많은 다른 요소들—피터 나이트(Peter Knight)에 따르면 '하위 구성요소들'—과 어우러져 있는 하나의 도구이다.[08]

이런 관점에서 보자면, 교사는 교실에서 다섯 가지 구성 요소를 인지하고 발전시켜야 한다. 그것은 바로 '다름'에 대한 감각, 정상성의 공유, 역사적 맥락화, 역사적 관점의 다양성, 현재의 맥락화이다. 아래에서 이 요소들을 살펴보고 각각이 어떻게 시민정신에 기여할 수 있는지 설명할 것이다.

'다름'에 대한 감각

실제로 감정이입을 통한 역사 이해가 무엇을 요구하는지는 분명하다. 바로 스스로를 넘어서 다른 이들이 지닌 근본적인 '다름(otherness)'을 인지하는 것이다. 다른 이들이 어떻게 생각하고 어떻게 느끼는지 알지 못하면 그들의 행위를 이해할 수도 없다. 매일 일어나는 일상적인 일부터 국제적인 큰 사건까지, 우리는 모든 이들이 우리와 똑같은 관점을 공유하는 것은 아니라는 점을 인지할 수 있는 능력이 있다. 어른들은 대개 어린이들에게 이런 해석적 기술을 연습시켜보곤 한다. 가령 "만약 너라면 어떻게 느낄 것 같니?"라고 물으면서 친구의 괴로운 감정에 이입해보도록 권하는 식이다. 혹은 "만약 네가 다른 사람들에게 그런 말투로 얘기하면, 아무도 네가 하는 말을 듣지 않을 거야"라고 말하면서, 다른 이들의 대응을 생각해보라고 하기도 한다. 경험적으로 볼 때, 우리들 대부분은 일상적인 수준에서 이미 이런 상호작용 능력을 길러 나가고 있다. 그러나 사회적·문화적 거리가 멀어질수록, 다른 이들의 행위를 오해할 여지도 커진다. 다른 이들도 우리의 행위를 어떻게 해석할지에 대해 잘못 판단하겠지만, 우리들 또한 다른 이들이 지닌 감정이나 가치,

목표를 오해할 수 있다.

바바라 킹솔버(Barbara Kingsolver)는 『포이즌우드 바이블(The Poisonwood Bible)』이라는 소설에서 이런 오해의 수많은 예를 보여주었다. 콩고의 한 마을에 갓 도착한 선교사는 근처 강가에서 세례식을 거행하겠다고 결심했다. 이 선교사는 왜 마을 사람들이 세례식을 싫어하는지 도저히 이해할 수 없었지만, 마을 사람들은 거꾸로 선교사가 왜 그런 위험한 행위를 하려고 고집하는지 이해할 수가 없었다. 선교사는 마을 사람들의 저항을 신학적으로 해석했다. 그러나 마을 사람들은 선교사가 자신들의 안전을 노골적으로 무시하며 고집을 피운다고 생각했다. 결국 나이가 지긋한 한 여자가 고집스러운 선교사에게 이 교착 상태에 대해 설명해주었다. 선교사의 관점에서 세례를 받기 위해 물에 들어가는 것은 신학적으로 견실한 행위였으나, 마을 사람들의 관점에서 보면 그것은 미친 짓이었다. 도대체 저 인간은 이 강에 악어가 살고 있다는 것을 모른단 말인가?

서로 다른 관점을 이해하는 데 실패한 다른 예들이 외교의 영역에서도 끊임없이 등장한다. 예를 들어 2001년 미국의 잠수함이 일본의 어선을 가라앉혔을 때, 두 나라는 사망자 문제를 처리하는 것을 넘어서 이 사건에 대해 양국이 무엇을 기대하고 있는지 서로 이해하기 위해 분투해야 했다. 일본은 미국의 사과를 기대했다. 훌륭한 인간이라면, 무려 9명이나 목숨을 잃은 데 대해 책임을 통감하며 확실히 사과하는 게 당연했다. 그러나 미국의 초기 대응은 사과도 잘못의 시인도 아닌 침묵이었다. 미국 정부는 사과가 함의하는 일종의 법적 책임을 받아들이고 싶지 않았기 때문이다. 미국의 법적 체계 안에 사는 사람들은 상대방에게 사과하는 것을 매우 꺼린다. 훗날 그 사과로 인해 불리해질 수 있기 때문이다. 그러나 일본의 문화에서는 사과를 하는 것이 필수적인 일이다. 이후 이어진 외교적 댄스는 양측 모두를 긴장하게 만들었다.[09]

다른 사람들의 가치, 태도, 신념, 의도가 우리와 다름을 인지하는 것 자체가 바로 상호이해의 출발점이며 유의미한 의사소통의 기초이다. 이는 너무 명백하여 언급할 필요조차 없을 것처럼 보이지만, 사실 피아제 학파는 오랫동안 '어린 아이들은 본인들의 관점을 다른 사람들의 관점과 구분할 수 없다'고 가정해왔다. 피아제 학파는 어린이들은 "자기중심성에서 벗어나지" 못하며, 특정 나이가 되기까지는 내 앞에 놓인 진흙 덩어리가 테이블 반대편에 서 있는 사람에게 어떻게 보이는지 상상조차 못한다고 주장했다. 한때 피아제 학파는 시공간에서 멀리 떨어져 있는 사람들의 사회적 관점을 상상해보는 것은 심지어 중·고등학생들에게조차 매우 어려운 과제이기 때문에, 학생들이 역사를 배우는 시기는 좀 더 늦은 청소년기로 미뤄져야 한다고 제안하기도 했다. 이런 생각은 역사교육계에도 언제나 존재했다. 지금도 어린이는 과거 사람들이 오늘날의 사람들과 다르다는 것을 이해하기 힘들어하기 때문에 초등학생들에게 역사는 부적절한 교과라고 주장하는 이들이 많다.[10]

피아제를 비롯한 수많은 연구들이 내놓은 이런 결과는 학생들의 인지 능력이 제한적이라서기보다는 연구 과정 자체가 잘못되었기 때문인 경우가 더 많다. 최근의 연구들은 유치원생처럼 어린 나이의 학생들도 대부분 자연스럽게 역할극을 해내며, 서로 다른 관점을 구분하고, 본인들과 다른 관점을 지닌 사람들의 정서에 대해 이야기할 수 있을 뿐만 아니라, 단순한 사례라면 그 안에서 본인들의 관점과 다른 사람들의 관점을 구분해낼 수도 있다는 것을 밝혀냈다.

사실 유아기 때부터 어린이들은 스스로를 다른 이들과 구분할 뿐만 아니라 다른 사람들이 어떻게 느끼는지 인지하기 시작한다. 2~3세쯤부터는 타인의 경험이 자신의 경험과 다르다는 것을 알기 시작하고, 다른 이의 행위나 감정의 원인에 대해 질문하기도 하며, 다른 사람들에게는 다른 규칙이 적용된다는 것을 인지하고 있다. 4세쯤 되면 다른 어린이들이 원하는 바와 필요로 하는 바를 수용하기 위하여 본인의 행위와 설명을 조정하기도 한다. 주디 던(Judy Dunn)은 "3세 중반을 넘어설 즈음 타인의 마음을 상상하는 능력이 발전하며, 이런 능력은 사회를 이해하고 서로 다른 사람들과 의사소통하는 엄청난 결과로 이어진다. 따라서 이 시기는 어린이들이 사회를 이해해가는 새로운 '단계'라고 명명할 만하다"고 주장했다. 결국 감정이입을 위한 기초는 4세 무렵부터 제대로 준비되는 것이다![11]

정상성의 공유

민주주의적 숙의에 참여하기 위해서는 타인들이 나와 다른 관점을 가지고 있다는 것을 아는 것만으로 충분치 않다. 우리는 나와 다른 관점도 이치에 맞는 생각이고, 무지몽매함이나 환상의 결과가 아니라는 점을 기꺼이 받아들일 수 있어야 한다. 물론 그건 상당히 힘든 일이다. 어린 아이는 상자 안에 무엇이 있는지 친구는 모른다고 느낄 것이고, 엄마는 저렇게 잘 읽는데 나는 왜 못 읽을까 조바심을 느끼겠지만, 사실 이런 부족함은 얼마든지 고쳐질 수 있는 부분이다. 그 친구는 언젠가 상자 안에 들어 있는 물체가 무엇인지 알게 될 테고, 어린 아이는 곧 읽는 법을 배울 것이기 때문이다. 그러나 '참여민주주의'라는 성인의 세계에서는 문제가 달라진다. 우리에게 동의하지 않는 이에 대하여 정신적으로 미숙하다거나 생각 없이 세뇌당한 희생양이라고 결론을 내리고 싶지만, 이런 관점은 의사소통에 별로 도움이 되지 않는다. 사실 이런 식으로 생각하는 사람들은 그 어떤 의사소통을 위한 시도도 파괴하려 들 것이다. 제2장에서 말했듯이, 일단 우리는 다른 이들이 하는 말을 귀 담아 들어야 하고, 그들이 생각하는 바를 심각하게 고려해야 한다. 이를 위해서는 마치 우리가 그러하듯 다른 이들도 '내 생각이 세상에서 제일 합리적'이라고 여기고 있다는 점을 인식할 수 있어야 한다. 우리와 다 른 의견을 가진 사람들은 그저 우리가 계몽시켜주기를 기다리고 있는 존재가 아니라는 소리다. 그들은 우리의 동료이며, 또한 적어도 '악어가 출몰하는 강'에 대해서 우리보다 자세히 알고 있는 이들이다. 역사는 이 런 종류의 상호이해를 발전시켜 나갈 수 있는 비옥한 토양을 제공한다. 왜냐하면 우리는 역사를 학습하며 왜 과거 사람들이 우리가 도저히 납 득할 수 없는 일을 행했는지를 이해하게 되기 때문이다.

이런 이해에는 두 가지 장애물이 존재한다. 하나는 학생들이 과거 사람들 스스로가 본인들이 구식임을 알고 있었다고 생각해버리는 것 이다. 이런 생각은 4, 5학년 학생들을 대상으로 했던 우리 두 저자의 교 실 연구에서 분명히 드러났으나, 다른 연구에서는 아직 보고된 바가 없 다. 학생들은 '옛날 사람들은 가장 명석하고 손쉬운 방식으로 살지 못했 는데, 어느 날부터 갑자기 더 분별력 있게 행동하기 시작했다'고 설명했 다. 이들을 가르치던 교사는 지속적으로 다시 생각해보도록 이끌었고, 이후 학생들은 다양한 역사적 변화를 접하면서 과거 사람들이 스스로 를 구식이라 생각하지 않았다는 것을, 그리고 그들 또한 언제나 스스로 를 "평범하고", "멋지다고" 생각했음을 깨닫기 시작했다. 예를 들어, 한 여학생은 오늘날 자동차가 옛날 자동차보다 더 예쁘다고 하면서도 "흠, 잘 모르겠어요. 예전 사람들은 자기들 자동차가 요즘 자동차보다 낫다고 생각했을 수도 있을 것 같아요. 왜냐하면 그들은 자기들 자동차에 더 익숙할 테고, 그 스타일을 좋아했을 테니까요"라고 재빨리 덧붙였다.

유사한 또 다른 예도 있다. 20세기 초반 다세대주택 사진을 보며 주방 싱크대에서 빨래하는 여자아이를 발견한 몇몇 학생들은 너무나 더러워 보여서 충격을 받았다. 그런데 한 학생은 이것이 당시 사람들에게는 깨끗해 보였을 수 있다고 지적했다. 이 학생은 만약 이들이 우리 집을 방문했다면, 아마 '저 집은 이상하다'고 생각했을 거라고 덧붙였다.[12]

학교 수업을 시작한 지 몇 주 지나지 않아서, 누군가 과거의 어떤 것을 가리켜 촌스럽다거나 부족하다는 식으로 말할 때마다 다른 학생들이 자동적으로 '당시에는 그렇게 보이지 않았을 거야'라고 지적하는 상황이 되었다. 한 여학생이 과거 사람들의 옷 입는 방식에 대한 에세이를 작성하면서 "만약 그들이 (여기에) 온다면, 우리는 이 사람들이 옷을 이상하게 입었다고 생각할 것입니다. 왜냐하면 우리는 지금 청바지와 셔츠를 입고 모자를 쓰고 있으니까요. 하지만 그들도 우리가 이상하다고 생각할 것입니다"라고 했다.

관점이 완전히 뒤집어질 수 있다는 인식, 다시 말해 우리가 과거 사람들을 이상하게 느끼듯이 그들도 똑같이 우리를 이상하게 생각할 수 있다는 인식은, 역사적 이해와 현재의 대화를 위해 반드시 필요하다. 학생들이 빠른 시간 내에 이런 인식을 할 수 있게 되기는 했지만, 그것은 교사들이 의도적으로 유도하고 친구들을 모델 삼아 생각해보게 만든 결과였다. 이처럼 교육자들은 학생들이 역사적 감정이입의 요소를 알고 있을 것이라고 당연하게 전제해서는 안 된다. 교수를 계획하면서 감정이입의 요소를 다루기 위한 의식적인 노력도 미리 준비해야 할 것이다.[13]

다른 사람들의 관점도 정상적이라는 것을 인정하는 데 방해가 되는 두 번째 요소는, 감정이입에 관한 여러 연구에서 빈번히 언급되고 있다. 바로 타인들의 견해는 제대로 근거를 갖추고 있더라도 그저 지능이 부족한 결과라고 믿어버리는 경향이 그것이다. 4, 5학년 학생들을 보면, 과거 사람들도 스스로를 평범하다 여겼을 거라고 생각하면서도 동시에 그들은 오늘날 우리들만큼 똑똑하지 못했다고 생각하고 있었다. 예를 들어 한 여학생은 왜 오늘날 유행하는 이름들은 할아버지가 태어났던 시절에는 알려져 있지 않았는지 설명하면서 "옛날 사람들은 이 이름들을 어떻게 발음하는지 몰랐어요"라고 말했다. 비슷한 예로, 어떤 학생들은 옛날 사람들이 학교에 가지 않았기 때문에 모든 문자를 발음할 수 없었고, 그래서 특정 이름을 사용할 수 없었다고 생각했다. 또 한 학생은 간판에 '렉싱턴(Lexington)'이라고 쓰여 있는 건물 사진을 보고 최근의 사진이라고 주장하면서, 옛날에는 "사람들이 '렉싱턴'이라는 단어의 철자를 틀리지 않고 쓸 수 없었을 것"이며, 아마 발음도 할 수 없었을 거라고 했다.[14]

학생들의 이런 생각은 매우 충격적이다. 한번은 학생들이 모여 앞서 언급했던 다세대주택에 살고 있는 소녀가 왜 싱크대에서 빨래를 했는지 토론했다. 과거에는 세탁기가 없었고, 따라서 싱크대에서 빨래를 하는 것이 그 시대의 방식이었다고 말하는 학생도 있었지만, 다른 학생은 이 사람들이 똑똑하지 못해서 세탁기를 쓸 줄 몰랐다고 대답하기도 했다. 또 식민지 시기의 음식에 대해 얘기할 때는, 한 학생이 과거 사람들은 부리토(buritto)를 먹지 않았는데, 이 음식을 만들 만큼 "똑똑하지 못했기 때문"이라고 말하기도 했다. 이런 의견들은 주로 수업 초기에 훨씬 더 많이 등장하다가 줄어들긴 하지만, 이후에도 간헐적으로 계속 등장한 게 사실이다. 예를 들어 관련 수업이 시작된 지 한참 뒤에 '왜 17세기 사람들은 마녀를 믿었을까'에 대해 토론하고 있었는데, 한 학생은 "이 사람들은 여러 다른 가능성을 생각해보려 하지 않았어요. 그냥 쉽게 생각한 거죠. '이게 정말 맞는 건가?' 이런 생각은 해보지도 않은 거쥬"라고 말했다. 학생들은 수업이 시작되고 빠른 시간 내에 '모든 사람들은 언제나 스스로를 평범하고 멋지다고 생각했다'는 것을 이해하게 되었지만, 여전히 일부 학생들은 서로 다른 관점을 설명하면서 과거의 사람들은 무지하고 우둔했다는 전제에 계속 빠져 있었다.[15]

흥미롭게도, 리와 애쉬비는 "그때와 오늘날"을 비교하는 수업 방식이 학생들을 이런 가정에 빠져들게 만든다고 설명한다. 이런 비교를 하게 되면 학생들은 역사적 시기에 맞추어 가치를 생각하거나 그 시기의 과학기술에 기반하여 과거를 묘사하기보다는, 현재에 비해 과거에는 무엇이 부족했는지—가령 세탁기가 없었다든지, 여성 정책이 없었다든지, 대량생산이 불가능했다든지—지적할 뿐이다. 그래서 학생들은 1920년대 여성들이 빨래판을 사용한 것이 개울가에 쭈그리고 앉아 돌판에 빨래를 두들기는 이전의 방식에서 진보된 것임을 생각하기보다, 당대에는 세탁기가 없었기 때문이라고 생각하게 되는 것이다. 이런 수업이 계속 진행되면 학생들은 사람들이 혁신적이라기보다는 오히려 무지하다는 결론을 내리게 된다. 학생들이 이런 반응을 넘어설 수 있도록 돕는 것이 역사교육의 주요 임무 중 하나일 것이다.[16]

역사적 맥락화

감정이입에 관한 대부분의 연구는 주로 학생들이 어떻게 역사적 가치, 태도, 신념의 측면에서 과거의 행위나 사건들을 설명하는지 살펴보고 있다. 4, 5학년 학생들을 대상으로 했던 우리 연구에서 특히 두 가지 주제가 이런 부분을 잘 보여준다. 그 하나는 '사회에서 여성의 역할', 그리고 다른 하나는 '세일럼의 마녀 재판'이었다. 나이도 어리고 학교에서 역사를 배운 지 얼마 되지 않은 나이인데도, 이 학생들은 두 가지 주제 모두에서 유의미하고 정확한 방식으로 끊임없이 과거의 관점을 재건해보려 했고, 이런 관점이 당시 사람들의 행동에 어떤 영향을 주었는지 검토했다. '사회에서 여성의 역할'이라는 주제는 우리가 수업 연구를 했던 일 년 내내 줄곧 나왔던 주제였는데, 이를 가르친 교사들은 종종 젠더에 대한 태도가 과거에는 어떻게 달랐는지를 설명했다.

학생들도 과거의 행위를 설명하는 이런 방식을 제대로 인식할 수 있었다. 예를 들어 한 남학생은 특강 교사로부터 19세기 여성에 대해 배운 것을 묘사하면서 "특강 선생님이 과거에 여성이 입었던 옷에 대해 말해주셨어요. 그때는 모자를 쓰는 것이 적절치 못한 행동이었고, 긴 드레스를 입어야 했대요. 요즘 여자들은 짧은 치마, 심지어 무릎 위까지 오는 치마도 입지만, 옛날이라면 만약 여자의 발목이라도 보면 (헉하고 숨 쉬는 소리를 내며) '내가 저 여자 발목을 봤어!'라고 말했을 거예요"라고 설명했다. 이 수업 토론에서 다른 학생도 여성의 옷차림에 가해진 제한에 대해 비슷한 설명을 했고, 교사는 당시 여자가 바지를 입으면 처벌을 받았을지에 대해서 생각해보라고 했다. 그러자 이 학생은 '처벌과는 상관없이 그런 일은 아예 일어나지 않았을 것'이라고 했다. 두 학생들은 모두 단순히 옷차림이나 행동 패턴만이 아니라 여성들의 적절한 행동거지에 대한 기대가 시간이 지나면서 바뀌었음을 인식하고 있었다.[17]

다른 학생들도 과거의 여성들에 대한 사회적 기대가 어떤 식으로 그들의 역할을 결정지었는지 이야기했다. 예를 들어 한 남학생은 "남자들은 여자들이 집에서 아기를 돌보고 요리와 청소를 해야 한다고 생각했어요"라고 말했고, 다른 학생도 "그때 남자들은 여성들이 중요하지 않다고 생각했어요. 그저 여자들은 멍청하고, 기껏해야 집에서 빨래나 할 줄 안다고 생각했죠. 남자들은 그게 여자들이 할 만한 '적당한' 일이라고 생각했어요"라고 설명했다. 한 여학생도 "남자들은 여자를 좋아하지 않았어요. 여자들도 뭔가 할 수 있도록 허용해줘야 한다고는 생각도 못했어요. 이 남자들이 생각하기에 여자들은 그저 집에서 요리나 하고 빨래나 청소 같은 일을 하는 사람이었어요"라고 지적했다.[18]

제8장에서 우리는 더 넓은 제도적·문화적 맥락을 놓친 채 개인의 태도에만 초점을 맞출 때 발생하는 문제점을 설명한 바 있다. 그러나 이런 예시에서 눈에 띄는 것은, 학생들이 현재의 관점에서만 보게 되면 절대 이해할 수 없는 행위를 설명하기 위해 역사를 적절히 맥락화하려 노력한다는 것이다—이 예시에 나오는 학생들은 과거의 관점을 묘사하면서 지나친 일반화를 하는 경향도 보여줬는데, 이 문제에 대해서는 다음 장에서 논의할 것이다.

한편, 학생들은 '세일럼의 마녀 재판'을 공부하면서 '신념'의 차이를 탐구할 좋은 기회를 얻었다. 두 명의 교사는 세일럼의 사람들이 진심으로 마녀의 존재를 믿었고, 마녀의 증거—점, 게으름, 종교를 믿지 않는 것—에 대해 늘 이야기하곤 했다고 강조했다. 질병이나 불운, 혹은 뭔가 잘못되어가는 일들의 원인으로 마녀를 지목하여 비난하는 것이 당시 사람들의 삶에 대한 평범한 관점이었고, 보통 사람들의 신념을 거스르는 이들은 특히 마법을 부린다는 비난을 받곤 했다고 설명했다. 학생들은 원사료 및 2차 사료를 읽으면서 과거 사람들의 태도에 대해 배웠고, 많은 학생들이 '신념'이라는 측면에서 이들의 행위를 분명하고 명확하게 설명했다. 학생들은 모의재판을 진행하며 귀 기울일 만한 증거들을 추렸고, 검사 역할을 맡은 학생들은 피고인의 몸에 점이 있다거나 십계 명을 제대로 외지 못한다거나, 공중을 떠다닐 수 있다는 점 등을 지적 했다. 증거가 제시된 뒤 판결을 의논하면서, 학생들은 '증거'를 토대로 심판을 내렸다. 그들은 이런 증거들이 설득력이 있다고 보지는 않았지 만, 이 증거가 당시 사람들에게는 충분히 설득적이었음을 분명히 인식 하고 있었다. 마녀로 몰린 친척의 무죄를 주장하는 편지를 써서 판사에 게 보내는 활동에서도, 학생들은 마녀 재판에 사용된 증거들을 정확히 지적했다. 한 남학생은 편지에 다음과 같이 썼다.

> 저는 사라가 마법을 부린 문제와 관련해서는 아무 죄가 없다는
> 것을 알고 있습니다. 왜냐하면 사라는 매주 일요일마다 교회에 나
> 갔기 때문입니다. 이것은 그녀가 마녀가 아니라는 의미지요. 마녀는
> 악한 것을 믿는데 교회는 선한 것이잖아요. 또 사라는 날아다닐 줄
> 도 몰라요. 메사추세츠 사람들은 영혼은 떠 있다고 믿기 때문에 마
> 녀는 날아다닌다고 생각하잖아요. 또 다른 증거는, 사라가 매일 밤
> 성경을 읽는다는 점이에요. 성경을 읽는다는 건 교회에 가는 것과
> 같은 일입니다. 신의 이름이 그 안에 있기 때문에 성경을 읽는 것은
> 선한 행위예요. 마녀는 절대 신을 좋아하지 않습니다.[19]

어떤 교육자들은 학생들이 현재의 관점을 사용하는 것보다 역사적 관점을 사용하여 과거의 행위와 사건을 설명하는 것을 더 어려워한다 고 생각한다. 샘 와인버그는 역사적 관점을 사용하는 것을 일컬어 "부 자연스러운 행동들"이라고 말한다. 와인버그의 말처럼 역사적 관점을

사용하는 것이 불편한 건 사실이지만, 우리가 초·중등학교 학생들과 함께했던 연구를 통해 보면 학생들은 이 도구를 꽤 잘 사용할 줄 안다. 또 학생들은 이 도구가 과거 사람들이 왜 그런 식으로 행동했는지 이해할 수 있게 해주는 강력하고도 타당한 도구라고 생각하는 것 같다. 심지어 어린 아이들도 이런 도구를 사용할 줄 안다. 리와 애쉬비는 7, 8세 어린 이들도 과거 사람들이 오늘날과 같은 방식으로 세상을 바라보지 않았음을 이해한다는 점을 연구를 통해 보여주었다. 그 과정이 어렵다고 그저 아쉬워하면서 이런 과정을 밟아보려는 학생들의 의지와 능력을 무시하기보다는, 역사적 관점을 이해하는 학생들의 재능을 더 발전시키기 위해 수업을 기획하고 수행해야 한다. 이를 통해 우리는 학생들의 역사적 사고에 더 긍정적인 영향력을 미칠 수 있을 것이다.[20]

역사적 관점의 다양성

역사적 감정이입을 연구하는 학자들 중에는 역사를 맥락화하는 방법을 훨씬 더 미세하게 나누는 이들도 있지만, 대개는 우리가 설명한 정도에서 그치고 있다. 그러나 학생들이 역사를 이해하고 민주주의적 숙의를 준비하는 데 결정적인 역할을 하는 이 도구에는 적어도 두 가지의 서로 다른 구성 요소가 포함되어 있다. 첫 번째는 역사적으로 어느 시기에나 다양한 가치, 태도, 신념을 가진 사람들과 집단들이 모여 있었고, 이 다양성 때문에 사람들은 종종 충돌해왔다는 것을 인식하는 것이다. 학생들이 실제로 공적 논의에 참여하여 사회적 상호작용을 할 때가 되면 서로 다른 사람들이 서로 다른 관점을 가지고 있는 것은 너무나 당연한 현상이고, 이는 결코 진압되거나 극복되어야 할 일탈 행위가 아니라는 점을 이해할 수 있어야 한다. 만약 학생들이 공동체의 모든 구성원들이 동일한 태도와 가치를 공유해야 한다고 생각한다면, 이들은 다원적 민주주의를 위한 시민정신을 제대로 갖추지 못한 것이다. '숙의와 참여'라는 이 어려운 임무는 사람들이 서로 다른 가치를 지니고 있음에도 함께 합의를 만들어 나가는 것이지, 결코 "모든 사람들이 믿는 것"을 만들어내는 것이 아니다. 역사는 이런 차이를 보여주는 거대한 토양을 제공해준다.

그러나 불행하게도 다양한 관점을 고려하는 것은 그간 역사교육에서 중요한 주제가 아니었다. 대부분의 경우, 과거의 복잡함은 '단 하나의 행복한 합의'라는, 역사에 대한 완전히 잘못된 상을 제시하도록 단순화되어 있었다. 예를 들어 미국 학생들은 식민지 시기 미국의 많은 사람들이 독립혁명에 반대했다는 사실을 거의 배우지 못하고, 대표와 관련된 문제는 당시 영국인들도 대다수가 동의하지 않았다는 점 역시 결코 배우지 않는다. 대신 학생들은 식민지 시기 동안 미국 식민지 사람들은 모두 이쪽 편에, 영국 사람들은 모두 반대쪽 편에 서 있었다는 상을 제시받을 뿐이다.

학생들은 심지어 많은 미국인들이 1, 2차 세계대전에 반대했다는 사실도 거의 알지 못한다. 만약 어떤 국가나 공동체의 모든 구성원이 하나의 문제에 대해 완벽한 동의를 이루었다고 생각해버린다면, 학생들은 왜 사람들이 오늘날 이토록 서로 대립하고 있는지 이해할 수 없을 것이다. 또한 다른 이들의 생각을 진지하게 고려해볼 이유도 없을 것이다. 물론 학생들이 역사를 통해 서로 다른 관점에 대해 배운다고 해서, 오늘날 서로의 차이를 잘 받아들일 것이라고 보장할 수는 없다. 그러나 적어도 역사 학습은 서로의 차이를 인정하는 것이 합리적인 일임을 과거의 사례들을 통해 보여줄 수 있다.

우리의 경험을 통해 생각해보면, 심지어 대학생들조차도 역사 속의 다양한 관점을 경험해본 일이 거의 없는 것 같다. 도덕적 판단을 내려야 하는 사건들, 가령 콜럼버스의 북미 원주민에 대한 처우나 일본계 미국인의 강제 이주 같은 주제와 마주할 때마다, 학생들은 '이런 주제에 대해서는 우리 시대의 기준을 적용할 수 없고, 그들의 행위는 오로지 당시의 시대관을 반영하는 기준을 통해서만 판단할 수 있다'고 지적한다. 그러나 제5장에서 언급한 바와 같이, 이는 어떤 판단을 내리는 데 방해가 된다. 왜냐하면 이런 생각은 정작 학생 본인들의 행위에 대해 책임을 면하게 해주기 때문이다. 이는 또한 역사적 감정이입의 경험이 부족하다는 것을 보여주는 것이기도 하다. 콜럼버스의 시대나 식민지 시기, 남북전쟁 이전 시기, 혹은 제2차 세계대전 동안에도 단 하나의 기준만 있었던 적은 없다. 어떤 사람들은 일본계 미국인들을 강제 이주시키는 데 반대했고, 어떤 이는 찬성했다. 어떤 사람들은 노예제를 지지했고, 또 어떤 이는 반대했다. 만약—어린이든 성인이든—이런 행위가 오로지 "당시 사람들의 태도"에만 의존하여 설명될 수 있다고 생각한다면 그 사람이 가진 역사적 관점은 빈약해질 뿐이다. 역사적 감정이입의 도구를 더 완전하게 사용하고자 한다면, 학생들은 과거에도 인간 집단들 안팎에 다양한 차이가 존재하고 있었다는 것을 이해해야 하고, 왜 어떤 사람들은 일반적인 신념의 범위 밖에서 특별한 생각을 하게 되었는지 설명할 수 있어야 한다.

더욱이 인문주의적 관점에서 생각해보면, '균일함'을 가정하는 것은 인간의 가능성을 전면적으로 고려할 수 없게 만든다. 이는 또한 우리에게 일부 특정한 방식만 수용하게 만들며 "기대치(expectation)의 폭압 행위"—K. 앤소니 아피아(K. Anthony Appiah)와 에이미 구트만의 표현에 의하면—를 초래할 뿐이다.

편협성은 '우리 대(對) 그들'이라는 이분법을 더욱 강고하게 만들고, 그 결과 인권의 범위를 축소시켜버리고 싶은 위험천만한 마음을 만들어낸다.[21] 최근 몇 년간 미국에서는 "우리 사회"나 "우리나라"를 위협할 것 같은 이들을 향해 셀 수 없이 많은 적대 행위와 폭력이 자행되었다. 가령 멕시코 출신 이민자들은 '경제의 배수로'로 낙인 찍히고, 이슬람 사람들이나 중동 출신들은 '국가의 적'으로, 게이나 레즈비언은 '비도덕적인 일탈자들'로 몰렸다. 학교 안에서도 "이런 아이들"은 학습의 동기부여가 안 되고 무능하며 "이런 아이들의 부모"도 자식 교육에 관심이 없다는 식의 말이 빈번히 들린다.

이런 사람들을 '다른 세상의 존재'로 그리는 것은 대중문화의 주된 소재이기도 하다. 각각의 소수자 집단에 대해 오로지 단 하나의 관점이나 단 한 가지 특성이 그들 전체를 규정하고 있다. 이런 일반화는 우리 사회, 문화, 정치, 언어 전반에 깊숙이 박혀 있어, 제대로 정보를 갖추고 담론을 나누는 것을 불가능하게 만든다. 이토록 광범위한 일반화를 토대로 그들의 공통점을 규정하거나 이 사람들을 '우리'로부터 분리해버리면, 그 어떤 '공공선'도 실행할 수 없게 될 것이다. 역사교육은 학생들이 사회 안에 존재하는 다양한 차이점을 이해함으로써 이런 경향을 극복할 수 있도록 도와야 한다. 역사 학습을 통해 학생들은 어떤 집단의 다양한 차이점을 즉각적으로 찾아보는 습관을 가져야 할 것이다. 이는 어려운 일이지만 불가능한 일은 절대 아니다.

우리 저자 중 한 명이 지넷 그로쓰(Jeanette Groth)와 함께 했던 연구는 학생들이 집단 내에 존재하는 다양한 관점을 이해하고 다룰 수 있는 능력이 있음을 보여준다. 지넷의 교실에서 8학년 학생들은 미국 남북전쟁

직전 시기를 다룬 단원을 학습했다. 이 단원은 접경에서의 문화적 만남과 분쟁, 산업화, 개혁운동이라는 세 가지 테마를 통합한 것이었고, 여성들의 관점을 바탕으로 하고 있었다. 단원 수업의 초기 단계에서 학생들은 모둠을 만들어 각각의 주제를 둘러싼 서로 다른 관점을 대표하는 일련의 자료들에 대해 토론했다. 예를 들어 개혁운동에 관한 자료는 수잔 B. 앤쏘니(Susan B. Anthony)의 글부터 대중서에 실린 '주부들의 적절한 행동'에 대한 발췌문까지 매우 다양했다.[22]

우선 학생들은 여성의 권리에 반대하는 사람들이 있었다는 점을 놀라워했다. 과거 사람들은 어떻게 그런 생각을 할 수 있었단 말인가? 학생들은 우선 19세기의 여성들은 "노예처럼 취급"되었다고, 또 '모든' 남성들은 여성들이 원래부터 열등한 존재라고 생각했다는 식의 이야기를 나누며 토론을 시작했다. 그러나 이들은 한 집단 내의 다양한 의견 차이를 보여주는 더 광범위한 자료를 접하면서, 자신들의 설명을 정교화했다. 단원의 나머지 부분에서 자신들의 탐구활동을 이끌어갈 질문을 만들면서, 일부 학생은 "개혁운동 내부의 여성들은 모두 같은 생각을 가지고 있었는지 (…) 똑같은 권리를 원했는지"를, 또 다른 일부는 이 여성들이 "개혁운동에서 중도파였는지 아니면 우파였는지" 질문하기 시작했다. 또 다른 질문으로 "개혁운동 내의 여성들은 그렇지 않았던 여성들에 대해 어떻게 생각했는가?", "여성 인구의 몇 퍼센트 정도가 이 개혁에 관련되어 있었는가?", "개혁이 논의조차 되지 않았던 지역은 있었는가?" 등이 제출되었다. 학생들은 또한 "개혁을 성취하는 과정에서 생긴 희생", 개혁가들이 어느 정도로 배척당했는지, "궁극적으로 개혁운동에 참여했던 여성들은 다른 시민들로부터 지지를 얻었는가 아니면 비난받았는가"에 대해서도 질문했다.[23]

학생들은 자신들이 제기한 질문의 답을 찾기 위해 자료를 수집했고, 프로젝트를 발전시켜 지역 대학교에서 연구 결과를 발표하기도 했다. 각 모둠의 발표가 무르익어가면서, 학생들은 인간의 경험과 관점은 개인의 신념이나 가치에 따라 달라지며, 집단의 사회적·문화적·정치적 입장에 따라서도 달라진다는 사실을 분명히 인지하게 되었다. 때때로 학생들은 잠정적으로 특정한 관점을 보여준다고 생각되는 자료들을 함께 묶어두었다. 또 그 자료들의 상대적으로 미세한 차이점을 강조하기도 했다. 왜 여성들은 서부로 가게 되었는가? 서부 개척에 대한 여성들의 생각은 남성들과 어떻게 달랐는가? 같은 인종 및 같은 경제 계층 내에서는 태도가 어떻게 달랐는가? 무엇 때문에 이렇게 큰 관점의 차이가 생기는가? 인종? 계급? 젠더?

학생들이 이끌었던 전시 활동 또한 그들이 다양한 관점을 제대로 인식하고 있다는 것을 잘 보여주었다. 예를 들어 산업화를 연구했던 학생들은 다양한 손의 이미지, 즉 제조소 작업을 하는 여성의 손, 경제적 특권층이었던 여성의 손, 노예 여성의 손 등을 포착하여 직물 생산업과 관련되어 있었던 여러 사람들과 그 혜택을 받는 이들의 상황과 관점의 차이를 묘사했다. 이 모둠의 한 학생은 각 여성들은 다양한 자기 경험에 기반하여 직물 산업과 노동 조건을 다른 관점을 가지고 바라본다고 설명하면서 "제조소 노동자의 아내와 제조소 소유자의 아내는 아마 같은 방식으로 이 세계를 바라보지 않았을 거예요"라고 말했다.[24]

요약하자면, 이 8학년 학생들은 '여성'이 오로지 하나의 카테고리로서만 존재하는 것이 아니라 다양한 관점을 가진 서로 다른 여성으로 존재한다는 점을 이해했고, 그 점이 해당 단원의 가장 중요한 측면 중 하나라는 점을 지적했다. 특히 이 학생들은 각기 다른 사회적 조건에 처해 있던 여성들에 대해 배우는 것이 정말 즐거웠다고 말했다. 이들의 대답은 이런 종류의 역사적 관점에 대한 이해가 최소한 중학교 수준, 아마 더 이른 시기에도 가능하리라는 점을 시사해준다.

초등학교 연령대의 어린이들과 함께 했던 다른 연구에서도 교사들은 어린이들에게 적절한 원사료를 제시해주고 충분한 시간을 들여 서로 다른 관점의 차이를 공부한 뒤 그 차이를 이해할 수 있는 다양한 방식을 탐구하게 했다. 이 연구에서도 어린이들은 동일한 집단 내에 존재했던 여러 관점의 차이를 이해할 수 있었다.[25]

현재의 맥락화

여기까지는 모든 것이 식은 죽 먹기이다. 현장 연구는 학생들, 그것도 매우 어린 학생들도 '사람들은 각자 다른 관점을 가지고 있다'는 점, 과거 사람들도 본인들이 평범하다고 생각했다는 점, 과거 사람들의 행위는 오늘날과는 다른 가치, 태도, 신념에 의존하고 있다는 점, 그리고 하나의 사회 집단 안에도 다양한 관점이 존재한다는 점을 제대로 이해할 수 있음을 보여주었다. 그러나 역사적 감정이입의 마지막 요소는 훨씬 까다롭고, 단언컨대 다원주의적 민주 사회의 숙의에서 가장 중요한 요소이다. 그 마지막 요소는 바로 '우리의 관점 또한 역사적 맥락에 의존하고 있다'는 것을 이해하는 것이다.

우리의 관점이라고 반드시 논리적이고 냉정한 이성 활동의 결과인 것은 아니며, 우리 역시 특정한 문화 집단의 구성원으로서 사회화된 신념을 반영하고 있다. 타인들의 관점이 사회적·문화적·종교적·정치적·경제적 힘에 의해 영향을 받았다면, 우리의 관점도 그런 맥락의 결과라는 사실을 알아야 한다. 이것은 서로 다른 문화권에 속한 사람들이 의사소통에 어려움을 느끼는 것과 동일한 종류의 역사적 문제이다. 즉 우리는 다른 이들의 행동이 그들의 문화에서 영향 받은 것임을 쉽게 인정하고 받아들이면서도—예를 들어 대화를 나눌 때 우리보다 가까이 다가선다거나, 하나의 그릇에 담긴 음식을 같이 먹는다거나, 머리에 우스꽝스러운 모자를 쓰고 있다거나 하는 것—우리의 행동 또한 문화적이면서도 역사적으로 형성되어 자리 잡은 것이라고는 잘 생각하지 못한다. 우리는 단순히 우리가 하는 것들이 '평범'하다고만 생각한다. 그러나 만약 우리가 우리 자신과 우리의 신념을 분리하여 생각하지 못하고, 우리의 신념 또한 사회적 요소의 영향을 받았다는 점을 인식하지 못한다면, 우리는 우리의 신념 역시 변화할 수 있다는 가능성을 결코 염두에 두지 못할 것이다. 역사교육은 학생들을 바이킹이나 중세 소농, 식민지 시기 농민들의 세계관에 익숙해지도록 만들었던 것처럼, 우리의 현재적 신념의 근원 또한 환기시켜줌으로써 학생들이 이런 종류의 감정이입 능력을 발전시켜 나갈 수 있도록 해야 한다.[26]

그러나 역사교육학자들은 이론 연구를 통해서나 실증 연구를 통해서나 이 부분에 그다지 많은 관심을 가지지 않았고, 오늘날의 가치, 태도, 신념의 기원을 강조하는 역사 교사도 거의 없다. 이런 식의 맥락화가 부재하는 데는 적어도 두 가지 이유가 있다. 우선 역사 수업은 최근의 역사를 거의 다루지 않기 때문에 현재적 관점의 기원은 오늘날의 경제 구조나 정치적 패턴의 기원만큼이나 잘 드러나지 않는다. 현재의 제도의 기원을 밝히기 위해 역사를 이용하는 것, 우리가 제4장에서 논의한 것처럼 분석하기 입장 중 하나를 사용해보는 것은 학교의 역사교육에서 일반적인 접근이 아니며, 이런 상황으로 인해 학생들에게 본인들이 가지고 있는 견해의 역사적 근원을 생각해보라고 하는 것이 사실상 거의 불가능하다.

두 번째 이유는 세계를 바라보는 우리들만의 관점이 역사적으로 자리 잡은 것이라는 제안은 대부분의 학교에서 상당히 논쟁적일 수 있다는 점이다. 학부모, 행정가, 다른 공동체 구성원들은 본인들이 당연하게 생각해온 신념이 언제나 진실은 아니며, 사실은 기나긴 역사적 변화와 발전의 결과라는 점을 깨닫고 싶어 하지 않는다. 미국 사회의 일부 지역에서 몇몇 초등학교 교사들은 피터 스파이어(Peter Spier)의 책 『사람들(People)』을 꺼려한다. 기독교가 아닌 다른 종교를 언급하고 있어서, 아이들이 이 책에 노출될 경우 학부모들의 불만이 클 거라고 확신하기 때문이다. 말할 것도 없이 이런 사람들은 현재의 종교적 신념의 역사적 기원을 논의하는 것도 위협적인 행위라고 생각한다.

우리 저자들의 연구 또한 학생들은 자신의 관점을 맥락화하는 경험이 부족하다는 점을 보여주고 있다. 예를 들어 4, 5학년 학생들과 함께 했던 교실 수업 연구에서 한 해가 거의 끝나 갈 무렵 우리는 학생들에게 '미래 사람들이 오늘날 사람들의 생각이 잘 이해되지 않는다고 여길까?'라고 질문했다. 거의 모든 학생들이 그럴 거라고 동의했지만, 예시를 찾아내기는 어려워했다. 대부분은 변화하는 과학기술, 특히 교통기술의 영향력을 지적했다. 한 학생은 "아마 그들은 버튼 하나만 누르면 이동이 되는 뭔가를 가지고 있을 것 같아요. 언제나 어디든 원하는 곳에 있을 수 있겠죠. 그러면 '맙소사, 어째서 과거 사람들은 가게에 가거나 외출하기 위해 걷고, 자전거를 타느라 진을 뺐던 거지? 이렇게 버튼 하나만 누르면 그 장소로 이동할 수 있는데 말이야'라고 말할 것 같아요"라고 설명했다. 다른 학생들도 미래에는 날아다니는 자동차가 생길 것이고, 왜 지금 우리가 이렇게 살고 있는지 미래 사람들은 이해할 수 없을 것이라고 했다.

사실 이 학생들 중 누구도 미래에는 관점이 어떻게 변화하게 될지 설명하지 않았다. 단순히 과학기술의 변화를 예시로 들었을 뿐이다. 마치 이 연구를 시작했던 초반부에 대부분 학생들의 역사적 관점을 인식하는 능력이 제한적이었던 것처럼, 미래 사람들의 관점에 대한 생각도 마찬가지로 제한적이었다. 즉 본인들이 처음에 왜 과거 사람들이 그렇게 촌스러운 옷을 입고 다녔는지 이해할 수 없었던 것처럼, 미래 사람들도 지금의 우리가 왜 굴러다니는 자동차를 탔는지 이해할 수 없을 것이라고 생각했다. 학생들이 과거 사람들 사이에서 공유되었던 '정상성'을 인지하는 어려움이 미래에도 지속될 것이라고 생각했다는 점에서, 사실상 이 예시는 관점의 역변이 아닌 지속성을 보여준다.[27]

과학기술을 제외하고 미래 사람들이 도저히 이해하지 못할 만한 현재의 신념이나 태도를 말해보자고 했을 때 학생들은 더 어려워했다. 몇몇은 분명한 예시를 제공하는 데 성공하기는 했다. 두 학생이 '미래 사람들은 신을 향한 우리의 신념을 이해하지 못할 것'이라고 했고, 또 다른 두 학생은 '미래 사람들은 왜 인종과 젠더에 근거한 불평등이 오늘날 당연하게 받아들여졌는지 이해하지 못할 것'이라고 했다. 그러나 대부분의 학생들은 어떤 예시도 떠올리지 못했으며, 억지로라도 떠올린 것들은 대개 현재에도 그다지 받아들여지지 않는 생각들—예를 들어 유령이나 UFO가 존재한다는 믿음, 엘비스 프레슬리가 살아 있다는 믿음 등—이었다. 학생들은 사실 본인도 그 생각에 동의하지는 않는다고 덧붙였다. 이 학생들은 미래 사람들이 이런 신념을 "멍청하다"고 생각할 거라고 말하면서, 본인들도 이런 것을 믿는 사람들은 멍청하다고 생각한다고 단서를 달았다. 유사한 예가 19세기 여성들의 역할을 연구했던 8학년과 함께한 교실에서도 발견되었다. 이 연구에 참여한 많은 학생들은 오늘날의 사회는 젠더의 역할을 제한하고 있다고 지적했지만, 다른 사람들의 현재적 믿음을 맥락화하면서도 본인들의 생각에 대해서는 그렇게 하지 못했다. 학생들은 오늘날의 관점이 결코 필연적인 것은 아니었다고 말하면서도, 젠더에 관한 본인들의 믿음 자체에 의문을 제기하는 데까지 나아가지는 못했다.

뉴질랜드 청소년들과 함께 했던 현장 연구 또한 학생들이 현재의 관점에서 본인들을 분리하여 생각하는 데 어려움을 느낀다는 것을 보여준다. 이 학생들은 홀로코스트 시기의 나치나 뉴질랜드 해협에서 핵무기를 실은 군함 때문에 마찰을 빚었던 시기의 미국 정부처럼, 시간과 장소가 멀리 떨어져 있는 사람들의 행위에 대해서는 제대로 맥락화하여 생각했다. 유럽 사람들이 과거 마오리족에게 못되게 굴고 그들을 "속여 먹은" 것을 통렬하게 비판했고, 두 집단 사이의 합의가 토지와 소유권의 의미에 대한 서로 다른 관점에 기초하고 있었는데 유럽인들이 이런 차이를 이용하여 이득을 취했다는 점도 이해하고 있었다. 그러나 오늘날의 토지 문제로 들어가자, 유럽 배경을 가진 학생들은 자신의 관점을 맥락화하려 하지 않았다. 제5장에서 설명했던 것처럼 이 학생은 심지어 '모든 마오리족은 오클랜드로 옮겨야 한다'고 말하기도 했다!

이 학생은 다른 관점도 가능하다는 것을 알고 있었지만, 본인의 관점에 의문을 제기하는 것은 별개의 문제였다. 그것은 자신과 자신의 신념을 분리하여 생각할 것을 요구하는 일이었고, 그는 사실 그럴 준비가 되어 있지 않았다. 또한 이 학생은 마오리족이 이 땅을 내놓았다고 믿어야 할 일종의 개인적 이해관계를 가지고 있었다. 그래서 그는 마오리족 사람들이 당시 "그렇게는 안 돼"라고 말할 수 있었는데도 그러지 않왔다고 하면서, 그러므로 마오리족 사람들은 과거 자신들의 선택에 대해 불만을 터뜨려선 안 된다고 했다. 이 학생은 스스로 유럽적 관점에서 거리를 둔 채 다른 관점을 고려해보는 것을 꺼려했다. 그간 학교가 행한 역사교육은 이 학생에게 자신의 관점이 어디쯤 위치하는지 생각해보도록 해주지 못했다. 학교가 '관점 이해하기'에 포함된 이런 요소를 다루지 못했고, 또 복잡한 주제를 생각하는 데 필요한 배경 설명을 제대로 제공하지 못했다는 점을 고려해보면, 학생들이 이런 어려움을 겪는 것이 사실 놀라운 일도 아니다. 로버트 번즈와는 달리 우리 저자들은 문화적이고도 역사적인 맥락에 위치한 우리 스스로를 돌아보는 능력이 천부적인 것이라고 생각하지 않는다. 그것은 잘 구성된 교육 경험을 통해서만 가질 수 있는 능력이다.[28]

'관점 이해하기'로서의 감정이입의 문제점

앞에서 우리는 '관점 이해하기'가 참여민주주의에 잠재적으로 기여할 수 있다고 설명했다. 그러나 모든 문화적 도구는 행동 유도성과 더불어 행동 제한성을 지닌다. 문화적 도구는 우리가 다른 것을 하는 것을 막음으로써 어떤 것을 행하도록 하며, 또한 우리의 관심을 다른 것에서 멀어지게 함으로써 특정 문제에 집중하게 만든다. 그렇다고 해서 이런 문화적 도구가 쓸모없다는 뜻은 아니다. 이는 단지 다양한 도구에 접근하는 것이 어느 한 가지 도구로만 제한되는 것보다 유용함을 인정하자는 것이다. 기술적이고 개념적인 도구를 많이 사용할수록 우리는 훨씬 더 효율적으로 가구를 만들고 저녁을 요리하며 과학 실험을 계획할 수 있을 것이다. 오로지 감자 깎는 칼 하나만으로 저녁밥을 짓는다고 상상해보라. 감자 깎는 칼은 편리하고 유용한 도구지만, 그걸로는 물을 끓일 수 없다.

'관점 이해하기'는 종종 역사 이해와 동익어인 것처럼 취급되거나, 적어도 역사 학습의 가장 중심적인 임무라도 되는 양 취급되곤 한다. 예를 들어 피터 나이트는 "성숙한 역사 학습"은 과거 사람들에 대해 실질적인 추론을 해보려는 시도이며, 이는 "역사학에서 아마도 **유일하게 (the) 가장 중심이 될 수 있는 특징**"이라고 주장했다.[29] 비록 대놓고 역사 학습의 다른 구성 요소를 무시한 것은 아니지만, 현재 학계가 압도적으로 '관점 이해하기'에 초점을 맞추고 있다는 사실은 학계 사람들이 감정이입—사실상 '관점 이해하기'로 여겨진다—을 역사 이해의 주요 구성 요소이자 역사교육의 가장 중요한 요소로 보고 있다는 것을 분명히 해주고 있다.

그러나 역사 학습이 과거 사람들의 관점을 이해하는 것만 좇는다면, 이는 역사교육 연구에서 거의 무시되어온 단점을 분명히 드러내는 결과를 가져올 것이다. 관점에 대한 이해는 역사 행위의 원인에 초점을 맞추고 결과에 대해서는 큰 관심을 가지지 않는다. 사회문화이론의 언어와 '중재된 행위' 이론의 언어를 빌어 더 정확히 표현하자면, 역사적 감정이입이라는 도구는 과거 사람들에게 무슨 일이 일어났는지 평가하는 것보다 그들이 왜 그런 행동을 했는지 설명하는 데 더 효과적이다. 그런데 우리가 그들 행위의 결과에 관심을 갖기보다 왜 그들이 그런 행위를 했는지 설명하도록 독려 받게 되면, 정의로움이나 공정함, 공공선의 문제는 테이블 밖으로 밀려날 위험이 있다. 제2차 세계대전 중에 일본계 미국인들을 강제 이주시킨 사건에 대하여, 우리는 그것이 그들의 헌법상 권리를 어떻게 침해한 것인지 배우는 대신에, 주로 전쟁 시기의 공포와 인종주의가 어떻게 수많은 백인들로 하여금 그런 조치를 지지하게 만들었는지를 살펴보는 데 더 큰 관심을 기울인다. 인디언 이주법(Indian Removal Act)*이 체로키족(Cherokee), 크리크족(Creek), 촉토족(Choctow), 치카소족(Chickasaw), 세미놀족(Seminole) 인디언들에게 어떤 영향을 미쳤는지 공부하는 대신에, 우리는 앤드류 잭슨이 이 법을 고쳐서 시행하게 만들었던 그 태도와 믿음에 초점을 맞춘다.

물론 '관점 이해하기'가 역사적 사건의 결과를 공부하는 것과 아예 관련이 없는 것은 아니다. 예를 들어, '관점 이해하기'에서 우리는 일본계 미국인들, 북미 원주민들 및 다른 이들이 자신들의 환경을 어떻게 인지하고 반응했는지 이해할 수 있도록 가르치곤 한다. 더 근본적으로 보면, 우리는 가장 기본적인 사실의 단계에서 "무슨 일이 일어났는지"를 알기 위해 당시 사람들의 목표, 의도, 인식에 대해 인지해야 한다. 우리는 사람들이 서로가 어떤 민족 집단에 소속되는지를 어떻게 구분했는지, 이들이 정부의 권위를 어떻게 개념화했는지, 또 이들이 토지 및 사유재산을 어떻게 생각했는지 알 필요가 있다. 이런 관점에서 생각해

---

* 아메리카 원주민 강제 이주 정책으로 1830년 앤드류 잭슨 대통령이 서명했다. 독립전쟁 이후 서부로의 진출을 가속화했던 미국은 조지아, 앨라배마, 미시시피, 플로리다 등지에 거주하던 '문명화된 다섯 인디언 부족'—체로키, 크리크, 세미놀, 치카소, 촉토—이라 불리던 원주민과 평화적 공존이 불가능하다고 판단하고 1820년대부터 이들을 미시시피강 서쪽으로 내몰고 있었다. 1830년 이후 연방정부와 남부 여러 주정부는 이 인디언 부족을 서부로 이주시키기 위해 총력을 기울였고, 결국 인디언 부족들은 '원주민의 땅'이라 불렸던 오클라호마로 대거 이동했으나 험난한 여행길을 견디지 못하고 도중에 다수가 사망했다. 이 여정을 '눈물의 길', 혹은 '눈물의 여정'이라고 부른다. 사실상 1830~1838년 사이에 문명화된 5개 부족 모두가 남부에서 서부 인디언 지역으로 이주했다.

보지 못한다면 우리는 말 그대로 역사적 사건의 원인과 결과를 이해할 수 없을 것이다. '관점 이해하기'는 우리가 과거를 바탕으로 해보고 싶은 학습 활동과 결코 뗄 수 없는 부분이다.

그러나 역사 학습에서 이것만 근본적으로 강조하게 되면 우리는 미묘한 편견—사실 때로는 그리 미묘하지 않은—을 가질 수 있는데, 이 편견은 공공선을 위한 숙의 능력을 손상시킬 우려가 있다. 한 가지 예를 들자면, 만약 '관점 이해하기'로서의 감정이입을 역사적 사고의 근본 도구로 본다면, 우리는 태평양에서의 제2차 세계대전 종식을 분석하면서 히로시마와 나가사키에 원자폭탄을 떨어뜨리기로 결심하는 데 영향을 미친 요소들에만 초점을 맞추게 될 것이다. 실제로 원사료로 가득 차 있는 교육과정 단원들은 원자폭탄을 떨어뜨리기로 결정하는 데 영향을 끼친 요소들을 생각해보는 데 집중하고 있다. 또한 어린이와 어른들이 트루먼 선언을 설명하는 사료를 어떻게 활용하는지 알아보기 위한 연구도 상당히 수행된 바 있다.[30]

그러나 만약 우리의 목표가 학생들이 민주주의에 준비할 수 있도록 하는 것이라면, 이런 교육과정은 원자폭탄 투하라는 주제를 이해하는 가장 의미 있는 방식은 아닐 것이다. 단순히 트루먼의 해결책과 그 결과에 대한 트루먼의 생각을 보여주는 것이 아니라, 다른 가능했던 선택을 고려해볼 수 있는 증거나 다른 선택이 가져올 수 있었던 다른 결과를 생각하게 해주는 자료를 제공받을 때, 학생들은 민주주의적 숙의라는 역사교육의 목표를 더 잘 달성할 수 있다. 대통령의 의사결정 과정의 중요성은, 폭탄이 앗아간 생명의 존엄함이나 그 일이 일어나지 않았을 경우 희생되었을 생명의 중요성에 비하면 사실 아무것도 아니다. "왜 미국은 히로시마와 나가사키에 원자폭탄을 떨어뜨렸는가?"라는 질문은 (일부) 역사가들의 일에 더 가깝지만, "어떻게 하면 최대한 많은 사람들의 생명을 구할 수 있었을까?"라는 질문은 시민들이 더 치열하게 생각해봐야 할 질문이다.

역사적 사건에 참여했던 사람들의 의도와 동기가 중요한 것과 마찬가지로, 역사적 사건의 원인 또한 중요하다. 그러나 참여민주주의의 관점에서 생각해본다면, 그것이 가장 중요한 문제는 아닐 것이다. 무슨 일이 행해져야 하는지 숙의할 때, 가끔 우리는 다른 사람들의 동기에 동의하지 못할 수 있다. 왜냐하면 우리 대부분은 각자 다른 가치를 가지고 숙의에 참여하기 때문이다. 그러나 민주주의의 비전에서 중요한 것은 '동기'가 아니라, 우리가 서로 다른 가치에도 불구하고 동의할 수 있는 실용주의적 행동이다. 비록 우리는 자신만의 관점을 가지고 테이블에 앉겠지만, 그래서 우리 모두는 서로 다른 다양한 관점과 교전을 벌이겠지만, 숙의의 목표는 언젠가 동의에 이르는 것이고, 이는 우리가 결정한 행위의 가능한 결과를 주의 깊게 고려해볼 것을 요구한다. 역사적 사건의 원인을 평가하면서 그 결과를 생각해보지 않는 것은 민주주의의 숙의를 제대로 준비하는 것이 아니다. 다시 말해 역사적 관점을 이해하는 데만 초점을 맞추는 것은 우리가 다른 이들과 어떻게 대화할지 배우는 데는 도움이 되겠지만, 정작 가장 중요한 이야기를 할 수 있도록 도와주지는 못한다. 우리 대화의 본질은 '관점 이해하기'라는 도구에 달려 있는 것이 아니라 다른 종류의 감정이입, 즉 보살핌으로서의 감정이입에 달려 있다. 이 주제는 다음 장에서 다루어질 것이다.

결론

　앞에서 우리는 감정이입이 두 가지 서로 다른 성격의 문화적 도구를 망라하는 양면적인 도구라고 주장했다. 둘 중 우리에게 더 익숙한 것은 과거 사람들의 태도, 신념, 의도를 고려하는 가운데 그들의 역사적 행위를 설명하는 것이다. 비록 감정이입이 역사교육의 중요한 구성 요소라는 합의가 광범위하게 이루어져 있긴 하지만, 그 명칭에 대해서는 이렇다 할 합의가 없었다. '감정이입'은 '연민'과 매우 비슷하게 들린다. 또한 '감정이입'이라는 용어에는 인지적 요소와 감성적 요소가 뒤섞여 있는 듯하다. '관점 취해보기'라는 용어가 현재 인기를 얻고 있지만, 이 용어는 어떤 이가 다른 이의 관점을 실질적으로 취해볼 수 있다는 뜻을 함의하는 듯해서 우리 두 저자는 이 용어를 별로 선호하지 않는다. 따라서 우리는 '감정이입'의 이런 측면을 '관점 이해하기'라고 부르며, 이는 최소한 다섯 가지 구성 요소를 포함하고 있다고 설명했다.

　그중 두 가지는 지금까지의 관련 연구에서 거의 논의된 적이 없는 것들이다. 그 하나는 마치 오늘날의 세상이 그런 것처럼 역사 속 어떤 시기에도 서로 다른 사람들의 다양한 관점이 혼재하고 있었다는 것을 이해하는 것이고, 다른 하나는 과거 사람들의 태도나 신념, 의도 등이 역사적·문화적으로 형성된 것이듯, 우리의 태도, 신념, 의도 역시 역사적·문화적으로 형성되어 자리 잡은 것임을 인식하는 것이다. 초·중등학생들과 함께 했던 현장 연구는 학생들이 후자의 감정이입에 대해서는 별로 경험이 없음을 보여주고 있다. 그러나 학생들은 서로 다른 관점에 대해서는 비교적 쉽게 이해하는 것으로 보인다.

　물론 학생들이 자신들의 기준이 과거 사람들과 다르다는 점을 이해하고, 서로 다른 관점들이 더 넓은 역사적 맥락 속에 어떻게 맞아 들어가는지 이해해가면서, 맥락화되어 있는 역사적 감정이입을 성공적으로 수행하는 데는 상당히 오랜 시간이 걸릴 것이다. 이는 한 번의 강의나 일 년의 수업을 통해 발전할 수 있는 지적 도구가 아니다. 오히려 이는 역사 지식에 깊이 뿌리내린 수업과 신중한 조언을 통해 발전할 수 있다. 학생들의 생각에 끊임없는 관심을 보이고 학생들의 생각을 발전시킬 수 있도록 적절하게 돕는 과정에서, 우리는 학생들이 자신의 관점마저 맥락화하는 훌륭한 재능을 발전시킬 수 있으리라고 본다.

이 장에서 우리는 또한 '관점 이해하기'는 과거와 유의미한 관계를 맺으라고 요구하는 동시에, 학생들이 시민정신을 갖추도록 준비시킬 수 있다고 지적했다. 왜냐하면 우리의 관점과 다른 이들의 관점을 이해하는 것은 다원적 민주주의에서 공적 숙의를 위해 반드시 필요한 일이기 때문이다. 역사는 한없이 다양한 자료를 통해 학생들에게 자신만의 관점을 넘어서 다른 이들의 관점을 진지하게 생각할 수 있도록 연습시켜야 한다. 처음 봤을 때 아무리 괴상해 보이는 자료라도 도움이 되게 마련이다. 그러나 관점의 이해에만 너무 초점을 맞추다 보면, 역사적 행위의 원인을 이해하는 것만큼 중요한—혹은 그보다 더 중요할지도 모르는—행위의 결과에는 정작 주의를 기울이지 못할 수도 있다. 과거의 사건들이 인간에게 미친 영향에 초점을 두는 것도 감정이입의 한 형태지만, 이 부분은 지적인 분석보다는 보살핌의 감정을 더 중심에 두고 있다.

제12장
'보살핌'으로서의
역사적 감정이입

그녀들도 울고 나도 울었다. 잃어버린 사람들, 여자들의 선조, 그리고 나의 선조를 위해 울었다. 그러나 나는 또한 기이한 기쁨에 차서 울었다. 살인과 강간이 수도 없이 벌어지고 수많은 이들이 자살했지만, 그래도 우리는 살아남았다. 중간 항로(middle passage)*와 노예 경매장에서도 우리는 결국 살아남았다. 그 어떤 굴욕과 린치 속에서도, 잔인한 행동과 집단적 억압 속에서도, 우리는 결국 이 땅에 살아남았다. 우리의 무지와 어리석음, 그리고 우리를 공격하는 자들의 무지와 탐욕에도 우리는 결국 해냈다.—마야 안젤루(Maya Angelou)[01]

---

* 대서양 삼각무역은 뉴잉글랜드의 상품을 아프리카 서해안으로 가져가 흑인노예와 교환하고 그 노예를 서인도 제도를 비롯한 아메리카 대륙으로 데려가 팔아 식민지 물산을 구입해 돌아오는 과정이었다. 이 여행에서 노예를 아메리카 대륙으로 데려가는 과정을 '중간항로'라 불렀다. 삼각형 여정의 두 번째 단계에 해당하기 때문이다. 항해 동안 흑인들은 노예선 안쪽 바닥에 사슬로 묶인 채 최소한의 음식과 물만 공급받았다. 노예 무역상은 더 많은 이윤을 남기기 위해 가능한 한 많은 흑인을 배에 밀어넣었다. 상당수의 흑인이 항해 중에 사망했고 시체는 바다에 던져졌다.

제11장에서 논의했던 '관점 이해하기'로서의 감정이입은, 과거 사람들의 행위를 이해하려고 그들의 감정을 이성적으로 생각해볼 때를 제외하고는 대개 감정이나 애정과는 거의 관련이 없는 "인지적이고" "지적인" 도구이다. 감정이입을 통한 분석 활동은 대개 거기서 멈춘다. 즉 역사가로서든, 교사로서든, 혹은 학생으로서든, 우리의 감정이 역사 탐구의 과정에 절대 개입되지 말아야 한다는 것이다. 사실 역사학자들은 현재의 관점이 역사 속으로 슬금슬금 기어들어가는 것은 재앙이며, 용서받을 수 없는 잘못이라고 엄격하고 권위적인 목소리로 우리에게 경고한다. 역사가들은 역사를 과거 사람들의 관점이 아닌 우리들의 관점에서 보는 것은 미성숙하고 비학문적인 태도라고 경고하면서, 그것이 바로 "현재주의(presentism)!"라고 비난한다. 진정한 역사란 '눈물의 길(Trail of Tears)'에 대해 분노하지 않는 것이고, 또한 북아메리카 원주민들을 압박하여 그들의 땅에서 그들을 몰아내버린 앤드류 잭슨의 동기를 감정 없이 분석하는 것이라고 말한다. 이런 관점에 따르면, 진정한 역사교육은 '보살핌의 감정(cares)'을 최대한 피해야 하고, 또 감정이 이성적인 역사 이해를 손상시키지 않도록 해야 한다.

　이런 생각은 진심으로 우리 두 저자의 얼굴을 화끈거리게 만든다. 보살핌의 감정이 없는 감정이입은 한마디로 말해 모순이다. 과거 사람들의 삶과 경험을 보살피고 또 근심할 게 아니라면, 우리는 무엇 때문에 역사적 관점을 이해하려고 그토록 노력한단 말인가? 보살핌의 감정은 거의 모든 역사 연구의 뒤편에서 동기를 부여해주는 힘이며, 역사적 생산물에 대한 관심의 동력이 된다. 우리는 마음이 쓰이는 뭔가를 찾아보고 싶을 때만 책이나 논문, 영화, 다큐멘터리, 박물관, 유적지 등을 둘러본다. 보살핌이 결여된 역사는 마치 영혼 없이 일하는 듯한 인상을 주고, 역사교육이 그런 식이라면 우리 두 저자는 교육과정에서 이 교과의 입지를 재고해야 한다고 생각한다. 학생들이 보살피는 마음과 염려하는 마음을 지니고 있다는 점을 거부하거나 학생들이 가진 이런 감정을 무시하면서, 학생들이 역사 학습에 관심을 가지기를 기대할 수는 없다. 이미 학생들은 학교 밖에서는 역사를 알고 싶어 하면서 학교 안에서는 역사 공부를 싫어하고 있지 않은가!

더욱이 보살핌의 감정 없이 우리는 학생들을 인문주의적 학습으로 이끌 수도 없을 것이다. 즉 학생들이 무엇에도 마음을 쓰지 않는다면, 합리적 판단을 내리고 인문주의적 관점을 확장시켜 공공선을 위해 숙의하려 애쓸 이유도 없다. 역사가로서든, 교사로서든, 학생으로서든, 모든 관심과 염려는 '현재'에서 나와야 한다. 왜냐하면 현재가 바로 우리가 가진 모든 것이기 때문이다. 다시 말해 우리가 역사에 대해 알거나 믿고 있는 모든 것은 오늘날 우리 삶을 살아가면서 생겨나는 의문들로부터 시작된다. 만약 이것이 '현재주의'라면 우리는 더 이상 성장하고 싶지 않다. 우리는 앤드류 잭슨의 결단보다는 '눈물의 길' 위에서 희생당한 이들에게 훨씬 더 마음이 쓰인다.

역사교육에서 이루어지는 다양한 '보살핌'

역사교육에서 '보살핌'이라는 개념은 수많은 의미를 포함하고 있다. 그러나 각각의 의미는 모두 학습자와 학습 대상의 관계와 관련되어 있고, 이런 관계는 종종 학습자의 정서적 개입이나 감정, 개인적 관련성도 포함한다. 우리 두 저자는 '보살핌'을 사람들이 과거와 자신의 관계를 정립할 때 사용하는 도구라고 본다. 사람들은 이 도구를 이용하여 과거에 대해 무엇을 생각할지보다, 과거에 대해 어떻게 느낄지를 결정한다. 실제로 그 둘은 그리 쉽게 분리 될 수 있는 것은 아니다. 앞으로 우리는 가장 일반적인 보살핌의 네 가지 종류를 살펴볼 것이다. 그 각각은 서로 다른 전치사와 연결되어 있다.*

우리는 더 흥미롭거나 개인적으로 의미 깊은 과거의 사건이나 사람들을 배울 때 더 큰 관심을 기울이게 된다. 또한 과거의 승리나 비극을 보면서 특별한 사건에 더 마음을 기울이게 된다. 부당한 대우를 받고 억압당한 희생자들의 고통을 어루만지면서 역사 속 사람들을 돕고 싶어지고, 과거에 대한 학습을 토대로 현재 우리의 신념과 행동을 바꾸기도 한다.

역사에 대한 학생들의 관심

두 개의 세미나를 소개하며 논의를 시작하고자 한다. 첫 번째는 미국 남부 지역의 큰 대학교에서 있었던 사학사 대학원 강좌이다. 수강자들은 대부분 역사학 박사과정 학생이었는데, 그중 한 명은 그 지방 대도시의 고등학교 역사 교사였다. 한 번은 수업에서 대학교 이전의 교육과정에서 노예제를 어떻게 가르치고 있는지 토론하게 되었다. 당시 이 수업을 수강했던 많은 학생들은 남부 지역에서 자랐고, 그중 몇몇은 학창시절 노예제가 마치 자애로운 제도라는 듯이 배웠던 기억을 갖고 있

---

* 원문에는 각각의 소제목이 'Care about', 'Care that', 'Care for', 'Care to'라고 되어 있으나 우리말로 정확하게 표현하기에는 어려움이 있어서 저자 중 한 명인 키쓰 바튼이 한국인 독자를 위해 다시 소제목을 달아주었다.

었다. 학생들은 지금까지도 그런 식으로 접근하고 있는지 궁금했지만, 최근에 학교 경험을 한 이가 아무도 없었기 때문에 역사 교사에게 고개를 돌려 요즘엔 이 주제를 어떤 식으로 가르치는지 물어보았다(이 학생은 평소에는 거의 말을 하지 않는 학생이었다).

조금도 과장하지 않고 말해서, 그녀의 대답은 너무나 충격적이었다. 그녀가 근무하는 학교는 학생 대부분이 흑인이라서, 학생들은 대개 오늘날의 인종 관계와 노예제의 관련성에 대해 토론하고 싶어 한다고 했다. 하지만 이 학교 교사들은 둘의 연결관계가 교육과정과 아무 관련이 없다고 생각하고 있고, 또 수업 시간에 그런 주제를 토론하는 것 자체가 학생들의 분노를 자극할 수 있기 때문에 학교에서는 이런 토론을 못하게 한다고 말했다. 이 교사는 본인과 동료들이 학생들을 다독여 정해진 교육과정 밖으로 벗어나지 않게 하고, 노예제와 인종 문제의 연관성처럼 교육과정과 "전혀 관련이 없는 것들"로 수업 주제가 벗어나지 않도록 하는 데 대해 자랑스러워하고 있었다.

두 번째로 소개할 세미나는 중서부 지역 한 도시의 중학교에서 있었던 '소크라테스식 토론(Paidea discussion)' 수업이다. 대부분이 흑인이었던 8학년 학생들은 짧은 이야기 하나를 살펴보았는데, 그 이야기는 미래의 다른 세상을 배경으로 인종적 편견을 다루고 있었다. 학생들의 대화는 자연스럽게 미국사에서 노예제의 역할 및 현재 사회의 인종 관계로 흘러갔다. 토론이 잠시 중단되었을 때, 근처 대학교에서 온 '초청강사'는 여담으로 본인이 가르치는 예비 교사들은 노예제나 인종 관계와 관련된 여러 측면들을 가르치기 싫어한다는 말을 꺼냈다. 그는 예비 교사들이 이런 주제는 현재와 관련이 없다고, 이미 다 끝난 일이고 다시 끄집어낼 이유가 없다고 생각한다고 전했다. 8학년 학생들은 처음에는 믿기지 않는다는 표정이었지만 곧 분개하기 시작했다. 누군가가, 심지어 곧 교사가 될 사람들이 인종 문제와 관련된 주제를 무시하고 있다는 사실을 받아들이기 어려웠던 것이다. 초청강사는 자신이 그 예비 교사들에게 무슨 말을 해주면 좋을지 물었다. 8학년 학생들은 입을 모아 학문적 관점도 아니지만, 그렇다고 참여민주주의적 관점도 아닌 답을 내주었다. "우리는 이런 과거에 대해 관심이 있다고요. 그러니 선생님들도 그래야 합니다."

우리는 당연히 학생들이 배우고 싶지 않은 것보다 배우고 싶어 하는 것에 관심을 더 기울일 때 역사를 통해 더 큰 배움을 얻을 수 있을 거라고 생각한다. 학습 주제에 관심이 있을 때 학생들은 수업에 주의를 기울이고, 스스로 정보를 찾아보고, 또 학습했던 것을 반추해볼 동기를 얻게 된다. 반대로 별로 관심이 없다면 학생들은 머나먼 옛날 사람들과 제도를 이해하기 위해 열심히 머리를 쓸 이유가 없다.[02]

우리는 또한 교사들이 학생들의 관심 주제를 다룰 도덕적 책임을 지니고 있다고 믿는다. 학생들이 공부하고 싶어 하는 것을 무시하면서 어떻게 우리가 스스로를 교육자라고 일컬을 수 있겠는가? 더욱이 우리는 학생들이 민주주의적 숙의를 위한 더 나은 기초를 다질 수 있도록 그들의 관심을 더 다양하게 넓혀줄 책임도 가지고 있다. 우리는 학생들의 관심사에 응답할 뿐만 아니라, 학생들이 우리에게 응답할 수 있도록 이끌어야 한다. 만약 우리가 학생들이 꼭 배워야 할 내용이라고 생각하는 주제에 대해 우리 스스로 마음을 쓰지 않는다면, 당연히 학생들도 그 주제에 별다른 신경을 쓰지 않을 것이다.

불행하게도, 학생들의 역사에 대한 관심에 대해서는 조직적인 연구가 거의 이루어지지 못했다. 교실 수업 참관을 토대로 했든, 개방형 인터뷰를 토대로 했든, 대부분의 현장 연구는 이미 정해진 교육과정이나 일련의 연구 과제에 대한 학생들의 응답을 조사하는 정도였고, 학생들 스스로 마음을 기울이는 주제가 무엇인지 살펴본 연구는 아직 거의 없다. 그러나 우리 저자들의 연구 중 두 케이스에서, 우리는 학생들에게 본인들의 관심 주제를 유연하게 탐구해볼 기회를 준 적이 있다. 교실에서 이루어진 이 연구는 학생들이 즐거워하고 동기를 부여 받을 수 있는 주제가 무엇인지 보여준다.

첫 번째 연구는 6학년 학생들을 대상으로 한 것으로, 제8장에서 소개되었다. 이 학생들은 개별적으로 읽기 프로그램에 참여하여 다양한 역사서, 역사 픽션, 역사 전기류 가운데 관심 가는 것을 선택해서 읽고 역사적 맥락에서 생각해보는 기회를 가졌다. 이 학생들 대부분은 역사를 배우는 것에 대단히 관심이 큰 이들이었다. 이들은 본인이 읽은 내용에서 영감을 얻기도 하고 감동을 받기도 하며, 때로는 분노를 느끼고, 과거 사람들과 사건들에 대해 자신이 "알아야 할" 것들이 무엇인지 이야기를 나누기도 했다. 스스로 관심 가는 것을 배울 수만 있다면 더 어려운 텍스트라도 읽어보고 싶어 했다.[03]

이 연구에 참여한 대부분의 학생들에게 역사 학습의 동기는 바로 인간 경험의 "더 넓은 영역"을 탐구하는 것, 다시 말해 사람들이 공포, 차별, 비극을 겪어야 했던 시기, 혹은 사람들이 엄청난 용기를 보이거나 충격적인 잔인함을 보였던 시기 등을 탐구하는 것이었다. 학생들의 관심에서 중요 부분을 차지하고 있는 요소는, 이런 역사 주제와 본인들의 삶이 감정적으로 연결되어 있다는 점이었다. 이 학생들은 글로 읽고 있는 그 상황에 스스로 들어가 있다고 상상하면서 그런 딜레마를 다루는 능력을 생각해보았으며, 역사 속 사람들의 대응과 본인들이 했을 법한

대응을 비교해보았다. 덜 극단적인 상황에 대한 글을 읽는 학생들조차
도 역사 속 사람들의 업적은 성인이 되었을 때의 자신들을 위한 모델이
라고 말하면서 역사와 개인의 연관성에 초점을 맞추었다.[04]

또 다른 교실 수업 연구에 참여했던 4, 5학년 학생들 또한 자기 자신
과 관련된 주제나 자신이 알고 있는 사람들과 관련된 주제에 흥미를 보
였다. 학기를 시작하면서 진행했던 '개인 연대기 만들기' 과제는 학생
들을 완전히 매료시켰다. 학생들은 스스로 작성한 연대기를 적극적으
로 발표하고 싶어 했다. 그들은 개인의 역사에 관한 프로젝트를 수행하
는 것을 즐거워했고, 이 일을 하면서 자기 삶의 주요 사건들에 대해 자
주 이야기했다. 또한 가족관계에도 흥미를 보였는데, 그게 본인 가족이
아닐 때조차 그러했다. 예를 들어 근처의 묘지에 견학을 갔을 때 학생
들은 특히 어린 아기의 무덤이나 어머니와 딸에 대해 쓰여 있는 묘비를
흥미로워했다. 이 학생들은 서로 가까이 매장되어 있는 사람들 사이의
관계를 상상하면서 긴 시간을 보냈고, 종종 생몰일자를 힌트로 그 관계
를 추측해보기도 했다. 그해의 후반부로 가서, 수업이 상당히 진행된 뒤
이민에 대해 공부할 때 학생들이 가장 흥미를 느낀 주제 중 하나는 가
족이 헤어져야 했던 상황들이었다. 학생들은 가족을 두고 홀로 북아메
리카로 온 사람들은 왜 그렇게 했는지, 가족들과 연락은 하며 지냈는지,
그리고 이곳에 도착한 뒤 흩어지게 된 가족들에게는 무슨 일이 생겼는
지에 대해 오랜 시간 이야기를 나누었다.[05]

개인적 관련이 있는 주제가 중요하다는 점은 학생들이 일상생활의
측면에 관심을 보인다는 점에서도 명백해진다. 학생들은 '일상생활의
역사'에 대한 프로젝트를 즐거워했고, 과거 사람들이 어떻게 입고 어떻
게 학교를 갔으며 돈은 어떻게 벌고 일상의 삶은 어땠는지에 대해 열

정적인 호기심을 느꼈다. 이 학생들이 초점을 맞추었던 또 다른 주제는 '이민'에 대해 배우면서 나온 것이었는데, 여객선 승객은 어떻게 식사했는지, 화장실에는 어떻게 갔는지 하는 것이었다. 또한 앞서 언급한 6학년 학생들처럼, 이들도 사람들이 전쟁이나 폭력, 범죄의 처벌과 같은 극적인 사건들을 어떻게 경험했는지에 관심이 있었다. 6학년 학생들과 마찬가지로 이 학생들도 스스로를 과거 시기에 투영시켜보고, 만약 나라면 그런 환경에서 어떻게 느꼈을지 상상하면서 끊임없이 과거를 자신들의 경험과 비교해보았다.[06]

학생들이 관심 있어 하는 주제의 범주에 대해서는, 그리고 그런 주제가 학령, 젠더, 민족, 학습 경험, 학생의 배경 등 각종 요인에 따라 얼마나 다양한지에 대해서는 여전히 더 많은 연구가 필요하다—예를 들어 6학년 학생들 몇몇은 극단적인 상황에 처한 사람들에게 그다지 관심이 없었고, 이들은 역사에 별다른 개인적인 반응을 보이지도 않았다. 또한 교사들이 어떻게 학생들의 관심을 더 확장시킬 수 있는지도 연구해볼 필요가 있다. 그러나 적어도 위의 두 현장 연구에 따르면, 학생들의 관심은 감정이입을 순수한 '인지적 경험'으로 규정했던 연구자들이 만들어놓은 범위 바깥에까지 뻗어 있음을 알 수 있다.

따라서 연구자들은 학생들이 과거와 현재 사이의 개인적이고도 감정적인 연결관계에 대단히 큰 관심을 보이고 있다는 점을 명심할 필요가 있다. 학생들은 과거 사람들의 감정과 경험을 탐구하고 그것을 자신의 감정이나 경험과 관련시켜볼 수 있는 주제에 특히 관심이 많다. 만약 학생들에게 역사 학습의 동기를 부여하고 싶다면, 그들이 관심 있어 하는 주제로 학습을 시작해야 한다. 그 주제가 지식에 근간을 둔, 혹은 인지적인 관심이라기보다는 개인적이면서도 감정적인 데 초점을 두고 있을 때조차도 말이다.

이 과정은 전문적인 역사가들의 연구 과정과 전혀 다를 게 없다. 역사가나 교육자들이 아무리 학문적 실천이라는 옷—증거를 조사하고 관점을 이해하며 지지할 만한 해석을 만들어내는 과정—으로 스스로를 단단히 포장한다 하더라도, 그 학문적 실천이 연구자들의 관심과 무관한 것이 아니라는 사실조차 부정할 수는 없을 것이다. 남아 있는 자료가 아무리 적다 해도 과거는 역사 탐구의 무한한 가능성을 품고 있으며, 기존의 역사 연구는 그 가능성의 극히 일부만을 포함하고 있을 뿐이다. 그리고 당연히 역사 교사들은 교실 수업에 사용하기 위해 이보다 더 작은 규모의 샘플을 고를 것이다. 필연적으로 이들은 단순히 역사가들의 기술을 연습해보는 것을 넘어서, 자신이 헌신할 수 있고 관심을 끄는 주제, 목적을 달성할 수 있는 주제를 선택하게 된다.

연구 가능한 주제의 범위는 제한이 없기에, 역사가들은 본인들을 매료시키는 것, 현재에 반향을 불러일으킬 만한 것, 본인들이 생각하기에 중요한 것, 한마디로 말해 '관심이 가는 주제'를 연구한다. 최근 몇십 년 동안 역사가들이 권리를 박탈당하고 억압받고 침묵을 강요받은 집단과 개인을 대단히 주목하고 있다는 사실은, 역사가 개인의 관심과 전념이 수많은 역사 연구의 기초를 제공한다는 매우 분명한 증거가 될 수 있다. 예를 들어, 재클린 도드 홀(Jacquelyn Dowd Hall)은 "학술적인 측면을 넘어 더 멀리 펼쳐져 있는 독자들을 위한, 우리의 선조들을 위한, 우리의 아이들을 위한, 그리고 우리의 일을 가능하고 필요하게 만들어준 여성운동을 위한" 글쓰기를 상상하고 있다.[07] 역사가들은 역사를 연구하며 결코 본인들의 관심을 포기하지 않는다. 오히려 그들의 탐구는 자신의 관심을 바탕으로 하고 있으며, 따라서 그들이 역사에 부여하는 의미는 학문적 실천뿐만 아니라 개인적 친밀감에 의해서도 만들어지는 것이다. 이렇게 전문 연구를 하는 역사가들은 자신이 관심 가는 주제를 연구하면서, 왜 학생들에게는 그런 기대를 하면 안 되는가? 왜 우리는 학생들이 자기 관심, 즉 스스로에게 학습 동기를 부여해줄 수 있는 주제에 접근하지 못하게 만드는 것인가?

역사적 사건의 결과에 대한 학생들의 반응

제2장과 5장에서 언급했듯이, 학생들은 역사를 배우며 늘 강력한 도덕적 판단을 내리곤 한다. 이들은 특정한 주제에 관심을 가지고 있을 뿐만 아니라, 어떤 사태가 발생했다는 사실에 주의를 기울인다. 즉 학생들은 노예가 가혹한 취급을 당하고, 여성들이 차별을 겪었으며, 수백만 명이 홀로코스트에서 죽임을 당했다는 것에 대단히 주의를 기울인다. 또한 결국 노예제는 폐지되었고, 여성들은 투표권을 쟁취했으며, 일부 사람들은 나치의 억압에 저항했다는 사실에도 주의를 기울인다. 이들은 '공정함'과 '정의로움'을 보여주는 역사적 사건이나 패턴을 특별히 중요하게 여긴다. 적어도 미국 학생들은 시간이 흐르면서 권리와 기회가 발전하고 팽창해 나간 것, 즉 더욱 거대한 '정의로움'이 만들어진 것이 미국 역사의 중심 주제라고 믿고 있다.

그러나 학생들은 순수하게 인지적 측면에서만 '공정함'이라는 주제에 접근하는 것이 아니다. 학생들은 과학기술의 발명이 역사적으로 중요하다고 생각하지만, 과학기술의 혁신에 관한 주제뿐만 아니라 '정의로움'과 '정의롭지 못함'에 관한 주제에도 다른 방식으로 반응을 보인다. 학생들에게 '공정함'은 다른 역사 주제와는 또 다른 차원에서 중요한 의미를 지니고 있다.

제5장에서 묘사한 바와 같이 4, 5학년 학생들을 대상으로 한 연구를 보면, 학생들은 과거 사회에서 일어난 부당한 행위에 대해 배울 때마다 매우 강렬한 반응을 보였다. 학생들은 북아메리카에 도착한 영국인들이 의도적으로 아메리카 원주민들을 속이고 그들과 맺은 조약을 무시했다는 것을 배우며 큰 흥미를 느꼈고, 이런 행위의 부당함에 대해 왁자지껄하게 토론을 벌이곤 했다. 학생들은 또 19, 20세기 초반에 있었던 미국으로의 이민을 학습하면서 유대인들이 조직적으로 차별을 당했다는 사실에 충격을 받았고, 이를 토대로 우리에게 익숙한 차별의 또 다른 예시인 흑인이나 동성애자를 향한 폭력에 대해 활발하게 토론을 벌이기도 했다. 1년 동안 배운 미국 역사에서 여성들과 흑인들에 대한 대우는 끊임없이 학생들의 강렬한 반응을 불러 일으켰다. 학생들은 공정하지 못한 관행에 대해 크게 분노했다.[08]

이런 반응에서 특히 눈에 띄는 점은, 학생들은 과거 사람들의 관점은 지금과 달랐음을 제대로 이해하고 있으면서도 역사 속 잘못된 관행에 대해서는 여전히 분노했다는 점이다. 학생들은 과거 사람들의 태도가 오늘날과는 다를 수밖에 없다는 점을 이해하게 되었으나, 그러면서도 여전히 그런 태도와 그 태도에 기인한 행동은 공정하지 못하다고 생각했다. 이는 특히 세일럼의 마녀 재판에 관한 학습에서 분명히 드러났다. 학생들은 과거 사람들이 마법의 표징으로 여겼던 증거가 무엇이었는지 배우고, 심지어 일부는 당대의 종교적 신념이라는 더 넓은 맥락에서 그들의 생각을 이해하기도 했지만, 그럼에도 대부분의 학생들이 이런 종류의 증거는 공정하지 못하다고 단언했다. 사실 교사는 이 주제에서는 몇몇 요점만 검토한 뒤 넘어가고 '공정함'의 문제는 다른 시간에 다룰 계획이었지만, 학생들은 참지 못하고 교사의 설명에 계속 끼어들었다. 점이 마녀라는 증거로 여겨졌다는 설명에, 한 학생은 "그런데 누구라도 그런 점은 가질 수 있잖아요!"라고 소리쳤다. 또 물 위에 떠오르는 테스트를 통해 마녀를 판별했던 것에 대해 논의하면서, 한 학생은 "이 사람들은 정말로 멍청한 짓을 했군요!"라고 분노했다. 사실 물 위에 떠오르면 마녀, 가라앉으면 무죄로 판단했다는 이야기는 전체 단원에 걸쳐 학생들이 가장 큰 흥미를 느낀 부분이었다. 학생들은 이것이 어떻게 사용되었는지 알아보고, 이것이 왜 공정하지 못한지 논의하는 데 오랜 시간을 보냈다.[09]

학생들은 대개 세일럼에 살았던 사람들의 관점을 성공적으로 이해하여 설명했지만, 동시에 그 관점을 강하게 거부했다. 한 학생은, 어떻게 "여성들이 십계명(을 외우지 못하는 것) 같은 조잡한 이유 때문에" 마녀로 유죄 판결을 받았는지 이해할 수가 없다고 말했다. 재연 활동을 해보는 동안에도, 학생들은 마녀로 기소된 가족의 결백을 주장하면서 증거의 존재보다는 증거의 불합리성을 계속 언급했다. "제 아내는 마녀가 아닙니다. 그녀는 그냥 당신과 다를 뿐이에요. 그건 그녀의 잘못이 아닙니다. (…) 우리가 단지 돈이 없다는 이유로 돼지처럼 취급받을 수는 없습니다." "마녀 같은 건 없습니다. 물에 가라앉을 수도 있고 떠오를 수도 있겠죠. 이 사람들이 교수형을 면하려면 도망가는 수밖에 없을 겁니다. 도대체 이걸로 무엇을 증명하나요? 아무것도 없죠! 어쨌든 당신도 물 위로 떠오를 겁니다. 당신도 몸 안에 공기가 들어 있으니까요."

이 교실 학생들은 과거 사람들은 우리와 태도가 달랐다는 점을 이해했고, 따라서 인지적 차원에서 감정이입에 별다른 어려움은 없었다. 그러나 이 학생들은 그들의 태도가 정의롭지 못하다고 분노했고 공정한 취급을 받지 못한 사람들에게 마음을 썼다. 이런 모습은 '세일럼의 마녀 재판' 단원에서뿐만 아니라, 여성의 역할, 이민자들을 향한 차별 대우, 시민권 운동에 대해 배우는 동안에도 분명히 드러났다.[10]

이는 좋은 현상이다. 사실 이런 접근은 그저 과거 사람들의 관점을 이해하는 데 그치는 역사 학습보다 훨씬 더 감탄할 만한 접근 방식이다. 공공선을 위한 숙의는 무엇이 이루어져야 하는가를 결정하는 문제와 관련되어 있고, 역사 학습은 이런 문제를 논의하고 평가하는 연습 과정이 될 수 있다. 판단보다는 설명만 찾는 역사, 다시 말해 보살핌을 위한 공간이 마련되지 않은 역사는 이런 준비를 시켜줄 수 없다. 왜냐하면 학생들이 무슨 일이 왜 일어났는지 이해할 수는 있어도 거기에 반응할 기회를 얻지 못하기 때문이다.

앞에서 논의했듯이, 감정이입을 오로지 '관점 이해하기'의 측면에서만 보는 것은 학생들이 사건의 원인에만 관심을 가지게 만들고, 따라서 결과가 아닌 원인만 생각하게 만들 위험이 있다. 베티 바디지(Betty Bardige)가 주장했듯이, 양 측면을 모두 볼 수 있는 능력은 때로는 "가해자의 권리와 복지를 우려하느라 희생자가 당한 일을 모호하게 만들고, 양자가 결코 동등하지 않았다는 현실을 은폐하며" 또한 "악의 상황에 직면했을 때 그저 대책이 없다고 합리화하고 결정을 회피하며 현실에 안주하도록 다른 사람들을 약삭빠르게 조종하는 데 이용될 수 있다."[11]

대책 없음, 회피, 현실 안주 같은 것들은 보살핌의 반대편에 있다. 이따위 것들이 민주주의를 위한 역사 수업에 끼어들 공간은 없다. 우리는 학생들이 앤드류 잭슨이 북아메리카 원주민들을 학살했던 사건을 당시 상황에 대한 '보살핌'의 마음 없이 검토해야 한다는 의견을 절대 받아들일 수 없다. 이런 분석은 학생들이 역사 학습을 통해 하고 싶어 하는 활동과 반대되는 것이며, 학생들이 진지하게 공공선을 추구해 나갈 수 있도록 준비시키는 데 그 어떤 기여도 할 수 없다.

과거 사람들을 돕고 싶어 하는 학생들의 바람

학생들은 역사 주제에 관심을 가지고 부당한 대우를 받은 사람들을 염려하면서 어떤 구체적이고 의미 있는 방법으로 사람들을 도와줄 수 있기를 희망한다. 그들은 시간 여행이 불가능하다는 것을 알면서도, 이런 희생자들을 도와서 그들이 겪은 부당함을 보살펴주고 싶어 한다. 예를 들어 8학년 학생들을 대상으로 했던 연구에서 베티 바디지는, 학생들이 본인들이 배우는 역사 속에서 일어난 부당한 사건들에 대해 너무 화가 나서 "당장, 폭력을 써서라도 그만두게 하고 싶고, 복수를 하고 싶어" 했다고 설명했다. 6학년 학생들을 대상으로 한 우리 연구에서도 마찬가지였다. 학생들은 홀로코스트나 역사의 어떤 시대에 대해 읽고 난 뒤, 마치 그 사건이 지금 여기서 일어나고 있다는 듯이, 혹은 정의를 소급하여 적용할 수 있다는 듯이 "뭔가 해야 할 것 같다"고 말했다. 한 학생은 "무슨 일이 일어나고 있는지 알아보고, 이 모든 걸 멈추게 하기 위해 거기에 있었으면" 좋겠다고 했고, 다른 학생도 "히틀러 바로 옆을 따라 걸으면서 그 사람 얼굴에 펀치를 날렸으면" 좋겠다고 했다.[12]

4, 5학년 학생들도 부당함에 대해 유사한 반응을 보였다. 만약 할 수만 있다면 역사의 어느 시대로 가보고 싶냐고 물었을 때, 한 여학생은 여성의 참정권 운동이 있었던 시절로 돌아가고 싶다고 말했다. 그 이유는 "그 상황은 여성들에게 너무나 공정치 못했기 때문이죠. 여성들이 투표를 할 수 없는 상황을 뒤집을 수 있도록 돕고, 모든 사람들이 투표권을 갖게 만드는 것은 훌륭한 일이 될 거라고 생각해요"라는 것이었다. 한 남학생도 "여성들이 참정권을 얻어내지 못했다면 지금까지도 여

성들은 투표를 할 수 없었을 테니까, 여성들도 참정권을 가질 수 있도록 돕기 위해서" 그 시대로 가보고 싶다고 대답했다. 다른 학생들은 노예제 시기를 골랐다. 한 남학생이 설명하기를, "저는 백인들한테 정말로 화가 나요. 그래서 저는 백인들한테 끼어들어서 흑인들이 길을 지나갈 때까지 막아서고 싶어요." 짝이 되어 인터뷰에 참여한 두 학생도 이 시대를 고르며 다음과 같이 설명했다.

> 제니 : 저는 아마, 좀 이상하게 들릴지 모르겠지만, 노예제가 있었던 시대로 가보고 싶어요. 그리고 지금 제가 하고 있는 대로 편견 없이 행동할 거예요.
> 니콜 : 그리고 그 사람들을 돕고 싶어요.
> 제니 : 맞아요. 그 사람들을 돕고 싶어요.
> 니콜 : 북군 편을 들면서 "여러분, 우리는 여러분이 노예를 가지기를 원하지 않아요. 그건 잘못된 행위입니다. 흑인들도 똑같은 사람입니다"라고 말하고 싶어요.[13]

이런 대답은 우리 일상의 삶에 녹아 있는 보살핌의 태도를 반영하고 있다. 넬 노딩스(Nel Noddings)는 돌봄의 관계는 타인들에게 열려 있는 차별 없는 수용력을 수반하는데, 이는 다른 사람들을 돕고 그들의 바람을 들어주고 싶어 하는 마음과 결합되어 있다고 설명한다.[14] 그 시대로 돌아가 부당한 행위를 고쳐보겠다고 상상하는 학생들도 이런 종류의 돌봄의 감정을 드러내는 것이다. 이 학생들은 같은 시대를 사는 사람들을 돕는 것과 같은 방식으로 과거 사람들의 삶을 더 좋게 만드는 데 일조하고 싶어 한다. 더욱이 이 학생들은 자신들의 바람을 상당히 개인적인 용어로 표현하곤 했다. '정의로움'과 '공정함'이라는 문제를 언급하고 있지만, 이 추상적인 관념들은 결국 "똑같은 사람"인 타인들을 "돕고" 싶어 하는 학생들의 바람과 밀접하게 연결되어 있다.

하지만 학생들의 동기를 이해하고 그 진가를 인정할 때조차도, 일부 학자들은 이런 학생들의 반응이 적어도 역사 이해의 도구는 될 수 없다고 생각한다. 어린이들과 청소년들이 충격적일 만큼 비인도적인 일들과 처음 마주하게 되면, 환상을 통해서라도 그 무력한 좌절감에 대처하고 싶어질 것이다. 심지어 어른인 우리도 과거의, 혹은 현재의 부당한 행위들을 바로잡기 위해 뭔가 할 수 있기를 희망하고, 그렇게 하는 데 필요한 초인적 능력을 가지지 못했다는 점을 안타까워하기도 한다. 그러나 우리는 어떻게 해도 그때 그 시절로 돌아갈 수 없고, 따라서 과거 사람들을 보살피는 것을 상상하는 일은 별 의미가 없어 보인다. 이런 환상은 심지어 노딩스의 정의에 따르면 돌봄의 관계로서도 적합하지 않아 보이는데, 왜냐하면 여기서 보살핌의 대상은 실질적인 관계의 일부가 될 수 없기 때문이다. 이런 반응은 진짜가 아니라 기껏해야 보살핌의 '모의 행위' 같은 것으로 보인다.

사실 이런 종류의 감정이입은 학생들에게 역사 속의 어떤 사람들 입장에 서 있다고 상상해보라고 하는—노예선에 갇혀 있다든지, 참호전에 처해 있다든지—활동과 함께 비판을 받아왔다. 이런 재연을 통한 보살핌은 깊이가 얕고 자기지향적인 것에 불과하다. 즉 학생들은 자신이 절대 알 수도 없고 이해할 수도 없는 사람들을, 절대 책임감을 느끼지 않아도 되는 사람들을 보살핌으로써 자기만족을 느낄 뿐이라는 것이다. 이런 '가짜 보살핌'이라는 행위의 단점 때문에, 많은 교육자들은 이런 활동을 제한하거나 혹은 하지 말라고 조언했다.[15]

우리 두 저자도 이런 염려에 일부 동의한다. 그러나 우리는 이런 종류의 보살핌을 완전히 포기하고 싶지는 않다. 재연 활동이 학생들에게 과거 사람들의 감정을 직접 경험하도록 해주지 못한다는 것은 분명한 사실이다. 누구도 결코 제1차 세계대전 중 참호 속에 있었던 사람들이 실제로 무엇을 느꼈는지는 알 수 없다. 우리의 재연 활동은 단 몇 분 만에 끝나겠지만, 그 시대 군인들은 생사의 기로에 서 있었기 때문이다. 과거 사람들의 느낌이나 생각에 접근할 수 있다고 하는 재연 활동들은 사실 착각일 뿐이다. 이건 학생들의 글쓰기 능력을 발전시키기 위해 문장을 도표로 바꿔보라 시키는 것이나 다름없는 이야기다. 즉 수단과 목적 사이에 아무런 연관성이 없다는 소리다.

그러나 과거 사람들을 보살피고 싶어 하는 학생들의 바람은 이들이 다른 종류의 목적을 달성할 수 있도록 도와줄 수는 있다. 인간의 인지 능력에 대한 많은 연구들은 인지 능력을 발전시키는 데 있어서 생각과 감정은 분리될 수 없는 관계라고 설명한다.[16] 역사교육의 이런 측면에 대해서는 상대적으로 연구가 거의 없는 편이지만, 사회과 교육의 다른 분야에서 나온 연구들은 감정적 연관성이 '이성적'이고 인지적인 결말을 이끌어낸다는 점을 입증해주고 있다.

예를 들어 낸시 멕크래리(Nancy McCrary)는 편견에 가득 찬 믿음을 고쳐주려는 목적으로 시행된 일련의 연구를 검토했는데, 모든 연구를 종합해본 결과 마음을 움직이지 않고 정확한 정보만 제공해서는 편견을 수정하는 데 아무런 효과가 없었다고 했다. 인간은 학습을 통해 대개 모든 사람은 동일하다는 생각을 선호하게 되며, 따라서 맥락화되지 않은 정보는 감정적으로 단단히 뿌리내린 생각을 그다지 변화시키지 못하는 것으로 보인다. 교육적인 경험이 그 교과의 감정적 차원에 주목하지 않은 채 구체적인 성과나 기술만 발전시키려 한다면, 이는 태도나 행동을 변화시키거나 다른 맥락으로 기술을 전이하는 것을 제대로 도울 수 없다.

　반면 심미적·감성적으로 중재된 정보는 학습자들로 히여금 대안적인 관점을 더 잘 고려해보게 하는 것으로 보인다. 맥크래리는 성인들을 대상으로 동성애자 청소년들이 겪는 사건에 대해 내가 학부모라면 어떻게 반응할지 상상해보라고 하는 컴퓨터 시뮬레이션을 시험해보았다. 대상자들의 선택은 동성애자 청소년들이나 학부모들의 입장 토로, 혹은 전문가의 설명이나 통계 정보 같은 여러 관련 정보와 연결되었다. 프로그램 안에는 각종 자료들—가령 책, 인터넷 사이트, 단체 및 역사 설명서, 뉴스 기사 등—이 링크되어 있었다.[17] 맥크래리 연구에 참여한 사람들은 매우 강렬한 감정을 보이며 조사에 반응했고, 한 인물의 경험을 이해해보려고 그 인물의 경험과 자신의 경험의 관련성을 찾곤 했다.

　눈에 띄는 점은, 이들이 살면서 느껴왔던 다른 사람들을 보살피는 감정을 이 시뮬레이션 내의 가상의 사건에 전이시켰다는 점이다. 물론 참여자들이 시뮬레이션 안에서 학부모의 입장이었음을 고려해 봤을 때, 이는 그다지 놀라운 반응도 아니다. 그러나 이후 이어진 인터뷰를 보면, 참여자들이 시뮬레이션 경험의 결과라고 생각했던 일종의 변화는 사실 감정적인 것이 아니었다. 오히려 참여자들은 동성애 혐오, 우울, 자살과 같이 동성애자 청소년들이 직면한 문제에 대해 더 나은 정보를 얻을 수 있었다고 말했다. 또한 이들은 주된 행위자로서의 감각을 더 발전시킬 수 있었고, 이전에는 침묵을 지켰던 상황에 대해서 이제는 "목소리를 높일 수 있"게 되었다고 말했다. 이에 맥크래리는 참여자들이 이야기의 주인공과 개인적인 연결관계를 만들려고 시도함으로써 이

들의 학습 동기가 더 강화될 수 있었다고 결론 내렸다.[18]

이것은 학생들에게 노예나 군인인 척해보라고 요구하는 몇몇 시뮬레이션 학습 방식처럼 참여자들에게 특정 인물이 되어보라고 요구하는 것과는 다르다. 이 시뮬레이션의 목적은 다른 누군가의 감정에 접근하도록 하는 것이 아니었다. 이야기의 사실성은 참여자들이 스스로 감정적으로 응답할 수 있게 이끌어주었다. 이들은 등장인물이 처한 곤경을 자신이 어떻게 보살필 수 있을지 상상했기 때문에, 십대 동성애자들을 마주했을 때 생길 수 있는 문제들에 대해 더 배우고 싶다는 마음을 느꼈던 것이다.

물론 우리는 이들이 시뮬레이션 이후 실제로 그런 상황에 대해 더 제대로 알게 되었는지, 동성애자 청소년들을 위해 용기 있게 소리칠 수 있게 되었는지 알 수 없다. 그러나 이들이 다른 이들을 보살피고 싶다는 마음 때문에 주어진 정보에 더 집중하고 귀를 기울였던 것만은 사실이다. 다시 말해 그 문제에 훨씬 더 신경을 쓰게 되었던 것이다. 돌봄의 관계를 상상해보는 것은 교수의 궁극적 목적도 그 끝도 아니다. 오히려 이는 일련의 사회적 기대를 더욱 분명하게 만들어주는 도구이다. 과거 사람들을 보살피면서 생겨나는 감정을 느껴보기 위해 학생들을 책상에 모여 앉게 하거나 역사 문헌을 읽게 하는 것은, 학생들이 이 교과에 더 적극적으로 참여하도록 동기의 수준을 더욱 높여주고 나서야 비로소 제대로 된 의미를 가질 수 있다. 그러나 불행하게도 이런 활동은 대개 단발성으로 끝이 나고, 과거 사람들을 보살피고 싶었던 학생들의 감정은 자기만족이나(보살핌의 감정을 느꼈다는 데 대해 스스로 좋은 감정을 가지기 때문에) 좌절(느끼는 대로 행할 수 없기 때문에)로 귀결되곤 한다. 우리가 감정이입의 이런 요소들을 단지 자족적인 목적이 아닌 진정한 도구로 인식할

때만, 비로소 이는 역사교육에서 유의미한 역할을 할 수 있을 것이다.[19]

학습한 것을 현재를 위해 사용하고 싶은 열망

역사교육의 궁극적인 목적은 학생들이 사회에서 자신의 신념을 행동으로 옮길 수 있도록 하는 것이고, 행동할 수 있으려면 학생들은 그 문제에 대해 보살피는 마음을 가지고 있어야 한다. 즉, 학생들은 배운 것을 토대로 자신들이 가진 가치, 태도, 믿음, 행위를 변화시키고자 해야 한다는 말이다. 제2장에서 강조했던 것처럼, 이는 과거에 이렇게 되어야 했다, 혹은 그렇게 되어선 안 됐다는 식으로 특정한 결론을 학생들에게 주입하거나, 현재의 문제에서 특정한 입장으로 학생들을 이끌어야 한다는 뜻이 아니다. 우리가 역사교육에서 정당하게 지향할 수 있는 유일한 목표는 참여민주주의이다. 즉 역사 학습을 통해 공공선을 추구하는 숙의에 참여하고자 하는 학생들의 의지를 자극할 수 있어야 하고, 또한 합리적 판단을 통해 인류에 대한 더 폭넓은 관점을 지닐 수 있도록 이끌어야 한다. 이것이 인문주의적 역사교육이 궁극적으로 지향하는 바이다.

학생들이 과거에 관해 배우면서 본인들이 학습한 바를 실천에 옮기려 하지 않는다면, 모든 것은 아무 의미도 없다. 만약 학생들이 현재를 위해 역사를 사용하는 것에 아무 관심이 없다면, 차라리 원사료 꾸러미 따위는 치워버리고 불어나 화학을 공부하는 시간을 갑절로 늘리는 것이 더 낫다. 동료 연구자의 표현을 빌자면, 긴급 상황이 발생해도 구조대를 부르려 하지 않는 사람에게는 911을 어떻게 호출하는지 백번 가르쳐줘도 아무 소용이 없는 것이다.

인문주의적 역사교육에 대한 우리의 생각도 이와 비슷하다. 학생들은 역사를 배움으로써 사회 발전을 위한 공공선은 무엇인지에 대해 다른 사람들과 숙의할 수 있는 능력을 키워야 한다. 이를 위해 학생들은 조직적으로 증거를 평가하고, 현재의 이슈가 지닌 역사적 뿌리를 검토해야 한다. 또한 학생들은 본인이 속해 있는 다양한 공동체에 헌신할 수 있어야 한다. 타인과 협동하고, 자유롭게 정보를 공유하고, 개별 인간의 주체성과 제도적 한계 모두를 살필 수 있어야 한다. 뿐만 아니라 자유와 진보에 관한 신념에 고무되면서도 그런 신념이 또 다른 종류의 경험이나 의도치 않은 결과에 대해 어떻게 스스로를 맹목적으로 만드는지에 대해 경계할 줄 알아야 한다. 또한 본인과 다른 생각에도 진지하게 귀 기울일 줄 알아야 하며, 다른 사람들에게 무슨 일이 일어났는지 보살필 수 있어야 한다. 이것이 바로 우리의 비전이다. 우리는 학생들이 이 모든 것들을 진정 보살피고 있다는 증거로서, 민주주의적 숙의에 참여하고자 하는 의지를 키워 나가고 있다는 것을 앞으로 수많은 현장 연구를 통해 확인하고 싶다.

그러나 이는 어디까지나 희망일 뿐이다. 우리는 이 책 전체에 걸쳐 학생들이 다양한 역사 학습에 참여할 능력이 있음을 보여주는 많은 연구를 소개했지만, 정작 학생들이 학습한 바를 현재에 적용시키려는 의지를 가지고 있다는 것을 보여주는 연구는 거의 없었다. 인터뷰를 하면서 때때로 그런 바람을 말하는 학생들을 만나본 적은 있다. 예를 들어 4, 5학년 학생들과 함께한 우리 두 저자의 연구에서, 캐시와 커티스는 '가장 중요한 역사적 사건'을 꼽아보라는 요청에 시민권 운동을 꼽았다. 캐시는 "오늘날 우리는 흑인들을 그때처럼 다루기를 원하지 않기 때문에" 과거 미국 흑인들이 어떤 처우를 받았는지 알아야 한다고 했다. 또한 만약 시민권 운동을 배우지 않았더라면 "우리는 아마 흑인들에게 정말로 못되게 굴었을 거예요"라고 대답했다. 커티스도 이 의견에 동의하면서, 만약 사람들이 미국 이민의 역사에 대해 알지 못한다면 "이민 온 사람들이 다른 나라에서 왔고 다른 나라 말을 한다는 이유로 그들에게 못되게 굴었을 거예요"라고 덧붙였다. 또한 다른 문화권의 역사에 관심이 있다고 말했던 8학년 학생 리제인과 유진도 19세기 여성의 역할에 대해 학습한 뒤 '다양한 관점을 이해하는 것이 중요하다'고 지적했다. 리제인은 "우리가 여성에 대해, 또 여성들이 어떤 대우를 받는 게 공정한지 토론하는 것처럼, 이것도 다른 문화에 대해 더 많은 지식을 쌓는 일이에요. 단순히 미국 여성에 관한 것만이 아니라"라고 대답했다. 유진도 이에 동의하며 다음과 같이 말했다.

> 우리는 피상적인 나만의 관점을 고집해선 안 돼요. 언제나 다른 사람들의 생각을 이해하기 위해 한 걸음 물러서서 큰 그림을 볼 수 있어야 하죠. 그리고 의견이 같지 않아도 그런 사람들과 지적인 토론을 해볼 수는 있잖아요. 그러면 동의하지는 않아도 그들이 무슨 얘기를 하는 건지 이해할 수 있고, 그러면 우리 관점과 그들의 관점을 더해서 더 좋은 토론을 할 수 있어요.[20]

이런 설명은 고무적이다. 유진의 말은 학생들이 역사 시간에 배웠던 것을 현실에 적용할 의지가 있을 뿐만 아니라 그럴 필요성도 인식하고 있음을 보여준다. 그러나 우리는 공공선에 관한 토론이 더 어려워질 때, 혹은 더 논쟁적인 주제가 제시될 때, 특히 학생들의 뿌리 깊은 신념을 위협하거나 자신들의 공동체의 이익을 위협하는 주제에 대해 토론할 때가 오면 학생들의 의지가 약해질까 봐 두렵다.

북아일랜드에서의 현장 연구는 학생들이 현재의 논쟁적 주제와 관련된 역사를 배울 때 어려움을 겪는다는 것을 보여준다. 앨런 맥컬리는 통합주의자들이 다수를 차지하고 있는 한 중·고등학교 학생들의 수업을 관찰했는데, 이곳의 교사는 다양한 자료를 이용하여 학생들이 1916년 부활절 봉기의 원인을 이해하고, 반란자 우두머리를 처형한 영국 정부의 결정을 이해할 수 있도록 지도했다. 교실 토론을 보면 학생들은 분명히 영국이 내린 결정의 이유와 당시 아일랜드인들의 반응을 제대로 이해한 것 같았다. 즉 영국 군대의 행위가 공정하지 못한 대우를 받은 아일랜드인들을 자극했고, 그로 인해 센페인당(Sinn Fein)에 대한 지지가 급등했다는 것이다. 이는 비록 학생들이 속해 있는 현재 집단의 정치적 견해와는 다르지만, 아일랜드공화당(Irish Republicans)의 관점을 제대로 이해했다는 의미이다.[21]

그러나 교사는 여기서 한 걸음 더 나아가고 싶었다. 그래서 이 교사는 1916년의 사건이 1980년대의 사건, 즉 단식투쟁(Hunger Strike)* 결과 북아일랜드공화국군(Provisional Irish Republican Army)에 대한 지지가 증가한 사건과 비슷한 측면이 있는지 질문했다. 이 교사는 두 사건이 반드시 유사한 측면이 있다고 말하지는 않았다. 사실 이 교사가 제안하고 싶었던 것은, 이런 비교가 논쟁해볼 만한 열린 주제라는 것이었다. 그러나 많은 학생들은 이 문제에 관여하는 것을 완강하게 거부했다. 학생들은 목소리 높여 두 사건에 아무런 유사점이 없다고 단정했다. 더 중요한 사

---

* 1981년 아일랜드공화국군 소속 재소자들이 영국 마가렛 대처 내각에 정치범 대우를 요구하며 벌인 단식투쟁이다. 200일 이상 진행되었으며 수십 명의 참가자 중 주도자를 비롯한 10명이 사망했다. 이 일을 계기로 북아일랜드의 분쟁은 한층 격화되었다.

실은, 이전의 토론에 열정적으로 참여했던 대다수 학생들이 이 주제는 수업 시간에 할 만한 적합한 논쟁이 아니라고 생각했다는 점이다. 이에 대해 맥컬리는 "현재의 사건에 대해 언급하는 것은 감정적인 벽을 더 높이 쌓는 것 같았다. 이전에 훈련받은 비판적 사고는 이 벽에 전혀 영향을 끼치지 않는 것으로 보인다"고 설명했다.[22]

비록 주제가 다르기는 하지만, 미국의 학생과 교사들도 역사에서 배운 것을 가지고 현재의 논쟁적인 문제를 검토하는 데 유사한 어려움을 느끼는 것으로 보인다. 모든 사람들이 합리적 판단에 참여하고, 인류에 대한 확장된 관점을 발전시키고, 공공선을 위해 함께 숙의해보고 싶어 하는 것은 아니다. 오히려 많은 사람들은 검증되지 않은 자기만의 의견, 개인적 편견, 사적 욕망을 고수하고 싶어 한다. 그러지 말라고 하는 것이 쉽지는 않겠지만, 우리는 교사들이 기꺼이 이런 도전을 받아들이기를 희망한다. 아마도 언젠가는 중세의 이단에 대해 가르침으로써 학생들이 오늘날 사회의 반대자들에게 더 귀 기울이게 되었음을 보여주는 연구, 원사료로부터 결론을 이끌어내도록 가르침으로써 학생들이 정부 정책을 더 잘 평가할 수 있게 되었음을 보여주는 연구, '눈물의 길'에 대한 분노가 오늘날의 인종적 억압에 대한 분노를 자극한다는 것을 보여주는 연구를 소개할 수 있을 것이다. 이런 증거가 아직 없다고 해서 학생들이 배운 대로 행하고자 애쓸 것이라는 희망을 버릴 이유는 없다. 그런 희망이 없으면, 역사는 오로지 "그것 자체만을 위해" 공부될 뿐이다. 그러나 역사는 결코 그것 자체만을 위한 것이 되어서는 안 된다.

역사교육의 도구로서의 '보살핌'

보살핌이 역사 학습의 적절한 구성 요소로 거의 취급 받지 못한다는 사실은, 보살핌을 도구삼아 과거를 이해하는 데 심각한 문제점이 있음을 시사한다. 그러나 이런 생각은 근본적으로 보살핌이 다른 역사 이해의 도구와 상관없이 고립된 채 사용될 것이라는 두려움에서 기인하는 것으로 보인다. 어떤 이들은 학생들이 학습하는 역사 속 사람들에 대한 연민의 감정에 압도되어 역사적 행위를 이성적으로 제대로 분석할 수 없을 것이라고 걱정한다. 다시 말해 '보살핌'은 다른 이들을 우리의 관점이 아닌 그들 본연의 관점에서 바라보기를 요구하는 '관점 이해하기'라는 도구와 함께할 수 없다고 걱정하는 것이다. 또 어떤 이들은 현재를 이해하기 위해 과거를 활용하는 것이 단순히 현재적 믿음과 관습을 강화할 뿐이라고 확신한다. 즉 '보살핌'은 증거에 기반하여 결론을 이끌어내야 하는 역사 탐구와 함께할 수 없다는 생각이다.

아마도 이것들이 역사교육을 위한 도구로 '보살핌'을 사용할 때의 위험성일 것이다. 그러나 '보살핌'이 관점 이해하기, 탐구활동, 혹은 각종 다양한 내러티브 등의 다른 도구와 충분히 연결될 수 있다는 것을 깨닫게 되면, 이는 전혀 극복 불가능한 문제가 아니다. 보살핌이 분석적인 목적과는 분리된다 할지라도, 사실 우리 두 저자 또한 보살핌이 독립적인 도구로만 기능한다고는 생각하지 않는다. 이야기는 보살핌을 위한 맥락이고, 탐구활동은 보살핌의 결과이며, '관점 이해하기'는 아마도 보살핌의 대상일 것이다. 이런 다른 도구 없이 '보살핌'을 발전시키려고 하는 것은 어리석은 생각이고, 사실 우리는 보살핌을 이런 식으로만 사용하려는 교사를 만난 적도 없다.

더 큰 위험성은—아마도 이것이 더 일반적인 위험성일 텐데—바로 다른 도구가 '보살핌' 없이 사용되는 것이다. 즉, 학생들이 마음을 쓰지 않으면서 그저 이야기를 학습하고, 벌어진 일에 대해 전혀 마음을 기울이지 않으면서 그 사건을 탐구하며, 관련된 사람들에 대한 보살피는 마음도 없이 그들의 관점을 연구하도록 하는 것, 즉 현재와의 연관성을 전혀 고려하지 않은 채 역사를 공부하는 것이야말로 가장 위험하다. 보살핌의 마음 없이 그저 역사를 공부하는 것, 이는 사실 미국의 역사교육 현장에서 지금 벌어지고 있는 일이다.

교사들 입장에서 이는 안전한 접근일 수 있다. 학생들은 동요하지 않을 것이고, 학부모들은 불만을 터뜨리지 않을 것이며, 누구도 교사의 숙련도에 의문을 제기하지 않을 것이다. 그러나 역사 탐구자가 관점을 무시하고 역사를 연구할 때 잘못된 연민에 빠져들 수 있는 것처럼, 보살핌의 감정을 무시한다면 역사를 공부하는 사람들이 공부하는 내용에 무관심해질 것이다. 보살핌에 대한 감정 없이는—다시 말해 과거 사건들의 인간적 결과가 개인적으로 왜 중요한지 생각하지 않고서는—어떤 한 관점은 다른 관점과 그저 유사하게 비춰질 수 있다. 만약 우리가 무슨 일이 일어났는지를 오로지 합리적인 용어를 통해서만 설명하고자 한다면, 각각의 사건은 똑같아진다. 왜냐하면 모든 사건은 그 사건에 연루된 사람들의 관점이라는 측면에서는 모두 이해가 되기 때문이다.

궁극적으로 간디와 히틀러, 노예 소유자와 노예 폐지론자, 폴 포트와 넬슨 만델라의 차이점이 존재하지 않는다면, 도대체 무엇이 학생들에게 다른 이의 관점을 이해해보도록 동기를 부여할 수 있단 말인가? 아무도 보살핌의 감정을 가지지 않는 주제, 즉 현재에 아무런 의미도 가지지 못하는 주제를 탐구할 때의 어마어마한 지루함을 상상해보라(혹은 기억해보라). 제대로 된 역사학자라면 그 누구도 자신이 연구하는 시대가 그저 무의미하게 허비되기를 바라지 않을 것이다. 만약 그런 역사학자가 있다면, 그 사람의 연구 결과는 아마 무미건조하고 멍청하며 요지가 없는 것이기 십상이다. 더 중요한 점은 이런 역사학자들은 민주주의에 아무 기여도 못한다는 점이다. 보살핌은 그 모든 것을 보람차게 만들어주는 도구이고, 역사를 의미 있게 해주는 메커니즘이다. 이는 이 교과목을 이해하는 데 결코 빠져서는 안 되는 부분이다.

결론

우리는 감정이입이 '관점 이해하기'와 '보살핌'이라는 두 개념을 통해 설명되어야 한다고 주장했고, 감정이입을 역사교육에 적용하는 것에 대한 수많은 논쟁은 이 두 가지 의미를 분리하는 데 실패한 결과라고 주장했다. 이 문제와 관련된 인식들이 너무나 절망적일 정도로 뒤죽박죽이어서, 우리는 감정이입과 관련된 기존의 용어를 모두 버리고 좀 더 정확한 다른 용어로 대체해야 한다는 주장에 동의한다. 그러나 수많은 역사교육학자들과 달리, 우리 두 저자는 감정이입의 감정적 요소를 거부해야 한다는 데는 동의하지 않는다. 오히려 우리는 학생들이 역사학습을 하면서 '보살핌'이라는 형태로 감정적 연결을 이루어야 한다고 본다. 보살핌은 과거를 이해하는 중요한 도구이며, 따라서 모든 역사교육의 일부가 되어야 한다. 가급적이면 '감정이입'이라는 혼란스러운 이름으로 불리기보다는, 고유의 명칭을 얻기를 희망하지만 말이다. 전문 역사가들, 계보학자들, 자신의 삶을 반추하는 사람들은 모두 너나 할 것

없이 보살핌을 행한다. 그런데 유독 학생들만 자신이 배우는 주제에 대해 보살핌의 감정을 가지지 말아야 한다는 것은 전혀 이해할 수 없다.

보살핌은 학생, 혹은 그 누구라도 역사와 개인적 연결관계를 만드는 도구이고, 이는 적어도 네 가지 요소로 이루어져 있다. '역사에 대한 학생들의 관심'은 배우고 싶은, 그리고 배울 필요가 있다고 느끼는 역사 주제로 우리를 안내해줄 것이다. '역사적 사건의 결과에 대한 학생들의 반응'은 과거에 대한 도덕적 판단의 기초가 될 것이다. '과거 사람들을 돕고 싶어 하는 학생들의 바람'은 아마도 이 도구에서 가장 감정적으로 무게가 실린 요소일 것이다. 이는 설사 과거 사람들을 돕는 것이 불가능하다 하더라도 그들을 돕고 싶어 하는 마음을 가지는 것을 의미하며, 적극적으로 역사 학습에 임하게 만드는 강력한 동기가 될 수 있다. 마지막으로 '학습한 것을 현재를 위해 사용하고 싶은 열망'은 역사에서 배운 것을 오늘날의 문제에 적용해보려는 의지를 의미한다. 학생들이 공공선에 대해 숙의해보고, 다양한 관점과 배경을 가진 이들에게 귀를 기울이고, 합리적 판단에 참여해보게 한다는 점에서, 이런 종류의 보살핌은 민주주의 사회의 역사 학습의 귀착점으로서 그 역할을 수행할 수 있다.

어떤 이들은 보살핌에 관한 주제를 포기하고 오로지 '관점 이해하기'에만 초점을 맞추어 역사를 순수하게 학구적·인지적·지적인 학과로 재편하고 싶어 한다. 보살핌이 감정에 좌우되지 않는 냉철한 분석을 압도해버릴까 봐 두려워하기 때문에 더욱 그러할 것이다. 그러나 역사교육은 '관점 이해하기'나 '보살핌' 중 하나를 포기하는 방식으로 역사를 정의해서는 안 된다. 오히려 둘 사이의 생산적인 긴장을 유지하는 것이 중요하다. 학생들은 둘 중 하나만 단독으로 사용하는 것이 아니라, 두 가지 도구에 동시에 접근할 때 역사 학습이 얼마나 흥미롭고 도전적인지 깨닫게 될 것이다. 더욱이 보살핌 없이 역사를 학습할 수 있다 하더라도, 우리는 누군가 왜 그렇게 하기를 원하는지 확신할 수 없다. 만약 역사교육이 학생들의 삶과 사회에 변화를 만들어내기를 희망한다면, 이번 장에서 다룬 각기 다른 종류의 다양한 보살핌은 모두 다 필수적인 요소이다.[23]

제5부
역사, 어떻게 가르칠 것인가

Teaching History
for
the Common Good

제13장
교사교육과
역사교육의 목적

위대한 책을 만들어내고 싶다면 우선 위대한 테마를 선택해야 한다. 위대하고도 항구적인 책은 절대 평범한 상태에서 만들어지는 것이 아니다. 비록 수많은 이들이 그런 시도를 하지만 말이다.—허먼 멜빌(Herman Melville)[01]

이 책의 두 저자는 역사 교과를 가르치는 현장 교사 및 예비 교사를 지도하는 사범대 교수로, 이 일을 위해 대부분의 시간을 보내고 있다. 우리는 역사교육 방법론 수업에서 수천 명의 학생을 가르쳤고, 워크숍이나 대학원 수업에서도 수백 명의 학생을 가르쳤다. 그리고 우리는 이 현장 교사와 예비 교사들이 자신이 배운 대로 자기 학생들에게 흥미롭게 역사를 가르친 수많은 성공 스토리를 알고 있다. 또 어떤 교사들은 우리가 가르쳤던 것을 그대로 따르지는 않았어도, 자기 학생들에게 훌륭한 읽기 자료를 제시해주고 탐구활동을 시키고 서로 상충되는 관점을 보여주고 열린 주제에 대한 글쓰기를 시키는 등, 훌륭한 교수법을 열정적으로 선택하여 대학에서 배운 것을 일부 실천하기도 했다. 그러나 안타깝게도 우리의 생각을 깡그리 무시하는 교사의 숫자에 비해 이런 성공 스토리는 극소수에 불과하다. 여기저기 둘러보면 사실 수많은 교실 수업에서 사범대 교수들이 적극 추천했던 교수 지도법은 전혀 의미가 없다는 점을 인정해야 할 것 같다—아마 대부분 그렇거나 압도적으로 그럴 것이다. 이 나라 곳곳에는 우리 두 저자처럼 교사를 양성하기 위해 일하는 수백 명의 동료 교수들이 존재하지만—의심할 것도 없이 그들은 우리보다 더 대단한 능력과 열정을 가지고 있다—우리는 이들도 우리 처지와 별반 다를 바 없다는 것을 알기 때문에 두려움을 느끼곤 한다. 개별적인 성공 스토리가 많이 존재하기는 해도, 역사를 가르치는 현장에서 더욱 폭넓고도 조직적인 변화를 찾아볼 수는 없다는 말이다.

그 이유가 무엇일까? 교사들에게 교수법을 이해시키려는 우리의 노력은 어찌하여 교실 수업에서 이토록 영향력이 없단 말인가? 왜 모든 어린이들이 다양한 자료를 사용하여 역사를 해석해볼 기회를 얻지 못한단 말인가? 교사들은 역사는 '해석'이며, 역사 교과는 다양한 관점을 바탕으로 한 탐구활동을 지향하는 교과임을 분명히 알고 있을 것이다. 그리고 그들은 교실에서 이를 어떻게 실천해야 할지도 알고 있을 것이다. 적어도 역사 교과의 그런 특성을 소개하는 방식으로라도 말이다. 그러나 알고 있는 것만으로는 충분하지 않은 듯하다. 사회문화적 관점에서 볼 때, 이런 상황은 결국 사람들이 어떤 목적을 가지고 어떻게 행동해 나가는지, 그리고 그렇게 하기 위해 문화적 도구를 어떻게 사용하는지 하는 문제가 개개인이 인지적으로 단순히 뭔가를 이해하고 있는지 여부보다 더 중요하다는 것을 의미한다. 왜 교사들이 바람직하지 못한 방식으로 역사를 가르치고 있는지 이해하기 위해서는, 이 교사들을 지배하는 교사 사회 내의 목적으로 관심을 돌려볼 필요가 있다. 동시에 교사교육자인 나 자신에게도 되물어야 할 것이다. 과연 교사교육자들은 교사들이 우리가 희망하는 종류의 교수법을 이끌어 나갈 수 있을 정도로 "강력한" 주제들을 탐구할 수 있도록 교사들을 돕고 있는지 말이다.

교사의 지식과 교육 개혁

메릴린 코크란 스미스(Marilyn Cochran-Smith)와 수잔 라이틀(Susan Lytle)은 20년 넘는 세월 동안 교사교육이 교육 전반을 발전시키려는 노력의 선두에 있었고, 이런 교사교육은 "더 많이 **아는** 교사들이 더 잘 가르칠 수 있다는 가정에 기초하고 있다"고 했다.[02] 그러나 언제나 그렇게 생각되었던 것은 아니다. 교수법을 발전시켜 나가는 교사의 역할에 대하여, 지난 반세기 넘는 기간 동안 수많은 시각의 변화가 있었다. 예를 들어 1950년대 행동주의자들은 교육 기기와 프로그램화된 지도법에 변화의 잠재력이 있다고 강조했다. 이들은 교사를 전문화된 지식이 거의 필요 없는 '교실의 관리자'일 뿐이라고 보았다. 또한 1960년대에는 국가의 다양한 기관들이 아카데믹한 학문의 개념과 절차에 초점을 맞추어 새로운 읽기 자료, 학습 용구 세트, 교실 활동을 고안하고 교실 현장에서 실험해보기도 했다. 대놓고 교사의 지식을 무시하지는 않았지만, 이 또한 분명히 교사의 생각을 다루기보다는 교육과정상의 학습 자료를 발전시킴으로써 교수법에 개혁을 가져올 수 있으리라는 믿음에 기반한 것이었다. 교사는 기본적으로 다른 이들이 개발한 혁신을 수행하는 책임을 가질 뿐이라는 것이다. 1970년대 중반까지 교수법 개혁을 위한 다양한 노력과 수많은 학문적 연구는 교육과정을 개혁하는 데는 그다지 초점을 두지 않았고, 오히려 '교수 행동(teaching behavior)', 즉 학생들의 성취 수준을 높여줄 거라고 여겨지는 일반적 기술─수업 시간을 낭비 없이 알차게 쓰는 것, 질문을 던진 후 학생들이 충분히 생각할 시간을 주는 것, 학생들에게 적절한 피드백을 주는 것 등─에 더 초점을 두었다. 이런 접근은 교사를 교수법 발전의 중심에 두기는 했지만 교사를 지식을 갖춘 전문인으로 바라보기보다는 그저 교사들의 행동을 관찰 대상으로 보고, 그 행동에 맞추어 조직화된 피드백을 제공하는 것에 교육 연구 및 개혁의 중심을 두었을 뿐이다.

그러나 지난 20년이 넘는 시기 동안, 교사교육과 교사들의 전문성 신장을 위한 대부분의 이론과 현장 연구는 이전에는 주목받지 못했던 영역, 즉 교수 활동을 디자인하고 수행하는 교사의 활동적인 역할에 더 주목하게 되었다. 이런 연구는 교사들이야말로 궁극적으로 교실에서 일어나는 일에 책임이 있다는 가정에 기초하고 있다. 즉 교사들이야말로 교육과정, 자료, 교수 지도 전략 일체를 선택 변형시켜 학생들에게 구체적인 학습 활동을 제공해주는 '중개인'이자 '문지기(gatekeeper)'의 역할을 한다는 것이다. 스티븐 쏜튼이 말했듯이, "문지기로서 교사들은 학생들이 접하는 교과와 학습 경험, 그리고 그러한 교과와 학습 경험의 본질에 관한 결정을 매일 내린다." 이렇게 교사들의 결정이 학생들의 교육과정과 학습 경험을 형성시켜 나간다면, 그러한 교사의 결정을 이끌어내는 기저의 사고방식을 이해할 필요가 있을 것이며, 따라서 이 주제에 관한 다양한 연구가 더 많이 이루어져야 할 것이다. 이런 연구는 개인적 이론 구성(personal theories), 실천적 지식(practical knowledge), 상호의 사결정(interactive decision making), 준거틀(frames of reference), 교수 학습적 추론(pedagogical reasoning)과 같이 수많은 이론 구조와 개념 용어를 사용하고 있지만, 모두 교사들이 어떻게 교실의 학습 활동을 결정하는지를 설명하기 위해 "교사들의 머릿속에" 접근해보려는 공통의 관심을 기반으로 하고 있다.[03]

교사들이 알고 있는 것, 그리고 교사들이 믿고 있는 것—사실 이 둘 사이의 구분은 찾기 힘들다—을 이해하기 위해 가장 영향력 있는 이론 구조를 제시한 이는 리 슐만(Lee Shulman)이다. 슐만은 교사의 전문 지식에서 중요한 요소는 교사가 가진 교수 학습적 내용 지식(pedagogical content knowledge)이라고 주장했다. 일부 개혁가들은 교사가 교과에 관한 더 풍부한 내용 지식을 알아야 한다고 주장하고, 또 이런 주장은 대개 세부 학과의 내용에 대해 더 많은 수업을 받아야 한다는 주장으로 이어지고 있다. 또 반대로 다른 개혁가들은 교육이론이나 방법을 더 많이 접해야 한다고 주장하고 있다.

그러나 슐만은 가르치기 위한 지식 일체는 내용 지식과 교수 지식의 교차점 위에 있다고 본다. 교사는 학과의 구조와 원리를 이해해야 하고, 또 이 구조와 원리를 학생들이 이해할 수 있도록 어떻게 교육적으로 전환시킬지에 대해서도 알고 있어야 한다. 역사 교사의 지식과 교수 실천에 대한 수많은 최근 연구들은 이런 개념을 바탕으로 하고 있으며, 특히 교사들이 역사 교과의 근본적인 개념 구조를 어떻게 이해하는지, 그리고 교사들이 지닌 개념 구조가 교실 수업에서 어떤 함의를 가지는지를 강조하는 데 그 초점을 두고 있다. 브루스 밴슬레드라이트가 간략하게 설명한 것처럼, 이 분야의 연구 대부분은 "역사 교사는 **학과**

에 대한 깊이 있는 지식과 이를 어떻게 가르쳐야 하는지에 대한 탄탄한 이해력을 갖추고 있어야 한다"는 것을 전제하고 있다.[04]

이런 관점에서 보면, 교사들이 역사 탐구활동을 통해 역사적 증거를 해석하는 과정이 역사학과 밀접하게 관련되어 있다는 점을 이해하고 그 지식을 교실에 적용할 수 있다면, 교사들은 학생들에게 직접 탐구활동을 토대로 역사를 해석해볼 수 있도록 지도할 것이라는 가정이 가능하다. 사실 우리 두 저자는 정확히 이런 가정에 기반하여 책 한 권을 쓴 적이 있다. 『역사하기: 초중등학교의 어린이들과 함께 탐구하기(Doing history: Investigating with children in elementary and middle schools)』를 쓰면서, 우리는 교사들에게 '역사는 해석에 의한 것이며, 탐구활동을 지향하는 교과'라는 점을 이해시키려 했고, 그런 이상과 일치하는 교실 수업을 묘사했다. 그러나 여전히 질문은 남아 있다. 정말 그러한가? 교사들이 지식과 학과에 대해 제대로 이해하기만 하면 그 교사들은 정말로 교실 수업에서 이를 실천할 것인가?

역사 교사들의 교수 학습적 내용 지식

일부 연구는 역사는 해석에 기반한다는 역사학의 본질을 교사가 얼마나 이해하고 있는지, 그리고 이런 이해의 정도가 역사가들의 이해와 얼마나 일치하는지 살펴보았다. 그 결과 교사들은 역사학이 중요하게 다루는 측면, 즉 역사 문서의 맥락, 그 문서를 작성한 사람, 문서를 작성한 사람의 관점 등을 거의 이해하지 못한다는 결론을 내렸다. 예를 들어, 카라 보한(Chara Bohan)과 O. L. 데이비스(O. L. Davis Jr.)는 세 명의 중·고등학교 교사들에게 히로시마 원자폭탄에 대해 설명하는 일련의 원사료를 주고, 이 자료를 읽은 후 생각나는 것을 말해보라고 했다. 그리고 또 이 자료를 이용하여 이 사건에 대해 내러티브적인 설명을 해보라고 했다. 이 연구를 통해 보힌과 데이비스는 세 명의 교사 모두 역사적 설명을 만들어내는 과정에 익숙지 못하다는 것을 알게 되었다. 연구에 참가한 교사들은 이 자료의 출전에 대해 아예 생각하지 못했고, 각각을 단순한 사실 언급이라고 생각했으며, 자신들의 역사적 설명을 서술하면서 출처를 제대로 인용하지도 못했다. 멜라니 길라스피(Melanie Gillaspie)와 데이비스도 유사한 현장 연구를 통해 세 명의 초등학교 교생들에게 비슷한 임무를 수행하게 했다. 이 연구에서는 세 명 중 단 한 명만이 자료의 설명을 비교해보려 했고, 그 자료들이 글로 작성된 내러티브일 뿐이라고 말했다. 다른 한 명은 자료에 대해 전혀 언급하지 않았고, 또 다른 한 명은 자료를 상세하게 설명하거나 자료에서 드러나는 관점에 의문을 제기하지도 않았다.[05]

엘리자베스 예거와 데이비스 또한 초등학교와 중·고등학교 교사들의 학과적 이해에 대해 살펴보았다. 역사가와 고등학교 학생들을 대상으로 했던 샘 와인버그의 연구에서처럼, 예거와 데이비스는 세 명의 중·고등학교 교생과 세 명의 초등학교 교생들에게 렉싱턴 그린 전투에 대해 서로 상충되는 설명이 담긴 문서를 비교하게 했다. 딱 한 명의 교생—이 교생은 역사를 취미로 여기고 있었다—만이 역사의 해석 문제에 대한 본인의 이전 경험을 언급했고, 이 문서를 와인버그의 연구에서 역사가들이 그랬던 것과 상당히 비슷한 방식으로 읽어냈다. 즉 교생 한 명만이 문서의 저자가 가정하고 있는 바를 찾으려 했고, 작성된 문서의 맥락과 환경을 생각해보려고 했다. 다른 한 교생은 와인버그의 연구에 참여했던 고등학생들의 역사 읽기와 오히려 더 닮아 있었다. 이 교생은 문서에서 나오는 정보를 모아 요약하는 데 충실했고, 언외의 내용은 거의 보지 못했다. 세 번째 참여자는 이 인터뷰를 통해 훈련이 이루어지는 듯했다. 즉 인터뷰가 진행되면서 역사 문서 속에서 발견되는 편견을 발견해내기 시작한 것이다. 처음에는 단순히 문서를 요약하기만 했지만, 나중에는 이 자료들을 비교하고 자료의 저자 및 잠재적 편견을 짐작해보려고 했다.

한편 세 명의 초등학교 교생들은 역사학이라는 학문에 대한 배경지식이 중·고등학교 교생들에 비해 더 제한되어 있었지만, 역사에 대한 이해 패턴은 중·고등학교 교생들과 매우 비슷했다. 한 명은 비교를 해보거나 자료의 맥락을 이해해보려 하지 않았고, 글로 표현된 것 외에는 주목하지 않은 채 자료를 요약하기만 했다. 다른 한 명은 저자의 가정, 목적, 글의 독자를 탐구했으며, 마지막 한 명은 처음에는 요약을 했으나 일련의 자료를 가지고 탐구해 나가면서 점차 더 비판적이고 해석적인 관점을 발전시켜갔다.[06]

예거와 데이비스는 똑같은 작업을 15명의 실제 중·고등학교 교사들에게도 시켜본 후, 참여자들을 세 분류로 나눌 수 있다는 것을 알게 되었다. 일부는 문서를 작성한 저자의 목적과 관점을 염두에 두고 자료를 읽었고, 또 다른 일부는 각각의 자료가 어떤 '측면'에 기울어져 있는지를 궁금해 하며 "무슨 일이 정말로 일어났는지"에 대한 정확한 정보를 알아내고 싶어 했으며, 또 다른 일부는 와인버그 연구의 고등학생들과 마찬가지로 비교나 행간 읽기에 주목하지 않고 오로지 정보를 모으는 데만 집중했다. 이 세 번째 부류의 교사들 중 한 명은 심지어 '흥미'와 '가독성'이라는 개념을 '신뢰성'이라는 개념과 동일시하기까지 했다. 이 교사는 하워드 패스트(Howard Fast)의 『4월의 아침(April Morning)』에 나온 구절이 다른 자료보다 더 신뢰가 간다고 하면서, 그 이유를 "왜냐하면 일단 이게 가장 재미가 있고요. (…) 디테일이 더 선명하게 드러나기도 하고, 또 감정으로 가득 차 있기 때문이죠"라고 설명했다.[07]

비록 이런 연구가 모든 교사들의 역사 이해 수준이 빈약하다는 것을 의미하는 건 아니지만—샘플 사이즈가 작아서 일반화할 수도 없다—이들 연구는 슐만과 다른 학자들이 주장하는 것처럼 교사들이 역사학이라는 학문의 본질을 이해할 수 있도록 하는 것이 교사교육자들의 중요한 임무라는 점을 시사해준다. 만약 교사들이 역사교육의 본질을 이해하지 못한다면, 이 교사들은 학생들이 배워야 하는 것이 무엇인지 알 수 없기 때문에—하물며 학생들이 이를 배우려면 어떻게 해야 할지에 대해서는 더더욱 알지 못할 것이기 때문에—학생들을 위한 의미있는 학습 활동을 계획할 수 없을 것이다.

자료가 얼마나 "재미"있는지의 여부에 따라 평가될 수 있다고 생각하는 교사는 결코 역사 교사의 자격을 갖추었다고 볼 수 없으며, 역사교사를 지도하는 교수들은—역사학부에 있든 사범대에 있든—예비 교사들이 역사가 무엇인지에 관해 더욱 정교하고 또 정확하게 이해할 수 있도록 도와야 한다. '학과에 대한 깊이 있는 지식'은 역사 교사의 전제조건이고, 이를 발전시키는 것이 교사를 가르치는 교수들의 주요 임무이다. 이런 점에서 볼 때, 교생들을 대상으로 했던 예거와 데이비스의 연구는 매우 고무적인데, 왜냐하면 이 연구는 교수들의 이런 임무가 그렇게까지 어려운 건 아니라는 점을 시사해주기 때문이다. 이 연구에 참가한 여섯 명의 교생들 중 무려 두 명이 이 연구 활동에 참여한 이후 역사적 증거와 해석에 대한 이해를 더욱 정교하게 발전시키지 않았던가!

교수 학습적 내용 지식을 성장시키고자 한다면, 교사들이 역사 내용 지식을 오랜 시간 배우도록 하는 것보다는 역사 지식의 인식론적 기초를 반추하게 하는 활동에 집중적으로 참여할 수 있도록 하는 것이 더 효과적일 것이다.

교수 학습적 내용 지식과 교실 수업

앞서 설명한 연구는 교사들이 역사가 지니는 해석적 본질을 더 제대로 이해할 필요가 있다고 제안하고 있다. 그러나 교사들이 역사학을 정교하게 이해하고, 또 그 이해가 교수 학습적 지식과 잘 결합되어 있다 하더라도, 과연 그것이 교수 활동에 영향력을 미칠지에 대해서는 의문을 품어볼 필요가 있다.

예를 들어 브루스 밴슬레드라이트는 역사학 박사과정을 마친 숙련된 중등학교 역사 교사—교사 경력이 16년차 되는 숙련된 교사였음—와 함께 케이스 연구를 수행했다. 이 교사는 대학원 수업, 그리고 특히 역사학 박사학위 과정을 거치면서 역사 연구를 했고, 따라서 역사적 지식과 역사적 증거의 복잡한 본질을 충분히 이해하고 있었을 뿐만 아니라 역사 지식을 만들어내는 데 '해석'이라는 개념이 가지는 중심적인 역할에 대해서도 분명하게 인지하고 있었다. 더욱이 역사 전문가가 되기 위해 훈련 받는 대학원 과정 동안 최근 역사학의 중심 주제 중 하나인 '신사회문화사'나 '아래로부터의 역사' 연구를 특히 중점적으로 다루었다. 비록 누군가는 이 교사의 역사 이해가 더 오랫동안 전문 역사 연구를 해왔던 사람들만큼 정통한 것인지 의문을 제기할 수도 있겠지만, 이 교사가 지닌 학과에 관한 내용 지식의 수준이 교사에게 요구되는 지식 수준을 넘어서는 것은 확실했다(사실 끝까지 역사학과에서 박사 과정을 무사히 마치는 사람 자체가 많이 없다). 또한 이 교사는 폭넓은 교실 수업 경험도 가지고 있었기 때문에, 본인의 정교한 지식을 교실 수업에 제대로 적용하는 데 어려움이 없을 것이었다.[08] 그런데 이 교사의 교수 활동은 이런 역사학에 대한 이해와 매우 동떨어진 것이었고, 학생들은 이 교사가 역사를 연구했던 방식으로 역사 지식을 접해볼 기회를 거의 가져보지 못했다.

기본적으로 이 교사는 학생들이 미국사에 대한 단 하나의 설명, 이미 합의가 이루어진 역사적 설명을 그대로 재생산해내게 하는 데 초점을 맞추고 있었다. 그의 교수법은 교육과정이 개관하는 그대로, 또 학생들이 연말마다 치르는 선다형의 평가 구조를 그대로 따르는 것이었다. 학생들은 수업 시간 내내 역사적 인물, 지역, 사건에 관한 사실 정보를 나열하는 요점 정리만 배웠을 뿐이다. 이 교사는 과거에 대한 다양한 관점을 설명하고 사실과 해석의 차이점을 상기시키기도 했지만—주로 "일부 역사가들의 주장에 의하면…"이라는 말로 시작했다—적어도 교과서는 사실 정보에 토대한 권위 있고 완전한 자료인 것처럼 다루었다. 학생들은 텍스트가 그 자체로 이미 해석이라는 점에 대해 전혀 배우지 못했고, 교과서나 다른 자료에서 드러나는 역사적 주장을 해석해보라는 질문을 받아보지도 못했다. 역사적 설명의 토대가 되는 증거가 어디서 왔는지에 대한 질문도 없었고, 원사료를 읽고 분석해보는 활동도 거의 없었다. 교사 자신이 관심을 가지고 있는 '아래로부터의 역사'에 대해서도 연방주의 기간(Federal Period)* 동안 여성과 마이너리티에 대해 하

---

* 대략 1788년부터 1800년까지 연방주의자들이 정권을 장악했던 시기. 독립혁명에 성공한

루 날을 잡고 강의를 하는 정도였다. '사실/해석'의 구분에 대한 학습도 오로지 이런 이분법이 존재한다는 점 정도만 다루어졌다. 결국 밴슬레드라이트는 "교사가 깊이있는 지식을 가지고 있고 학과에서 나온 최근의 연구 성과를 알고 있다 해도, 또 풍성한 교수 학습적 경험을 소유했다 해도, 이런 요소를 고등학교 교실 수업에서 자연스럽게 실천하는 것은 결코 아니다"라는 결론을 내렸다.[09]

학과적 지식과 교실 수업 사이의 관련성에 의문을 제기한 것은 밴슬레드라이트만이 아니었다. G. 윌리암슨 맥다이어미드(G. Williamson McDiarmid)는 학부의 사학사 수업에 등록한 14명의 학생과 인터뷰를 했다. 이들 중 8명은 고등학교 역사 교사가 되고자 하는 학부생이었다. 수업의 초반부터 학생들은 역사적 설명에 편견이 존재한다는 것을 인식하고 있었다. 이 학생들은 처음에는 역사적 설명에 존재하는 편견을 단순히 저자의 개인적 믿음이나 은밀한 의도(agenda)의 결과라고 생각했고, 역사적 텍스트는 그 어떤 것도 신뢰할 수 없다는 정도로 생각하고 있었다. 학기를 모두 마친 뒤 대략 절반의 학생이 역사는 '해석적'이라는 이 학문의 본질에 대해 더 복잡한 개념을 이해할 수 있게 되었다. 가령 이 학생들은 역사 지식은 잠정적인 것일 뿐이며 역사는 현재적 관점에 사

후 미국은 연방헌법 비준 문제를 놓고 찬성과 반대로 나뉘어 대립했다. 연방주의자는 헌법 비준에 찬성한 이들로, 기존의 국가연합이 너무 약하기 때문에 강력한 연방정부 수립이 필요하다고 보았다. 반연방주의자들은 새로운 연방정부가 너무 큰 권력을 가지고 있기 때문에 개별 주의 자치권과 개인의 자유를 침해할 위험이 있으며, 이 헌법이 미국 혁명의 이념을 파괴할 것이라고 보았다. 반연방주의자의 노력에도 불구하고 각 주의 비준회의는 1787년과 1788년 사이의 겨울에 신속하게 헌법을 비준하여 결국 미국 헌법이 만들어졌다. 그러나 1800년 연방주의자였던 존 아담스가 대통령 재선에 실패하면서 연방주의자의 입지가 좁아졌다.

로잡혀 해석될 수도 있다는 점을 인지했다. 그러나 학생들의 역사학에 대한 지식이 이토록 나아졌음에도, 교수 학습에 관한 생각에는 전혀 변함이 없었다. 이 학생들은 여전히 강의가 역사를 가르치는 데 가장 적합한 방식이라 생각했고, 훌륭한 역사 교사는 "좋은 이야기"를 들려주며, 칠판에 판서를 잘해주는 사람이라고 생각했다. 이들은 고등학생들은 자신들이 사학사 수업에서 배웠던 역사 해석 작업 같은 것을 직접 하고 싶어 하지 않을 것이고, 또 그럴 능력도 없을 것이라고 생각했다. 이 학부생들은 학습자들은 단순히 무슨 일이 일어나고 또 왜 일어났는지를 알아야 한다고 생각했다.[10]

밴슬레드라이트와 맥다이어미드의 연구는 학문적 지식과 교수적 지식이 직접적인 연관관계가 없다는 것을 지적하고 있다. 그러나 이보다 훨씬 충격적인 사실은, 심지어 교수 학습에 대한 개념을 제대로 갖추고 있는 교사들마저 이를 자신의 수업에서 실천하려 하지 않는다는 점이다. 이런 사실은 역사 및 사회과 교육에 관한 연구에서 지속적으로 발견되는 패턴이다. 수많은 연구에서 교사들은 학생들의 적극적인 학습 활동과 다양한 관점, 그리고 학생들이 지식을 구성해 나갈 수 있어야 한다는 구성주의 교수법에 대한 본인들의 신념을 분명히 밝혔다. 그러나 이 교사들의 수업을 관찰하거나 본인의 교실 수업을 묘사하는 내용을 들어보면 전혀 다른 장면이 연출되고 있다. 교사들은 사실상 교사 주도적 수업을 통해 학생들의 활발한 교실 활동과 수업 담론을 통제하면서 교과서나 교육과정 가이드에 나오는 내용 지식만을 전부 다루고 있었을 뿐이다. 심지어 교사들이 지닌 학과에 대한 개념이 서로 다를 때조차, 또 교사들의 배경이나 전문 지식의 수준이 서로 매우 다를 때도, 모든 교사들은 놀라울 정도로 비슷한 방식으로 수업을 했고 이는

대개 본인들이 신봉하는 교수법과는 전혀 상관이 없었다.[11]

스테파니 밴 호버(Stephanie van Hover)와 엘리자베스 예거는 2년에 걸친 케이스 연구를 수행했는데, 이 연구에 참여한 고등학교 교사는 역사 해석, 탐구활동, 여러 가지 역사 사료 및 다양한 관점을 굉장히 강조하는 '집중 교사 자격 프로그램'을 마친 사람이었다. 이 교사는 그 프로그램에서 가장 우수한 학생 중 한 명이었고, 또 학부에서 역사를 전공한 학생이기도 했다. 인터뷰를 보면 이 교사는 역사적 사고와 탐구활동을 분명히 이해하고 있었다. 즉 행위와 동기를 당시의 시대상에 맞추어 해석해야 하는 학문 활동으로 역사를 이해하고 있었고, 역사는 다양한 관점에서 분석되어야 하며, 따라서 역사 교사는 탐구활동이나 문제 해결 활동을 해보고 토론, 논쟁, 협동 학습 등을 통해 학생을 가르쳐야 한다고 생각하고 있었다.[12]

모든 측면에서 볼 때 이 교사의 교수 학습적 내용 지식은 모범적이었다. 그러나 이 교사의 교수법은 그의 지식과 아무 관련이 없었다. 이 교사는 감정이입, 사료 해석, 역사적으로 사고하기 및 탐구활동 등을 전혀 독려하지 않았고, 교실 활동 또한 매우 교사 중심적으로 운영했다. 미국 역사에 관한 단 하나의 내러티브를 설명하면서 주로 강의식 수업을 했고, 학생들은 교과서의 장별 개요를 보며 노트 필기를 했다. 시뮬레이션이나 모둠활동을 할 때도 학생들에게 최종 결론이 무엇인지 직접 설명해주었고, 교사의 설명에 반박하는 학생들을 재반박하곤 했다. 비록 이 교사는 교육 방법론 수업에서 역사를 어떻게 가르쳐야 하는지에 관해 뛰어난 지식을 지닌 것으로 평가 받았지만, 그 수업에서 배운 것을 실제 수업에 거의 적용시키지 못했다.[13]

교사교육자인 교수들이 예비 교사들에게 미치는 영향력은 너무나 제한적이기 때문에, 교수들이 교사의 교실 수업에까지 영향을 미치지 못하고 있다는 점이 지적되고 있다. 예비 교사들에게 필요한 교수 학습적 내용 지식을 발전시키도록 도울 수 있는 시간은 매우 짧다. 대개 이 수업은 교과교육 방법론 강좌에서 이루어지고, 또한 역사과 교수법과 관련 있는 다른 교육학 강좌에 의해 보충되는 정도이다. 중등학교 교사들은 역사 전공이나 다른 집중 전공 분야의 일부로 역사교육 방법론 수업을 한두 개 더 수강한다. 다른 일반 역사 수업도 역사가 본질적으로 '해석'에 입각한다는 점을 다루기는 하지만, 이런 수업은 초중등학교 수업에서 역사를 가르치는 방법론까지 다루지는 않는다.

대학에서의 이런 짧은 경험은 지나치게 보잘 것 없어서 "관찰자로서의 견습 기간(apprenticeship of observation)"—무려 12년 이상 자신들의 교사가 매일 업무를 수행하는 것을 봐왔던 기간으로, 이 기간 동안 예비 교사들은 교수 활동이란 수업을 통제하고 교과서 진도를 다 마치는 것이라는 생각을 굳히게 된다—을 극복할 수가 없는 것이다. 학생들이 수강하는 대학 수업의 내용, 특히 교과교육 방법론 수업은 예비 교사들의 교수 활동에 대한 생각에 거의 영향을 미치지 않는 것으로 보인다. 학생들이 교생 실습을 하면서 관찰하는 학교 현장이 대학에서 배운 내용과 다를 때는 더욱 그럴 것이다. 수많은 현장 연구는 예비 교사들의 교육 방법론에 대한 생각이 매우 광범위한 요소들—본인들의 학창 시절 경험이나 개인의 성격, 학생과의 경험, 제도적 요소, 가족이나 동료 교사들의 관점 등—로부터 영향을 받기 때문에, 대학 수업이 거의 영향력을 미치지 못한다는 점을 보여주고 있다.[14]

이처럼 교수들이 교사교육 프로그램을 통해 가르치는 것이 교사들의 발전에 거의 영향을 미치지 못하는 상황은 매우 비관적으로 보일 수 있다. 이런 비관이 더 큰 절망으로 빠져들지 않게 하려면, 교수들은 예비 교사들의 교수 학습적 내용 지식을 발전시키려는 노력을 배가할 필요가 있을 것이다. 즉 역사학의 본질을 더욱 강조하면서 더 나은 역사수업을 만들어내야 하고, 방법론 수업을 통해 예비 교사들의 선입견에 도전하고, 이들이 훗날 교사가 되어 어떻게 역사를 가르칠 것인지에 대한 이해를 새롭게 형성할 더 나은 과제를 주어야 하며, 또한 우리가 희망하는 교수법의 훌륭한 모델을 직접 체험해볼 수 있도록 교생 실습 장소를 선택해야 할 것이다. 이런 철두철미하고 집중적인 노력을 통해서만 예비 교사들이 명확하면서도 일관적인 교수 학습적 내용 지식 일체를 발전시킬 수 있으리라는 희망을 가질 수 있을 것이다.

그러나 이런 지도 또한 잘못될 수도 있고, 이 정도로는 충분치 않을 수도 있다. 밴슬레드라이트, 맥다이어미드, 밴 호버와 예거의 연구가 일관되게 보여주듯이, 교사들이 역사학의 본질을 제대로 이해하고 있다 하더라도 그들의 이해가 교수법에 대한 신념이나 수업 실천에 거의 영향을 미치지 못하는 경우가 허다하기 때문이다. 더욱이 앞서 언급했듯이 사범대에서 다양한 교수법을 성공적으로 공부했던 교사들도 정작 이를 본인의 교실에 제대로 적용시키지 못하고 있다. 쉽게 말해 교사가 지닌 지식은 교실 수업을 예견하는 변수가 될 수 없다는 것이다.

이런 지식 자체가 중요하지 않다는 뜻이 아니다. 의심할 것도 없이 역사학의 본질을 잘 이해하고 이를 학생들에게 어떻게 제시할 것인지 제대로 알고 있는 것은, 역사학은 본질적으로 해석에 기반한다는 점을 학생들에게 가르치기 위한 필수적인 조건이다. 만약 교사들이 이 교과에 깔려 있는 기본적인 가정마저 모른다면, 그리고 탐구활동을 어떻게 수행할 것인지, 역사적 논쟁을 어떻게 펼쳐 나가는지, 사료를 어떻게 찾아내는지조차 모른다면, 이 교사들이 실제로 수업 시간에 그런 활동을 시도해보리라고는 상상조차 할 수 없을 것이다. 그러나 이런 지식은 역사를 가르치는 교육적 실천으로 그대로 전환될 수는 없는 것으로 보인다. 교사가 역사학의 본질을 잘 이해하고 교육 개혁가들이 권하는 대로 역사를 어떻게 가르쳐야 할지 이론적으로 알고 있다 하더라도 여전히 이를 실천하지는 않기 때문이다.

역사 교수 활동

'교수 학습적 내용 지식'이라는 개념이 슐만의 용어에서 나왔든, 아니면 개인적 이론 구성, 실천적 지식, 교수 학습적 추론과 같은 다른 이론 프레임을 통해 나왔든, 이 개념만 강조하는 것은 교수 실천에 관한 비생산적인 논의일 수 있다. 왜냐하면 이 개념은 교사들의 행동이 그 교사들이 지닌 개별 인지의 결과라고 가정하고 있기 때문이다. 사회문화적 관점에서 보면, 연구자들은 교사들 개개인이 '보유'하고 있다고 여겨지는 사적 개념이 아니라 사회 그룹의 일원으로서 이들의 행위, 그리고 그 행위를 이끌어내는 교사 사회 내의 목적에 더 관심을 두어야 한다. 예를 들어 파멜라 그로스맨(Pamela Grossman), 피터 스마고린스키(Peter Smagorinsky), 쉴라 발렌시아(Sheila Valencia)는 교수법에 관한 연구는 "교수법을 배울 수 있는 환경을 구성하는 전반적인 가치 체계나 사회적 관습"에 초점을 두어야 한다고 주장했다.

이런 가치와 관습은 교사 사회에 들어가고 싶어 하는 신입 교사들에게 신념의 방향을 제시해주며, 또한 필연적으로 이 신입 교사들의 선택에 영향을 미치게 되어 있다. 이런 관점에서 보면, 교수법을 학습하는 행위는—대학교 수업을 통해서든 인생의 경험을 통해서든—개인이 구성한 지식을 적용시키는 문제가 아니라, 학교 배경과 관련하여 역사적·문화적으로 자리 잡은 도구를 사용하고 실천하는 과정인 것이다.[15] 이 책에서 우리는 학생들의 역사 이해가 어떻게 더 넓은 역사적·문화적 맥락 속에 자리잡고 있는지 살펴보았다. 이제 우리는 주제를 전환해 이런 문화적 기대가 어떻게 교사들의 행위를 결정하는지 살펴보기로 한다.

교실을 지배하는 사회적 관습은 무엇인가? 이 질문에 대한 실증적 증거는 특히 역사교육 및 사회과 교육 분야에서 더 분명하다. 우선 교사는 교육과정의 모든 진도를 끝까지 마치라는 요구를 받고, 또 수업을 질서정연하게 통제하라는 요구를 받는다. 교실 수업의 본질에 대해 설명할 때마다 대부분의 교사들은 이 두 원칙의 중요성을 계속 강조하곤 한다. 종래의 수많은 현장 연구들과 우리 두 저자의 경험을 토대로 봐도, 교사들의 교수법을 가장 강하게 규정하는 것은 정해진 교육과정의 진도를 모두 끝내야 한다는 압박이다. 교육과정이라는 게 엄연히 존재하는 이상—교과서든, 지역 교육과정 가이드든, 국가 표준이든—교사의 주요 임무는 학생들에게 이 교육과정의 내용을 모두 전달하는 것이라고 생각하는 것이다. 교장도 학부모도 이를 지지하며, 교사들 스스로도 그렇게 믿고 있다. 학생들의 이해력을 증진시키고 동기를 북돋우며 연구를 독려하는 것도 중요한 일이겠지만, 이는 정해진 교육과정을 전달하는 일에 비해 분명 부차적이다—심지어 교사들은 이런 활동이 포함되어 있는 교육과정 가이드 라인의 실질적인 의미를 오해하기도 한다. 만약 원사료를 사용하고 다양한 관점에 대해 생각해보고 학생들이 직접 역사를 해석해보는 활동이 이런 목적을 방해한다고 생각되면, 교육과정상의 진도를 끝마치라는 요구가 결국 교사들을 사로잡게 될 것이다. 왜냐하면 어떤 상황에서든 진도 끝내기가 결국 교사들의 일이기 때문이다.[16]

교실을 질서정연하게 통제하는 것도 똑같이 중요한 의미를 지닌다. 다시 말하지만 현장 연구를 통한 증거와 우리의 경험을 통해 볼 때, 대부분의 교사들은 교실 수업이 질서를 갖추고 학생들은 조용하게 학습에 임하며, 교수의 목적, 교수 자료, 수업 실천이 일관적이고 예측 가능하도록 만들기 위해 어마어마한 노력을 기울이곤 한다. 교사들은 특히 동료 교사들과 행정가들이 자신의 교실 통제 능력을 어떻게 생각할지 굉장히 염려하고 있다. 학생들이 수업 시간에 와자지껄하게 이야기를 나누고 이곳저곳 돌아다니며 다소 무질서해 보이는 활동을 하면, 동료 교사들로부터 무시받고 교장이나 멘토 교사로부터 부정적인 평가를 받을 수 있다. 열린 결말을 추구하는 역사 탐구 모둠활동을 통해서는 학생들의 행동을 "통제하지 못할 것"이라는 우려가 많다. 예를 들어 브루스 펜(Bruce Fehn)과 킴 쾨펜(Kim Koeppen)은 역사 문서를 기초로 한 밀도 높은 역사교육 방법론 수업에 참여했던 예비 교사들을 인터뷰했는데, 여기 참여한 예비 교사들은 학생들이 매우 조직화된 방식으로 사료를 사용하여 교실 통제 문제를 전혀 걱정하지 않아도 될 때만 사료 수업을 할 것이라고 대답했다.[17]

린다 멕닐(Linda McNeil)의 주요 저서인 『통제의 모순: 학교의 구조와 학교 지식(Contradictions of control: School structure and school knowledge)』은 교사들이 교육과정상의 진도를 마치는 것과 교실 통제 문제를 굉장히 신경쓴다는 것을 잘 보여주고 있다. 4개 고등학교의 사회과 교사들을 대상으로 했던 연구를 통해, 멕닐은 각 교사들이 지닌 정치적·철학적 관점에는 상당한 차이가 있는데도 이 교사들의 교실 수업은 놀라울 정도로 비슷하다고 했다. 비록 많은 교사들이 학생들에게 높은 수준의 학과적 기대치를 보였고, 교사들 스스로도 역사·정치·경제 등에 대해 상당한 지식을 갖추고 있었지만, 그들의 교수 방식은 이를 거의 반영하지 못하고 있었다. 대신 이 교사들의 수업 활동은 해당 수업 내용의 진도를 모두 마치는 것, 그리고 그 내용을 제시하는 방식을 철저히 통제하는 것만을 중심으로 했고, 교사들 스스로도 이런 점을 분명히 인식하고 있었다. 멕닐은 '수업 진도 마치기'와 '교실 통제'라는 목표를 성취하기 위해 교사들이 사용하는 네 가지 전략을 설명했다.

첫째는 '파편화'로, 교사들은 수업 주제를 서로 분리된 정보의 조각으로 제시한다. 둘째는 '신비화'로, 교사들은 수업 주제를 중요하지만 알 수 없는 어떤 것으로 만들어 토론의 여지를 차단해버린다. 셋째는 '생략'으로, 교사들은 현재적·논쟁적·정치적·경제적인 문제를 수업 시간에서 배제시켜버린다. 마지막 하나는 '방어적 단순화'로, 복잡한 주제에 대해 오로지 표면적인 것에만 집중하게 만든다. 이런 전략을 사용함으로써 교사들은 학생들의 토론 시간을 제한하여 잠정적으로 차질을 빚을 수 있는 위험요소들을 성공적으로 차단하고 교육과정의 진도를 효과적으로 끝마칠 수 있는 것이다.[18]

멕닐의 결론은 역사 및 사회과의 교실 수업에 관한 수많은 다른 연구와 일맥상통한다. 사회문화적 관점에서 보면, 역사를 가르칠 때 중요한 사회적 행위는 '진도 마치기'와 '교실 통제하기'이다. 역사 교사나 사회 교사들이 사용하는 도구에는 멕닐이 규정한 네 가지 전략은 물론이고, 이 외에도 교과서 같은 단 하나의 자료로만 정보를 제한하는 전략, 모든 학생들에게 동일한 정보 일체를 학습하도록 하는 전략, 학생들이 정해진 사실과 분석을 다시 제대로 말할 수 있는지 시험하는 전략들도 포함되어 있다.

그런데 '진도 마치기'와 '교실 통제하기'의 진짜 목적은 다소 애매모호하다. 역사교육의 목적이 무엇인지 질문해보면, 대부분의 역사 교사들은 본인들의 교실 수업과 거의 관련이 없는 추상적인 답을 내놓곤 했다. 우리는 이런 애매한 설명보다는 진도 마치기와 교실 통제하기를 실제로 행하게 만드는 그들의 진짜 목적에 더 관심이 있다. 도대체 왜 교사들은 이 문제를 그토록 염려하는 것일까?

역사 교수에서 '목적'의 역할

교사들의 행위를 이끄는 목적을 알아보는 데는 어느 정도 어림짐작이 필요하다. 사람들이 언제나 자신들의 행위를 정확히 설명해줄 수 있는 것도 아니고, 또 "선생님은 왜 학생을 통제하는 일에만 시간을 보내시는 겁니까?"라는 질문은 지나치게 공격적일 수 있다. 그럼에도 당장 두 가지 이유를 생각해볼 수 있는데, 이 둘 모두는 교사교육에 관한 여러 연구서에서 입증된 바 있다. 첫 번째 목적은 교사들 스스로 자신을 둘러싼 환경에 자연스럽게 어울리고자 하는 것이다. 교사들은 동료 교사나 행정가, 학부모들에게 유능한 전문가로 인정받기를 원한다. 이는 곧 주변 사람들과 비슷한 방식으로 행동해야 한다는 것을 의미한다. 만약 주변 사람들이 모두 교육과정의 진도를 다 마쳐주기를 원하고 시끌벅적한 논쟁보다는 조용하고 질서 있는 교실 수업을 바란다면, 신입 교사들 또한 역사의 본질이나 역사과 지도 방법론에 대해 알고 있는 것과는 아무 상관도 없이, 동료들과 똑같이 하려는 마음이 더 커질 수 있다. 교사들은 자신이 마주했던 모든 잠정적 교수 방법론 중에서—경험을 통해서든, 독서나 사범대 수업을 통해서든—주변 사람들로부터 인정받는다는 목적을 달성시켜줄 교수 방법론을 선택할 것이다. 사실 교사들의 이런 선택은 어느 정도 이해가 되는 부분이기도 하다.[19]

교사의 행위를 추동하는 두 번째 목적은 '현실성'이다. 교과 내용의 진도를 전부 마치는 것은 '효과적인' 수업 방식으로, 이는 사실 시간과 에너지를 무리하게 소비할 것을 요구하지 않는다. 누군가를 가르친다는 일은 이미 충분히 힘든 일이다. 게다가 부가적인 업무가 유의미한 결과를 이끌어내지 못한다면 더욱 힘든 과정이 된다. 교사들은 교실 수업을 할 때 이런 에너지 요구를 계산에 넣게 된다.[20]

그런데 '효율성'과 '현실성'이라는 개념은 상대적인데, 왜냐하면 적절히 노력했는지 여부에 관한 기준은 학교에 따라 매우 극단적으로 다르기 때문이다. 어떤 학교의 교사들은 어두워진 이후까지도 교실에서 계속 일할 것이고, 또 다른 학교의 교사들은 수업이 끝난 뒤 15분도 지나지 않아 주차장을 텅 비게 만들 수도 있다. 교사들이 자신의 에너지를 어떻게 소비할 것인지 결정할 때, 이 교사들은 주변 상황을 살피며 무엇이 합리적인지 비합리적인지를 고려해보게 된다.

학교 사회 내에서 인정받고 싶다는 교사들의 희망과 현실성을 염두에 두고 생각해보면, 이 교사들이 진도 마치기와 교실 통제하기를 토대로 수업을 한다는 것은 매우 이해되는 일이다. 만약 교사들의 목적이 주변 환경에 자신을 맞추는 것이라면, 논쟁적 역사 문제에 대해 학생들 스스로 주장을 세워보는 수업을 하는 쪽이 오히려 더 이상하다. 또한 만약 교사들이 단 하루라도 헛되이 노력을 낭비하는 일이 없기를 원한다면, 학생들과 함께 사료 연구를 기초로 한 모둠활동을 하는 것은 전혀 정당한 이유가 없는 이상한 행위일 뿐이다. 이런 수업은 교사들에게 어마어마한 노동 시간을 요구하며, 공식적인 교육과정과 그다지 관련이 없는 학습을 이끌어낼 수도 있기 때문이다. 교사들이 이런 교수 활동을 수행할 수 있는 교수 학습적 내용 지식을 가지고 있다고 하더라도, 만약 이런 교수 활동이 교사들 자신의 목표를 달성하는 데 도움이 되지 않는다면 이를 절대 사용하지 않을 것이다.

다시 한 번 말하지만 교사들의 행위에 대한 이런 설명은 체념적인 것처럼 보인다. 이는 교수들이 교사교육자로서 대학에서 가르치는 내용이 현장 수업에 거의 영향을 미치지 못한다는 것을 보여주기 때문이다. 교수들은 교사들이 역사가 해석에 기반한 교과라는 것을 이해할 수 있도록 도울 수는 있으나, 이런 관점은 동료 교사 집단과 발맞추고 싶어 하는 교사들의 목표에 아무런 도움도 되지 않는다. 따라서 교사들은 대학에서 배운 것을 절대로 수업 시간에 적용하지 않을 것이다. 교수들은 교사를 독려하여 학생들이 직접 원사료를 해석해보도록 하는 수업안을 고민해보게 이끌어줄 수는 있으나, 만약 학생들이 바람직한 해석 결과를 바로 도출해내지 못한다면 교사들은 이를 절대 본인 수업에서 사용하지 않을 것이다.

그러나 교수 학습적 내용 지식을 넘어서는 요소가 교수 학습에 영향을 미친다고 해도, 이것이 교사의 역할은 전혀 중요하지 않다는 의미도 아니고, 또 사범대 교수들을 교사교육과 관련 없는 사람으로 단정지어버릴 수 있는 문제도 아니다. 몇몇 연구 성과물들은 여전히 일부 교사들은 역사적 증거와 해석에 관해 본인들이 대학에서 배웠던 것을 학교 수업에 적극적으로 적용한다는 것을 보여주고 있다. 미국에만 해도 이런 교사들이 수천 명은 존재하며, 이 교사들은 교육과정이 요구하는 진도를 다 끝마치고 학생들을 적절히 통제하는 것을 넘어서 훨씬 많은 일을 해내고 있다. 연구자들은 이런 교사들이 역사를 가르치는 것을 직접 보기도 했고, 이 교사들의 수업에 대한 책을 쓰기도 했으며, 이 교사들에 관한 책과 논문을 읽어보기도 했다. 도대체 이 교사들은 왜 다른가? 이유는 분명하다. 이들은 다른 목적을 가지고 있기 때문이다.

쉽게 말해, 이 특별한 교사들은 그저 환경에 순응하는 데만 관심이 있는 게 아니다. 우리가 알고 있는 많은 훌륭한 역사 교사들은 학교 사람들의 의견, 특히 다른 교사들의 평가에 그다지 신경쓰지 않았다. 이런 교사들은 어떻게 가르쳐야 하는지에 대해 본인들이 아는 방식 그대로 가르치고 싶어 했고, 동료 교사들이 그의 수업이 시끄럽고 혼잡하다고, 혹은 학생들이 수업 시간에 너무 돌아다닌다고 무시를 하든 말든 아무 관심도 없었다. 이 교사들은 주어진 환경에 순응하지 않고 오히려 적극적으로 학교의 규정에 도전하는 것을 자랑스러워하기까지 했다.

또 어떤 훌륭한 교사들은 현실적인 제한 자체에 거의 관심이 없는 것처럼 보인다. 이 교사들은 수업 시간에 다양한 프로젝트를 수행하고, 거대한 양의 자료를 찾아내고, 학생들의 활동 하나하나에 피드백을 주었다. 이들은 시간과 에너지를 무한정 쏟아부을 마음이 있었기 때문에, 효율성 따위는 그다지 중요하지 않은 것처럼 보였다. 이처럼 개성이 강하면서도 패기 넘치는 교사들은 진도 마치기와 교실 통제하기에 연연하지 않고 학생들과 자유롭게 여러 활동을 시도했다.

그러나 여기서 인상적인 사실 하나는, 이런 훌륭한 교사들은 다른 일반적인 교사들을 위한 충분한 역할 모델이 되지 못한다는 점이다. 우선 대부분의 교사들은 이 교사들만큼 개성이 강하지 않고, 수많은 교사들에게 아무리 장려해본들 이런 식의 훌륭한 교사가 되라는 설득은 먹혀들지 않는다. 이만큼 넘치는 에너지를 가진 이들 자체가 거의 없어서, 교사교육 프로그램은 그 프로그램에 참여하는 학생들의 신진대사를 전혀 바꿔놓지 못했다.

그런데 중요한 것은, 이 특별한 일부 교사들이 '진도 마치기'와 '교실 통제하기'라는 목적에 연연하지 않는다는 사실 하나만으로는, 그들이 어째서 이렇게 훌륭한 교수 활동을 해내는지 충분히 설명할 수 없다는 점이다. 이 교사들이 다른 동료들이 연연하는 목적을 공유하지 않는다는 사실 그 자체는 그들이 진짜로 염두에 두고 있는 목적이 무엇인지, 그리고 어떤 수업 방식을 선택할지에 대해서 아무것도 말해주지 못하기 때문이다. 교사들이 명확한 교육의 목적을 스스로 고려해보지 않는다면, 그들은 일시적 유행이나 무모한 교수 프로그램의 희생물로 전락할 수 있다. 또한 치열한 고민없이 그저 동료 교사들이 하는 그대로 수업 방식을 채택하게 될 것이다.

그러나 이 점에 관해서는 현장 연구에서 나온 증거들이 고무적인 메시지를 던져준다. 많은 현장 연구가 교사들이 교육의 목적을 분명하게 인식하고 있을 경우, 환경에 쉽게 순응하려는 마음을 이겨내고 본인들이 생각하는 목적에 부합하는 교실 수업을 실천해 나간다는 점을 보여주고 있다. 예를 들어 르티샤 피켈(Letitia Fickel)은 굉장히 절실하면서도 의식적으로 명료화시킨 목표를 가지고 있는 중등학교 교사에 대해 설명하고 있다. 이 교사는 학생들을 적극적이면서도 비판적인 안목을 지닌 시민으로 성장시키고, "다양하면서도 민주적인 사회에 내재된 여러 진실과 지식"을 통해 학습할 수 있도록 하겠다는 강렬한 목적을 지니고 있었다. 학생들이 사료를 연구하고 데이터를 해석하는 한편 지속적인 지역 관련 사회 문제를 생각해보게끔 하는 이 교사의 교수법은 본인이 생각하는 교육 목표와 부합했다.

로날드 에반스(Ronald Evans) 또한 5명의 중등학교 역사 교사에 대한 연구를 통해, 역사교육의 목적을 제일 명료하게 이해하고 있는 두 명의 교사가 그 목적에 가장 근접한 수업을 이끌고 있다고 주장했다. 반면 목적의식이 그다지 강하지 않은, 혹은 그 목적을 명료하게 표현하지 못하는 교사들의 교수법은 대개 본인들의 신념과 일치하지 않았다. 제시 굿맨(Jesse Goodman)과 수잔 아들러(Susan Adler)는 초등학교 사회과 교사들을 대상으로 한 연구를 바탕으로, 교과목의 목적에 대한 명확한 생각을 가진 교사들이 이끌어가는 교실에서는 실제로 이루어지고 있는 수업과 이 교사들이 가진 교육 목적이 잘 일치하고 있다고 주장했다. 교과에 그다지 전념하지 않는 교사들은 대개 일관성도 없고 서로 모순되는 방식으로 가르치는 경우가 더 빈번했다. 브루스 밴슬레드라이트와 제어 브로피, 그리고 수잔 윌슨(Suzanne Wilson)과 샘 와인버그의 두 팀의 연구자들이 행한 사례 비교 연구 또한 역사 교사들의 실제 수업 모습은 상당히 다양하지만 그 차이점은 대개 교사들이 가진 교수 학습적 내용 지식에서 기인하기보다는 이들이 학생들을 향해 지니고 있는 각기 다른 목적의식에서 기인한다고 설명한다.[21]

교사가 의식하고 있는 교육 목적이 교실 수업에 미치는 영향력은 S. G. 그랜트의 두 고등학교 역사 교사에 관한 상세한 묘사에서 특히 분명하게 드러난다. 이 두 명의 교사는 같은 학교에서 똑같은 과목을 같은 학년 학생들에게 가르치는 교사였고, 또 둘은 모두 역사 내용과 교수 방법론의 측면에서 대단히 준비된 사람들이었다. 이 둘은 역사가 중요하다고 열렬히 믿고 있었고, 또 역사가 현재를 준비하는 데 필요한 교과라고 생각했다. '교사 지식'이라는 측면에서도 이 두 교사는 상당히 비슷했다. 그러나 이 둘의 교실 수업은 놀라울 정도로 서로 달랐다. 블레어 선생은 교실에서 주로 강의식으로 수업을 하고, OHP에 교과서 내용의 개요를 보여주며 학생들에게 조용히 노트 필기를 하게 했다. 그러나 스트레이트 선생은 강의를 하기도 했지만 그 외에 학생들에게 시뮬레이션, 역할극, 소그룹 토론 등을 해보도록 했고, 다양한 텍스트와 미디어를 보여주기도 했다. 그 누구도 다른 한 명보다 '나은' 교사는 아니었다. 왜냐하면 블레어의 강의는 날짜나 사실에 관한 지루한 기록이 아닌, 복잡한 인물과 흥미로운 이야깃거리로 구성된 정통 내러티브였기 때문이다. 즉 스트레이트가 소그룹 활동과 교실 토론 수업을 능숙하게 진행했던 것처럼, 블레어는 강의에 굉장히 정통해 있었다.

그러나 그랜트는 블레어와 스트레이트를 비교한 것은 아주 유익했다고 말한다. 왜냐하면 이런 비교 연구는 '효율성'이라는 당혹스러운 변수에 의해 교란되지 않으면서 본인 신념대로 수업하는 교사들은 도대체 어디에서 영향을 받아 그런 훌륭한 수업을 할 수 있는지 생각해볼 수 있게 해주기 때문이다.[22]

왜 이 두 교사의 수업은 이렇게나 다른 것일까? 아마 교과 관련 지식이 서로 다르기 때문은 아닐 것이다. 두 교사는 모두 역사학에서 학사와 석사학위를 소지하고 있고, 비록 이 둘이 역사의 다른 측면을 강조하기는 했어도 둘이 묘사하는 역사는 현재의 역사학자들과 일치하는 관점을 보이고 있었기 때문이다. 또한 이 두 교사의 교실 수업은 교수법에 대한 서로 다른 지식에서 기인한 것도 아니다. 블레어는 스트레이트 못지않게 다양한 교수 방법에 매우 익숙했다. 다시 말해 블레어는 단지 그 방식을 사용하지 않았을 뿐이다.

사실 이 두 교사의 교수법의 차이는 이 둘이 서로 다른 교수 목적을 가지고 있었기 때문이었다. 블레어는 학생들이 식민지 시기부터 오늘날에 이르는 미국사 전반의 정통 내러티브, 부가하자면 미국이 진보해 나간 과정 및 그 진보에 따른 문제점을 모두 포함한 복잡한 역사 내러티브를 학습하기를 원했다. 학생들이 이 교과에 대한 배경 지식이 거의 없거나 하나도 없다고 생각했기 때문에, 블레어는 교실 수업을 위해 OHP 노트를 사용하며 강의하는 것을 선택했다. 이런 수업이 내러티브를 효과적으로 다룰 수 있게 하기 때문이다. 이에 대해 그랜트는 "이야기가 이루어지기 위해서는 화자와 청중이 있어야 하는데, 블레어의 교실에는 이런 역할에 대한 혼란이 전혀 없다"고 설명하고 있다. 블레어는 수업의 자료를 효과적으로 다 검토하려고 한다는 점에서 다른 역사 교사들과 유사했지만, 외부의 권위자가 부여한 자료가 아닌 본인이 생각하기에 중요한 자료를 모두 살피는 것을 목표로 했다는 점에서 수많은 동료들과 완전히 차별화되었다.

예를 들어, 최근 교육과정 지침은 연방주의 시기를 그다지 강조하지 않지만 그는 이 시기를 다루는 시수를 줄이지 않았다. 대부분의 교사와 마찬가지로 블레어도 효율성을 상당히 염두에 두었지만—실제로 그래서 강의식 수업을 한 것이다—그가 내용을 끝마치는 데 초점을 둔 것은 다른 사람들이 그렇게 하기 때문이 아니라 역사를 배우는 학생들이 미국사 전반의 거대한 내러티브를 다 알 수 있게 하겠다는 본인만의 목표 때문이었다. 이런 경우 내용을 다 마친다는 것은 결국 주어진 환경에 교사 스스로를 맞추기 위한 것이 아니라, 교사 본인이 가진 분명한 목적을 실천하기 위한 수단인 것이다.[23]

스트레이트는 전혀 다른 목적을 가지고 있었다. 그녀는 학생들이 역사를 지적으로뿐만 아니라 감정적으로도 이해하길 원했고, 특히 학생들이 특정한 역사적 사건과 관련된 다양한 사람들의 관점에 익숙해지고, 자신과 다른 처지의 사람들에게 더 인내심을 발휘할 수 있도록 하는 것을 궁극적인 목표로 삼고 있었다. 이런 목표는 스트레이트의 교실 수업을 완전히 다른 방식으로 이끌어주었다.

첫째, 그녀는 시뮬레이션과 역할극을 통해 학생들이 당시 사람들의 관점에서 사건을 생각해보도록 했다. 학생들이 다양한 관점을 이해하기 위해서는 이런 활동이 강의보다 더 효과적이기 때문이다. 둘째, 스트레이트는 블레어의 내러티브를 지배하고 있었던 정치적 내러티브뿐만 아니라 사회사도 강조했다. 정치는 전통적으로 엘리트 백인 남성들의 전유물이었던 반면, 사회사는 스트레이트가 가치있다고 여기는 다양한 종류의 관점을 학생들이 이해할 수 있게 해주는 대단한 잠재력을 지니고 있기 때문이다. 마지막으로, 스트레이트는 과거의 다양한 사람들의 내적 경험을 전달해주는 데 특히 효과적이라 생각되는 역사 주제와 시기를 강조했다. 예를 들어 공식적인 교육과정에서 많은 비중을 차지하는 주제보다는 시민권 운동에 더 많은 주의를 기울였다.

블레어와 마찬가지로 스트레이트 또한 역사 교육과정을 어떻게 이행할지 본인 스스로 결정했다. 블레어가 미국 역사 전반의 내러티브를 이해하기에 꼭 필요하다고 여겨지는 시기—가령 연방주의 시기 같은—를 수업 내용에 포함시킴으로써 본인의 결정을 드러냈다면, 스트레이트는 학생들이 다양한 인간 경험을 이해할 수 있어야 한다는 자신의 목표에 부합하는 주제를 특히 강조함으로써 본인의 결정을 분명히 실천했다. 스트레이트는 학생들이 시험 준비에 필요한 내용을 충분히 접하지 못했다는 점을 염려하면서도, 블레어와 마찬가지로 결국 교사 스스

로의 목적에 기반하여 교실 수업을 끌고 나가고 있었다.[24]

우리가 이번 장에서 설명한 연구를 토대로 보면, 교사들이 지닌 목표가 교수 학습적 내용 지식보다 교실 수업에 훨씬 더 큰 영향력을 발휘한다고 할 수 있다. 만약 교사가 역사교육의 목적에 대한 분명한 생각을 가지고 있지 않다면 이 교사들의 수업은 단순히 교육과정을 끝까지 마쳐주고 학생들을 질서정연하게 통제하는 수준에만 머무를 것이다. 이 교사들이 역사나 교수 활동, 혹은 이 둘이 교차하는 지점에 대해 많이 알든 적게 알든 상관없이 말이다. 본인이 처한 환경에 순응하면서 효과적으로 일하고자 하는—공통적이면서도 사실 이해가 되는—수업 방식이 교수 활동의 '기본 수단'이 되어버린다면, 결국 교사들은 대학에서 배운 교수법을 금세 포기할 수밖에 없을 것이다. 이 교사들이 실제로 그런 원리를 이해하고 받아들이고 있을 때조차 말이다.

그러나 스트레이트나 블레어를 포함한 많은 교사들은 이런 식으로 학교 환경에 순응하려는 마음에 저항하고 있다. 이런 교사들의 수업은 반드시 교육과정 진도 마치기—적어도 필수교육과정 끝내주기—나 교실 통제하기만을 강조하지 않는다. 이런 교사들은 대안이 되는 본인들만의 교수 목적을 가지고 있고, 심지어 그 목적을 단단히 움켜쥐고 분명하게 표현하면서 그 목적에 맞게 교수법에 관한 결정을 내렸다. 이런 측면에서 생각해보면 역사교육 연구자들이 역사 교수 활동의 본질을 바꾸고자 한다면 교수 학습적 내용 지식보다는 교사들이 지닌 역사교육의 목적에 초점을 맞출 때 더 큰 영향력을 만들어낼 수 있을 것이다.

역사 교수 활동 변화시키기

역사교육의 개혁에 관심이 있는 이들이라면 다양한 개인적 배경과 관점에도 불구하고 모두 공통적으로 가지고 있는 관심사가 '가르치는 방식을 바꾸는 것'이다. 이들은 역사 교수 활동이 학생들이 역사 자료를 해석하고 다양한 관점을 생각해볼 수 있는 방향으로 바뀌기를 원한다. 그러나 불행히도 대부분의 다른 교과와 마찬가지로 역사교육을 개혁하려는 사람들도 역사 교수 활동을 이렇게 변화시키기 어렵다는 점 때문에 오랫동안 괴로워했다.

최근 몇 년 동안 이런 개혁의 중심에는 교사교육 프로그램과 전문가 양성 프로그램이 있었고, 이 프로그램은 교사의 지식에 초점을 맞추었다. 교사들이 교과 내용, 교수법, 그리고 이 둘의 교차점에 대해 더 많은 지식을 가지고 있다면, 분명 역사를 가르치는 방식도 더 나아질 것이라 추측했기 때문이다. 그러나 우리 두 저자가 이와 관련된 증거들을 살펴본 결과, 이는 사실이 아니다. 교사들이 역사학은 본질적으로 '해석적'이라는 사실을 이해하고, 역사에 관한 다양한 내용 지식과 학습자에게 역사를 어떻게 제시해줄 것인지에 관한 충분한 지식 또한 가지고 있다 하더라도, 이는 교실 수업에 영향을 미치는 결정적인 요소가 아니다. 이런 류의 지식은 교사가 학생들에게 역사를 해석해보게 하는 데 필요한 지식임에는 틀림없으나 이것만으로는 충분하지 않다.

수업 방식을 바꾸기를 원한다면, 교사들은 수업 방식을 이끌어가는 목적 자체를 바꿀 수 있어야 한다. 학생들이 역사적 증거를 해석해보는 활동에 참여할 수 있게 하려면, 교사들 스스로가 이런 활동을 통해서만 성취될 수 있는 목적에 대한 분명한 의식을 지니고 있어야 한다. 이런 종류의 목적은 슬로건 그 이상이어야 하고, 립서비스 이상의 의미를 지니고 있어야 한다. 그리고 이 목적은 교사들이 깊이있게, 진심을 다해 헌신할 만한 목적이어야 하고, 교사들 자신의 신념과 일치하는 행위를 만들어내려는 노력을 자극할 수 있는 것이어야 한다. 이런 종류의 헌신만이 주어진 환경에 그저 순응하여 결국 주변 교사들과 똑같은 방식으로 수업하고자 하는 유혹을 이겨낼 수 있게 해줄 것이다.

이를 위한 첫 번째 과제는 학생들이 역사적 증거를 해석하고 다양한 관점을 고려해보도록 만드는 교수 목표를 분명히 정립하는 것이다. 이런 의미있는 일을 가능하게 해주는 두 가지 종류의 역사교육 목표가 있다. 첫 번째는 학생들이 역사학이라는 아카데믹한 학문 체제하에서 작동하는 것과 동일한 방식으로 과거를 배울 수 있도록 하는 것으로, 이 목표는 지난 20여 년 동안 역사교육을 지배해왔다. 역사학 자체가 증거를 해석하고 다양한 관점을 고려해보는 과정을 포함하고 있기 때문에, 학교에서의 교수법 또한 그런 식으로 이루어져야 한다는 것이다. 이는 학생들이 반드시 '꼬마 사학자'가 되어야 한다는 의미라기보다는, 역사학자들이 어떻게 역사적 해석을 해 나가는지를 배우고 학생들 스스로 그런 활동에 참여해보는 것을 의미한다. 사료를 읽고 분석하고 해석해보는 수업 활동이나 다양한 역사적 관점을 다면적으로 고려해보는 수업 활동에 관한 수많은 현장 연구, 그리고 학교 역사 수업에서 이런 활동을 해야 한다고 강조하는 수많은 제안들 또한 대개 이 기본 골조를 토대로 하고 있다.

만약 교사가 학교의 역사 수업은 학생들을 학문으로서의 역사에 익숙해지게 하는 것이라는 전제를 받아들인다면, 그리고 관련 연구가 학생들이 역사학이라는 학문적 활동을 이해하고 이에 참여할 수 있는 능력을 지니고 있다는 점을 보여준다면, 이를 바탕으로 제안할 수 있는 바는 분명해 보인다. 그것은 바로 학생들은 역사적 증거를 통해 해석을 발전시켜 나가는 일에 참여해보고 그 증거가 보여주는 다양한 관점에 대해서도 고려해봐야 한다는 것이다.

그러나 이런 교육적 시도는 벼룩에 관한 좋은 책을 써보려는 노력일 뿐이다. 아카데믹한 학문에서 행하는 연구와 동일한 방식으로 학생들을 가르치겠다는 목표는 적어도 역사과에 있어서는—아마 다른 교과에 있어서도—부적절하고 설득력도 없다. 일부 학자들은 아카데믹한 학문이야말로 문명의 최고 성취라고 주장하고 싶은 듯하지만, 이는 문명의 최고 성취와는 거리가 먼, 그저 지난 19세기 후반에 탄생하여 전문적으로 제도화된 결과물일 뿐이다. 더욱이 아카데믹한 학문이 행하는 방법론과 연구 대상은 이런 학문을 창조하고 영속시킨 사람들이 지닌 제한적이고도 특수한 관점에 의해 형성된 것일 뿐이다.[25]

교수법을 정당화시키는 근거랍시고 학문으로서의 역사에만 초점을 맞추는 것은, 수업 관행을 개혁하기 위해 필요한 지성적이고도 감정적인 헌신을 자극할 수 있을 것 같지 않다. 여태 아카데믹한 학문에만 초점을 맞추어서 우리가 얻은 것은 아무것도 없고, 앞으로도 무언가 얻을 수 있으리라 기대할 이유도 없다. 교사들이 학교 공동체에 맞추어갈 수 있도록 도와주는 수업 방식과 학문적 기준에 집착하는 수업 방식 가운데 어느 하나를 선택해야 한다면 아마 대부분은 환경에 순응하는 것을 선택할 것이다.

그러나 역사교육의 또 다른 목적은 그저 환경에 순응하고 싶은 유혹을 뿌리치기 위해 필요한 신념을 교사들에게 심어줄 수 있다. 그것은 바로 학생들이 역사를 배워 참여민주주의, 그리고 다원적 민주주의에 기여할 수 있도록 해야 한다는 것이다. 이 목적은 우리 두 저자가 이 책을 통틀어 계속 주장한 바이고, 다시 한 번 자세히 말할 필요는 없을 것이다. 여기서 강조하고 싶은 것은, 우리 두 저자가 단지 역사를 이런 방식으로 가르쳐야 한다고 생각한다는 정도가 아니라, 이 목적은 교사들이 '진도 마치기'와 '수업 통제하기'라고 하는 틀을 깨부수기 위해 반드시 필요한 지적인 목적이 될 수 있다는 점이다.

교사들이 민주주의를 위해 필요한 인문주의적 목표에 헌신하고자 한다면, 말 그대로 교육과정을 그저 다 훑고 학생들을 통제하는 데만 초점을 맞추지는 않을 것이다. 이런 식의 수업만으로는 학생들을 원하는 목표로 이끌 수 없기 때문이다. 학생들에게 무엇을 생각할지 말해주기만 해서는 학생들이 합리적 판단을 내리도록 제대로 준비시켜줄 수 없다. 학생들에게 국가의 역사에 관한 합의된 내러티브를 되풀이하게만 해서는 학생들이 자신만의 제한된 관점을 넘어설 수 있도록 준비시켜줄 수 없다. 빡빡하게 통제되는 교사 중심의 수업만 가지고는 학생들이 공공선에 관한 담론을 다 같이 만들어내는 데 참여하게끔 준비시켜줄 수 없다. 이런 목적은 학생들이 의미있는 역사 탐구활동에 참여할 때, 그리고 다양한 증거를 살펴보고 다양한 관점을 고려해보며 자신의 의견을 방어하면서도 다른 이들과 타협할 수 있는 결론을 만들어 나갈 때 성취될 수 있는 것이다. 민주주의를 준비시키는 것이 목적이라면, 교사들은 다른 누가 무슨 소리를 하든지 간에 이런 수업을 밀고 나갈 필요가 있을 것이다.

또한 교사들이 이런 수업을 해야 할 필요성을 진정으로 느낀다면, 이 교사들은 교사교육자들이 제공하는 각종 도구들, 가령 원사료를 사용하는 방식, 탐구활동 프로젝트를 발전시키는 방식, 토론을 이끌어가는 방식 등, 대개 '교수 학습적 내용 지식'으로 여겨지는 지식과 기술 또한 필요로 할 것이다. 그리고 이런 각종 도구들이 교사들이 품고 있는 목적을 성취할 수 있도록 돕는다면 교사들은 이 교수 학습적 내용 지식을 적극적으로 사용할 것이다.

교사들이 이런 목적을 발전시킬 수 있도록 해주는 어떤 마법같은 공식이 따로 있는 것은 아니다. 한편에서 보면 시민정신을 위한 준비는 미국의 모든 공교육의 기초 근거이고, 따라서 교사는 이를 이룩하기 위한 더 큰 목적과 본인들의 책임을 받아들임 직하다. 그러나 일부 실증적인 현장 연구들은 많은 교사들이—신규 교사나 베테랑 교사나 할 것 없이—민주주의나 시민교육에 관한 편협하고도 정교하지 못한 관념을 지니고 있다는 것을 보여주고 있다.[26] 따라서 교사들에게 역사란 민주주의라는 목적을 위해 애쓰는 교과라는 것을 확신시키기는 쉽다 하더라도, 이 교사들을 독려하여 어떻게 이런 목적이 우리가 이 책 전체에 걸쳐 묘사해온 인문주의를 지향할지, 그리고 어떻게 이런 목적이 성취될 수 있을지를 생각해보게 하는 것은 어려운 일일 수 있다. 교사들이 역사가 시민정신을 고양해야 한다고 믿는다고 해도, 이들이 민주주의에 있어서 참여정신이나 다원주의적 요소에 대해 깊이 생각하지 않는다면 진도 마치기와 교실 통제하기는 역사 교실에서 중요한 교수 행위로 남게 될 것이다.

교사들이 합리적 판단을 강조하고 또 확장된 관점의 인문주의 및 서로의 협력을 통해 구성된 공공선에 관한 담론을 강조하고자 한다면, 우선 이런 것들이 민주주의에 기여한다는 점을 진심으로, 그리고 확신을 가지고 믿어야 할 것이다. 물론 이런 믿음은 단순히 전달을 통해 생길 수 있는 것은 아니기 때문에, 교사 스스로가 이런 결론에 도달할 수 있어야 한다. 교사들이 이런 결론을 내릴 수 있도록 환경을 만들기 위해서는, 교사교육 프로그램이 역사학의 내용 지식 및 교수 지식과 관련된 기술적인 문제를 훑는 데만 관심을 가질 것이 아니라, 교사들이 역사교육의 적정성을 평가하고 이 교과를 위한 다양한 대안적 관점을 같이 생각해보며 이런 류의 질문을 심각하게 고민하는 공동체에 들어갈 수 있도록 하는 데 더 관심을 기울여야 할 것이다.

물론 이것이 교사들이 역사교육의 인문주의적 목적을 받아들일 것이라고 보장해주지는 못한다. 우리 교사교육자들 또한 교사들이 만들어낼 다른 종류의, 심지어 우리가 생각했던 것보다 훨씬 더 나은 관점을 기꺼이 받아들일 마음이 있다. 우리는 교사들이 기회만 주어진다면 민주주의를 위해 깊고도 지속적인 헌신을 할 것이라고 믿는다. 왜냐하면 민주주의야말로 가장 위대한 테마이기 때문이다.

역자 후기

　이 책이 처음 출판된 지 10년도 더 지난 터라 이제 와서 번역을 하는 것이 과연 의미 있는 일인지 오랫동안 고민했다. 그러나 이 책은 여전히 여러 국가의 역사교육 연구자 및 역사 교사들 사이에서 스테디셀러로 꼽히고 있는 데다, 키쓰 바튼 교수와 린다 렙스틱 교수의 연구서 및 논문들이 최근 한국에서도 상당히 자주 인용되고 있기 때문에 지금이라도 이 책을 소개하는 것이 좋겠다고 생각하게 되었다. 뿐만 아니라 두 저자가 묘사하는 미국 역사교육의 모습은 한국의 상황과 놀라울 정도로 비슷하면서 또 다르기도 해서, 무엇보다 역사교육에 관심이 있는 사람들에게 재미난 읽을거리를 제공해줄 수 있을 것이라는 생각도 들었다.

　이 책은 역사교육 연구자 및 역사 교사들이라면 누구나 품고 있는 가장 근본적인 질문, '왜 역사를 가르쳐야 하는가'를 고민하는 책이다. 이 질문에 답하기 위해 두 저자는 사회과학 및 교육학, 그리고 다양한 역사학의 이론 및 내용을 아우르고, 북미 지역 및 유럽 일대의 교사와 학생을 대상으로 한 현장 연구를 다각도로 소개하며 역사교육이 나아가야 할 방향을 탐색하고 있다.

두 저자가 책에서 언급한 것처럼, 수많은 미국 공립학교 학생들은 매일 아침 국기에 대한 경례를 하면서 하루를 시작하고, 수업 시간에 미국사를 학습하면서 '자유와 진보'로 상징되는 '위대한 미국'에 대한 자긍심을 은연중에 재확인한다. 때로는 세계사를 학습하면서도 미국을 떠올리는 듯하다. 알렉산드로스 대왕의 동방원정, 로마제국, 유럽인들의 탐험을 배우면서 학생들은 끊임없이 위대한 미국의 이미지를 유추해내고, 현대 세계 곳곳의 가난과 분쟁을 학습하면서는 '우리 미국'이 이런 불행한 나라를 어떻게 도울 수 있을지 생각해보기도 한다. 학교교육, 특히 사회과 및 역사교육은 다인종, 다민족으로 이루어진 국가인 미국의 전 국민을 하나로 묶어주는 국가 중심적 사고를 형성하고 발전시키는 데 오랜 시간 일조해왔다.

미국의 역사교육학계는 이런 국가 중심적 역사 내러티브가 학생들의 배타적이면서도 국수주의적인 사고방식을 강화시킨다는 점을 지속적으로 비판해왔다. 특히 이에 대한 반작용으로 학문주의적 입장을 가진 학자들은 학생들이 국가주의적 이데올로기에서 벗어나 역사학자가 역사를 연구하는 것처럼 역사학의 기본 개념과 학문의 원리를 공부하여 더욱 '객관적인' 입장에서 역사를 학습해야 한다고 주장하기도 했다.

두 저자는 미국의 프래그머티즘을 교육철학의 토대로 한 학자로서, 역사교육이 참여민주주의라는 오늘날의 '현실'을 바탕으로 더 바람직한 방향의 다원주의 사회, 민주주의 사회를 지향하는 데 기여할 수 있어야 한다고 주장한다. 이에 두 저자는 국가 중심적 담론을 내면화시키는 역사교육을 비판함과 동시에, 역사학 및 역사학자가 주체가 되어 구성하는 학문 중심적 역사 교육과정에 대해서도 의문을 제기한다. 단 하나의 국가주의적 내러티브를 재생산하는 역사교육, 그리고 역사학을 역사교육의 모학문처럼 생각하는 역사교육이 과연 오늘날의 다원적 민주주의, 참여민주주의를 위해 어떤 기여를 할 수 있을 것인가?

또한 두 저자는 역사교육이 참여민주주의를 지향하기 위해서는 무엇보다 역사 학습의 주체인 '학생'을 중심으로 교육과정이 논의되어야 한다고 본다. 따라서 이 책의 대부분은 '학생들이 역사를 어떻게 이해하는가'에 관한 실증적인 예시로 가득 차 있다. '학생들의 역사 이해'에 관한 지식이야말로 역사교육 연구자, 교육과정 개발진 및 역사 교사들이 교육과정 및 교수 방법을 구상할 때 가장 중심이 될 만한 지식이기 때문이다. '아이들은 으레 그러할 것'이라는 선험적인 가정이야말로 제대로 된 근거를 갖추지 못한 비효율적인 역사 수업을 이끌 수밖에 없다. 따라서 두 저자는 연구자들이 실제로 현장의 교실 수업을 관찰하고 분석하며 교사와 학생들과 대화를 나누는 속에서 이들의 사고를 이해하고, 또 사회과학적 이론을 바탕으로 학생들의 역사 이해의 특성을 설명해낼 수 있어야 한다고 주장하고 있다.

이처럼 두 저자는 역사교육이 어용학문으로 오용되거나 지나치게 상아탑 학자들의 논의로만 전락하는 것을 경계한다는 점에서 한국의 역사교육에도 시사점을 던지고 있다. 역사 수업을 이끌어가는 동력으로서 입학 시험을 비롯한 각종 시험들이 너무도 중요한 의미를 지니고 있는 한국의 특수한 상황을 고려하더라도, 학생들의 생각을 아는 것은 여전히 중요한 문제이다. 현장 연구를 통할 때 우리는 어떤 그릇된 인식이나 가정이 학생들의 역사 이해를 방해하는지 파악할 수 있고, 이를 바탕으로 더 효율적인 교수 학습 활동을 제안할 수 있기 때문이다.

다만 한국 독자의 입장에서 아쉬운 것은, 이 책에서 두 저자가 제시하는 대부분의 예시가 미국의 상황 및 미국 학생들, 그리고 미국사 학습에 기반하고 있다는 점일 것이다. 이 책이 다소 생소한 사회적 맥락 및 역사 내용을 바탕으로 하고 있는 만큼, 가능한 한 관련 서적 및 논문을 참조하여 역주를 추가해 독자의 이해를 돕고자 했다. 아무쪼록 독자들이 이 책이 제시하는 논지와 설명, 그리고 각종 현장 연구에 바탕을 둔 여러 예시들이 한국 역사교육의 맥락과 어떻게 비슷한지, 혹은 어떻게 다른지, 그리고 어떤 방식으로 우리 역사교육에 시사점을 던지는지를 비판적으로 생각해볼 수 있기를 바란다.

이 책의 저자 중 한 명인 키쓰 바튼 교수와는 끊임없이 연락하면서 저자의 의도를 살려 번역하기 위해 최선을 다했다. 특히 미세한 전치사의 차이를 통해 개념을 구분하는 경우, 그리고 한국어에 적당한 표현이 없는 경우는 그 내용을 전부 풀어 설명하며 번역했다. 또한 이 책이 미국에서 출판된 이후 더 많은 연구 성과가 쌓인 만큼, 그 부분도 바튼 교수와 의논하여 주석을 추가했다. 그럼에도 불구하고 저자의 의도를 왜곡하지는 않았는지 불안을 지울 수가 없다. 부디 이 번역이 두 저자의 명성에 누가 되지 않기를 바라며, 모든 오역과 실수는 번역자의 탓임을 일러둔다.

마지막으로, 이 책을 번역하여 완성할 수 있도록 도와주신 많은 분들께 감사의 인사를 드린다. 우선 책의 저자이며 번역을 허락해주신 키쓰 바튼 교수님과 린다 렙스틱 교수님께 깊이 감사드린다. 특히 지도교수인 바튼 교수님은 외국인 학생인 역자가 이 번역을 모두 마칠 수 있도록 정말 많은 도움을 주셨다. 연구실 문을 두드릴 때마다 오랜 시간을 할애하여 책 내용에 대한 부가설명을 해주심은 물론이거니와 영어 문법 문제와 같은 사소한 부분까지도 마다하지 않으시고 꼼꼼하게 지도해주셨다.

번역이 어설픈 초고가 나왔을 때 함께 글을 읽어주며 완성도를 높일 수 있게 도와준 이화여자대학교 동학들에게도 감사의 말을 전하고 싶다. 특히 김유진, 지모선은 적절한 용어, 어휘 및 문장 사용, 그리고 역주가 필요한 부분까지 짚어주며 더 나은 번역을 위해 다양한 조언을 해주었다. 또한 인문학과 가치 있는 삶에 대하여, 그리고 교육, 민주주의, 사회 정의에 대하여 늘 함께 논쟁하고 토론할 수 있는 동학이자 인생의 길벗인 김아람, 김지윤, 유가영에게도 감사의 마음을 전한다. 이들과의 생산적인 논의 또한 이 책을 소화하여 우리말로 풀어내는 데 큰 도움이 되었다.

미국에서 열심히 공부할 수 있도록 늘 응원을 아끼지 않으시는 이화여대 역사교육전공 교수님들, 그리고 항상 온 마음을 다해 지지해주는 가족들에게도 감사의 인사를 전한다. 끝으로 이 번역서가 세상의 빛을 볼 수 있도록 마음 써주신 역사비평사 관계자분들, 특히 정윤경 선생님께 진심으로 감사의 말씀을 드리고 싶다.

인디애나 블루밍턴에서,
김진아

미주

제1장 역사교육이란 무엇인가—사회문화적 관점

01 Alan Griffin, "History", *World Book Ecyclopedia*, 1962 ed., Chicago: Field Educational Enterprises Corporation, 1962. 이 문장은 그리핀이 '역사'에 대한 정의를 내리면서 사용한 첫 문장이다. 그는 "'위대한 권위자'가 다음과 같이 말했다"라며, 스스로를 '위대한 권위자'라고 칭하는 농담으로 말문을 열었다. 같은 백과사전의 2002년판에서는 낸시 F. 팔러(Nancy F. Paler)가 다소 부드럽게 "역사는 과거에 일어난 사건을 연구하는 학과이다"라고 설명하고 있다. 낸시는 "역사 연구와 역사 쓰기는 현재 사회의 구조, 가치, 영속성을 보존함으로써 과거를 의미 있게 만든다"라며, 전통적인 용어를 사용하여 역사 교과의 목적을 서술했다. Nancy F. Palmer, "History", *World Book Encyclopedia*, 2002 ed., Chicago: World Book, 2002.

02 Peter Novick, *That Noble Dream: The "Objectivity Question" and the American Historical Profession*, New York: Cambridge University Press, 1988, pp. 70~72, 185~193; Robert E. Keohane, "The Great Debate over the Source Method", *Social Education* 13, May 1949, pp. 212~218; Jonathan Zimmerman, *Whose America? Culture Wars in the Public Schools*, Cambridge, MA: Harvard University Press, pp. 9~133.

03 Paul Gagnon and the Bradley Commission on History in Schools eds., *Historical Literacy: The Case for History in American Education*, New York: Macmillan, 1989; E. D. Hirsch, *Cultural Literacy: What Every American Needs to Know*, Boston: Houghton Mifflin, 1987; Diane Ravitch and Chester E. Finn, *What Do our 17-year-olds Know? A Report on the First National Assessment of History and Literature*, New York: Harper and Row, 1987.

04 Tom C. Holt, *Thinking Historically: Narrative, Imagination, and Understanding*, New York: College Entrance Examination Board, 1990; James A. Percoco, *A Passion for the Past: Creative Teaching of U.S. History*, Portsmouth, NH: Heinemann, 1998; David Korbin, *Beyond the Textbook: Teaching History Using Documents and Primary Sources*, Portsmouth, NH: Heinemann, 1996; Monica Edinger, *Seeking History: Teaching with Primary Sources in Grades 4-6*, Portsmouth, NH: Heinemann, 2000.

05 최근의 관련 연구는 Peter Seixas, "Review of Research on Social Studies", Virginia Richardson ed., *Handbook of Research on Teaching*, 4th. ed., Washington, DC: American Educational Research Association, 2001, pp. 545~565; James F. Voss, "Issues in the Learning of History", *Issues in Education*, 1998, pp. 163~210; Suzanne M. Wilson, "Research on History Teaching", Virginia Richardson ed., *Handbook of Research on Teaching*, 4th. ed., Washington, DC: American Educational Research Association, 2001, pp. 527~544.

06 John E. Bodnar, *Remaking America: Public Memory, Commemoration, and Patriotism in the Twentieth Century*, Princeton, NJ: Princeton University Press, 1992; John R. Gillis, ed., *Commemorations: The Politics of National Identity*, Princeton, NJ: Princeton University Press, 1994; Pierre Nora, "Between Memory and History: Les lieux de Mémoire", *Representations* 26, special issue: "Memory and Counter-Memory", 1989, pp. 7~25; Michael Schudson, *Watergate in American Memory: How We Remember, Forget, and Reconstruct the Past*, New York: Basic Books, 1992; Barry Schwartz, *Abraham Lincoln and the Force of National Memory*, Chicago: University of Chicago Press, 2000; Marita Sturken, *Tangled Memories: The Vietnam War, the AIDS Epidemic, and the Politics of Remembering*, Berkeley, CA: University of California Press, 1997; 리뷰에는 다음이 포함되어 있음. Alon Confino, "Collective Memory and Cultural History: Problems of Method", *American Historical Review* 102, December 1997, pp. 1386~1403; Kerwin Lee Klein, "On the Emergence of Memory in Historical Discourse", *Representations* 69, 2000, pp. 127~150; Jeffrey K. Olick and Joyce Robbins, "Social Memory Studies: From 'Collective Memory' to the Historical Sociology of Mnemonic Practices", *Annual Review of Sociology* 22, 1998, pp. 105~140.

07 Jonathan Zimmerman, *Whose America? Culture Wars in the Public School*, Cambridge, MA: Havard Universitsy Press, 2002; Peter N. Stearns, *Meaning over Memory: Recasting the Teaching of Culture and History*, Chapel HIL: University of North Carolina Press, 1993; James W. Loewen, *Lies My teacher Told Me: Everything Your American History Textbook Got Wrong*, New York: New Press, 1995; Edward T. Linethal and Tom Engelhardt, eds., *History Wars: The Enola Gay and Other Battles for the American Past*, New York: Metropolitan Books, 1996; Gary B. Nash, *History on Trial: Cuture Wars and the Teaching of the Past*, New York: Knopf, 1997.

08 Linda Symcox, *Whose History? The Struggle for National Standards in American Classrooms*, New York: Teachers College Press, 2002; Gary B. Nash, Charlotte Crabtree, and Ross E. Dunn,

History on Trial: Culture Wars and the Teaching of the Past, New York: Knopf, 1997.

09 Keith C. Barton, "History Education and National Identity in Northern Ireland and the United States: Differing Priorities", *Theory into Practice* 40, 2001, pp. 48~54. 북아일랜드 학생들은 영국과 아일랜드의 관계에 대해 중등학교 첫 3년 동안 학습한다. 스티븐 쏜튼(Stephen Thornton)은 학생들의 사고에 관한 연구 그 자체는 교수 방법을 계획하는 데 적당한 가이드가 될 수 없다고 주장한다. Stephen Thornton, "Subject Specific Teaching Methods: History", Jere Prophy ed., *Subject Specific Instructional Methods and Activities*, vol. 8, Advances in Research on Teaching, New York: Elsevier Science, 2001, p. 295, 309. 캐롤 한(Carole Hahn)은 비교 연구의 가치에 대해 논의한 바 있다. Carole Hahn, *Becoming Political: Comaprative Perspectives on Citizenship Education*, Albany, NY: State University of New York Press, 1998, p. 237.

10 David Lowenthal, *Possessed by the Past: The Heritage Crusade and the Spoils of History*, New York: Cambridge, 1998, pp. 105~147; J. H. Plumb, *The Death of the Past*, Boston: Houghton Mifflin, 1969, pp. 11~17; G. R. Elton, *The Practice of History*, New York: Crowell, 1967, pp. 29~36; James V. Wertsch, *Voices of Collective Remembering*, New York: Cambridge University Press, 2002, pp. 40~43; Pieter Geyl, *Use and Abuse of History*, New Haven, CT: Yale University Press, 1955; Howard Zinn, "The Use and Abuse of History", *Declarations of Independence: Cross-examining American Ideology*, New York: Harper Perennial, 1990, pp. 48~66. 역사가 대중적으로 사용되는 데 관심이 있는 학자들마저 여러 다양한 가능성을 오직 정반대되는 두 형태로 쪼개는 경향이 있다. 가령, Klein, "Emergence of Memory", pp. 128~129을 보라. 그러나 더 복잡하게 유형화한 경우는 Jörn Rüsen의 기념비적 연구를 통해 확인할 수 있다. Jörn Rüsen, "The Development of Narrative Competence in Historical Learning: An Ontogenetic Hypothesis Concerning Moral Consciousness", *History and Memory: Studies in Representation of the Past* 1, December 1989, pp. 35~59.

11 왜냐하면 우리 두 저자는 이런 이분화가 상황을 명확하게 보여주기보다는 더 애매모호하게 만들고, 또한 이런 구분은 일종의 계층 구조를 반영하고 있다고 생각하기 때문이다. 따라서 이 책에서 우리는 '역사'와 '과거'를 구분하지 않는다.

12 James V. Wertsch, *Mind as Action*, New York: Oxford University Press, 1998, p. 13. 사회문화적 분석에 관해 가장 영향력 있는 연구로 다음을 참조할 것. John S. Brown, Allan Collins, and Paul Duguid, "Situated Cognition and the Culture of Learning", *Educational Researcher* 18, January/February 1989, pp. 32~42; Jean Lave and Etienne Wenger, *Situated Learning: Legitimate Peripheral Participation*, New York: Cambridge University Press, 1998; Edward Hutchins, "The Social Organization of Distributed Cognition", Lauren B. Resnick, John M. Levine, and Stephanie D. Teasley eds., *Perspectives on Socially Shared Cognition*, Washington, DC: American Psychological Association, pp. 283~307; Michael Cole, *Cultural Psychology: A Once and Future Discipline*, Cambridge, MA: Harvard University Press, 1996.

13 Wertsch, *Mind as Action*, pp. 11~21.

14 사회문화적 관점을 바탕으로 문화적 도구를 사용하는 것에 대해 가장 유용한 논의를 펼친 연구로 다음을 참조할 것. Wertsch, *Mind as Action*, pp. 23~72; Cole, *Cultural Psychology*, pp. 117~145; Gordon Wells, *Dialogic Inquiry: Toward a Sociocultural Practice and Theory of Education*, New York: Cambridge University Press, pp. 231~266.

15 Keith C. Barton, "'Oh, That's a Tricky Piece!': Children, Mediated Action, and the Tools of Historical Time", *Elementary School Journal* 103, November 2002, pp. 161~185; Wertsch, *Voices of Collective Remembering*, pp. 87~116.

16 Roy Rosenzweig and David Thelen, *The Presence of the Past: Popular Uses of History in American Life*, New York: Columbia University Press, 1998, pp. 5~9, 27.

17 Rosenzweig and Thelen, *Presence of the Past*, p. 24, 35.

18 *ibid.*, p. 12, 31, pp. 109~113.

19 어린이들이 시간을 어떻게 이해하는지에 관한 연구로 다음을 참조. Barton, "'Oh, That's a Tricky Piece!'"; Keith C. Barton and Linda S. Levstik, "'Back When God Was Around and Everything': Elementary Children's Understanding of Historical Time", *American Educational Research Journal* 33, 1996, pp. 419~454; Stephen J. Thornton and Ronald Vukelich, "Effects of Children's Understanding of Time Concepts on Historical Understanding", *Theory and Research in Social Education* 16, 1988, pp. 69~82. 어린이들의 역사적 사고와 발달 단계상 한계점에 관한 연구는 다음을 참조. Matthew T. Downey and Linda S. Levstik, "Teaching and Learning History", James Shaver ed., *Handbook of Research on Social Studies Teaching and Learning*, New York: Macmillan, 1991, pp. 400~410; Christian Laville and Linda W. Rosenzweig, "Teaching and Learning History: Developmental Perspectives", Linda W. Rosenweig ed., *Developmental Perspectives on the Social Studies*, Bulletin No. 66 of the National Council for the Social Studies, Washington, DC: National Council for the Social Studies, 1982, pp. 54~66; Linda S. Levstik, "Teaching History: A Definitional and Developmental Dilemma", Virginia Atwood ed., *Elementary Social Studies: Research as a Guide to Practice*, Washington, DC: National Council for the Social Studies, 1986, pp. 68~84.

20 1970년대부터 1980년대 초반까지 영국에서 이루어진 주요 연구로 다음을 참조할 것. Martin Booth, "Skills, Concepts, and Attitudes: The Development of Adolescent Children's Historical Thinking", *History and Theory* 22, December 1983, pp. 101~117; Denis Shemilt, *Evaluation Study: Schools Council History 13–16 Project*, Edinburgh: Holmes McDougall, 1980; Alaric K. Dickinson and Peter J. Lee eds., *Historical Teaching and Historical Understanding*, London: Heinemann, 1978; Alaric K. Dickinson, Peter J. Lee, and Peter J. Rogers eds., *Learning History*, London: Heinemann, 1984.

21 Linda S. Levstik, "The Relationship between Historical Response and Narrative in a Sixth-grade Classroom", *Theory and Research in Social Education* 28, 1986, pp. 1~19; Linda S. Levstik, "Historical Narrative and the Young Reader", *Theory into Practice* 28, 1989, pp. 114~119; Linda S. Levstik and Christine C. Pappas, "Exploring the Development of Historical Understanding", *Journal of Research and Development in Education* 21, 1987, pp. 1~15.

22 최근 팻 후들리스(Pat Hoodless)는 어린이들이 내러티브를 통해 어떻게 연대기를 이해하는지 연구했다. Pat Hoodless, "An Investigation into Children's Developing Awareness of Time and Chronology in Story", *Journal of Curriculum Studies* 34, March 2002, pp. 173~201; Pat Hoodless, "Children's Awareness of Time in Story and Historical Fiction", Pat Hoodless ed., *History and English in the Primary Schools: Exploring the Links*, New York: Routledge, 1998, pp. 103~115.

23 영국의 몇몇 연구도 비슷한 방식으로 이루어졌다. Penelope Harnett, "Identifying Progression in Children's Understanding: The Use of Visual Materials to Assess Primary School Children's Learning in History", *Cambridge Journal of Education* 23, June 1993, pp. 137~154; John West, "Young Children's Awareness of the Past", *Trends in Education* 1, 1978, pp. 9~14; "Children's Perception of Authenticity and Time in Historical Narrative Pictures", *Teaching History* 29, February 1981, pp. 8~10; "Time Charts", *Education 3-13*, 10, 1982, pp. 48~50.

24 Barton and Levstik, "Back When God was Around"; Linda S. Levstik and Keith C. Barton, "'They Still Use Some of Their Past': Historical Salience in Elementary Children's Chronological Thinking", *Journal of Curriculum Studies* 28, September/October 1996, pp. 531~576.

25 Levstik and Barton, "Historical Salience", p. 556.

26 Keith C. Barton, "'You'd Be Wanting to Know about the Past': Social Contexts of Children's Historical Understanding in Northern Ireland and the USA", *Comparative Education* 37, February 2001, pp. 89~106; "'My Mom Taught Me': The Situated Nature of Historical Understanding", paper presented at the annual meeting of the American Educational Research Association, April 1995, Eric Document Reproduction Service ED 387404; "Historical Understanding among Elementary Children", Ed.D. diss., University of Kentucky, 1994.

27 Barton, "Historical Understanding among Elementary Children", p. 77, pp. 84~87.

28 Barton, "Historical Understanding among Elementary Children", pp. 76~78.

29 어린이들의 역사 이해에 대한 또 다른 연구로 다음을 참조. Jere Brophy and Bruce VanSledright, *Teaching and Learning History in Elementary Schools*, New York: Teachers College Press, 1997, pp. 72~194; Joan E. Blyth, *Place and Time with Children Five to Nine*, London: Croom Helm, 1984; Hilary Cooper, *History in the Early Years*, London: Routledge Farmer, 2002.

30 이는 우리가 '역사적 사고'나 '역사 이해' 같은 용어를 정의하고 싶지 않은 이유이기도 하다. 우리 두 저자가 관심 있는 것은, 이런 용어를 정의하고 나서 학생들이 역사적 사고나

역사 이해를 하는지 안 하는지, 한다면 어떻게 하는지 알아보는 것이 아니라, 역사와 관련된 활동에 학생들이 참여하는 것에 대해 현장 연구가 무슨 말을 해주는지 알아보는 것이다. 역사적 사고나 역사 이해의 본질에 관한 논의는 현장 연구로부터 나오는 것이지, 현장연구에 앞서서 나오는 게 아니다. 그리고 이런 용어에 대한 정의가 별로 도움이 되지 못한다고 생각하는 또 다른 이유는, 이런 정의는 개인이 지닌 기술, 개인의 지식 및 인식을 알아보는 것이 연구의 중심이 되어야 함을 힘의하고 있기 때문이다. 이 책의 기장 중요한 목적은 그런 개인 중심적 접근을 문제삼고, 학생들이 역사와 함께 무엇을 '하는가'를 알아보는 것이다.

31 Levstik and Barton, "Historical Saliences", pp. 555~563.

32 교과서에 관해서는 다음 연구를 참조. Frances FitzGerald, *America Revised: History Schoolbooks in the Twentieth Century*, New York: Vintage Books, 1979; James W Loewen, *Lies My Teacher Told Me: Everything Your American History Textbook Got Wrong*, New York: New Press, 1995; Richard J. Paxton, "A Deafening Silence: History Textbooks and the Students Who Read Them", *Review of Educational Research* 69, 1999, pp. 315~339. 미국 박물관과 역사 유적지에 관해서는 다음 연구를 참조. James W. Loewen, *Lies across America: What Our Historic Sites Get Wrong*, New York: Touchstone, 1999; Mike Wallace, *Mickey Mouse History and Other Essays on American Memory*, Philadelphia: Temple University Press, 1996. 교실의 역사 수업에 관해서는 다음 연구를 참조. John I. Goodlad, *A Place Called School*, New York: McGraw-Hill, 1984; S. G. Grant, *History Lessons: Teaching, Learning, and Testing in U.S. High School Classrooms*, Mahwah, NJ: Lawrence Erlbaum Associates, 2003; Jere Brophy and Bruce VanSledright, *Teaching and Learning History in Elementary School*, New York: Teachers College Press, 1997. 학생들이 영화에 어떻게 반응하는지에 관해서는 다음 연구 참조. Peter Seixas, "Confronting the Moral Frames of Popular Film: Young People Respond to Historical Revisionism", *American Journal of Education* 102, May 1994, pp. 261~285.

33 Wertsch, *Voices of Collective Remembering*, pp. 117~148. 인용문은 p. 134, 148.

34 Keith C. Barton and Allan W. McCully, "'You can form your own point of view': Internally persuasive discourse in Northern Ireland students' encounters with history", *Teachers College Record* 112, 2010, pp. 142~181.

35 두 가지 예외가 있다. 어린이들이 교실 밖에서 역사 영화를 어떻게 읽어내는지 검토한 연구로 Levstik, "Historical Narrative and the Young Reader", 또 어린이들이 방과후활동의 일환으로 지역센터에서 영화를 시청한 경험을 바탕으로 어떻게 역사 지식을 만들어내는지 검토한 연구로 Greg Dimitriadis, "'Making History Go' at a Local Community Center: Popular Culture and the Construction of Historical Knowledge among African American Youth", *Theory and Research in Social Education* 28, 2000, pp. 40~64를 참조.

제2장 참여민주주의와 인문주의적 역사교육

01 Jane Addams, *Democracy and Social Ethics*, Cambridge, MA: Harvard University Press, p. 11.

02 그러나 영국에서 수행된 역사 교사에 관한 케이스 연구는 교사들이 순수하게 학문적인 목적만 가진 것이 아니라 도덕적이고 정치적인 목적 또한 함께 가지고 있다는 것을 보여준다. Chris Husbands, Alson Kitson, and Anna Pendry, *Understanding History Education: Teaching and Learning About the Past in Secondary School*, Philadelphia: Open University Press, 2003, pp. 116~137.

03 역사가 오로지 그 자체를 위해 학습되어야 한다는 주장의 한 버전은 아서 M. 쉴레싱어(Arthur M. Schlesinger, Jr.)로부터 왔다. 쉴레싱어는 '오로지 그 자체를 위한' 역사 학습이란 정치적·경제적·종교적·민족적 압력 단체의 영향을 받지 않은 내용 지식을 학습하는 것이라고 보았다. 그러나 쉴레싱어는 역사 그 자체를 위해 학습한다고 설명한 바로 그 다음 단락에서 '무엇보다 역사는 국가 정체성에 대한 감각을 제공해준다'고 훈계함으로써, 사실 어떤 내용 지식도 정치적·경제적·종교적·민족적 영향력에서 자유로울 수 없음을 스스로 웅변하고 있다. 그런데도 정작 본인은 자기 주장의 모순을 전혀 느끼지 못하고 있는 듯하다. Arthur M. Schlesinger, Jr., *The Disuniting of America: Reflections on a Multicultural Society*, New York: W. W. Norton, 1992, pp. 136~137; 쉴레싱어가 정체성과 객관성을 동일시했던 것을 논의한 연구로 다음을 참조. Joseph R. Moreau, "Schoolbook Nation: Imagining the American Community in United States History Texts for Grammar and Secondary Schools, 1865~1930", Ph.D. diss., University of Michigan, 2002, p. 16.

04 이런 노력의 더 유명한 예시로 다음을 참조. Bernard R. Gifford, ed., *History in the Schools: What Shall We Teach?*, New York: Macmillan, 1988; Paul Gagnon and the Bradley Commission on History in Schools, eds., *Historical Literacy: The Case for History in American Education*, New York: Macmillan, 1989; Charlotte Crabtree, Gary Nash, Paul Gagnon, and Scott Waugh, eds., *Lessons from History: Essential Understandings and Historical Perspectives Students Should Acquire*, Los Angeles, CA: National Center for History in the Schools, University of California, Los Angeles, 1992.

05 Stephen J. Thornton, "Subject Specific Teaching Methods: History", Jere Brophy ed., *Subject-Specific Instructional Methods and Activities*, Vol. 8; Advances in Research on Teaching, New York: Elsevier Science, 2001, p. 309; "Educating the Educators: Rethinking Subject Matter and Methods", *Theory Into Practice* 40, 2001, p. 75.

06 Carl. F. Kaestle, *Pillars of the Republic: Common Schools and American Society, 1780~1860*, New York: Hill and Wang, 1983, pp. 75~103; Lawrence A. Cremin, "Horace Mann's Legacy", Lawrence A. Cremin ed., *The Republic and the School: Horace Mann on the Education of Free Men*, New York: Teachers College, Columbia University, 1957, pp. 6~15; Lowell C. Rose and Alec

M. Gallup, "The 32nd Annual Phi Delta Kappa/Gallup Poll of the Public's Attitudes Toward the Public Schools", *Phi Delta Kappan* 80, September 2000, p. 47. 시민교육의 보급이 미국 학교교육의 근간임을 잘 보여주는 연구로 다음을 참조. Walter C. Parker, "'Advanced' Ideas about Democracy: Toward a Pluralistic Conception of Citizen Education", *Teachers College Record* 98, 1996, p. 104; "Introduction: Schools as Laboratories of Democracy", Walter C. Parker ed., *Educating the Democratic Mind*, Albany, NY: State University of New York Press, 1996, pp. 1~22. 학교와 교육과 민주주의 시민정신의 관계에 대한 연구로는 다음을 참조. Jane Addams, *Democracy and Social Ethics*; Michael W. Apple and James A. Beane, *Democratic Schools*, Alexandria, VA: Association for Supervision and Curriculum Development, 1995; Benjamin R. Barber, *An Aristocracy of Everyone: The Politics of Education and the Future of America*, New York: Oxford University Press, 1996; George S. Counts, *Dare the Schools Build a New Social Order?*, New York: John Day, 1932; John Dewey, *Democracy and Education: An Introduction to the Philosophy of Education*, New York: Free Press, 1966; Amy Gutmann, *Democratic Education*, Princeton: Princeton University Press, 1988; Bell Hooks, *Teaching to Transgress: Education as the Practice of Freedom*, New York: Routledge, 1994; Hilda Taba, Elizabeth Hall Brady, and John T. Robinson, *Intergroup Education in Public Schools*, Washington, DC: American Council on Education, 1952.

07 Parker, "Introduction", p. 11. 어떤 이들은 교육에 대해 논의하면서 '시민정신'이라는 단어를 피하려 한다. 이 단어는 공립학교가 국가의 합법적인 시민들에게만 봉사하기 위해 존재한다는 듯한 인상을 주기 때문이다. 그러나 제2장에서 분명해지겠지만, '시민정신'에 대한 우리의 관점은 정부와의 공식적인 상호관계를 의미하는 것이 아니라, 민주주의하의 공적인 삶에의 참여 문제를 포함하고 있다. 따라서 우리는 이 용어를 더 넓은 의미에서 사용하고자 한다. 또한 우리는 모든 교육적 노력이 시민정신에만 맞춰질 수 없다는 것을 알고 있고, 모든 정치 시스템이 민주주의적이지는 않다는 점도 잘 알고 있다. 미국 같은 민주주의 사회에서조차 수많은 사람들이 민주주의 시민정신 함양이 아닌 다른 목표를 위해—때로는 이와 상충되는 목표를 위해—자신의 아이들에게 공교육을 받지 못하게 하기도 한다. 그러나 우리는 비민주적인 정치 시스템이나 교육 구조에 관해서는 전문지식이 거의 없고, 따라서 역사의 목적을 다른 맥락에서 설명하지는 않을 것이다.

08 제9 순회항소법원은 2002년에 학교의 동의 및 지지 속에서 이루어지는 '국기에 대한 경례'에 위헌 판결을 내렸고, 이후 이 판결에 반대하는 대중의 엄청난 항의가 뒤따랐다. 이런 반발은 이 관습의 깊이 뿌리내린 본성을 잘 보여준다.

09 R. Freeman Butts, *The Revival of Civic Learning: A Rationale for Citizenship Education in American Schools*, Bloomington, Ind.: Phi Delta Kappa Educational Foundation, 1980; Center for Civic Education, *Civitas: A Framework for Civic Education*, Calabasas, CA: Author, 1991. 시민교육에 대한 이런 관점의 한계는 다음을 참조. Walter C. Parker, *Teaching Democracy: Unity and*

Diversity in Public Life, New York: Teachers College Press, 2003, pp.18~19. 비민주적 사회의 학생들 또한 자신의 정부가 어떻게 작동하는지 학습할 수 있다. 그러나 이런 정보를 시민으로서 정치적 결정을 내리는 데 사용할 수 없기 때문에 그다지 유용하지 않다. 물론 민주주의 사회라고 해서 이런 정보가 언제나 당연히 주어지는 것도 아니다. 예를 들어 영국의 학생들은 전통적으로—그리고 최근까지—영국의 정치 시스템에 관한 수업을 거의 받지 못했다.

10 Shirley H. Engle and Anna S. Ochoa, *Education for Democratic Citizenship: Decision Making in the Social Studies*, New York: Teachers College Press, 1988, pp. 18, 25; Donald W. Oliver and James P. Shaver, *Teaching Public Issues in the High School*, Boston: Houghton Mifflin, 1966; Parker, *Teaching Democracy*, pp. 18~20.

11 Fred M. Newmann, Thomas A. Bertocci, and Ruthanne M. Landsness, "Skills in Citizen Action", Walter C. Parker ed., *Educating the Democratic Mind*, Albany, NY: State University of New York Press, 1996, p. 226. 이 제안서와 관련된 더 광범위한 논의는 다음을 참조. Fred M. Newmann, *Education for Citizen Action*, Berkeley, CA: McCutchan Publishing Corporation, 1975.

12 Newmann, Bertocci, and Landsness, "Skills in Citizen Action", pp. 226~227.

13 Robert D. Putnam, *Bowling Alone: The Collapse and Revival of American Community*, New York: Touchstone, 2001; Michael Walzer, "The Civil Society Argument", Chantal Mouffe ed., *Dimensions of Radical Democracy: Pluralism, Citizenship, Community*, New York: Verso, 1992, p. 90; Parker, *Teaching Democracy*, pp. 35~40; Nancy Fraser, "Rethinking the Public Sphere: A Contribution to the Critique of Actually Existing Democracy", Henry A. Giroux and Peter McLaren eds., *Between Borders: Pedagogy and the Politics of Cultural Studies*, New York: Routledge, 1994, p. 92; Jane Bernard-Powers, "The 'Woman Question' in Citizenship Education", Walter C. Parker ed., *Educating the Democratic Mind*, Albany, NY: State University of New York Press, 1996, pp. 287~308; Wendy Sarvasy, "Social Citizenship from a Feminist Perspective", *Hypatia* 12, 1997, pp. 54~73; Petra Munro, "'Widening the Circle': Jane Addams, Gender, and the Re/Definition of Democracy", Margaret Smith Crocco and O. L. Davis, Jr. eds., *Bending the Future to Their WIL: Civic Women, Social Education, and Democracy*, Lanham, MD: Rowman and Littlefield, 1999, pp. 73~92.

14 Newmann, Bertocci, and Landsness, "Skills in Citizen Action", p. 228. 벤자민 바버(Benjamin Barber)는 정치에 이렇게 경쟁적으로 접근하는 데 대해 매섭게 비판했다. *Strong Democracy: Participatory Politics for a New Age*, Berkeley, CA: University of California Press, 1984.

15 Barber, *Strong Democracy*, pp. 117~118, p. 171.

16 *ibid.*, p. 42, 152; Parker, *Teaching Democracy*, pp. 20~28; Craig Calhoun, "Introduction: Habermas and the Public Sphere", Craig Calhoun ed., *Habermas and the Public Sphere*,

Cambridge, MA: MIT Press, 1992, p. 35.

17 Parker, *Teaching Democracy*, p. 20.

18 David Mathews, "Reviewing and Previewing Civics", Walter C. Parker ed., *Educating the Democratic Mind*, Albany, NY: State University of New York Press, 1996, p. 279, 283; Barber, *Strong Democracy*, p. 174; Craig Calhoun, "Introduction", p. 29; Amy Gutmann and Dennis Thompson, "Why Deliberative Democracy is Different", Ellen Frankel Paul, Fred D. Miller, Jr., and Jeffrey Paul eds., *Democracy*, New York: Cambridge University Press, 2000, pp. 161~180.

19 John Dewey, *Democracy and Education*, p. 87.

20 Nimrod Aloni, "A Redefinition of Liberal and Humanistic Education", *International Review of Education* 43, 1997, p. 89. 알로니(Aloni)가 설명하는 두 개의 다른 학파 중 하나는 마틴 부버(Martin Buber)로 대표되는 실존주의적 인문주의이고, 다른 하나는 파올로 프레리(Paolo Freire)나 마이클 애플(Michael Apple)로 대표되는 급진적 인문주의이다. 인문주의 교육과 인문주의에 대한 서로 다른 정의는 다음을 참조. James L. Jarrett, *The Humanities and Humanistic Education*, Menlo Park, CA: Addison-Wesley, 1973, pp. 47~62; Ralph Barton Perry, "A Definition of the Humanities", Theodore Meyer Green ed., *The Meaning of the Humanities*, Princeton, NJ: Princeton University Press, 1938, pp. 43~87.

21 Amy Gutmann, "Democratic Citizenship", Martha C. Nussbaum and Joshua Cohen eds., *For Love of Country: Debating the Limits to Patriotism*, Boston, MA: Beacon, p. 70.

22 Elliot Eisner, "Can the Humanities be Taught in American Public Schools?", Benjamin Ladner ed., *The Humanities in Precollegiate Education: Eighty-third Yearbook of the National Society for the Study of Education*, Part II, Chicago: University of Chicago Press, 1984, p. 115; William B. Stanley and James A. Whitson, "Citizenship as Practical Competence: A Response to the New Reform Movement in Social Education", *International Journal of Social Education* 7, 1991, p. 59; Barber, *Strong Democracy*, p. 138. 스탠리(Stanley)와 휫슨(Whitson)은 사회과 교육의 중심은 실용적인 능력, 즉 '실천지(phronesis)'라고 주장했다. 이 주장은 특히 도구적 합리성을 거부한다는 점에서 합리적 판단에 대한 우리 두 저자의 입장과 유사하다.

23 Peter Seixas, "The Community of Inquiry as a Basis for Knowledge and Learning: The Case of History", *American Educational Research Journal* 30, 1993, p. 313.

24 Eisner, "Can the Humanities be Taught", p. 115; Parker, "Advanced Ideas about Democracy", p. 119; Barber, *Strong Democracy*, p. 174. 칼 데글러(Carl Degler)와 마찬가지로 샘 와인버그(Sam Wineburg) 역시 역사의 역할은 인간이 된다는 것이 무엇을 의미하는지에 관한 이해를 넓히는 것이라고 지적했다. Sam Wineburg, "Historical Thinking and Other Unnatural Acts", *Historical Thinking and Other Unnatural Acts: Charting the Future of Teaching the Past*, Philadelphia: Temple University Press, 2001, p. 6; Carl N. Degler, "Remaking American History", *Journal of American History* 67, June 1980, p. 23. 예를 들어 초등학교 1학년 교육과정 프로젝트는 학생

들이 다른 종류의 삶이 존재하는 이유를 이해하도록 돕는 것이다. Janet Alleman and Jere Brophy, *Social Studies Excursions*, K-3, 3 vol., Portsmouth, NH: Heinemann, 2001~2003.

25 Dewey, *Democracy and Education*, p. 288.

26 Benjamin Ladner, "Introduction: The Humanities and the Schools", *The Humanities in Precollegiate Education: Eighty-third Yearbook of the National Society for the Study of Education*, Part II, Chicago: University of Chicago Press, 1984, p. 5.

27 Andra Makler, "What Does Justice Look Like?", Andra Makler and Ruth Shagoury Hubbard eds., *Teaching for Justice in the Social Studies Classroom*, Portsmouth, NH: Heinemann, 2000, pp. 209~222.

제3장 첫 번째 스탠스, 정체성 세우기

01 T. S. Eliot, "Choruses from 'The Rock'", *T. S. Eliot: The Complete Poems and Plays, 1909~1950*, New York: Harcourt, Brace, and World, 1971, p. 101, 103.

02 Lois A. Cuddy, *T. S. Eliot and the Poetics of Evolution: Sub-Versions of Classicism, Culture, and Progress*, Lewisburg, Pa.: Bucknell University Press, 2000, pp. 218~236; Anthony Julius, *T. S. Eliot, Anti-Semitism and Literary Form*, New York: Cambridge University Press, 1995; Cynthia Ozick, "T. S. Eliot at 101", *New Yorker* 20, November 1989, pp. 119~154; Christopher Ricks, *T. S. Eliot and Prejudice*, Berkeley, CA: University of California Press, 1994, pp. 25~40.

03 Eric T. Olson, "Personal Identity", Edward N. Zalta ed., *The Stanford Encyclopedia of Philosophy*, 2002, available from http://plato.stanford.edu/archives/fall2002/entries/identity-personal(accessed 16 July 2017); Marcel Mauss, "A Category of the Human Mind: The Notion of Person; the Notion of Self", Michael Carrithers, Steven Collins, and Steven Lukes eds., *The Category of the Person: Anthropology, Philosophy, History*, New York: Cambridge University Press, 1985, pp. 1~25; Alfred I. Hallowell, "The Self and Its Behavioral Environment", *Culture and Experience*, Philadelphia: University of Pennsylvania Press, 1955, pp. 75~110. 그러나 '개인 정체성'이라는 개념이 반드시 보편적이었던 것은 아니다. 정체성이라는 용어 또한 1950년대가 지나서야 이런 식으로 일반적으로 사용되었다. L. L. Langness and Gelya Frank, *Lives: An Anthropological Approach to Biography*, Novato, CA: Chandler and Sharp, 1981, p. 90, pp. 101~105; Philip Gleason, "Identifying Identity: A Semantic History", *Journal of American History* 69, March 1983, pp. 910~931; Richard Handler, "Is 'Identity' a Useful Cross-cultural Concept?", John R. Gillis ed., *Commemorations: The Politics of National Identity*, Princeton, NJ: Princeton University Press, 1994, pp. 27~40.

04 Roy Rosenzweig and David Thelen, *The Presence of the Past: Popular Uses of History in American*

Life, New York: Columbia University Press, 1998, p. 22, pp. 37~38, p. 93, 124, 127.

05 Gerda Lerner, *Why History Matters: Life and Thought*, New York: Oxford University Press, 1998, p. 201.

06 David Lowenthal, *Possessed by the Past: The Heritage Crusade and the Spoils of History*, New York: Cambridge, 1998, pp. 32~34; Rosenzweig and Thelen, *The Presence of the Past*, p. 22.

07 M. Gail Hickey, *Bringing History Home: Local and Family History Projects for Grades K-6*, Boston: Allyn and Bacon, 1998; Linda S. Levstik and Keith C. Barton, *Doing History: Investigating with Children and Elementary School*, Mahwah, NJ: Lawrence Erlbaum Associates, 2001; Carole Chin, "The Berkeley Children's History Trunk", *Social Education* 50, April/May 1986, pp. 280~282; Stacy Schwartz, "My Family's Story: Discovering History at Home", *Social Studies and the Young Learner* 12, January/February 2000, pp. 6~9; Mary E. Haas and Wilson Wylie, "The Family History Coat of Arms", *Social Education* 50, January 1986, pp. 25~26; Joan Skonick, Nancy Dulberg, and Thea Maestre, *Through Other Eyes: Developing Empathy and Multicultural Perspectives in the Social Studies*, Toronto, Ontario: Pippin Publishing, 1999, pp. 38~47.

08 Bruce A. VanSledright, "And Santayana Lives On: Students' Views on the Purposes for Studying American History", *Journal of Curriculum Studies* 29, September/October 1997, pp. 539~540.

09 Keith C. Barton, "Historical Understanding among Elementary Children", Ed. D. diss., University of Kentucky, 1994, p. 99.

10 Barton, "History Understanding among Elementary Children", p. 99, pp. 102~107.

11 Benedict Anderson, *Imagined Communities*, New York: Verso, 1991, p. 6, pp. 9~11; Rogers M. Smith, "Citizenship and the Politics of People-Building", *Citizenship Studies* 5, February 2001, pp. 79~80.

12 Eric Hobsbawm and Terence Ranger, eds., *The Invention of Tradition*, Cambridge: Cambridge University Press, 1983; Elizabeth Crooke, *Politics, Archaeology and the Creation of a National Museum in Ireland: An Expression of National Life*, Dublin: Irish Academic Press, 2000; Joshua Searle-White, *The Psychology of Nationalism*, New York: Palgrave, 2001, pp. 53~56; Ernest Gellner, *Nations and Nationalism*, Ithaca, NY: Cornell University Press, 1983, pp. 55~58.

13 Joyce Appleby, Lynn Hunt, and Margaret Jacob, *Telling the Truth about History*, New York: W. W. Norton, 1994, pp. 91~125; Michael Kammen, *Mystic Chords of Memory: The Transformation of Tradition in American Culture*, New York: Vintage Books, 1993, pp. 228~253 외 다수; David D. Van Tassel, *Recording America's Past: An Interpretation of the Development of Historical Studies in America, 1607~1884*, Chicago: University of Chicago Press, 1960, pp. 87~94 외 다수.

14 Michael Frisch, *A Shared Authority: Essays on the Craft and Meaning of Oral and Public History*, Albany, NY: State University of New York Press, 1990, p. 47.

15 Patricia G. Avery and Annette M. Simmons, "Civic Life as Conveyed in United States Civics and History Textbooks", *International Journal of Social Studies* 15, 2000/2001, pp. 105~130.

16 Anderson, *Imagined Communities*, p. 145.

17 이런 패턴에 대한 자세한 설명과 논의는 다음 연구를 참조. Linda S. Levstik, "Articulating the Silences: Teachers' and Adolescents' Conceptions of Historical Significance", Peter N. Stearns, Peter Seixas, and Sam Wineburg eds., *Knowing, Teaching, and Learning History: National and International Perspectives*, New York: New York University Press, 2000, pp. 284~305; Catherine Cornbleth, "An American Curriculum?", *Teachers College Record* 99, 1998, pp. 622~646.

18 VanSledright, "And Santayana Lives On", pp. 538~539.

19 Barton, "Historical Understanding among Elementary Children", pp. 90~91.

20 Barton, "Historical Understanding among Elementary Children", pp. 90~92.

21 Barton, "Historical Understanding among Elementary Children", pp. 92, 103.

22 Keith C. Barton and Linda S. Levstik, "'It Wasn't a Good Part of History': National Identity and Ambiguity in Students' Explanations of Historical Significance", *Teachers College Record* 99, 1998, p. 483.

23 Carole L. Hahn, "Challenges to Civic Education in the United States", Judith Torney-Purta, John Schwille, and Jo-Ann Amadeo eds., *Civic Education across Countries: Twenty-four National Case Studies from the IEA Civic Education Project*, Amsterdam: International Association for the Evaluation of Educational Achievement, 1999, p. 597; Barton and Levstik, "It Wasn't a Good Part of History", pp. 484~485. 여기서 우리가 연구한 중학생들은 미국사의 다른 에피소드뿐만 아니라 흑인들의 역사도 중요한 역사로 지적했다. 이에 대한 자세한 설명은 다음 절과 제9장에서 찾을 수 있다.

24 이 '다른 종류의 정체성'은 로젠웨이와 텔른의 인터뷰에서 더 잘 드러난다. *Presence of the Past*, p. 18, pp. 120~123, 128~129, 147~176. 재미있는 것은, 개인과 가족의 역사에 초점을 맞추는 백인 미국인들은 국가의 역사를 거의 강조하지 않았다는 점이다. 이들은 자녀들이 무슨 역사를 배워야 하는지 물었을 때만 국가적인 사건이나 공적 사건을 언급했다. 그들이 국가의 역사에 주의를 덜 기울이는 것에 대해 두 연구자는 "자국사의 전통적인 내러티브가 상당 부분 미국인의 의식을 형성하고 있기 때문에, 대부분 사람들은 그 내러티브가 위협을 받거나 의문시될 때까지는 아예 언급조차 하지 않는다"고 설명했다. 어린이와 교사를 인터뷰한 우리 연구에서도 참여자들은 국가의 역사와 일체감을 느끼고 있었는데, 이 또한 로젠웨이와 텔른의 해석이 유의미함을 보여준다.

25 John Bodnar, *Remaking America: Public Memory, Commemoration, and Patriotism in the Twentieth Century*, Princeton: Princeton University Press, 1994, pp. 13~20; Mary Douglas, *How Institutions Think*, Syracuse: Syracuse University Press, 1986, pp. 69~80; Bronislaw Malinowski, "Myth in

Primitive Psychology", *Magic, Science, Religion and Other Essays*, New York: Doubleday, 1955, pp. 93~148; E. E. Evans-Pritchard, *The Nuer*, London: Oxford University Press, 1940, pp. 104~108, 234; Edward Shils, "Tradition", *Comparative Studies in Society and History* 13, April 1971, pp. 122~159; Raymond Williams, *Marxism and Literature*, New York: Oxford University Press, pp. 115~120.

26 이 구절을 포함하는 연구는 조지 워싱턴(George Washington), 제임스 메디슨(James Madison), 토마스 제퍼슨(Thomas Jefferson)을 비롯한 일부 사람들은 기독교 원리를 통해 국가를 건설하고자 했던 독실한 기독교인이었다고 주장하고 있다. David Barton, *The Myth of Separation: What is the Correct Relationship between Church and State? A Revealing Look at What the Founders and Early Courts Really Said*, 3rd. ed. Aledo, TX: WallBuilder Press, 1992; John Eidsmoe, *Christianity and the Constitution: The Faith of Our Founding Fathers*, Grand Rapids, Mich.: Baker book House, 1987. 이에 반대되는 주장, 즉 바튼(Barton)과 에드모(Eidmoe)가 조작된 자료와 인용문을 바탕으로 근거 없는 이야기를 한다는 주장은 다음 연구를 참조. Rob Boston, *Why the Religious Right is Wrong about Separation of Church and State*, Buffalo, NY: Prometheus Books, 1993. 이를 둘러싼 논쟁은 다음 연구를 참조. Michael A. Bellesiles, *Arming America: The Origins of a National Gun Culture*, New York: Knopf, 2000; Danny Postel, "Did the Shootouts over 'Arming America' Divert Attention from the Real Issues?", *Chronicle of Higher Education* 1, February 2002, sec. A, p. 12, and the collection of essays in Williams and Mary Quarterly 59, January 2002.

27 Smith, "Politics of People-Building", p. 81.

28 Cornbleth, "An American Curriculum?", pp. 628~632.

29 Barton and Levstik, "It Wasn't a Good Part of History", pp. 484~485.

30 Barton and Levstik, "It Wasn't a Good Part of History", pp. 485~487.

31 Barton and Levstik, "It Wasn't a Good Part of History", pp. 489~490, pp. 496~499.

32 Rosenzweig and Thelen, *The Presence of the Past*, pp. 186~187.

33 Cited in Oliver Letwin, "For Labour There is No Such Thing as Soceity, Only the State", Gary Streeter ed., *There is Such a Thing as Soceity: Twelve Principles of Compassionate Conservatism*, London: Politico's Publishing, p. 39.

34 이 논쟁에 대한 짤막한 논의는 다음 연구를 참조. Walter Feinberg, *Common Schools/Uncommon Identities: National Unity and Cultural Difference*, New Haven, CT: Yale University Press, 1998, pp. 1~30.

35 Richard Rorty, *Achieving Our Country: Leftist Thought in Twentieth Century America*, Cambridge, MA: Harvard University Press, 1998, p. 98; Smith, "Politics of People-Building", pp. 74~80; Walter C. Parker, *Teaching Democracy: Unity and Diversity in Public Life*, New York: Teachers College Press, 2003, p. 26. 우리 저자들은 '미국'처럼 오래 지속되었던 정치체에 관심이 있

기 때문에 'nation', 'state', 'country'라는 단어를 고민 없이 섞어가며 사용한다. 그러나 일부 국가의 특정 집단 사람들은 자신들의 집단 자체가 'nation'이고, 이 집단이 하나 이상의 'states'에 포함된다고 생각한다. 쿠르드(Kurds)나 체첸(Chechnyans)이 그 예이다. 한편 하나의 'nation'이 자기만의 'state'를 가지고 있으면서도, 같은 'nation'의 일부인 다른 'states'를 통제하고자 하는 경우도 있다. '대세르비아주의(Greater Serbia)'가 그 예이다.

36 Feinberg, *Common Schools/Uncommon Identities*, pp. 31~58.

37 로저 M. 스미스는 다음 연구에서 유사한 주장을 펼쳤다. Roger M. Smith, *Stories of Peoplehood: The Politics and Morals of Political Membership*, New York: Cambridge University Press, 2003, pp. 72~125.

38 Rorty, *Achieving Our Country*, p. 51.

39 사회정체성이론의 관련 연구들은 사람들이 집단의 구성원으로서의 자기 자신과 타인을 어떻게 구분하는지 탐구했다. Henri Tajfel and John C. Turner, "An Integrative Theory of Intergroup Conflict", William G. Austin and Stephen Worche eds., *The Social Psychology of Intergroup Relations*, Monterey, CA: Brooks/Cole, 1979, pp. 33~47; Dominic Abrams and Michael A. Hogg, ed., *Social Identity Theory: Constructive and Critical Advances*, New York: Springer-Verlag, 1990. 사회정체성이론과 민족주의에 대해서는 다음을 참조. Searle-White, *The Psychology of Nationalism*, pp. 12~24.

40 Lynne V. Cheney, "Teaching our Children about America", 달라스 인문학 문화 연구소에서의 연설(5 October 2001), available from http://www.historyplace.com/pointsofview/cheney-dallas.htm(accessed 16 July 2017); Diane Ravitch, "Now is the Time to Teach Democracy", *Education Week*, 17, October 2001, p. 48; William J. Bennett, *Why We Fight: Moral Clarity and the War on Terrorism*, New York: Doubleday, 2002.

41 Joseph A. Lauwerys, *History Textbooks and International Understanding*, Paris: UNESCO, 1953; UNESCO, *Better History Textbooks: UNESCO and its Program VI*, Paris: n.p, 1951; UNESCO, *The Brussels Seminar: Findings and Studies*, Paris: n.p., 1951. 전간기 프랑스가 군국주의를 지지하도록 가르치는 데 역사가 어떤 역할을 했는지를 논의한 연구로 다음을 참조. Mona Siegel, "Lasting Lessons: War, Peace, and Patriotism in French Primary Schools, 1914~1939", Ph.D. diss., University of Wisconsin, Madison, 1996.

제4장 두 번째 스탠스, 분석하기

01 Bruce A. VanSledright, *In Search of America's Past: Learning to Read History in Elementary School*, New York: Teachers College Press, 2002, pp. 24~52.

02 Benjamin S. Bloom, *Taxonomy of Educational Objectives: The Classification of Educational Goals*,

New York: David McKay, 1956, pp. 144~145. 과거에 우리 두 저자는 역사 학습의 여러 스 탠스들에 대해 논의하면서 이것을 '이성주의적 스탠스'라고 칭한 바 있다. Linda S. Levstik and Keith C. Barton, "Committing Acts of History: Mediated Action, Humanistic Education, and Participatory Democracy", William Stanley ed., *Critical Issues in Social Studies Research for the 21st Century*, Greenwich, CT: Information Age Publishing, 2001, pp. 119~148.

03 Leibniz cited in Maurice Bloch, *The Historian's Craft*, New York: Knopf, 1953, p. 35; Frederick Jackson Turner, "The Significance of History", *The Early Writings of Frederick Jackson Turner*, Madison, WI: University of Wisconsin Press, 1938, p. 51, 53; John Dewey, *Democracy and Education*, New York: Macmillan, 1966, p. 214; G. Kitson Clark, *The Critical Historian*, New York: Basic Books, 1967, p. 195; Peter Geyl, *Use and Abuse of History*, New Haven, CT: Yale University Press, 1955, p. 85; Edward H. Carr, *What is History?*, New York: Vintage Books, 1961, p. 29.

04 Peter Novick, *The Holocaust in American Life*, Boston: Houghton Mifflin, 1999; David W. Blight, *Race and Reunion: The Civil War in American Memory*, Cambridge, MA: Harvard University Press, 2001; Stephen Nissenbaum, *The Battle for Christmas*, New York: Knopf, 1996.

05 William H. McNeill, Michael Kammen, and Gordon A. Craig, "Why Study History? Three Historians Respond", Paul Gagnon and the Bradley Commission on History in Schools eds., *Historical Literacy: The Case for History in American Education*, New York: Macmillan, 1989, p. 114.

06 Bruce A. VanSledright, "And Santayana Lives On: Students' Views on the Purposes for Studying American History", *Journal of Curriculum Studies* 29, September/October 1997, pp. 538~539.

07 Keith C. Barton, "Historical Understanding among Elementary Children", Ed.D. diss., University of Kentucky, 1994, pp. 101~102.

08 David Hackett Fisher, *Historians' Fallacies: Toward a Logic of Historical Thought*, New York: Harper and Row, 1970, p. 315; Arthur Marwick, *The Nature of History*, London: Macmillan, 1970, p. 13; James Harvey Robinson, *The New History: Essays Illustrating the Modern Historical Outlook*, New York: Macmillan, 1912, p. 18, 21, 24; Carl Becker, "Some Aspects of the Influence of Social Problems and Ideas Upon the Study and Writing of History", *American Journal of Sociology* 18, March 1913, pp. 666~667, p. 670.

09 C. Vann Woodward, *Thinking Back: the Perils of Writing History*, Baton Rouge, LA: Louisiana State University Press, 1986, pp. 82~83, p. 87, 92, 98, pp. 137~138; C. Vann Woodward, *The Strange Career of Jim Crow*, 3rd rev. ed., New York: Oxford University Press, 1974, v~xvii; John Herbert Roper, *C. Vann Woodward, Southerner*, Athens, GA: University of Georgia Press, pp. 171~200.

10 John Herbert Roper, *C. Van Woodward, Southerner*, pp. 171~200; Howard N. Rabinowitz, "More than the Woodward Thesis: Assessing The Strange Career of Jim Crow", John Herbert Roper ed., *C. Vann Woodward: A Southern Historian and his Critics*, Athens, GA: University of Georgia Press, 1997, pp. 167~182; Joel Williamson, "C. Vann Woodward and the Origins of a New Wisdom", John Herbert Roper ed., *C. Vann Woodward: A Southern Historian and His Critics*, Athens, GA: University of Georgia Press, 1997, p. 219.

11 David S. Landes and Charles Tilly, *History as Social Science*, Englewood Cliffs, NJ: Prentice-Hall, 1971, p. 6.

12 고든 크레이그도 유사한 지적을 했다. Gordon Craig, "History as a Humanistic Discipline", *Historical Literacy*, p. 134.

13 Henry Steele Commager, *The Nature and the Study of History*, Columbus, Ohio: Charles E. Merrill, 1965, p. 73. '역사적 교훈'에 대한 역사가들의 거부와 관련해서는 다음 연구 참조. Peter J. Lee, "Why Learn History?", A. K. Dickinson, P. J. Lee, and P. J. Rogers eds., *Learning History*, London: Heinemann Educational, 1984, p. 5; Gustaaf Renier, *History, Its Purpose and Method*, London: Allen and Unwin, 1950, p. 27.

14 '진보의 단계'와 관련된 연구는 다음을 참조. Friedrich Engels, *The Origin of the Family, Private Property and the State*, Chicago: C. H. Kerr, 1902; Georg Hegel, *The Philosophy of History*, New York: Dover, 1956; Lewis H. Morgan, *Ancient Society*, Cambridge, MA: Harvard University Press, 1964; Oswald Spengler, *The Decline of the West*, New York: Knopf, 1939; Arnold Toynbee, *A Study of History*, vol. 12, London: Oxford University Press, pp. 1935~1955. 일반화의 한계에 대한 논쟁은 다음 연구를 참조. Carl G. Hempel, "The Function of General Laws in History", Patrick Gardiner ed., *Theories of History*, n.p: Free Press of Glencoe, 1959, pp. 344~356; Morton White, "Historical Explanation", Patrick Gardiner ed., *Theories of History*, n.p: Free Press of Glencoe, 1959, pp. 356~373.

15 Geyl, *Use and Abuse of History*, p. 84; Robinson, *The New History*, p. 21.

16 Renier, *History, Its Purpose and Method*, p. 14; A. L. Rowse, *The Use of History*, London: Hodder and Stoughton, 1946, p. 19; Peter Lee, "History in School: Aims, Purposes and Approaches: A Reply to John White", Peter Lee, John Slater, Paddy Walsh, and John White eds., *The Aims of School History: The National Curriculum and Beyond*, London: Tufnell Press, p. 27.

17 역사는 "현재적인 것처럼 보이는 것"을 과거로 거슬러 올라가 생각하게 해준다는 것이 칼 베커의 핵심적인 주장이다. Carl Becker, "Everyman His Own Historian", *American Historical Review* 37, January 1932, pp. 221~236.

18 Howard Zinn, *The Politics of History*, 2nd. ed. Urbana, IL: University of Illinois Press, 1990, p. 42, 47, 51. 진은 이런 논평을 일반화 그 자체라고 대놓고 말하지는 않는다. 그러나 일부 구절, 가령 "때때로 정부의 행위는 중립적이지도 않고 선의가 있는 것도 아니다", "때때로

사람들은 공론화된 미사여구와 일치하는 이데올로기에 따라 행동할 뿐이다", "때때로 이 상적인 사회운동은 오히려 부정적인 결과를 초래한다" 등을 통해 보면, 진 역시 역사가 줄 수 있는 교훈을 염두에 두고 있다고 볼 수 있다.

19 역사적 비유 사용에 대해서는 다음 연구를 참조. Peter J. Rogers, "Why Teach History?", A. K. Dickinson, P. J. Lee, and P. J. Rogers eds., *Learning History*, London: Heinemann Educational, 1984, pp. 20~38; Lester D. Stephens, *Probing the Past: A Guide to the Study and Teaching of History*, Boston: Allyn & Bacon, 1974, pp. 115~119; John Tosh, *The Pursuit of History: Aims, Methods and New Directions in the Sudy of Modern History*, New York: Longman, 1984, pp. 13~14.

20 Peter J. Lee, "Why learn history?", p. 9.

21 Dwight B. Billings and Kathleen M. Blee, *The Road to Poverty: The Making of Wealth and Hardship in Appalachia*, New York: Cambridge University Press, 2000, p. 320, 324.

22 Robert D. Putnam, *Bowling Alone: The Collapse and Revival of American Community*, New York: Simon and Schuster, 2000, pp. 367~401; 인용문은 p. 399.

23 Arthur M. Schlesinger, Jr., "The Inscrutability of History", *Encounter* 27, November 1966, p. 10; George Santayana, *The Life of Reason; Phases in Human Progress, vol. 1, Introduction and Reason in Common Sense*, New York: Scribner's, 1905, p. 284. G. 킷슨 클락 또한 역사적 가정은 "대부분의 언어, 그리고 대부분의 정치적 판단에 스며들어 있다"고 주장했다. G. Kitson Clark, *The Critical Historian*, p. 8.

24 Gagnon and The Bradley Commission on History in Schools, eds., *History Literacy*, p. v; Charlotte Crabtree, Gary Nash, Paul Gagnon, and Scott Waugh, eds., *Lessons from History: Essential Understandings and Historical Perspectives Students Should Acquire*, Los Angeles, CA: National Center for History in the Schools, University of California, Los Angeles, 1992, p. 3; Thomas Jefferson, *Notes on the State of Virginia*, ed. William Peden, Chapel Hill, NC: University of North Carolina Press, 1995, p. 148. 제퍼슨은 역사는 "사람들이 생각할 수 있는 모든 설계 속에 들어 있는 야망을 알게 해줄 것이다. 사람들은 그것을 알게 되고, 그리고 그 견해를 무너뜨릴 것이다"라고 결론을 내리고 있다.

25 VanSledright, "And Santayana Lives On", pp. 529~530; Keith C. Barton and Linda S. Levstik, "'It Wasn't a Good Part of History': National Identity and Ambiguity in Students' Explanations of Historical Significance", *Teachers College Record* 99, 1998, p. 490.

26 Herbert Butterfield, "The Dangers of History", *History and Human Relations*, London: Collins, 1951, p. 162, 180. 주어진 상황에 어떤 교훈을 적용할지 결정하는 문제에 대해서는 다음을 참조. Peter J. Lee, "Why Learn History?", pp. 8~9; Schlesinger, "The Inscrutability of History", p. 312; Simone A. Schweber, *Making Sense of the Holocaust: Lessons from Classroom Practice*, New York: Teachers College Press, 2004.

27 Allan Lichtman and Valerie French, *Historians and the Living Past: The Theory and Practice of Historical Study*, Arlington Heights, IL: AHM Publication Corporation, 1978, pp. 1~2.

28 History 13-16은 이제 '학교 역사 프로젝트(Schools History Project)'라고 불린다. "What is the SHP?" available from http://www.schoolshistoryproject.co.uk/(accessed 16 July 2017).

29 신사회과 내의 역사교육 논의는 다음 연구 참조. Edwin Fenton, *The New Social Studies*, New York: Holt, Rinehart, and Winston, 1967; Richard H. Brown, "Learning how to Learn: The Amherst Project and History Education in the Schools", *The Social Studies* 87, November/December 1996, pp. 267~273; Allan O. Kownslar, "Is History Relevant?", *Teaching American History: The Quest for Relevancy*, Washington, DC: National Council for the Social Studies, 1974, pp. 3~15; Eunice Johns and Warren L. Hickman, *Ahead of us ... The Past: History and the Historian, A Concept Study*, New York: Macmillan, 1975; Peter S. Bennett, *What Happened on Lexington Green? An Inquiry into the Nature and Methods of History*, Menlo Park, CA: Addison-Wesley, 1970. 영국 역사교육에 대해서는 다음을 참조. Robert Phillips, *History Teaching, Nationhood and the State: A Study in Educational Politics*, London: Cassell, 1998, pp. 12~22; Richard Aldrich and Dennis Dean, "The Historical Dimension", Richard Aldrich ed., *History in the National Curriculum*, London: Kogan Page, 1991, pp. 93~113; Dennis Shemilt, *Evaluation Study: Schools Council History 13-16 Project*, Edinburgh: Holmes McDougall, 1980, pp. 4~5. 증거에 기초하여 역사에 접근하는 학습 방식의 초기 연구는 다음을 참조. Stephen J. Thornton, "Legitimacy in the Social Studies Curriculum", Lyn Corno ed., *Education Across a Century: The Centennial Volume, One Hundredth Yearbook of the National Society for the Study of Education*, Chicago: University of Chicago Press, 2001, pp. 185~204; Aldrich, "The Historical Dimension". History 13-16과 암허스트 프로젝트의 비교는 다음을 참조할 것. Stephen J. Thornton, "Subject Specific Teaching Methods: History", Jere Brophy ed., *Subject Specific Instructional Methods and Activities, vol. 8, Advances in Research on Teaching*, New York: Elsevier Science, 2001, pp. 298~302.

30 Peter Lee, "Historical Knowledge and the National Curriculum", Richard Aldrich, *History in the National Curriculum*, London: Kogan Page, 1991, p. 48.

31 Peter Lee, "Historical Knowledge and the National Curriculum", pp. 48~49; Keith C. Barton, "'I Just Kinda Know': Elementary Students' Ideas About Historical Evidence", *Theory and Research in Social Education* 25, 1997, pp. 407~408.

32 Kownslar, "Is History Relevant?", p. 5; Bruce VanSledright, *In Search of America's Past: Learning to Read History in Elementary School*, New York: Teachers College Press, 2002, p. 153; Sam Wineburg, *Historical Thinking and Other Unnatural Acts: Charting the Future of Teaching the Past*, Philadelphia: Temple University Press, 2001, p. 83.

33 Keith C. Barton, "'You'd Be Wanting to Know about the Past': Social Contexts of Children's

Historical Understanding in Northern Ireland and the USA", *Comparative Education* 37, February 2001, pp. 89~106; "Primary Children's Understanding of the Role of Historical Evidence: Comparisons between the United States and Northern Ireland", *International Journal of History Teaching, Learning, and Research* 1, June 2001, pp. 21~30; Paul Goalen, "'…Someone Might Become Involved in a Fascist Group or Something…': Pupils' Perceptions of History at the End of Key Stages 2, 3, and 4", *Teaching History* 96, August 1999, pp. 34~38; Mike Huggins, "An Analysis of the Rationales for Learning History Given by Children and Teachers at Ket Stage 2", *The Curriculum Journal* 7, Autumn 1996, pp. 307~321.

34 Keith C. Barton and Allan M. McCully, "'You can form your own point of view': Internally persuasive discourse in Northern Ireland students' encounters with history", *Teachers College Record* 112, 2010, pp. 142~181; Keith C. Barton and Allan W. McCully, "Trying to 'See things differently': Northern Ireland students' struggle to understand alternative historical perspectives", *Theory and Research in Social Education* 40, 2012, pp. 371~408.

제5장 세 번째 스탠스, 도덕적 판단하기

01 Seamus Heaney, "Voices from Lemnos", *Opened Ground: Selected Poems, 1966~1996*, New York: Farrar, Straux, and Giroux, 1998, pp. 305~306.

02 Keith C. Barton, "'Best not to Forget Them': Adolescents' judgments of historical significance in Northern Ireland", *Theory and Research in Social Education* 33, 2005, pp. 9~44. 북아일랜드에서 프로테스탄트와 가톨릭 공동체는 역사적 사건의 중요성을 서로 다른 방식으로 이해하지만, 이 연구에서는 그런 차이를 본격적으로 다루지 않았다. 예를 들어 세계대전 참전자를 기억하는 일은 프로테스탄트 공동체에서 더 활발하지만, 위의 인용문들이 보여주는 것처럼 종교적 배경과 상관없이 모든 학생들이 전쟁의 희생자들은 명예롭게 기억될 가치가 있다고 생각했다. 또 아일랜드 기근 사건은 가톨릭 공동체에서 더 중요하게 여겨지는 사건이지만, 마찬가지로 종교적 배경과 상관없이 모든 학생들이 당시 사람들이 받았던 고통을 역사적으로 중요한 사건으로 생각하고 있었다.

03 Barton, "Best Not to Forget Them".

04 Jane J. White, "Teaching Anthropology to Precollegiate Teachers and Students", Conrad P. Kottak, Jane J. White, Richard H. Furlow, and Patricia C. Rice eds., *The Teaching of Anthropology: Problems, Issues, and Decisions, Mountain View*, CA: Mayfield Publications, 1997, p. 291.

05 Linda S. Levstik, "Articulating the Silences: Teachers' and Adolescents' Conceptions of Historical Significance", Peter N. Stearns, Peter Seixas, and Sam Wineburg eds., *Knowing,*

Teaching, and Learning History: National and International Perspectives, New York: New York University Press, 2000, pp. 293~294.

06 Levstik, "Articulating the Silences", pp. 296~297.

07 George Orwell, _1984: A Novel_, New York: New American Library, 1983; Milan Kundera, _The Book of Laughter and Forgetting_, New York: HarperPerennial, 1996.

08 노예제를 미국 흑인 역사의 중요 사건으로 주목할 경우, 학생들은 현재와 과거를 연결하여 생각하는 데 어려움을 겪는다는 분석도 있다. 그에 대해서는 다음 연구를 참조. John S. Wills, "Who Needs Multicultural Education? White Students, U.S. History, and the Construction of a Usable Past", _Anthropology and Education Quarterly_ 27, September 1996, pp. 365~389.

09 Keith C. Barton, "Historical Understanding among Elementary Children", Ed.D. diss., University of Kentucky, 1994, pp. 185~186.

10 Barton, "Historical Understanding among Elementary Children", p. 185, pp. 186~187.

11 Linda S. Levstik, "Crossing the Empty Spaces: Perspective Taking in New Zealand Adolescents' Understanding of National History", O.L. Davis, Jr., Elizabeth Anne Yeager, and Stuart J. Foster eds., _Historical Empathy and Perspective Taking in the Social Studies_, Lanham, MD: Rowman and Littlefield, 2001, pp. 80~81, p. 84; Barton, "Best not to Forget Them".

12 Levstik, "Crossing the Empty Spaces", pp. 83~84.

13 Levstik, "Crossing the Empty Spaces", pp. 83~84; Keith C. Barton and Linda S. Levstik, "'It Wasn't a Good Part of History': National Identity and Ambiguity in Students' Explanations of Historical Significance", _Teachers College Record_ 99, 1998, p. 486.

14 Barton, "Best Not to Forget Them".

15 Levstik, "Crossing the Empty Spaces", p. 85.

16 "African-American Heroes", _Instructor_ 110, January/February 2001, pp. 49~52; Jacqueline Clark, "Hooray for Heroes", _Instructor_ 112, September 2002, pp. 68~70; Joseph H. Fairbanks, Jr., "Heroes and Villains: Suggestions for a Classroom Activity on the Nature of History", _The Social Studies_ 81, January/February 1990, pp. 6~9; Judy Freeman, "Books about all Kinds of Heroes", _Instructor_ 107, April 1998, pp. 26~28; "New Books that Celebrate the Triumphs of Real-life Heroes", _Instructor_ 107, October 1997, pp. 24~27; "Real-life Heroes", _Instructor_ 110, November/December 2000, pp. 17~21; Carol S. Holzberg, "Web Sightings: Heroes and Role Models", _Technology and Learning_ 21, August 2000, p. 56; Guy Larkins, "Transescents, Heroes, and Democracy: Social Education through Biography", _Middle School Journal_ 15, May 1984, pp. 12~13; Rahima Wade, "Heroes", _Social Studies and the Young Learner_ 8, January/February, 1996, pp. 15~17; Andrew Wales, "Heroes: Paper People Worthy of Admiration", _Arts and Activities_ 130, October 2001, pp. 38~39.

17 Brenda A. Dyck, "Heroes Among Us: An Exercise in Evaluation", *Social Studies and the Young Learner* 13, March/April 2001, pp. 3~4.

18 Lori L. Kebetz, "Looking at Our Heroes: Does Character Really Count?", *School Library Media Activities Monthly* 16, January 2000, pp. 12~15; Tony R. Sanchez, "It's Time Again for Heroes —Or Were They Ever Gone?", *The Social Studies* 91, March/April 2000, pp. 58~61; "Learning by Example", *Schools in the Middle* 9, November 1999, pp. 38~41; Thomas Lickona, *Educating for Character: How Our Schools Can Teach Respect and Responsibility*, New York: Bantam, 1991, pp. 310~311.

19 Bruce A. VanSledright, "And Santayana Lives On: Students' Views on the Purposes for Studying American History", *Journal of Curriculum Studies* 29, September/October 1997, pp. 529~557.

20 Steven H. White and Joseph E. O'Brien, "What is a Hero? An Exploratory Study of Students' Conceptions of Heroes", *Journal of Moral Education* 28, March 1999, pp. 88~89; Kristin J. Anderson and Donna Cavallaro, "Parents or Pop Culture? Children's Heroes and Role Models", *Childhood Education* 78, 2002, p. 166.

21 L. Dunn, "Teaching the Heroes of American History", *The Social Studies* 82, January/February 1991, pp. 26~30; Peter H. Gibbon, "Making the Case for Heroes", *Harvard Education Letter* 18, July/August 2002, p. 8; Sanchez, "It's Time Again for Heroes", pp. 58~61.

22 Penny Clark, "Heroes and Canadian History", *Canadian Social Studies* 34, 1999, pp. 136~137; Dunn, "Teaching the Heroes"; Sanchez, "It's Time Again for Heroes", "Learning by Example".

23 Dunn, "Teaching the Heroes"; Sanchez, "It's Time Again for Heroes", "Learning by Example", "Heroes and Heroines: Biographies to Live By", *Social Studies and the Young Learner* 13, September/October 2000, pp. 27~29.

24 White and O'Brien, "What is a Hero?", p. 88.

제6장 네 번째 스탠스, 보여주기

01 John Hewitt, "Cultra Manor: The Ulster Folk Museum", Frank Ormsby, *The Collected Poems of John Hewitt*, Belfast: Blackstaff Press, 1991, p. 187.

02 "Historical Understanding among Elementary Children", Ed.D. diss., University of Kentucky, 1994, pp. 77~84; Linda S. Levstik and Keith C. Barton, "'They Still Use Some of Their Past': Historical Saliences in Children's Chronological Thinking", *Journal of Curriculum Studies* 28, September/October 1996, pp. 558~560; Bruce A. VanSledright, "I Don't Remember— The Ideas are all Jumbled in My Head: 8th Graders' Reconstructions of Colonial American

History", *Journal of Curriculum and Supervision* 10, 1995, p. 335.

03 Nicholas P. Canny, *Making Ireland British, 1580~1650*, New York: Oxford University Press, 2001, p. 20에서 재인용; David Hackett Fisher, *Historians' Fallacies: Toward a Logic of Historical Thought*, New York: Harper and Row, 1970, p. 311.

04 표준서에 대한 설명은 다음 연구를 참조. Diane Ravitch, *National Standards in American Education: A Citizen's Guide*, Washington, DC: Brookings, 1995; National Council on Education Standards and Testing, *Raising Standards for American Education: A Report to Congress, the Secretary of Education, the National Education Goals Panel, and the American People*, Washington, DC: U.S. Department of Education, 1992; Marc S. Tucker and Judy B. Codding, *Standards for Our Schools: How to Set Them, Measure Them, and Reach Them*, San Francisco: Jossey-Bass, 1998. 이 운동에 대한 비판적인 관점에 대해서는 다음 연구를 참조. Alfie Kohn, *The Schools Our Children Deserve: Moving Beyond Traditional Classrooms and "Tougher Standards"*, Boston: Houghton Mifflin, 1999; Linda M. McNeill, *Contradictions of School Reform: Educational Costs of Standardized Testing*, New York: Routledge, 2000; Susan Ohanian, *One Size Fits Few: The Folly of Educational Standards*, Portsmouth, NH: Heinemann, 1999. 역사 교과에서 국가 표준을 개발하는 문제에 대한 논의는 다음 연구를 참조. Linda Symcox, *Whose History? The Struggle for National Standards in American Classrooms*, New York: Teachers College Press, 2002; Gary B. Nash, Charlotte Crabtree, and Ross E. Dunn, *History on Trial: Culture Wars and the Teaching of the Past*, New York: A. A. Knopf, 1997.

05 S. G. Grant, *History Lessons: Teaching, Learning, and Testing in U. S. High School Classrooms*, Mahwah, NJ: Erlbaum, 2003; Sandra C. Cimbricz, "State-Mandated Testing and Teachers' Beliefs and Practices", *Education Policy Analysis Archives* 10, January 2002.

06 Doug A. Archbald and Fred M. Newmann, *Beyond Standardized Testing: Assessing Authentic Academic Achievement in the Secondary School*, Reston, VA: National Association of Secondary chool Principals, 1988; Randy Elliott Bennett and William C. Ward, eds., *Construction versus Choice in Cognitive Measurement: Issues in Constructed Response, Performance Testing, and Portfolio Assessment*, Hillsdale, NJ: Erlbaum, 1993; Linda Darling-Hammond, Jacqueline Ancess, and Beverly Falk, *Authentic Assessment in Action: Studies of Schools and Students at Work*, New York: Teachers College Press, 1995; Bill Harp, ed., *Assessment and Evaluation in Whole Language Programs*, Norwood, MA: Christopher-Gordon, 1994; Diane Hart, *Authentic Assessment: A Handbook for Educators*, New York: Addison-Wesley, 1994; Robert J. Tierney, Mark A. Carter, and Laura E. Desai, *Portfolio Assessment in the Reading-Writing Classroom*, Norwood, MA: Christopher-Gordon, 1991.

07 Jean Fontana, "Portfolio Assessment: Its Beginnings in Vermont and Kentucky", *NASSP Bulletin* 79, October 1995, pp. 25~30; Thomas R. Guskey, *High Stakes Performance Assessment: Perspectives* *on Kentucky's Educational Reform*, Thousand Oakes, CA: Corwin Press, 1994; Kentucky Institute for Education Research, *The Implementation of Performance Assessment in Kentucky*, Louisville, KY: School of Education, University of Louisville, 1995, ERIC Document Reproduction Service, ED 394978; Linda G. Esser, "Writing Assessment Portfolios in Kentucky: Owned by the Students or Owned by the State?", paper presented at the annual meeting of the American Educational Research Association, April 1996, ERIC Document Reproduction Service, ED 05634; Brian M. Stecher, Sheila Barron, Tessa Kaganoff, and Joy Goodwin, *The Effects of Standards-Based Assessment on Classroom Practices; Results of the 1996~97 RAND Survey of Kentucky Teachers of Mathematics and Writing*, Los Angeles: Center for the Study of Evaluation, University of California, Los Angeles, 1998, ERIC Document Reproduction Service, ED 426070.

08 이런 관점에 대해서는 다음 연구에서 상세한 설명을 찾아볼 수 있음. Grant P. Wiggins, *Assessing Student Performance: Exploring the Purpose and Limits of Testing*, San Francisco: Jossey-Bass Publishers, 1993; "A True Test: Toward More Authentic and Equitable Assessment", *Phi Delta Kappan* 70, May 1989, pp. 703~713; Linda Darling-Hammond, "Setting Standards for Students: The Case for Authentic Assessment", *NASSP Bulletin* 77, November 1993, pp. 18~26; James W. Popham, "Circumventing the High Costs of Authentic Assessment", *Phi Delta Kappan* 74, February 1993, pp. 470~473; Dennie Wolf, JoAnne Eresh, and Paul G. LeMahieu, "Good Measure: Assessment as a Tool for Education Reform", *Educational Leadership* 49, May 1992, pp. 8~13.

09 Brian M. Stecher, Sheila Barron, Tessa Kaganoff, and Joy Goodwin, "The Effects of Standards-Based Assessment on Classroom Practices: Results of the 1996~97 RAND Survey of Kentucky Teachers of Mathematics and Writing", *Center for the Study of Evaluation Technical Report* 482, Los Angeles: National Center for Research on Evaluation, Standards, and Student Testing, University of California, Los Angeles, 1998; Hilda Borko and Rebekah Elliott, "Tensions between Competing Pedagogical and Accountability Commitments for Exemplary Teachers of Mathematics in Kentucky", *Center for the Study of Evaluation Technical Report* 495, Los Angeles, 1998; Shelby A. Wolfe and Monette C. McIver, "Writing Whirligigs: The Art and Assessment of Writing in Kentucky State Reform", *Center for the Study of Evaluation Technical Report* 496, Los Angeles, 1998; Brian M. Stecher and Sheila I. Barron, "Quadrennial Milepost Accountability Testing in Kentucky", *Center for the Study of Evaluation Technical Report* 505, Los Angeles, 1999; Sheila L. Barron, Tammi Chun, and Karen Ross, "The Effects of the Washington State Education Reform on Schools and Classrooms", *Center for the Study of Evaluation Technical Report* 525, Los Angeles, 2000; Brian Stecher and Tammi Chun, "School and Classroom Practices During Two Years of Education Reform in Washington State", *Center for the Study of Evaluation Technical Report* 550, Los Angeles, 2001.

10 Stecher and Barron, "Quadrennial Milepost Accountability Testing", pp. 31~33; Barron, Chun, and Ross, "Effects of the Washington State Education Reform", pp. 72~73; Stecher and Chun, "School and Classroom Practices", pp. 27~28; Cimbricz, "State-Mandated Testing"; McNeil, Contradictions of School Reform, pp. 205~211, 234~243, 246~249; Wayne E. Wright, "The Effects of High Stakes Testing in an Inner-City Elementary School: The Curriculum, the Teachers, and the English Language Learners", *Current Issues in Education* 5, 2002; Audrey L. Amrein and David C. Berliner, "High-stakes Testing, Uncertainty, and Student Learning", *Education Policy Analysis Archives* 10, March 2002; S. G. Grant, Alison Derme-Insinna, Jill Gradwell, Ann Marie Lauricella, Lynn Pullano, and Kathryn Tzetzo, "Juggling Two Sets of Books: A Teacher Responds to the New York State Global History Exam", *Journal of Curriculum and Supervision* 17, 2002, pp. 232~255; "Teachers, Tests, and Tensions: Teachers Respond to the New York State Global History Exam", *International Social Studies Forum* 1, 2001, pp. 107~125. 한편 일부 연구자들은 주 단위의 시험이 학생들의 성취도를 향상시킨다는 증거가 거의 없고, 개별 학생의 성취도 측면에서도 점수가 오히려 낮아지고 있다고 주장한다. 또 일부 연구자들은 이런 시험이 빈곤층 학생들과 소수자 집단 학생들에게 불공정한 결과를 만들어낸다고 주장한다. Walt Haney, "The Myth of the Texas Miracle in Education", *Education Policy Analysis Archives* 8, August 2000; McNeil, *Contradictions of Control*, pp. 246~249, 252~255, 258~260; Amrein and Berliner, "High-stakes Testing".

11 Kentucky Department of Education, "Containment", *1999~2000 CATS Assessment Open-Response Item Scoring Worksheet*, Frankfort, KY: Kentucky Department of Education; Ohio Department of Education, "Practice Test: Citizenship", *Proficiency Tests, Sixth-Grade Test Materials*, Columbus, OH: Ohio Department of Education.

12 Cimbricz, "State-Mandated Testing"; S. G. Grant, "An Uncertain Lever: Exploring the Influence of State-Level Testing in New York State on Teaching Social Studies", *Teachers College Record* 103, June 2001, pp. 398~426; Grant et al., "Juggling Two Sets of Books".

13 Barton, "Historical Understanding among Elementary Children", pp. 79~84, "You'd be Wanting to Know about the Past", pp. 93~94; Levstik and Barton, "They Still Use Some of Their Past", pp. 555~560; Keith C. Barton and Linda S. Levstik, "'It Wasn't a Good Part of History': National Identity and Students' Explanations of Historical Significance", *Teachers College Record* 99, 1998, pp. 490~499.

14 Barton, "Historical Understanding among Elementary Children", pp. 104~107; "You'd be Wanting to Know about the Past", p. 97; Bruce A. VanSledright, "The Teaching-Learning Interaction in American History: A Study of Two Teachers and Their Fifth Graders", *Journal of Social Studies Research* 19, 1995, p. 21.

15 Linda S. Levstik and Keith C. Barton, *Doing History: Investigating with Children in Elementary and*

Middle Schools, 2nd ed., Mahwah, NJ: Erlbaum, 2001, pp. 77~105; Bruce A. VanSledright, *In Search of America's Past: Learning to Red History in Elementary School*, New York: Teachers College Press, 2002, pp. 53~77.

16 Roy Rosenzweig and David Thelen, *The Presence of the Past: Popular Uses of History in American Life*, New York: Columbia University Press, 1998, p. 32, pp. 105~106.

17 John Elsner and Roger Cardinal, *The Cultures of Collection*, London: Reaktion Books, 1994; Eilean Hooper-Greenhill, *Museums and the Shaping of Knowledge*, London: Routledge, 1992; Ivan Karp and Steven D. Lavine, ed., *Exhibiting Cultures*, New York: Smithsonian Institution Press, 1992; Sharon MacDonald, *The Politics of Display*, London: Routledge, 1998; Sharon MacDonald and Gordon Fyfe, eds., *Theorising Museums*, Oxford: Blackwell, 1996; Daniel J. Sherman and Irit Rogoff, *Museum Culture*, London: Routledge, 1994; John Willinksy, *Learning to Divide the World: Education at Empire's End*, Minneapolis: University of Minnesota Press, 1998.

18 Brian Graham, "Ulster: A Representation of Place Yet to be Imagined", Peter Shirlow and Mark McGovern eds., *Who are "the People"? Unionism, Protestantism and Loyalism in Northern Ireland*, Chicago: Pluto Press, 1997, p. 39; Anthony Buckley and M. Kenny, "Cultural Heritage in an Oasis of Calm: Divided Identities in a Museum in Ulster", Ullrich Kockel ed., *Culture, Tourism and Development: The Case of Ireland*, Liverpool: Liverpool University Press, 1994; Elizabeth Crooke, "Confronting a Troubled History: Which Past in Northern Ireland's Museums?", *International Journal of Heritage Studies* 7, June 2001, p. 127.

19 Elizabeth Crooke, "Inclusion and Northern Ireland", Jocelyn Dodd and Richard Sandell eds., *Including Museums: Perspectives on Museums, Galleries and Social Inclusion*, Leicester, United Kingdom: Research Center for Museums and Galleries, University of Leicester, 2001, pp. 69~72; "Confronting a Troubled History", pp. 119~136; Felicity Heywood, "Across the Divide: Can Museums Help Heal the Wounds of Northern Ireland?", *Museums Journal* 100, June 2000, pp. 16~19. 보통 박물관은 논쟁의 여지가 별로 없는 역사에 초점을 맞추는데, 여기서 예외적인 곳이 런던베리(Londonderry)에 있는 타워박물관(Tower Museum)이다. 이 박물관은 북아일랜드 정치사에서 이 도시가 어떤 역할을 했는지에 주목하고 있다. 한때는 논쟁을 자극하지 않을 균형 잡힌 전시만 하려고 애썼던 이 지역 다른 박물관들도 최근 분열의 상징에 초점을 맞추기 시작했다.

20 Richard Handler and Eric Gable, *The New History in an Old Museum*, Durham, NC: Duke University Press, 1997, pp. 46~49, 53~59, 70~77, 84~101, 220~226. 데이비드 블라이트 또한 1800년대 후반 남북전쟁 참전자들에 관한 전시에서 '소현실주의(petty realism)'가 압도적이라고 보았다. 그는 남북전쟁에 관한 전시들이 주로 전쟁터의 일상 같은 사소한 것들에만 초점을 맞추고 있고, 전쟁의 원인이나 인종차별의 역사와 관련된 더 큰 주제들은 공적 기억에서 매우 효과적으로 지워졌다고 지적했다. David W. Blight, *Race and Reunion: The*

Civil War in American Memory, Cambridge, MA: Harvard University Press, 2001, p. 108, 185, 191.

21 Gaynor Kavanagh, "Making Histories, Making Memories", *Making Histories in Museums*, London: Leicester University Press, 1996, p. 7.

22 George E. Hein, *Learning in the Museum*, New York: Routledge, 1998, p. 153.

제7장 내러티브 구조와 역사교육

01 David Mamet, "A Sermon", Goldberg Street: Short Plays and Monologues, New York: Grove Press, 1985.

02 F. Michael Connelly and D. Jean Clandinin, "Stories of Experience and Narrative Enquiry", *Educational Researcher* 12, June/July 1990, p. 2; John A. Robinson and Linda Hawpe, "Narrative Thinking as a Heuristic Process", Theodore R. Sabin ed., *Narrative Psychology: The Storied Nature of Human Conduct*, New York: Praeger, 1986, p. 112; Gordon Wells, *The Meaning Makers*, London: Hodder and Stoughton, 1986, p. 206; Grant Bage, *Narrative Matters: Teaching and Learning History through Story*, London: Falmer Press, 1999; Barbara Hardy, "Narrative as a Primary Act of Mind", Margaret Meek, Aiden Warlow, and Griselda Barton eds., *The Cool Web: The Pattern of Children's Reading*, London: Bodley Head, 1977, p. 12. 역사를 가르칠 때 내러티브 사용에 대해서는 다음을 참조. California State Department of Education, *History-Social Science Framework for California Public Schools, Kindergarten Through Grade Twelve*, Sacramento, CA: Author, 1988; Elaine Wrisley Reed, *Helping Your Child Learn History: With Activities for Children Aged 4 through 11*, Washington, DC: U.S. Department of Education, Office of Educational Research and Improvement, 1993; Kieran Egan, "Layers of historical understanding", *Theory and Research in Social Education* 4, 1989, pp. 280~294. 역사교육에서 내러티브의 역할을 더 균형잡힌 관점에서 다루어야 한다는 주장에 대해서는 다음을 참조. Bage, *Narrative Matters*.

03 Thomas M. Leitch, *What Stories are: Narrative Theory and Interpretation*, University Park, PA: Pennsylvania State University Press, 1986, p. 3; *Webster's New Collegiate Dictionary*, 1977, s. v. "story", "narrative"; *The American Heritage Dictionary of the English Language*, 3rd ed., 1992, s. v. "story", "account", "narrative".

04 David Bordwell and Kristin Thompson, *Film Art: An Introduction*, 5th ed., New York: McGraw-Hill, 1990, p. 90; Tom Holt, *Thinking Historically: Narrative, Imagination, and Understanding*, New York: The College Board, 1995, p. 13.

05 역사를 해석하는 데서 내러티브의 역할은 많은 연구에서 중요한 주제로 다루어졌으나

우리의 관점과 관련하여 가장 중요한 두 연구로 다음을 참조. Louis O. Mink, "Narrative Form as a Cognitive Instrument", Robert H. Canary and Henry Kozick eds., *The Writing of History: Literary Form and Historical Understanding*, Madison, WI: University of Wisconsin Press, 1978, pp. 129~149; Hayden White, "The Value of Narrativity in the Representation of Reality", *The Content of the Form: Narrative Discourse and Historical Representation*, Baltimore: The Johns Hopkins University Press, 1987, pp. 1~25. 이 주세에 내한 포괄적인 논의 및 교육에서의 함의를 다룬 연구로 다음을 참조. Avner Segall, "Critical History: Implications for History/Social Studies Education", *Theory and Research in Social Education* 27, 1999, pp. 358~374.

06 Jean Matter Mandler, *Stories, Scripts, and Scenes: Aspects of Schema Theory*, Hillsdale, NJ: Lawrence Erlbaum Associates, 1984, pp. 31~73.

07 Bruce VanSledright and Jere Brophy, "Storytelling, Imagination, and Fanciful Elaboration in Children's Historical Reconstructions", *American Educational Research Journal* 29, 1992, p. 850.

08 Margaret G. McKeown and Isabel L. Beck, "The Assessment and Characterization of Young Learners' Knowledge of a Topic in History", *American Educational Research Journal* 27, 1990, p. 709, 720.

09 Keith C. Barton, "Narrative Simplifications in Elementary Students' Historical Thinking", Jere Brophy ed., *Advances in Research on Teaching, vol. 6, Teaching and Learning History*, Greenwich, CT: JAI Press, 1996, pp. 56~60.

10 Barton, "Narrative Simplifications", p. 67.

11 Barton, "Narrative Simplifications", pp. 63~64, 67~68.

12 Barton, "Narrative Simplifications", p. 59, 68.

13 Matthew T. Downey and Linda S. Levstik, "Teaching and Learning History: The Research Base", *Social Education* 52, September 1988, p. 338. 키란 에건(Kieran Egan)이 이런 주장을 구체화했다. 키란은 어린이들이 '신화적' 이야기의 형태를 통해 역사에 처음 노출된다고 주장하면서, 이 신화적 이야기야말로 어린이들이 가장 재미있어 하고 또 잘 이해할 수 있는 형태의 이야기라고 보았다. Egan, "Layers of Historical Understanding".

14 Bage, *Narrative Matters*, p. 89.

15 Linda S. Levstik, "The Relationship between Historical Response and Narrative in a Sixth-Grade Classroom", *Theory and Research in Social Education* 19, 1986, p. 17; Linda S. Levstik, "Historical Narrative and the Young Reader", *Theory into Practice* 28, 1989, p. 118.

16 Roland Barthes, "Introduction to the Structural Analysis of Narrative", *Image-Music-Text*, New York: Hill and Wang, 1977, p. 89.

17 Victoria E. Bynum, *Unruly Women: The Politics of Social and Sexual Control in the Old South*, Chaple Hill, NC: University of North Carolina Press, 1992; Eugene D. Genovese, *Roll, Jordon, Roll: The World the Slaves Made*, New York: Pantheon Books, 1974.

18 Nell K. Duke, "3.6 Minutes per Day: The Scarcity of Informational Texts in First Grade", *Reading Research Quarterly* 35, April/May/June 2000, pp. 207~208.

19 Christine C. Pappas, "Is Narrative 'Primary'? Some Insights from Kindergartners' Pretend Readings of Stories and Information Books", *Journal of Reading Behavior* 25, March 1993, p. 126; Duke, "3.6 Minutes per Day", pp. 206~208.

20 VanSledright and Brophy, "Storytelling, Imagination, and Fanciful Elaboration", p. 851. 초등학교에 정보 중심의 텍스트가 부족하다는 점에 대해서는 다음을 참조할 것. Duke, "3.6 Minutes per Day", pp. 202~224.

21 Keith C. Barton, "A Sociocultural Perspective on Children's Understanding of Historical Change: Comparative Findings from Northern Ireland and the United States", *American Educational Research Journal* 38, 2002, pp. 899~905; "History Education and National Identity in Northern Ireland and the United States", *Theory into Practice* 40, 2001, pp. 49~50; "'You'd Be Wanting to Know about the Past': Social Contexts of Children's Historical Understanding in Northern Ireland and the United States", *Comparative Education* 37, February 2001, pp. 98~100.

22 어린이들은 과거에 대한 내러티브를 가족이나 친구, 이웃을 통해 배운다. 사실 많은 이들은 북아일랜드 어린이들이 국가의 역사에 대한 이야기, 특히 종교 갈등과 관련된 이야기를 주변에서 듣고 내면화할 것이라고 생각했다. 그러나 관련된 현장 연구는 그런 내러티브는 청소년이 되고도 한참 뒤에나 드러난다는 것을 보여준다. 학생들이 가정에서 어떤 내러티브를 학습한다 하더라도 사회 갈등의 내러티브가 학교나 공적 장소에서 더 강화되지는 않는 것으로 보인다. Keith C. Barton and Alan W. McCully, "Secondary Students' Perspectives on History and Identity in Northern Ireland", paper presented at the annual meeting of the American Educational Research Association, April 2002; Barton, "Children's Understanding of Historical Change", p. 902; "You'd Be Wanting to Know about the Past", p. 100.

23 Barton, "Narrative Simplifications", pp. 60~66.

24 Barton, "Sociocultural Perspective", pp. 892~896.

25 Barton, "Narrative Simplifications", pp. 56~60; "Sociocultural Perspective", pp. 887~892.

26 Eric Foner, *The Story of American Freedom*, New York: W. W. Norton, 1998, p. xiv.

제8장 개인의 성취와 동기에 관한 내러티브

01 Karl Marx, "The Eighteenth Brumaire of Louis Bonaparte", David McLellan ed., *Karl Marx: Selected Writings*, New York: Oxford University Press, 1977, p. 300.

02 Emmanuel Le Roy Ladurie, *The Peasants of Languedoc*, trans. J. Day, Urbana, IL: University of Illinois Press, 1974; Marc Bloch, *French Royal History: An Essay on its Basic Characteristics*, trans. J. Sondheimer, Berkeley, CA: University of California Press, 1996; *The Royal Touch: Sacred Monarchy and Scrofula in England and France*, trans. J. E. Anderson, London: Routledge & Kegan Paul, 1973; Fernand Braudel, *The Mediterranean and the Mediterranean World in the Age of Philip II*, 2 vols., trans. S. Reynolds, Glasgow: William Collins, 1972~1973; *Civilization and Capitalism 15th~18th Century*, 3 vols, trans. S. Reynolds, Glasgow: Willaim Collins, 1981~1992; Lucien Febvre, *A New Kind of History: From the Writings of Febvre*, trans. K. Folca, London: Routledge and Kegan Paul, 1973.

03 Jon Butler, *Awash in a Sea of Faith: Christianizing the American People*, Cambridge, MA: Harvard University Press, 1990; Charles Sellers, *The Market Revolution: Jacksonian America, 1815~1846*, New York: Oxford University Press, 1991.

04 Keith C. Barton, "Mary G. Kelty: The Most Important Social Educator No One has Heard Of?", Sherry L. Field and O. L. Davis, Jr. eds., *Explorations in Curriculum History*, Greenwich, CT: Information Age Publishing, 2005; Mary G. Kelty, *Learning and Teaching History in the Middle Grades*, New York: Ginn and Company, 1936, pp. 21~23; *The Story of the American People and Nation*, New York: Ginn, 1942; *The Beginnings of the American People and Nation*, New York: Ginn, 1931; *The Growth of the American People and Nation*, New York: Ginn, 1931; Wilbur F. Murra and others, *Bibliography of Textbooks in the Social Studies, the National Council for the Social Studies Bulletin* 12, Cambridge, MA: National Council for the Social Studies, 1939, pp. 34~35. 조셉 R. 모로(Joseph R. Moreau)는 19세기 교과서의 개인 영웅을 중심으로 한 내러티브와 극적인 사건을 토대로 한 내러티브는 일관성 있게 꿰어진 역사 변화에 관한 전체 내러티브에 제대로 부합하지 않고, 결국 특정 제도가 발전한 것을 강조함으로써 이런 두 내러티브가 보강되었다고 설명하고 있다. "Schoolbook Nation: Imagining the American Community in United States History Texts for Grammar and Secondary Schools, 1865~1930", Ph.D. diss., University of Michigan, 2002, p. 36, pp. 42~50.

05 Houghton Mifflin, Level 6: Discover Our Heritage, http://www.eduplace.com/ss/wtp/level6/index.html; Houghton Mifflin, Level 5: Build Our Nation, http://www.eduplace.com/ss/wtp/level5/index.htmlHoughton; McDougal Littel, Creating America, available from http://www.classzone.com/books/ca_ww1/index.cfm.

06 Joan W. Blos, "Perspectives on Historical Fiction", Michael O. Tunnell and Richard Ammon eds., *The Story of Ourselves: Teaching History through Children's Literature*, Portsmouth, NH: Heinemann, 1993, p. 13; Matthew T. Downey, "Reforming the History Curriculum", Bernard R. Gifford eds., *History in the Schools: What Shall We Teach?*, New York: Macmillan, 1988, pp. 198~213; Russell Freeedman, "Bring 'Em Back Alive", Michael O. Tunnell and Richard

Ammon eds., *The Story of Ourselves: Teaching History through Children's Literature*, Portsmouth, NH: Heinemann, 1993, pp. 41~47; Linda S. Levstik, "History from the Bottom Up", *Social Education* 50, February 1986, pp. 1~7; Milton Meltzer, "On Teaching and Learning History", E. Wendy Saul ed., *Milton Meltzer on Writing, History, and Social Responsibility*, New York: Teachers College Press, 1994, pp. 30~36; "Ordinary People: In Their Own Words", E. Wendy Saul ed., *Milton Meltzer on Writing, History, and Social Responsibility*, New York: Teachers College Press, 1994, pp. 63~73; Carl M. Tomlinson, Michael O. Tunnell, and Donald J. Richgels, "The Content and Writing of History in Textbooks and Trade Books", Michael O. Tunnell and Richard Ammon eds., *The Story of Ourselves: Teaching History through Children's Literature*, Portsmouth, NH: Heinemann, 1993, pp. 52~53.

07 Michael O. Tunnell, "Unmasking the Fiction of History: Children's Historical Literature Begins to Come of Age", Michael O. Tunnell and Richard Ammon eds., *The Story of Ourselves: Teaching History through Children's Literature*, Portsmouth, NH: Heinemann, 1993, pp. 79~90.

08 Eleanor Thomas and Mary G. Kelty, *Heroes, Heroines, and Holidays*, New York: Ginn, 1947.

09 James Lincoln Collier and Christopher Collier, *My Brother Sam is Dead*, New York: Four Winds Press, 1974; Irene Hunt, *Across Five Aprils*, Morristown, NJ: Silver Burdett Press, 1993.

10 Linda S. Levstik, "The Relationship between Historical Response and Narrative in a Sixth-Grade Classroom", *Theory and Research in Social Education* 19, 1986, pp. 1~19.

11 Levstik, "The Relationship between Historical Response and Narrative", pp. 6~8, p. 10.

12 Linda S. Levstik, "Historical Narrative and the Young Reader", *Theory into Practice* 28, 1989, p. 114.

13 Keith C. Barton, "'Bossed around by the Queen': Elementary Students' Understanding of Individuals and Institutions in History", *Journal of Curriculum and Supervision* 12, 1997, pp. 290~314.

14 Barton, "Bossed Around by the Queen", p. 299.

15 Barton, "Bossed Around by the Queen", pp. 299~300; G. 윌리암슨 맥다이아미드는 대학의 사학사 수업을 수강한 학생들이 이와 매우 유사한 설명을 한다는 것을 알아냈다. 맥다이아미드는 "학생들은 시민권 운동을 로자 파커나 마틴 루터 킹 같은 영웅이 남부 지역에 만연했던 편견과 폭력에 맞서 행동한 결과로 생각하는 것으로 보인다. 그 어떤 학생도 이 운동이 사람들이 차별에 저항하기 위해 조직했던 오래된 투쟁이 최고점에 이른 것이라고 생각하지 않았다"고 설명한다. G. Williamson McDiarmid, "Understanding History for Teaching: A Study of the Historical Understanding of Prospective Teachers", James F. Voss and Mario Carretero eds., *Cognitive and Instructional Processes in History and the Social Sciences*, Hillsdale, NJ: Erlbaum, 1994, p. 169.

16 Barton, "Bossed Around by the Queen", p. 302.

17 Barton, "Bossed Around by the Queen", pp. 303~305.

18 Jere Brophy, Bruce VanSledright, and Nancy Bredin, "Fifth-graders' Ideas About European Exploration of the New World Expressed Before and After Studying This Topic Within a U.S. History Course", *Elementary Subjects Center Series* No. 78, East Lansing, MI: Center for the Learning and Teaching of Elementary Subjects, Institute for Research on Teaching, College of Education, Michigan State University, 1992; Jere Brophy and Bruce VanSledright, *Teaching and Learning History in Elementary Schools*, New York: Teachers College Press, 1997, pp. 128~131.

19 John S. Wills, "Who Needs Multicultural Education? White Students, U.S. History, and the Construction of a Usable Past", *Anthropology and Education Quarterly* 27, September 1996, pp. 365~389.

20 Wills, "Who Needs Multicultural Education", pp. 370~374.

21 Wills, "Who Needs Multicultural Education", pp. 370~380.

22 Margaret G. McKeown and Isabel Beck, "Making Sense of Accounts of History: Why Young Students Don't and How They Might", Gaea Leinhardt, Isabel L. Beck, and Catherine Stainton eds., *Teaching and Learning in History*, Hillsdael, NJ: Lawrence Erlbaum Associates, 1994, pp. 1~26.

23 M. Anne Britt, Jean-François Rouet, Mara C. Georgi, and Charles A. Perfetti, "Learning from History Texts: From Causal Analysis to Argument Models", Gaea Leinhardt, Isabel L. Beck, and Catherine Stainton eds., *Teaching and Learning in History*, Hillsdale, NJ: Lawrence Erlbaum Associates, 1994, pp. 47~84.

24 Margaret Donaldson, *Children's Minds*, New York: Norton, 1978, pp. 16~17.

25 Keith C. Barton, "A Sociocultural Perspective on Children's Understanding of Historical Change: Comparative Findings from Northern Ireland and the United States", *American Educational Research Journal* 38, 2002, pp. 899~905. 우리 두 저자의 다른 연구 경험을 통해 보면, 뉴질랜드와 가나의 교육과정 또한 개인적 성취에 관한 이야기에 크게 관심을 두지 않는 것으로 보인다.

26 Barton, "Sociocultural Perspective", pp. 888~892.

27 Barton, "Sociocultural Perspective", p. 892; Ola Halldén, "Learning History", *Oxford Review of Education* 12, 1968, pp. 53~66; Mario Carretero, Liliana Jacott, Margarita Limón, Asunción Lopez-Manjón, and Jose A. León, "Historical Knowledge: Cognitive and Instructional Implications", Mario Carretero and James F. Voss eds., *Cognitive and Instructional Processes in History and Social Sciences*, Hillsdale, NJ: Lawrence Erlbaum associates, 1994, pp. 357~376; Peter Lee, Alaric Dickinson, and Rosalyn Ashby, "Some Aspects of Children's Understanding of Historical Explanation", paper presented at the annual meeting of the American Educational Research Association, April 1995.

28 Roy Rosenzweig and David Thelen, *Presence of the Past: Popular Uses of History in American Life*, New York: Columbia University Press, 1998, p. 197; Barton, "Sociocultural Perspective", pp. 903~904.

29 Rosenzweig and Thelen, *Presence of the Past*, pp. 149~150, p. 158, 160, 162.

제9장 국가의 자유와 진보에 관한 내러티브

01 Ian McEwan, *Amsterdam*, London: Vintage, 1998, p. 67.

02 Eric Foner, *The Story of American Freedom*, New York: W. W. Norton, 1998, pp. xiii~xiv; Ruth Miller Elson, *Guardians of Tradition: American Schoolbooks of the Nineteenth Century*, Lincoln: University of Nebraska Press, 1964, pp. 76~77, 166~68, p. 184, pp. 258~261; Joseph R. Moreau, "Schoolbook Nation: Imagining the American Community in United States History Texts for Grammar and Secondary Schools, 1865~1930", Ph.D. diss., University of Michigan, 2002, pp. 47~49; James Loewen, *Lies My Teacher Told Me: Everything Your American History Textbook Got Wrong*, New York: New Press, 1995, pp. 249~263; Christopher Lasch, *The True and Only Heaven: Progress and Its Critics*, New York: W. W. Norton, 1991; Mike Wallace, "Progress Talk: Museums of Science, Technology and Industry", *Mickey Mouse History and other Essays on American Memory*, Philadelphia: Temple University Press, 1996, pp. 75~85; Michael Kammen, *Mystic Chords of Memory: The Transformation of Tradition in American Culture*, New York: Vintage Books, 1991, pp. 702~703.

03 James V Wertsch, *Mind as Action*, New York: Oxford University Press, 1998, pp. 86~98; James V. Wertsch and K. O'Connor, "Multivoicedness in Historical Representation: American College Students' Accounts of the Origins of the United States", *Journal of Narrative and Life History* 4, 1994, pp. 295~309.

04 Keith C. Barton and Linda S. Levstik, "'It Wasn't a Good Part of History': National Identity and Ambiguity in Students' Explanations of Historical Significance", *Teachers College Record* 99, 1998, pp. 484~485.

05 Joshua Searle-White, *The Psychology of Nationalism*, New York: Palgrave, 2001, p. 91; Foner, *Story of American Freedom*, p. xiii; Barton and Levstik, "It Wasn't a Good Part of History", pp. 484~485.

06 Barton and Levstik, "It Wasn't a Good Part of History", pp. 485~487.

07 Barton and Levstik, "It Wasn't a Good Part of History", pp. 487~490, 495~499. 데이비드 블라이트(David Blight)는 남북전쟁의 패전에 대해 남부 사람들은 '우리는 재건(Reconstruction)에서 승리했다'고 담론을 전환시킴으로써 "미국인은 실패했어도 우리 남부인은 승리한

다"라는 생각을 하게 되었다고 주장한다. David W. Blight, *Race and Reunion: The Civil War in American Memory*, Cambridge, MA: Harvard University Press, 2001, p. 266, pp. 272~273, 283~284, p. 291.

08 Keith C. Barton, "Narrative Simplifications in Elementary Students' Historical Thinking", Jere Brophy ed., *Advances in Research on Teaching*, vol. 6, Teaching and Learning History, Greenwich, CT: JAI Press, 1996, pp. 56~62.

09 Barton, "Narrative Simplifications", p. 63.

10 Barton, "Narrative Simplifications", p. 62.

11 Barton and Levstik, "It Wasn't a Good Part of History", pp. 490~503; Barton, "Narrative Simplifications", p. 58, pp. 65~66.

12 Wertsch, *Mind as Action*, p. 108.

13 Keith C. Barton, "'Best not to Forget Them': Positionality and Students' Ideas about Historical Significance in Northern Ireland", paper presented at the annual meeting of the American Educational Research Association, April 1999.

14 Barton, "Best Not to Forget Them"; Terence Brown, "Awakening from the Nightmare: Irish History in Some Recent Literature", *The Princess Grace Irish Library, Irishness in a Changing Society*, Gerrards Cross, Buckinghamshire, England: Colin Smythe, 1988, p. 66; "History, Stephen said, is a nightmare from which I am trying to awake"; James Joyce, *Ulysses*, New York: Random House, 1934, p. 35.

15 Terrie Epstein, "Deconstructing Differences in African-American and European-American Adolescents' Perspectives on U.S. History", *Curriculum Inquiry* 28, October 1998, pp. 397~423.

16 Epstein, "Deconstructing Differences", pp. 403~407.

17 Epstein, "Deconstructing Differences", pp. 418~419; "Adolescents' Perspectives on Racial Diversity in U.S. History: Case Studies From an Urban Classroom", *American Educational Research Journal* 37, 2000, pp. 196~198, 202~203.

18 Epstein, "Deconstructing Differences", 409~412, 422. 데이비드 블라이트는 20세기 초반에 미국 흑인들 사이에서 유행했던 "인종의 진보"라는 담론은 노예 해방을 "흑인의 발전에서 출발점, 즉 새로운 창조"로 여긴다고 보았다. 따라서 진보에 관한 흑인들의 내러티브 구조는 미국 백인들이 사용했던 진보 내러티브와는 다른 지점에서 출발하여 이야기를 구성한다는 것이다. David W. Blight, *Race and Reunion: The Civil War in American Memory*, Cambridge, MA: Harvard University Press, 2001, p. 319, pp. 332~333.

19 Roy Rosenzweig and David Thelen, *The Presence of the Past: Popular Uses of History in American Life*, New York: Columbia University Press, 1998, p. 10, 13, 138, pp. 151~161, 165~174.

20 Foner, *Story of American Freedom*, p. 254.

21 Foner, *Story of American Freedom*, p. 77; Shils, "Tradition", *Comparative Studies in Society and*

History 13, April 1971, p. 140; Wallace, "Progress Talk", pp. 75~85.

22 Noam Chomsky, James Peck ed., "The Responsbility of Intellectuals", *The Chomsky Reader*, New York: Pantheon Books, 1987, pp. 59~82. 키싱어 인용문은 p. 64.

23 Richard Rorty, *Achieving Our Country: Leftist Thought in Twentieth Century America*, Cambridge, MA: Harvard University Press, 1998, p. 51; Foner, *Story of American Freedom*, p. xvi, pp. 79~80, p. 99, 113; Mary Jones, *The Autobiography of Mother Jones*, Chicago: Charles H. Kerr, 1972, p. 213. 아이러니하게도 마더 존스는 감옥에 있는 동안 파업 노동자들에게 자신을 석방시키려고 애쓰거나 교도관을 린치하려 하지 말고 그냥 집으로 돌아가라고 권했다.

24 Blight, *Race and Reunion*, p. 304.

25 Rorty, *Achieving Our Country*, p. 99, 101.

26 Foner, *Story of American Freedom*, p. 113, 230, 254.

27 이는 시갈(Segall)의 입장과 유사하다. 시갈은 역사 학습이 과거 사건 그 자체나 과거 사건의 본질에 초점을 두기보다는, 역사와 역사교육의 전반적인 내용이 어떻게 구성되고 해석되어왔는지에 더 초점을 맞추어야 한다고 제안했다. Avner Segall, "Critical History: Implications for History/Social Studies Education", *Theory and Research in Social Education* 27, 1999, pp. 358~374.

28 Du Bois quoted in Blight, *Race and Reunion*, p. 253.

제10장 탐구활동

01 *The American Heritage Dictionary of the English Language*, 3rd ed., 1992, s. v. "history".

02 Stephen J. Thornton, "Legitimacy in the Social Studies Curriculum", Lyn Corno ed., *One Hundredth Yearbook of the National Soceity for the Sutdy of Education*, Part I: Education Across a Century: The Centennial Volume, Chicago, IL: University of Chicago Press, 2001, pp. 192~194.

03 Jerome Bruner, *The Process of Education*, Cambridge, MA: Harvard University Press, p. 33. 그러나 이보다 먼저 1933년에 메리 켈티는 사회과 교육에서 학문 중심적 접근이 네 개의 서로 다른 접근 경향 중 하나일 뿐이라고 주장했다. 이미 그때 켈티는 이후 브루너가 언급하여 유명해진 설명과 매우 비슷한 이야기를 하고 있었다. 이 관점을 토대로 켈티는 각각의 학문 영역이 "일반화를 시키거나 어떤 것을 이해하는 데 중요한 역할을 하고, 삶의 문제를 탐구하는 데도 중요한 역할을 한다"고 설명했다. Mary G. Kelty, "The 'New' Content of the Social Studies in the Elementary School", *Educational Method* 12, May 1933, p. 465.

04 이 접근에 관해 가장 포괄적인 설명을 한 연구로 다음을 참조. Byron G. Massialas and C. Benjamin Cox, *Inquiry in Social Studies*, New York: McGraw-Hill, 1966; Edwin Fenton, *The*

New Social Studies, New York: Holt, Rinehart, and Winston, 1967. 역사교육에서 탐구활동을 권장하는 글을 종합 소개한 연구로 다음을 참조. Thornton, "Legitimacy in the Social Studies Curriculum", pp. 192~194.

05 John Dewey, *How We Think*, New York: D. C. Heath, pp. 5~6.

06 Dewey, *How We Think*, p. 12, p. 72.

07 John D. Bransford, Ann L. Brown, and Rodney R. Cocking, Eds., *How People Learn: Brain, Mind, Experience, and School*, Washington, DC: National Academy Press, 2000; David J. Wood, *How Children Think and Learn: The Social Contexts of Cognitive Development*, 2nd ed., New York: Blackwell, 1998; John T. Bruer, *Schools for Thought: A Science of Learning in the Classroom*, Cambridge, MA: MIT Press, 1994.

08 Terrie Epstein, "Adolescents' Perspectives on Racial Diversity in U.S. History: Case Studies from an Urban Classroom", *American Educational Research Journal* 37, 2000, pp. 185~214.

09 Linda S. Levstik and Keith C. Barton, *Doing History: Investigating with Children in Elementary and Middle Schools*, 2nd ed., Mahwah, NJ: Lawrence Erlbaum Associates, 2001.

10 Andrew J. Milson, "The Internet and Inquiry Learning: Integrating Medium and Method in a Sixth Grade Social Studies Classroom", *Theory and Research in Social Education* 30, 2002, pp. 330~353; George Lipscomb, "Eighth Graders' Impressions of the Civil War: Using Technology in the History Classroom", Paper presented at the annual meeting of the American Educational Research Association, April 2001. 웹퀘스트의 보다 일반적인 사용 방식에 관해서는 다음을 참조. Andrew J. Milson and Portia Downey, "WebQuest: Using Internet Resources for Cooperative Inquiry", *Social Education* 65, April 2001, pp. 144~146.

11 Milson, "Internet and Inquiry Learning"; Lipscomb, "Eighth-graders' Impressions", pp. 60~64.

12 Bruce A. VanSledright, "Fifth Graders Investigating History in the Classroom: Results from a Researcher-Practioner Design Experiment", *Elementary School Journal* 102, November 2002, pp. 131~160.

13 VanSledright, "Fifth Graders Investigating History", pp. 135~138.

14 VanSledright, "Fifth Graders Investigating History", pp. 138~141.

15 VanSledright, "Fifth Graders Investigating History", pp. 143~151.

16 Keith C. Barton, "'I Just Kinda Know': Elementary Students' Ideas about Historical Evidence", *Theory and Research in Social Education* 25, 1997, pp. 407~430.

17 Barton, "I Just Kinda Know", pp. 413~417; materials for this research came from P. Bennett, *What Happened on Lexington Green: An Inquiry into the Nature and Method of History*, Menlo Park, CA: Addison-Wesley, 1970; *What Happened on Lexington Green: An Inquiry into the Nature and Methods of History*(teacher and student manuals), Washington, DC: Office of Education, Bureau of Research, 1967, Eric Document Reproduction Service, ED 032333.

18 Barton, "I Just Kinda Know", pp. 417~419.

19 Linda Levstik and Dehea B. Smith, "'I've Never Done This Before': Building a Community of Inquiry in a Third-Grade Classroom", Jere Brophy ed., *Advances in Research on Teaching*, vol. 6, Teaching and Learning History, Greenwich, CT: JAI Press, 1996, pp. 105~109; VanSledright, "Fifth Graders Investigating History", p. 132, pp. 142~149.

20 Rosalyn Asby and Peter J. Lee, "Information, Opinion, and Beyond", paper presented at the annual meeting of the American Educational Research Association, April 1998. 또한 이 연구는 서로 다른 두 사료의 상대적 신뢰성을 평가해보라고 하면 일부 학생들은 사료의 가치를 생각하기보다는 사료가 제공하는 정보의 양을 토대로 신뢰성을 판단하며, 또 다른 일부 학생들은 그 사료의 내용이 얼마나 그럴 듯해 보이는지를 바탕으로 사료의 신뢰성을 결정한다는 것을 보여주었다. 특히 후자의 학생들은 무슨 일이 일어난 것이 "틀림없다"고 생각되는 바를 토대로 결론을 내리는 미국 학생들과 유사한 반응을 보였다. 다음 연구도 함께 참조. Peter Lee and Rosalyn Ashby, "Progression in Historical Understanding among Students Ages 7-14", Peter N. Stearns, Peter Seixas, and Sam Wineburg eds., *Knowing, Teaching, and Learning History: National and International Perspectives*, New York: New York University Press, 2000, pp. 199~222; "Empathy, Perspective Taking, and Rational Understanding", O. L. Davis, Jr., Elizabeth Anne Yeager, and Stuart J. Foster eds., *History Empathy and Perspective Taking in the Social Studies*, Lanham, MD: Rowman and Littlefield, 2001, pp. 21~50; "History in an Information Culture: Project Chata", *International Journal of Historical Learning, Teaching and Research* 1, June 2001, pp. 75~98.

21 Dewey, *How We Think*, p. 11.

22 The College Entrance Examination Board, "The Document-Based Question (DBQ)", available from http://www.collegeboard.com/ap/history/html/dbq001.html(accessed 2 August, 2002); "1999 Free-Response Question", available from http://www.collegeboard.com/ap/history/frq99/ushist_q1.html(accessed August 2, 2002).

23 Teacher Created Materials, "Document-Based Activities Using the Internet: World War II. Europe", available from http://www.buyteachercreated.com/estore/product/5108(accessed 16 July, 2017).

24 Keith C. Barton and Linda S. Levstik, "'It Wasn't a Good Part of History': National Identity and Ambiguity in Students' Explanations of Historical Significance", *Teachers College Record* 99, 1998, pp. 496~499; Sam Wineburg, *Historical Thinking and Other Unnatural Acts*, Philadelphia: Temple University Press, 2001, pp. 232~255.

25 Peter Seixas, "The Community of Inquiry as a Basis for Knowledge and Learning: The Case of History", *American Educational Research Journal* 30, 1993, p. 310, pp. 314~315.

26 Jack Zevin and David Gerwin, *Teaching History as Mystery*, Mahwah, NJ: Lawrence Erlbaum

Associates, 2003.

27 William B. Stanley and James A. Whitson, "Citizenship as Practical Competence: A Response to the New Reform Movement in Social Education", *International Journal of Social Education* 7, 1992, p. 60.

28 영국의 많은 역사 교사들이 역사 탐구활동을 할 때 탐구활동의 전반적인 과정과 동떨어진 자료를 사용하는 것이 어떤 문제점을 가지는지 다음을 참조. Jamie Byron, "Working With Sources: Scepticism or Cynicism?", *Teaching History* 91, May 1998, pp. 32~34; Christine Counsell, *Analyitcal and Discursive Writing at Key Stage 3*, London: The Historical Association, 1997, p. 7; "Editorial", *Teaching History* 91 May 1998, p. 3; "Historical Knowledge and Historical Skills: A Distracting Dichotomy", James Arthur and Robert Phillips eds., *Issues in History Teaching*, London: Routledge, 2000, pp. 58~59; "The Forgotten Games Kit: Putting Historical Thinking First in Long-, Medium- and Short-term Planning", Terry Haydn and Chirtine Counsell eds., *History, ICT and Learning in the Secondary School*, London: Routledge Falmer, 2003, p. 105; Chris Husbands, Alison Kitson, and Anna Pendry, *Understanding History Teaching: Teaching and Learning About the Past in Secondary Schools*, Philadelphia: Open University Press, 2003, p. 70; Alison Kitson, "Reading and Enquiring in Years 12 and 13: A Case Study on Women in the Third Reich", *Teaching History* 111, June 2003, pp. 13~19.

29 Tom Holt, *Thinking Historically: Narrative, Imagination, and Understanding*, New York: College Entrance Examination Board, 1995, p. 23. 강조는 원문 그대로임.

제11장 '관점 이해하기'로서의 감정이입

01 Robert Burns, "To a Louse", *The Complete Poetical Works of Burns*, Boston: Houghton Mifflin, 1897, pp. 42~43.

02 Cited in Bennett, *Basic Concepts of Intercultural Communication*, Yarmouth, ME: Intercultural Press, 1998, p. 197. 역사학에서 감정이입(empathy)이라는 용어는 윌리엄 딜씨(William Dilthey)가 독일어 einfuhlung를 직역한 데서 왔다. 그러나 이 용어는 연민(sympathy)이라는 용어와 섞여 혼란스럽게 사용되었다. Peter Knight, "Empathy: Concept, Confusion and Consequences in a National Curriculum", *Oxford Review of Education* 15, 1989, pp. 42~43; Christopher Portal, "Empathy as an Objective for History Teaching", Christopher Portal ed., *The History Curriculum for Teachers*, London: Heinemann, 1987, p. 89.

03 Peter Lee and Rosalyn Ashby, "Empathy, Perspective Taking, and Rational Understanding", O. L. Davis, Jr., Elizabeth Anne Yeager, and Stuart J. Foster eds., *Historical Empathy and Perspective Taking in the Social Studies*, Lanham, MD: Rowman and Littlefield, 2001, p. 23.

04 Stuart J. Foster, "Historical Empathy in Theory and Practice: Some Final Thoughts", O. L. Davis, Jr., Elizabeth Anne Yeager, and Stuart J. Foster eds., *Historical Empathy and Perspective Taking in the Social Studies*, Lanham, MD: Rowman and Littlefield, 2001, p. 170; Peter Knight, "A Study of Children's Understanding of People in the Past", *Educational Review* 41, 1989, pp. 207~208; Lee and Ashby, "Empathy, Perspective Taking, and Rational Understanding", pp. 22~23; Joan Skonick, Nancy Dulberg, and Thea Maestre, *Through Other Eyes: Developing Empathy and Multicultural Perspectives in the Social Sutdies*, Toronto, Ontario, Canada: Pippin Publishing, 1999, pp. 9~19; Nancy R. Dulberg, "Perspective-Taking and Empathy in History and Social Studies: A Study of Fifth Grade Students' Thinking", Ed.D. diss., University of California, Berkeley, 1998, p. 24.

05 Lee and Ashby, "Empathy, Perspective Taking, and Rational Understanding", pp. 21~25; Rosalyn Ashby and Peter Lee, "Children's Concepts of Empathy and Understanding in History", Christopher Portal ed., *The History Curriculum for Teachers*, London: Heinemann, 1987, pp. 62~65; Peter J. Lee, "Explanation and Understanding in History", Alaric K. Dickinson and Peter J. Lee eds., *History Teaching and Historical Understanding*, London: Heinemann, 1978, pp. 72~93; Dennis Shemilt, "Beauty and the Philosopher: Empathy in History and Classroom", Alaric K. Dickinson, Peter J. Lee, and Peter J. Rogers eds., *Learning History*, London: Heinemann, 1984, pp. 40~49; O. L. Davis, Jr., "In Pursuit of Historical Empathy", O. L. Davis, Jr., Elizabeth Anne Yeager, and Stuart J. Foster eds., *Historical Empathy and Perspective Taking in the Social Studies*, Lanham, MD: Rowman and Littlefield, 2001, pp. 1~12; Foster, "Historical Empathy", pp. 167~181.

06 Portal, "Empathy as an Objective", pp. 89~90, and "Empathy", pp. 42~43; Knight, "Children's Understanding of People in the Past", p. 208; Elizabeth A. Yeager and Stuart J. Foster, "The Role of Empathy in the Development of Historical Understanding", O. L. Davis, Jr., Elizabeth Anne Yeager, and Stuart J. Foster eds., *Historical Empathy and Perspective Taking in the Social Studies*, Lanham, MD: Rowman and Littlefield, 2001, pp. 14~17; Bruce A. VanSledright, "From Empathic Regard to Self-Understanding: Im/Positionality, Empathy, and Historical Contextualization", O. L. Davis, Jr., Elizabeth Anne Yeager, and Stuart J. Foster eds., *Historical Empathy and Perspective Taking in the Social Studies*, Lanham, MD: Rowman and Littlefield, 2001, pp. 51~68. 역사적 감정이입은 단순히 어려운 정도가 아니라 근본적으로 불가능하다는 주장도 있다. Keith Jenkins and Peter Brickley, "Reflections on the Empathy Debate", *Teaching History* 55, April 1989, pp. 18~23. 이 주장에 대한 반박으로는 Lee and Ashby, "Empathy, Perspective Taking, and Rational Understanding", pp. 23~25.

07 Ashby and Lee, "Children's Concepts of Empathy and Understanding in History", Christopher Portal ed., *The History Curriculum for Teachers*, London: Heinemann, 1987, pp. 62~88; Alaric

K. Dickinson and Peter J. Lee, "Making Sense of History", Alaric K. Dickinson, Peter J. Lee and Peter J. Rogers eds., *Learning History*, London: Heinemann, 1984, pp. 117~153; "Understanding and Research", Alaric K. Dickinson and Peter J. Lee eds., *History Teaching and Historical Understanding*, London: Heinemann, 1978, pp. 94~120; Demis Shemilt, "Beauty and the Philosopher: Empathy in History and Classroom", Alaric K. Dickinson, Peter J. Lee, and Peter J. Rogers eds., *Learning History*, London: Heinemann, 1984, pp. 39~83; *Evaluation Study: Schools Council History 13-16 Project*, Edinburgh: Holmes McDougall, 1980; Dulberg, "Perspective-taking and Empathy", pp. 73~146.

08 Knight, "Children's Understanding of People in the Past", pp. 207~208; "Empathy", pp. 46~47.

09 Barbara Kingsolver, *The Poisonwood Bible*, New York: HarperFlamingo, 1998, p. 81; Suvendrini Kakuchi, "Apologies Do Little to Ease Grief Over Sea Tragedy", *Asia Times Online* 7, March 2001.

10 이런 관점을 토대로 한 피아제의 연구를 비판적으로 분석한 것은 다음을 참조. Margaret Donaldson, *Children's Minds*, New York: W. W. Norton, 1978, pp. 9~25; Rochel Gelman and Renee Baillargeon, "A Review of Some Piagetian Concepts", John H. Flavell and Ellen M. Markman ed., *Handbook of Child Psychology*, vol. 3: Cognitive Development, New York: Wiley, pp. 167~230. 역사 학습에 관한 피아제의 연구에 대한 비평은 다음을 참조. Chistian Laville and Linda W. Rosenzweig, "Teaching and Learning History", Linda W. Rosenzweig ed., *Developmental Perspectives on the Social Studies, National Council for the Social Studies Bulletin* 66, Washington, DC: National Council for the Social Studies, 1982, pp. 54~66; Linda S. Levstik, "Teaching History: A Definitional and Developmental Dilemma", Virginia Atwood ed., *Elementary School Social Studies: Research as a Guide to Practice, National Council for the Social Studies Bulletin* 79, Washington, DC: National Council for the Social Studies, 1986, pp. 69~73.

11 Judy Dunn, *The Beginnings of Social Understanding*, Cambridge, MA: Harvard University Press, 1988, pp. 173~74; Carolyn Zahn-Waxler, Marian Radke-Yarrow, and Judy Brady-Smith, "Perspective-taking and Prosocial Behavior", *Developmental Psychology* 13, January 1977, pp. 87~88; Norma Haan, "Moral Development and Action from a Social Constructivist Perspective", William M. Kurtines and Jacob L. Gewirtz eds., *Handbook of Moral Behavior and Development*, vol. 1: Theory, Hillsdale, NJ: Lawrence Erlbaum Associates, 1991, pp. 251~273; Martin L. Hoffman, "Empathy, Social Cognition, and Moral Action", William M. Kurtines and Jacob L. Gewirtz eds., *Handbook of Moral Behavior and Development*, vol. 1: Theory, Hillsdale, NJ: Lawrence Erlbaum Associates, 1991, pp. 275~302; Paul Light, "Taking Roles", Jerome Bruner and Helen Haste, *Making Sense: The Child's Construction of the World*, New York: Methuen, 1987, pp. 41~61.

12 Keith C. Barton, "Historical Understanding among Elementary Children", Ed.D. diss., University of Kentucky, 1994, p. 202.

13 Barton, "Historical Understanding among Elementary Children", pp. 207~208.

14 Barton, "Historical Understanding among Elementary Children", pp. 208~209.

15 Barton, "Historical Understanding among Elementary Children", pp. 205~207. 영국에서 나온 연구들도 학생들이 유사한 가정을 하고 있음을 보여준다. 또한 리와 애쉬비가 말한 것처럼 많은 학생들에게 "역사는 자명하게 틀린 행동을 했다가 또 다른 틀린 행동을 하며 거듭 실수를 저지르는 미약한 사람들에 관한 이야기이다." "Empathy, Perspective Taking, and Rational Understanding", p. 27, pp. 29~43. Peter J. Lee, "Explanation and Understanding in History", Alaric K. Dickinson and Peter J. Lee eds., *History Teaching and Historical Understanding*, London: Heinemann, 1978, p. 72; Alaric K. Dickinson and Peter J. Lee, "Making Sense of History", Alaric K. Dickinson, Peter J. Lee, and Peter J. Rogers eds., *Learning History*, London: Heinemann, 1984, pp. 119~125; Ashby and Lee, "Children's Concepts of Empathy", pp. 68~71; Shemilt, "Beauty and the Philosopher", pp. 50~51.

16 Ashby and Lee, "Empathy, Perspective Taking, and Rational Understanding", pp. 46~47.

17 Barton, "Historical Understanding among Elementary Children", pp. 207~208.

18 Barton, "Historical Understanding among Elementary Children", pp. 208~209.

19 Barton, "Historical Understanding among Elementary Children", pp. 209~210. 가독성을 위해 스펠링과 부호를 편집했음.

20 Sam Wineburg, "Historical Thinking and Other Unnatural Acts", *Historical Thinking and Other Unnatural Acts: Charting the Future of Teaching the Past*, Philadelphia: Temple University Press, 2001, pp. 3~27; Lee and Ashby, "Empathy, Perspective Taking, and Rational Understanding", p. 37.

21 K. Anthony Appiah and Amy Gutman, *Color Conscious: The Political Morality of Race*, Princeton, NJ: Princeton University Press, 1996, p. 7; Patricia G. Avery, "Political Socialization, Tolerance, and Sexual Identity", *Theory and Research in Social Education* 30, 2002, pp. 190~197.

22 Linda S. Levstik and Jeanette Groth, "'Scary Thing, Being an Eighth Grader': Exploring Gender and Sexuality in a Middle School U.S. History Unit", *Theory and Research in Social Education* 30, 2002, pp. 233~254.

23 Levstik and Groth, "Exploring Gender and Sexuality", p. 243.

24 Levstik and Groth, "Exploring Gender and Sexuality", pp. 242~243.

25 Linda S. Levstik and Keith C. Barton, *Doing History: Investigating with Children in Elementary and Middle Schools*, 2nd ed., Mahwah, NJ: Lawrence Erlbaum Associates, 2001, pp. 153~170.

26 브루스 밴슬레드라이트도 유사한 주장을 펼쳤다. 그는 과거 사람들의 관점을 이해하는 현재 우리의 방식도 역사적으로 자리 잡힌 것이라고 지적하면서, 우리는 과거 사람들

의 세계관을 이해하는 과정에서 반드시 우리 세계관의 일부를 투영하게 된다고 말했다. Bruce VanSledright, "From Empathic Regard to Self-Understanding", pp. 64~66. 또한 다음을 참조. Jenkins and Brickley, "Reflections on the Empathy Debate", pp. 23~25.

27 Barton, "Historical Understanding among Elementary Children", pp. 211~213.

28 Linda S. Levstik, "Crossing the Empty Spaces: Perspective Taking in New Zealand Adolescents' Understanding of National History", O.L. Davis, Jr., Elizabeth Anne Yeager, and Stuart J. Foster ed., *Historical Empathy and Perspective Taking in the Social Studies*, Lanham, MD: Rowman and Littlefield, 2001, pp. 69~96.

29 Knight, "Children's Understanding of People in the Past", p. 207, and "Empathy", p. 42. 강조는 원문 그대로임. 이론과 현장 연구 통틀어 감정이입의 중심적 특성에 대해 가장 명확한 논의를 펼친 것은 다음의 연구이다. Sam Wineburg, *Historical Thinking and Other Unnatural Acts*; O.L. Davis, Jr., Elizabeth Anne Yeager, and Stuart J. Foster, eds., *Historical Empathy and Perspective Taking in the Social Studies*, Lanham, MD: Rowman and Littlefield, 2001. 감정이입의 영향에 대해서는 다음을 참조. Bradley Commission on History in Schools, *Building a History Curriculum: Guidelines for Teaching History in Schools*, Washington, DC: Educational Excellence Network, 1988.

30 Jonathan Harris, *Hiroshima: A Study in Science, Politics and the Ethics of War*, Menlo Park, CA: Addison-Wesley, 1970; Elizabeth Anne Yeager and Frans H. Doppen, "Teaching and Learning Multiple Perspectives on the Use of the Atomic Bomb: Historical Empathy in the Secondary Classroom", O. L. Davis, Jr., Elizabeth Anne Yeager, and Stuart J. Foster, *Historical Empathy and Perspective Taking in the Social Studies*, Lanham, MD: Rowman and Littlefield, 2001, pp. 97~114; Chara H. Bohan and O. L. Davis, jr., "Historical Constructions: How Social Studies Student Teachers' Historical Thinking is Reflected in their Writing of History", *Theory and Research in Social Education* 21, 1998, pp. 173~197.

제12장 '보살핌'으로서의 역사적 감정이입

01 Maya Angelou, *All God's Children Need Traveling Shoes*, New York: Vintage Books, 1991, p. 207.

02 개념 학습(Conceptual learning)을 위해서는 학습 동기가 중요함을 지적한 연구에 대해서는 다음을 참조. Giyoo Hatano and Kayoko Inagaki, "Desituating Cognition through the Construction of Conceptual Knowledge", Paul Light and George Butterworth eds., *Context and Cognition: Ways of Learning and Knowing*, Hillsdale, NJ: Lawrence Erlbaum Associates, 1993, pp. 115~133.

03 Linda S. Levstik, "The Relationship between Historical Response and Narrative in a Sixth-

Grade Classroom", *Theory and Research in Social Education* 19, 1986, pp. 1~19.

04 Levstik, "The Relationship between Historical Response and Narrative", pp. 9~13.

05 Keith C. Barton, "Historical Understanding among Elementary Children", Ed.D. diss., University of Kentucky, 1994, pp. 178~179.

06 Barton, "Historical Understanding among Elementary Children", pp. 180~184.

07 James R. Green, *Taking History to Heart: The Power of the Past in Building Social Movements*, Amherst, MA: University of Massachusetts Press, 2000, p. 9.

08 Barton, "Historical Understanding among Elementary Children", pp. 184~188.

09 Barton, "Historical Understanding among Elementary Children", p. 186.

10 Barton, "Historical Understanding among Elementary Children", pp. 210~211.

11 Betty Bardige, "Things So Finely Human: Moral Sensibilities at Risk in Adolescence", Carol Gilligan, Janie Victoria Ward and Jill McLean Taylor eds., *Mapping the Moral Domain*, Cambridge, MA: Harvard University Press, 1988, p. 108.

12 Bardige, "Things So Finely Human", p. 95; Levstik, "The Relationship between Historical Response and Narrative", p. 8.

13 Barton, "Historical Understanding among Elementary Children", pp. 187~188.

14 Nel Noddings, *The Challenge to Care in Schools: An Alternative Approach to Education*, New York: Teachers College Press, 1992, pp. 15~16.

15 Stuart J. Foster, "Historical Empathy in Theory and Practice", O. L. Davis, Jr., Elizabeth Anne Yeager, and Stuart J. Foster eds., *Historical Empathy and Perspective Taking in the Social Studies*, Lanham, MD: Rowman and Littlefield, 2001, p. 170. 다른 사람에 대해 학습할 때의 관음증적 특성에 대한 논의는 Bardige, "Things so Finely Human", p. 103; Richard Beach, "Students' Resistance to Engagement with Multicultural Literature", Theresa Rogers and Anna O. Soter eds., *Reading across Cultures: Teaching Literature in a Diverse Society*, New York: Teaches College Press, 1997, pp. 79~80. 홀로코스트를 시뮬레이션을 통해 가르치는 것에 대한 비판적 논평 전반에 대해서는 Simone A. Schweber, *Making Sense of the Holocaust: Lessons from Classroom Practice*, New York: Teachers College Press, 2004.

16 Jerome S. Bruner, *Acts of Meaning*, Cambridge, MA: Harvard University Press, 1990; Elliot W. Eisner, *Cognition and Curriuclum Reconsidered*, New York: Teachers College Press, 1994; Walter R. Fisher, "Narration, Kowledge, and the Possibility of Wisdom", Robert F. Goodman and Walter R. Fisher eds., *Rethinking Knowledge: Reflections across the Dsicipline*, Albany, NY: State University of New York Press, 1995, pp. 169~192; Barbara L. Martin and Charels M. Reigeluth, "Affective Education and the Affective Domain: Implications for Instructional-Desigh Theories and Models", Charles M. Reigeluth eds., *Instructional-Design Theories and Models*, Vol. 2: A New Paradigm of Instructional Theory, Mahwah, NJ: Lawrence Erlbaum Associates, Inc., 1999, pp.

485~509.

17 Nancye McCrary, "Narrative Simulation as Instruction to Affect Bias and Discrimination", Ed.D. diss., University of Kentucky, 2001, pp. 219~221; "Investigating the Use of Narrative in Affective Learning on Issues of Social Justice", *Theory and Research in Social Education* 30, 2002, pp. 255~273.

18 McCrary, "Narrative Simulation", p. 263, pp. 267~268, pp. 270~271.

19 시몬 슈에버(Simone Schweber)가 중·고등학교 역사 수업을 바탕으로 수행했던 연구에 의하면, 시뮬레이션은 학생들에게 홀로코스트를 배우고자 하는 동기를 부여함과 동시에 복잡한 도덕적 딜레마를 생각하게 만든다. 이런 점에서 슈에버는 시뮬레이션을 통한 홀로코스트 학습은 정서적으로 중요한 기능을 하지만 이런 잠재력을 발휘하지 못할 가능성도 있다고 경고한다. Schweber, *Making Sense of the Holocaust*.

20 Keith C. Barton, "'You'd Be Wanting to Know about the Past': Social Contexts of Children's Historical Understanding in Northern Ireland and the USA", *Comparative Education* 37, February 2001, p. 96; Linda S. Levstik and Jeanette Groth, "'Scary Thing, Being an Eighth Grader': Exploring Gender and Sexuality in a Middle School U.S. History Unit", *Theory and Research in Social Education* 30, 2002, p. 246.

21 Alan McCully, Nigel Pilgrim, Alaeric Sutherland, and Tara McNinn, "'Don't Worry, Mr. Trimble. We Can Handle It'. Balancing the Rational and the Emotional in the Teaching of Contentious Topics", *Teaching History* 106, March 2002, pp. 6~12.

22 McCully et al., "Balancing the Rational and the Emotional", p. 7.

23 지적·정서적인 차원 모두를 포함한 감정이입의 여러 구성 요소에 관한 교사들의 생각에 대해서는 다음 연구를 참조. Deborah L. Cunningham, "Teaching Historical Empathy: British Teachers' Practices and Perspectives on the 'Invisible Skill'," paper presented at the annual meeting of the American Educational Research Association, April 2003; "Professional Practice and Perspectives in the Teaching of Historical Empathy", D.Phil. diss., Oxford University, Oxford, England, 2003.

제13장 교사교육과 역사교육의 목적

01 Herman Melville, *Moby Dick; or The White Whale*, New York: Dodd, Mead, and Company, 1922, p. 421.

02 Marilyn Cochran-Smith and Susan L. Lytle, "Relationships of Knowledge and Practice: Teacher Learning in Communities", Asghar Iran-Nejad and P. David Pearson eds., *Review of Research in Education*, vol. 24, Washington, DC: American Educational Research Association, 1999, p.

249(강조는 원문 그대로임). 행동주의와 프로그램화 지도법에 대해서는 특히 다음 연구를 참조. B. F. Skinner, "The Science of Learning and the Art of Teaching", *Harvard Educational Review* 24, 1954, pp. 86~97; 1960년대의 학문 중심주의적 교육 개혁에 대해서는 다음을 참조. John L. Rudolph, *Scientists in the Classroom: The Cold War Reconstruction of American Science Education*, New York: Palgrave Macmillan, 2002. 1970년대에 이루어진 교사의 효율성에 관한 연구 및 효율성과 교사평가의 관련성 연구는 다음을 참조. Linda Darling-Hammond, Arthur E. Wise, and Sara R. Pease, "Teacher Evaluation in the Organizational Context: A Review of the Literature", *Review of Educational Research* 53, 1983, pp. 285~328.

03 Jane J. White, "The Teacher as Broker of Scholarly Knowledge", *Journal of Teacher Education* 38, July/August 1987, pp. 19~24; Stephen J. Thornton, "Teacher as Curriculum-Instructional Gatekeeper in Social Studies", James P. Shaver ed., *Handbook of Research on Social Studies Teaching and Learning*, New York: MacMillan, 1991, p. 237; Hugh Munby, Tom Russell, and Andrea K. Martin, "Teachers' Knowledge and How it Develops", Virginia Richardson ed., *Handbook of Research on Teaching*, 4th ed., Washington, DC: American Educational Research Association, 2001, pp. 877~904; Christopher M. Clark and Penelope L. Peterson, "Teachers' Thought Processes", Merlin C. Wittrock ed., *Handbook of Research on Teaching*, 3rd ed., New York: MacMillan, 1986, pp. 255~296.

04 Lee J. Shulman, "Knowledge and Teaching: Foundations of the New Reform", *Harvard Educational Review* 57, February 1987, pp. 1~22; Bruce VanSledright, "Closing the Gap between School and Disciplinary History? Historian as High School History Teacher", Jere Brophy ed., *Advances in Research on Teaching*, vol. 6, Teaching and Learning History, Greenwich, CT: JAI Press, 1996, p. 257(강조는 원문 그대로임); Linda S. Levstik and Keith C. Barton, *Doing History: Investigating with Children in Elementary and Middle School*, 2nd ed., Mahwah, NJ: Lawrence Erlbaum Associates, 2001.

05 Chara H. Bohan and O. L. Davis, Jr., "Historical Constructions: How Social Studies Student Teachers' Historical Thinking is Reflected in Their Writing of History", *Theory and Research in Social Education* 26, 1998, pp. 173~197; Melanie K. Gillaspie and O. L. Davis, Jr., "Historical Constructions: How Elementary Student Teachers' Historical Thinking is Reflected in their Writing of History", *International Journal of Social Education* 12, 1997/1998, pp. 35~45.

06 Elizabeth A. Yeager and O. L. Davis, Jr., "Between Campus and Classroom: Secondary Student-teachers' Thinking about Historical Texts", *Journal of Research and Development in Education* 29, 1995, pp. 1~8; "Understanding the Knowing How of History: Elementary Student Teachers' Thinking about Historical Texts", *Journal of Social Studies Research* 18, 1994, pp. 2~9; Samuel S. Wineburg, "On the Reading of Historical Texts: Notes on the Breach between School and Academy", *American Educational Research Journal* 28, 1991, pp. 495~519.

역사의 본질은 '해석'이라는 점을 학생들이 얼마나 다양한 방식으로 이해하는지에 관해서는 다음 연구에서 잘 드러남. Peter Seixas, "Student Teachers Thinking Historically", *Theory and Research in Social Education* 26, 1998, pp. 310~341.

07 Elizabeth A. Yeager and O. L. Davis, Jr., "Classroom Teachers' Thinking about Historical Texts: An Exploratory Study", *Theory and Research in Social Education* 24, 1996, pp. 146~166(인용문은 p. 157 참조).

08 VanSledright, "Closing the Gap."

09 VanSledright, "Closing the Gap", p. 286. 교사들이 역사가 다양한 관점을 포함한다는 점, 증거를 기초로 한다는 점, 또한 본질적으로 '해석적'이라는 점을 이해하고 있으면서도 자신의 수업을 이 원리에 따라 구성하지 않는다는 예를 잘 보여준 연구로 다음을 참조. Suzanne M. Wilson and Sam Wineburg, "Wrinkles in Time and Place: Using Performance Assessments to Understand the Knowledge of History Teachers", *American Educational Research Journal* 30, 1993, pp. 729~769.

10 G. Williamson McDiarmid, "Understanding History for Teaching: A Study of the Historical Understanding of Prospective Teachers", James F. Voss and Mario Carretero ed., *Cognitive and Instructional Processes in History and the Social Sciences*, Hillsdale, NJ: Lawrence Erlbaum Associates, 1994, pp. 159~186.

11 Susan Adler, "A Field Study of Selected Student Teacher Perspectives Toward Social Studies", *Theory and Research in Social Education* 12, 1984, pp. 13~30; Ronald W. Evans, "Teacher Conceptions of History Revisited: Ideology, Curriculum, and Student Belief", *Theory and Research in Social Education* 28, 1990, pp. 101~138; Bruce Fehn and Kim E. Koeppen, "Intensive Document-Based Instruction in a Social Studies Methods Course", *Theory and Research in Social Education* 4, 1998, pp. 461~484; Sigrun Gudmundsdottir, "Curriculum Stories: Four Case Studies of Social Studies Teaching", Christopher W. Day, Maureen Pope, and Pam Denicolo eds., *Insights into Teachers Thinking and Practice*, London: Falmer, 1990, pp. 107~118; John T. Hyland, "Teaching about the Constitution: Relationships between Teachers' Subject Matter Knowledge, Pedagogic Beliefs and Instructional Decision Making Regarding Selection of Content, Materials, and Activities; Summary of Research Findings", pp. 2~7, Eric Document Reproduction Service, ED 273557; Marilyn Johnston, "Teachers' Backgrounds and Beliefs: Influences on Learning to Teach in the Social Studies", *Theory and Research in Social Education* 28, 1990, pp. 207~232; Joseph J. Onosko, "Barriers to the Promotion of Higher-order Thinking in Social Studies", *Theory and Research in Social Education* 19, 1991, pp. 341~366; Timothy D. Slekar, "Epistemological Entanglements: Preservice Elementary School Teachers' 'Apprenticeship of Observation' and the Teaching of History", *Theory and Research in Social Education* 26, 1998, pp. 485~507; Stephen J. Thornton, "Curriculum Consonance in United

States History Classrooms", *Journal of Curriculum and Supervision* 3, 1998, pp. 308~320; Stephen J. Thornton and R. Neill Wenger, "Geography Curriculum and Instruction in Three Fourth-Grade Classrooms", *Elementary School Journal* 90, May 1990, pp. 513~531.

12 Stephanie D. van Hover and Elizabeth A. Yeager, ""Making" Students Better People?' A Case Study of a Beginning History Teacher", *International Social Studies Forum* 3, 2003, pp. 219~232.

13 van Hover and Yeager, "Making Students Better People?", pp. 224~228.

14 "관찰자로서의 견습 기간" 개념은 다음 연구에서 나왔음. Dan C. Lortie, *Schoolteacher: A Sociological Study*, Chicago: University of Chicago Press, 1977. 교사교육 프로그램의 효과가 제한적이라는 점에 대해서는 다음 연구를 참조. Justine Z. X. Su, "Sources of Influence in Preservice Teacher Socialization", *Journal of Education for Teaching* 18, 1992, pp. 239~258; Kenneth M. Zeichner and Jennifer M. Gore, "Teacher Socialization", Merlin C. Wittrock ed., *Handbook of Research on Teaching*, 3rd ed., New York: MacMillan, 1986, pp. 329~348. 역사 교사와 사회과 교사의 생각에 미치는 다양한 영향력에 대해서는 다음 연구를 참조. Jeffrey W. Cornett, "Teacher Thinking about Curriculum and Instruction: A Case Study of a Secondary Social Studies Teacher", *Theory and Research in Social Education* 18, 1990, pp. 248~273; Jesse Goodman and Susan Adler, "Becoming an Elementary Social Studies Teacher: A Study of Perspectives", *Theory and Research in Social Education* 13, 1985, pp. 1~20; S. G. Grant, "Locating Authority over Content and Pedagogy: Cross-current Influences on Teachers' Thinking and Practice", *Theory and Research in Social Education* 24, 1996, pp. 237~272; Melissa J. Marks, "From Coursework to Classroom: A Qualitative Study on the Influences of Preservice Teacher Socialization", Ed.D. diss., University of Cincinnati, 2002; Marilyn Johnston, "Teachers' Backgrounds and Beliefs: Influences on Learning to Teach in the Social Studies", *Theory and Research in Social Education* 28, 1990, pp. 207~232; E. Wayne Ross, "Teacher Perspective Development: A Study of Preservice Social Studies Teachers", *Theory and Research in Social Education* 15, 1987, pp. 225~243; Elizabeth G. Sturtevant, "Lifetime Influences on the Literacy-related Instructional Beliefs of Experienced High School History Teachers: Two Comparative Case Studies", *Journal of Literacy Research* 28, June 1996, pp. 227~257.

15 Pamela L. Grossman, Peter Smagorinsky, and Sheila Valencia, "Appropriating Tools for Teaching English: A Theoretical Framework for Research on Learning to Teach", *American Journal of Education* 108, November 1999, pp. 1~29(인용문은 pp. 4~5 참조). 또한 로버트 잉거(Robert Yinger)와 마르타 핸드릭스-리(Martha Hendricks-Lee)도 교수 활동을 하는 동안 참여자와 학교생활 체계가 함께 맞물린 상태에서 지식이 구성된다고 보며, 이런 방식을 일컬어 '환경 맥락적 지능(ecological intelligence)'이라는 개념을 제안했다. "Working Knowledge in Teaching", Christopher Day, James Calderhead, and Pam Denicolo eds., *Research on Teacher Thinking: Understanding Professional Development*, London: Falmer Press, 1993, pp. 100~123.

16 Goodman and Adler, "Becoming an Elementary Social Studies Teacher", pp. 10~11; Fehn and Koeppen, "Intensive Document-Based Instruction", p. 480; David Hicks, "Examining Preservice Teachers' Conceptions and Approaches to the Teaching of History in England and America", paper presented at the International Assembly of the Annual Conference of the National Council for the Social Studies, November 2001; Hyland, "Teaching about the Constitution", pp. 2~7; Johnston, "Teachers' Backgrounds and Beliefs", p. 218; Onosko, "Barriers to the Promotion of Higher-Order Thinking", pp. 347~351; Slekar, "Epistemological Entanglements", p. 500; Sturtevant, "Lifetime Influences", pp. 240~241; Thornton, "Curriculum Consonance", pp. 311~315; Bruce VanSledright, "The Teaching-learning Interaction in American History: A Study of Two Teachers and their Fifth Graders", *Journal of Social Studies Research* 19, 1995, p. 16; van Hover and Yeager, "Making Students Better People."

17 Fehn and Koeppen, "Intensive Document-Based Instruction", p. 480; Hyland, *Teaching about the Constitution*, p. 7; Johnston, "Teachers' Backgrounds and Beliefs", pp. 212~214; Onosko, "Barriers to the Promotion of Higher-Order Thinking", p. 355; Thornton, "Curriculum Consonance", p. 309; VanSledright, "Teaching-Learning Interaction", p. 6.

18 Linda M. McNeil, *Contradictions of Control: School Structure and School Knowledge*, New York: Routledge, 1988, pp. 157~190.

19 Linda S. Levstik, "Articulating the Silences: Teachers' and Adolescents' Conceptions of Historical Signficance", Peter N. Stearns, Peter Seixas, and Sam Wineburg eds., *Knowing, Teaching, and Learning History: National and International Perspectives*, New York: New York University Press, 2000, p. 299; E. Michael H. Romanowski, "Issues and Influences that Shape the Teaching of U.S. History", Jere Brophy ed., *Advances in Research on Teaching*, vol. 6, Teaching and Learning History, Greenwich, CT: JAI Press, 1996, pp. 296~299; Wayne Ross, "Teacher Perspective Development: A Study of Preservice Social Studies Teachers", *Theory and Research in Social Education* 15, 1987, pp. 225~243.

20 Gerald Ponder and Walter Doyle, "Teacher Practicality and Curriculum Change: An Ecological Analysis", paper presented at the annual meeting of the American Educational Research Association, April 1977, Eric Document Reproduction Service ED 136390l; O. L. Davis, Jr., "In Pursuit of Historical Empathy", O. L. Davis, Jr., Elizabeth Anne Yeager, and Stuart J. Foster eds., *Historical Empathy and Perspective Taking in the Social Studies*, Lanham, MD: Rowman and Littlefield, 2001, p. 10; McNeil, *Contradictions of Control*, p. 176; John Allen Rossi and Christopher M. Pace, "Issues-Centered Instruction with Low Achieving High School Students: The Dilemmas of Two Teachers", *Theory and Research in Social Education* 26, 1998, p. 401; Yeager and Davis, "Between Campus and Classroom", p. 5; Elizabeth Anne Yeager and Elizabeth K. Wilson, "Teaching Historical Thinking in the Social Studies Methods Course: A Case

Study", *The Social Studies* 88, May/June 1997, pp. 121~126; Thornton, "Teacher as Curricular-Instructional Gatekeeper", pp. 242~243.

21 Letitia H. Fickel, "Democracy is Messy: Exploring the Personal Theories of a High School Social Studies Teacher", *Theory and Research in Social Education* 28, 2000, pp. 359~390; Evans, "Teacher Conceptions of History Revisited", pp. 122~125; Goodman and Adler, "Becoming an Elementary Social Studies Teacher", pp. 11~13; Bruce A. VanSledright and Jere Brophy, "'Storytellers,' 'Scientists,' and 'Reformers' in the Teaching of U.S. History to Fifth Graders: Three Teachers, Three Approaches", Jere Brophy ed., *Advances in Research on Teaching*, vol. 5, Learning and Teaching Elementary Subjects, Greenwich, CT: JAI Press, 1995, pp. 195~243; Wilson and Wineburg, "Wrinkles in Time and Place", pp. 729~769.

22 S. G. Grant, *History Lessons: Teaching, Learning, and Testing in U.S. High School Classrooms*, Mahwah, NJ: Lawrence Erlbaum Associates, 2003, pp. 3~28.

23 Grant, History Lessons, pp. 8~15.

24 Grant, History Lessons, pp. 15~28.

25 아카데믹한 학문이야말로 "인간이 세상을 이해하기 위해 고안된 가장 강력한 방식"이라는 가정은 하워드 가드너(Howard Gardner)의 연구에서 찾아볼 수 있음. Howard Gardner, *The Disciplined Mind: What All Students Should Understand*, New York: Simon and Schuster, 1999, p. 157. 학문 체계의 등장 및 이를 토대로 지식에 접근하는 것에 대한 비판적이고 역사적인 접근에 관해서는 다음 연구를 참조. Burton Bledstein, *The Culture of Professionalism: The Middle Class and the Development of Higher Education in America*, New York: W. W. Norton, 1978; Julie A. Reuben, *The Making of the Modern University: Intellectual Transformation and the Marginalization of Morality*, Chicago: University of Chicago Press, 1996; Laurence R. Veysey, *The Emergence of the American University*, Chicago: University of Chicago Press, 1965; John Willinsky, *Learning to Divide the World: Education at Empire's End*, Minneapolis, MN: University of Minnesota Press, 1998; Bruce Wilshire, *The Moral Collapse of the University: Professionalism, Purity, and Alienation*, Albany, NY: State University of New York Press, 1990. 미국에서 역사가 일종의 구분된 학문 체계로 등장한 과정에 대해서는 다음 연구를 참조. Peter Novick, *That Noble Dream: The "Objectivity Question" and the American Historical Profession*, New York: Cambridge University Press, 1988.

26 Christopher Anderson, Patricia G. Avery, Patricia V. Pederson, Elizabeth S. Smith, and John L. Sullivan, "Divergent Perspectives on Citizenship Education: A Q-Method Study and Survey of Social Studies Teachers", *American Educational Research Journal* 34, 1997, pp. 333~365; Dorene Doerre Ross and Elizabeth Yeager, "What Does Democracy Mean to Prospective Elementary Teachers?", *Journal of Teacher Education* 50, September/October 1999, pp. 255~266.

역사는 왜 가르쳐야 하는가 — 민주시민을 키우는 새로운 역사교육

초판 6쇄 발행 2024년 1월 11일
초판 1쇄 발행 2017년 8월 18일

지은이 키쓰 바튼 · 린다 렙스틱 | **옮긴이** 김진아
펴낸이 정순구
책임편집 정윤경
기획편집 조원식 조수정
마케팅 황주영

출력 블루엔
용지 한서지업사
인쇄 한영문화사
제본 한영제책사

펴낸곳 (주) 역사비평사
등록 제300-2007-139호 (2007.9.20)
주소 10497 : 경기도 고양시 덕양구 화중로 100(비전타워21) 506호
전화 02-741-6123~5
팩스 02-741-6126
홈페이지 www.yukbi.com
이메일 yukbi88@naver.com

한국어판 출판권 ⓒ 역사비평사, 2017

ISBN 978-89-7696-429-8 93370

책값은 표지 뒷면에 표시되어 있습니다.
잘못 만들어진 책은 구입하신 서점에서 바꾸어 드립니다.